浙 江 智 库 系 列 丛 书

中国城市科学研究系列报告

中国公用事业发展报告

2019

王俊豪　等著

中 国 建 筑 工 业 出 版 社

图书在版编目(CIP)数据

中国公用事业发展报告.2019/王俊豪等著.—北京：中国建筑工业出版社，2019.12

(中国城市科学研究系列报告)

ISBN 978-7-112-24599-4

Ⅰ.①中… Ⅱ.①王… Ⅲ.①公用事业-发展-研究报告-中国-2019 Ⅳ.①F299.24

中国版本图书馆CIP数据核字(2020)第010971号

《中国公用事业发展报告2019》全面概括了中国公用事业投资与建设、生产与供应以及基本成效；详细地介绍了城市供水、排水与污水处理、垃圾处理、天然气、电力、电信、铁路等七大行业的投资建设、生产供应及发展成效，并从监管机构改革、进入监管改革、价格监管改革以及质量监管改革四个方面对上述行业的监管体制改革进行研究。本报告还就公用事业综合性及各行业的主要法规政策做了解读，并提供了行业典型案例分析。

责任编辑：石枫华 李 杰 张 瑞

责任校对：赵 菲

中国城市科学研究系列报告

中国公用事业发展报告 2019

王俊豪 等著

*

中国建筑工业出版社出版、发行（北京海淀三里河路9号）

各地新华书店、建筑书店经销

北京红光制版公司制版

天津翔远印刷有限公司印刷

*

开本：787×1092毫米 1/16 印张：30½ 字数：598千字

2020年8月第一版 2020年8月第一次印刷

定价：**108.00**元

ISBN 978-7-112-24599-4

(35091)

指 导 委 员 会

主　　任：仇保兴

委　　员：（以姓氏笔画为序）

刘贺明　江必新　邱　东　张小宏　张卓元　邵益生

林桂军　金　碚　周志忍　秦　虹　徐文龙　高培勇

郭克莎　章林伟　谭荣尧　薛　澜

撰稿单位和主要撰稿人

撰稿单位：浙江财经大学中国政府管制研究院

主要撰稿人：王俊豪　李云雁　王　岭　朱晓艳　王建明　张　雷

甄艺凯　陈　松　张肇中

支 持 单 位

住房和城乡建设部城市建设司

中国城镇供水排水协会

中国城市燃气协会

中国城市环境卫生协会

中国城市科学研究会城市公用事业改革与监管专业委员会

中国能源研究会能源监管专业委员会

中国工业经济学会产业监管专业委员会

经　费　资　助

浙江省新型重点专业智库“中国政府监管与公共政策研究院”

浙江省2011协同创新中心“浙江财经大学城市公用事业政府监管协同创新中心”

服务国家特殊需求博士人才培养项目“浙江财经大学城市公用事业政府监管博士人才培养项目”

浙江省重点创新团队“管制理论与政策研究团队”

序

公用事业是由为居民生产生活提供必需的普遍服务的众多行业组成的集合，行业涉及面广、行业间跨度较大。本书主要研究供水、排水与污水处理、垃圾处理、天然气、电力、电信、铁路运输等公用事业中最为重要的核心行业。公用事业在经济发展和社会生活中具有基础性地位，主要表现在：公用事业所提供的产品和服务是生产部门进行生产和人们生活的基础性条件，公用事业不但为制造业、加工业、商业和服务业等各行业的生产活动提供必要的供水、供气、电力、电信、铁路运输等基础条件，也为居民提供必要的生活基础。同时，公用事业所提供的产品和服务的价格构成了其他行业产品和服务的成本，其性能和价格的变化，必然对其他行业产生连锁反应。因此，公用事业的基础性，意味着公用事业具有先导性，要发展国民经济，提高人民生活水平，就要求优先发展公用事业。

改革开放以来，伴随高速经济增长和城市化快速推进，我国公用事业在不断深化改革过程中也取得了快速发展。特别是党的十八大以来，我国更加重视经济的高质量发展，为了更好地满足人民对美好生活的追求，对公用事业发展既提出了数量要求，更强调高质量发展要求。为了从动态上反映我国公用事业发展的实际情况、法规政策环境和行业企业所做的改革探索，我们从 2015 年开始撰写出版《中国城市公用事业年度发展报告》，今年将要出版的年度发展报告，除了保持原来的篇章结构外，增加了电信、铁路运输两章，并将研究报告的名称更改为《中国公用事业发展报告》。本报告研究范围更广，希望对公用事业相关政府部门、研究机构和行业企业提供参考。

本报告的结构框架可分为以下四部分：

第一部分为总论，由第一章组成，从总体上分析了七个主要公用事业基础设施投资与建设、生产与供应以及发展的基本成效。

第二部分为行业报告，由第二章至第八章组成，这是本报告的主体，详细讨论了城市供水、排水与污水处理、垃圾处理、天然气、电力、电信、铁路运输等七大行业投资建设、生产供应、发展成效，同时分析了各行业的监管体制。

第三部分为第九章，是一个相对独立的部分，主要是对公用事业主要法规政策进行解读，内容包括公用事业综合性（跨行业）法规政策解读和重要行业的法规政策解读。最后还对综合性（跨行业）法规政策和重要行业的法规政策名称做了列表，以便读者查阅。

第四部分为第十章，也是一个相对独立的部分，分析 10 个公用事业典型案例，根据具体案例的特点，分析内容包括案例（项目）背景、项目运作状况、存在问题、经验借鉴（启示）。这些案例主要包括 PPP、市场化改革等方面的典型案例，这将有助于政府有关部门和学术界研究公用事业相关问题、了解公用事业典型案例。

本书是集体智慧的结晶和多方支持的成果。本人首先对撰写并出版本书提出建议和要求，对本书的框架结构和重要内容提出修改意见。本书的指导委员会成员（以姓氏笔画为序）主要有中国城市燃气协会理事长、住房和城乡建设部城市建设司原巡视员刘贺明，最高人民法院党组副书记、副院长、中南大学江必新教授，北京师范大学国民核算研究院院长邱东教授，住房和城乡建设部城市建设司张小宏司长，中国社会科学院学部委员、经济研究所原所长张卓元研究员，中国城市规划设计研究院原党委书记邵益生研究员，对外经济贸易大学原副校长林桂军教授，中国社会科学院学部委员、工业经济研究所原所长金碚研究员，北京大学政府管理学院原党委书记、副院长周志忍教授，中国人民大学国家发展与战略研究院城市更新研究中心主任秦虹研究员，中国城市环境卫生协会徐文龙理事长，中国社会科学院副院长、学部委员高培勇教授，中国社科院经济政策研究中心主任、国务院研究室原司长郭克莎研究员，中国城镇供水排水协会会长、住房和城乡建设部城市建设司原副司长章林伟，中国城市科学研究会副理事长、国家能源局原监管总监谭荣尧研究员，清华大学苏世民书院院长薛澜教授等，各位领导和专家对本书给予了大力支持，并提出了不少建设性的意见建议。撰写本书需要大量的文献资料和调研工作，本书的顺利完成还得益于中国城镇供水排水协会、中国城市燃气协会、中国城市环境卫生协会等单位的大力支持，提供了许多实际资料。一年多来，浙江财经大学中国政府管制研究院在王俊豪教授的带领下，十多位研究人员为本书调研、撰稿、修改定稿做了大量的工作，投入了许多时间和精力。没有大家的通力合作就不可能完成本书。最后，本书能在较短的时间内高质量出版还得益于中国建筑工业出版社的大力支持。

本书是浙江省新型重点专业智库“中国政府监管与公共政策研究院”、浙江省 2011 协同创新中心“浙江财经大学城市公用事业政府监管协同创新中心”、服务国家特殊需求博士人才培养项目“浙江财经大学城市公用事业政府监管博士人才培养项目”和浙江省重点创新团队“管制理论与政策研究团队”的资助成果。同时，本书也是住房和城乡建设部支持的服务国家特殊需求博士人才培养项目“城市公用事业政府监管博士人才培养项目”的研究成果。

由于本书涉及的行业较多，研究内容十分丰富，而完成时间相对较短，同时，撰写中国公用事业年度发展报告，在许多方面具有探索性，尽管我们作了最大努力，但难免存在不少缺陷，敬请专家学者和广大读者批评指正。

国务院参事

住房和城乡建设部原副部长

中国城市科学研究会理事长

2019 年 11 月 20 日

目　　录

第一章 总 论

中华人民共和国成立70年来，中国城镇化和工业化实现了快速的发展，在这一过程中公用事业无论是数量还是质量都呈现出跨越式发展态势，基础设施投资与建设以及公用事业监管体制改革发挥了重要作用。随着中国公用事业基础设施的建设和发展，公用事业的供给能力大幅提升，为居民生产和生活提供了重要保障。从总量来看，中国公用事业基础设施发展十分迅速，但区域之间、城市内部的公用事业基础设施发展不平衡问题依然存在。为解决这些问题，需要创新体制机制，通过制度创新，促进公用事业高质量发展。

第一节 公用事业投资与建设

一、供水行业投资与建设

改革开放以来，中国城市供水行业进入了快速发展的新时期，投资及建设规模大幅提升。供水行业固定资产投资总额由1978年的4.70亿元增加到2017年的580.14亿元。同时，中国城市供水行业固定资产投资呈现出区域性特征，2017年东部、中部、西部地区城市供水行业固定资产投资额依次为308.11亿元、181.38亿元和130.44亿元。中国城市供水行业市场化改革始于外资进入，随后形成国内民营企业逐渐进入的格局。苏伊士水务、威望迪通用水务、泰晤士水务以及汇津公司、柏林水务、金州水务等相继进入中国城市供水市场。新建或改组的供水公司、上市公司和民营企业等类型的内资企业也是城市供水行业市场化改革的重要力量。中国城市供水行业实现了快速发展，形成了多元化产权结构，扩展了融资渠道，减轻了地方政府财政压力，引进了先进管理理念，提高了运营效率和管理效能。但在投资领域依然存在一些问题，这在一定程度上制约了城市供水行业的快速发展。目前城市供水行业以资产为核心的长期投资成为市场化的主流，国有资本为主体的投资结构并未得到根本转变，城市供水行业投资呈现出供给过度与供给不足的双重特征。

1978年～2017年中国城市供水行业综合生产能力稳步提升，已由19989.96万立方米/日增长到了30475万立方米/日，说明了城市供水行业建设取得了显著成效。同时，我国城市供水管道长度呈现出逐年增长的趋势，1978年我国城市供水管道长度为35984公里，到2017年已增长到了797355公里。从2017年中国各省市区城市供水管道长度来看，在东、中、西三大区域范围内呈现出一定的异质性特征。近些年来，我国对城市供水行业的投资建设力度不断扩大，使得城市供水行业的基础设施建设与综合供水能力大幅提升，但整体来看城市供水行业发展还存在一定的问题，未能完全满足社会的需求。我国城市供水行业在建设过程中存在的问题有：新增供水管道建设未能满足城市化发展进程、城市供水总量增速滞后于城市人口增长率、各地区供水设施水平及人均供水量差异较大等。

综上所述，改革开放以来中国通过系列投资推动了城市供水行业的投资与建设，使得城市供水行业综合生产能力和管道设施获得了快速提升，但在快速发展过程中也存在区域发展不平衡、结构上不太合理的问题，这其中既有发展过程的因素，也有制度的因素。为此，下一阶段需要进一步优化布局，推进城市供水行业投资与建设的规模和结构，大力提升城市供水行业的运营服务能力。

二、排水与污水处理行业投资与建设

水污染防治是生态文明建设的重要一环，近年来全国各级、各地对水污染治理的重视不断加强，水污染治理工作进入全面开展、深化落实阶段。2017 年，是“十三五”期间我国以改善环境质量为重点的关键期，排水与污水处理行业有效支撑了水污染防治和质量改善目标的实现，进入高质量发展新阶段。正是得益于此，我国排水与污水处理行业投资与建设快速增长，特别是污泥处理处置设施和再生水设施的投资与建设成为新的增长点。

2017 年，我国城市排水与污水处理行业的固定资产投资总额达 1815.5 亿元，其中排水设施投资占比最高，达 1343.6 亿元，污水处理、污泥处理和再生水利用设施的固定资产投资分别为 421.1 亿元、21.1 亿元和 29.7 亿元，分别占行业投资总额的 70.63％、23.62％、1.07％和 4.68％。相较于 2016 年，我国城市排水设施投资增加了 121 万元，排水设施投资始终保持着较为稳定的增长。城市污水处理和再生水利用设施已基本覆盖了所有设市城市，设施投资基本稳定，甚至在 2017 年呈小幅下降趋势，较 2015 年末减少了 61.8 亿元，降幅为 12.06％，较 2016 年则减少了 39.1 万元。设施投资也主要以改造更新为主，在污泥处理设施投资方面，2017 年投资规模较 2016 年有所增加，达到 21.1 亿元，但与 2013 年的投资峰值 24.54 亿元仍相差 3.44 亿元，与我国污水处理设施规模相比，污泥处理处置设施的投资仍有待进一步加强。

从各类投资的地区间分布看，东部地区的固定资产投资遥遥领先，排水、污水处理、污泥处理、再生水利用等设施的投资额分别为 740.3 亿元、254.6 亿元、12 亿元和 20.8 亿元，分别占到了全国各类投资总额的 55.1％、60.47％、56.87％和 70.0％。对比 2016 年，各项投资占比均下降，其中污水处理与污泥处理投资占比降幅不到 1％，说明东部地区的污水与污泥处理项目基本稳定，再生水利用投资占比降幅最大，高达 20.2％；中部地区在排水、污水处理、污泥处理、再生水利用方面的投资分别为 432.5 亿元、119.4 亿元、6.6 亿元、4.6 亿元，分别占全国投资总额的 32.19％、28.36％、31.28％和 15.48％。对比 2016 年，各项投资占比均有上升，其中排水投资占比增长 5％，再生水利用投资占比增长 14％。这说明中部地区再生水利用推进作用明显；西部地区在排水、污水处理、污泥处理、再生水利用方面的投资分别为 170.8 亿元、

47.1亿元、2.4 亿元和 4.3 亿元，占全国投资总额的 12.71%、11.19%、11.37%和 14.47%，不论绝对数还是相对数都较小。对比 2016 年，排水投资占比有所上升，污水、污泥投资占比小幅下降，再生水利用投资占比增长近 6%。

全国排水、污水处理及再生利用方面的建设稳步推进，污水处理能力快速增长，再生水利用规模不断扩大。2017 年，全国已建成排水管道 63.03 万公里，建成污水处理厂 2209 座，日均处理能力达 1.57 亿立方米，较 1980 年分别增长了 28 倍、62 倍和 223 倍。同时，2017 年全国再生水利用量达 713421 万立方米，较 2016 年增长了 57.6%。在区域分布上，与投资情况类似，城镇排水与污水处理设施建设也是东部占比较大，中部和西部略少。东、中、西部地区已建成排水管道分别为 381622.69 公里、154028.04 公里和 94652.87 公里，建成污水处理厂分别为 1233 座、558 座和 418 座。

三、垃圾处理行业投资与建设

随着我国城市人口的不断增长和经济社会的不断发展，城市生活垃圾总量以每年 5%～8%的增速累计，全国 1/3 的城市身陷“垃圾围城”的困境。城市生活垃圾堆积的过程中，微生物分解垃圾后会产生甲烷、二氧化碳等温室气体，垃圾中的重金属等固体废弃物可能引发土壤污染。有害物质随降水进入水源后又可能引发水资源污染，城市垃圾已成为社会生活的公害，严重影响人民日益增长的优美生态环境需要。党的十九大报告明确指出：“我们要建设的现代化是人与自然和谐共生的现代化，既要创造更多物质财富和精神财富以满足人民日益增长的美好生活需要，也要提供更多优质生态产品以满足人民日益增长的优美生态环境需要”；“我们要像对待生命一样对待生态环境”。

党的十九大报告中也首次提出“三大攻坚战”的新表述，“污染防治”作为三大攻坚战之一，将环境问题提到全面建成小康社会能否得到人民认可的高度。中国的环保固定资产投资继续稳步增长，2017 年城市环境基础设施、环境污染治理、市容环境卫生建设投资额，相比 2016 年分别提高 3.46%、12.45%、11.03%。

2017 年，全国城市市容环境卫生固定资产投资额为 623 亿元，相较 2016 年增加了 11.03%；垃圾处理领域的城市固定资产投资额为 508.1 亿元，比 2016 年增加了 390 亿元。2017 年城市垃圾卫生填埋场数量为 654 个，比 2016 年减少 3 座，比 2015 年新增 14 座。从我国各省市运营中的垃圾填埋场分布情况可知，国内的垃圾填埋场主要集中分布在人口相对集中、密度较大的地区，如河南、广东、河北、山东等地；发达城市有逐渐减少的趋势。北京、上海等经济相对发达的城市制定了原生垃圾零填埋的指导目标，并在建造大量的垃圾焚烧设施。截至

2017年底，我国城市生活垃圾焚烧设施286座，新增37座。2017年中西部地区生活垃圾焚烧设施建设步伐加快。随着城市垃圾处理行业投资的加快，城市垃圾处理行业基础设施的能力和服务水平大幅提高。垃圾焚烧设施全部投入运行后，预计国内未来的焚烧能力将大幅提升，相对地，有危害性的垃圾填埋处理方式的比重将大大降低。然而，我国目前生活垃圾处理仍以垃圾填埋方式为主，填埋方式所占比例约为66%，焚烧方式所占比例约为31%，而其他方式只占3%。

此外，国家进一步鼓励创新运营模式和体制机制，鼓励公众、社会资本参与垃圾处理基础设施建设，创新模式协同发展。2017年7月财政部、住房和城乡建设部、农业部、环境保护部发布《关于政府参与的污水、垃圾处理项目全面实施PPP模式的通知》（财建〔2017〕455号），要求"在垃圾处理领域全方位引入市场机制，推进PPP模式应用，对垃圾收集、转运、处理、处置各环节进行系统整合，实现垃圾处理清洁邻利，有效实施绩效考核和按效付费，通过PPP模式提升相关公共服务质量和效率。"明确提出"政府参与的新建污水、垃圾处理项目全面实施PPP模式。有序推进存量项目转型为PPP模式。"形成以社会资本为主，统一、规范、高效的PPP市场，推动垃圾处理基础设施建设的高质量发展。

四、天然气行业投资与建设

2017年5月，中共中央、国务院印发的《关于深化石油天然气体制改革的若干意见》（以下简称《意见》）。《意见》是我国天然气产业优化升级的纲领性文件，明确了深化石油天然气体制改革的指导思想、基本原则、总体思路和主要任务。2019年3月19日，习近平总书记亲自主持召开了中央全面深化改革委员会第七次会议，审议通过了《石油天然气管网运营机制改革实施意见》，明确要求组建国有资本控股、投资主体多元化的石油天然气管网公司，推动形成上游油气资源多主体多渠道供应、中间统一管网高效集输、下游销售市场充分竞争的油气市场体系。天然气行业价值链将实现重构，为天然气行业提供大量的投资机会。

在上游天然气生产环节，中国由于历史原因常规天然气的勘探开采权由中石油、中石化、中海油和延长石油四家单位拥有，但是随着勘探和开发技术的不断革新升级，非常规天然气开发量占总开发量的比例逐渐增加，而且国家在该种气源的勘探权和开发权上引入了民间资本，并鼓励境外资本依照法律法规和外商投资产业政策参与投资，竞争性的天然气资源开发机制正在逐渐成型发展。根据2018年自然资源部发布的《全国石油天然气资源勘查开采情况通报（2017年度）》发布的信息显示，截至2017年底，全国累计探明的天然气地质储量为

14.22 万亿立方米，剩余经济可采储量为 3.91 万亿立方米。2018 年天然气新增探明地质储量为 8311.57 亿立方米，同比增长 49.7%。其中，新增探明储量大于 1000 亿立方米的盆地有 2 个，分别为鄂尔多斯盆地和塔里木盆地。新增探明储量大于 1000 亿立方米的气田有 3 个，分别为鄂尔多斯盆地的苏里格气田和米脂气田、塔里木盆地的克拉苏气田。

从中国天然气管道目前的建设进度来看，截至 2018 年底中国长输天然气管道总里程近 7.6 万公里，干线管网总输气能力超过 3100 亿立方米。中国以西气东输系统、川气东送系统、陕京系统为主要干线的基干管网基本成形，联络天然气管网包括忠武线、中贵线、兰银线等陆续开通，京津冀、长三角、珠三角等区域性天然气管网逐步完善，中亚 A、B、C 线和中缅线已经建成投产，中亚 D 线和中俄东线正在建设，中国已基本形成“西气东输、北气南下、海气登陆、就近外供”的供气格局。LNG 接收站投产规模达史上之最，负荷率升至历史高位。2018 年 LNG 接收站密集投产，增加进口接卸能力 1055 万吨/年，在历史上实现首次年度新增规模超千万吨。截至 2018 年底，我国已经建成 LNG 接收站共计 20 座，总接卸能力达 6695 万吨/年，其中仅 2018 年新增能力就占到总能力的 15.8%。《关于加快储气设施建设和完善储气调峰辅助服务市场机制的意见》的出台，首次从政策层面对上下游企业和地方政府提出了明确的、较高的储气指标要求。为落实这一要求，相关主体的储气库建设明显提速。截至 2018 年底，我国累计建成地下储气库 26 座，调峰能力 130 亿立方米，比 2017 年提高 30%。

城市燃气行业取得了较大的发展，在 2008 年至 2017 年间，中国城市燃气固定资产投资额总体呈增长态势，城市燃气固定资产投资占市政公用设施建设固定资产投资额的比重略有下降，从 2008 年的 2.22%增加到 2017 年的 2.31%。城市燃气投资主体由单一地方政府资本变为国有资本（中央大型企业集团和地方政府）、民营资本、境外资本等诸多市场经营主体，多元化的城市燃气行业投资和经济管理体制逐步建立，中国城市燃气市场呈现多种所有制并存的格局。城市燃气行业的市场化改革，大大拓宽了燃气基础设施建设的投融资渠道。大量的民间资本、境外资本以及国有资本（中央企业、大型国有燃气企业）进入城市天然气利用领域，为缺乏财力的各地方政府解决了城市燃气基础设施建设的资金难题。各种社会资本进入城市燃气领域，有效地解决了城市燃气大规模发展所需的建设资金，完善了城市基础建设配套设施，提高了城市燃气供给能力，减轻了国家和地方政府财政负担，为社会经济发展做出了贡献。

2017 年，中部地区和东北地区的城市燃气投资出现负增长，东部地区城市燃气投资同比增长 4.76%，占 2017 年城市燃气总投资额的 40.47%；中部地区城市燃气投资同比负增长 51.20%，占 2017 年城市燃气总投资额的 15.78%；西部地区城市燃气投资同比增长 150.27%，占 2017 年城市燃气总投资额的 39.91%；东北地区城市燃气投资同比负增长 20.65%，占 2017 年城市燃气总投资额的 3.84%，这说明使用城市燃气的地区主要是拥有燃气资源的地区和经济较发达的地区。

综上所述，改革开放以来中国通过系列投资推动了天然气行业的投资与建设，使得天然气行业的生产能力和管道设施获得了快速提升，但在快速发展过程中也存在区域发展不平衡、生产和运输能力不匹配等问题，这其中既有发展过程的因素，也有制度的因素。为此下一阶段需要从产业链角度整体协调改革，进一步优化布局，推进天然气行业整体协调发展。

五、电力行业投资与建设

改革开放后，电力行业以前所未有的速度发展，电力投资力度持续加大，电源建设不断迈上新的台阶，电网建设速度逐年加快。但近年来，受宏观经济的影响，电力行业投资与建设有所放缓，同比有下滑的趋势。

早期为填补电力供需缺口，2003 年～2007 年，曾形成超大规模的电力投资建设浪潮，电力投资建设累计投入 20595 亿元。2008 年～2009 年全国电力基本建设投资规模继续增加，2010 年有所回落，但 2010 年～2016 年全国电力工程投资总额再次保持持续增长势头，但增速却有起伏，2011 年～2014 年增幅不明显，2015 年较 2014 年有大幅度增加，但 2016 年增幅则又趋于平缓，同比增幅不足 0.2%，增长疲软已经初显。2017 年调头下滑，全国主要电力企业电力工程建设完成投资 8014 亿元，同比减少 9.5%，打断了连续 7 年保持增长的势头。与 2017 年相比，2018 年全国电力工程投资略有回升。

2002 年发电资产重组后，发电市场竞争效果初步显现，电源建设投资迅速增加，电力供应不足的问题很快得到解决。2002 年～2006 年，全国发电装机容量增加迅猛，从 2002 年的 35657 万千瓦增加到 2006 年的 62200 万千瓦，年增长率从 5.87%升至 22.34%，随后，增速放缓，增长率表现为下降的趋势，直至 2015 年后增长率又有所回升。但从 2016 年开始又呈下降趋势，2016 年全国发电装机容量增长率与上年相比，下降 3.11 个百分点，2017 年和 2018 年再次下降 0.54 个百分点和 0.77 个百分点。

清洁能源投资比重持续提升。火电工程投资从 2008 年的 49.3%下降到 2018 年的 28.2%，降幅达 21.1 个百分点；核电和风电投资比重大幅提升，分别从 2008 年的 9.7%和 15.5%，提升到 2018 年的 16.0%和 23.2%，提升 6.3 个百分点和 7.7 个百分点；水电投资比略有提升，2019 年与 2008 年相比，提升 0.2 个百分点。

电网基本建设投资累计完成额平稳增长。1978 年～1995 年，电网基本建设投资占全部电力基本建设投资比重平均只有 25.34%。“十五”期间，电网基本建设投资占全部电力基本建设投资的平均比重又上升到 35.05%。1999 年～2002 年，电网投资增速相对缓慢，2002 年以来电网投资增长较快。2004 年～2009 年，输电线路新增速度明显加快，2009 年，500 千伏以上与 220 千伏输电线路均有大幅增长。随着电网建设加快，输电效率也有所提高，输电线路损失率从 1999 年的 8.1%下降到 6.72%。2008 年，电网投资首超电源投资。全国电力基本建设投资完成额达到 5763 亿元，同比增长 1.52%。2010 年电网投资较 2009 年有所下降，2010 年～2012 年电网投资均低于电源投资，但从 2013 年开始，电网投资重新超过电源投资，2018 年电网工程建设投资 5373 亿元，较电源投资高出 2652 亿元，虽然增幅不大，但延续了我国电网工程建设完成投资持续增长的态势，连续第六年超过电源建设投入。

截至 2018 年底，全国全口径发电装机容量为 190012 万千瓦，比上年增长 6.5%，增速比上年回落 1.2 个百分点。其中，水电 35259 万千瓦（含抽水蓄能发电 2999 万千瓦，比上年增长 4.5%），比上年增长 2.6%；火电 114408 万千瓦（含煤电 100835 万千瓦，比上年增长 2.3%），比上年增长 3.1%；核电 4466 万千瓦，比上年增长 24.7%；并网风电 18427 万千瓦，比上年增长 12.4%；并网太阳能发电 17433 万千瓦，比上年增长 33.7%。全国人均装机容量 1.36 千瓦/人，比上年增加 0.08 千瓦/人，连续多年居世界平均水平。

随着新的发电机组相继投产，全国发电设备容量继续平稳增长，且新能源发电装机容量占比不断提高。全国非化石能源发电装机容量 77551 万千瓦，占全国发电总装机容量的 40.8%，比上年提高 2.1 个百分点；新能源发电装机合计 35860 万千瓦，占比 18.9%。单机 100 万千瓦级火电机组达到 113 台，60 万千瓦及以上火电机组容量占比达到 44.7%。

2018 年，全国发电新增设备容量为 12439 万千瓦，同比减少 580 万千瓦。从电源类型看，水电新增容量 854 万千瓦，同比减少 433 万千瓦；火电新增容量 4119 万千瓦，同比减少 334 万千瓦；核电新增 884 万千瓦，同比减少 666 万千瓦；风电新增容量 2100 万千瓦，同比减少 380 万千瓦；太阳能发电新增容量 4473 万千瓦，同比大幅度增加 868 万千瓦。

截至 2018 年底，新增 220 千伏及以上输电线长度 3.77 万公里，总长度达到了 71.6 万公里。与线路投入相比，2018 年，电网建设变电设备容量方面有所放缓。2018 年全国基建新增 220 千伏及以上变电设备容量 2.2 亿千伏安，同比下降 8.9%；新增直流换流容量 3200 万千瓦，同比下降 59.5%。

六、电信行业投资与建设

2008 年～2017 年，我国电信行业固定资产投资累计完成 36599 亿元，年均增加 3.07%，各年投资规模处于 3000 亿～4500 亿元范围内。我国电信业固定资产投资主要集中在投资规模最大的前三项分项投资上，依次分别为移动电信固定资产投资、传输类固定资产投资以及互联网及数据通信投资。2008 年～2017 年三者累计共完成投资额 91974.4 亿元，占总固定资产投资累计完成额的 77.9%以上。分地区来看，我国电信业在移动电信以及互联网及数据通信固定资产投资中对西部地区有一定程度倾斜。

2008 年～2017 年间，我国通信光缆建成长度保持较快平稳增长，年均增加 344.7 万公里，年均增速达 21.1%以上。2008 年～2017 年间我国移动电话基站建成数量保持较快增长，平均增速达 28.4%以上，年均建成 61.1 万座。移动电话语音信道和移动短消息中心容量在 2013 年～2014 年出现增长乏力，并在 2016 年～2017 年出现了负增长。2017 年我国电信业 xDSL 宽带接入端口数量仅为 0.22 亿个，而 FTTH/O 宽带接入端口则达到了 6.55 亿个，表明我国在 2013 年～2017 年的五年时间内，基本完成了从 xDSL 向 FTTH/O 互联网传输技术的全面升级过渡。我国移动电话交换机容量逐年快速增加，年均增速达 8.9%。

七、铁路运输行业投资与建设

改革开放以来，我国铁路运输行业迎来了高速发展时期，特别是金融危机之后，由于受到 4 万亿投资的强有力拉动，我国迎来了铁路建设投资与建设的快速发展期，整个铁路运输行业的投资不断增加，建设里程不断提高，有效地支撑了经济对客运、货运的发展需求。为了有效推进我国铁路行业的发展，使得铁路建设有序平稳推进，我国先后出台了《国民经济和社会发展第十三个五年规划纲要》《“十三五”现代综合交通运输体系发展规划》《中长期铁路网规划》《铁路“十三五”发展规划》等一系列文件，为铁路行业未来快速发展奠定了良好的发展基础。到 2020 年，铁路运输行业建设将保障一批重大标志性项目建成投产，铁路网规模达到 15 万公里，其中高速铁路 3 万公里，覆盖 80%以上的大城市，为完成“十三五”规划任务、实现全面建成小康社会目标提供有力支撑。到 2025 年，铁路网规模达到 17.5 万公里左右，其中高速铁路 3.8 万公里左右，网络覆盖进一步扩大。

近年来，全国铁路固定资产投资（含基本建设、更新改造和机车车辆购置）始终保持较大规模的增长。据铁路公司 2018 年年报披露显示，全国铁路固定资产投资额整体呈快速上升趋势，近 10 年复合增速达 12.26%。2008 年～2010 年，高速铁路建设带动整个铁路行业投资规模快速上升，2018 年我国全年铁路建设共建设投产新线 4683 公里，其中高速铁路 4100 公里，新开工项目 22 个。复线里程达到 7.6 万公里，复线率 58.0%；电气化里程 9.2 万公里，电气化率达到 70.0%；西部地区铁路营业里程 5.3 万公里。全国铁路路网密度 136.9 公里/万平方公里，比 2017 年增加 3.7 公里/万平方公里。不仅如此，自从 2008 年我国高速铁路建设高速发展以来，目前，我国 34 个省级行政区划中，除了西藏和澳门以外，其他省市区都已经开通了高速铁路。

综上所述，铁路行业是一个投资大、周期长、风险高的行业，从投资角度说，其与国家宏观经济和固定资产投资具有密切的关联性，而铁路投资也会有效支撑经济的发展。改革开放以来，中国通过一系列的大规模投资推动了铁路运输行业的投资与建设，铁路建设在有力带动经济快速发展的同时，也使得我国高速铁路的建设和发展异军突起，形成先进的生产制造能力。未来铁路投资与建设将成为拉动经济发展的强力引擎，成为决定各省经济发展的重要因素。

第二节　公用事业生产与供应

一、供水行业生产与供应

改革开放以来，中国经济进入快速发展的新时期，随着经济的快速发展和城镇化进程的加快，城市供水行业的供水量、用水普及率等反映城市供水行业生产与供应能力的指标获得了大幅的提升。从城市供水企业生产绩效来看，2003 年以来，国际大型供水企业和国内民营企业大量进入我国供水行业，使供水企业的数量不断上升，2005 年供水企业数量最多，为 2492 家。之后随着市场结构的调整，部分企业进行并购重组，供水行业的企业数量出现了下降，到 2011 年供水企业的数量仅为 1110 家，不足之前的 1/2。“十二五”以来，供水企业的数量又开始了新一轮的增加，到 2017 年供水企业已达到 1919 家。2017 年全国供水企业利润总额为 522906.05 万元，净利润为 345130.25 亿元。其中，河北、山西、辽宁、吉林、黑龙江、山东、湖北、陕西等 8 个省份供水企业的利润为负，其余省份供水企业总体实现盈利。盈利排名前五的省份是广东、四川、江西、江苏和贵州。内蒙古和湖南供水企业总体上相较上一年实现扭亏为盈，而湖北则由盈利变为亏损。

1978年中国城市供水量仅为787507立方米，到2017年增长到了5937591立方米，总体增加了约6.5倍。从2017年来看，我国城市公共供水总量为5339230.51万立方米，而自建供水总量为598360.47万立方米，公共供水总量占90%，这说明我国城市供水主要是公共供水。2017年我国城市生产用水总量为2783623万立方米，相比上一年略有回升。2006年以来，我国城市供水漏损率逐渐上升，2016年和2017年两年供水漏损率分别为14.58%和14.56%，漏损率整体仍处于较高水平。1978年至2017年间，我国用水普及率变化趋势则反映为先降后升的U形曲线。

综上所述，总体上中国城市供水行业生产与供应呈现出逐渐改善的趋势，这为我国城市建设与发展，城市人口与城市基础设施有机发展，以及提高城市居民福祉具有重要的推动作用。与此同时，城市供水行业的生产与供应呈现出一定的区域发展不平衡性。为此，随着城市化进程的加快和区域协调发展，需要进一步推进城市供水行业总体的生产和供应，同时，需要考虑区域差异性，形成与区域特征相适应的城市供水行业生产与供应新格局。

二、排水与污水处理行业生产与供应

截至2017年底，全国设市城市建成投入运行污水处理厂2209座，其中二级、三级污水处理厂2065座，污水处理率高达94.54%，污水处理能力达到了1.57亿立方米/日，处理量为452.9亿立方米；县城污水处理厂累计建成污水处理厂1572座，其中二级、三级污水处理厂1422座，污水处理率高达90.21%，污水处理能力达到了0.32亿立方米/日，处理量为84.52亿立方米。

分地区看，东、中、西部污水处理厂的分布极不均衡。截至2017年底，东部地区各省拥有的污水处理厂数量平均超100座，但西部地区各省仅平均有41.8座污水处理厂。相对地，西部地区的城市污水处理率较低，仅为91.6%。与东、西部不同的是，中部地区各省拥有的平均污水处理厂虽仅有62座，大约为东部地区的60%，但中部地区的污水处理率却略高于东部地区，主要是由于中部地区发挥了后发优势，后期建设的污水处理厂的规模、技术和配套都要优于东部地区早期建设的污水处理厂，进而提高了污水处理率。再者，东部地区的海南省的污水处理率仅为86%，极大地拉低了东部的平均污水处理率。

由于污水处理量连年增长，伴生的污泥处理量也不断增加。随着环保力度的加强和对污泥处理处置技术局限性的进一步认识，近年来我国污泥处理总量显著上升。2017 年，污泥处理总量达 3249 万吨，较 2016 年增长了 280 万吨，涨幅近 10%，每万吨污水的处理污泥量也是逐年递增，2017 年每万吨污水的处理污泥量为 5.71 吨，较 2016 年每万吨污水多处理 0.23 吨污泥，这说明越来越多的污泥得到了无害化处理处置。目前，我国污泥处理主要采用填埋、制肥、焚烧、建材等四种处置方式。长期以来，我国污泥处理的主要方式是卫生填埋，占比五成以上，但随着土地资源的不断稀缺以及潜在土壤污染风险的不断加剧，近年来污泥填埋的比例逐年下降，2017 年污泥填埋的比例仅占 26.78%，越来越多的地区采用污泥焚烧发电和制肥的方式处置污泥，占比约两成。相对而言，建材处置等其他方式的污泥处理量占比相对较小，近年来维持在一成左右，但增长趋势明显。从分地区污泥无害化处理处置的情况看，2017 年东部地区污泥处理处置的总量遥遥领先，其次是中部地区，西部地区的污泥处理量最少，总量不及东部地区的一半。从污泥处理处置方式上看，东部地区以焚烧为主，其次是制肥，而中、西部地区以填埋为主，其次是制肥。

污水经深度处理后再生利用，不仅是节约水资源的重要手段，也是促进源头减排的重要措施，我国污水再生利用规模不断扩大。2017 年，全国污水再生利用规模已增至 3587.9 万立方米/日，再生利用总量增长至 713421 万立方米。从分地区再生水规模和利用量的情况来看，东部地区的再生水利用规模和利用量明显优于中西部地区。其中，东部地区的再生水利用规模约为中部地区的 2.6 倍，是西部地区的 6.8 倍之多；在再生水实际利用量上，东部地区更是远高于中、西部地区，其再生水利用量是中部地区的 3.64 倍，是西部地区的 12 倍多。

三、垃圾处理行业生产与供应

《2014～2018 年中国垃圾处理行业市场需求与投资规划分析报告》的数据显示，2013 年全国 600 多个市级城市中，城市生活垃圾已将 2/3 的城市包围，1/4 的城市已经没有垃圾填埋、堆放场地，而全国城市垃圾堆存已累计侵占土地超过 5 亿平方米，这对垃圾处理能力是极大的考验，而垃圾处理行业的生产与供应直接决定垃圾处理能力。

我国城市垃圾无害化处理能力和处理量均在逐年增加。2017 年城市垃圾无害化处理能力达到 679889 吨/日，增幅为 9.42%。2017 年城市垃圾无害处理量为 19674 万吨，增幅为 9.22%；2017 年我国县城垃圾无害化处理能力相比 2016 年在建设规模、本年施工规模、本年新开工及本年新增处理能力等指标上，均有增加，2017 年度县城新增无害化处理能力 10630 吨/日，2016 年新增为 7330 吨/

日。具体来说，2017 年城市生活垃圾卫生填埋无害化处理能力为 360524 吨/日，生活垃圾焚烧无害化处理能力为 298062 吨/日，垃圾堆肥/综合处理无害化处理能力为 21303 吨/日；2017 年城市垃圾卫生填埋无害化处理量为 12037.6 万吨，垃圾焚烧无害化处理量为 8463.3 万吨，垃圾堆肥/综合处理无害化处理量为 533.3 万吨。从 2008 年～2017 年城市垃圾卫生填埋无害化处理能力和处理量的发展状况来看，经过 10 年的发展，我国城市垃圾卫生填埋无害化处理能力从 253268 吨/日提升到 360524 吨/日，10 年间增长了 42.35%，2017 年增长率为 3.0%；城市垃圾卫生填埋无害化处理量由 8424 万吨/年到 12037.6 万吨/年，10 年间增长了 42.90%。2017 年的增长率为 1.44%。

2008 年～2017 年，国内城市垃圾焚烧厂的无害化处理能力和焚烧垃圾量的发展看，国内的城市垃圾焚烧厂无害化处理能力实现将近 6 倍的能力扩充，从 2008 年的 51606 吨/日发展到 2017 年的 298062 吨/日，且每年的垃圾处理增长率也在逐步提升，近年来一直保持着较高的增长率，2017 年增长率达到了 16.50%；国内的城市垃圾焚烧厂无害化垃圾处理量也由 2008 年的 1569.7 万吨增长到 2017 年的 8463.3 万吨，保持了较高的增长速率，2017 年增长率也达到了 14.70%。

2017 年，西部、中部和东北地区占各地区无害化设施处理总能力的比重相对较高，分别为 70.48%、73.92%、74.10%，但是其中部分地区依然全部采用垃圾填埋处理方式，其垃圾焚烧项目或部分即将投运或在建中或是还在规划中，如青海、宁夏、新疆、江西、甘肃等。目前西部地区新增填埋厂的数量占比达全国总量的 60%，是我国垃圾填埋场增建数量最多的地区。东部地区填埋处理能力呈现出低幅的负增长趋势。浙江、江苏、福建、天津、海南、安徽、云南等 7 个省市的生活垃圾无害化焚烧占比超过 50%，焚烧已成为上述地区垃圾无害化处理的主要处理方式。

四、天然气行业生产与供应

天然气作为一种清洁高效的化石能源，是理想的城市气源，其由于开采、储运和使用既经济又方便，天然气的应用范围非常广泛。中华人民共和国成立之初，受经济条件的限制和勘探开发技术、市场培育不足等因素的影响，中国天然气产量增长缓慢。20 世纪 90 年代后期，特别是进入新世纪以来，中国天然气储量快速增长和长距离输气干线的建成投产，为天然气产能快速增加提供了资源基础。

20 世纪 90 年代以来，随着勘探技术的进步和勘探开发力度的加大，中国天然气勘探开发取得重大突破，先后发现苏里格、普光、元坝等一批大型气田，全国已形成四川、鄂尔多斯、塔里木、柴达木、松辽、准噶尔、莺—琼、东海等八大天然气主要产区。中国常规天然气探明储量呈现快速增长态势。“八五”期间，天然气累计探明地质储量 6969 亿立方米，为前 40 年探明地质储量的总和；“九五”期间，天然气累计探明地质储量进一步提高到 11543 亿立方米，年均增长 2309 亿立方米。迈入 21 世纪之后，中国天然气探明剩余地质储量继续保持高速增长。中国国内的三大石油巨头的开发，西气东输一线、二线的完工以及俄罗斯天然气南下推动了中国国内天然气的较快发展。

进入 21 世纪以来，中国天然气总体上呈现快速增长的阶段，天然气的绝对产量每年在增加且增长率基本上也是保持稳定的增长，1978 年～2016 年中国天然气的年均增长率为 20.24%。2017 年，全国统计天然气总产量为 1474.20 亿立方米，西北和西南地区为主要产地，其中西北地区占比为 54%，超过全国总产量的一半。陕西、四川和新疆作为天然气资源大省，是中国天然气的主要产地，占了全国总产量的绝大部分，且四川 2017 年的产量增速达到 20.03%。2017 年全国天然气总产量比 2016 年增长 115.6 亿立方米，增长率达到 8.5%。各地产量增加主要是受到国家天然气产业政策的影响，是因为中国为实现构建和谐社会和可持续发展等国家宏观目标，实施能源战略调整、提升环境保护势在必行，推出了与天然气产业相关的一系列支持和鼓励发展的政策，将大力发展天然气等清洁能源作为一项长期的国家能源战略，对天然气产业的发展起到了极大的促进作用。

2017 年，全国统计天然气供应总量为 12327856.65 万立方米，增长率为 8.34%。2017 年天然气消费最多的地区是华东地区，全年销售天然气 3728194.24 万立方米，占全年天然气销售总量的 30.24%；其次是中南地区，全年销售天然气 2405417.03 万立方米，占全年天然气销售总量的 19.51%。华东地区虽然生产量占比很低，但是供应量占比高，主要是由于华东地区经济发达。

从天然气的供给结构来看，2004 年“西气东输”管道投入商业运行以来，天然气开始大规模走入千家万户，天然气用气人口首次超过人工煤气用气人口。且 2004 年以来，天然气以年均 37.35% 的增速迅猛发展，到 2010 年其用气总人数首次超过液化石油气用气总人数。天然气覆盖人口不断增加，覆盖地区不断拓宽。截至 2016 年底，中国大陆的 31 个省级行政区均已不同程度地利用天然气，以天然气作为城市燃气主要气源的城市将越来越多。不论是供给总量水平，还是普及率，这 20 多年都有很大提高。1990 年～2017 年供气管道长度的增长率在 25 年间都比较高，2010 年～2017 年的供气管道长度以每年约 10%的速度增长。1990 年～2017 年燃气普及率增长速度极快，在 2010 年就已达 90%以上，在

2017 年高达 96.26%。从管道长度以及燃气普及率来看，中国的天然气供给能力在市场化改革中有很大的提升。

综上所述，总体上中国天然气行业生产与供应呈快速增长的趋势，这一方面得益于上游勘探能力的提升，同时也和天然气管网快速发展有关。随着我国能源革命和城镇化的快速推进，对天然气行业的生产和供给将提出更高的要求。与此同时，天然气行业的生产与供应呈现出一定的区域发展不平衡性，在华东和华南等经济发达区域，天然气供应量大，但是这些区域的天然气资源缺乏。为此，需要加快 LNG 接收站和储气站建设，一方面消除天然气的供需缺口，另一方面促进天然气行业的区域平衡，形成与区域特征相适应的天然气行业生产与供应格局。

五、电力行业生产与供应

改革开放以来，我国电力行业生产与供应能力飞速发展，特别是 2002 年电力体制改革之后，电力供应短缺局面迅速扭转，电力生产运行安全也在快速增加。但是近年来，受宏观经济影响，电力行业出现产能过剩的情况。

1990 年至 2018 年间，发电量逐年增加，全社会单月发电量平稳增长，累计发电量增速稳步回升，特别是 2000 年以后，发电量增长迅猛，但近几年也有所放缓。2018 年，全国全口径发电量 69947 亿千瓦时，比上年增长 8.4%，增速比上年提高 1.9 个百分点。核电、风电、太阳能发电量占比均略有提升，火电水电占比有所下降。根据国家统计局发布的数据，2018 年全年，水电发电量占全部发电量的比重为 17.61%，与上年同期相比下降 0.98 个百分点；核电、风电、太阳能发电量占全部发电量的比重分别为 4.22%、5.23%和 2.53%，与上年同期相比分别提高 0.35 个百分点、0.50 个百分点和 0.71 个百分点；火电发电量占全部发电量的比重为 70.41%，与上年同期相比下降 0.58 个百分点。

我国分区域发电情况差异很大，2018 年发电量增速在 15%以上的省市有 6 个，发电量负增长的地区仅有 1 个。与用电量增长情况相比，发电量增速的地区差异更大，2018 年发电量增速最高区域（华北）是最低区域（华东）的 2 倍以上，但发电量华北却不及华东。

电力生产运行安全可靠，2018 年，全国未发生较大以上电力人身伤亡事故，未发生电力系统水电站大坝垮坝、漫坝以及对社会造成重大影响的安全事件。电力可靠性主要指标总体保持在较高水平。

因发电装机容量快速增长，而电力需求增长缓慢，2005 年～2017 年发电设备平均利用小时虽有起伏，但整体上呈下降态势，其中 2013 年～2016 年降幅最大。2018 年水电、火电、核电和分电发电设备利用小时同比增加。全国发电设备累计平均利用小时 3862 小时，比上年同期增加 72 小时。随着电力供需失衡的继续缓解，全国发电设备利用小时数有望继续回升，从而带动核电设备利用小时回升。

2006 年～2018 年，供电煤耗水平逐步下降。其中 2015 年～2017 年标准煤耗同比下降 3 克/千瓦时。但 2018 年没有延续前几年 3 克/千瓦时下降值，仅比 2017 年下降 1 克/千瓦时。

2018 年，全年新增交流 110 千伏及以上输电线路长度为 56973 公里，变电设备容量为 31024 万千伏安，分别比上年下降 1.9%和 4.8%。线路损失率为 6.21%，达到历年最低。

2005 年～2018 年，中国售电总量呈上升趋势，近年来受宏观经济转型的影响，售电量整体上有所减缓，2015 年增长率较 2014 年有所下降，增速放缓明显，但 2016 年开始售电量回升明显。2018 年全年售电量 51045.00 亿瓦时，同比增长 9.76%。

六、电信行业生产与供应

2008 年～2017 年，我国电信行业累计完成 161522.3 亿元业务量，年均增加 15.6%。2008 年～2017 年，我国固定电话通话业务量以年均－14.3%的速率逐年迅速减少，到 2017 年固话本地通话时长仅为 1527.9 亿分钟，较 2008 年减少 69.7%。与固话本地通话总体变化趋势一致，但固话长途通话业务量下降更为剧烈。2008 年～2017 年，我国移动电话通话量经过 2007 年～2013 年的快速增长后，在 2015 年开始缓慢负增长，显现出增长乏力的迹象，这表明移动电话通话可能遭受了互联网通信的冲击。2010 年，我国移动短信业务总量为 8277.5 亿条，到 2017 年下降至 6641.4 亿条，尽管短信业务量总体下滑，但“非点对点短信业务量”仍然处于快速增加中，这表明“非点对点短信”在我国通信服务中仍具有重要价值和大量需求。2012 年我国移动互联网接入总流量仅为 8.8 亿 GB，人均接入流量为 0.649GB，到 2017 年总量达到 246.0 亿 GB，人均量达到 17.7GB，总量及人均量在 5 年内增长 26 倍以上。

2008 年～2017 年，我国电信业固定电话用户以年均 6.04%的速度持续减少，至 2017 年减少至 1.94 亿户。而同一时期内，我国移动电话用户规模以年均 9.4%的速度持续快速扩大，10 年累计增加 7.76 亿户，至 2017 年达到 14.17 亿户，按当年年末全国总人口计算，移动电话普及率达到 102 部/百人，标志着我国已完全实现“人均一部”的移动电话普及率。2008 年～2017 年，我国互联网宽带接入用户逐年快速增加，年均增速达 17.5%，10 年累计增加 2.66 亿户。FTTH 技术开始投放市场后，其用户占比急剧扩大，截至 2017 年达到 84.3%，表明 FTTH 互联网接入技术在我国已基本实现普及。

七、铁路运输行业运输与服务能力

伴随着铁路运输行业尤其是高铁建设的快速发展，在实现铁路建设和通车里程实现跨越式发展的同时，也使得我国铁路运输能力得到了极大提高。在客运量总体增长方面，随着铁路里程的不断增长，以及铁路时速的大幅提升，乘客出行“一票难求”的问题逐步得到缓解。铁路运输客运量保持双位数增长，其中高铁占比超过 60%，截至 2018 年末，国家铁路旅客发送量完成 33.17 亿人，比上年增加 2.79 亿人，增长 9.2%；国家铁路旅客周转量完成 14063.99 亿人公里，比上年增加 667.03 亿人公里，增长 5.0%。而各省则差别较大，广东省铁路客运量在我国保持遥遥领先，2017 年客运量达到 2.87 亿人，浙江（2.01 亿人）、江苏（1.98 亿人）、湖北（1.57 亿人）、河南（1.52 亿人）紧随其后，青海（0.11 亿人）、宁夏（0.065 亿人）、西藏（0.032 亿人）则位列后三名。在全国货运量方面，国家铁路货运总发送量完成 31.91 亿吨，增长 9.3%。这一数据比 2017 年增加 2.72 亿吨，超额完成全年增运 2 亿吨的目标任务。其中，集装箱、商品汽车、散货快运发送量比上年分别增长 44.6%、25.1%和 2.3%。山西（7.41 亿吨）、内蒙古（6.58 亿吨）、陕西（3.91 亿吨）三个煤炭能源大省在铁路货运量方面遥遥领先，北京、上海、西藏则分列后三位。

与此同时，我国铁路运输服务能力也取得较大的进步，如服务流程进一步完善，企业自主定价基本实现，公转铁进一步加快。但是相较于经济的高速发展，我国铁路运输能力和服务质量依旧存在较大的差距：从客运来看，旅客买票难、乘车难的问题并没有彻底得到解决，尤其是春运期间，一票难求的状况依旧存在，重要的干线承受着较大的运输压力，严重影响着客货服务质量和设备安全质量。从货运看，虽然运输能力和服务已经有所进步，但是与经济发展和社会需求相比，依旧存在着较大的发展空间。

综上所述，铁路运输能力得到了显著提高，特别是高铁的发展有力地提升了客运效率；同时，铁路也极大地满足了日益增长的煤炭、钢铁等大宗货物的运输需求。同时，伴随着铁路运输行业市场化机制的引入，服务流程进一步优化，客货服务质量得到了显著改善，但是其与经济发展和社会需求相比，依旧存在着较大的发展空间。

第三节　公用事业发展的基本成效

一、供水行业基本成效

随着改革开放的深入，中国城市供水行业进行了以产权改革、竞争改革和监管改革为特征的市场化改革道路。在市场化改革之前，我国城市供水企业实行国有化为主体的运作模式，企业由政府建，领导由政府定，资金由政府拨，这促进了中国城市供水行业的发展，但也加大了地方政府的财政负担，从而使得地方政府开始愈发思考城市供水行业的体制机制变革问题。

2009 年，我国劳动生产率为 517.41 立方米/(日·人)，到 2017 年劳动力生产率已上涨到 656.47 立方米/(日·人)，2011 年～2017 年供水行业劳动生产率总体上涨了 26.18%，仅在 2016 年适当回落。2009 年～2017 年，我国城市供水行业从业人员数量逐渐下降，与之相应的劳动生产率稳步提升。

2009 年，我国供水行业资产产出比为 6.63 立方米/(日·万元)，到 2017 年已下降到 4.40 立方米/(日·万元)，总体下降了 33.63%。产生这种情况的原因，一方面是人民币贬值，导致其购买能力与投资能力大大缩减；另一方面是近些年生产技术未与时俱进，与生产规模相匹配。由此来看，随着我国经济的快速增长，以及通货膨胀形成的货币贬值，尽管供水行业固定资产的投资金额不断增加，但由固定资产增加带来的供水产出却不断下降。

2009 年，人均供水能力为 0.52 立方米/(日·人)，到 2012 年下降到了 0.48 立方米/(日·人)，总体下降了 7.69%。此后，人均供水能力开始缓慢上涨，到 2016 年上涨到了 0.49 立方米/(日·人)，2017 年再度下滑至 0.48 立方米/(日·人)。由此来看，相对于不断增长的城市人口，我国供水行业的供水能力增长动力不强。这说明随着城市人口数量的不断增加，供水行业可能面临供水不足问题。

二、排水与污水处理行业基本成效

城市排水与污水处理行业经过不断的深化改革，逐步形成了有效竞争的市场结构，大大增强了行业竞争力，促进了各地污水处理绩效稳步提升。目前，中国城市排水与污水处理行业已基本形成国有及国有控股企业、外资及港澳台资企业、私营企业和上市公司等多种市场主体共同竞争的格局，BOT、TOT、ROT等PPP模式在污水处理项目中逐渐被推广运用，特别是新建污水处理设施，多采用BOT模式进行建设和运营。

其次，行业竞争力逐步增强。通过市场竞争，污水处理企业逐步建立现代企业制度，生产管理、财务管理、人事管理等水平提高显著。截至2017年底，污水处理行业中国有企业占比36.53%，有限责任公司占比29.31%，事业单位占比10.11%，其余类型占比约10%。随着专业化水务公司不断发展壮大，污水处理行业的整合重组已成为趋势，兼并重组初见成效。污水排放标准和生产工艺不断提高，二、三级污水处理厂的座数和处理能力双双大幅增长。二、三级污水处理厂的座数从2006年的689座增加到2017年的2065座，其处理能力也相应地从2006年的5424.9万立方米/日增长至2017年的14843.5万立方米/日。

最后，污水处理综合效益显著增强。全国人均污水处理量逐年提升，2001年全国人均污水处理能力为0.07立方米/（日·人），到2017年已增长至0.16立方米/（日·人），总体增长了84%。污水处理厂的出水水质稳步提升，基本能保证污水处理厂稳定达到一级B出水标准。2017年，全国有85%的污水处理厂的出水水质达到一级B以上标准。其中，出水水质为一级A标准的污水处理厂已占到全国污水处理厂总数的38.94%。污水处理厂作为COD减排的重要手段，对COD的削减量持续增加。2017年，全国污水处理厂共削减COD达1358.19万吨，较2005年COD削减量增长了900多万吨，翻了两番多。

三、垃圾处理行业基本成效

垃圾清运量（密闭车清运量）是反映垃圾处理行业基本成效的指标之一。10年来我国城市垃圾清运量（密闭车清运量）逐年上升，2017年城市垃圾清运量达到21521万吨，增长率为5.69%；城市道路清扫保洁面积和机械化清扫面积也反映了一个城市垃圾处理行业的基本成效。我国城市道路清扫保洁面积和机械化清扫面积整体上保持上升趋势，其中，在2017年清扫面积达到842048万平方米，增长率达到5.93%，增长率有所下降。

生活垃圾无害化处理率也是反映一个城市或县城垃圾处理行业基本成效的重要指标。随着垃圾行业的蓬勃发展，我国生活垃圾无害化处理率都达到了相当高的水平。2008年～2017年，城市生活垃圾处理量和无害化处理量逐年上升；垃圾无害化处理率也相应地从2008年的66.8%上升到2017年的97.7%。

2017年，我国在垃圾分类和收集管理上也取得较大成效。截至2018年上半年，134 家中央单位、27 家驻京部队已开展生活垃圾分类，134 家中央单位全部通过了验收，并建立了 11 个示范单位。全国各省直机关普遍推行生活垃圾分类，29 个省（区、市）已完成省直机关生活垃圾强制分类目标。另一方面，一些地区率先建立了生活垃圾强制分类制度。包括福建、贵州、江西三个生态文明试验区在内的 21 个省（区、市）已经出台了生活垃圾分类实施方案。各直辖市、省会城市、计划单列市和部分地级城市（以下简称 46 个重点城市）着力推进生活垃圾分类投放、收集、运输和处理设施体系建设。其中，41 个城市正在推进生活垃圾分类示范片区建设，14 个城市已经出台生活垃圾分类地方性法规或规章。厦门、深圳、宁波、苏州、杭州、广州、上海等城市生活垃圾分类工作已取得初步成效，厦门市岛内全部小区、岛外 68%的 1000 户以上小区已开展生活垃圾分类。

四、天然气行业发展的基本成效

天然气产业链体系日益完善，中国的天然气生产能力不断增强，2018 年全国天然气产量达到 1610 亿立方米，同比增长 7.5%，增加 136 亿立方米，创历史新高。其中，长庆、塔里木、西南、大庆、延长等主要气田产量均创下历史纪录，同比分别增长 4.9%、5.1%、7.7%、8.1%和 31.8%。页岩气产量突破百亿立方米，达到 114.4 亿立方米，同比增长 27.1%。国际市场开放，进口天然气增加是国内天然气供应增长的重要原因之一，2017 年我国 LNG 进口来源地已扩充至 22 个国家，其中从澳大利亚进口 LNG 量占总进口量的 45%，从南亚包括印度尼西亚和马来西亚，进口 LNG 量占总进口量 19.1%，从卡塔尔进口 LNG 量占总进口量的 19.6%。当前已建、在建和规划中 LNG 接收站项目主要分布在广东、福建、上海、浙江、海南、江苏、山东、辽宁、天津等地，东南沿海成为我国进口 LNG 接收站建设最多的地区，LNG 接收站数量的增加对于城市燃气供给提高有重要影响，形成了包括国外管道气、进口 LNG 等多渠道天然气供给体系。同时加快全国天然气管网建设和联网，快速推进城市管网建设，天然气产、供、销产业链逐步完善。

根据 2017 年 5 月中共中央、国务院印发的《关于深化石油天然气体制改革的若干意见》精神，确定“放开两头、管住中间”的改革方向，最终通过在上游和下游引入竞争机制，成立独立的天然气管网公司，改革天然气行业体制。城市燃气是最早引入竞争机制的领域，在 2015 年国务院出台《基础设施和公用事业特许经营管理办法》，规定了特许经营原则、方式、期限、方案、部门职责、协议内容与履行以及协议变更终止等内容。根据国家发展改革委在 2019 年 6 月 30 日发布“2019 年版外资准入负面清单”，取消 50 万人口以上城市燃气、热力管网须由中方控股的限制。这意味着，未来外资可控股甚至全资拥有城市燃气企业，完全放开城市燃气部门。

中国天然气批发环节价格实现由市场主导形成。其中，实行市场化定价的包括海上天然气、页岩气、煤层气、煤制气、液化天然气、化肥用气、储气库等气价。另外，通过管道供应的居民和非居民用气，并轨后的基准门站价格具有一定的浮动区间，也是由市场主导形成。至此，政府先后放开了进口 LNG、国产非常规气、直供大用户的门站价格，利用上海、重庆天然气交易中心竞价交易发现市场价格，并在福建开展西三线天然气门站价格市场化试点。一系列发展政策措施的最终目标是推行市场化定价，进一步反映供求关系的变化和营造公平、公正的市场环境。

中国天然气行业还处于快速发展之中，监管目标、内容、手段也会随着市场化阶段的不同而不断变化。“维护并增进公众利益”和“促进有效竞争”是政府监管的基本目标；相对独立性、权威性和专业性应成为政府监管体制变革的基本标准。中国天然气行业政府监管体系也在不断改进，在市场准入、质量、价格、监管机构等方面的监管将逐步趋于完善。在天然气管输价格核定的基础上，2019 年 5 月由国家发改委、能源局、住房和城乡建设部及国家市场监管总局四部门联合发布《油气管网设施公平开放监管办法》，推动天然气长输管网向第三方公平开放，为推动天然气市场化价格改革积累经验，并为最终实现输配分离、推动天然气市场化交易奠定基础。

五、电力行业基本成效

改革开放以来，随着经济体量的迅速扩大，我国电力行业开始高速发展，在发展速度、发展规模和发展质量方面取得了巨大成就，发生了翻天覆地的变化。在全国联网、解决无电人口等方面取得了举世瞩目的成绩。

2018 年底，我国装机容量达到 18.99 亿千瓦，发电量 71118 亿千瓦时，分别是 1978 年的 31 倍和 25 倍以上。目前我国不仅在装机总量和发电量上是世界大国，而且电力装备业也已全面崛起，并已跻身世界大国行列。我国装备了具有国际先进水平的大容量、高参数、高效率的发电机组。

1978 年，我国 35 千伏以上输电线路维护长度仅为 23 万公里，变电设备容量为 1.26 亿千伏安，截至 2018 年底，全国 35 千伏及以上输电线路回路长度 189 万公里，是 1978 年的 8.2 倍，变电设备容量 70 亿千伏安，是 1978 年的 55.56 倍。

电源结构得到明显改善，改革开放初期，我国电源构成仅有火电与水电，结构较为单一，经过 40 年的发展，截至 2018 年底，全国火电装机 11.4 亿千瓦，在全国装机中占比 60.2%；水电装机 3.5 亿千瓦，占比 18.54%；核电装机 4466 万千瓦，占比 2.35%；风电装机 1.84 亿千瓦，占比 9.7%；太阳能发电装机 1.75 亿千瓦，占比 9.19%。

电力科技水平不断提升，40 年来，我国出台了多项能源科技发展规划及配套政策，走出了一条引进、消化吸收、再创新的道路，能源技术自主创新能力和装备国产化水平显著提升。火电技术不断创新，达到世界领先水平。高效、清洁、低碳火电技术不断创新，相关技术研究达到国际领先水平。可再生能源发电技术已显著缩小了与国际先进水平的差距。水电、光伏、风电、核电等产业化技术和关键设备与世界发展同步。电网技术水平处于国际前列，掌握了具有国际领先水平的长距离、大容量、低损耗的特高压输电技术，我们运行着全球最大的电网，使之成为我国大范围资源优化配置的重要手段。电网的总体装备和运维水平处于国际前列，特高压输电技术处于引领地位。前沿数字技术与电力技术的融合正在成为新的科技创新方向。

电力消费持续增长。改革开放以来，经济结构对应的产业电量排序经历了从“二一三”到“二三一”，再到“三二一”的调整，电力消费弹性系数，也经历了由小于 1 到大于 1 继而降至小于 1 的“A”型发展。“十二五”以来，随着经济进入新常态，电力消费由粗放型高速增长向中高速转变，电力弹性系数降至 1 以下，即为了支撑经济增长 1%，电力消费增速仅需增长 0.8%，较“十五”和“十一五”电力消费弹性系数分别下降了 0.5 和 0.3。

我国坚持市场化的改革方向不动摇，市场作为资源配置的主导地位不断提升，同时也是推动电力工业快速发展的强大动力。在改革开放的大背景下，电力行业不断解放思想深化改革，经历了电力投资体制改革、政企分开、厂网分开、配售分开等改革。电力体制机制改革既是我国经济体制改革的重要组成部分，也是我国垄断行业走向竞争、迈向市场化的一种探索。电力领域每一次改革，都为电力行业以及社会经济激发出无穷活力，产生深远影响。在售电侧改革与电价改革、交易体制改革、发用电计划改革等协调推下，2018 年电力市场建设加快，电力市场交易更加活跃。

电力不仅支撑了我国工业的高速发展，满足了城市的消费，还大力服务于农村经济发展、农民生产生活。40 年来，通过全面解决无电地区人口用电问题、大力推进城乡配电网建设改造和动力电全覆盖、加大电力扶贫工作力度，电力普遍服务水平显著提升。

为缓解资源环境约束，应对全球气候变化，国家持续加大节能减排力度，将节能减排作为经济社会发展的约束性目标。40 年来，电力行业持续致力于发输电技术以及污染物控制技术的创新发展，目前煤电机组发电效率、资源利用水平、污染物排放控制水平、二氧化碳排放控制水平等均达到世界先进水平，为国家生态文明建设和全国污染物减排、环境质量改善做出了积极贡献。截至2018年底，全国6000千瓦及以上火电厂供电标准煤耗308克/千瓦时，比1978年降低163克/千瓦时，煤电机组供电煤耗水平持续保持世界先进水平；电网线损率6.21%，比1978年降低3.43个百分点，居同等供电负荷密度国家先进水平。截至2018年底，全国燃煤电厂100%实现脱硫后排放，已投运火电厂机组90%以上实现烟气脱硝，全国累计完成燃煤电厂超低排放改造7亿千瓦以上，占全国煤电机组容量比重超过70%。在应对气候变化方面，碳排放强度不断下降，2018年，单位火电发电量二氧化碳排放约844克/千瓦时，比2005年下降19.5%。

六、电信行业发展成效

2009年我国电信业完成了第二次拆分重组后，奠定了“移动、电信、联通三足鼎立”的基本行业格局。经过十年发展，我国电信行业在资产投资积累、行业经济效益以及业务普及等各个方面，均取得了长足进步和显著成效。

在经济效益方面，2008年～2017年间我国电信业业务总量保持快速增加，年均增速达15.6%，10年累计完成业务量161522.3亿元；与此同时，我国电信业收入以5.1%的年均速度逐年增加，并累计实现收入106290.2亿元；2008年～2017年我国电信业增加值总体保持快速增加，10年累计实现增加值58048.2亿元，年均增加4.2%。

在业务普及方面，2008年～2017年我国移动电话普及率快速大幅提高，2013年我国移动电话普及率达到90.3部/100人，达到基本普及，2017年普及率进一步增加至102.8部/100人，为2008年普及率的2倍以上，这表明移动电话在我国居民中已达到完全普及的状态。互联网固定宽带和移动互联网业务规模的迅速扩大，使我国互联网普及在2008年～2017年间取得显著发展成效。2017年，我国互联网普及率达到55.8%，也即平均每100人中有55.8人为互联网网民，为2008年的2.5倍。到2017年我国网民数量达到7.72亿人，网民数量年均增速达11.4%。移动电话和移动互联网通信的相继大规模普及，快速取代传统固定电话业务，到2017年固话普及率已下降至13.9部/100人，较2008年下降1/2。

在固定资产方面，不同固定资产指标规模均以较快增速逐年扩大。2008年～2017年间，我国电信行业固定资产原值以6.1%的年均增速逐年递增，规定资产总值以5.3%的年均增速逐年递增，固定资产净值以4.07%的年均增速逐年增加。

与此同时，伴随电信业务总量持续扩大，我国电信业成本花费也在不断上升。2008年～2017年间，我国电信业累计花费成本59918.9亿元，年均增加9.2%，高于年均收入增速4.1个百分点。尽管电信业增加值逐年增加，但其在当年GDP中占比逐年降低。2008年～2017年间我国电信业累计实现利润16059.6亿元，年均增速仅为0.92%。我国2008年～2017年间我国电信业固定资产折旧速度加快，新增固定资产比重持续下降。

七、铁路运输行业的发展成效

铁路运输行业近十年来取得了一系列发展成就，其主要表现为：第一，体制机制实现重大突破。实施政企分开，通过组建国家铁路局、中国铁路总公司，推进简政放权，加快职能转变，大幅削减铁路行政审批事项，进一步激发市场活力，快速推进铁路投融资体制改革，支持铁路实施土地综合开发，进一步鼓励和扩大社会资本投资建设铁路，发起设立铁路发展基金，有序推进铁路运输价格市场化改革，铁路发展的支持政策更加完善。第二，高铁路网实现跨越式发展，“四纵四横”为骨架的快速铁路成为经济发展的生命线。第三，技术取得重大突破，坚持原始创新、集成创新、引进消化吸收再创新相结合，在较短时间内实现了关键领域跨越发展，使得我国具备了支撑高铁发展的技术和产业基础，高铁还作为国家交流的名片走出国门。第四，铁路绿色发展取得巨大成就。在综合能耗上，国家铁路能源消耗折算标准煤1624.21万吨，比上年减少2.57万吨，下降0.2%。单位运输工作量综合能耗4.11吨标准煤/百万换算吨公里，比上年减少0.23吨标准煤/百万换算吨公里，下降5.3%。单位运输工作量主营综合能耗3.90吨标准煤/百万换算吨公里，比上年减少0.08吨标准煤/百万换算吨公里，下降2.0%。第五，运输服务品质得到显著改善。铁路服务变得智能化、人性化，亲民化，12306网络售票全面推广，人民群众获得感明显增强，客运量年均增长10%。

第四节　公用事业监管体制

一、供水行业监管体制

中国城市供水行业监管机构改革方向是继续保持中央和地方政府对城市供水

行业的主导地位，逐步推进政企分离和政资分开，建立现代企业制度，实现政府监管的相对独立化。具体而言，是推进供水企业的政企分离与政资分离，形成自主经营、自负盈亏的现代企业，剥离政企利益纽带，构建市场化、高效性和潜力性的城市供水行业现代体制。中国城市供水行业监管机构具有典型的多部门分散监管模式，主要涉及水利、建设、国土、物价、发改、卫生等多个部门，通过各部门分别承担与供水行业有关的职责，推进城市供水行业的发展。从整体来看，省市层面城市供水行业的监管机构呈现出基本趋同趋势，即与国家部委的职能保持一致性，形成主要职能由建设、水利、环保、卫生等部门协同管理的局面。无论是中央层面、省市区层面还是城市层面的城市供水行业监管机构，目前已经形成协同监管的机构设置模式。同时在县市层面形成多部门协同监管以及原有建设部门的监管职能进行重新划分，形成建管合一和建管分离两种典型模式，从而对县市城市供水行业监管机构创新进行了有益尝试。此外，市县两级城市供水行业监管机构将向建管分离转型。

中国城市供水行业进入监管呈现出网络环节严格监管与非网络环节逐步放松的态势。四大阶段具体包括：以技术设备引进为核心、以外资进入为特征的阶段（20 世纪 80 年代末～20 世纪 90 年代初）；以水厂市场化改革为核心、慎重开放管网设施阶段（20 世纪 90 年代初～2002 年）；以特许经营为核心，放松监管由传统的非自然垄断环节开始过渡到自然垄断环节的阶段（2002 年～2012 年）；大力鼓励和支持社会资本进入城市供水行业，进入全面开展 PPP 的新阶段（2013 年至今）。

中华人民共和国成立以来，城市供水制度经历了无偿供水到有偿供水的转变。其中，1949 年至 1964 年是无偿供水阶段。1964 年，原国家水利水电部发布《水费征收和管理的试行办法》，结束了 10 余年的无偿供水状态。1965 年至今中国城市供水行业价格管制变迁主要经历四个阶段。第一阶段，“包费制”；第二阶段，改革“包费制”，实行用水计量，按量收费；第三阶段，成本部分回收阶段；第四阶段，全成本水价改革阶段。

随着国家对饮用水安全的日益重视，社会公众对饮用水质量的关注度也越来越高。国家多次提高城市供水质量标准，其中，2007 年 7 月 1 日，新的饮用水水质标准《生活饮用水卫生标准》GB 5749—2006 正式实施，该标准在修订过程中参考了世界卫生组织（WHO）、欧盟（EC）、美国环境保护局（USEPA）、俄罗斯、日本等国际组织和发达国家的饮用水水质标准，该标准加强了对有机物、微生物和水质消毒的要求，统一了城镇和农村的饮用水卫生标准。水质指标由 35 项增加到 106 项，增加了 71 项，修订了 8 项。其中，微生物指标由2 项增加至 6 项；修订了总大肠菌群。饮用水消毒剂由 1 项增加到 4 项。毒理指标中的无机化合物由 10 项增加到 21 项。毒理指标中的有机化合物由 5 项增加到 53 项。感官性状和一般理化指标由 15 项增加到 20 项。放射性指标中修订了总 α 放射性。删除了水源选择和水源卫生防护两部分内容。

二、排水与污水处理行业监管体制

城市排水与污水处理行业是一个复杂的系统工程，涉及建设、环保、水利、卫生、国资、财政和发改等多个监管主体。2014 年《城镇排水与污水处理条例》正式实施，国家通过行业立法的方式，明确了国务院住房和城乡建设主管部门负责指导监督全国城镇排水与污水处理工作，但并没有明确省级及以下城镇排水与污水处理的主管部门，而是根据各地的实际情况，将城镇排水与污水处理的主管部门的设置交于各级人民政府自行确定，明确了“县级以上地方人民政府城镇排水与污水处理主管部门（以下称城镇排水主管部门）负责本行政区域内城镇排水与污水处理的监督管理工作”。目前，除海南省以外，各省、自治区城镇排水与污水处理的行业监管均由住房和城乡建设主管部门负责；北京、天津、上海由水务局负责；重庆由市政管理委员会负责。海南省因其地域的特殊性，政府部门设置与全国大部分省、自治区不一致。但海南省委、省政府已明确，该省水务厅相关的城镇排水和污水处理等业务由住房和城乡建设部归口管理，这一点，与各直辖市的对口管理是相同的。在城市层面，根据住房和城乡建设部对全国设市城市排水、污水处理、再生水利用的管理体制情况的调查，城市排水、污水处理、再生水利用等业务的监管机构设置各不相同。其中，绝大多数的监管机构设在住房和城乡建设部门，但有少部分设置水利部门、环保部门，还有极少数的城市排水与污水处理行业由政府直管、国资委、发改委和几部门混合管理。

排水与污水处理行业市场化改革始于 20 世纪 90 年代中期，随着排水与污水处理设施建设的快速增长，建设资金短缺和经营效率低下的矛盾日益突出，无法适应水污染治理的需要。为此，以特许经营制度为核心的排水与污水处理行业市场化改革开始逐步深入，大致经历了“探索发展—规范扩张—依法改革”三个阶段，同时，在排水与污水处理行业市场化改革的每一个阶段，宏观政策制度和改革的重点也都有着显著特征。

城镇排水与污水处理行业价格监管经历了福利供给、排水有偿使用费、污水处理费的变迁过程。早期的城市排水与污水处理属于事业性经营，污水处理不收费，城市排水和污水处理全面由政府承担，以福利形式供给城市市民。福利供给一直延续到 1993 年才开始逐步取消，但收费主要是为补偿排水设施的建设和运营费用。1993 年，国家开始征收排水设施有偿使用费；之后，为配合市场开放，国家启动了污水处理收费工作，排水设施使用费逐步向污水处理费过渡，我国开始逐步建立和规范污水处理收费制度，为市场化改革的投资收益回报提供了前提条件。2014 年底，根据《水污染防治法》和《城镇排水与污水处理条例》的要求，财政部、发改委、住房和城乡建设部联合颁布《污水处理费征收使用管理办法》（财税〔2014〕151 号），以部门规章的形式确立了污水处理收费制度，明确将污水处理费和污水处理服务费做了明确区分。2015 年初，发改委、财政部、住房和城乡建设部联合发文提高污水处理收费价格标准，要求 2016 年底前，设市城市污水处理收费标准原则上每吨应调整至居民不低于 0.95 元，非居民不低于 1.4 元；县城、重点建制镇原则上每吨应调整至居民不低于 0.85 元，非居民不低于 1.2 元。目前，各地已基本将污水处理收费标准调整到位。

保障城镇排水与污水处理的服务质量和环保标准控制关系到居民的生命财产安全，关系到城市安全和环境安全。中国目前已制定、修订和实施一系列与排水与污水处理行业相关的国家标准和行业标准，包含污水处理、污泥处置、再生水利用、海绵城市、黑臭水体治理等多个领域，涉及排水标准、排水监测标准、规范和方法、工程技术标准、规范和规程、产品设备标准等方面，基本建立起涵盖工程规划、设计、施工、验收、运行全过程的标准规范体系，对规范排水与污水处理企业的生产行为，保障城市排水与污水处理服务质量起到了积极的引导作用。其次，中国不断建立健全质量监控体系，完善考核评估机制。目前，中国已建立覆盖全国的城市污水处理管理的信息化平台，实时监测污水处理厂的污染物排放情况和对周围环境的影响，并建立了日常检测、不定期抽查、定期评估和专项调查相结合的监督检查制度，弥补在线监测的不稳定性。

三、垃圾处理行业监管体制

我国垃圾处理行业监管机构经历了一个从无到有，从零散到系统的过程。从早期的无特定监管机构，到后来的地方自主监管，再到中央和地方的协同监管；从只注重职能分工到政策工具的组合应用，再到加强监管绩效评价，监管体系愈加完善，职能配置更趋合理，充分反映了我国政府在生活垃圾处理行业监管能力的稳步提升。以创新、协调、绿色、开放、共享的发展理念为指导，按照生态文明建设总体要求，垃圾处理行业监管能力建设进入快速发展期。

当前我国垃圾处理行业监管制度构成可分为垃圾处理设施的规划与投资建设监管制度、市场准入监管制度、收费和价格监管制度、运营规范监管制度、市场退出监管制度等。为了对城市垃圾处理行业进行有效监管，建设部颁布了多部监管法规，典型的如《城市生活垃圾管理办法》。这一法规制度用于监管我国垃圾处理行业的各项活动，为垃圾处理行业制度化、规范化和法律化奠定了基础。2015 年以来，我国垃圾处理行业的监管制度得到了创新性发展，主要体现在：因地制宜夯实监管制度改革；监管模式创新推动监管制度改革；法律法规和标准体系完善保障监管制度改革。

我国一直在探索促进绿色发展的价格机制，其中不乏全面推行居民用电、用水、用气阶梯价格制度，出台奖惩结合的环保电价和收费政策，完善水资源费、污水处理费、垃圾处理费政策等，价格机制在不断完善、政策体系在逐步系统化、同时，也将着重点放在价格机制要充分体现资源稀缺程度、生态价值和环境损害成本等，且激励与约束相结合①。

2018 年 6 月 21 日，国家发展改革委出台《关于创新和完善促进绿色发展价格机制的意见》，提出 2020 年底前，全国城市及建制镇要全面建立生活垃圾处理收费制度，同时探索建立农村垃圾处理收费制度。按照其要求，发改委鼓励各地创新垃圾处理收费模式，提高收缴率。要求全面建立覆盖成本并合理盈利的固体废物处理收费机制，加快建立有利于促进垃圾分类和减量化、资源化、无害化处理的激励约束机制。这也是国家层面首次明确提出垃圾计量收费模式。收费模式细分为：对非居民用户推行垃圾计量收费，并实行分类垃圾与混合垃圾差别化收费等政策，提高混合垃圾收费标准；对具备条件的居民用户，实行计量收费和差别化收费，加快推进垃圾分类。差别化收费的方式，意味着要让垃圾分类和减量的责任落到个人。

我国垃圾处理行业的进入监管改革，主要体现在由过去政府垄断性供给逐步转向引入市场竞争，推行市场化发展上。由于生活垃圾处理服务的对象为居民，且处理的生活垃圾具有私人物品特性，这要求政府对该行业引入一定程度的市场机制，以多元化的参与模式，鼓励各类社会资本积极参与垃圾处理行业设施的投资、建设和经营，将更加符合和适应中国改革开放和社会主义市场经济建设潮流，也更符合目前政府和社会公众对垃圾处理的要求。

将垃圾处理行业由政府全权控制的形式转变为使民营企业参与进来，首先要考虑的一个问题就是对民营企业进入的监管。垃圾处理行业的进入监管具有两重性，其一是由垃圾处理行业的技术经济特征所决定的，需要对新进入的垃圾处理企业实行严格的控制，从而避免在垃圾处理行业出现重复建设和过度竞争的状态；其二是对新进入的垃圾处理民营企业实行控制并不意味着禁止新企业进入垃圾处理行业，政府部门应该适时允许通过直接或间接的途径使得有资质、合适的垃圾处理民营企业进入，从而实现发挥竞争机制的作用。具体的监管政策思路是

① 国家发展改革委．关于创新和完善促进绿色发展价格机制的意见（发改价格规〔2018〕943 号）．

根据不同的业务类型制定出不同的监管政策。需要注意的是，政府和社会资本合作（PPP）模式的广泛采用，需要政府变革进入监管模式，将政府和市场有机结合，不仅应关注如何将社会资本引入垃圾处理行业，更应关注市场化运营机构的运营效率和效果，以提升垃圾处理行业发展成效。

垃圾处理行业的质量监管尤其注重对可持续性问题的关注，需要正确处理短期与长期的关系。2000年后一段时期的“反焚烧”呼声导致以卫生填埋为主要途径的垃圾处理不可持续，带来的“垃圾围城”等一系列问题，《2014～2018年中国垃圾处理行业市场需求与投资规划分析报告》的数据显示，2013年全国600多个市级城市中，城市生活垃圾已将2/3的城市包围，1/4的城市已经没有垃圾填埋、堆放场地，而全国城市垃圾堆存已累计侵占土地超过5亿平方米，让整个行业深刻地认识到了垃圾处理行业的质量监管、可持续发展的重要性。垃圾处理行业的质量监管体现在：一是垃圾处理的源头把控，如生活垃圾的分类收集和管理的质量监控；二是垃圾处理环节中行业产品标准的制定、垃圾处置效率提升、避免二次污染的监管，如生活垃圾焚烧处理技术的提升、生活垃圾填埋二次污染控制、存量垃圾治理；三是再生资源回收利用水平的质量监管。

四、天然气行业监管体制

天然气行业属于自然垄断行业，对自然垄断环节需要进行严格监管。当前，中国天然气行业处于快速改革和发展之中，天然气行业的监管目标和内容发生相应的变化，在监管机构、价格监管、进入监管和质量等方面的监管机制都日趋完善，产生较好的监管成效。

在监管机构方面，随着天然气市场化改革的不断深入，不同环节有不同监管机构模式。上游的油气勘探开采逐步引入市场竞争，主要由自然资源部管理。中游的天然气管网监管机构是国家能源局。2013年国家能源局重组设立石油天然气司，将原电力监管委员会地方监管机构职能扩大至天然气领域，并增加行政执法职能等举措，构建了国家天然气行业监管机构制度。下游城市燃气采用的是国家与地方分层监管模式，主要监管机构是住房和城乡建设部和地方政府燃气管理部门，此外，中国城市燃气协会及各地方城市的燃气行业协会，作为燃气行业的自律机构，协助政府主管部门进行行业管理。

在价格监管方面，中国天然气建立上游的门站价与可替代能源价格挂钩的动态调整机制，基本实现市场化定价，并通过管道供应的居民和非居民用气并轨，结束了多年来的门站价格“双轨制”。在中游环节，根据国家发展改革委印发《天然气管道运输价格管理办法（试行）》和《天然气管道运输定价成本监审办法

(试行)》(简称“两个《办法》”),对管道运输的定价方法、监管对象、价格公布方式等进行了改革,并明确从 2017 年 1 月 1 日起实施。新的天然气管道定价方法调整为“准许成本加合理收益”原则定价,监管准许收益率为税后全投资收益率 8%。监管对象改为以管道运输企业为监管对象,由“一线一价”改为“一企一率”。价格公布方式改为国家核定管道运价率,企业测算并公布进气口到出气口的具体价格水平。同时,明确管道负荷率低于 75%的,按 75%负荷率对应的气量计算确定管道运价率。还根据国家发展改革委印发《关于加强配气价格监管的指导意见》的通知,各地在 2018 年 6 月底前制定配气价格管理和定价成本监审规则,同时明确了配气价格的制定方法,确定了重要指标参数的选取范围。其中,明确要求配气价格按照“准许成本加合理收益”的原则制定;准许收益率为税后全投资收益率,不超过 7%;校核周期原则上不超过 3 年。在终端价格改革中,逐步建立城市燃气用气价格上下游联动机制,引导终端用气价格(特别是居民气价)回归作为市场信号的本质,不应让终端气价承担过多政策性目标如补贴低收入群体等;对于政策性目标应选择其他诸如政府采取无差别直接补贴等更有效率的方式实现。

在进入监管方面,近两年国内天然气产量增长明显滞后于市场发展,对外依存度迅速提升,供应安全指数上升。加快完善天然气矿业权竞争性出让制度是解决上述问题的根本途径。要严格天然气矿业权的退出和转让,实现矿业权在石油公司之间、石油公司与社会资本之间进行更大范围的有效流转,以此推动国产气勘探开发力度,高效、经济地实现增储上产目标。同时,尽快建立健全天然气基础设施运营机制。近年来管网建设进展缓慢、基础设施互联互通不充分等成为制约天然气发展的瓶颈。随着跨省管输成本监审的完成和各省输配气价监审的不断推进,政府监管体系已具备雏形,加之社会对成立国家管网公司的预期基本建立,改革时机日趋成熟。尽管 2018 年天然气管网互联互通取得了积极进展,但与全国天然气资源高效流动和优化配置的目标仍相距甚远,要加快建立健全天然气基础设施运营机制,根据 2019 年 5 月份出台的《油气管网设施公平开放监管办法》,促进油气管网设施公平开放,以解决基础设施不足和第三方公平准入的难题。

在质量监管方面,天然气的“三易”特性导致其具有很高的危险性,其产品、工作、服务的质量直接关系着人们的生命财产安全和社会的健康稳定,质量安全问题始终备受关注。近年来,中国不断重视天然气行业的安全监管。要求燃气企业委托具有安全评价资格的中介机构,采用安全检查表的形式,对燃气企业的安全管理制度、内部组织结构、技术和设施的安全操作检修情况、事故预防与处理机制等方面进行评估,并据此为燃气企业的安全状况划分评价等级,采取相应的管理措施。此外中国还确立了一系列燃气安全标准，制定了专业资格制度，建立了用户回访制度，并经常对企业安全生产情况进行监督检查。天然气企业服务质量也是监管的重要内容，即对服务的态度、服务的技能、服务的效率等方面的监管。质量监管最主要的是要关注燃气企业的服务质量，消除燃气行业垄断行为。

五、电力行业监管体制

我国市场化改革过程中，公用事业行业改革普遍吸收了当代经济学、法学的基本原则，顺应了时代潮流，纷纷进行了市场改革。这其中以电力行业首当其冲，2003 年电力体制改革之后，电监会成为监管电力行业的主角，它不仅承担着一般的经济职能，还承担着维护市场秩序的重任。但是电力监管委员会也仅仅维持 10 年，在机构改革“大部制”的背景下，2013 年电力监管委员会即被撤销，其职责与 2008 年成立的国家能源局进行整合，成立新的国家能源局，由国家发展和改革委员会统筹管理。虽然电力行业监管在进行大刀阔斧的改革，但也必须看到当前电力监管法律尚不健全，配套措施不到位，在实践中依然存在着监管漏洞。

近年来我国电力监管立法取得重大进步。现行《电力法》颁布实施以来，在促进电力改革与发展过程中发挥最重要作用，是电力立法和电力监管立法体系中的核心，但实施 10 多年来，许多配套法规仍迟迟未能出台。不利于维护电力市场主体的合法权益和电力的安全运行。

我国电力监管职权配置存在职责不明，权责不一的分散现象。而对垄断性产业的监管是系统性极强的工作，电价审批、市场准入、投融资管理、成本监控等相关监管必须密切协同，才能取得预期的效果。我国电力监管体制仍然还处于从计划管理体制向市场经济条件下现代监管体制过渡的阶段，管理主体多元化、职能分散。

电力监管信息披露是监管机构披露监管过程中监管依据、过程和结果，接受公众的监督。由于电力行业是具有公益性的特殊行业，而且具有高度专业化、系统化的要求，信息披露不充分、不对称，实现民主决策的可能性降低，所以就我国现在的电力信息披露而言还不充分，导致监管决策与实施民主程度不够。

没有形成对电力监管的制约机制。电力监管部门作为行使公共权力的公众代理人，必须兼顾有关各方的利益，正确处理包括发电企业与电网企业之间的关系、电网企业与终端用户的关系及发电企业间的关系、不同类型的终端用户间的关系等。由于缺少民主监管的渠道，除了依法提请行政诉讼外，在项目审批、定价服务等制定过程中无法进行民主监督。对于如何避免监管机构滥用权力，对监管者的行为进行制约，对电力产业的投资者，竞争性服务供应商以及消费者意义重大。

从中华人民共和国成立之初到目前为止，电力行业监管机构改革可划分为三个阶段：无独立监管机构阶段、有独立监管机构阶段和大部制改革阶段。电力行业监管机构改革稍滞后于行业本身的改革，在很长的一段时间内，电力行业并无独立的监管机构，直到 2003 年中国电力监管委员会正式挂牌成立，标志着独立监管机构的出现，中国电力行业也被誉为是最早探索政府行政部与监管机构职能分离（即“政监分离”）的代表性行业。

电力行业价格监管与电力行业价格改革密切相关，不同的电价改革阶段，电价监管特点也有很大的差异，1949 年到今，电价改革大致可以分六个阶段，每个阶段的电价监管都有其特点。第一阶段：1985 年以前，国家执行指令性电价。1985 年之前，我国电力行业的特点就是发、输、配、售一体化，中央政府既是发电者，又是供电者，电源和电网全部都由政府出资建设，也并不存在发电和输、配电环节之间的上网电价；第二阶段：1985 年～1997 年，国家执行还本付息电价。1985 年是我国电价改革历程中里程碑式的一年。由于电力供应紧张局面逐渐凸显，国家开始实行多家办电、多渠道集资办电的政策，实行“老电老价”“新电新价”的政策，从而形成了“一厂一价”，甚至“一机一价”的局面；第三阶段：1997 年～2002 年，国家执行经营期电价。20 世纪 90 年代中后期，我国局部地区出现了电力供应大于需求的现象，这时还本付息电价政策逐渐显示出一些弊端。需要按社会平均先进成本定价的普遍规律，统一电力企业的资本金收益率水平，规范了电力行业的经营法则；第四阶段：2002 年“厂网分开”后“竞价上网”前，国家实施临时上网电价。2002 年，电力体制改革逐步推进，国家颁布临时上网电价管理办法，用于厂网分开后的电价管理。该政策允许原参与电网统一核算，没有单独上网电价的电厂可制定临时结算上网电价，借此保障了厂网分离后各类电厂的正常运营，继而为电力工业全面引入市场竞争机制做好必要的铺垫，起到承上启下的重要作用；第五阶段：2005 年，国家发布《国家发展改革委关于印发电价改革实施办法的通知》（发改价格［2005］514 号），制定了上网电价、输配电价和销售电价管理办法，将上网电价、销售电价与燃料价格挂钩；第六阶段：2014 年开始，国家陆续在深圳、蒙西等地开展输配电价改革试点，国家将按照“管住中间、放开两头”的思路，输配电价由政府根据“准许成本加合理收益”分电压等级核定，用户或售电主体按照其接入的电网电压等级所对应的输配电价支付费用；公益性外的发售电价格由市场形成；电网企业履行保底供应商义务，确保无议价能力用户有电可用。

尽管随着电力市场化改革的推进，电力行业价格监管亦不断改革和加强，但由于改革尚浅加上行业本身在经济发展中的特殊性，使得我国电力行业价格监管比任何国家都要复杂，现阶段电价监管仍然存在许多问题。

六、电信行业监管体制

中国电信业监管机构改革取向是转变政府职能和理顺部门职责关系，逐渐实现监管机构的相对独立性。具体而言，设立信息产业部，逐渐实现管制职能与电信业务的完全分离。实行职能有机统一的大部门体制，组建工业和信息化部，将原信息产业部的产业监督职能合并到工业和信息化部。而后者又是产业发展政策的制定和实施部门之一。因此，我国电信业监管采用的是证监合一模式，即工业和信息化部既是电信产业政策制定者，也是电信业的监督者。同时由于缺乏明确的法律地位，工业和信息化部只是国务院的一个工作部门，既受国务院的直接干预，又受到横向政府部门，如国家发改委等直接制约。这使得工业和信息化部很难独立地实行综合性管制。

电信业进入监管改革通过放松管制、引入竞争以及产业重组，逐渐呈现出数网竞争的格局。三个阶段具体包括：放松管制、引入竞争，成立由中央直接管理的中国联通公司（1980 年～1998 年）；产业重组和横向拆分阶段（1999 年～2008 年），中国电信市场形成中国移动、中国电信、中国网通、中国联通、中国铁通五大运营企业加上中国卫星的“5＋1”格局；全业务重组阶段（2008 年至今），电信业形成了中国电信、中国移动和中国联通三大运营商，呈现出数网全业务竞争局面。

为了适应电信市场发展的要求，20 世纪 90 年代以来，电信业价格监管经历了政府定价到市场定价的转变。1994 年，邮电部颁布《邮电部关于加强移动电话机管理和调整移动电话资费标准的通知》，电信价格管制转变为以政府指导价为主，市场调节价为辅的管制方式，给予企业一定的定价权。2014 年，工业和信息化部联合国家发展和改革委员会联合发布《关于电信业务资费实行市场调节价的通告》，结束了电信业价格资费监管的政府定价，全面实行市场调节价。1994 年至今，中国电信业价格管制变迁主要经历五个阶段。具体而言，第一阶段，资费局部调整。第二阶段，收益率管制阶段。第三阶段，混合价格管制阶段。第四阶段，价格上限管制阶段。第五阶段，全面放开价格阶段。

电信行业在控制价格的同时应该保证服务质量，这样才能提高消费者利益。

否则，电信运营商将会产生降低服务质量标准的刺激。为了促进我国电信事业健康、有序、快速地发展，维护电信用户的合法权益，加强对电信业务经营者服务质量的监督管理，根据《中华人民共和国电信条例》及有关法律、行政法规的规定，先后颁布了《电信服务质量监督管理暂行办法》、《电信用户申诉处理暂行办法》、《电信服务质量通告制度》、《电信服务质量用户满意度指数评价制度》等办法和制度。为了进一步提高电信服务质量，维护电信用户的合法权利，保证电信服务和监管工作的系统化和规范化，2005 年起施行《电信服务规范》,《电信服务规范》对包括固定网本地及国内长途电信业务等 8 类电信业务服务都制定了明确的规范标准。2016 年审议通过《电信用户申诉处理办法》，同时废止《电信用户申诉处理暂行办法》。

七、铁路运输行业的监管体制

铁路行业的监管主要指的是监管机构对于铁路行业监管的职责及其权利分配的方式和组织制度，其主要解决的是由谁来对铁路企业、铁路市场和铁路运输行业进行监管、监管机构之间的权力分配以及由谁来对监管效果负责以及如何负责的问题。我国铁路监管体制变革经历了漫长的历史过程，随着铁道部改组为国家铁路局和中国铁路总公司，实行“政企分开”，行政职权划入交通运输部，我国铁路监管体制形成了新的发展格局。即交通运输部继续承担政策性监管的工作，而将价格监管等经济性监管、社会性监管中的安全监管等权限划转交通运输部下属的专业性监管机构——国家铁路局，社会性监管中的其他职能由其他综合监管机构行使。

党的十八大以来，按照党中央国务院决策部署，铁路行业相应国家号召，积极推进价格监管制度的完善，初步建立起以“准许成本＋合理收益”为核心的行业定价制度框架，严格成本监审，强化价格监管，有效约束了行业成本。铁路运输价格的本质是建立健全以“准许成本＋合理收益”为核心的约束与激励相结合的垄断行业定价制度，实现科学化、精细化、制度化、透明化监管。目前价格监管主要由国务院价格、铁路主管价格部门进行统一管理，在部分客车票价行政指导价的同时，客运票价以政府定价为主，对铁路货物运价由政府定价改为政府指导价格。

准入监管则逐步从准入领域、准入条件、准入程序以及准入法律责任等方面进行精心设计来化解垄断与竞争、效率与安全、营利性与公益性之间的矛盾冲突。除了要向社会资本开放必须先确定合理的开放界限，明确开放的具体业务领域或不开放的具体业务领域，还要确立合理的开放界限必须建立科学规范的社会资本准入领域制度。同时，铁路行业高度重视质量监管，高度重视运输服务质量综合评价结果，2018 年 1 月 19 日，国家铁路局发布了《关于开展质量提升行动实施方案》，对于服务质量和工程质量做出了明确规定，落实各方的质量监督责任。

第二章　供水行业发展报告

供水行业是城市公用事业的重要组成部分，也是城市工、农、商业发展的重要基础性行业。近年来，伴随着中国城市化的快速推进，未来大城市的用水供需矛盾仍会出现，但中小城市由于人口迁移可能出现供水供大于求。我国城市供水行业民营化，为供水行业的发展注入了新的活力，也为城市供水行业的投资与建设带来了新的增长点，但当前中国城市供水行业在发展过程中仍然存在诸多问题。为深入分析中国城市供水行业发展过程中存在的主要问题，实现供水行业的高质量，本章将分别从供水行业的投资与建设、供水行业的生产与供应、供水行业的发展成效以及供水行业监管体制改革等四个方面，对我国城市供水行业的发展情况进行全面分析。

第一节　供水行业投资与建设

供水行业的投资与建设是加快城市化进程和保障城市充足用水的基础。近年来，在我国经济全面发展的背景下，在全国城市化进程快速发展和供水行业民营化改革的带动下，我国城市供水行业的投资不断增加，供水设施建设不断完善，但依然面临着供给不足问题，其内在原因在于城市供水行业国有资本为主体的投资结构并未得到根本改变，多元化融资结构尚未形成，在一定程度上制约着供水行业的建设与发展。本节将通过总量、增量以及地区差异等三个维度，对城市供水行业的投资与建设现状进行分析，并对当前城市供水行业投资与建设存在的问题进行梳理和探讨。

一、城市供水行业投资现状分析

改革开放以来，为缓解融资压力，我国城市供水行业开始逐步推进民营化进程，吸引民间资本和外资进入。城市供水行业民营化在一定程度上促进了供水行业固定资产投资的增加。然而我国城市供水行业仍然存在投资增速不稳、投资主体单一、区域间发展不平衡等各种问题，究其原因，其一是城市供水行业的经济和技术特征决定了该行业基础设施建设投资沉没成本巨大，社会资本进入存在着较大的投资风险，因此存在天然的进入壁垒；其二则是由于融资渠道和融资方法有限，导致社会资本缺乏进入城市供水行业的激励。

（一）城市供水行业固定资产投资增长趋势分析

我国城市供水行业固定资产投资额近些年来呈现出小幅波动中持续增长的趋势。由图 2-1 可以看出，近三十余年来，由于我国经济发展水平飞跃式提升，我国市政设施固定资产投资也飞速增长，1978 年～2017 年，市政设施固定资产投资总额增长超过 1500 倍。与之相应的，我国城市供水行业固定资产投资总额也保持着较为相似的增长幅度，我国城市供水行业的发展与市政基础设施的建设基本保持同步。我们进一步划分若干阶段来分析我国城市供水行业固定资产投资额的增长趋势，自改革开放以来，我国城市供水行业投资增长划分为三个阶段。其中 1978 年至 1991 年是我国城市供水行业发展的起步期，各级地方政府是这一阶段城市供水行业的投资主体，固定资产投资额由 4.7 亿元增长至 30.2 亿元，总

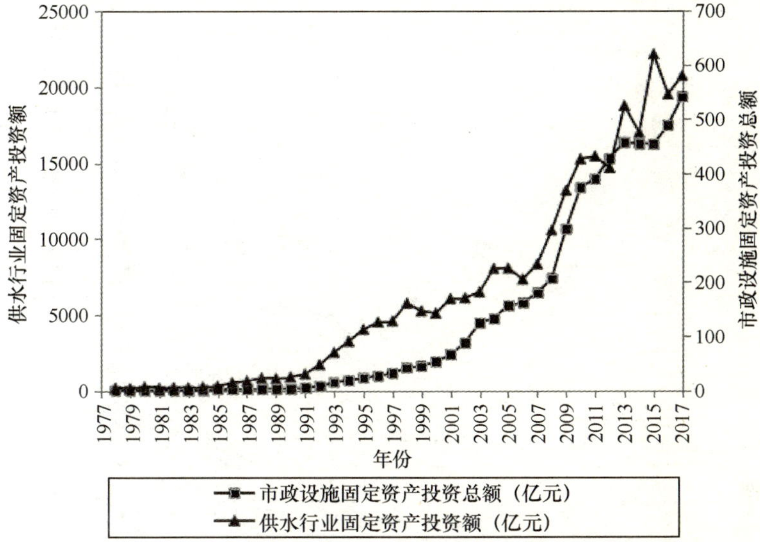

图 2-1 供水行业固定资产投资与市政设施建设固定资产投资总额比较

资料来源：《中国城市建设统计年鉴》(2017)，中国统计出版社，2018.

体增长 6.4 倍。1991 年至 2005 年为我国城市供水行业发展的成长期，这一阶段中伴随着城镇水务行业的民营化和市场化进程，各级政府逐渐停止了对城市供水行业投资和运营的直接参与，15 年间供水行业固定资产投资额由 30.2 亿元增至 225.6 亿元，增长 7.5 倍。2005 年开始，城市供水行业固定资产投资进入频繁波动中增长的阶段，其主要原因是资本市场的不稳定及投资的动力不足使得投资增加不稳定，多元化的融资模式短时期内难以形成。从 2005 年到 2017 年，我国城市供水行业投资额由 225.6 亿元增长到 580.14 亿元，总体增长了 2.57 倍。但在 2006 年、2012 年、2014 年及 2016 年均出现阶段性投资下滑。整体来看，我国城市供水行业的投资尚面临投资主体单一、投资渠道狭窄等诸多问题，供水行业民营化进程中投资动力不足导致的短期内投资波动也在影响着我国城市供水行业的稳定与发展。

我们亦可通过供水行业固定资产投资占市政设施建设投资比重来分析我国城市供水行业的投资发展情况。自 1978 年以来，由于我国市政设施建设的整体发展与多样化，供水行业固定资产投资占市政设施建设投资额比重随着我国经济的发展在波动中逐渐下降并趋于平稳。如图 2-2 所示，1981 年我国城市供水行业固定资产投资占市政设施建设投资比重开始稳定在 20%左右的水平，1990 年以后供水行业固定资产投资占市政设施建设投资比重降至 20%以下。在此之前的一段时期内，我国市政设施建设的目的仍主要以保障居民基本生活为主。20 世纪 90 年代开始，我国供水行业固定资产投资占市政设施建设投资的比重逐年下

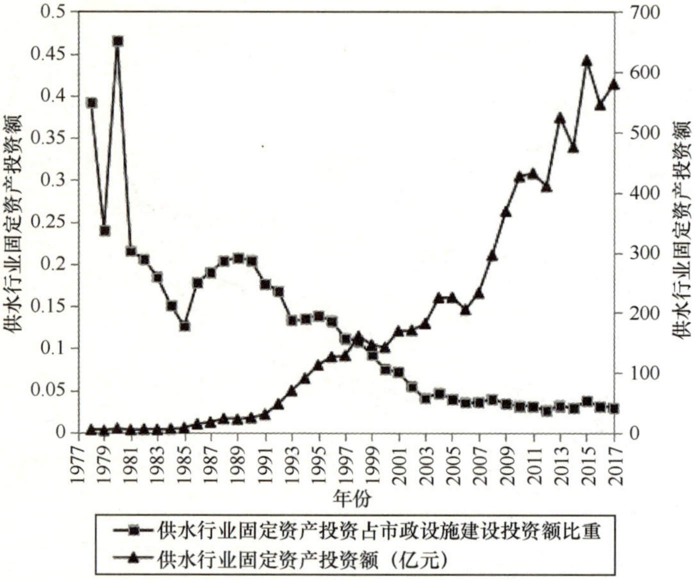

图 2-2 供水行业固定资产投资占市政设施建设投资额比重

资料来源：《中国城市建设统计年鉴》(2017)，中国统计出版社，2018.

降并趋于平稳，2000 年后降至 10%以下，2006 年至 2017 年供水行业固定资产投资平均占比仅为 3%。伴随着我国经济的不断发展，居民生活质量也不断提高，供水行业投资在市政设施建设投资中所占比例亦不断下降，市政设施建设资金投入趋于多样化，更多资金用于交通、燃气、绿化与园林的建设。

（二）城市供水行业投资空间区域发展分析

我国城市供水行业在区域间呈现出明显的发展不平衡趋势，主要体现为东、中、西部地区供水行业投资差异显著。究其原因，主要在于东部地区是我国经济发达地区，随着城市化的推进，我国东部地区供水行业基础设施建设相对其他区域较早趋于完善，且由于经济增速快、人口流入多，近些年来供水行业投资依然不断增加且远高于中、西部地区。中西部地区则由于经济发展相对落后，且人口密度相对较低，对供水行业投资的需求不足，资金投入力度亦远不及东部地区。如图 2-3 所示，2017 年我国东部地区城市供水行业固定资产投资额为 308.11 亿元，相比 2016 年增长 19.99%，中部地区固定

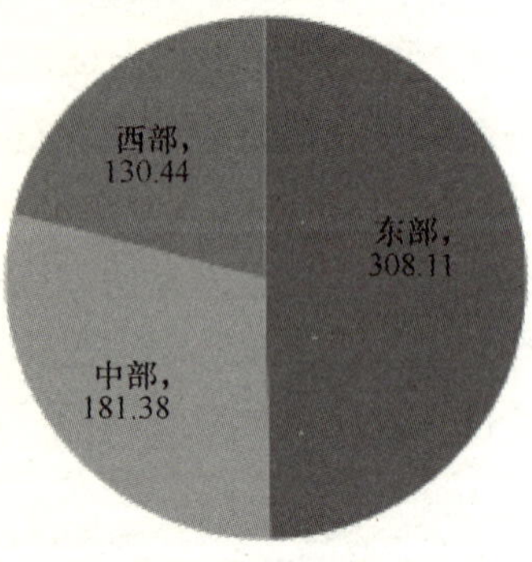

图 2-3 东、中、西部地区供水行业固定资产投资额

资料来源：《中国城市建设统计年鉴》(2017)，中国统计出版社，2018。

资产投资额为181.38亿元，相比2016年增长14.83%，而西部地区的投资额仅为130.44亿元，甚至相比2016年倒退0.53%。2017年东部地区11省的城市供水行业固定资产投资总额几乎等于中部和西部地区20个省的总和，且东部地区供水行业固定资产投资增速仍明显高于其他两个地区。尽管近些年来我国城市供水行业固定资产的投资总额不断增加，但仍存在着区域间发展严重不平衡、投资效率不高的问题，东西部地区分别存在投资供给过剩和投资供给不足的问题，因此供水行业区域间的投资比例需要重新分配，以实现我国城市供水行业的全面均衡发展。

由图2-4可知，划分各省份来看，江苏省仍为城市供水行业固定资产投资额最高省份，2017年投资额为11.46亿元，相比2016年翻了近一番，其次为山东和浙江分别为45.66亿元、42.07亿元，以上三省供水行业固定资产投资均超过40亿元。排名后三位的省（区、市）是天津、青海和宁夏，分别为0.59亿元、0.53亿元和0.25亿元（西藏2017年未统计），均不足1亿，且均相比2016年有不同程度的下降。2017年，我国供水行业各省份平均固定资产投资额为19.34亿元。9省份固定资产投资额高于平均值，其他省份均低于平均值，而高于平均值的9省中6个来自东部地区，2个来自中部地区，1个来自西部地区。通过具体到各省份的城市供水行业固定资产投资额比较仍然可以发现，我国供水行业固定资产投资区域间存在较大差异，建设资金仍主要集中在东部沿海发达地区。值得注意的是，近年来我国中部地区及西部部分省份，供水行业固定资产投资不断加大，尤其是甘肃、内蒙古、新疆、四川等地区，供水行业固定资产投资

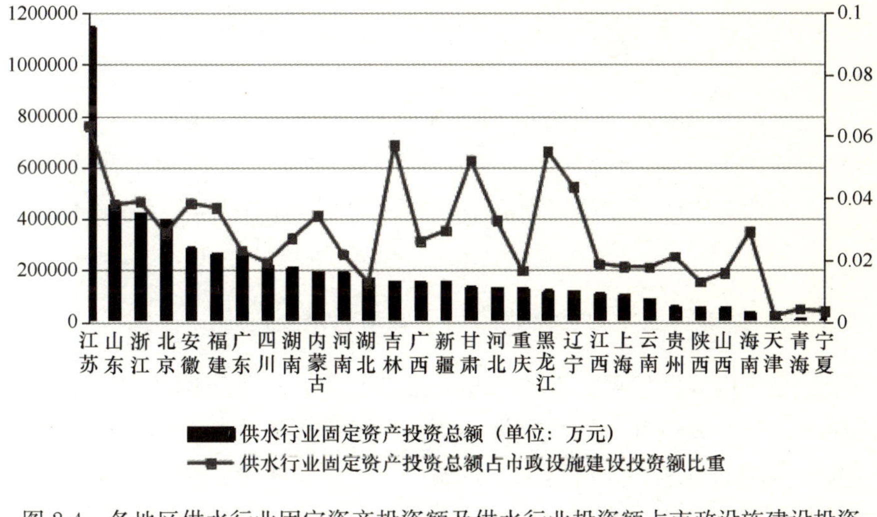

图2-4　各地区供水行业固定资产投资额及供水行业投资额占市政设施建设投资

资料来源：《中国城市建设统计年鉴》（2017）．中国统计出版社，2018.

额相对较高，且供水行业固定资产投资占市政设施建设投资比重较大。这些地区由于供水行业基础设施建设起步较晚，在城市发展与居民生活的客观需求下，在当前阶段加大了供水行业设施建设的投资力度，进一步加强了我国中部、西部地区的供水能力，对于平衡我国省际区域间供水行业发展也起到了重要作用。

（三）城市供水行业融资渠道与融资方式相对单一

供水行业的自然垄断性、规模经济性和关联经济性等特征决定了该行业资产专用性强、沉淀成本高、建设和更新改造投入成本巨大，因此该行业长期以来都是主要依靠政府投资拨款运营，建设和营运资金相对缺乏。此外，旧有的政企合作经营模式也容易因权责不清导致经营不善甚至投资亏损。近年来，我国开始逐步推行城市供水行业的民营化、市场化，引进社会资本，但由于我国城市供水行业长期以国有企业作为投融资主体，民营企业在短期内很难实现独立经营。

有关融资方式方面，当前我国城市供水行业的融资模式主要有以下四种：BOT、TOT、PPP 及 PFI。其中 BOT 和 TOT 模式是较早引入的融资模式，BOT 的优势在于可以将项目融资的所有责任转移给民营企业，从而使政府避免大量的项目风险；其缺点在于项目前期过程长，容易造成参与项目各方的利益冲突。TOT 模式的优点在于风险小，便于管理，融资对象更为广泛；其缺点在于项目投资回报、资产转让份额等问题较难处理。PPP 模式的优势在于政府公共部门和民营企业在项目初始阶段共同参与论证与可行性研究等环节，可以缩短工作周期，降低项目费用，有效协调各方利益；其缺点在于组织形式相对复杂，管理协调难度加大，项目的回报率难以确定。PFI 模式的优势在于能解决供水行业资金不足的问题；其缺点是民营企业在项目实施中承担风险较多，操作过程中系统性风险较高。

总体而言，我国城市供水行业融资渠道相对单一，行业投融资结构较为固化。尽管近些年来出现了包括 PPP 在内的多种融资模式，但由于在我国城市供水行业中核心投资主体仍然是国有企业，行业仍由政府主导，社会资本参与力度依然不足。

（四）城市供水行业投融资增速滞后于城市化发展进程

城市化是我国经济发展的客观要求和必然趋势，也是我国走向国际化道路的必经之路。改革开放以来，在我国社会整体经济发展和全国城市化进程加快的带动下，我国城市的总体数量迅速增加，城市的规模也不断扩大，但随之而来的是城市人口数量迅猛增长，城市用水日趋紧张，城市水资源逐渐短缺等问题。这不仅影响到了城市居民的正常生活，城市化的进一步发展也受到极大制约，供水行业的升级与发展已成为当前迫切需要解决的问题。

如图 2-5 所示，自 1978 年以来我国经济取得了巨大的发展，GDP 比重持续上升，到 2016 年已经上涨至 744127.2 亿元，位居世界第二。然而伴随着经济增长的同时，我国供水行业固定资产投资占 GDP 的比重却开始下降。在 1991 年以前，我国经济处于较为落后阶段，供水行业固定资产投资占 GDP 的比重在 0.08～0.15 之间，占比较大。1991 年至 2001 年，我国经济开始逐步发展，GDP 由 22005.6 亿元增长到了 110863.1 亿元，总体增加了 5.04 倍。这一时期不仅经济取得了快速增长，供水行业固定资产投资占 GDP 的比重也不断增加，1998 年占比已增长到了 0.19%，供水行业基础设施建设不断完善，供水水平和供水能力不断满足人们基本的生产与生活。2001 年以后，我国经济实现了另一个跨越，逐渐由中速发展转变为高速发展，GDP 增速不断提高，人们生活水平不断改善。然而这一时期，供水行业固定资产投资占 GDP 的比重却不断下降，到 2016 年底，占比仅为 0.07。这在一定程度上表明，虽然我国经济取得了长足的发展，但供水行业的建设与经济发展的速度仍存在落差，人们物质生活得到充实的同时，供水质量与生活质量开始出现矛盾。

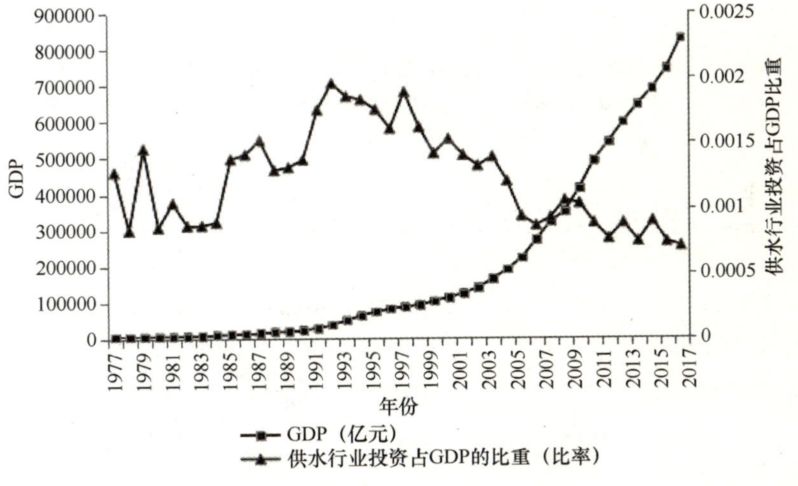

图 2-5　供水行业固定资产投资

资料来源：《中国城市建设统计年鉴》(2017)．中国统计出版社，2018.

本部分以城镇人口占全国总人口比重来衡量城市化率。如图 2-6 显示，自 1978 年以来我国城市化率不断上升，1978 年我国城市人口占我国总人口的比重仅为 17.92%，2011 年首次突破 50%，到 2017 年已增至 58.52%，共增长 2.27 倍。伴随着城市人口的不断增长，城市供水需求不断加大，城市供水日趋紧张，对城市供水行业投资建设提出了更高要求。从图 2-6 可以看出，在 2000 年以前，我国城市供水行业的投资增长和发展速度基本与城市化进程相适应，供水行业固定资产投资占 GDP 比重处于较高水平。2000 年以后，我国城市化率依然不断增加，更多的农村人口开始快速向城市转移。与之相比，城市供水行业的投资与建设因受多重因素制约，发展动力不足，2000 年以后，城市供水行业固定资产投资占 GDP 比重开始不断下降，供水行业投资增速与城市化发展增速逐渐背离，差距逐渐拉大，显然城市供水行业投资已经不能满足城市化需求。

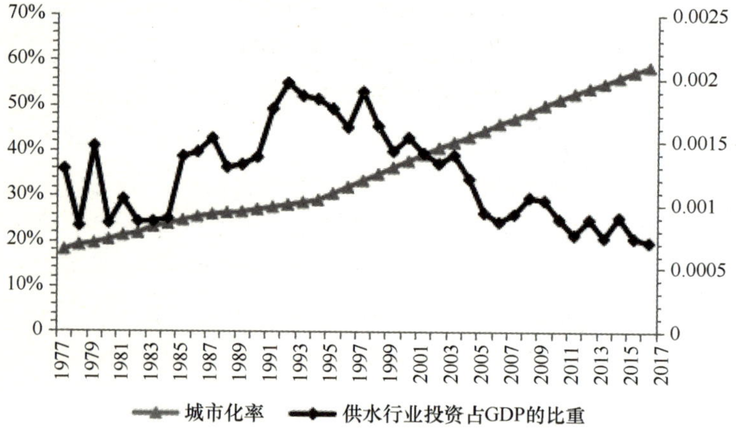

图 2-6　供水行业固定资产投资与城市化率比较

资料来源：《中国城市建设统计年鉴》、《中国统计年鉴》（2017）. 中国统计出版社，2018.

二、城市供水行业投资问题分析

改革开放以来，我国城市供水行业市场化成效显著，社会资本被逐渐引入城市供水行业，为供水行业带来了更充足的资金来源，城市供水行业固定资产投资不断增加，供水行业市场经济体制逐渐形成。但是城市供水行业在投融资领域依然存在着一些问题，具体体现在以下几个方面：

（一）融资结构相对单一

由于供水行业的技术和经济特征，决定了城市供水行业初始投入巨大，因此国有资本在供水行业长期中占据主导地位。21 世纪初，在城市供水行业民营化和市场化的背景下，我国供水行业开始实行投融资体制改革，而水价政策改革也使以企业为主体的项目融资和政策性融资逐渐成为水务行业投融资的主要形式，民营企业、外资企业开始参与到我国城市供水行业投融资的当中，供水行业投融资主体多元化的格局初步显现。

尽管我国城市供水行业投融资体制改革在一定程度上改变了行业投融资结构进而促进了行业发展，但是，国有经济长期处于支配地位、地区间发展不平衡等多方面原因，从全国整体情况来看，城市供水行业的投融资结构依然单一，多元化的市场投融资主体格局尚未形成。融资结构单一的背后反映出的是一些深层体制问题，具体体现为：在财税体系上，由于中央政府保持强大的控制力，相应的地方政府商业融资能力不足；在资本市场方面，则体现为金融工具单一、融资手段缺乏、投资保障薄弱。

（二）投融资效率不高

我国城市供水行业投融资体制改革的根本目的在于提高供水行业的经营效率和保障城市居民和工业用水。投资扩建、扩充资本只是手段而非目的。当前我国城市供水行业投融资规模正在以各种方式扩大，但投融资效率却并不理想，一部分项目投资甚巨，资金回流压力也同样巨大，同时也会给下游消费者和公共财政造成压力，一些供水企业以超出原值数倍的价格出售资产，却只是微利、保本甚至亏损经营。因此在城市供水行业投融资中，不应仅仅关注前端融资收益，更应关注后端的价格成本，形成项目经营的良性循环方能提高到供水行业融资的真实效率。

（三）政府角色定位模糊

PPP模式是近年来较为流行的一种供水行业融资模式，PPP模式的推出一定程度上缓解了供水行业政府资金短缺的问题，然而PPP合同签订中，却存在着政府角色定位模糊的问题。在签订合同过程中，政府同时兼具监管者与项目合作者双重角色，客观造成监管行政权力与资产权利的交叉混淆。政府作为行政主体，其行为通常受到行政法（公法）约束，民营企业作为市场主体，行为受民法（私法）约束。公法主体降位进入PPP合同，形式上与民法主体处于平等地位，虽然在理论上可行，但由于政府同时扮演监管者与项目参与者双重角色，而监管者的公法权力又凌驾于民法契约之上，在PPP合同签订中政府角色定位的模糊就影响了市场公平。

三、城市供水行业的建设现状分析

作为市政公用事业的重要组成部分，城市供水是保障现代化城市正常运行的关键。城市供水行业的建设主要是通过预测城市用水量，科学布局城市供水系统，合理规划供水相关基础设施，以达到节约用水、按需供水的目的。本节将主要通过城市供水综合生产能力及供水管道长度综合分析我国城市供水行业建设现状。

(一)城市供水综合生产能力现状

首先，以城市供水综合生产能力来反映城市供水建设的整体情况和建设成效。由图 2-7 可以看出，自 1978 年以来，我国城市供水综合生产能力呈现出不断提升的趋势，以满足不断增长的城市人口需求。由于从 1986 年开始统计口径发生变化，我们以 1986 年为分界点对前后两阶段的城市供水综合生产能力进行分析。1978 年～1985 年，我国城市供水行业综合生产能力由 2530.4 万立方米/日增至 4019.7 万立方米/日，总体增长 58.86%。1986 年以后城市供水综合生产能力总体上维持一定的增长速率，只在三个时期出现短暂下降。其中，2005 年城市供水综合生产能力由 24753 万立方米/日降至 24719.8 万立方米/日，下降 0.13%；2007 年城市供水综合生产能力由 26965.6 万立方米/日降至 26604.1 万立方米/日，下降 4.66%；2011 年我国城市供水综合生产能力由 27601.5 万立方米/日下降至 26668.7 万立方米/日，下降 3.38%。以上三个时期我国城市供水综合生产能力均出现微弱的下滑，但 30 余年间总体上升 192.8%，年平均增长 6%以上，到 2017 年我国城市供水综合生产能力已增长至 30475 万立方米/日，说明了城市供水行业建设取得了显著成效。

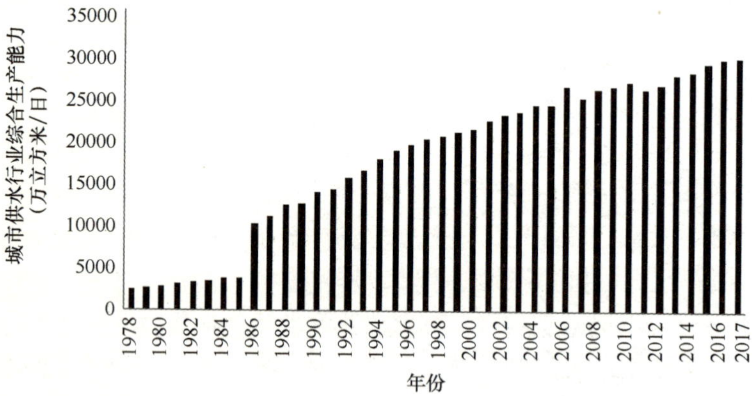

图 2-7　1978 年～2017 年城市供水行业综合生产能力变化情况

数据来源：《中国城市建设统计年鉴》(2017)，中国统计出版社，2018.

注：1978～1985 年综合供水生产能力为系统内数。

我们同时亦关注了我国城市供水综合生产能力的区域差异。2017 年我国各省和地区的城市供水行业综合生产能力差异依然较为明显。如图 2-8 所示，与城市供水投资相对应的，供水综合生产能力较高的地区主要集中在东部经济发达、城市化率较高的省份。其中，两个省份城市供水综合生产能力超过 3000 万立方米/日，其中广东为 4071.26 万立方米/日，相比上一年增长 2.51%，位列全国第一位；江苏为 3445.18 万立方米/日，相比上一年增长 2.24%，位列全国第二；北京仍位列第三，为 2178.74 万立方米/日，相比上一年下降 11.16%。城市供水行业综合生产能力排名后三位的分别是海南、青海和西藏，分别为 161.68 万立方米/日、101.31 万立方米/日和 67.48 立方米/日。2016 年，全国共有 12 个省份供水综合生产能力超过 1000 万立方米/日，2017 年减少为 11 个。相比 2016 年，安徽城市供水综合生产能力下降最多，降幅为 18.47%，宁夏增幅最大，增长 46.53%。总体而言，2017 年度我国各省和地区供水行业综合生产能力差异仍然较大，由于供水行业投资集中于经济发达地区，导致中部、西部等经济相对落后地区生产投入不够，建设资源不足，产能有待进一步提升。

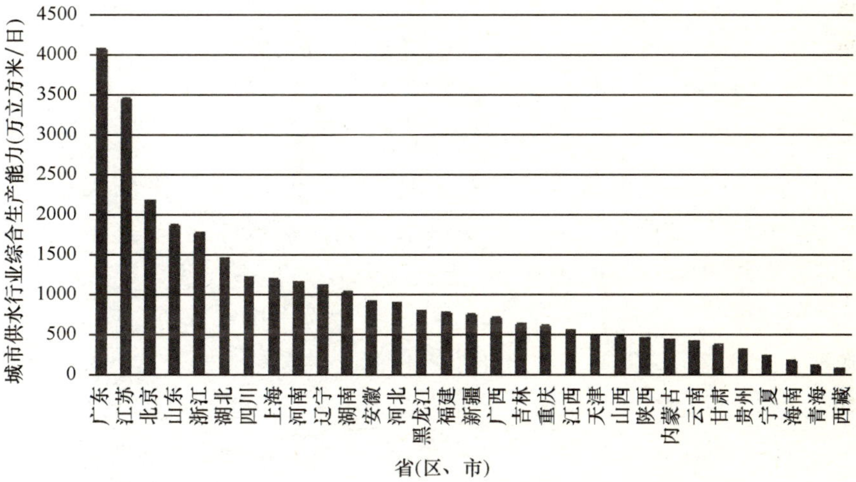

图 2-8　2017 年中国省（区、市）城市供水行业综合生产能力

资料来源：《中国城市建设统计年鉴》(2017)．中国统计出版社，2018.

（二）城市供水管道建设情况

城市供水管道建设能够直接反映我国城市供水行业的建设情况。随着供水行业固定资产投资的不断增长，我国城市供水管道长度也逐年增加。如图 2-9 所示，由于 1996 年统计口径发生变化，我们以该年度为分界点分析我国城市供水管道的建设情况。1978 年，我国城市供水管道总长度为 35984 公里，1995 年增长为了 138701 公里，总体增加 3.85 倍。1996 年新统计口径卜我国城市供水管道长度为 202613 公里，随着城市化进程的加快，为了满足城市居民生活需求，城市供水行业投资力度进一步加大，城市供水管道长度也相应增加，到 2017 年已增长到了 797355 公里，相比 1978 年总体增加 21.16 倍，平均每年增加 19034.28 公里，相比 1996 年总体增长 2.94 倍，平均每年增加 27033.73 公里。

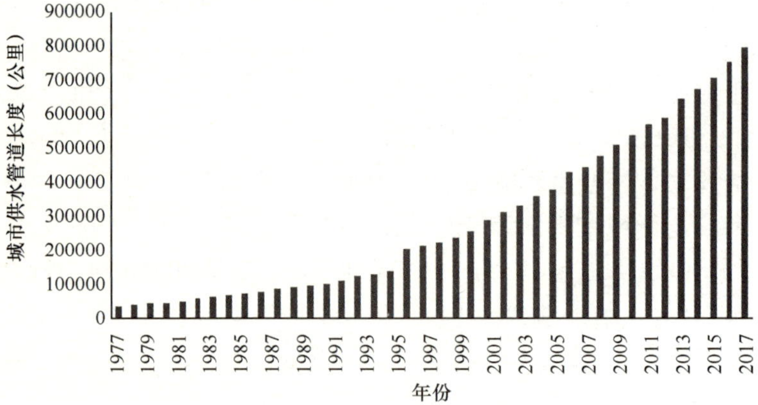

图 2-9　1978 年～2017 年城市供水管道长度

数据来源：《中国城市建设统计年鉴》（2017）. 中国统计出版社，2018.

注：1978～1995 年供水管道长度为系统内数。

我国各省份供水行业管道建设情况和供水管道长度也存在较大差异。如图 2-10 所示，2017 年全国共有四个省份供水管道长度超过 5000 公里，分别为广东、江苏、浙江和山东，平均供水管道长度为 79933.28 公里，以上四个省份全部为东部地区省份，也均为上一年度全国所有省份中供水管道长度前四位省份。东部地区由于经济相对发达且城市化水平较高，供水行业投资充足，供水行业基础设施建设亦相对完善。供水行业管道长度在 10000 公里的七个省份包括陕西、内蒙古、海南、甘肃、宁夏、青海和西藏，其中除海南外全部为西部省份，其平

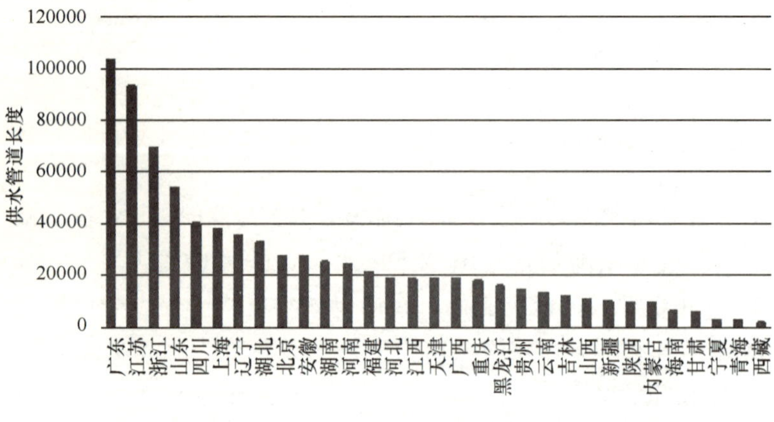

图 2-10　2017 年省（区、市）城市供水管道长度（公里）

数据来源：《中国城市建设统计年鉴》（2017）. 中国统计出版社，2018.

均供水管道长度仅为 5403.27 公里，占广东供水管道长度的 5.23%，差异巨大。西部地区经济发展相对落后，城市化水平较低，但同时一般常年干旱缺水，对城市用水需求极大，西部地区城市用水的供需矛盾亟待解决。

为了避免各省区域面积差异导致对各省供水管道建设情况分析的误差，本节将进一步地通过建成区供水管道密度分析各省份供水行业管道建设情况。供水管道密度定义为单位建成区面积的供水管道长度。如图 2-11 所示，2017 年全国范围内上海地区供水管道密度最高，为 37.69 公里/平方公里，是全国唯一供水管道密度超过 30 公里/平方公里的省和地区。浙江省供水管道密度为 24.45 公里/平方公里，排名第二。由图 2-11 可以看出，由于考虑了建成区面积因素，全国各省供水管道密度分布相对集中，大多数地区供水管道密度在 20 公里/平方公里至 10 公里/平方公里之间，超过 20 公里/平方公里的为上海、浙江和江苏三地，此外河南、山西、河北、黑龙江、吉林、新疆、陕西、内蒙古、甘肃、宁夏等十个省份建成区供水管道密度低于 10 公里/平方公里，平均仅为 7.97 公里/平方公里。总体来看，与供水管道长度相似，东部经济发展水平高的省（区、市）由于供水管道的投资力度较大，供水管道密度相应也比较高，而经济发展水平较低的西部地区供水管道密度相对较低。通过比较各省（区、市）供水管道密度再次印证了我国区域间的供水行业建设的差异。

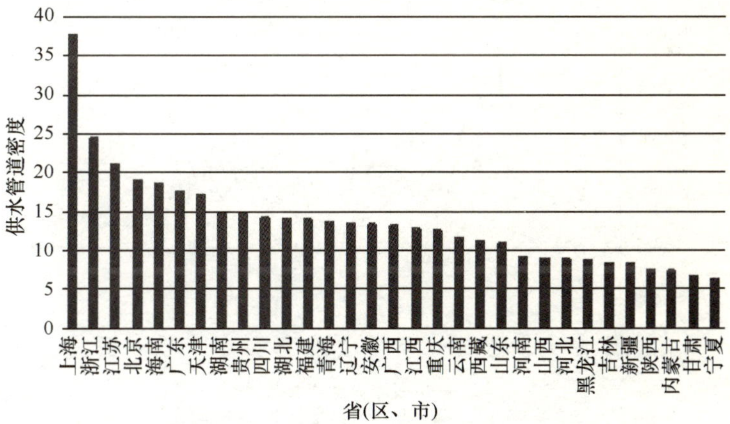

图 2-11　2017 年省际建成区供水管道密度（公里/平方公里）

数据来源：《中国城市建设统计年鉴》(2017)，中国统计出版社，2018.

四、城市供水行业建设问题分析

城市供水行业是为了满足城市居民日常用水需求的市政公用事业，供水行业建设直接影响城市可持续发展与居民生活质量，因此城市供水行业投资与建设也必须通过不断调整以适应新形势下城市化要求。尽管近年来我国城市供水行业投资力度不断加大，建设逐步推进，产能不断提升，但仍存在诸多问题。具体表现在以下几个方面：

（一）城市供水总量增速依然不足

近 30 年来，为了适应城市化需要，满足不断增长的城市人口用水需求，我国城市供水总量不断攀升。由图 2-12 可以看出，我国城市供水总量在持续增长的同时，其增长率也与城市用水人口数量增长保持着相对一致的波动趋势。这再一次印证了我国城市供水建设基本上是依照城市人口用水需求进行动态调节的，且城市供水建设和城市供水总量的提升相对人口增长具有一定的前瞻性。自 1997 年开始，我国城市供水量增速开始落后于用水人口增速，也即城市供水行业建设开始无法完全满足越来越快的城市化需求，城市水资源呈现出明显的供给不足。这说明，尽管我国不断加大对城市供水行业建设的投资力度，但城市供水量相对人口增长仍然存在巨大缺口。城市供水的不足，一方面源于水资源自身的稀缺性，另一方面也说明我国城市供水行业建设与投资仍存在着优化资源配置的效率改进空间。

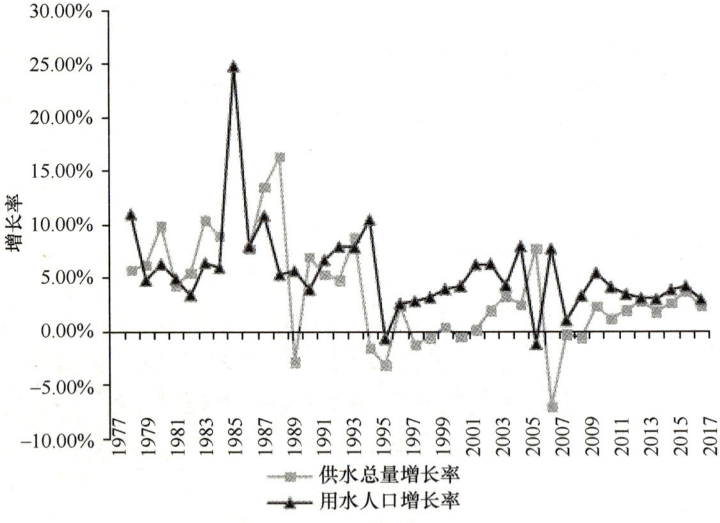

图 2-12　用水人口增长率及供水总量增长率

数据来源：《中国城市建设统计年鉴》(2017)，中国统计出版社，2018.

注：1978 年～1995 年供水管道长度为系统内数。

（二）供水管道建设水平有待进一步提升

供水管道建设是反映城市供水行业建设能力的重要指标，其完善程度直接反映该城市供水行业的基础设施建设能力及供给能力。在前文中我们可以看到，随着我国城市化进程的推进，城市供水管道长度不断增加，但城市供水管道建设是否能够匹配和适应城市发展需求，我们通过历年供水管道新增长度对此做进一步考察。如图 2-13 所示，仅 30 年来我国新增城市供水管道长度占供水管道总长度的比重整体处于较为均匀的水平，也即我国城市供水管道建设整体呈匀速增长趋势。以 1996 年为分水岭，1996 年以前，平均每年新增管道长度占管道总长度的比重约为 7.62%。1996 年以后，在我国城市化水平急剧提高的背景下，城市供水行业新增管道长度占管道总长度的比重却并未有显著提升，甚至在一些年份呈现出下降趋势，平均每年新增管道长度占管道总长度的比重仅为 7.51%，相比 1996 年以前有所下降。由此可见，我国新增城市供水管道建设仍未能满足城市化发展需要。而要解决城市供水行业的建设问题，提高城市供水能力，加强城市供水管道建设，合理规划供水管道的路线及管道长度将是其中关键一环。

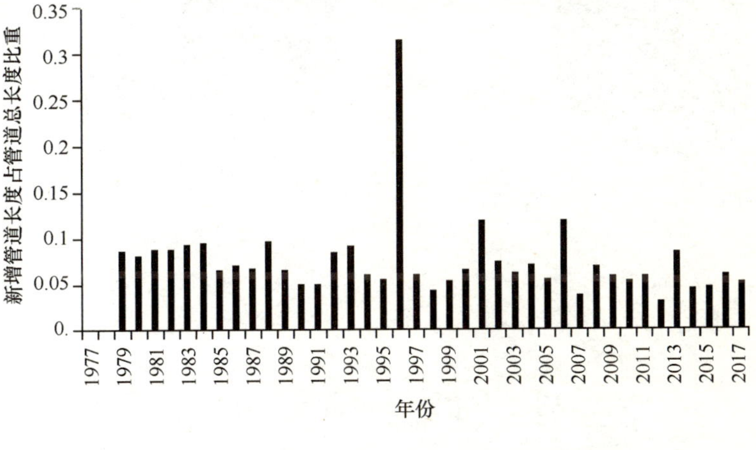

图 2-13 城市新增管道长度占管道总长度比重

数据来源：《中国城市建设统计年鉴》(2017)，中国统计出版社，2018.

注：1978 年～1995 年供水管道长度为系统内数。

（三）供水设施建设水平区域间差异明显

在前文中我们指出，我国城市供水行业投资与建设存在着显著的区域间不平衡问题，这同时也体现在不同地区供水管道建设和供水量方面。如图 2-14 所示，2017 年我国东、中、西部地区供水管道长度差异巨大。东部地区供水管道长度为 484624.75 公里，相比上一年增长 1.21%；中部地区供水管道长度为 166491.25 公里，相比上一年下降 1.78%；西部地区供水管道长度仅为 146239.01 公里，相比上一年增长 35.03%。东部地区供水管道长度超过中、西部地区总和。尽管西部地区过去一年中供水管道建设大幅推进，但中部地区却出现倒退趋势。总体而言，我国供水行业基础设施建设的区域间发展不平衡现象仍十分明显。此外，各地区人均供水量也存在差异。如图 2-15 所示，东部地区人口密集，水资源相对缺乏，其人均供水量达到了 134.47 万立方米/人，相比上一年略有下降；中部地区人均供水量为 107.40 万立方米/人，相比上一年下降 3.77%；西部地区为人均供水量 113.61 万立方米/人，相比 2016 年上涨 6.26%。与供水管道长度相似的是，西部地区人均供水量也呈现出相较上一年的显著增长趋势，但中部地区的人均供水量也出现回落。整体上，我国中西部地区供水能力与东部地区相比还存在一定的差距，供水行业基础设施建设还有待进一步提高。

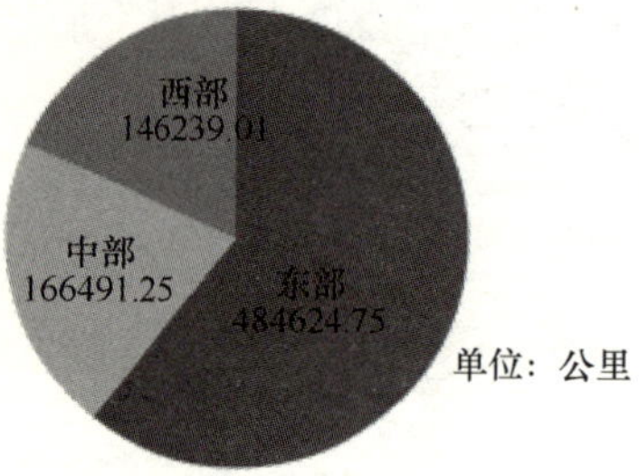

图 2-14　东、中、西部地区供水管道长度

数据来源：《中国城市建设统计年鉴》(2016)，中国统计出版社，2017.

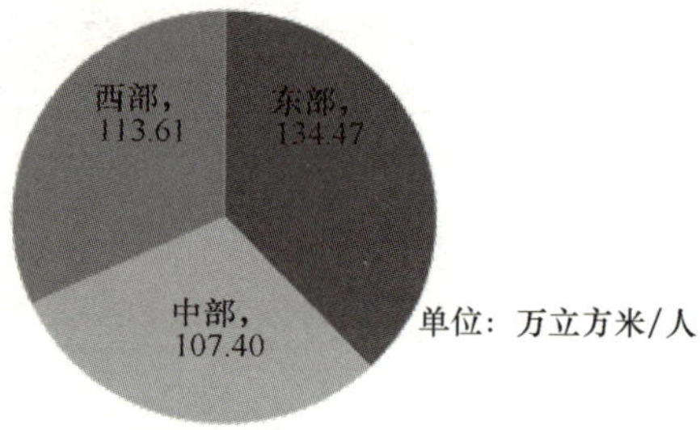

图 2-15　东、中、西部地区人均供水总量

数据来源：《中国城市建设统计年鉴》(2016)，中国统计出版社，2017.

第二节　供水行业生产与供应

伴随我国供水行业市场化进程的不断推进，民营企业逐步成为我国城市供水行业的中坚力量，但由于我国城市供水行业市场化改革起步较晚，且市场化改革的推进较为缓慢，目前城市供水企业的发展和经营仍存在诸多问题，也客观制约着城市供水行业的生产和供应。目前，我国供水行业企业数量众多，但企业规模普遍较小、行业集中度较低，未能实现规模经营，行业经济效益也整体处在一个较低水平。

一、供水企业生产的基本情况

供水企业的生产与经营是城市供水行业生产、供应的基本保障。自 21 世纪以来，随着供水行业投资的增长和建设水平的提升，我国城市供水行业产能持续增长，但行业发展水平和业内企业生产经营能力仍存在较大的提升空间。本节将主要从供水企业数量情况、供水企业盈利与亏损情况、各省供水企业资产情况等方面，分析我国当前供水企业的基本生产情况。

（一）供水企业数量情况

我国城市供水企业的数量基本上伴随着行业市场化改革的进程而波动。图2-16显示，随着产业结构调整与行业市场化的推进，近十余年来我国城市供水行业企业数量出现较大幅度变化。我们以2003年作为分析的起始点，其原因主要在于2003年是我国城市供水行业中国际大型供水企业和国内民营企业大量进入的元年，2003年开始城市供水企业的数量不断攀升，2005年供水企业数量最多，为2492家。2006年后，随着市场结构的调整，一部分企业进行并购重组，供水行业的企业数量呈现出下降趋势，到2011年供水企业的数量降至最低点的1110家，不足之前的1/2。“十二五”规划以来，供水企业数量开始了新一轮的增长，到2017年供水企业已达到1919家。

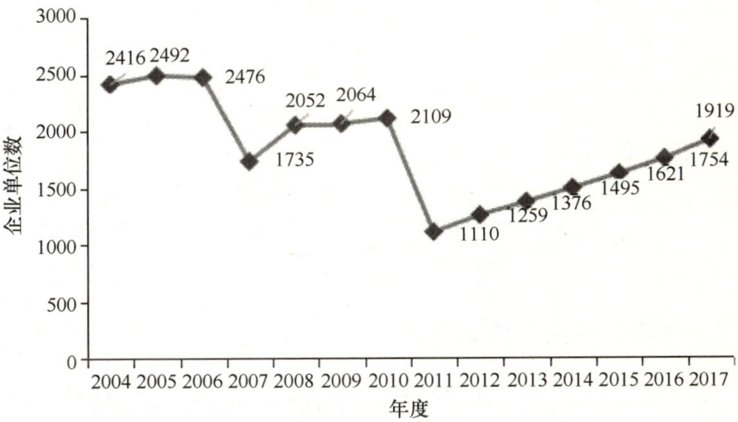

图2-16　2004年～2017年水的生产和供应业规模以上工业企业单位数

数据来源：《中国统计年鉴》（2005～2018年），中国统计出版社.

（二）供水企业资产总量

随着我国城市供水行业的发展，供水企业的资产总量也在不断增加。如表2-1所示，2004年全国从事水生产和供应的规模及以上企业总资产为2495.96亿元，到2017年已增至13083.22亿元，14年间共计增长4.24倍，年平均增长32.63%。在供水企业总资产中，流动资产也发生了显著变化，因此我们将流动资产单独列出以便进行分析。2005 年水生产和供应行业中规模及以上企业流动资产为 692.5 亿元，到 2017 年增长到 3910 亿元，合计增长 4.65 倍。此外，我们亦发现 2004～2017 年 14 年来我国城市水生产和供应规模及以上企业资产负债率相对稳定，2004 年为 45.22%，到 2017 年增至 56.49%，资产负债率在大部分年度中呈波动趋势，总体增加不多。通过以上分析可以看出，自 2004 年以来我国供水行业实现稳步发展，资产总额不断增加，资产负债结构合理。

2004～2017 年规模及以上城市供水企业资产总量情况（单位：亿元） 表 2-1

年度	总资产	流动资产总额	总负债	资产负债率（%）
2004	2495.96	—	1128.78	45.22
2005	2896.75	692.5	1385.71	47.84
2006	3596.52	859.69	1814.95	50.46
2007	3849.09	958.8	1980.70	51.46
2008	4394.16	1006.59	2279.61	51.88
2009	4962.00	1171.23	2644.04	53.29
2010	5539.15	1348.86	2998.25	54.13
2011	5558.20	1371.3	2982.10	53.65
2012	6484.49	1819.04	3615.80	55.76
2013	7520.36	2250.6	4232.24	56.28
2014	8717.14	2717.86	5018.65	57.57
2015	10691.94	3333.77	6013.36	56.24
2016	11674.71	3538.24	6531.09	55.94
2017	13083.22	3910.00	7390.26	56.49

数据来源：《中国统计年鉴》（2005～2018 年），中国统计出版社 .

（三）各省供水企业资产情况分析

本部分进一步从空间层面分析供水企业的资产情况，以便分析我国供水企业资产情况的空间差异进而更加全面了解我国供水企业的发展现状。如图 2-17 所示，2017 年我国供水企业固定资产原值排名前三的省份分别是广东、浙江和江苏，分别为 566.02 亿元、514.68 亿元、309.04 亿元，均超过 300 亿元，上海紧随其后为 254.64 亿元。而排名后三位的省份是内蒙古、重庆及海南，分别为 15.69 亿元、10.79 亿元、37.05 亿元，均不足 50 亿元，且均相较上一年有所下降，其中重庆市供水行业企业固定资产原值相较 2016 年有大幅下滑。就全国范围内而言，贵州和宁夏两地相比上一年固定资产原值有大幅上升。此外，各省供水企业固定资产净值差异也较为明显，各省中最高的为浙江 276.34 亿元，广东和江苏分别为 269.48 亿元和 205.77 亿元，固定资产净值也均超过 200 亿元。全

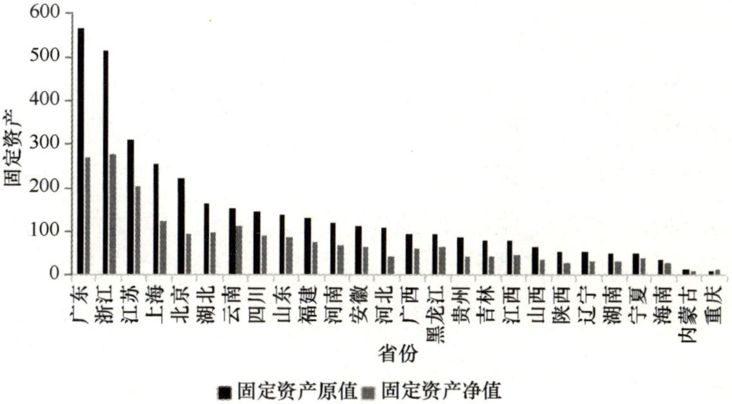

图 2-17　2017 年全国各省供水企业资产情况（单位：亿元）

数据来源：中国城市供水排水协会，《城市供水统计年鉴》，2018.

需要说明的是，内蒙古、西藏、甘肃、青海、新疆 5 省数据缺失，因此不在本表的统计范围之内。

国各省中最低的是重庆，仅 15 亿元。全国不同省份之间供水企业的固定资产情况存在较大差异，东部地区尤其是沿海省份供水企业经营规模较大，投入的资产也更多。而中部、西部地区，由于城市化率较低，经济发展水平相对落后，城市供水企业的投资运营和资产规模也较为落后。

（四）各省供水企业利润情况分析

如图 2-18 所示，我们通过报告 2017 年全国各省供水企业利润总额与净利润

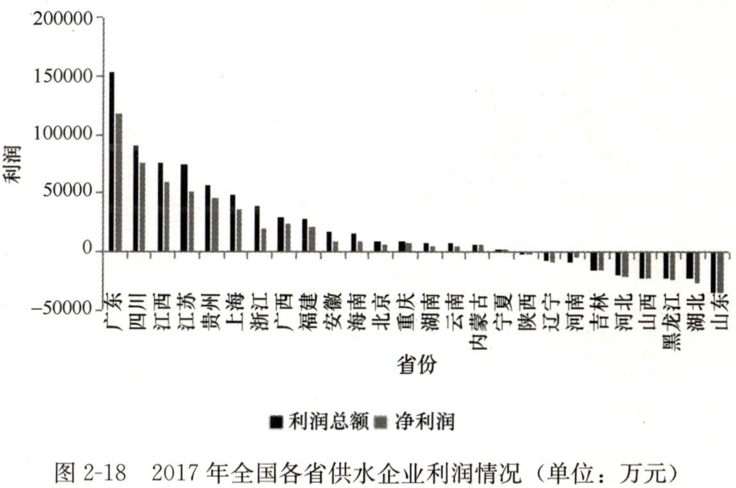

图 2-18　2017 年全国各省供水企业利润情况（单位：万元）

数据来源：中国城市供水排水协会，《城市供水统计年鉴》，2018.

需要说明的是，天津、内蒙古、西藏、甘肃、青海、新疆 5 省数据缺失，因此不在本表的统计范围之内。

来反映供水企业的盈利能力。2017 年全国供水企业利润总额为 522906.05 万元，净利润为 345130.25 亿元。其中，河北、山西、辽宁、吉林、黑龙江、山东、湖北、陕西等 8 个省份供水企业的利润为负，其余省份供水企业总体实现盈利。盈利排名前五的省份是广东、四川、江西、江苏和贵州。内蒙古和湖南供水企业总体上相较上一年实现扭亏为盈，而湖北则由盈利变为亏损。由于供水行业具有一定的社会公益属性，供水企业自身普遍盈利能力不足，实现盈利主要依赖政府补贴，在经济较为发达的省份供水企业收入较高，尚可实现盈利能力，而一些经济相对落后省份的供水企业则亏损严重，需要依靠地方政府进行补贴。

（五）各省供水企业销售收入情况分析

2017 年我国供水企业共实现销售收入 932.28 亿元，相比上一年增长 6.49%。如图 2-19 所示，各省份供水企业销售收入显示出较大差异。销售收入排名前三位的省份分别是广东、浙江和江苏，供水企业销售收入分别为 146.08 亿元、110.96 亿元和 68.55 亿元。排名后三位的省份分别为内蒙古、宁夏和重庆，分别为 6.75 亿元、5.30 亿元和 4.90 亿元，这三个省份也是全国唯一供水企业销售收入不足 10 亿元的省份，且分别较 2006 年有所下降。

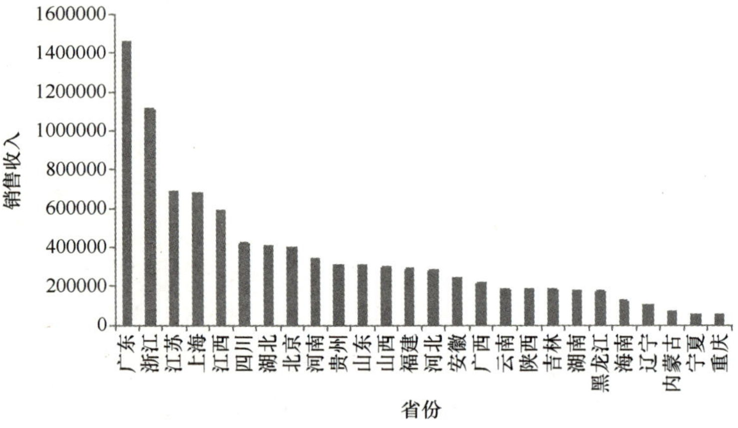

图 2-19　2017 年全国各省供水企业的销售收入情况（单位：万元）

数据来源：中国城市供水排水协会，《城市供水统计年鉴》，2018.

需要说明的是，天津、内蒙古、西藏、甘肃、青海、新疆 5 省数据缺失，因此不在本表的统计范围之内。

（六）各省供水企业工资情况

本部分从全国各省供水企业工资总额、从业人员数量和人均工资三个方面对各省供水企业的工资水平进行比较。如表 2-2 所示，2017 年全国供水企业的工资总额为 165.98 亿元，比上一年下降 33.03%；全国供水企业从业人数为 25.39 万人，比上一年下降 14.08%；人均工资为 6.54 万元，比上一年下降 21.96%。可以看出 2017 全国供水企业整体上具体经历了一次较大规模的裁员，员工收入也有明显下降。从各省份来看，我国供水行业从业人数最多的省份是广东、黑龙江和河南，从业人数最少省份的是内蒙古、重庆和宁夏。供水行业人均工资最高的省份是四川、海南和上海，人均工资最低的省份是河南、山西和黑龙江。黑龙江供水行业从业人数较多的情况下，人均工资较低。人均工资高于全国平均水平的省份共有 16 个，低于全国平均水平的共有 1 个。总体而言，我国城市供水行业的工资数额处于全国各行业中等水平，各省份供水行业平均工资与经济发展水平基本呈正相关关系。但是供水行业从业人员的数量配置尚不够合理，一些省份和地区城市人口数量相对稀少，但供水行业从业人员数量远高于平均水平（如黑龙江），对于这些省份而言，提升供水行业的劳动生产率从而改善行业内从业人员工资待遇和收入水平应是当务之急。

2017 年全国各省供水企业工资及从业人员情况　　表 2-2

省份	工资总额（万元）	从业人员（人）	人均工资（万元/人）
全国	1659777.41	253921	6.54
北京	91635.00	7843	11.68
天津	55341.51	4868	11.37
河北	69018.09	12559	5.50
山西	39872.26	11441	3.49
内蒙古	23066.15	3271	7.05
辽宁	35606.00	4837	7.36
吉林	52412.74	10887	4.81
黑龙江	45752.33	20845	2.19
上海	57566.00	4516	12.75
江苏	80741.03	10128	7.97
浙江	138133.08	15973	8.65
安徽	46413.01	6717	6.91
福建	40964.57	6706	6.11
江西	57591.97	9359	6.15
山东	70622.95	12852	5.50
河南	95735.58	20773	4.61
湖北	122580.45	16624	7.37
湖南	34253.98	4818	7.11

续表

省份	工资总额（万元）	从业人员（人）	人均工资（万元/人）
广东	206235.88	27193	7.58
广西	49282.25	7402	6.66
海南	58502.12	3991	14.66
重庆	9207.98	1420	6.48
四川	616160.31	8464	72.80
贵州	43086.73	5135	8.39
陕西	45950.47	7565	6.07
宁夏	18594.2	2224	8.36

数据来源：中国城市供水排水协会，《城市供水统计年鉴》，2018.

需要说明的是，云南、西藏、甘肃、青海、新疆 5 省数据缺失，因此不在本表的统计范围之内。

二、供水企业供应的基本情况

改革开放 30 年来，我国供水企业的供应情况发生了巨大变化，供水量总量稳步上升，供水普及率不断增加，但是也依然存在着区域间供水量差异大，管网漏损严重等问题。本部分将分别从时间维度和空间维度分析我国供水量的总体情况，探讨了供水量的基本构成和使用情况，进而对供水的漏损量和普及率进行分析。

（一）供水量总体情况

本部分通过供水综合生产能力和供水量来反映供水企业的总体供给情况。供水综合生产能力是指按供水设施取水、净化、送水、出厂输水干管等环节设计能力计算的综合生产能力。计算时，以四个环节中最薄弱的环节为主确定能力。如图 2-20 所示，1978 年以来我国供水综合生产能力和供水总量均不断提升，1978 年供水综合生产能力为 2530.4 万立方米/日，到 2017 年增长到了 30475 立方米/日，总体增加了超过 11 倍。与之相应的，1978 年供水量为 787507 立方米，到 2017 年增长到了 5937591 立方米，总体增加了约 6.5 倍。

为了客观反映我国城市供水总量增长速度，我们进一步将我国供水总量增长率与 GDP 增长率和城市化增长率进行了对比。如图 2-21 所示，近年来我国城市供水总量增长率与 GDP 增长率及城市化率增长率的波动方向基本一致。具体来看，1979～1994 年供水总量增长速率较快且波动幅度较大，平均每年增长率为 7.36%，略高于城市化率增长率，但低于 GDP 增长速率。1994 年以后，除 2017

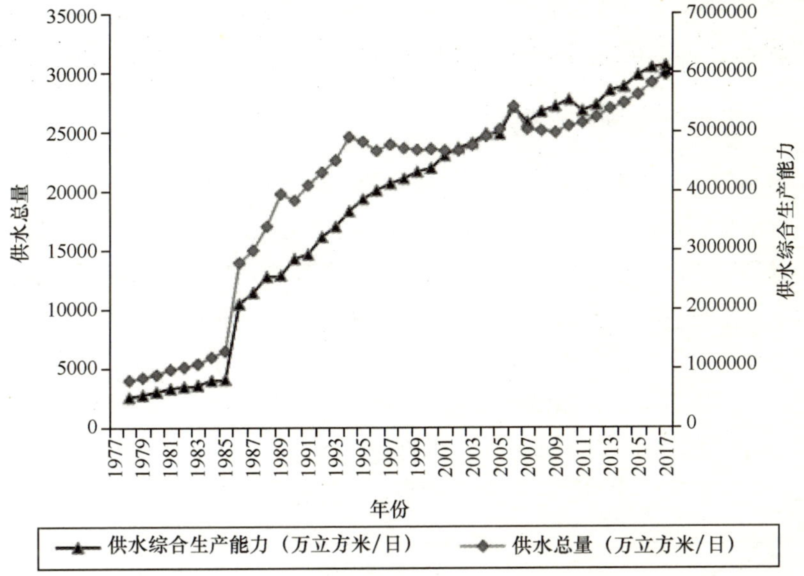

图 2-20　1978～2017 年中国城市供水行业供水量情况（单位：万立方米/日）

数据来源：《中国城市建设统计年鉴》(2017)，中国统计出版社，2018.

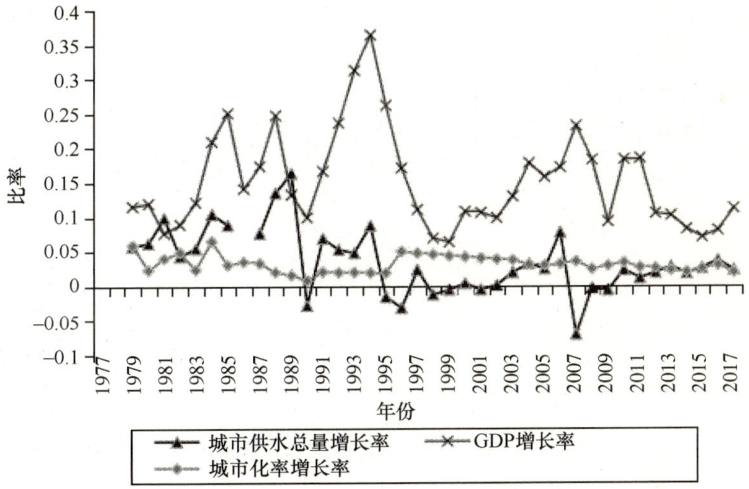

图 2-21　城市供水总量、国内生产总值、城市化率增长速度对比

数据来源：《中国城市建设统计年鉴》和《中国统计年鉴》(2017)，中国统计出版社，2018.

注：由于 1986 年城市供水总量增长率变化程度较大，为合理维持图形比例，本文将该年数据去除。

年外，供水总量增长率波动幅度整体放缓，平均每年增长率仅为 1.21%，供水总量增长率低于城市化率增长率，且远低于 GDP 增长速率。由图 2-21 可以看出，与经济发展及城市化进程相比，我国供水行业仍存在着明显的供给缺口，其增长速率无法跟上经济发展速度，仍存在着进一步提升空间。

（二）供水量的空间省际差异

我国城市供水量也存在着一定的空间差异。如图 2-22 所示，2016 年，我国供水量最多的省份是广东，为 896774.2 万立方米；排名第二的是江苏，为 540034.05 万立方米；排名第三的是山东，供水总量为 385519.18 万立方米。排名前五的省份全部为东部省份。供水量排名后五的省份是甘肃、海南、宁夏、青海和西藏，其中除海南外全部为西部地区省份，其供水总量之和为 171047.67 万立方米，仅占广东省供水总量的五分之一。总体而言，我国供水总量较多的省份主要集中在东部沿海，中部地区各省份的供水量较为均衡，但东部地区与西部地区供水总量差异巨大，即使考虑区域人口密度因素，区域间供水量仍存在严重不平衡的问题。

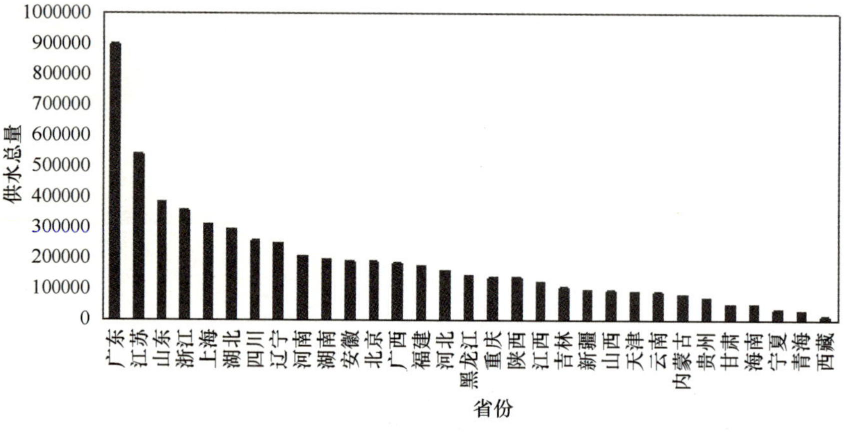

图 2-22　2017 年中国省际城市供水量变化情况（单位：万立方米）

数据来源：《中国城市建设统计年鉴》（2017），中国统计出版社，2018.

（三）供水量基本构成及使用情况

在这一部分中，我们进一步从供水量基本构成角度对我国城市供水进行剖析。城市供水主要由公共供水和自建供水构成，各地区可根据其地域条件、管理行为和经济发展情况，选择各自的主要供水方式，不同供水方式的综合生产能力及供水总量存在差异。如图 2-23 所示，我国城市公共供水的综合生产能力为 25051.43 万立方米/日，供水总量为 5339230.51 万立方米，而自建供水的综合生产能力为 5423.57 万立方米/日，供水总量为 598360.47 万立方米，公共供水综合生产能力占总供水综合生产能力的 82%，公共供水总量占 90%，我国城市供水以公共供水为主。

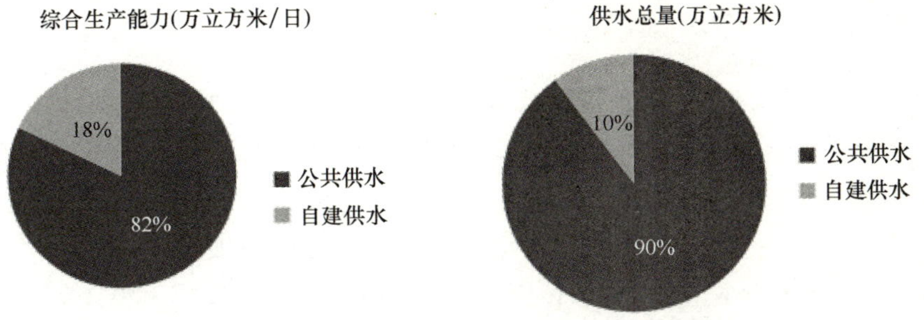

图 2-23　2017 年城市公共供水与自建设施供水

数据来源：《中国城市建设统计年鉴》(2017)，中国统计出版社，2018.

按照城市供水的用途来划分，我国城市供水可以分为生活用水和生产用水。如图 2-24 所示，自 1978 年以来，我国城市生活用水量一直呈现持续增长趋势，仅在 2006 年出现了间歇性滑落，1978～2017 年用水总量由 275854 万立方米增加到了 3153968 万立方米，总体增长 10.43 倍。生产用水变化趋势相对复杂，1978～1985 年，生产用水匀速增长，总体增长了 48.68%。此后在 1986 年，我国城市生产用水实现飞速跨越，当年增长近 3 倍，到 1994 年生产用水达到了 3472167 万立方米，是 1978 年用水量的 6.79 倍。此后，生产用水又出现下滑，整体稳定在 3000000 万立方米以下，2017 年我国城市生产用水总量为 2783623 万立方米，相比上一年略有回升，当年生产用水低于生活用水 370345 万立方米。

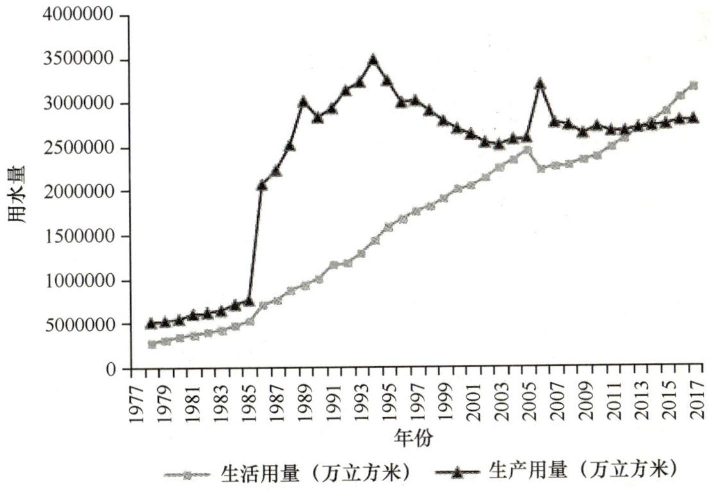

图 2-24　城市供水中的生活用量与生产运营用水量的变化情况

数据来源：《中国城市建设统计年鉴》(2017)，中国统计出版社，2018.

说明：生活用水量约等于公共服务用水量和居民家庭用水量之和。

（四）供水漏损情况

图 2-25 为自 2006 年以来我国城市供水的漏损情况。由图可以看出，2006 年以来我国城市供水漏损率逐渐上升。2006 年我国供水行业漏损水量占供水总量的比重仅为 9.79%，到 2015 年增长到了 15.21%，漏损率达到近年来最高值，漏损率总体增加 5.42%。2016 年开始，我国供水行业漏损率出现了下降，2016 年和 2017 年两年供水漏损率分别为 14.58%和 14.56%，漏损率整体仍处于较高水平。由此可见，尽管近些年来我国供水行业建设不断推进，行业发展迅速，供水总量日益增加，但由于管网老旧破损等一系列因素，供水漏损情况也日益严重。供水漏损率过高不仅影响供水效率，也造成了严重的资源浪费，因此对于老旧管网的改造以及新供水管网的建设仍有待进一步加强。

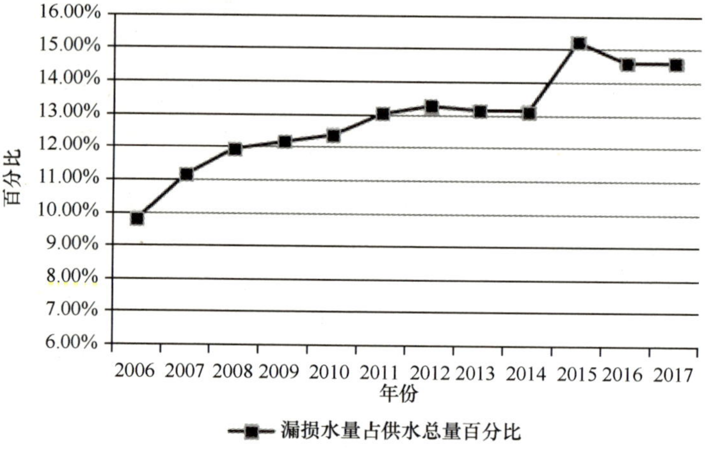

图 2-25 漏损水量占供水总量百分比（目前没有数据）

数据来源：中国城市供水排水协会，《城市供水统计年鉴》，2017.

（五）供水的普及情况

我们亦可通过供水普及率从需求端角度分析我国城市供水企业的供给情况。如图 2-26 所示，我国供水行业人均日生活用水量与用水普及率在一些年份中呈现出相反的变化趋势，1978 年至 2017 年间，我国人均日生活用水量变化趋势呈先上升后下降的倒 U 形曲线，而用水普及率变化趋势则反映为先降后升的 U 形曲线。具体来看，1978～1985 年我国供水普及率由 81.6%下降到了 45.1%，之后虽有回升但一直维持在一个较低的水平，2000 年以后，用水普及率开始显著上升，到 2016 年已上涨到 98.3%。人均用水量方面，从 1978 年至 2000 年，人均日用水量由 120.6 升上涨到了 220.2 升，总体增加近一倍。此后伴随着节水意识的提升和节水政策的推行，城市人均日用水量开始下降，到 2016 年下降为 178.9 升。总体上，随着我国城市供水行业基础设施建设的不断完善，城市供水普及率已达到较高水平。而与之相应的，由于政府对节水的重视和居民节水意识的提升，近年来我国人均生活用水量也已开始不断下降。

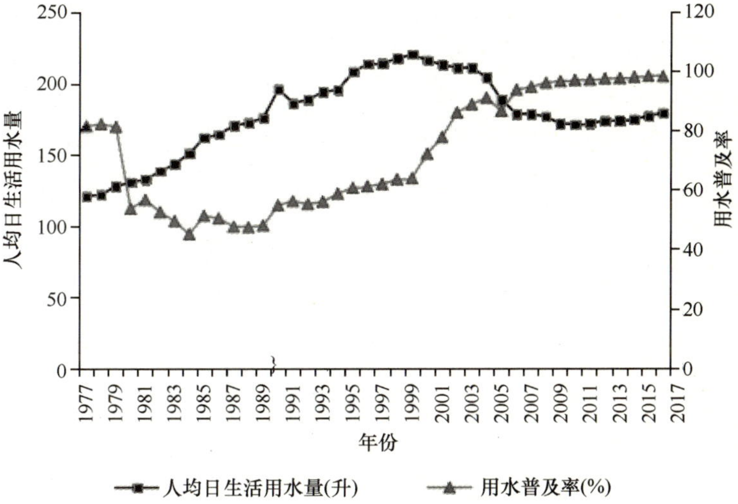

图 2-26 城市供水中的人均日生活用水量与用水普及率的基本情况

数据来源：《中国城市建设统计年鉴》(2017)，中国统计出版社，2018.

第三节 供水行业发展成效

随着我国城市供水行业市场化改革的逐步深入，城市供水行业形成了加大资金投入力度、调整设施建设规模，增强生产能力，改善企业经营能力的良性循环。衡量和评价城市供水行业发展成效，除了要参考当前生产能力，同时也要结合供水企业的投入产出回报、生产效率等多方面因素来进行分析。基于此，本节主要从劳动生产率、资产产出比、人均供水能力这三个方面，进行时间和空间维度的对比，以此对我国城市供水行业的发展成效进行综合评价。

一、劳动生产率

本节以供水企业的生产能力除以单位从业人员数量，即单位从业人员供水量，作为衡量供水企业劳动生产率的指标，进而分析我国城市供水行业劳动生产率的在一定时间内的变化趋势。如图 2-27 所示，2009 年我国劳动生产率为 517.41 立方米/（日·人），此后三年内劳动力生产率增速缓慢，到 2011 年单位从业人员供水量仅上涨至 520.27 立方米/（日·人）。此后，供水行业生产的规模效应逐渐开始显露，行业劳动生产率开始显著提升，到 2017 年劳动力生产率已上涨到 656.47 立方米/（日·人），2011 年～2017 年供水行业劳动生产率总体上涨了 26.18%，仅在 2016 年适当回落。2009 年～2017 年，我国城市供水行业从业人员数量逐渐下降，与之相应的劳动生产率稳步提升。

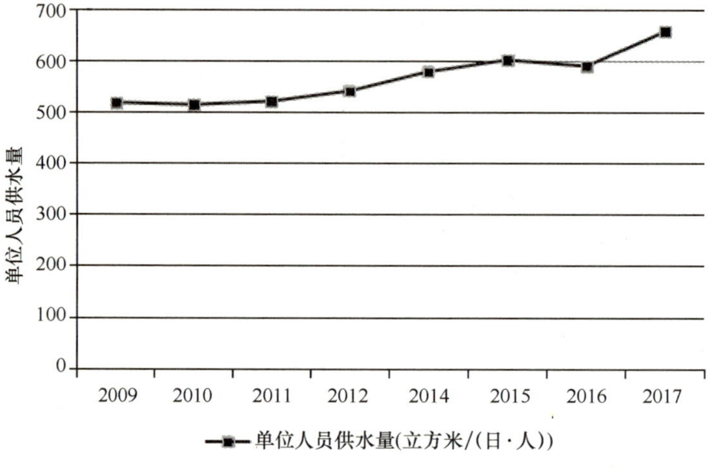

图 2-27　2009 年～2017 年我国每单位从业人员供水量

（单位：立方米/（日·人））

数据来源：浙江财经大学中国政府管制研究院数据库、《城市供水统计年鉴》（2018），中国统计出版社．

注：2013 年单位人员供水量数据缺失。

我们又进一步通过对比我国 2017 年各省份城市供水行业单位从业人员供水量来剖析劳动生产率的空间差异。如图 2-28 所示，我国单位从业人员供水量排名前三位的省份为上海、江苏和浙江，均超过 1000 立方米/（日·人），其中上海为 1844.57 立方米/（日·人），而我国当年各省份平均单位从业人员供水量为 665.16 立方米/（日·人），仅相当于上海的三分之一左右。江苏省为 1484 立方米/（日·人），相较 2016 年有大幅增加，浙江省单位从业人员供水量为 1097.54 立方米/（日·人），此外福建和广东位列第四、第五。2017 年全国供水行业单位从业人员供水量排名前五位的全部为东部地区省份。2017 大部分省份劳动生产率集中于 400 立方米/（日·人）至 800 立方米/（日·人）之间，多为一些中部、西部地区省份。与 2016 年一致的是，2017 年全国供水行业劳动生产率排名后三位

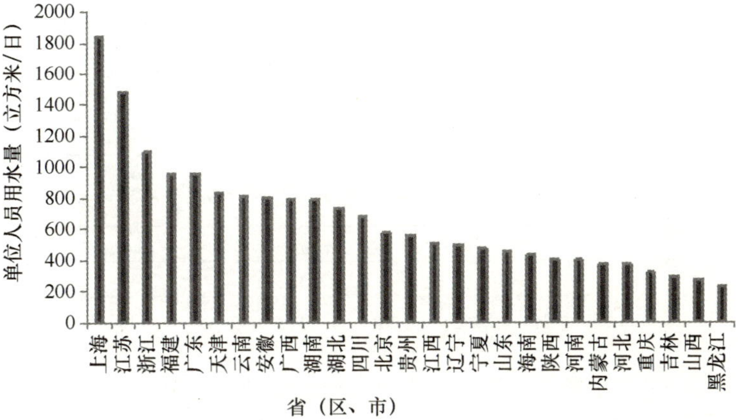

图 2-28　2017 年我国各省(区、市)的每单位人员供水量(单位：立方米/(日·人))

数据来源：《城市供水统计年鉴》(2018)，中国统计出版社.

注：西藏、甘肃、青海、新疆数据缺失。

的省份仍是吉林、山西及黑龙江，以上地区多分布于我国东北和华北地区。以上三省存在的共同问题是，由于均为老工业基地或资源型省份，过去供水行业国有体制下从业人员数量较多，行业存在一定冗员现象，加之这些地区普遍经济发展水平相对落后，资金投入不足，也客观造成了生产效率不足的问题。针对这些问题，应该通过行业市场化，更多引入民营资本和外资，提升整个城市供水行业的建设水平和劳动生产效率。

二、资产产出比

供水行业资本产出比是指供水企业投入的每单位资本所获得的产出值，高的资产产出比意味着可以用较少的资本获得较多的产出。生产过程中，技术往往起着节约资本的作用，保持其他情况不变，投入相同的资本，高技术的运用总是带来更多的产出。因此，资本产出比与生产技术水平具有一定的对应关系，被视作衡量供水行业生产技术水平高低的重要参数。近些年来，我国供水行业资产产出比一直呈下降趋势，如图 2-29 所示，2009 年我国供水行业资产产出比为 6.63 立方米/(日·万元)，到 2017 年已下降到 4.40 立方米/(日·万元)，总体下降了 33.63%。产生这种情况的原因，一方面是由于人民币贬值，导致其购买能力与投资能力大大缩减；另一方面是因为近些年生产技术未与时俱进，与生产规模相匹配。

为了进一步分析我国城市供水行业单位资本产出的空间差异，本部分对我国

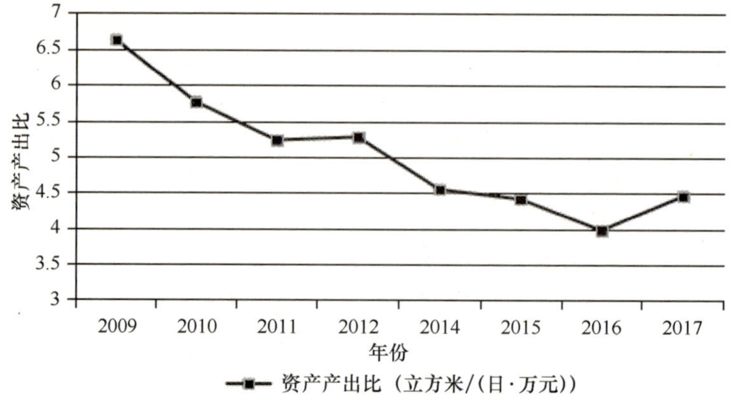

图 2-29　2009～2017 年我国供水行业资产产出比
（单位：立方米/（日·万元））

数据来源：浙江财经大学中国政府管制研究院数据库、《城市供水统计年鉴》(2018)，中国统计出版社.

注：2013 年单位资产的供水量数据缺失。

各省份供水行业资产产出比进行了比较，同时分别报告了 2016 年与 2017 年两个年度各省份供水行业的单位资产产出，以便于在进行区域比照的同时了解到各省份在两个年度内的资产产出的发展情况。如图 2-30 所示，2017 年我国资产产出比排名第一的省份为内蒙古(2016 年排名第三)，为 7.74 立方米/(日·万元)；排名第二的是湖北(2016 年排名第八)，为 7.39 立方米/(日·万元)；排名第三

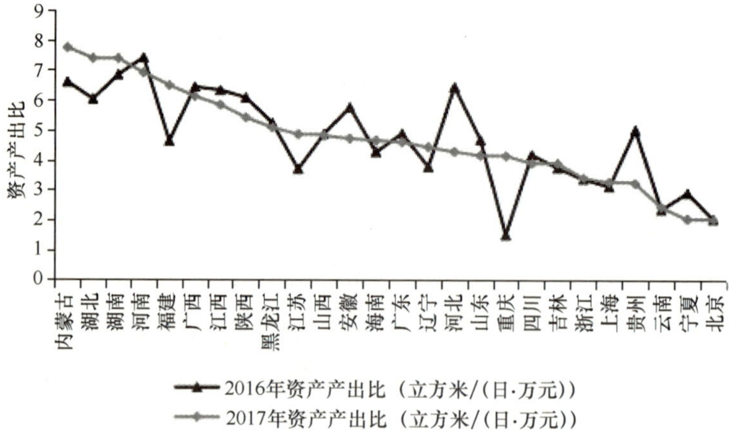

图 2-30　2016 年与 2017 年我国各省份的资产产出比
（单位：立方米/（日·万元））

数据来源：《城市供水统计年鉴》(2018)，中国统计出版社.

注：天津、西藏、甘肃、青海、新疆数据缺失。

的是湖南(2016 年排名第二)，为 7.38 立方米/(日・万元)，上一年度排名第三的河南省，2017 年列第四位，为 6.92 立方米/(日・万元)，相较上一年略有下降。排名后三位的是云南、宁夏和北京，分别为 2.43 立方米/(日・万元)、2.03 立方米/(日・万元)及 2.02 立方米/(日・万元)。2016 年我国各省供水行业平均资产产出比为 4.70，2017 年平均资产产出比为 4.74，因此从总体来看，2017 年以单位资产产出衡量的供水行业发展成效相较 2016 年略有提升。2017 年共有 12 个省份供水行业资产产出比相较上一年有所提升，其中重庆、福建、湖北、江苏和内蒙古五个省市增长幅度最大，内蒙古连续两个年度实现了资产产出比的明显增加。共有 14 个省市供水行业资产产出比相较 2016 年有所下降，其中安徽、贵州和河北下降幅度最大。

三、人均供水能力

本部分采用供水企业生产能力与城市用水人口数的比值构建人均供水能力指标，来反映城市供水企业的相对供水能力。如图 2-31 所示，2009 年以来我国人均供水能力出现了较大幅度的波动。2009 年人均供水能力为 0.52 立方米/(日・人)，

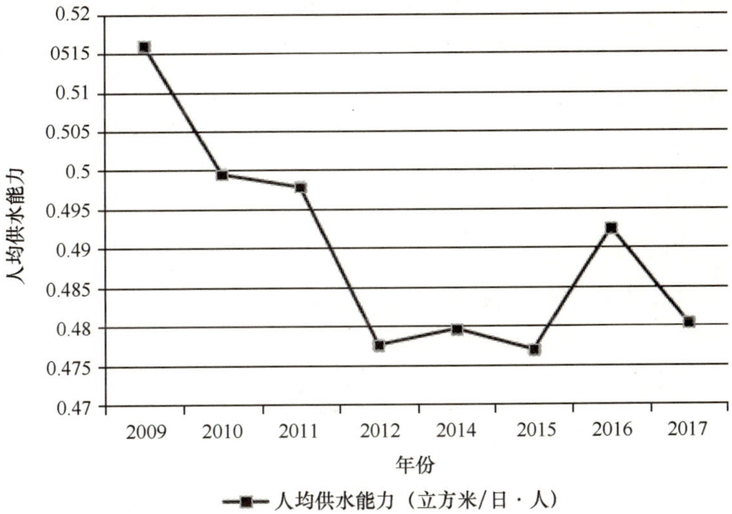

图 2-31　2009 年～2017 年我国人均供水能力

（单位：立方米/（日・人））

数据来源：浙江财经大学中国政府管制研究院数据库、《城市供水统计年鉴》(2018)，中国统计出版社.

注：2013 年单位资产的供水量数据缺失；天津、西藏、甘肃、青海、新疆数据缺失。

此后呈逐年下降趋势，到 2012 年下降到了 0.48 立方米/(日·人)，总体下降了 7.69%。此后，人均供水能力出现缓慢回升，到 2016 年上涨至 0.49 立方米/(日·人)，2017 年再度下滑至 0.48 立方米/(日·人)。以人均供水能力来衡量我国城市供水企业的相对供水能力可以发现，相对于不断增长的城市用水人口，我国供水行业的供水能力增长不足，城市供水能力的提升难以满足城市化和城市人口增长的需求。针对此种情况，我国一方面应当合理规划城市发展速度，与此同时也应进一步加大供水行业建设的投资力度，提升供水行业生产效率和供水企业的供水能力，并通过实施阶梯水价、推行节水型城市等多种方式促进城市居民节约用水，增强水资源的循环利用。

本部分进一步对我国省际人均供水能力差异进行分析，同时还对各省 2016 年与 2017 年人均供水能力进行对比。如图 2-32 所示，2017 年我国人均供水能力排名前三位的分别是上海、江苏和福建，分别为 0.78 立方米/(日·人)、0.77 立方米/(日·人)和 0.61 立方米/(日·人)。其中福建 2016 年人均供水能力位列全国第二，上海和江苏则相较上一年均有了较大幅度提升(由于北京 2017 年城市用水人口数量未统计，本部分的分析中未包括北京市，北京人均供水能力 2016 年位列全国第一)。此外，2016 年人均供水能力排名后三的省份是吉林、陕西和广西，分别为 0.32 立方米/(日·人)、0.30 立方米/(日·人)及 0.23 立方米/(日·人)。总体而言，2017 年我国各省份人均供水能力分布较为均匀，各省差距较小，2016～2017 年各省人均供水能力也基本保持平稳。

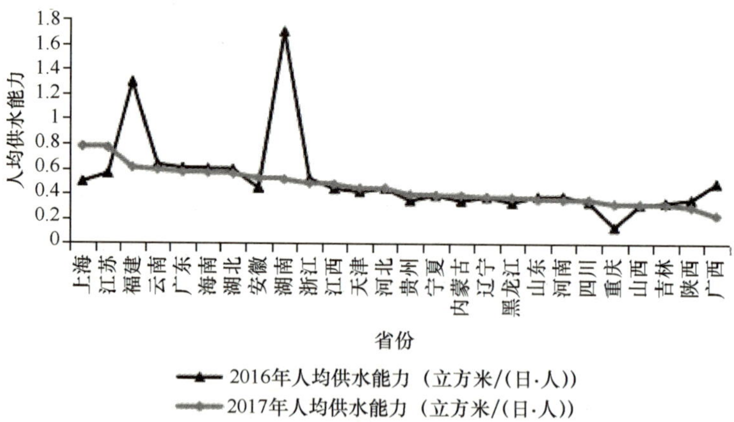

图 2-32　2016～2017 年我国各省份人均供水能力

(单位：立方米/(日·人))

数据来源：《城市供水统计年鉴》(2018)，中国统计出版社.

注：北京、西藏、甘肃、青海、新疆数据缺失。

四、单位供水耗电量

本部分以单位供水耗电量作为衡量供水行业生产效率的指标之一，来分析近年我国城市供水行业生产效率的变化。供水企业单位供水耗电量由制水单位耗电量及送（配）水单位耗电量两部分构成。如图 2-33 所示，自 2009 年以来我国单位供水耗电量中，制水单位耗电量及送（配）水单位耗电量变化幅度均不明显。2009 年制水单位耗电量为 307.57 千瓦时/千立方米，2017 年下降到 259.31 千瓦时/千立方米，总体下降了 15.69%，说明制水耗电方面用电效率有一定提升。2009 年送（配）水单位耗电量为 339.94 千瓦时/千立方米，到 2017 年降至 336.64 千瓦时/千立方米，总体下降 0.97%，说明送（配）水用电效率几乎没有提高。由此可以看出，尽管近年来我国供水行业生产技术实现升级，但是生产效率并未得到显著提高。

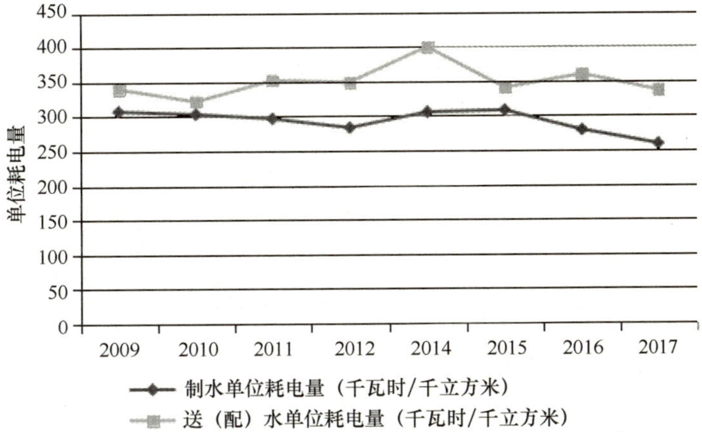

图 2-33　2009 年～2017 年我国制水单位耗电量及送（配）水单位耗电量

数据来源：《城市供水统计年鉴》（2010～2018），中国统计出版社.

图 2-34、图 2-35 分别分析了 2017 年我国各省份制水单位耗电量及送(配)水单位耗电量。可以看出，2017 年全国各省中年制水单位耗电量最高的省份是辽宁，为 636.98 千瓦时/千立方米；排名第二的是山西，单位耗电量为 587.48 千瓦时/千立方米；排名第三的是贵州，单位耗电量为 503.81 千瓦时/千立方米。其中山西和贵州 2016 年也分别位列全国前两位，但制水单位耗电量均有一定程度下降，辽宁则较上一年有大幅上升。排名后三的省份是内蒙古、上海和北京，单位耗电量分别为 188.89 千瓦时/千立方米、183 千瓦时/千立方米和 27.85 千瓦时/千立方米，其中北京相比 2016 年在制水单位用电效率上有巨大提升。我国

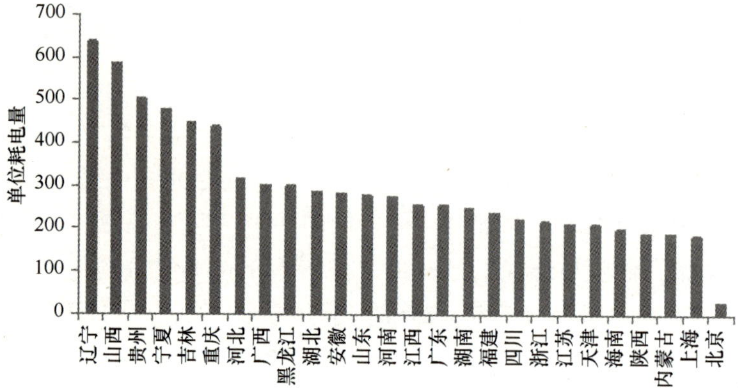

图 2-34　2017 年我国各省份制水单位耗电量

（单位：千瓦时/千立方米）

数据来源：《城市供水统计年鉴》(2018)，中国统计出版社.

注：新疆、云南、青海、甘肃、西藏数据缺失。

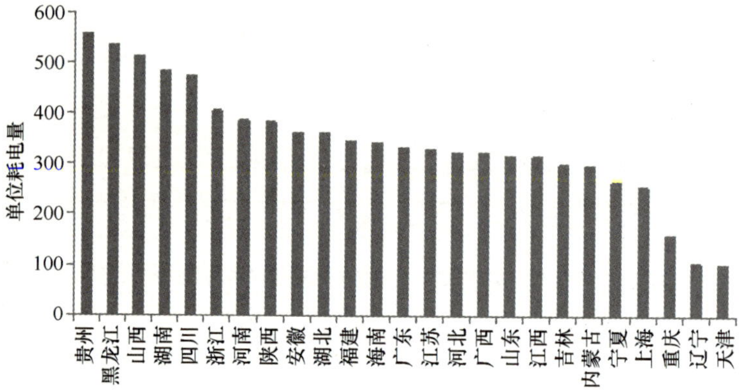

图 2-35　2017 年我国各省份送(配)水单位耗电量

（单位：千瓦时/千立方米）

数据来源：《城市供水统计年鉴》(2018)，中国统计出版社.

注：新疆、云南、青海、甘肃、西藏、北京、天津、重庆数据缺失。

送(配)水单位耗电量最高的省份是贵州、黑龙江和山西，分别为 556.27 千瓦时/千立方米、534.21 千瓦时/千立方米和 511.85 千瓦时/千立方米，其中贵州和山西 2016 年送(配)水单位耗电量也位居全国前三，黑龙江 2017 送(配)水单位耗电量相比 2016 年增加了 76.75%，送(配)水用电效率明显下降。全国各省中，送(配)水单位耗电量最低的省份是上海、重庆、辽宁和天津。总体而言，我国各省供水行业的生产效率也存在显著差距，东部地区用电效率和生产效率明显高于东北和西部地区。

第四节　供水行业监管体制改革

一、供水行业监管机构改革

随着中国城市供水行业的所有制变迁，城市供水行业监管机构也进行了一定的改革。改革的基本取向是继续保持中央和地方政府对城市供水行业的主导地位，逐步推进政企分离和政资分开，建立现代企业制度，实现政府监管的相对独立化。具体而言：推进供水企业的政企分离与政资分离，形成自主经营、自负盈亏的现代企业，剥离政企利益纽带，构建市场化、高效性和潜力性的城市供水行业现代体制。由政府或政府指定机构依据有关法律法规，对城市供水行业进入、价格、运营、退出进行监管。这种多部门分散化的协同监管体系，在实践中表现为职能交叉、政出多门、各自为政，呈现出“碎片化”态势，并未呈现专业化与分工的有机协同治理局面。

从中国城市供水行业发展来看，根据职能差异形成多部门分散监管模式，主要涉及水利、建设、国土、物价、发改、卫生等多个部门，通过各个部门分别承担与供水行业有关的职责，推进城市供水行业的发展，这其中不仅涉及不同政府层级之间的纵向关系，还涉及各供水管理部门之间的横向关系。

目前已经形成中央、省市区、城市、县城四个维度的供水行业监管机构，但这种监管机构体系具有政府管理和政府监管职能，同时一个部门承担多个行业的监管与管理工作，缺乏独立性，不利于同一项工作多个部门之间的有效衔接。同时，由于城市供水行业监管工作涉及多个环节，不同环节按照监管职能的不同，形成多个主体共同监管的网格化监管格局。目前与供水相关的法律主要有《水法》《水污染防治法》《环境保护法》，主要涉及供水相关的部门主要有水利部门、建设部门、环保部门、卫生部门等。《水法》规定，各级政府部门负责各自行政区域内水资源的统一管理和监督工作。其中，建设部门是我国城市供水行业的主要监管部门，拟定城市建设和城市供水等市政公用事业的发展战略、中长期规划、改革措施、规章，指导城市供水等市政公用事业相关工作等，而将城市管理的具体职责交给城市人民政府，并由城市人民政府确定城市供水等市政公用事业的管理体制。水利部门主要负责水资源开发利用，拟定水利发展战略规划和政策，起草有关法律法规，制定部门规章，负责生产、生活和生态用水的统筹使用，负责水资源的保护等。可见，水利部门的主要职责是原水水量的安全保障。根据《环境保护法》和《水污染防治法》的规定，环保部门是环境保护特别是污染防治的统一监督管理部门，主要负责水源的污染防治工作。卫生部主要保障生活用水卫生安全、保障人体健康，负责生活饮用水和涉及饮用水卫生安全的产品进行卫生监督管理，并对集中式供水发放卫生许可证。

由此可见，建设、水利、环保、卫生四大部门是中国城市供水行业政府监管的主要部门，通过部门协同监管共同推进中国城市供水行业的发展。在城市供水行业监管实践中，由于部门之间存在一定的职能交叉与相互协调问题，这在一定程度上增加了交易成本，甚至在一定程度上浪费了行政资源，易于产生同一监管制度的实施受制于不同部门职能分割所带来的低效率问题。

从整体来看，省市层面城市供水行业的监管机构呈现出基本趋同趋势，即与国家部委的职能保持一致性，形成主要职能由建设、水利、环保、卫生等部门协同管理的局面。一些省级行业主管部门成立市政管理委员会或水务局，由其行使对城市供水等行业的管理职能。到市级层面除了水利、环保、卫生三部门外，关于城市供水等市政公用行业的建设和管理职能划分问题，主要形成两类监管机构模式，即建管合一和建管分离。如 2018 年以前杭州市市区的建设由市建委管理，运行管理由市城市管理委员会管理。2019 年杭州市建委负责全杭州的城市供水行业的建设管理，全杭州的运行管理由市城市管理局（原城市管理委员会）负责。由此可见，在市县两级对城市供水行业建设和管理的监管职能分离将成为城市供水行业发展的趋势。

综上所述，从城市供水行业监管机构来看，无论是中央层面、省市区层面还是城市层面来看，目前已经形成协同监管的机构设置模式。同时在县市层面形成多部门协同监管以及原有建设部门的监管职能进行重新划分，形成建管合一和建管分离两种典型模式，从而对县市城市供水行业监管机构创新进行了有益尝试。此外，市县两级城市供水行业监管机构将向建管分离转型。

二、供水行业进入监管改革

中国城市供水行业进入监管呈现出网络环节严格监管与非网络环节逐步放松的态势。其中，新中国成立以来到 20 世纪 70 年代末 80 年代初，中国城市供水行业处于严格的政府监管阶段，事业单位成为城市供水行业的运营主体，资金完全由政府财政拨付，是一种典型的政府主导下的垄断经营。随着 1978 年改革开放，中国城市供水行业进入放松监管的新时期，为此，本报告将以 1978 年为界限，将中国城市供水行业进入监管划分为四个阶段。具体而言：

1. 以技术设备引进为核心、以外资进入为特征的阶段（20 世纪 80 年代末到 20 世纪 90 年代初）

改革开放以后，中国城市供水行业供需矛盾十分突出，政府财政资金投资压力逐步凸显，为了解决传统意义上通过政府投资所带来的资金不足问题，我国政府开始允许地方借助于国际组织（如世界银行、亚洲开发银行等）通过贷款的方式筹集资金，其贷款条件是从外国专业的水务公司购买专业化的设备，并接受其技术指导。因此，该阶段城市供水行业进入监管的主要特征是以输入设备与技术为核心的新阶段，在实践中往往缺乏外国资本直接投资中国城市供水行业、参与城市供水行业建设和运营的情况。由于国际组织和外国资本通过技术设备输入的方式，进一步扩展了中国城市供水行业的资金来源，这在较大程度上提高了我国城市供水行业的技术能力和管理水平。

2. 以水厂市场化改革为核心、慎重开放管网设施阶段（20 世纪 90 年代初到 2002 年）

该阶段是中国真正开始城市供水行业市场化改革的新时期，这一阶段投资方式的主要特征是以 BOT 为核心，通过引进外国资本进入中国城市供水行业为重点，通过放松进入监管的方式，逐步打破区域垄断。城市供水行业涉及网络型或自然垄断业务的管网环节，以及竞争性业务或非自然垄断业务的水厂以及销售环节，该阶段主要是放松对非自然垄断业务的监管，即城市供水企业的水厂设施建设与运营环节，而管网设施依然受到严格管控。在该阶段法国威立雅、英国汇津水务等国际水务巨头通过 BOT 的方式开始进入中国城市供水市场。同时，国内一些非国有资本纷纷进入中国城市供水行业，通过收购水厂或 BOT 的方式，参与城市供水企业的建设和运营。从而通过国内非国有资本与国际跨国水务企业的参与，中国城市供水行业第一轮真正意义的市场化改革或特许经营开始展开，这进一步拓宽了非国有资本的投资额度，但在这一过程中也出现了一系列问题，如固定回报、保底水量等，这为市场化改革初期城市供水行业的发展埋下一定的隐患，随着时间的推移在现实中出现了一系列的政府回购等，这增加了回购所在地政府的财政负担。

3. 以特许经营为核心，放松监管由传统的非自然垄断环节开始过渡到自然垄断环节的阶段（2002 年～2012 年）

随着城市供水等市政公用事业市场化改革的深入，相关的市场化改革配套制度滞后制约了城市供水等行业的发展，从而为供水行业市场化改革埋下一些隐患。为此，国家建设部于 2002 年出台《关于加快市政公用行业市场化进程的意见》，2004 年为了进一步规范城市供水等市政公用行业发展，出台《关于加强市政公用事业监管的意见》，这为该时期规范城市供水等市政公用事业发展提供重要的制度保障。2002 年原国家计委颁布《外商投资产业指导》，对供排水管网首次对外资开放。2002 年以来，在城市供水行业市场化运营过程中，出现了允许社会资本进入城市供水行业，参与供水厂网建设与运营的厂网一体化运作模式。如威立雅公司购买了上海自来水浦东有限公司 50%的股份，标志着外国资本开始大规模地介入中国城市供水管网，威立雅公司成为中国城市供水行业第一个结合制水、输配和服务为一体的合资企业。

4. 大力鼓励和支持社会资本进入城市供水行业，进入全面开展 PPP 的新阶段（2013 年至今）

2013 年以来，国务院、国家发展改革委、国家财政部以及其他部委，相继出台一系列的 PPP 文件，这标志着中国进入全面 PPP 的新时代。从系列 PPP 文件来看，国家在积极鼓励和引导社会资本参与城市供水行业的建设和运营，愈发呈现出国有企业、民营企业和外资企业以及其他资本等多种社会资本结构的多元化投资与运营主体结构，从而逐步打破国有企业一家独大的局面，以 PPP 为核心的市场化模式被广泛应用。但相比于第三阶段，由于城市供水设施与社会公众生命安全和国家安全息息相关，为此，第四阶段在 PPP 过程中开始慎重对城市供水管网设施的开放。同时，通过企业整合、做大做强的方式，逐步提升区域供水企业的市场竞争力。

三、供水行业价格监管改革

（一）“包费制”阶段

“包费制”主要发生在 1965 年到十一届三中全会之前。改革开放前，中国政府从保障居民生活的角度出发，实行低价的城市供水政策，对居民采取“包费制”，即根据居民家庭人口数量以户为单位收取一定数额的水费，水费与实际耗水量无关。在该时期，政府对城市供水价格实行“包费制”主要基于以下两方面的考虑：一是为了稳定物价，保障人民群众的基本生活需要；二是当时社会工资较低，水费支出需要考虑广大人民群众的可承受能力。因此，该时期城市供水价格一直维持在较低水平。

（二）用水计量、按量收费阶段

改革“包费制”，实行用水计量、按量收费，该阶段主要发生在十一届三中全会至 20 世纪 90 年代初。在这一阶段，中国推进经济体制改革，在经济管理过程中，愈发重视市场调节，充分考虑价值规律、价格杠杆的经济调节作用，并在十一届三中全会后逐步取消“包费制”，开始实行装表计量、按量收费。本着生产用水价格高于生活用水价格的原则，合理制定售水价格。在该时期制定城市供水价格的出发点主要有两个：一是合理利用水资源，节约用水；二是解决经济发展的“水瓶颈”问题，从而促进城市基础设施建设与经济建设的协调发展。为此，城市供水价格做出相应的调整。如1980年国家经委、国家计委、国家建委、财政部、国家城市建设总局出台《关于节约用水的通知》提出“在两年内取消生活用水‘包费制’，按楼门或大院装表，实行用水计量，按量收费。”1984年，国务院《关于大力开展城市节约用水的通知》要求“加强工业用水管理，实行计划用水”，“超计划用水加价”。“到1986年1月1日仍实行生活用水‘包费制’的单位，人均用水量超过生活用水定额的部分，按现行水价累进加倍收费。”1988年12月国家建设部发布《城市节约用水管理规定》，该规定要求“城市建设行政主管部门应当会同有关行业行政主管部门制定行业综合用水定额和单项用水定额。超计划用水必须缴纳超计划用水加价水费。生活用水按户计量收费。”

（三）成本部分回收阶段

成本部分回收阶段主要发生在1985年～1997年之间，该时期虽然各项调价措施仍然来自中央政府，但由于财税体制改革，地方政府为了减轻财政压力，不断提出提高水价的要求，试图改善城市供水成本价格倒挂问题。其中，1985年国务院颁布了《水利工程水费核定、计收和管理办法》，明确提出在供水成本的基础上核算水费标准，为水费由福利供应向商品化供应奠定基础。该办法规定的供水成本包括工程的运行管理费、大修理费及其他按规定计入成本的费用，这从理论上确定了水的商品属性和供水的有偿服务行为，并将水费定位为行政事业性收费。1988年全国人大通过了《中华人民共和国水法》，该法规定了“对城市直接从地下取水的单位，征收水资源费；其他直接从地下或江河、湖泊取水的，可由省、自治区、直辖市人民政府决定征收水资源费。”1994年，国务院出台了《城市供水条例》，明确了省、自治区及市政府建立城市供水水价的责任，规定了“城市供水价格应按照生活用水保本微利，工业及经营用水合理计价”的原则。这表明居民生活用水遵循保本微利原则，而其他经营性用水可以实行更高价格，从而通过多种价格组合实现城市供水行业的保本微利。

（四）全成本水价改革阶段

1997年以来中国城市供水行业进入全成本水价改革阶段。其中，1997年国务院出台《水利产业政策》，规定“新建水利工程的供水价格，按照满足运行成本和费用、缴纳税金、归还贷款和获得合理利润的原则制定。原有水利工程的供水价格，要根据国家的水价政策和成本补偿、合理收益的原则，区别不同用途，在三年内调整到位。”这标志着中国城市供水价格制定与实施开始向商品化方向转变。在该轮城市供水价格改革过程中，水价不仅包括制水成本和运营费用，还包括贷款利息、回收成本、“合理利润”和政府税金。由于城市供水定价权限下放至地方政府，因此，地方政府为了减轻财政负担，存在提高水价的动力。

价格改革推动了城市供水行业市场化改革进程。1998 年，原国家计委、建设部发布《城市供水价格管理办法》，规定“城市供水价格是城市供水企业通过一定的工程设施，将地表水、地下水进行必要的净化、消毒处理，使水质符合国家规定的标准后供给用户使用的商品水价格。污水处理费计入城市供水价格，按城市供水范围，根据用户使用量征收。制定城市供水价格，实行听证会制度和公告制度。城市供水价格由供水成本、费用、税金和利润构成，供水企业合理盈利的平均水平应当是净资产利润率的 8%～10%，并提倡城市供水应逐步实行容量水价和计量水价相结合的两部制水价或阶梯式计量水价”。1999 年，原国家计委、建设部出台《关于贯彻城市供水价格管理办法有关问题的通知》。该通知指出：在水价改革过程中，供水价格水平要考虑居民和企业的可承受能力，资金利润率要分步到位，逐渐减少财政补贴，确保新旧水价体制平衡转换。居民用水实行“阶梯式计量水价”，非居民生活用水实行“两部制”水价，应与现行超计划用水加价的有关规定相衔接。2000 年国务院出台《关于加强城市供水节水和水污染防治工作的通知》，明确指出全国所有设市城市需要按照有关规定尽快开征污水处理费。各地在调整城市供水价格和污水处理费标准时，要优先将污水处理费的征收标准调整到保本微利水平，满足污水处理设施的运行维护成本，并按合理盈利的原则核定。2002 年，原国家计委、财政部、建设部、水利部、国家环保总局发布《关于进一步推进城市供水价格改革工作的通知》，该通知规定城市供水价格改革工作重点是建立合理的水价形成机制，促进水资源保护和合理利用。一是调整水价要与改革水价计价方式相结合。二是要针对不同城市特点，实行季节性水价，以缓解城市供水的季节性矛盾。三是要合理确定回用水价格与自来水价格的比价关系，建立鼓励使用回用水替代自然水源和自来水的价格机制，加快城市污水处理和回用水设施建设。全国各省市区以上城市应当创造条件并于 2003 年底前对城市居民用水实行阶梯式计量水价，其他城市也要争取在 2005 年底前实行。同年，通过了新的《中华人民共和国水法》，这标志着我国新一轮供水价格体系的建立。2004 年，国家发改委与水利部联合制定《水利工程供水价格管理办法》，该法明确了水利工程供水的商品属性，规范了水利工程水价形成机制以及核价的原则和方法，确定了水利工程水价按照补偿成本、合理收益、优质优价、公平负担的原则制定，并根据供水成本、费用以及市场供求的变化情况适时调整；要求实行超定额累进加价、丰枯季节水价和季节浮动水价制度，逐步推广基本水价和计量水价结合的两部制水价制度。为实现“补偿成本、合理收益、节约用水、公平负担”的目标，2013年国家发展改革委和住房和城乡建设部联合下发《关于加快建立完善城镇居民用水阶梯价格制度的指导意见》，该意见明确提出“加快建立阶梯水价制度，2015年底前设市城市原则上要全面实行居民阶梯水价制度，具备实施条件的建制镇，也要积极推进居民阶梯水价制度”，同时“原则上，一、二、三级阶梯水价按不低于1∶1.5∶3的比例安排”。

近30年来，中国城市供水价格的有偿使用和商品属性的观念已被社会普遍接受，中国城市供水行业价格大幅提升，污水处理费成为城市综合水价的重要组成部分，城市供水行业基本实现了由福利水价向商品水价转变，城市节水型价格改革趋向和改革效果不断显现，以建立合理的水价形成机制为重点的改革框架正在逐步形成，水价管理工作进入了法制化、规范化、合理化和科学化的轨道。但到目前为止，依然缺乏按照商品定价的法则制定水价以及形成与市场经济和城市供水行业技术经济特征相匹配的定价与调价机制。

四、供水行业质量监管改革

中华人民共和国成立以来，国家日益重视饮用水安全，社会公众对饮用水质量的关注度也越来越高。随着中国经济的增长和综合国力的提升，国家多次提高城市供水质量标准。本部分将对城市供水质量的相关法规、供水质量的标准变迁进行研究。

（一）供水质量监管法规

法规制度体系是提升城市供水质量的重要保障。目前中国缺乏城市供水安全管制领域专门的法律法规，城市供水安全管制具有典型的环节性特征，这些环节主要包括水资源和水环境保护、水质标准、水质监测以及应急管理等。《中华人民共和国水法》、《中华人民共和国水污染防治法》、《中华人民共和国环境保护法》、《中华人民共和国传染病防治法》分别从水资源开发与利用、水污染防治、水环境保护以及饮用水卫生等方面对饮用水安全做了相应规定。其中，《中华人民共和国水法》是关于水资源保护的基础性法律，主要涉及水资源的开发利用、水资源、水域和水工程的保护以及水资源的配置和节约使用。该法对饮用水管理的内容主要涉及饮用水源保护区制度、水质监测以及满足城乡居民用水等方面。《中华人民共和国环境保护法》对保护和改善生态环境、防治污染以及环境污染的法律责任等方面做了明确规定。《中华人民共和国水污染防治法》规定了水污染防治的监督管理，并从水源保护区的划分和防治水污染等方面提出水质安全的具体措施。《中华人民共和国传染病防治法》规定了法定饮用水传染病的种类，明确了各级政府及其卫生行政部门、供水单位、涉水产品生产企业的法定职责以及失职应负的法律责任。

国务院制定与饮用水安全有关的行政法规主要有《中华人民共和国水污染防治法实施细则》《中华人民共和国城市供水条例》《中华人民共和国河道管理条例》。其中，《中华人民共和国水污染防治法实施细则》从不同饮用水水源保护的水质级别方面，对饮用水污染防治做出相应规定。《中华人民共和国城市供水条例》主要针对城市公共供水和自建设施供水，涉及城市供水水源、供水工程建设、供水经营以及供水维护等，主要关注城市供水规划建设问题，尚未系统建立饮用水水质安全监管的理论体系。

部门规章主要有原国家建设部颁发的《城市供水水质管理规定》，原国家建设部、卫生部颁发的《生活饮用水卫生监督管理办法》，环保部等部门颁发的《饮用水水源保护区污染防治管理规定》、国务院多部门联合颁发的《基础设施和公用事业特许经营管理办法》、国家建设部颁发的《地下水开发利用保护管理规定》。这些部门规章是各部门从部门职责出发对城市水质管理、水质标准、卫生监督、水源保护等方面做出的相应规定。

地方政府以国家有关法律、行政法规和部门规章为指导，在饮用水卫生安全监督管理、水污染防治、城市供水与节约用水等方面相继出台了地方法规。如浙江 1999 年颁布了《浙江省城市供水管理办法》、2011 年颁布了《浙江饮用水水源保护条例》。杭州市于 1997 年颁布了《杭州市城市供水管理规定》和《杭州市高层建筑生活饮用水给水设施卫生监督管理办法》等。

（二）供水质量监管标准

为适应城市供水行业发展，强化城市供水企业监督与管理，国家建设部于 1993 年开始组建“国家城市供水水质监测网”，并受政府委托对水质进行监督管理。1999 年国家建设部颁布《城市供水水质管理规定》，明确提出了建立国家和地方两级网以及建设部水质中心、国家站、地方站三级站的监测体系要求，还规定了“企业自检、行业监测、政府监督”相结合的城市供水质量管理制度。由“两级网、三级站”负责城市供水水质的检查和监督，完善了以建设部城市供水水质监测中心和 36 个重点城市供水水质监测站为主要成员的国家城市供水水质监测网体系。此外，为保障城市供水安全，中华人民共和国成立后国家逐步提升水源水质标准与饮用水水质标准。理清水源水质标准与饮用水水质标准，是逻辑求索当前中国饮用水水质标准现状的重要基础。为此，本部分将重点从水源水质标准和饮用水水质标准两个方面，研究中国饮用水水质标准的变迁历程，并对当前饮用水质量标准的基本现状进行评估。

1. 水源水质标准

中国分别于1993年和2002年出台了《地下水质量标准》（GB/T 14848—93）和《地表水环境质量标准》（GB 3838—2002），并于2017年对《地下水质量标准》进行了修订。本部分将对上述两个标准进行分析，在此基础上明确中国地下水和地表水质量标准的演变趋势。

（1）《地下水质量标准》比较分析

《地下水质量标准》（GB/T 14848—93）和《地下水质量标准》（GB/T 14848—2017）都包含39项测试指标，后者对39项测试指标中的铁、锰两个指标进行了修订。[①] 目前《地下水质量标准》（GB/T 14848—2017）仍然存在三方面问题：有机物污染指标相对较少，目前仅有六六六和滴滴涕两个有机农药指标；部分指标限值的设置不合理，中国多数地区地下水中的铁、锰含量和总硬度较高，需要结合地方实际分区域设定地下水水质标准限值；内梅罗指数综合评价法与地下水Ⅰ～Ⅴ类之间缺乏对应关系，从而增加了因为重点危害信息影响地下水质量的事件的发生概率。

由表2-3可知，《地下水质量标准》（GB/T 14848—93）和《地下水质量标准》（GB/T 14848—2017）都包含39项测试指标，后者对39项测试指标中的铁、锰两个指标进行了修订。

《地下水质量标准》（GB/T 14848—93）和（GB/T 14848—2017）的比较分析

表2-3

项目序号	类别标准值项目	Ⅰ类	Ⅱ类	Ⅲ类	Ⅳ类	Ⅴ类
1	色（度）	≤5	≤5	≤15	≤25	>25
2	嗅和味	无	无	无	无	有
3	浑浊度（度）	≤3	≤3	≤3	≤10	>10
4	肉眼可见物	无	无	无	无	有
5	pH	6.5～8.5	5.5～6.5，8.5～9	<5.5，>9		
6	总硬度（以 $CaCO_3$，计）（mg/L）	≤150	≤300	≤450	≤550	>550

① 如果2017年各指标的数值与1993年存在差异，则详见括号内数值。反之，则说明2017年与1993年数值相同。

续表

项目序号	类别标准值项目	Ⅰ类	Ⅱ类	Ⅲ类	Ⅳ类	Ⅴ类
7	溶解性总固体(mg/L)	≤300	≤500	≤1000	≤2000	>2000
8	硫酸盐(mg/L)	≤50	≤150	≤250	≤350	>350
9	氯化物(mg/L)	≤50	≤150	≤250	≤350	>350
10	铁(Fe)(mg/L)	≤0.1	≤0.2	≤0.3	≤2.0 (≤1.5)	>2.0 (>1.5)
11	锰(Mu)(mg/L)	≤0.05	≤0.05	≤0.1	≤1.5 (≤1.0)	>1.5 (>1.0)
12	铜(Cu)(mg/L)	≤0.01	≤0.05	≤1.0	≤1.5	>1.5
13	锌(Zn)(mg/L)	≤0.05	≤0.5	≤1.0	≤5.0	>5.0
14	钼(Mo)(mg/L)	≤0.001	≤0.01	≤0.1	≤0.5	>0.5
15	钴(Co)(mg/L)	≤0.005	≤0.05	≤0.05	≤1.0	>1.0
16	挥发性酚类(以苯计)(mg/L)	≤0.001	≤0.001	≤0.002	≤0.01	>0.01
17	阴离子合成洗涤剂(mg/L)	不得检出	≤0.1	≤0.3	≤0.3	>0.3
18	高锰酸盐指数(mg/L)	≤1.0	≤2.0	≤3.0	≤10	>10
19	硝酸盐(以N计)(mg/L)	≤2.0	≤5.0	≤20	≤30	>30
20	亚硝酸盐(以N计)(mg/L)	≤0.001	≤0.01	≤0.02	≤0.1	>0.1
21	氨氮(NH_4)(mg/L)	≤0.02	≤0.02	≤0.2	≤0.5	>0.5
22	氟化物(mg/L)	≤1.0	≤1.0	≤1.0	≤2.0	>2.0
23	碘化物(mg/L)	≤0.1	≤0.1	≤0.2	≤1.0	>1.0
24	氰化物(mg/L)	≤0.001	≤0.01	≤0.05	≤0.1	>0.1
25	汞(Hg)(mg/L)	≤0.00005	≤0.0005	≤0.001	≤0.001	>0.001
26	砷(As)(mg/L)	≤0.005	≤0.01	≤0.05	≤0.05	>0.05
27	硒(Se)(mg/L)	≤0.01	≤0.01	≤0.01	≤0.1	>0.1
28	镉(Cd)(mg/L)	≤0.0001	≤0.001	≤0.01	≤0.01	>0.01
29	铬(六价)(Cr^{6+})(mg/L)	≤0.005	≤0.01	≤0.05	≤0.1	>0.1
30	铅(Pb)(mg/L)	≤0.005	≤0.01	≤0.05	≤0.1	>0.1
31	铍(Be)(mg/L)	≤0.00002	≤0.0001	≤0.0002	≤0.001	>0.001
32	钡(Ba)(mg/L)	≤0.01	≤0.1	≤1.0	≤4.0	>4.0
33	镍(Ni)(mg/L)	≤0.005	≤0.05	≤0.05	≤0.1	>0.1
34	滴滴滴(μg/L)	不得检出	≤0.005	≤1.0	≤1.0	>1.0
35	六六六(μg/L)	≤0.005	≤0.05	≤5.0	≤5.0	>5.0

续表

项目序号	类别标准值项目	Ⅰ类	Ⅱ类	Ⅲ类	Ⅳ类	Ⅴ类
36	总大肠菌群(个/L)	≤3.0	≤3.0	≤3.0	≤100	>100
37	细菌总数(个/L)	≤100	≤100	≤100	≤1000	>1000
38	总α放射性(Bq/L)	≤0.1	≤0.1	≤0.1	>0.1	>0.1
39	总β放射性(Bq/L)	≤0.1	≤1.0	≤1.0	>1.0	>1.0

(2)《地表水环境质量标准》情况

《地表水环境质量标准》分为地表水环境质量标准基本项目、集中式生活饮用水地表水源地补充项目和集中式生活饮用水地表水源地特定项目。地表水环境质量标准基本项目适用于全国江河、湖泊、运河、渠道以及水库等具有使用功能的地表水水域。而集中式生活饮用水地表水源地补充项目和特定项目适用于集中式生活饮用水地表水源地一级保护区和二级保护区。

《地表水环境质量标准》主要包括水温、pH值、溶解氧、高锰酸钾指数、化学需氧量、五日生化需氧量、氨氮、总磷、总氮、铜、锌、氟化物、硒、砷、汞、镉、铬、铅、氰化物、挥发酚、石油类、阴离子表面活性剂、硫化物、粪大肠杆菌等24项基本指标,详见表2-4。其中,5项集中式生活饮用水地表水源地补充项目标准限值详见表2-5,80项集中式生活饮用水地表水源地特定项目标准限值详见表2-6。

地表水环境质量标准基本项目标准限值 **表2-4**

序号	标准值 分类 项目	Ⅰ类	Ⅱ类	Ⅲ类	Ⅳ类	Ⅴ类
1	水温(℃)	人为造成的环境水温变化应限制在:周平均最大温升≤1 周平均最大温降≤2				
2	pH值(无量纲)	6~9				
3	溶解氧≥	饱和率90% (或7.5)	6	5	3	2
4	高锰酸钾指数≤	2	4	6	10	15
5	化学需氧量(COD)≤	15	15	20	30	40
6	五日生化需氧量(BOD_5)≤	3	3	4	6	10
7	氨氮(NH_3-N)≤	0.15	0.5	1.0	1.5	2.0
8	总磷(以P计)≤	0.02(湖、库0.01)	0.1(湖、库0.025)	0.2(湖、库0.05)	0.3(湖、库0.1)	0.4(湖、库0.2)

续表

序号	标准值 分类 项目	Ⅰ类	Ⅱ类	Ⅲ类	Ⅳ类	Ⅴ类
9	总氮(湖、库，以N计)≤	0.2	0.5	1.0	1.5	2.0
10	铜≤	0.01	1.0	1.0	1.0	1.0
11	锌≤	0.05	1.0	1.0	2.0	2.0
12	氟化物(以F^-计)≤	1.0	1.0	1.0	1.5	1.5
13	硒≤	0.01	0.01	0.01	0.02	0.02
14	砷≤	0.05	0.05	0.05	0.1	0.1
15	汞≤	0.00005	0.00005	0.0001	0.001	0.001
16	镉≤	0.001	0.005	0.005	0.005	0.01
17	铬(六价)≤	0.01	0.05	0.05	0.05	0.1
18	铅≤	0.01	0.01	0.05	0.05	0.1
19	氰化物≤	0.005	0.05	0.2	0.2	0.2
20	挥发酚≤	0.002	0.002	0.005	0.01	0.1
21	石油类≤	0.05	0.05	0.05	0.5	1.0
22	阴离子表面活性剂≤	0.2	0.2	0.2	0.3	0.3
23	硫化物≤	0.05	0.1	0.2	0.5	1.0
24	粪大肠杆菌(个/L)≤	200	2000	10000	20000	40000

集中式生活饮用水地表水源地补充姓名标准限值　　表 2-5

序号	项目	标准值（mg/L）
1	硫酸盐（以SO_4^{2-}计）	250
2	氯化物（以Cl^-计）	250
3	硝酸盐（以N计）	10
4	铁	0.3
5	锰	0.1

集中式生活饮用水地表水源地特定项目标准限值（单位：mg/L）　**表 2-6**

序号	项目	标准值	序号	项目	标准值
1	三氯甲烷	0.06	41	丙烯酰胺	0.0005
2	四氯甲烷	0.002	42	丙烯腈	0.1
3	三溴甲烷	0.1	43	邻苯二甲酸二丁酯	0.003
4	二氯甲烷	0.02	44	邻苯二甲酸二(2-乙基己基)酯	0.008
5	1,2—二氯乙烷	0.03	45	水合肼	0.01

续表

序号	项目	标准值	序号	项目	标准值
6	环氧氯丙烷	0.02	46	四乙基铅	0.0001
7	氯乙烯	0.005	47	吡啶	0.2
8	1,1—二氯乙烯	0.03	48	松节油	0.2
9	1,2—二氯乙烯	0.05	49	苦味酸	0.5
10	三氯乙烯	0.07	50	丁基黄原酸	0.005
11	四氯乙烯	0.04	51	活性氯	0.01
12	氯丁二烯	0.002	52	滴滴涕	0.001
13	六氯丁二烯	0.0006	53	林丹	0.002
14	苯乙烯	0.02	54	环氧七氯	0.0002
15	甲醛	0.9	55	对硫磷	0.003
16	乙醛	0.05	56	甲基对硫磷	0.002
17	丙烯醛	0.1	57	马拉硫磷	0.05
18	三氯乙醛	0.01	58	乐果	0.08
19	苯	0.01	59	敌敌畏	0.05
20	甲苯	0.7	60	敌百虫	0.05
21	乙苯	0.3	61	内吸磷	0.03
22	二甲苯	0.5	62	百菌清	0.01
23	异丙苯	0.25	63	甲萘威	0.05
24	氯苯	0.3	64	溴氰菊酯	0.02
25	1,2-二氯苯	1.0	65	阿特拉津	0.003
26	1,4-二氯苯	0.3	66	苯并(a)芘	2.8×10^{-6}
27	三氯苯	0.02	67	甲基汞	1.0×10^{-6}
28	四氯苯	0.02	68	多氯联苯	2.0×10^{-5}
29	六氯苯	0.05	69	微囊藻毒素-LR	0.001
30	硝基苯	0.017	70	黄磷	0.003
31	二硝基苯	0.5	71	钼	0.07
32	2,4-二硝基甲苯	0.0003	72	钴	1.0
33	2,4,6-三硝基甲苯	0.5	73	铍	0.002
34	硝基氯苯	0.05	74	硼	0.5
35	2,4-二硝基氯苯	0.5	75	锑	0.005
36	2,4-二氯苯酚	0.093	76	镍	0.02
37	2,4,6-三氯苯酚	0.2	77	钡	0.7
38	五氯酚	0.009	78	钒	0.05
39	苯胺	0.1	79	钛	0.1
40	联苯胺	0.0002	80	铊	0.0001

《地表水环境质量标准》在规范地表水环境质量过程中发挥了重要作用。但依然存在以下几方面问题：第一，单因子评价难以反映水质标准的多元性特征。第二，饮用水水源地评价标准的不一致，如河流（总磷＝0.2mg/L）、湖库（总磷＝0.05mg/L），这增加了准确反映水源水质情况的难度。第三，缺乏系统的湖库富营养化的评价标准。第四，部分原水指标限值高于饮用水水质标准。第五，缺乏有效评价饮用水水源地安全性的指标体系。第六，对饮用水水源地的应急保护体系依然缺乏详细的规定。

2. 饮用水水质标准

上海是中国最早制定地方性饮用水标准的城市。1927 年 9 月上海审定并试行上海市第一个地方性饮用水标准，被称为"上海市饮用水清洁标准"。1937 年北京市自来水公司发布《水质标准表》。这些标准主要包括水的外观和预防水致传染病等指标。中华人民共和国成立后，在不同时期多次修订或修编了饮用水水质标准。具体而言：

（1）20 世纪 50 年代的饮用水水质标准

中华人民共和国成立后，1954 年国家卫生部发布了中国第一部饮用水水质标准《自来水水质暂行标准》，并于 1955 年 5 月在北京、天津、上海等 12 个大城市试行，并于 1956 年 12 月 1 日正式在全国范围内实施《饮用水水质标准》。该标准的水质指标包括 4 方面共 15 个项目。其中，透明度、色度、嗅和味等 3 项物理指标；细菌总数、总大肠杆菌群 2 项细菌指标；总硬度、pH 值、氟化物、酚、剩余氯 5 项化学指标；砷、铅、铁、铜、锌 5 项有害金属元素指标。1959 年经国家建设部和卫生部批准，定名为《生活饮用水卫生规程》，并于 1959 年 11 月 1 日起在全国范围内施行。该标准的水质指标修订为 4 个方面 17 个项目。其中，物理指标为浑浊度、色度、嗅和味 3 项；细菌指标为细菌总数、大肠杆菌、总大肠杆菌、肉眼可见物 4 项；化学指标和有害金属元素指标并未发生变化。由此可见，与中华人民共和国前地方标准相比，20 世纪 50 年代出台的《生活饮用水卫生规程》增加了金属离子指标，但数量依然较少。

（2）20 世纪 70 年代的饮用水水质标准

《生活饮用水卫生标准》（TJ 20—76）于 1976 年 12 月 1 日起试行，主要包括 4 个方面共 23 个指标。包括：透明度、色度、嗅和味 3 项物理指标；细菌总数、总大肠菌群、肉眼可见物 3 项细菌指标；总硬度、pH 值、氟化物、酚、阴离子合成洗涤剂、氰化物、剩余氯 7 项化学指标；砷、汞、铅、铁、锰、硒、镉、铬、铜、锌 10 项有害金属元素指标。由此可见，中国从 20 世纪 70 年代开始愈发重视重金属离子及洗涤剂等因素对人体健康的危害。

（3）20 世纪 80、90 年代的标准

1985 年，国家卫生部对《生活饮用水卫生标准》（TJ 20—76）进行了修订，水质指标增加至 5 个方面 35 个项目，编号改为 GB 5749—85，并于 1986 年 10 月 1 日起实施。包括：透明度、色度、嗅和味 3 项物理指标；细菌总数、总大肠菌群、肉眼可见物 3 项细菌指标；总硬度、溶解性总固体、pH 值、硫酸盐、氟化物、氰化物、氯化物、氯仿、四氯化碳、酚、滴滴涕、六六六、苯并（α）芘、阴离子合成洗涤剂、剩余氯 16 项化学指标；砷、汞、铅、铁、锰、硒、镉、铬、铜、锌、银 11 项有害金属元素指标；新增放射性指标总 α 放射性、总 β 放射性 2 项。由此可见，该标准首次列入放射性指标，并在化学指标中增加了有机指标。

（4）21 世纪新的饮用水水质标准

2007 年 7 月 1 日，新的饮用水水质标准《生活饮用水卫生标准》（GB 5749—2006）正式实施，该标准在修订过程中参考了世界卫生组织（WHO）、欧盟（EC）、美国环境保护局（USEPA）、俄罗斯、日本等国际组织和发达国家的饮用水水质标准，该标准加强了对有机物、微生物和水质消毒的要求，统一了城镇和农村的饮用水卫生标准。该标准与《生活饮用水卫生标准》（GB 5749—85）相比主要变化如下：水质指标由 35 项增加到 106 项，增加了 71 项，修订了 8 项。其中，微生物指标由 2 项增加至 6 项，增加了大肠埃希氏菌、耐热大肠菌群、贾第鞭毛虫和隐孢子虫；修订了总大肠菌群。饮用水消毒剂由 1 项增加到 4 项，增加了一氯胺、臭氧、二氧化氯。毒理指标中的无机化合物由 10 项增加到 21 项，增加了溴酸盐、亚氯酸盐、氯酸盐、锑、钡、铍、硼、钼、镍、铊、氯化氰，并修订了砷、铬、铅、硝酸盐指标。毒理指标中的有机化合物由 5 项增加到 53 项，增加了甲醛、三卤甲烷、二氯甲烷、1，2-二氯乙烷、1，1，1-三氯乙烷、三溴甲烷、一氯二溴甲烷、二氯一溴甲烷、环氧氯丙烷、氯乙烯、1，1-二氯乙烯、1，2-二氯乙烯、三氯乙烯、四氯乙烯、六氯丁二烯、二氯乙酸、三氯乙酸、三氯乙醛、苯、甲苯、二甲苯、乙苯、苯乙烯、2，4，6-三氯酚、氯苯、1，2-二氯苯、1，4-二氯苯、三氯苯、邻苯二甲酸二（2-乙基己基）酯、丙烯酰胺、微囊藻毒素-LR、灭草松、百菌清、溴氰菊酯、乐果、2，4-滴、七氯、六氯苯、林丹、马拉硫磷、对硫磷、甲基对硫磷、五氯酚、莠去津、呋喃丹、毒死蜱、敌敌畏、草甘膦；修订了四氯化碳。感官性状和一般理化指标由 15 项增加到 20 项，增加了耗氧量、氨氮、硫化物、钠、铝；修订了浑浊度指标。放射性指标中修订了总 α 放射性。删除了水源选择和水源卫生防护两部分内容。简化了供水部门的水质检测规定，部分内容列入《生活饮用水集中式供水单位卫生规范》。需要说明的是，贾第鞭毛虫、隐孢子虫、三卤甲烷、微囊藻毒素-LR 等 4 项指标于 2008 年 7 月 1 日起执行。

第三章　排水与污水处理行业发展报告

随着国家大力推进城市环境综合治理以及流域水污染治理，排水与污水处理行业成为日益重要的基础设施领域。由于快速城镇化和工业化，大量人口涌入城镇，不仅加大了城镇对资源能源、生态环境的需求，而且引起大量的城市污染，同时气候变化导致全国范围的城市内涝频发，经济社会对排水和污水处理的需求日益增加。近年来，排水与污水处理设施投资持续增长，设施建设稳步推进，污水处理能力快速增强，污泥无害化处理处置和再生水利用水平稳步加强，地区间差异不断缩小，城市水环境和水生态逐步改善和恢复。2017 年，是"十三五"期间我国以改善环境质量为重点的关键期，排水与污水处理行业有效支撑了水污染防治和质量改善目标的实现，进入高质量发展新阶段。本文分别从排水与污水处理行业的投资与建设、排水与污水处理行业的生产与供应、排水与污水处理行业的发展成效这三个方面，对我国排水与污水处理行业的发展情况进行全面分析，并总结排水与污水处理行业在高质量发展过程中取得的成绩与存在的问题，为推动排水与污水处理行业实现高质量发展提出努力方向。

第一节　排水与污水处理行业投资与建设

水污染防治是生态文明建设的重要一环，近年来全国各级、各地对水污染治理的重视不断加强，水污染治理工作进入全面开展、深化落实阶段正是得益于此。我国排水与污水处理行业投资与建设快速增长，特别是污泥处理处置设施和再生水设施的投资与建设成为新的增长点。本节分析了中国在排水、污水处理和再生水利用等方面历年投资与建设的规模和总体情况，重点研究了东、中、西部和各省、市、自治区在排水与污水处理行业的投资规模与增速变化趋势。

一、设施投资与建设总体情况

（一）中国排水与污水处理设施的投资情况

自改革开放以来，我国国民经济建设和社会发展，城市化和工业化进程加速，对排水和污水处理的需求日益增加，党中央、国务院高度重视城镇生活污水处理设施等环境公共基础设施建设，按照建设资源节约型、环境友好型社会的总体要求，顺应人民群众改善环境质量的期望，中央和地方政府不断加大对城镇污水处理设施建设和运营的投资力度，我国排水与污水处理行业快速发展，设施投资稳步增长，具体如图 3-1 所示。

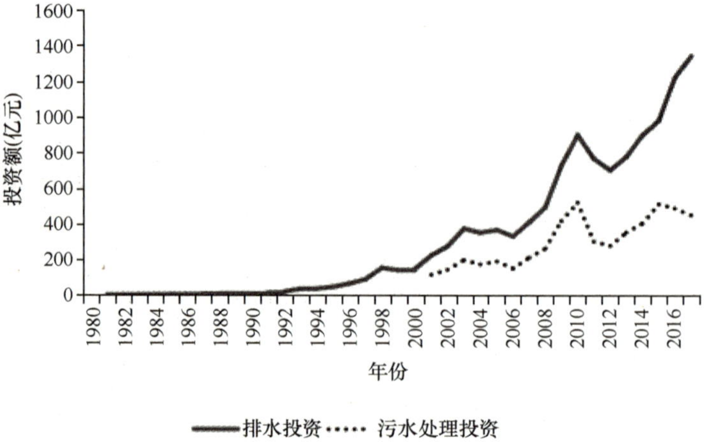

图 3-1　全国历年排水与污水处理投资

改革开放期初，我国城镇排水与污水处理以排水为主，而且主要是提倡利用污水进行农业灌溉，在城市排水设施方面的投资仅为2亿元，2017年中国城市排水设施投资已达到1343.62亿元，是改革开放初期投资额的近670倍，相较于2016年，排水设施投资增加了121万元，排水设施投资始终保持着较为稳定的增长。现代化的污水处理厂是从20世纪80年代以后才开始投资建设的，早期主要是利用郊区的坑塘洼地、废河道、沼泽地等稍加整修或围堤筑坝，建成稳定塘，对城市污水进行净化处理，日处理城市污水大约仅为173万立方米。在经历了“十五”、“十一五”、“十二五”三个五年规划建设后，城市污水处理和再生水利用设施已基本覆盖了所有设市城市，进入“十三五”后，污水处理设施投资基本稳定，甚至呈小幅下降趋势，设施投资也主要以改造更新为主。2015年，我国的城市污水处理和再生水利用设施投资为512.6亿元，2017年是“十三五”中期，设施投资总额达450.8亿元，较2015年末减少了61.8亿元，降幅为12.06%，较2016年则减少了39.1万元。

作为污水处理的“衍生品”，近年来随着居民生活用水量和工业用水量的不断增加，污水处理量也随之上升，污泥产量随之不断增加，污泥问题逐步成为我国生态文明建设的工作重点。在污泥处理设施投资方面，从2011年至今，每年的投资规模都在17亿元以上，在2013年达到投资峰值24.54亿元后，2014年～2016年逐年下降，基本稳定在18.5亿元左右，2017年投资规模有所增加，达到21.1亿元，如图3-2所示，污泥处理处置设施的投资仍有待进一步加强。

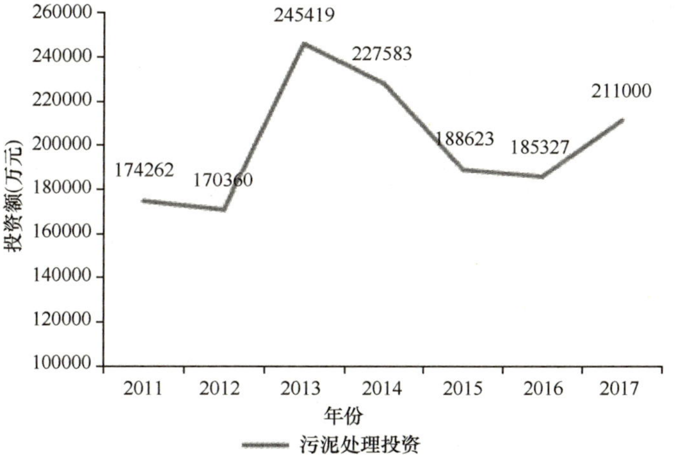

图3-2　全国历年污泥处理处置投资

2017年，我国城市排水与污水处理行业的固定资产投资总额达1815.5亿元，其中排水设施投资占比最高，达1343.6亿元，污水处理、污泥处理和再生水利用设施的固定资产投资分别为 421.1 亿元、21.1 亿元和 29.7 亿元，分别占行业投资总额的 74.01%、23.19%、1.16%和 1.64%。如图 3-3 所示。

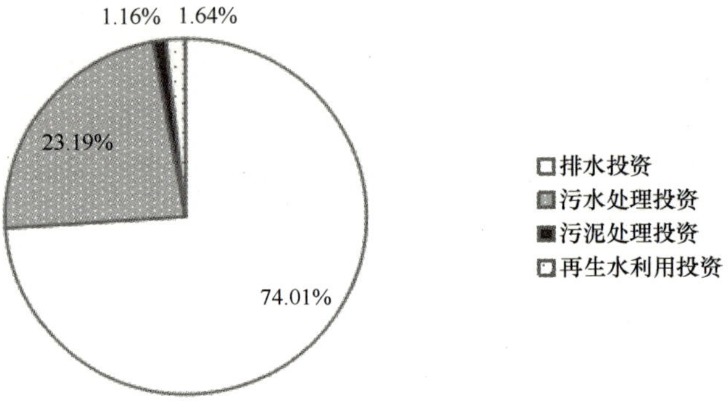

图 3-3　排水与污水处理行业投资比

（二）中国排水与污水处理设施的建设情况

1980 年以后，中国在排水、污水处理及再生利用方面的建设稳步推进，污水处理能力快速增长，再生水利用规模不断扩大，成就斐然。1980 年，全国城市建成的排水管道只有 2.19 万公里，仅有污水处理厂 35 座，日均污水处理能力 70 万立方米；到 2017 年，全国已建成排水管道 63.03 万公里，建成污水处理厂 2209 座，日均处理能力达 1.57 亿立方米，较 1980 年分别增长了 28 倍、62 倍和 223 倍，如图 3-4、图 3-5 所示。同时，2017 年全国再生水利用量达 713421 万立方米，较 2016 年增长了 57.6%。

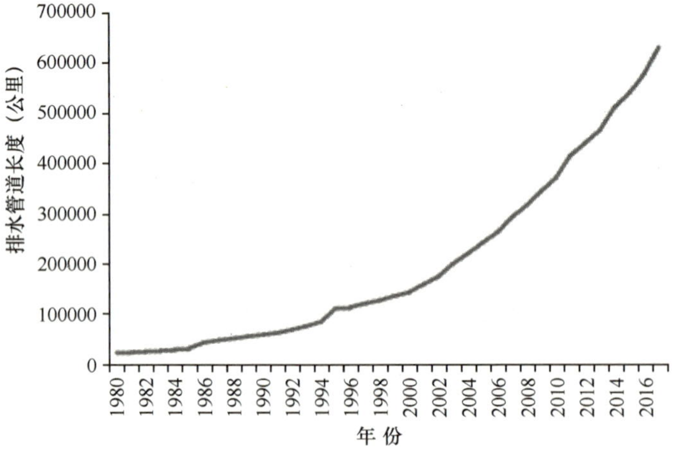

图 3-4　全国历年建成排水管道长度

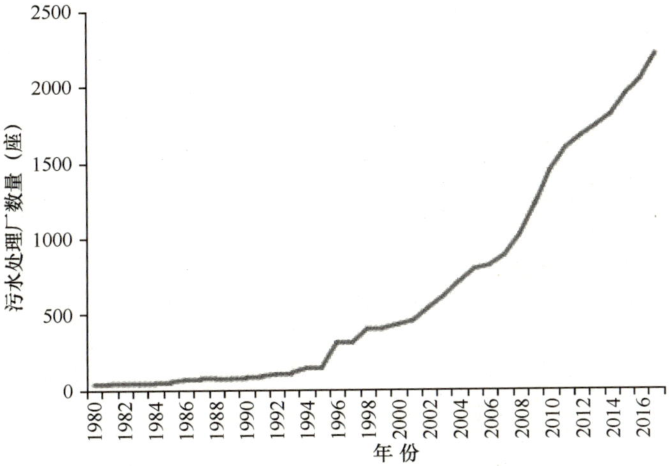

图 3-5　全国历年建成污水处理厂数量

二、东、中、西部地区设施投资与建设情况比较

自改革开放以来，尽管全国的城镇排水与污水处理设施建设有了质的飞跃，各项规划目标基本都圆满完成，但设施投资与建设仍存在着区域分布不均衡的问题，发达地区与欠发达地区的投资规模、增速和重点都不尽相同。为此，当前中国城镇排水与污水处理行业的投资建设应当从解决发展不平衡问题着手，加快解决设施布局不均衡问题，着重提高新建城区及建制镇污水处理能力。

（一）东、中、西部地区排水与污水处理设施投资情况

2017 年，我国城市排水与污水处理行业的固定资产投资总额为 1815.5 亿元，排水、污水处理、污泥处理和再生水利用等方面的投资额分别为 1343.6 亿元、421.1 亿元、21.1 亿元和 29.7 亿元。

如图 3-6 所示，从各类投资的地区间分布看，东部地区的固定资产投资遥遥领先，排水、污水处理、污泥处理、再生水利用等设施的投资额分别为 740.3 亿元、254.6 亿元、12 亿元和 20.8 亿元。对比 2016 年，各项投资占比均下降，其中污水处理与污泥处理投资占比降幅不到 1%，说明东部地区的污水与污泥处理项目基本稳定，再生水利用投资占比降幅最大，高达 20.2%；中部地区在排水、污水处理、污泥处理、再生水利用方面的投资分别为 432.5 亿元、119.4 亿元、6.6 亿元、4.6 亿元，对比 2016 年，各项投资占比均有所上升，其中排水投资占比增长 5%，再生水利用投资占比增长了 14%。这说明中部地区再生水利用推进

作用明显；西部地区在排水、污水处理、污泥处理、再生水利用方面的投资分别为 170.8 亿元、47.1 亿元、2.4 亿元和 4.3 亿元，不论绝对数还是相对数都较小，对比 2016 年，排水投资占比有所上升，污水、污泥投资占比小幅下降，再生水利用投资占比增长近 6%。

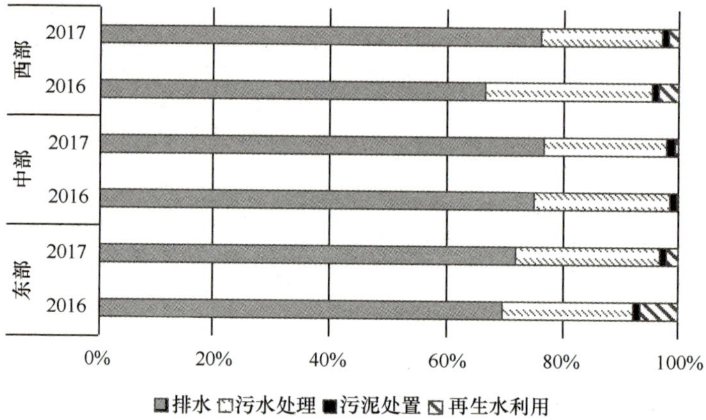

图 3-6　东、中、西部排水与污水处理设施投资比例

总体上，相较于 2016 年，东、中、西部的地区间的投资占比差异有所减小，尤其是东部与中部地区的差异明显缩小，如图 3-7 所示。在排水投资方面，东部地区投资占比下降，而中西部地区均有增长趋势，较 2016 年地区间差异有所缩小；在污水处理投资方面，中部地区占比上升，东西部地区小幅下降；在污泥处置方面，东、中、西部三个地区的变化幅度均不超过 2%，其中中部地区有微弱的增长趋势，而其他两个地区相反；在再生水利用投资方面，2017 年投资额较 2016 年显著下降，从各地区占比来看，中、西部地区占比增长明显，涨幅分别为 14% 与 6%，而东部地区占比明显下降，从 90.2%减至 70%。具体见图 3-7。

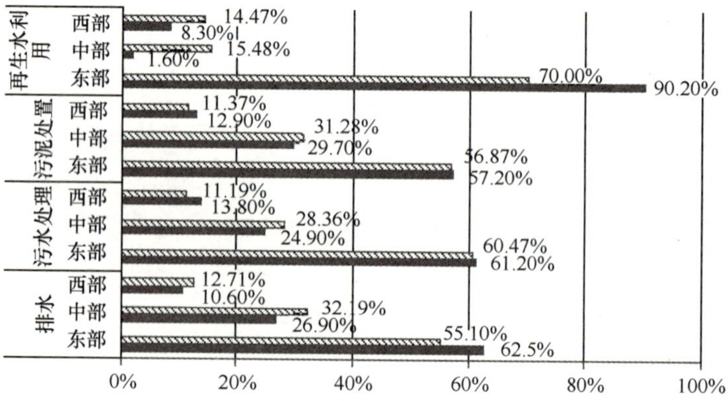

图 3-7　2016 年～2017 年东、中、西部分类投资比例

（二）东、中、西部地区排水与污水处理设施建设情况

2017 年，全国共建成排水管道总长 630303.6 公里，污水处理厂 2209 座。其中，东部地区为 381622.69 公里和 1233 座，中部地区为 154028.04 公里和 558 座，西部地区为 94652.87 公里和 418 座。与投资情况类似，城镇排水与污水处理设施建设也是东部占比较大，中部和西部略少，见表 3-1。

2017 年东、中、西部地区排水与污水处理设施投资与建设情况　　表 3-1

地区	固定资产投资情况（万元）				各项建设情况		
	排水	污水处理	污泥处理	再生水利用	排水管长（公里）	污水厂（座）	处理能力（立方米/日）
东部地区	7402949	2545656	120335	208031	381622.69	1233	8907.2
中部地区	4324750	1193975	66438	45870	154028.04	558	3750.5
西部地区	1708487	470910	24227	43256	94652.87	418	2185.8
全国合计	13436186	4210541	211000	297157	630303.60	2209	14843.5

考虑到各地区城市化水平和人口密度的差异，对比各地区城市排水管网密度和污水处理强度。2017 年，我国城市排水管网的密度达到了 9.51 公里/平方公里，东部地区达到 11.39 公里/平方公里，高于全国平均水平，中、西部地区分别为 8.48 公里/平方公里、6.06 公里/平方公里，均低于全国平均水平。从污水处理率来看，2017 年全国城市平均污水处理率达到了 94.54%，其中东部地区为 94.49%，与全国平均水平基本持平，其中山东省的污水处理率为 86.79%，拉低了均值；中、西部地区分别为 93.999%、91.60%，均低于全国平均水平。可见，各地对排水与污水处理设施的投资建设，受经济和社会发展水平的影响，地区间差异比较明显。总体上，东部地区无论是从投资与建设的绝对数量、相对数量，还是覆盖程度与处理水平上，都处于领先水平，中、西部地区的投资与建设较为落后，需要进一步增加投资，加快建设。

三、各省排水与污水处理设施投资与建设情况

我国幅员辽阔，改革开放以来，各省市经济和社会发展水平存在较大差异。城镇排水与污水处理设施的建设要与经济社会发展水平相协调，与城镇发展总体规划相衔接，因此各省在排水与污水处理设施的投资建设方面的差异较大，如表 3-2 所示。

2017 年各省排水与污水处理设施投资与建设情况 **表 3-2**

地区	固定资产投资情况（万元）				建设情况	
	排水	污水处理	污泥处理	再生水利用	排水管长（公里）	污水处理厂（座）
全国	13436186	4210541	211000	297157	630304	2209
北京	1451002	709907	61441	168824	16794	67
天津	119478	95478	0	543	21240	47
河北	546844	130279	4830	800	18332	85
山西	130105	17156	39607	0	7645	38
内蒙古	376046	31473	5850	24435	12923	44
辽宁	281020	27549	2275	0	20372	102
吉林	95973	47422	1257	3840	10932	45
黑龙江	157138	70747	0	0	11990	67
上海	486042	371549	17098	0	19766	51
江苏	1315712	377474	14644	17272	76886	196
浙江	830933	361271	1700	10297	45674	88
安徽	577063	128812	4003	1486	29108	66
福建	362759	112890	1283	0	15335	66
江西	558863	100848	6722	0	15469	47
山东	886665	127160	14641	5405	60278	189
河南	744154	242985	0	15982	23624	100
湖北	1392157	479496	6419	0	25857	85
湖南	293251	75036	2580	127	16479	66
广东	665657	89617	0	0	70242	273
广西	288333	61718	2423	0	12305	46
海南	168504	80764	0	4890	4399	23
重庆	307695	55193	0	0	17335	51
四川	489807	154726	2530	0	28502	130
贵州	125913	52860	1529	4000	7194	51
云南	237131	13735	60	5085	13616	42
西藏	21941	14426	0	0	651	7

续表

地区	固定资产投资情况（万元）				建设情况	
	排水	污水处理	污泥处理	再生水利用	排水管长（公里）	污水处理厂（座）
陕西	210835	34916	4705	1324	9704	42
甘肃	90549	42377	15403	7922	6428	24
青海	32176	30612	0	0	1907	11
宁夏	23822	3413	0	0	1904	19
新疆	168618	68652	0	24925	7411	41

在排水设施投资方面，2017 年全国排水设施固定资产投资 1343.6186 亿元，地区间差异较大，如图 3-8 所示。其中，北京市遥遥领先，当年排水设施投资达到了 145.1 亿元，湖北省次之，为 139.2 亿元。2017 年排水设施固定资产投资总额超过 80 亿元的省份还有三个：江苏、山东和浙江，投资额分别为 131.6 亿

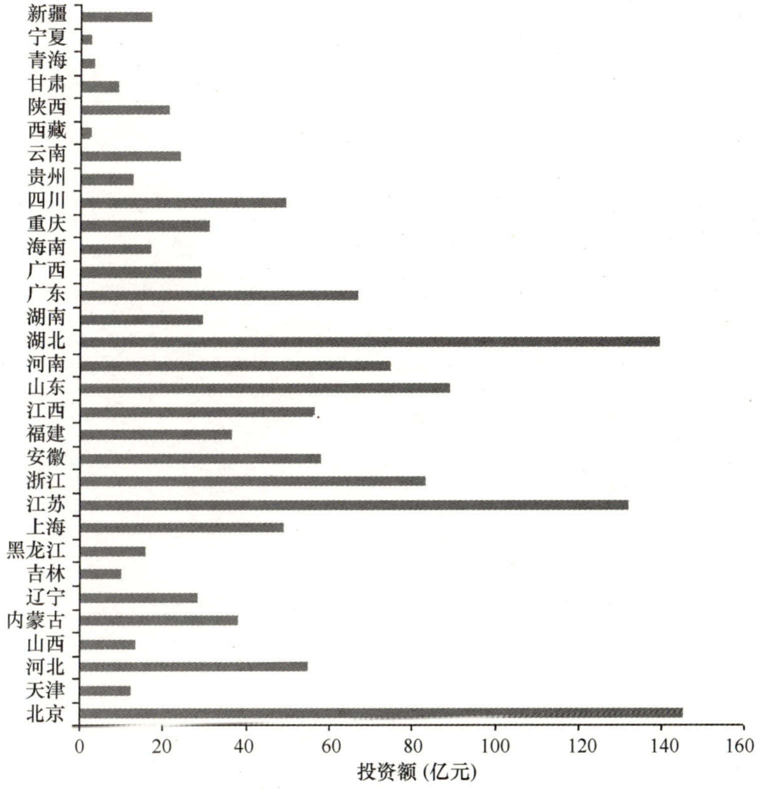

图 3-8 2017 年各省排水固定资产投资

元、88.7 亿元和 83.1 亿元；15 个省、市、自治区排水设施的固定资产投资额在 20～80 亿元之间，分别为河南、广东、安徽、江西、河北、四川、上海、内蒙古、福建、重庆、湖南、广西、辽宁、云南和陕西；还有 11 个省份的排水设施投资不足 20 亿元，分别是新疆、海南、黑龙江、陕西、贵州、天津、吉林、甘肃、青海、宁夏与西藏，其中青海、宁夏与西藏地区投资额少于 5 亿元，尤以西藏最少，仅 2.19 亿元，宁夏次之，2.38 亿元。

在污水处理设施投资方面，2017 年全国共完成固定资产投资 421.1 亿元，如图 3-9 所示，省域差异仍十分明显。其中，北京市的固定资产投资额远超其他省份，达 71 亿元，是排名第二的湖北省投资规模 1.48 倍，湖北省污水处理设施投资 47.95 亿元。污水处理设施投资在 20 亿元以上的还有江苏、上海、浙江和河南 4 个省份，分别为 37.75 亿元、37.15 亿元、36.13 亿元和 24.30 亿元。投资垫底的是西藏、云南与宁夏，投资额分别是 1.44 亿元、1.37 亿元和 0.34 亿元。

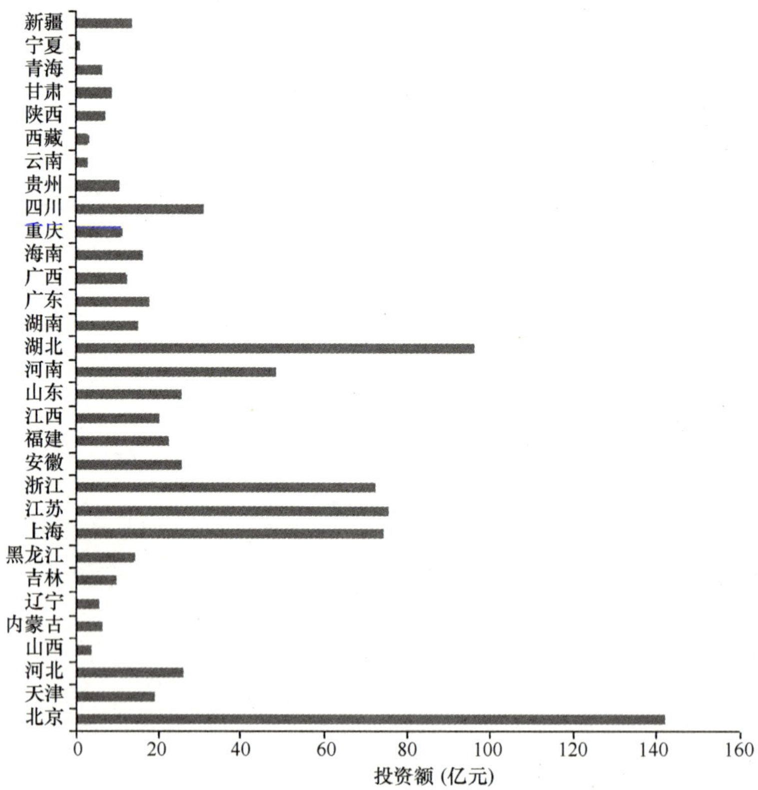

图 3-9　2017 年各省污水处理固定资产投资

在排水设施建设方面，至 2017 年，全国共建成排水管道 630303.6 公里，城市排水管道覆盖密度达到了 9.51 公里/平方公里。截至 2017 年，在 31 个省、自治区和直辖市中，江苏省建成排水管道最长，达 76885.65 公里；其次为广东省、山东省和浙江省，分别为 70241.59 公里、60278.23 公里和 45674.17 公里；西藏、宁夏和青海三省的排水管道最短，均不足 2000 公里，分别为 651.42 公里、1904.23 公里和 1907.22 公里。从城市排水管网的密度来看，前五名依次是上海、天津、江苏、山东和浙江，分别达 19.79 公里/平方公里、19.14 公里/平方公里、13.59 公里/平方公里、13.5 公里/平方公里和 13.07 公里/平方公里，说明这些发达地区的设施建设不仅重地上，也重地下；相对地，贵州、新疆、宁夏、陕西和西藏的城市排水管网密度最低，分别为 5.34 公里/平方公里、4.93 公里/平方公里、4.10 公里/平方公里、3.37 公里/平方公里和 2.73 公里/平方公里，这与这些地区的人口密度较小、地广人稀也有一定关系。具体如图 3-10 所示。

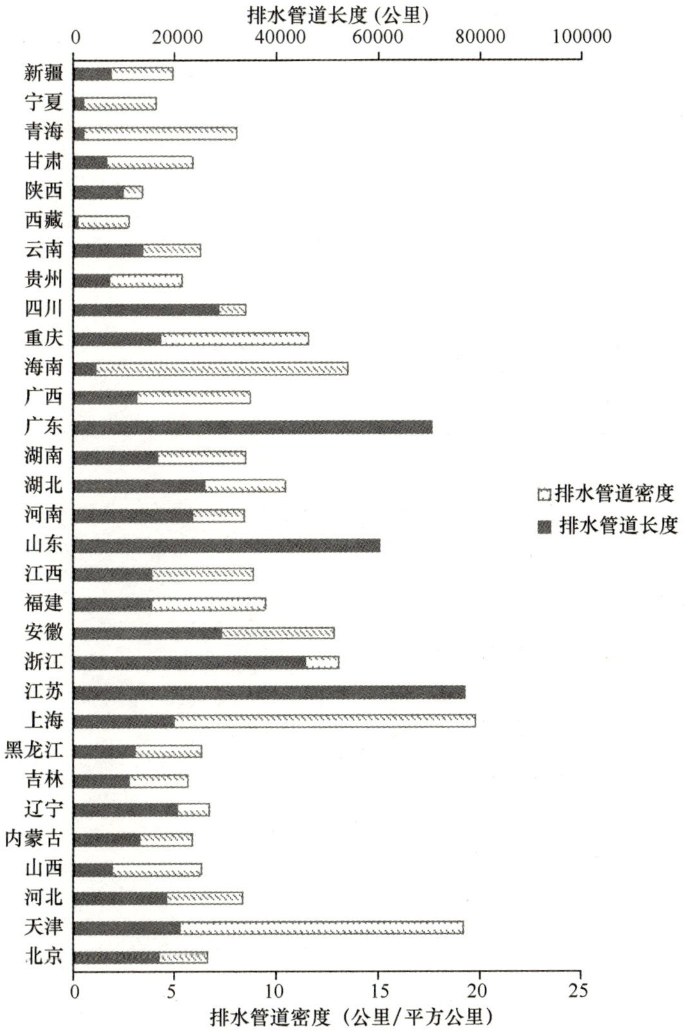

图 3-10 2017 年各省建成排水管道长度及管道密度

在污水处理设施建设方面，截至 2017 年，我国共建成污水处理厂 2209 座，日均处理能力达 1.57 亿立方米，污水处理率达到了 94.54%。其中，广东省拥有的污水处理厂数量最多，达 273 座；其次为江苏和山东，分别为 196 座和 189 座；西藏、青海、宁夏、海南拥有的污水处理厂数最少，分别为 7 座、11 座、19 座和 23 座，具体如图 3-11 所示。在污水处理能力方面，广东省日均处理能力最高，达 2172.3 万立方米/日，江苏省、山东省日均处理能力也超 1000 万立方米/日，分别为 1278.9 万立方米/日、1140.3 万立方米/日，具体如图 3-12 所示。

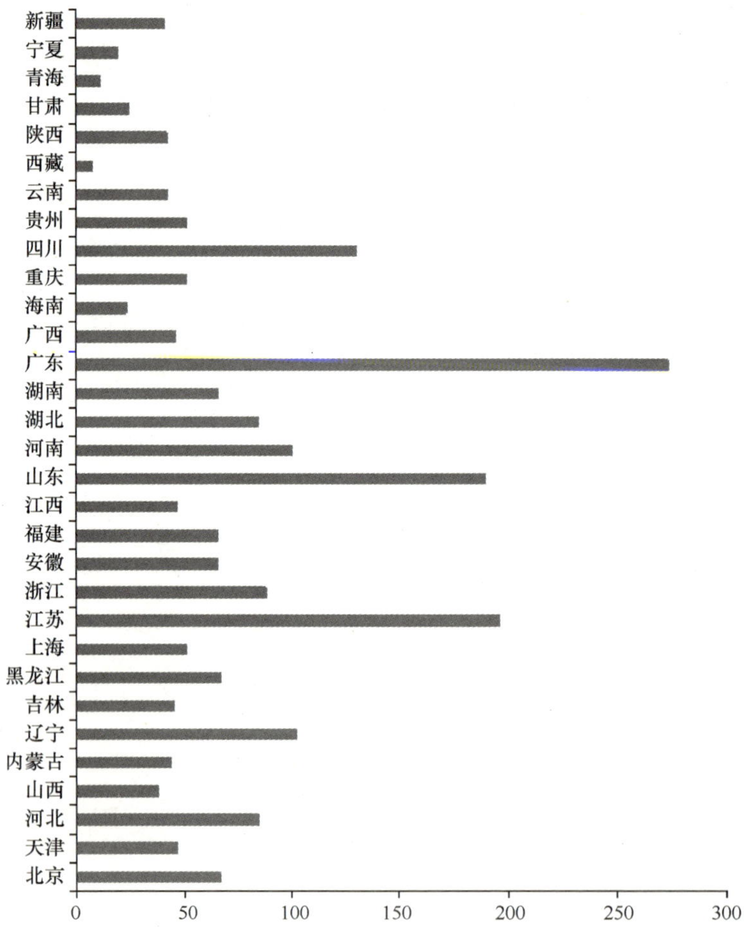

图 3-11　2017 年各省污水处理厂座数（单位：座）

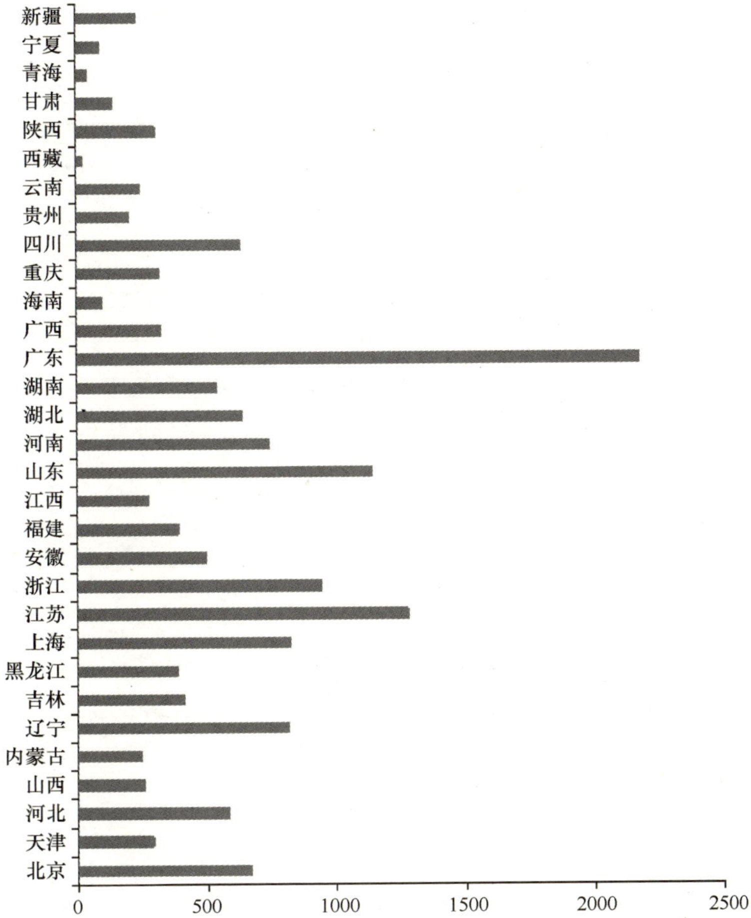

图 3-12 2017 年各省污水日均处理能力（单位：万立方米/日）

四、排水与污水处理设施投资增长情况

（一）全国排水与污水处理设施投资增长的总体情况

根据《城市建设统计年鉴》，全国排水与污水处理设施投资总体呈上升趋势，如表 3-3、图 3-13、图 3-14 所示。然而，在 2011 年，排水与污水处理设施的投资增长出现陡降，特别是污水处理设施投资，从 2010 年的 492 亿元降至 2011 年的 282 亿元，投资额几近腰斩。排水设施投资也出现下滑，从 2010 年的 902 亿元降至 770 亿元，降幅为 14.59%。2011 年后，全国城市基础设施总投资趋于平

稳；自 2014 年起，城市排水与污水处理设施的投资保持较好的增长态势。具体见表 3-3。

2005 年～2017 年全国城市排水与污水处理设施投资额（亿元）　　表 3-3

年度	排水设施	污水处理设施
2005	368	191
2006	332	152
2007	410	212
2008	496	265
2009	730	389
2010	902	492
2011	770	282
2012	704	238
2013	779	316
2014	900	305
2015	983	379
2016	1223	409
2017	1344	421

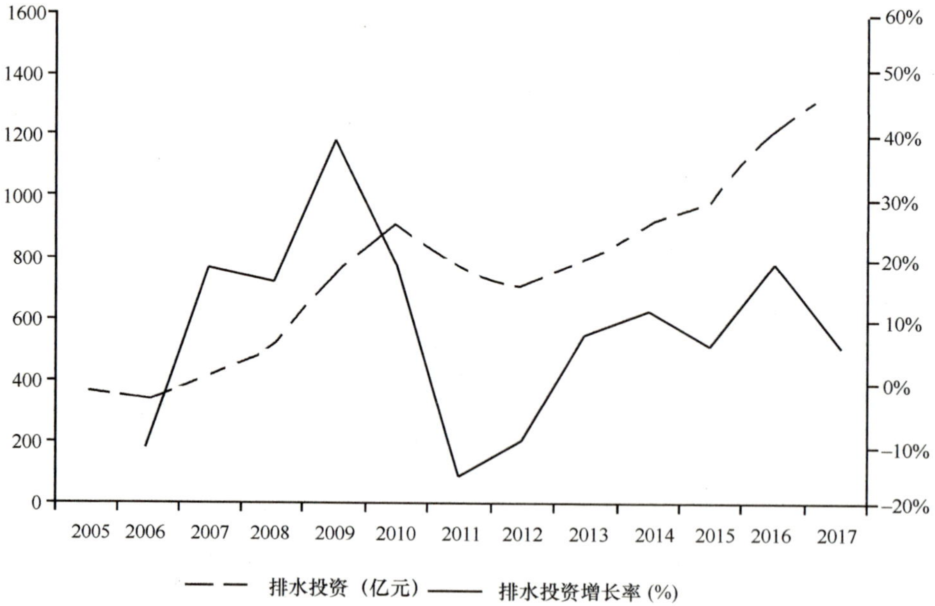

图 3-13　2005 年～2017 年全国城市排水设施投资情况

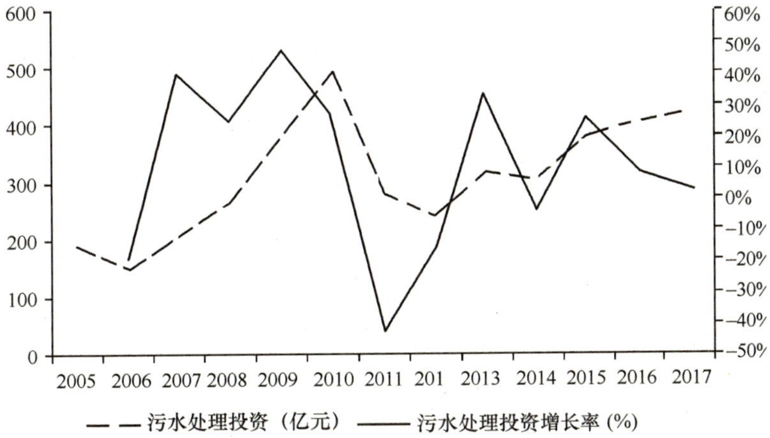

图 3-14　2005 年～2017 年全国城市污水处理设施投资情况

（二）各地区城市排水设施投资增长比较

从全国 31 个省、自治区、直辖市的情况看，各地城市水务设施投资尽管总体呈上升趋势，但也存在较大的地区差异和行业差异，下面我们将区分东、中、西和东北四个区域，对城市供水、排水和污水处理设施逐一进行分类分析。从城市排水设施投资总额上看，各个地区设施投资的平均水平差距依然不大，但地区内各个省之间的差距较大。相对来说，东部地区各省的城市排水设施投资略高于其他三个地区，如表 3-4 所示。

各省（区、市）2005 年～2017 年城市排水设施投资额（亿元）　　表 3-4

地区	2005	2006	2007	2008	2010	2011	2012	2013	2014	2015	2016	2017
北京	7	4	11	1	17	38	40	52	114	149	280	145
天津	9	5	1	10	25	15	10	10	16	16	7	12
河北	18	17	17	23	54	36	27	28	21	20	35	55
山西	3	1	1	4	20	16	5	9	10	25	12	13
内蒙古	10	14	4	14	40	30	30	29	41	38	30	38
辽宁	16	20	23	18	14	67	67	29	10	8	9	28
吉林	9	5	9	7	11	7	5	7	11	20	8	10
黑龙江	4	4	9	12	23	10	14	17	11	13	13	16
上海	20	18	25	32	34	11	17	15	10	8	22	49
江苏	35	25	36	45	85	86	72	119	123	123	137	132
浙江	30	20	24	47	34	22	26	36	68	65	70	83
安徽	17	13	10	23	24	37	36	56	42	47	39	58

续表

地区	2005	2006	2007	2008	2010	2011	2012	2013	2014	2015	2016	2017
福建	11	6	13	14	15	43	19	18	25	30	31	36
江西	8	7	5	6	18	13	14	14	21	19	33	56
山东	29	39	57	66	59	82	52	71	73	69	80	89
河南	10	17	11	13	20	16	26	22	22	24	35	74
湖北	15	14	15	18	24	54	95	46	68	51	119	139
湖南	5	10	14	14	20	21	18	38	39	45	40	29
广东	40	32	35	54	212	59	26	23	26	25	39	67
广西	12	13	21	24	39	18	14	33	31	39	45	29
海南	1	0	4	2	6	7	11	9	3	6	9	17
重庆	19	20	16	11	7	18	15	10	5	6	9	31
四川	14	8	22	12	12	17	24	30	30	27	43	49
贵州	2	4	8	5	3	8	3	10	23	21	3	13
云南	7	5	2	4	44	13	9	5	12	12	17	24
西藏	0	1	0	0	0	0	0	0	1	5	4	2
陕西	6	5	9	13	15	11	10	16	23	15	19	21
甘肃	4	3	5	1	10	5	5	3	5	14	8	9
青海	0	1	1	1	3	3	1	1	2	4	2	3
宁夏	1	1	1	1	2	2	1	4	1	2	2	2
新疆	2	1	3	2	11	7	13	18	12	34	24	17

城市排水设施投资的地区间差异具体如图 3-15～图 3-18 所示。在东部地区，各省城市排水设施投资近年基本都保持增长态势。其中，北京市、江苏省的城市排水设施投资额显著高于其他省份，均超过 120 亿元。

从 2017 年的投资涨幅来看，贵州、重庆、辽宁增幅位居前三，涨幅超过 200%，而江苏、湖南、新疆、广西、北京与西藏的排水投资额下降，其中北京与西藏地区降幅近 50%。从地区分布上看，除西藏与河北省外，东北三省与中西部地区省份投资额在 2017 年呈增长趋势，东部地区较去年下降较多。

东部地区中，上海市近两年涨幅陡增，广东省在 2010 年达到小高峰后投资额波动下降，直到 2017 年出现增长态势；天津市、海南省虽增长率较高，但是绝对值数额小；河北省这两年投资额增长迅猛，速度保持在 50%以上；其他省市在 2017 年涨幅主要集中在 20%以下；中部地区中，湖北省在 2012 年之后波动很大，在三个年份中增长幅度超过 50%，此外安徽省在 2013 年涨幅超过 50%，其他省市增长都在 50%以下，增长幅度比较平稳；西部地区中，重庆与贵州增长超过200%，形势喜人；其他省市增长都在50%以下；对于东北三省，辽宁省增长最为明显，黑龙江与吉林的增长幅度集中在20%～30%之间。

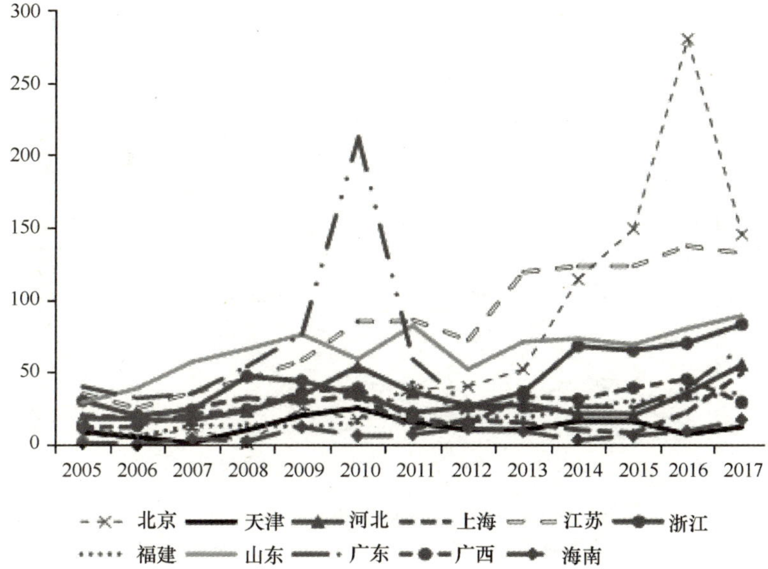

图 3-15 2005年～2017年东部地区城市排水设施投资情况（单位：亿元）

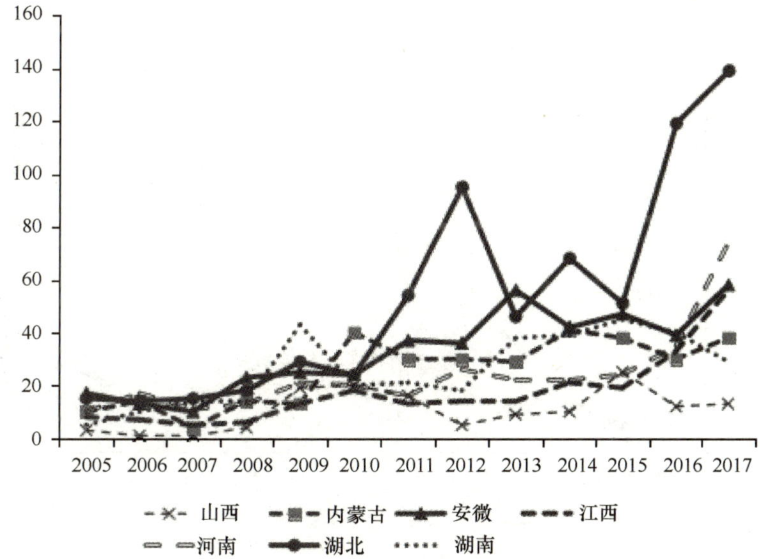

图 3-16 2005年～2017年中部地区城市排水设施投资情况（单位：亿元）

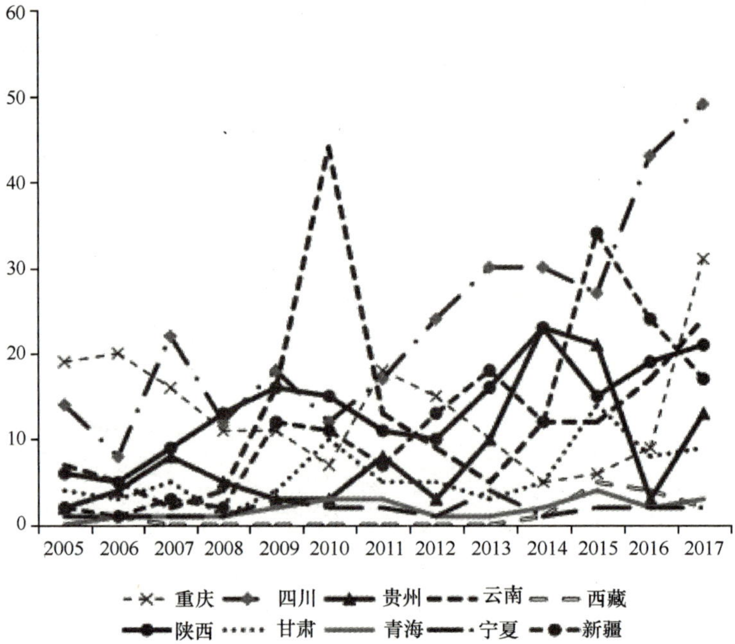

图 3-17　2005 年～2017 年西部地区城市排水设施投资情况（单位：亿元）

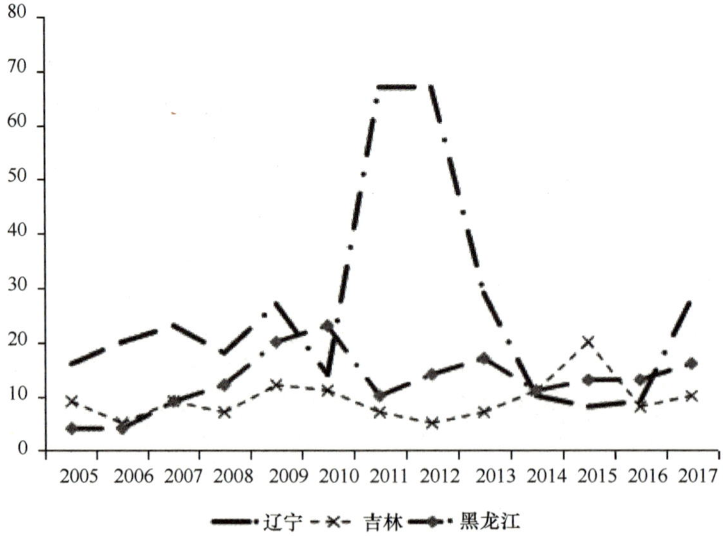

图 3-18　2005 年～2017 年东北地区城市排水设施投资情况（单位：亿元）

从城市排水设施投资增长复合率来看，北京的城市排水设施投资增长最快，年均复合增长率为26.26%，吉林的排水设施投资增长最慢，年均复合增长率为0.81%，可见所有省份的投资增长复合率均为正数，具体如表3-5所示。其中，北京与海南的城市排水设施投资增速超过了20%；湖北、新疆、河南、江西与贵州的投资年均复合增长率处于15%～20%之间。

2005年～2017年各省城市排水设施投资复合增长率　　表3-5

排名	地区	年均复合增长率	排名	地区	年均复合增长率
1	北京	26.26%	17	青海	9.59%
2	海南	24.35%	18	福建	9.55%
3	湖北	18.68%	19	山东	9.01%
4	新疆	17.89%	20	河北	8.97%
5	河南	16.64%	21	浙江	8.14%
6	江西	16.15%	22	上海	7.14%
7	贵州	15.49%	23	广西	7.02%
8	湖南	14.48%	24	甘肃	6.44%
9	山西	11.94%	25	宁夏	5.48%
10	黑龙江	11.25%	26	西藏	5.48%
11	内蒙古	10.82%	27	辽宁	4.40%
12	江苏	10.75%	28	广东	4.05%
13	四川	10.12%	29	重庆	3.84%
14	陕西	10.12%	30	天津	2.24%
15	云南	9.94%	31	吉林	0.81%
16	安徽	9.90%			

分地区看各地城市排水设施投资复合增长的情况，中部地区的投资年均复合增长率最高，东部地区次之，西部地区再次，东北地区最低，如图3-19所示。

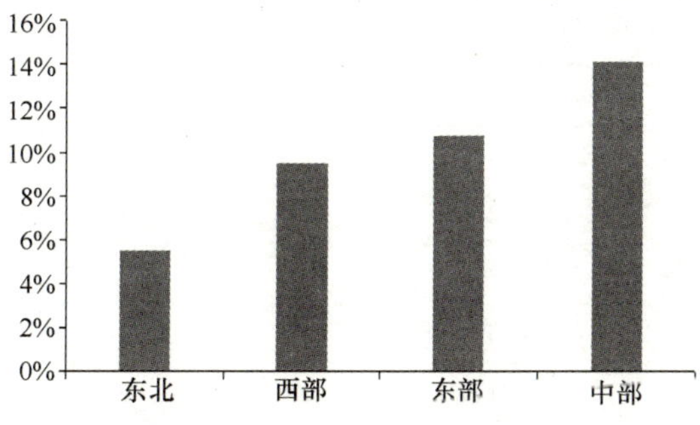

图3-19　2005年～2016年各地区城市排水设施投资复合增长率

与城市排水设施投资持续增长相对应的，各地区的排水管道长度也在持续增长，而且东部地区的管道长度占比始终稳定在 60%以上，中部地区次之，西部地区的排水管道最少。从管道长度的占比来看，地区间的差异在逐步缩小，如图 3-20 所示，2017 年东部地区的排水管道占比比较 2006 年下降了 4 个百分点，但总体稳定在六成以上；中部地区占比非常稳定，在 23%～25%；西部地区情况则与东部地区恰好相反，10 年来占比上升了近 4%。

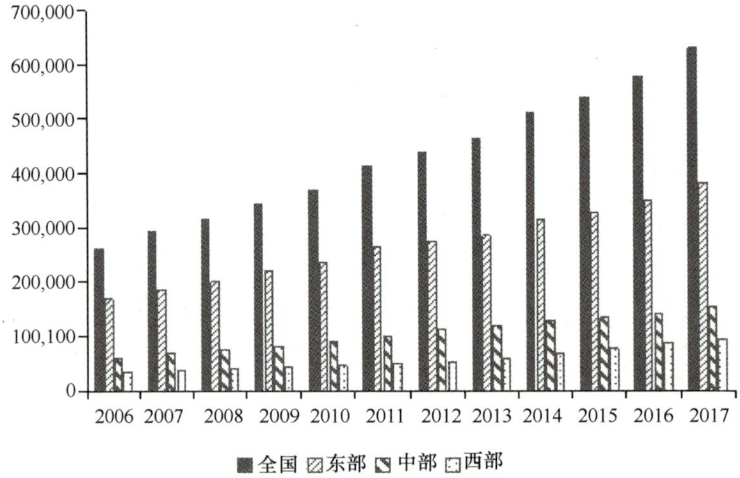

图 3-20　2006 年～2017 年各地区城市排水管道长度（单位：公里）

（三）各地区城市污水处理设施投资增长比较

从城市污水处理设施投资总额上看，东部地区高于其他三个地区，其次依然是中部地区、东北地区与西部地区，如表 3-6 所示。

各省（区、市）2005～2017 年城市污水处理设施投资额（亿元）　　表 3-6

地区	2005	2006	2007	2008	2009	2010	2011	2012	2013	2014	2015	2016	2017
北京	1	2	11	0	4	5	6	7	6	10	14	90	71
天津	4	1	0	2	7	8	3	0	0	0	5	2	10
河北	10	9	8	12	21	15	11	15	10	4	4	7	13
山西	2	1	1	2	6	18	1	3	5	7	20	4	2
内蒙古	3	8	3	3	3	8	17	7	14	21	13	20	3
辽宁	7	3	7	9	18	9	18	20	15	2	3	1	3
吉林	2	3	7	6	8	7	4	4	3	8	17	3	5
黑龙江	3	2	5	8	13	19	6	7	7	6	10	5	7

续表

地区	2005	2006	2007	2008	2009	2010	2011	2012	2013	2014	2015	2016	2017
上海	13	2	12	14	11	10	4	0	0	0	3	4	37
江苏	19	10	29	27	39	33	53	30	52	25	45	40	38
浙江	18	12	11	28	27	20	12	9	14	25	40	40	36
安徽	7	5	4	12	13	12	11	12	16	14	15	9	13
福建	7	4	7	7	8	12	17	8	10	16	19	6	11
江西	3	5	3	3	8	5	6	6	8	12	9	4	10
山东	11	20	22	23	23	23	17	21	25	20	17	19	13
河南	6	7	6	9	14	12	7	12	12	11	14	7	24
湖北	11	5	8	10	13	9	7	12	34	15	26	23	48
湖南	2	8	12	10	38	12	13	8	24	26	29	26	8
广东	31	28	26	45	59	190	26	20	13	15	18	33	9
广西	3	4	9	13	16	13	11	6	7	9	12	1	6
海南	1	0	0	0	9	2	1	2	3	2	2	7	8
重庆	15	1	7	4	4	1	9	6	4	2	3	5	6
四川	4	2	8	6	8	5	5	6	11	14	13	28	15
贵州	1	2	2	2	1	1	1	1	2	17	6	1	5
云南	1	3	0	1	6	28	2	3	3	4	3	2	1
西藏	0	0	0	0	0	0	0	0	0	1	4	4	1
陕西	2	0	1	5	4	4	5	4	5	15	9	9	3
甘肃	2	2	4	0	3	8	5	3	1	1	4	3	4
青海	0	0	0	0	1	2	2	0	0	0	1	1	3
宁夏	1	0	0	1	3	0	1	0	1	0	0	1	0
新疆	1	0	1	1	1	1	1	4	8	4	3	4	7

城市污水处理设施投资的地区间差异具体如图 3-21～图 3-24 所示。在东部地区，北京市在 2016 年增长迅猛，2017 年有所回落，广东省在 2010 年增长出现小高峰，上海市在 2011 年～2016 年一直保持在 5 亿元以内，但在 2017 年翻了 7 倍多，广西壮族自治区投资额翻了 4 倍多；北京、江苏、浙江、山东与广东在 2017 年投资额下降；在中部地区，河南与湖北的增长较其他省市增长较快，山西与湖南在 2017 年投资额下降；在西部地区，各省增长不稳定，四川地区在 2017 年之前增长较快；对于东北三省，增长趋势基本一致。

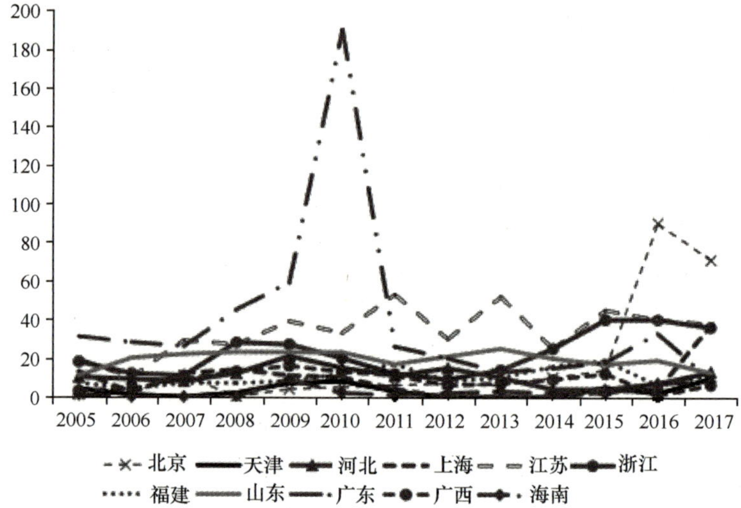

图 3-21　2005 年～2017 年东部地区城市污水处理设施投资情况（单位：亿元）

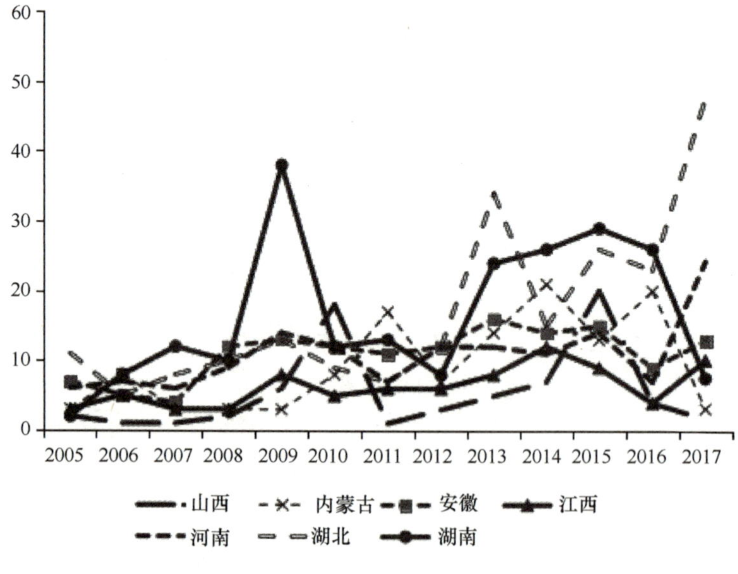

图 3-22　2005 年～2017 年中部地区城市污水处理设施投资情况（单位：亿元）

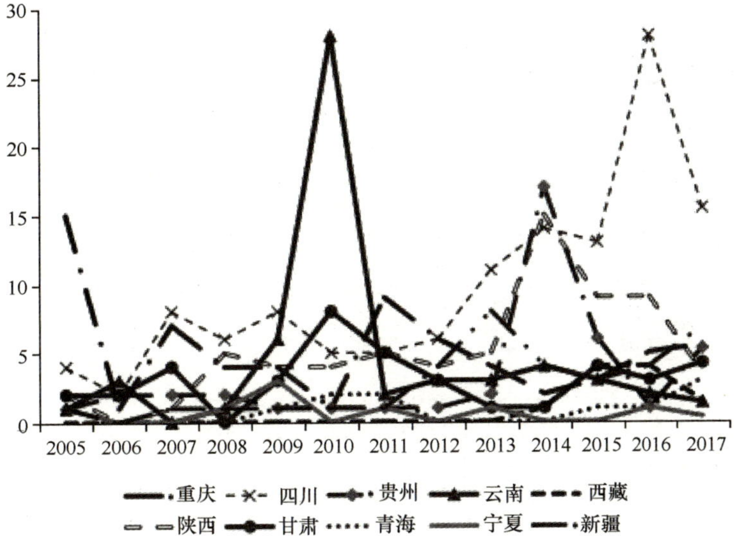

图 3-23　2005 年～2017 年西部地区城市污水处理设施投资情况（单位：亿元）

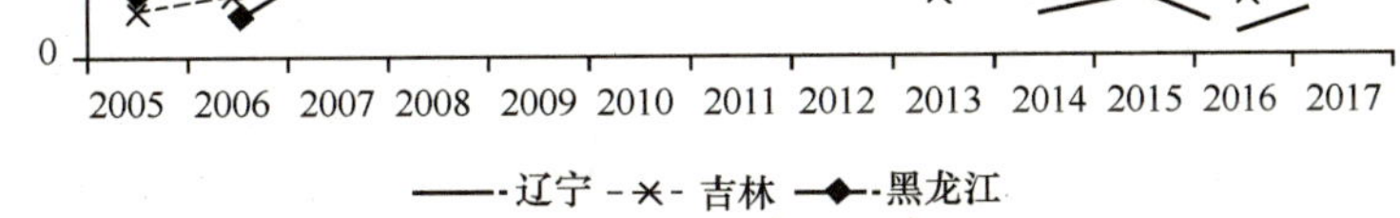

图 3-24　2005 年～2017 年东北地区城市污水处理设施投资情况（单位：亿元）

从城市污水处理设施投资增长复合率来看，北京的城市污水处理设施投资增长最快，年均复合增长率为 38.8%，广东的污水处理设施投资增长最慢，年均复合增长率为－9.10%，不增反降，具体如表 3-7 所示。其中，城市污水处理设施投资增速最快的分别是北京、海南和新疆，年均复合增长率都超过了 15%；年均复合增长率为负数的共有五省份，分别是山西、辽宁、重庆、宁夏和广东。

2005 年～2016 年各省城市污水处理设施投资复合增长率　表 3-7

排名	地区	年均复合增长率	排名	地区	年均复合增长率
1	北京	38.80%	17	广西	5.71%
2	海南	17.43%	18	浙江	5.51%
3	新疆	15.97%	19	江苏	5.42%
4	贵州	13.66%	20	安徽	4.80%
5	青海	13.24%	21	陕西	4.38%
6	湖北	11.99%	22	福建	3.74%
7	河南	11.36%	23	云南	2.47%
8	四川	10.97%	24	河北	2.06%
9	湖南	10.71%	25	山东	1.12%
10	江西	9.78%	26	内蒙古	0.37%
11	西藏	9.59%	27	山西	−1.17%
12	上海	8.41%	28	辽宁	−6.92%
13	天津	6.92%	29	重庆	−7.40%
14	吉林	6.87%	30	宁夏	−7.94%
15	黑龙江	6.82%	31	广东	−9.10%
16	甘肃	5.95%			

分地区看各地城市污水处理设施投资复合增长的情况，由图 3-25 可知，东部地区的城市污水处理设施投资年均复合增长率最高，中部地区次之，西部地区再次，东北地区最低。东部地区增长最高的原因与其经济发展水平与工业化程度是密不可分的。中部地区增长较高原因可能是前期投资水平较低、设施不够完备，后续的设施投资增幅相比较大。东北地区作为老工业基地，早期的供排水设施虽然较为完善，但污水处理设施的欠账较多，近年来投资除处于疲惫状态。

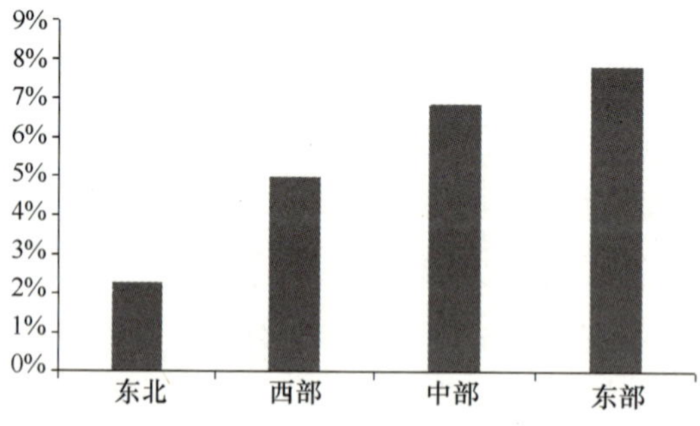

图 3-25　2005 年～2017 年各地区城市污水处理设施投资复合增长率

由以上分析可见，快速增长的城镇化和工业化对城市排水与污水处理设施建设提出了更高要求。为了适应不断加快的城镇化进程的需求，我国城市排水与污水处理设施需要持续投入大量的资金，巨大的投资需求客观要求必须拓宽现有的设施投融资渠道、创新投融资模式，以保障充裕的投资资金。

（四）污水处理行业投资水平

根据市场监测数据显示，2018 年第三季度，市场共发布 846 项，总投资约 3077.37 亿元，其中污水处理拟在建项目数量最多的为广东、四川和贵州，分别为 86 个、79 个、60 个，其余地区均在 60 个以下。以第三季度投资情况来看，我国污水处理是一个万亿级的投资市场。投资额方面，辽宁省位列第一，合计为 738.74 亿元，主要受“兵器工业集团精细化工及原料工程项目”投资额巨大影响，单个投资额达到了 695 亿元；广东省和湖北省则分别以 244.96 亿元和 220.01 亿元位列第二和第三，其余省市则均在 200 亿元以下，见表 3-8。

规模以上污水处理项目投资表 **表 3-8**

排名	省市	项目数量（个）	排名	省市	投资金额合计（亿元）
1	广东	86	1	辽宁	738.74
2	四川	79	2	广东	244.96
3	贵州	60	3	湖北	220.01
4	安徽	52	4	江苏	189.1
5	湖南	47	5	四川	183.24
6	江苏	44	6	陕西	180.18
7	湖北	43	7	贵州	148.36
8	山东	38	8	安徽	135.68
9	重庆	36	9	江西	109.52
10	江西	32	10	云南	83.17
11	河北	31	11	湖南	80.96
12	云南	28	12	海南	80.59
13	广西	27	13	吉林	80.45
14	河南	27	14	河南	59.27
15	福建	25	15	山东	57.57
16	新疆	22	16	福建	57.14
17	海南	20	17	河北	56.33
18	吉林	19	18	北京	55.85
19	甘肃	19	19	天津	43.99
20	辽宁	17	20	新疆	43.78
21	山西	15	21	浙江	41.61
22	陕西	15	22	甘肃	38.67
23	上海	12	23	广西	34.89
24	浙江	12	24	重庆	33
25	黑龙江	10	25	上海	29
26	内蒙古	9	26	山西	18.91
27	北京	8	27	内蒙古	12.14
28	天津	7	28	黑龙江	7.81
29	宁夏	3	29	宁夏	6.98
30	青海	3	30	青海	5.45
总计		846	总计		3077.37

数据来源：2018 年中国污水处理市场竞争格局及投资并购发展现状分析报告。

第二节　排水与污水处理行业生产与供应

随着我国污水处理厂数量的急剧攀升，污水处理能力取得了巨大突破，扭转了城镇污水处理设施建设滞后于城市化发展的局面，是全世界短时间内污水处理能力增长最快的国家，污水处理企业的处理能力和处理技术都得到了稳步增长，行业的生产效率和减排效益不断提升。

一、污水处理能力

截至 2017 年底，全国设市城市建成投入运行污水处理厂 2209 座，其中二级、三级污水处理厂 2065 座，污水处理率高达 94.54%，污水处理能力达到了 1.57 亿立方米/日，处理量 452.9 亿立方米；县城污水处理厂累计建成污水处理厂 1572 座，其中二级、三级污水处理厂 1422 座，污水处理率高达 90.21%，污水处理能力达到了 0.32 亿立方米/日，处理量 84.52 亿立方米。

从 20 世纪 90 年代开始，我国污水处理设施建设开始稳步增长，全国城市污水处理厂的数量从 1991 年的 87 座增加到 2017 年的 2209 座。其中，增速最快的阶段是 2008 年～2010 年，恰逢世界金融危机，全国经济增长放缓、投资下滑，国家投入 4 万亿用于基础设施建设以促进经济复苏，污水处理设施得益于此，各地纷纷投资兴建污水处理厂。相应地，全国城市平均污水处理率从 1991 年的 14.86%增长到 2017 年的 94.54%。从图 3-26 可以发现，从 1990 年至 2010 年，全国城市污水处理率一直处于平稳上升期，2010 年之后增速趋于平缓，我国污水处理能力已经达到相当高的水平。

分地区看，东、中、西部污水处理厂的分布极不均衡，如表 3-9 所示。截至 2017 年底，东部地区各省拥有的污水处理厂数量平均超 100 座，但西部地区各省仅平均有 41.8 座污水处理厂。西部地区的城市污水处理率较低，仅为 91.6%。与东、西部不同的是，中部地区各省拥有的平均污水处理厂虽仅有 62 座，大约为东部地区的 60%，但中部地区的污水处理率却略高于东部地区，主要是由于中部地区发挥了后发优势，后期建设的污水处理厂的规模、技术和配套都要优于东部地区早期建设的污水处理厂，进而提高了污水处理率。再者，东部地区的海南省污水处理率仅为 86%，极大地拉低了东部的平均污水处理率。

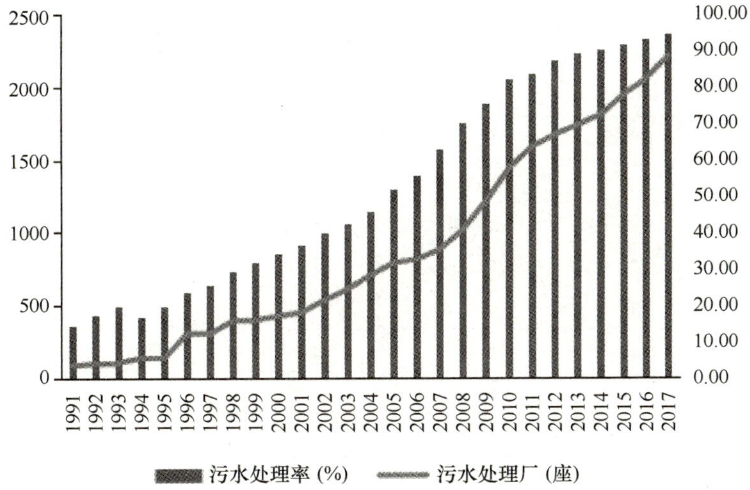

图 3-26 1990 年～2017 年全国污水处理能力

各地区 2017 年污水处理厂平均座数及污水处理率　　表 3-9

地区	各省污水处理厂平均座数（座）	污水处理率（%）
全国	68.85	93.39
东部地区	102.75	94.2
中部地区	62	94.37
西部地区	41.8	91.6

从各省、区、市的情况来看，目前已建成的污水处理厂数量最多的是广东省，共 273 座，其次是江苏、山东、四川和辽宁，分别为 196 座、189 座、130 座和 102 座，这也是目前我国已建成污水处理厂超过 100 座的 4 个省份。宁夏、青海、西藏的污水处理厂数量最少，每省不足 20 座，特别是西藏，只有 7 座污水处理厂，宁夏和青海则分别为 19 座和 11 座。尤为值得一提的是海南省，作为东部省份，其污水处理厂也只有 23 座，主要是由于海南省以农业和旅游业为主，工业占比小，全省自身的环境容量较大、水污染较少，因此污水处理厂建设的迫切性远小于其他东部省份。具体如表 3-10 所示。

各省 2017 年建成污水处理厂座数及污水处理率　　表 3-10

地区名称	污水处理厂（座）	污水处理率（%）	地区名称	污水处理厂（座）	污水处理率（%）
全国	2209	94.54	河北	85	97.79
北京	67	97.53	山西	38	92.62
天津	47	92.58	内蒙古	44	95.64

续表

地区名称	污水处理厂（座）	污水处理率（%）	地区名称	污水处理厂（座）	污水处理率（%）
辽宁	102	93.33	广东	273	94.48
吉林	45	91.31	广西	46	93.98
黑龙江	67	89.95	海南	23	86.79
上海	51	94.50	重庆	51	95.48
江苏	196	95.28	四川	130	91.49
浙江	88	94.97	贵州	51	94.78
安徽	66	97.30	云南	42	94.07
福建	66	92.21	西藏	7	88.97
江西	47	95.44	陕西	42	92.44
山东	189	96.95	甘肃	24	94.90
河南	100	96.92	青海	11	79.26
湖北	85	94.62	宁夏	19	95.25
湖南	66	95.53	新疆	41	89.32

在污水处理率方面，全国平均的污水处理率水平较高，除青海（79.26%）、海南（86.79%）、西藏（88.97%）和新疆（89.32%）外，其他省份的污水处理率均在 90% 以上。其中，河北城市污水处理率最高，达到 97.79%；高于全国平均水平的省份、自治区还有：北京市（97.53%）、安徽省（97.3%）、山东省（96.95%）、河南省（96.92%）、内蒙古（95.64%）、湖南省（95.53%）、重庆市（95.48%）、江西省（95.44%）、江苏省（95.28%）、宁夏回族自治区（95.25%）、浙江省（94.97%）、甘肃省（94.90%）、贵州省（94.78%）、湖北省（94.62%）、上海市（94.50%）、广东省（94.48%）。最低是青海省，污水处理率不足 80%，这与其独特的地理位置、自然气候以及生活方式息息相关。

此外，对比各省、区、市的城市污水处理率和污水集中处理率，大部分的省份二者差异不大，基本控制在 5 个百分点左右的差别，全国平均的污水处理率高于集中处理率 2.27 个百分点，说明绝大多数的城市污水是通过污水处理厂集中处理的。然而，有 3 个省份的污水处理率高于污水集中处理率 5 个百分点以上，分别是青海、江苏和广西，说明这几个省份的污水有很大比例采用了分散处理的方式，主要是工业污水通过工厂预处理直排或工业园区集中处理。特别是广西，二者相差了 21.22 个百分点，江苏尽管污水处理厂建设了近 200 座，但仍然有 10.2% 的污水是非集中处理的。具体如表 3-11 所示。

2017年各省（区、市）城市污水处理率 **表3-11**

序号	省（区、市）	城市污水处理率（%）	城市污水集中处理率（%）	序号	省（区、市）	城市污水处理率（%）	城市污水集中处理率（%）
全国平均		94.54	91.98	16	河　南	96.92	96.85
1	北　京	97.53	94.98	17	湖　北	94.62	92.46
2	天　津	92.58	91.73	18	湖　南	95.53	93.35
3	河　北	97.79	97.67	19	广　东	94.48	94.38
4	山　西	92.62	92.62	20	广　西	93.98	72.76
5	内蒙古	95.64	95.64	21	海　南	86.79	84.40
6	辽　宁	93.33	92.77	22	重　庆	95.48	94.72
7	吉　林	91.31	91.26	23	四　川	91.49	88.17
8	黑龙江	89.95	87.35	24	贵　州	94.78	94.78
9	上　海	94.50	93.99	25	云　南	94.07	92.72
10	江　苏	95.28	85.08	26	西　藏	88.97	88.97
11	浙　江	94.97	91.70	27	陕　西	92.44	92.44
12	安　徽	97.30	93.85	28	甘　肃	94.90	94.90
13	福　建	92.21	89.07	29	青　海	79.26	72.22
14	江　西	95.44	94.64	30	宁　夏	95.25	95.25
15	山　东	96.95	96.66	31	新　疆	89.32	88.29

通过比较各地污水处理厂数量和污水处理率，如图3-27所示，二者并没有直接关系。比如，宁夏的污水处理厂虽然只有19座，仅高于西藏、青海两省，但宁夏的污水处理率达到95.25，比一些发达地区的污水处理率水平还要高。还有贵州、云南、广西、陕西等地，虽然建成的污水处理厂数量不多，但这些地区的城市污水处理率较高。说明这些地区的污水处理厂设计规模较大，管网配套较完善，污水收集率和污水处理厂的生产负荷率较高。相反地，有些地区尽管污水处理厂数量很多，但相对的污水处理率水平却不是特别高，比如广东和四川，广东省已建成污水处理厂273座，污水处理率水平也仅与全国平均水平持平，四川已建成污水处理厂130座，污水处理率仅为91.49%。一方面可能由于这些地区的污水处理厂建成时间较早，当时的设计规模较小，加之配套管网不完善，影响了污水收集。另一方面也说明这些地区的污水处理效率还有待进一步加强。由此可见，各地对污水处理厂的规划、建设和运营要统筹考虑，需要从城市整体发展趋势出发，综合考虑环境污染、卫生安全和经济效益等多方面因素，同时还要充分借鉴和吸收发达地区的经验和教训，更加科学、合理地布局污水处理设施资

源，提高地区的整体污水处理效率，更大程度地发挥后发优势，实现弯道超车。

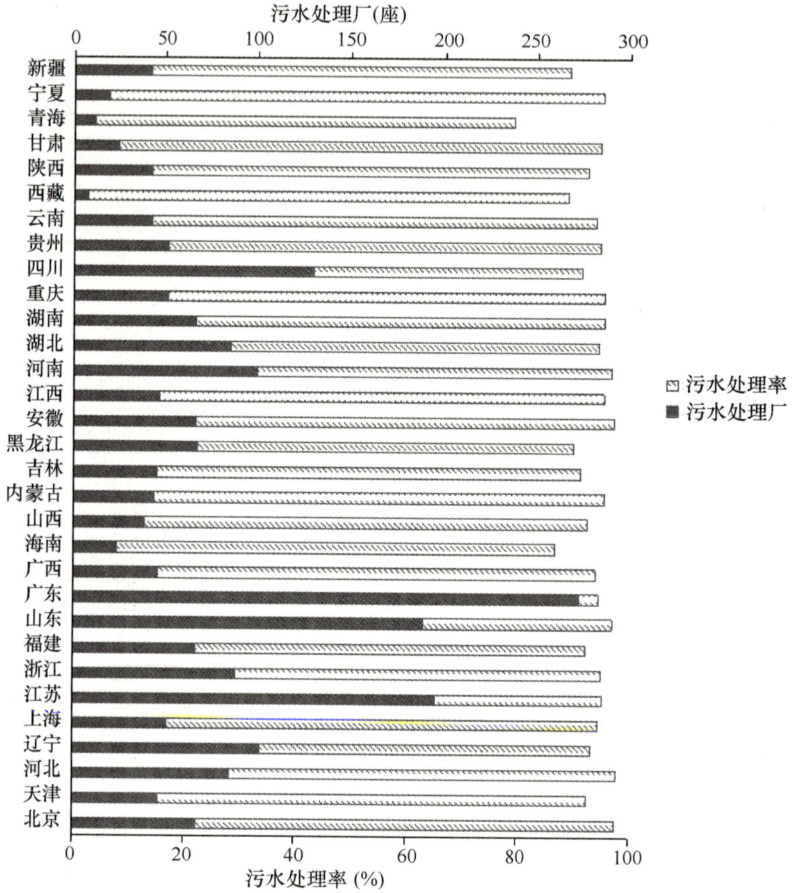

图 3-27　各省 2017 年建成污水处理厂数量及污水处理率

二、污泥无害化处理处置

近年来，我国先后颁布了城镇污水处理厂污泥处理处置的一系列国家和行业标准，发布了《城镇污水处理厂污泥处理处置及污染防治技术政策》和《城镇污水处理厂污泥处理处置技术指南》，明确了污泥处理处置“减量化、稳定化、无害化、资源化”的原则。由于污水处理量连年增长，伴生的污泥处理量也不断增加，早期人们并不重视污泥处理，导致污泥无害化处理处置量很低，随着环保力度的加强和对污泥处理处置技术局限性的进一步认识，近年来我国污泥处理总量显著上升，如图 3-28 所示。

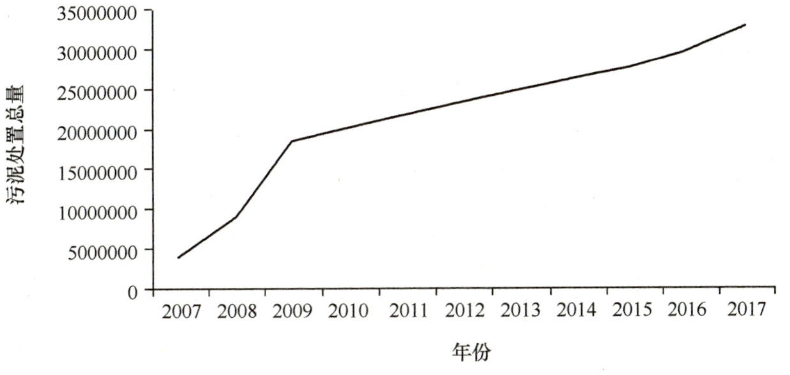

图 3-28　2007 年～2017 年污泥处置总量（单位：吨）

早期由于人们不重视污泥的无害化处理处置，导致大量污泥不经处理随意倾倒，单位污泥处理量较低，仅为每万吨污水处理污泥 2.37 吨。但近年来污泥处理量逐年增长，特别是在 2008 年和 2009 年，全国污泥处理总量都较前一年翻了一番，2009 年每万吨污水处理污泥量更是达到 6.76 吨。2010 年以来，污泥处理总量随着污水处理量增长而增长，每年至少增加污泥处理量 100 万吨，每万吨污水的处理污泥量也基本稳定在 5.4 吨左右，2017 年有明显提高，每万吨污水的处理污泥量超过 5.7 吨。具体如表 3-12 所示。

2007 年～2016 年全国污泥处理总体情况　　　　表 3-12

年度	污水处理量（万吨）	污泥处置量（吨）	单位污泥处理量（吨/万吨）
2007	1781526.6	4221583.39	2.37
2008	2242172.8	9173499.54	4.09
2009	2698685.9	18245880.52	6.76
2010	3326528.65	19708872.47	5.92
2011	3828079.26	21740154.65	5.68
2012	4209695.93	23353717.99	5.55
2013	4437704.23	24519744.62	5.53
2014	4796649.37	26353151.19	5.49
2015	5104901.28	27693022.51	5.42
2016	5420268.23	29690679.41	5.48
2017	5693988.95	32490349.25	5.71

污泥无害化处理处置已成为环境综合治理工作中的难点，确定合适的处置方法对于保护环境有着重要的现实意义。目前，我国污泥处理主要采用填埋、制

肥、焚烧、建材等四种处置方式。从表 3-13、表 3-14 和图 3-29 可以看出，2012 年以前卫生填埋仍是我国污泥处理的主要方式，占比五成以上，主要是因为污泥卫生填埋操作简单、费用低，而且经过消化后的污泥有机物含量减少、性能相对稳定、总体积减小，脱水后再进行填埋是一种比较经济实用的处置方式。但随着土地资源的不断稀缺以及潜在土壤污染风险的不断加剧，近年来污泥填埋的比例逐年下降，2017 年占比仅 26.78%，越来越多的地区采用污泥焚烧发电和制肥的方式处置污泥，占比约两成。相对而言，建材处置等其他方式的污泥处理量占比相对较小，近年来维持在一成左右，但增长趋势明显。

2007 年～2017 年各类处置方式的污泥处理量（单位：万吨）　　**表 3-13**

年度	填埋处置量	制肥处置量	焚烧处置量	建材处置量	其他处置量	总量
2007	11.79	0.96	5.22	0.27	403.92	422.16
2008	23.50	3.28	5.46	0.46	884.66	917.35
2009	1129.26	164.20	110.40	65.87	354.86	1824.59
2010	1220.12	218.67	193.83	96.94	241.33	1970.89
2011	1240.27	281.83	257.24	166.35	228.33	2174.02
2012	1206.95	335.58	343.22	175.79	273.83	2335.37
2013	1117.14	386.65	453.27	196.26	298.67	2451.97
2014	1094.24	459.43	511.36	223.82	346.47	2635.32
2015	991.91	500.18	564.22	306.66	406.33	2769.30
2016	964.46	512.91	642.24	347.10	502.35	2969.07
2017	869.51	720.26	764.38	444.94	447.54	3246.63

2007 年～2017 年各类处置方式的污泥处理量占比　　**表 3-14**

年度	填埋处置量	制肥处置量	焚烧处置量	建材处置量	其他处置量
2007	2.79%	0.23%	1.24%	0.06%	95.68%
2008	2.56%	0.36%	0.59%	0.05%	96.44%
2009	61.89%	9.00%	6.05%	3.61%	19.45%
2010	61.91%	11.09%	9.83%	4.92%	12.24%
2011	57.05%	12.96%	11.83%	7.65%	10.50%
2012	51.68%	14.37%	14.70%	7.53%	11.73%
2013	45.56%	15.77%	18.49%	8.00%	12.18%
2014	41.52%	17.43%	19.40%	8.49%	13.15%
2015	35.82%	18.06%	20.37%	11.07%	14.67%
2016	32.48%	17.28%	21.63%	11.69%	16.92%
2017	26.78%	22.18%	23.54%	13.70%	13.78%

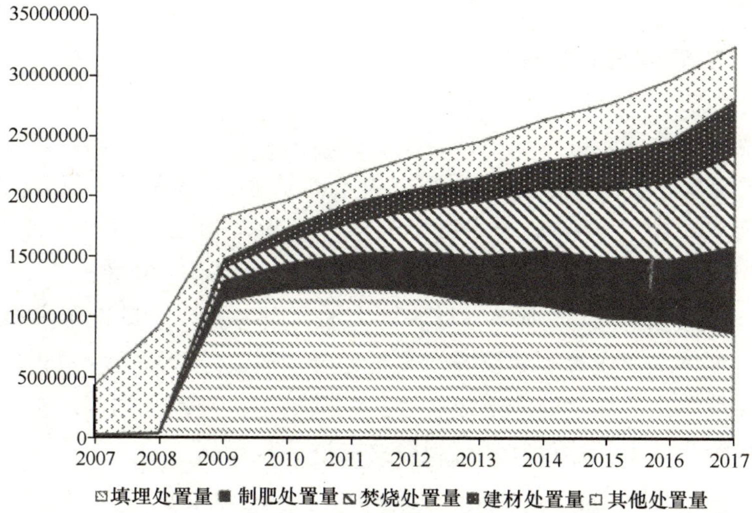

图 3-29　2007 年～2017 年各类处置方式的污泥处理情况（单位：吨）

从分地区污泥无害化处理处置的情况看，2017 年东部地区污泥处理处置的总量遥遥领先，其次是中部地区，西部地区的污泥处理量最少，总量不及东部地区的一半。从污泥处理处置方式上看，东部地区以焚烧为主，其次是制肥，而中、西部地区以填埋为主，其次是制肥。具体如表 3-15 和图 3-30 所示。

2017 年分地区各类处置方式的污泥处理量（单位：万吨）　　**表 3-15**

地区	填埋处置量	制肥处置量	焚烧处置量	建材处置量	其他处置量	总量
东部地区	342.67	459.52	653.33	302.09	236.47	1994.09
中部地区	750.98	298.16	160.85	77.82	82.60	1370.41
西部地区	501.55	228.67	99.90	33.23	60.25	923.60

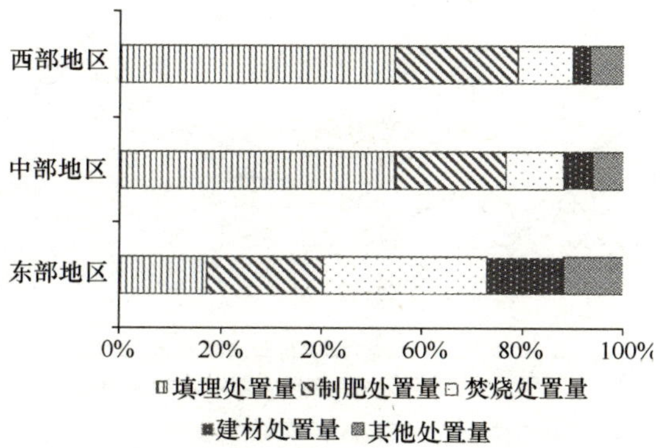

图 3-30　2017 年各地区各类污泥处置方式占比结构

三、污水再生利用

污水经深度处理后再生利用，不仅是节约水资源的重要手段，也是促进源头减排的重要措施，我国污水再生利用规模不断扩大。2007 年底，全国污水再生利用规模为 970.2 万立方米/日，再生利用总量为 158630 万立方米，2017 年污水再生利用规模已增至 3587.9 万立方米/日，再生利用总量增长至 713421 万立方米，如表 3-16 和图 3-31 所示。尽管再生水利用规模和总量近年来有了一定增长，但由于再生水管线等配套设施建设不完善、运营经验缺乏导致再生水水质稳定性和可靠性不足，加之尚未形成有效的激励机制，导致我国污水再生利用工作尚处于起步阶段，工程建设和运行规模有待进一步提高。

2007 年～2017 年全国再生水规模及利用量　　表 3-16

年度	再生水规模（万立方米/日）	再生水利用量（万立方米）
2007	970.2	158630
2008	2020.2	336195
2009	1153.1	239951
2010	1082.1	337469
2011	2193.5	268340
2012	1452.7	320796
2013	1760.7	354181
2014	2065.3	363460
2015	2316.7	444943
2016	2762.4	452698
2017	3587.9	713421

图 3-31　2007 年～2017 年全国再生水规模及利用量

从分地区再生水规模和利用量的情况来看，如表 3-17 所示，东部地区的再生水利用规模和利用量明显优于中、西部地区。其中，东部地区的再生水规模约为中部地区的 2.6 倍，是西部地区的 6.8 倍之多；在再生水实际利用量上，东部地区更是远高于中西部地区，其再生水利用量是中部地区的 3.64 倍，是西部地区的 12 倍多。

2017 年东、中、西部再生水规模及利用量　　　表 3-17

地区	再生水规模（万立方米/日）	再生水利用量（万立方米）
东部地区	226.618	50287.909
中部地区	88.256	13806.222
西部地区	33.422	3999.778

第三节　排水与污水处理行业发展成效

中国污水处理行业持续积极地探索以特许经营为核心的市场化改革，取得了显著成效，不仅促进了中国污水处理能力和规模的快速增长，更为重要的是，通过引入社会资本，推动了污水处理行业投融资体制改革，逐步形成了有效竞争的市场结构，大大增强了行业竞争力，促进了各地污水处理绩效稳步提升。

一、有效竞争的市场结构逐步形成

回顾中国污水处理的发展进程，20 世纪 60～70 年代，开始自行投资兴建污水处理设施和污水处理厂，如图 3-32 所示。在计划经济体制下，污水处理厂全部为国有事业单位，绝大部分污水厂为一级处理，污水处理厂运行专业人员极度缺乏。2002 年以后，中国城市污水处理无论在数量还是质量上都得到了迅速的发展。建设部颁布了一系列文件，为国内外投资人提供了明确的政策预期和法律保障，为城市污水处理市场各类主体规定了行为准则。与此同时，国家发改委、国家环保总局等部门对城市污水处理市场准入开放也颁发了相关政策性文件。国外资本和民间资本大量涌入，逐步形成了以 BOT（建设一运营一移交）和 TOT（转让一运营一移交）等特许经营方式为主体，委托运营、企业股权交易、合资合作等投资主体多元化市场化模式。中国污水处理市场化改革在不断探索中前进。2014 年以来，污水处理行业的 PPP 模式逐渐兴起。该模式以“利益共享，风险分担，长期合作”为基础，促进政府和公司在污水处理设施方面的基础建设。

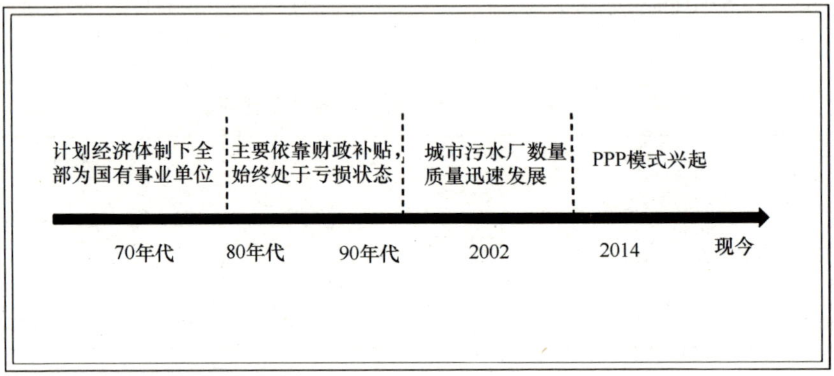

图 3-32　污水行业发展历程

传统的污水处理行业由政府作为城镇排水与污水处理的投资者、建设者和运营管理者，对城市污水处理系统实施行政管理、行业管理和经营管理三位一体的管理模式，污水处理厂属于事业性经营，之后逐步转为企业化运营。改革开放以来，污水处理行业打破了传统的单一的政府财政投入的投资管理模式，形成了投资主体多元化、资金来源多渠道、投资方式多样化、建设运营市场化的新格局，如图 3-33 所示。

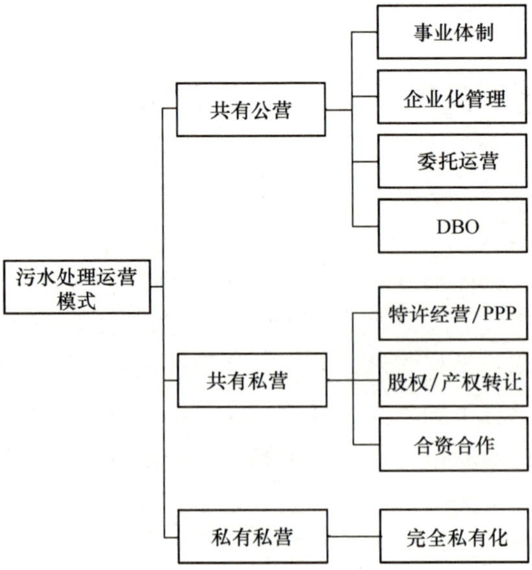

图 3-33　污水处理行业运行模式

目前，中国城市排水与污水处理行业已基本形成国有及国有控股企业、外资及港澳台资企业、私营企业和上市公司等多种市场主体共同竞争的格局，BOT、TOT、ROT等PPP模式在污水处理项目中逐渐被推广运用，特别是新建污水处理设施，多采用BOT模式进行建设和运营，极大地缓解了中国污水处理设施建设的资金压力，同时提高了设施的运营效率。

住房和城乡建设部《全国城镇污水处理管理信息系统》显示，2017年，在全国近5000座污水处理厂中，属于国有企业和事业单位的污水处理厂占比50%左右，其中国有企业占比36.53%，事业单位占比10.11%；私营企业占比9.37%，不足1/10；外资企业占比不足4%；还有大约40%的污水处理厂是有限责任公司、股份公司和股份合作企业，如图3-34所示。下面将具体分析近年来我国污水处理行业所有制结构的时间变化、地区分布和规模特征。

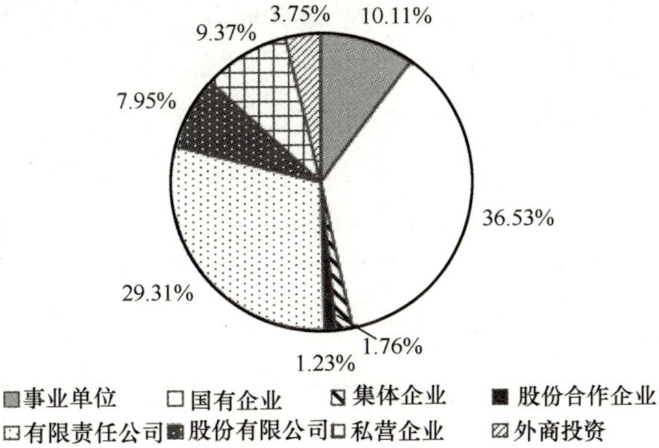

图3-34　污水处理厂所有制类型分布

（一）企业所有制结构变化

从时间维度上看，我国城镇污水处理厂的所有制结构比例基本保持稳定，如表3-18和图3-35所示。其中，国有企业和事业单位一直占据较大比例，特别是国有企业，尽管占比略有下降，但基本维持在36%以上，事业单位的占比基本

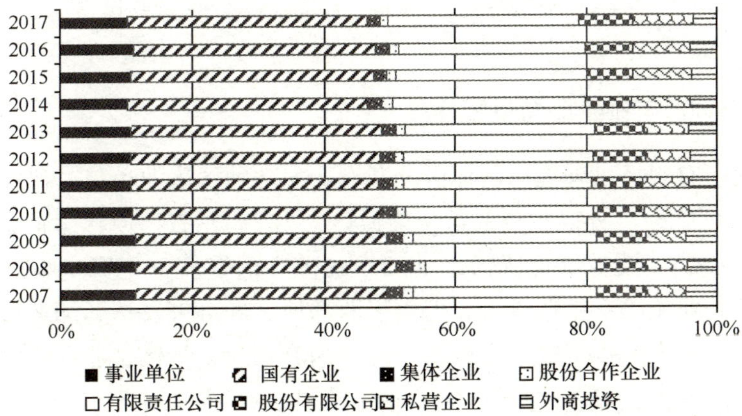

图3-35　2010年～2017年污水处理厂不同所有制构成比例

保持10%左右的水平，在2016年占比超11%，主要是一些县、乡、镇新建的污水处理厂仍采用事业单位建制；私营企业的占比逐年上升，从2010年的占比6.81%上升到了2017年的9.37%，增长了近2.6个百分点，说明社会资本的引入正在逐步改变污水处理行业的所有制结构，越来越多的私营企业进入到污水处理行业，而且私营企业仍在不断扩张，运营的污水处理厂数量和规模都有所增长；外商投资的污水处理厂占比略有下降，但基本维持在4%左右的水平，彻底扭转了20世纪90年代中期外商在国内污水处理行业急剧扩张、攻城略地的局面；此外，还有约40%不到的污水处理厂属于股份合作企业、股份有限公司、有限责任公司，这部分企业绝大多数是混合所有制企业，既有上市公司，也有股份制改造后的国有企业，这些企业基本是按照现代企业制度运营。

2010年～2017年污水处理厂不同所有制构成比例（单位：%）　　**表3-18**

年度	事业单位	国有企业	集体企业	股份合作企业	有限责任公司	股份有限公司	私营企业	外商投资
2010	10.93	37.48	2.37	1.52	28.63	7.74	6.81	4.52
2011	10.76	37.41	2.23	1.57	28.75	7.66	7.16	4.46
2012	10.75	37.66	2.24	1.50	28.82	7.82	6.98	4.24
2013	10.74	37.88	2.17	1.54	28.89	7.45	7.03	4.30
2014	10.25	36.39	2.15	1.47	29.44	7.03	9.12	4.14
2015	10.61	36.82	2.05	1.43	29.11	6.93	9.01	4.03
2016	11.08	36.77	1.94	1.44	28.67	7.11	8.93	4.06
2017	10.11	36.53	1.76	1.23	29.31	7.95	9.37	3.75

（二）不同所有制企业的地区分布

从不同所有制污水处理厂的地区分布看，东部地区事业单位的比例最低，仅为7.31%；西部地区外商投资的比例最低，仅为2%左右，但私营企业的比例最高，约为12%，说明西部地区污水处理厂的进入门槛较低，资金和技术都较为薄弱的私营企业能够有效地进入，但由于西部地区经济欠发达，加之市场经济环境不完善，对外商的投资吸引力较弱。至于国有企业、集体企业和股份制企业在东、中、西部的占比情况差别不大，基本都在40%左右。具体如表3-19和图3-36所示。

2017 年东中西部不同所有制污水处理厂的比例（单位:%） **表 3-19**

地区	事业单位	国有企业	集体企业	股份合作企业	有限责任公司	股份有限公司	私营企业	外商投资
东部地区	7.31%	34.05%	3.40%	1.61%	32.58%	7.40%	9.01%	4.64%
中部地区	15.15%	33.90%	0.43%	1.03%	28.94%	9.76%	7.02%	3.77%
西部地区	10.25%	42.69%	0.29%	0.80%	24.44%	7.27%	11.93%	2.33%
全国	10.11%	36.53%	1.76%	1.23%	29.31%	7.95%	9.37%	3.75%

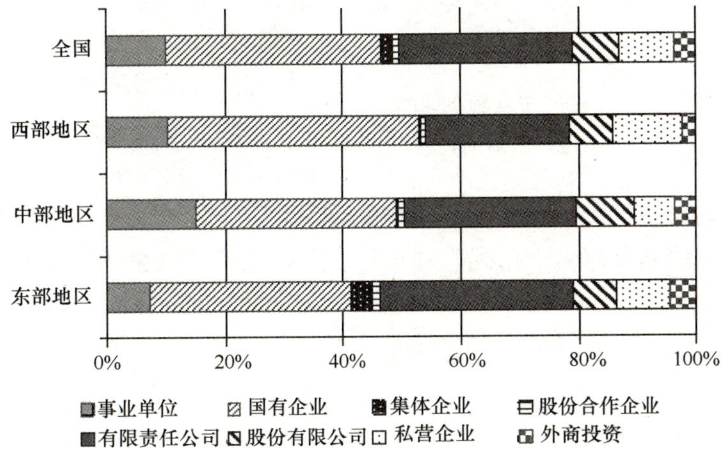

图 3-36 东、中、西部地区不同所有制污水处理厂的比例

（三）不同所有制企业的规模分布

从不同所有制企业的平均处理能力来看，股份制企业的平均规模最大，外商投资企业紧随其后，其平均污水处理能力均在 5 万吨/日以上，国有企业的平均规模为 4.19 万吨/日，均高于全国污水处理厂的平均规模水平。相较而言，集体企业的平均规模最低，仅有 1.53 万吨/日，这也侧面反映出大多数集体性质的污水处理厂主要都集中在县、乡、镇的小型污水处理厂。具体如表 3-20 和图 3-37 所示。

2017 年不同所有制企业的平均规模 **表 3-20**

所有制	事业单位	国有企业	集体企业	股份合作企业	有限责任公司	股份有限公司	私营企业	外商投资	平均
平均规模（万吨/日）	2.92	4.19	1.53	6.26	3.90	4.95	2.24	5.36	3.92

从污水处理设计规模总量来看，2017 年私营企业污水处理设计规模总量为

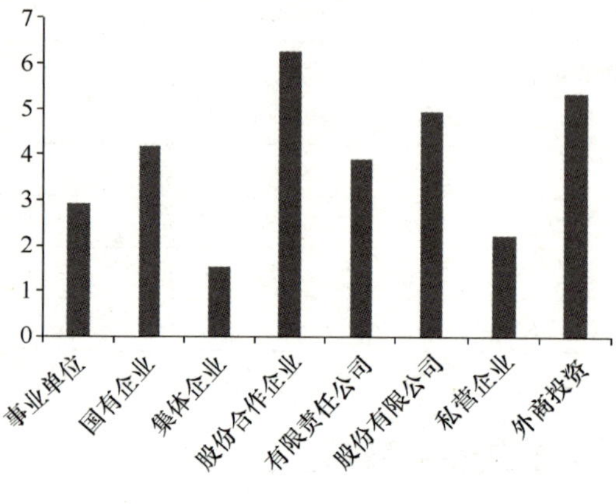

图 3-37　2017 年不同所有制企业的平均规模（单位：万吨/日）

988.36 万吨/日，外商投资企业的规模总量为 949.36 万吨/日，尽管二者规模总量上相差不大，但属于私营企业的污水处理厂数量为 442 个，占全国污水处理厂总数的 9.37%，而外商投资的污水处理厂仅 177 个，占比不到 4%，未及私营污水处理厂数量的一半。这说明外商投资污水处理厂的规模较大，具有比较显著的规模效应，而私营企业的平均规模较低，主要以投资运营小型污水处理厂为主。由于污水处理行业的初期投资大、投资回报期长，因此资金短板对于私营企业的发展而言极为不利，使其难以做大做强，很大程度上限制了私营企业的发展。

二、行业竞争力逐步增强

（一）企业管理水平显著提高

从 20 世纪 90 年代中期开始，污水处理行业通过市场化改革逐步打破了国有企业垄断经营的市场格式，全国污水处理行业已基本形成国有企业、事业单位、港澳台资企业、私营企业、上市公司和外资等多种市场主体共同竞争的格局初步显现。污水处理企业和集团成为污水处理行业改革后培育最为成功的市场主体，直接推动了污水处理企业建立现代企业制度，生产管理、财务管理、人事管理等水平提高显著。

通过激烈的市场竞争，国内一批在行业内具有竞争力、日趋成熟的专业企业快速成长，包括：北控水务集团有限公司、北京首创股份有限公司、北京排水集团、北京碧水源科技股份有限公司、中环保水务投资有限公司（中节能）、桑德集团有限公司、广东粤海水务股份有限公司、博天环境集团股份有限公司、天津创业环保集团股份有限公司等。这些影响力较大的民族水务企业既有国企，也有上市公司和民营企业等。各类水务企业呈现的特点不同，国有控股水务公司投融资能力强，资金雄厚，技术能力强，与政府关系深厚，但受体制机制束缚，企业运营灵活度不够、成本意识薄弱；上市公司和民营企业具有良好的管理和激励机制，市场意识强烈，手段灵活激进，行业经验、实践业绩相对较弱，属行业新进入者，近年发展势头迅猛。各类民族水务企业优势互补，相互竞争，共同提升了我国污水处理行业的整体竞争力。

除了专注污水处理行业外，伴随国家全面实施节能减排，环保产业作为战略性新兴产业，逐步成为提升经济的新增长点、新引擎，一些大型污水处理企业抓住时机，积极拓展固废处理和新能源业务领域，不断延长产业链条，开拓环保相关业务，将单一的污水处理企业发展为环境服务运营企业。近年来，一些上市污水处理企业更是通过不断地内部挖潜，提升工程建设和运营管理能力，克服刚性成本上升压力、税收政策变化等诸多因素的影响，在国内经济增速减缓的大形势下实现了盈利能力的稳步提升，在资本市场交出了一份亮丽的成绩单，获得了资本市场的热捧。

（二）企业兼并重组初见成效

改革开放以来，中国城市与县城污水处理厂数量急剧增加，城市污水处理厂的数量从 1980 年的 35 家，增长到 2017 年的 2209 个，县城污水处理厂的数量从 2000 年的 55 家，增长到 2017 年的 3218 个。但“小、散、弱、差”的行业发展局面没有根本改变。大多是一个城市一个污水处理企业，到了县、乡、镇，污水处理厂不仅规模小，而且多数由当地国有或民营企业负责运营，污水处理企业更加分散。目前，我国污水处理厂规模普遍偏小，5 万吨/日的小型污水处理厂占了绝大多数，比例约为 86%，10 万吨/日以上的大型污水处理厂占比仅为 5%左右，如图 3-38 所示。

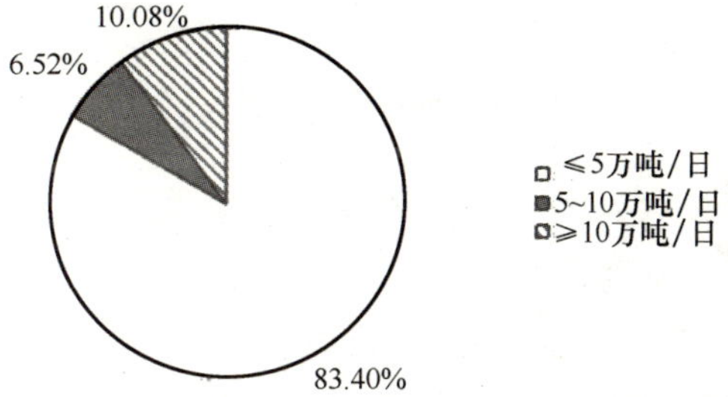

图 3-38　2017 年不同规模污水处理厂的比例情况

其中，西部地区小型污水处理厂的比例更高，5 万吨/日以下的污水处理厂占比高达 92.92%，10 万吨/日以上的大型污水处理厂占比极低。东、中部地区污水处理厂规模略大，10 万吨/日以上的大型污水处理厂占比超过 10%左右，如表 3-21 所示。

2017 年东中西部不同规模污水处理厂的比例情况（单位：%）　**表 3-21**

地区	大型污水处理厂（≥10 万吨/日）	中型污水处理厂（5～10 万吨/日）	小型污水处理厂（≤5 万吨/日）
东部地区	12.71	8.86	78.43
中部地区	11.35	6.50	82.15
西部地区	3.20	3.88	92.92

随着领先企业实力不断壮大，通过投资兼并重组来抢占市场份额已成为龙头企业的做大做强的重要手段，污水处理行业的整合、重构成为趋势。专业化水务公司以其运营效果佳和优良服务逐渐得到越来越多的市场认可，污水处理市场的区域壁垒呈现松动迹象，一些龙头水务公司逐渐走出本地市场进入其他地区。而在全国攻城略地的过程中，一些公司还结合自身优势逐渐打造出污水处理企业并购重组的不同模式。其中具有代表性的模式如表 3-22 所示。

污水处理行业主要并购重组模式分析 **表 3-22**

主要模式	模式特点	代表企业
“碧水源”模式	通过先进技术工艺吸引地方政府合作，投资既有水厂改造进而拉动公司技术设备的订单	技术型公司
收购地方水务项目	前期投资收购各地水务项目，尽管短期内不见投资回报，但可通过各地水价上涨及政府补贴加大而获得长期收益	资本型公司
成立合资公司	由两家公司共同投入资本成立，分别拥有部分股权，并共同分享利润、分担支出和风险，共同享有对该公司的控制权	普遍适用

数据来源：2018 年中国污水处理市场竞争格局及投资并购发展现状分析报告。

（三）污水处理技术进步显著

进入 21 世纪，我国污水处理技术迅猛发展，由一线城市带领二、三线城市一起发展，淘汰掉高消耗、高污染的落后生产力，污水处理工程技术和设计从最初的全面引进国外到目前的复杂污水处理工程技术自主知识产权，而且装备水平不断提高。特别是国家通过设立水体污染与控制科技重大专项、973、863 等重大科技计划的研发投入和支持，不断完善城镇污水处理及污泥处置技术标准体系，积极推动污水处理及再生利用、污泥处理处置及资源化利用等关键技术的研发、示范和推广，在污水处理、污泥处理、黑臭水体治理、海绵城市等领域不断取得新的技术创新与突破。行业主管部门通过加快制定有关技术的评价标准体系和方法、加强技术指导等多种方式，围绕提高城镇污水处理设施建设及运营管理的需要，不断加强污水处理相关专业技术人才、管理人才的建设和培养。

2010 年以来，我国污水处理厂采用二级、三级处理技术占比逐渐增加，特别是一些水环境敏感地区和经济发达地区，加强了对部分已建污水处理设施进行升级改造，大力改造除磷脱氮功能欠缺、不具备生物处理能力的污水处理厂，重点改造设市城市和发达地区、重点流域以及重要水源地等敏感水域地区的污水处理厂，进一步提高对主要污染物的削减能力。目前，我国九成左右污水处理厂是

二、三级污水处理厂，九成左右污水处理厂出水水质达到一级以上标准。

根据《中国城市建设统计年鉴》，2006 年～2017 年，中国二、三级污水处理厂的座数和处理能力双双大幅增长，二、三级污水处理厂的座数从 2006 年的 689 座增加到 2017 年的 2065 座，增幅达 200%，污水处理能力也相应地从 2006 年的 5424.9 万立方米/日增长至 2017 年的 14843.5 万立方米/日，增幅达 173.62%，如图 3-39 所示。

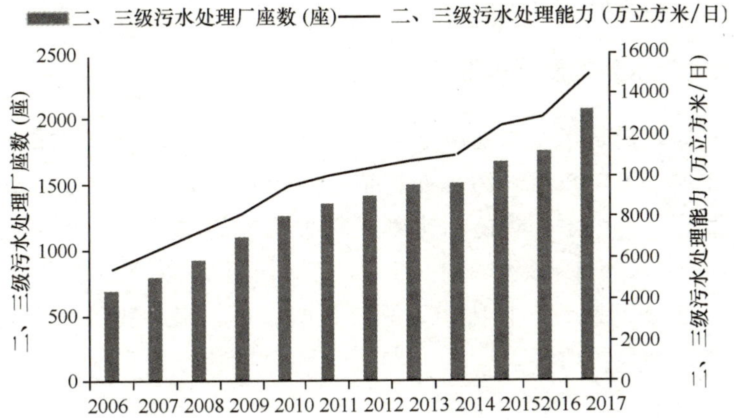

图 3-39　2006 年～2017 年中国城市二、三级污水处理厂及其处理能力

如图 3-40 所示，2006 年～2008 年，二、三级污水处理厂座数占比增长了 7 个百分点，而之后占比逐年下降。2012 年至今，全国二、三级污水处理厂的数量占比基本稳定在 85%左右，污水处理量与污水处理处理能力的占比变化趋势相似，2017 年占比最高，为 93.5%。

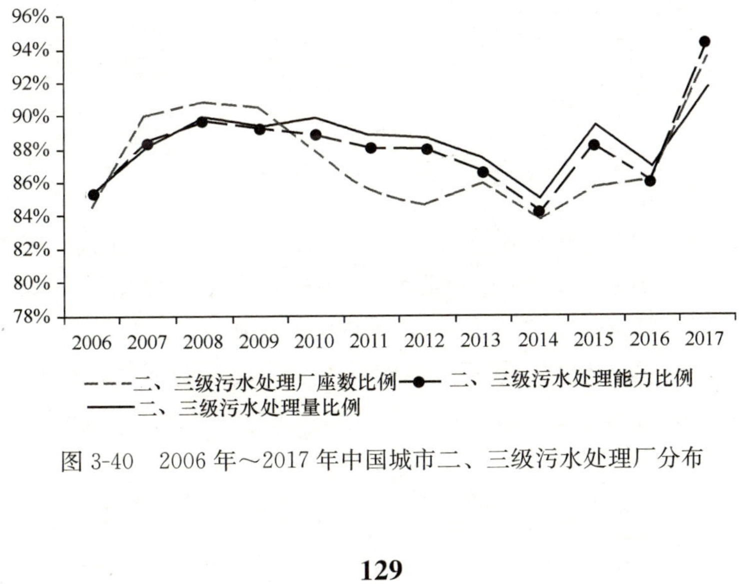

图 3-40　2006 年～2017 年中国城市二、三级污水处理厂分布

三、污水处理综合效益显著增强

经过“十五”“十一五”期间排水与污水处理行业的跨越式发展，“十二五”期间污水处理行业从追求数量扩张向高质量发展转变，污水处理企业更加注重治理水平的提升和自身能力的建设，从盲目扩张转为修炼内功、内外兼修，污水处理行业的综合效益得到了有效改善。

（一）人均污水处理量逐年提升

人均污水处理量是指污水处理企业处理能力与城市用水人口数的比值，其反映的是相比于城市人口数量，污水处理企业的相对污水处理能力。如图 3-41 所示，近些年我国人均污水处理能力出现了较大幅度的增长，2001 人均污水处理能力为 0.07 立方米/(日・人)，到 2017 年已增长至 0.16 立方米/(日・人)，总体增长了 84%。由此来看，相比于不断增长的城市人口，我国污水处理行业的处理能力呈现出明显的增长。

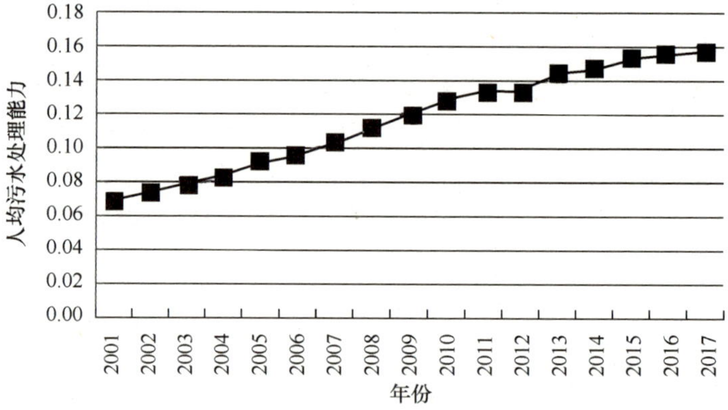

图 3-41　2001 年～2017 年全国人均污水处理能力

（单位：立方米/(日・人)）

比较 2017 年全国各省份人均污水处理能力，如图 3-42 所示。从图中可知，上海、北京、广东、辽宁、浙江、西藏和江苏这几个地区的人均污水处理能力超过 0.2 立方米/(日・人) 位于全国前列，其中上海以 0.28 立方米/(日・人) 居全国之首。除了江西、贵州、山西、甘肃四个省份的人均污水处理能力低于 0.1 立方米/(日・人)，其他地区的处理能力都位于 0.1～0.2 立方米/(日・人) 之间。

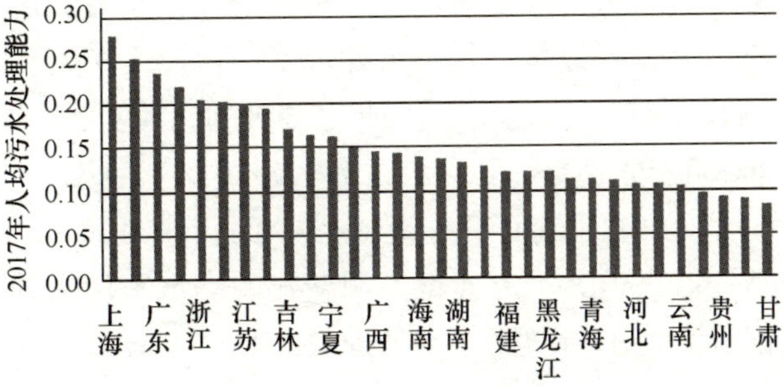

图 3-42 2017 年全国各省份人均污水处理能力

（单位：立方米/（日·人）

（二）污水处理出水水质稳步提升

从污水处理厂的出水水质来看，氧化沟、AAO、SBR 等处理工艺在全国得到了普遍应用，基本能保证污水处理厂稳定达到一级 B 出水标准。部分发达地区污水处理厂的出水水质仍在不断提高，尤其是出水水质标准为一级 A 的污水处理厂数量占比逐年增大。2017 年，出水水质为一级 A 标准的污水处理厂已占到全国污水处理厂总数的 38.94%，出水水质为一级 B 标准的污水处理厂占比从 2007 年的 35.86%增长至 2017 年的 46.85%，增长了近 11 个百分点。至此，全国有 85%的污水处理厂的出水水质达到一级 B 以上标准。相对地，出水水质标准为二、三级的污水处理厂数量仅占 15%左右，特别是出水水质标准为二级的污水处理厂占比显著下降，从 2007 年的占比 22.84%下降至 9.34%，降幅近 60%。出水水质为三级的污水处理厂数量极少，其占比虽有波动，但整体变化不明显。具体如表 3-23 所示。

2007 年～2017 年各类出水标准的污水处理厂数量与比例 **表 3-23**

年份	一级 A		一级 B		二级		三级	
	座数	比例	座数	比例	座数	比例	座数	比例
2007	350	28.85%	435	35.86%	277	22.84%	13	1.07%
2008	485	31.17%	571	36.70%	317	20.37%	17	1.09%
2009	624	31.52%	802	40.51%	347	17.53%	17	0.86%
2010	892	32.03%	1267	45.49%	371	13.32%	23	0.83%
2011	1013	32.75%	1421	45.94%	386	12.48%	24	0.78%
2012	1089	33.03%	1529	46.38%	389	11.80%	24	0.73%
2013	1156	33.23%	1640	47.14%	389	11.18%	24	0.69%
2014	1349	33.94%	1929	48.53%	392	9.86%	28	0.70%
2015	1443	34.64%	2017	48.42%	387	9.29%	33	0.79%
2016	1662	35.55%	2219	47.47%	402	8.60%	54	1.16%
2017	1935	38.94%	2328	46.85%	464	9.34%	60	1.21%

从不同出水水质标准的污水处理厂实际污水处理量来看，出水水质标准为二级的污水处理厂的运营效率最高，其污水处理量的占比大于其污水处理厂的数量占比。2017 年，占比不到 10％的出水水质为二级的污水处理厂实际处理了全国近 20％的污水，但占比近一半的出水水质为一级 B 的污水处理厂实际处理水量占比不超过 40％。这一方面是由于一级 B 以上的污水处理厂多是近年新建的，其设施总体负荷率较低，但另一方面也说明新建的高水平污水处理厂要进一步通过管理和技术挖掘潜力，不断增加污水处理量。具体如表 3-24 所示。

2007 年～2017 年各类出水标准的污水处理量（单位：万立方米） **表 3-24**

年份	一级 A		一级 B		二级		三级	
	处理量	比例	处理量	比例	处理量	比例	处理量	比例
2007	379213.39	21.29%	694284.21	38.97%	601738.43	33.78%	3960.66	0.22%
2008	494210.83	22.04%	903027.8	40.27%	720579.58	32.14%	4619.51	0.21%
2009	629384.1	23.32%	1141703.93	42.31%	832736.4	30.86%	6605.25	0.24%
2010	845785.82	25.43%	1493654.46	44.90%	887028.07	26.67%	7891.17	0.24%
2011	1042505.94	27.23%	1743434.45	45.54%	935601.62	24.44%	10570.96	0.28%
2012	1191260.27	28.30%	1948477.84	46.29%	959431.35	22.79%	8950.97	0.21%
2013	1307844.94	29.47%	2073022.37	46.71%	942577.06	21.24%	10429.34	0.24%
2014	1490707.16	31.08%	2206540.36	46.00%	984971.24	20.53%	9621.61	0.20%
2015	1668760.2	32.69%	2324312.53	45.53%	992308.26	19.44%	11256.67	0.22%
2016	1855262.95	34.23%	2436856.93	44.96%	1000444.47	18.46%	11579.78	0.21%
2017	2146650.66	37.70%	2212445.1	38.86%	1037129.24	18.21%	15825.57	0.28%

（三）污染物减排贡献增强

2005 年，国家设置了“十一五”期间污染物化学需氧量（COD）的总量控制指标，污水处理厂作为 COD 减排的重要手段，对 COD 的削减量持续增加。2017 年，全国污水处理厂共削减 COD 1358.19 万吨，较 2016 年增长了近 60 万吨，增幅 4.52％。2005 年全国城镇污水处理削减 COD 仅为 420 万吨，自国家将 COD 作为污染物削减的约束性指标以来，2017 年较 2005 年 COD 削减量增长了 900 多万吨，翻了两番多。

尽管全国城镇污水 COD 削减量逐年增长，但增速放缓，说明 COD 削减已遇到了一定的瓶颈，如表 3-25 所示。从 COD 削减效率来看，通过污水处理厂平均进水和出水浓度的比较来看，单位污水 COD 削减量也在逐年递减。2017 年单位污水 COD 削减量为 238.69mg/L，与 2016 年的 40.06mg/L 相差不大，但是较 2010 年的 274.73mg/L 减少了近 40mg/L。究其原因，主要是由于污水处理配套管网不断完善，污水收集率不断提高，加之工业企业违规排污查处日益严厉，污水处理厂的进水浓度逐年降低。2017 年，全国污水处理厂 COD 的进水浓度平均为 262.43mg/L，较 2016 年降低了近 3mg/L，较 2010 年的 312.03mg/L 更是降低了近 50mg/L。与进水浓度相对的，全国污水处理厂的出水浓度不断降低，2017 年的出水浓度已控制至 23.74mg/L。尽管污水处理厂的出水浓度已控制得很低，但总体上说明我国污水处理厂 COD 单位削减效率在下降，这将导致我国 COD 单位削减成本不断提高。

2007 年～2017 年全国污水处理厂 COD 削减情况　　　表 3-25

年份	COD		进水	出水	削减
	削减量（吨）	增长（%）	(mg/L)	(mg/L)	(mg/L)
2007 年	5219029	—	371.86	45.08	326.78
2008 年	6394976	22.53	340.72	43.14	297.58
2009 年	7692080	20.28	331.11	37.52	293.59
2010 年	9123584	18.61	312.03	37.3	274.73
2011 年	10161004	11.37	299.92	34.17	265.75
2012 年	10737513	5.67	287.88	32.6	255.28
2013 年	11195317	4.26	283.93	31.45	252.48
2014 年	11922752	6.5	278.62	29.81	248.81
2015 年	12630709	5.94	275.45	27.72	247.73
2016 年	12995027	2.88	265.54	25.48	240.06
2017 年	13581936.86	4.52	262.43	23.74	238.69

从分地区污水处理厂 COD 减排的情况看，东部地区 COD 减排贡献最高，中部地区次之，西部地区 COD 削减总量最少，如图 3-43 所示。这一方面是由于

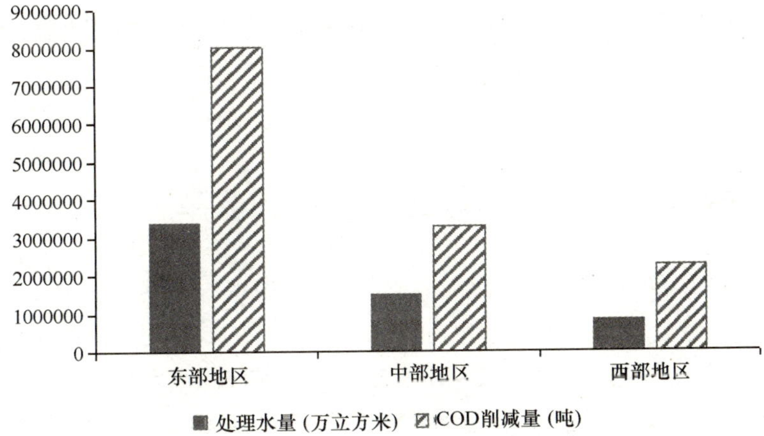

图 3-43　2017 年分地区污水处理厂 COD 削减情况

东部地区污水处理厂数量、污水处理能力技术和实际污水处理率都远高于其他地区，而且东部地区的工业企业较多，人们生活水平较高，污水中的COD浓度也相对较高，因此东部地区的COD削减总量较高。但另一方面，西部地区尽管COD削减总量不高，但COD削减效率较高，万吨污水COD削减量为2.75吨，相比之下，东部和中部地区万吨污水COD削减量分别为2.38吨和2.18吨，低于西部地区。

为进一步控制和解决水污染的严重态势，国务院在设置COD排放总量控制目标的基础上，增设了氨氮和氮氧化物等污染物排放总量的控制目标，倒逼污水处理厂的处理工艺和技术进行创新，不断提高出水水质，促进了污水处理先进技术的应用和推广。为进一步处理难降解有机物、氮和磷等导致水体富营养化的无机物，高级氧化、脱氮除磷、超滤纳滤反渗透等处理工艺也得到了一定的推广，滤池、混凝沉淀等深度处理设施在经济发达和水环境敏感地区也在不断地扩大应用范围，以保证污水稳定一级A排放。

在全球能源危机、气候变化和资源紧缺等背景下，污水处理的传统模式正在发生巨大改变，人类社会可持续发展对城镇污水处理提出了多目标要求：提高出水水质，满足水污染控制和水资源可持续利用的需要，节能降耗、控制碳排放，实现低碳污水处理；开发污水潜能，提高能源自给率，并逐步实现清洁能源净输出；回收有机和无机资源，实现资源的循环利用。我国污水处理行业在满足出水稳定达标的同时，也开始关注节能低碳、污水中可用物质有效循环和深度回用的污水处理新模式，未来污水处理技术的基本变化是实现向资源、能源、水回收的转变，与此同时寻求不断降低污水处理成本费用。

第四节　排水与污水处理行业监管体制改革

一、排水与污水处理行业监管机构改革

中华人民共和国成立以来，城市排水与污水处理作为城市公用事业的重要内容，一直由国务院城市建设部门负责，已经建立了从地方到中央的垂直管理机构体系，形成了一支具有专业知识和技术的城镇排水与污水处理监管队伍。但由于长期缺乏法律授权，城镇排水与污水处理监管机构体系的建设滞后，特别是2008年国务院“三定”方案明确住房和城乡建设部仅负责指导城镇污水处理设

施和管网配套建设，甚至将城市排水与污水处理的指导工作也划出了住房和城乡建设部，而是将排水管理体制交由城市人民政府确定。因此，作为行业主管部门的住房和城乡建设部，其对排水与污水处理行业的监管重心和抓手就只有设施建设的内容。

根据2008年国务院颁布的“三定”方案，中央政府住房城乡建设部负责指导城镇污水处理设施和管网配套建设，其具体职责交给城市人民政府。各省、自治区基本比照中央制定“三定”方案，由省级住房和城乡建设主管部门负责本辖区的城镇排水与污水处理工作。但由于城镇排水与污水处理的管理体制交由城市人民政府确定，导致地方城镇排水与污水处理的监管机构设置不统一，造成上下对口管理不一致。监管体制混乱、政令不畅通，加大了城镇排水与污水处理监管的难度。这一情况直至2014年《城镇排水与污水处理条例》正式实施才得到改善，国家通过行业立法的方式，明确了国务院住房城乡建设主管部门负责指导监督全国城镇排水与污水处理工作，但并没有明确省级及以下城镇排水与污水处理的主管部门，而是根据各地的实际情况，将城镇排水与污水处理的主管部门的设置交于各级人民政府自行确定，明确了“县级以上地方人民政府城镇排水与污水处理主管部门（以下称城镇排水主管部门）负责本行政区域内城镇排水与污水处理的监督管理工作”。

从纵向监管机构体系看，目前省、自治区、直辖市管理机构大多归属在住房城乡建设部，但城市排水与污水处理监管机构的设置较为多样化。目前，除海南省以外，各省、自治区城镇排水与污水处理的行业监管均由住房和城乡建设主管部门负责；北京、天津、上海由水务局负责；重庆由市政管理委员会负责。海南省因其地域的特殊性，政府部门设置与全国大部分省、自治区不一致；但海南省委、省政府已明确，该省水务厅相关的城镇排水和污水处理等业务由住房和城乡建设部归口管理，这一点，与各直辖市的对口管理是相同的。在城市层面，根据住房和城乡建设部对全国设市城市排水、污水处理、再生水利用的管理体制情况的调查，城市排水、污水处理、再生水利用等业务的监管机构设置各不相同。其中，绝大多数的监管机构设在住房和城乡建设部门，但有少部分设置水利部门、环保部门，还有极少数的城市排水与污水处理行业由政府直管、国资委、发改委和几部门混合管理。

从横向监管机构体系设置看，城市排水与污水处理行业是一个复杂的系统工程，涉及建设、环保、水利、卫生、国资、财政和发改等多个监管主体。虽然在中央总体上由住房和城乡建设部负责指导城市排水和与水处理，但不同业务领域和环节则分属不同的监管主体具体管理，如水资源管理由水利部门负责；工业污水排放、污水处理厂的污染物排放等由环保部门负责；项目的投资由财政部门和发改部门负责；国有排水与污水处理企业的资产由国资部门负责。因此，企业在不同的业务领域和业务环节需要受不同的监管主体甚至是多个监管主体的交叉管理。由于各个环节相互交叉和联系，导致不同监管主体的职能也存在交叉，各个部门依据各自职能制定相应的管制政策，这些政策是相互影响的，有些甚至相互冲突，或者标准不统一，这就需要在制定政策的过程中，相关的监管机构建立沟通协调机制，使不同的监管政策互相衔接，避免在政策实践中，造成监管缺位、错位和越位，使各类监管机构能够各司其职、各负其责，取得良好的监管效果。

目前，城镇排水与污水处理监管机构设置主要存在两方面的问题。一是城镇排水与污水处理监管机构设置上下不对口。不论是国务院“三定”方案还是《城镇排水与污水处理条例》，虽然都明确了中央层面由国务院住房和城乡建设主管部门负责指导监督，但城市排水与污水处理管理体制交由城市人民政府确定。致使少数城市政府将排水与污水处理监管职能划出建设主管部门，并且不接受建设系统的指导，造成上下对口管理不一致，而且城镇排水与污水处理监管机构的设立、撤销或者合并具有一定的随意性，严重影响了中央、省对地方城市排水与污水处理工作的指导作用和监管效果。二是缺乏基层执行机构。城镇排水与污水处理监管的区域性很强，涉及的业务庞杂而且专业，必须建立专门的机构负责日常的监督和管理工作。但一些城市并没有配备专门的城镇排水与污水处理监管机构和人员，特别是区（县）一级，没有建立基层的管理机构，往往导致城镇排水与污水处理监管缺位。或者一些城市通过设立事业单位或将监管职能交给污水处理企业的方式，部分解决了城镇给排水基层管理薄弱的问题，但也造成了新的政企不分。

为解决这些问题，各地在城镇排水与污水处理监管机构改革方面也在不断探索。以无锡市为例，在 2009 年修订《无锡市排水管理条例》以前，全市的排水管理体制很不健全，县、区级排水行政主管部门不明确，无排水管理机构、人员、必要的装备，容易导致公共管理的责任不落实，公共服务的缺失。通过地方立法，无锡市明确规定了无锡市市政和园林局是全市排水行政主管部门，对全市排水进行统一监督管理；县级市、区排水行政主管部门负责各自范围内的排水管理工作，并接受市排水主管部门的监督、指导。规定了无锡市市政和园林局所属的排水管理机构具体负责全市排水日常管理工作。县级市、区排水行政主管部门所属的排水管理机构具体实施职责范围内的排水日常管理工作，并接受市排水管理机构的业务指导。目前，无锡市及其下辖的两市、七区均已明确了排水行政主管部门，成立了具有独立法人的排水管理机构，配备了相应的管理人员，街道、乡镇一级也大都配备了排水专管员，初步形成了市、区、街道（镇）三级管理网络，加强了排水与污水处理的公共管理和公共服务能力。

随着城镇化进程的加速发展，城乡接合部和农村的排水与污水处理设施的建设、管理也亟待加强。江苏省在太湖流域综合治理工作中摸索出一条适合的道路，提出遵循城乡统筹的原则，将农村和城乡接合部的排水和污水处理由县（市）级统一组织、统筹规划和有序实施。以宜兴市为例，建制镇污水处理设施建设最初由镇政府负责组织建设和监管，由于管理不到位及运营人员素质不高等原因，设施运行效能十分低下，城镇排水与污水处理工作因此走了不少弯路，后改为县级统筹，并提出了“统一规划、统一建设、统一运行、统一监管”的四统一模式，取得了很好的治理效果。目前“四统一”模式已在太湖流域其他地区全面推开。

二、排水与污水处理行业进入监管改革

排水与污水处理行业市场化改革始于 20 世纪 90 年代中期，随着排水与污水处理设施建设的快速增长，建设资金短缺和经营效率低下的矛盾日益突出，无法适应水污染治理的需要。为此，以特许经营制度为核心的排水与污水处理行业市场化改革开始逐步深入，大致经历了“探索发展—规范扩张—依法改革”三个阶段，同时，在排水与污水处理行业市场化改革的每一个阶段，宏观政策制度和改革的重点也都有着显著特征。

（一）探索发展阶段（20 世纪 90 年代中期至 2005 年）

以 1995 年建设部出台《市政公用企业建立现代企业制度试点指导意见》为标志。中国排水与污水处理行业开始打破垄断、推进国企改革和促进市场竞争，泰晤士、威立雅等“洋水务”开始通过资本优势先后进入中国的水行业，建设所需资金由外方自行承担，打破了水务设施完全由各级政府运用财政性自己直接投资建设的传统做法。2002 年和 2004 年，国家先后颁布《关于加快市政公用行业市场化进程的意见》、《关于推进城市污水、垃圾处理产业化发展的意见》、《市政公用事业特许经营管理办法》，明确提出要在公用部门进行市场化改革，引进竞争机制，实行市政公用行业特许经营，扫清了外国资本和民间资本进入中国排水与污水处理行业的法律、法规、政策等制度障碍，一大批污水处理特许经营项目纷纷上马。

在这一阶段，污水处理特许经营项目集中出现在东部的大中重点城市，项目规模普遍较大，较为典型的就有上海、北京、广州、常州、合肥、徐州、哈尔滨等城市的污水处理通过 BOT、TOT 等特许经营的方式，引进外资或民间资金进行市场化经营。如上海竹园第一污水处理的 BOT 模式、北京市北苑污水处理的

BOT 模式、深圳市宝安区龙华污水处理 BOT 模式、南京城北污水处理的 TOT 模式、常州城北污水处理 TOT 模式、合肥王小郢污水处理 TOT 模式、徐州污水处理 TOT 模式、哈尔滨太平污水处理 BOT 模式。同时这一阶段也出现了通过转入股权实现合资合作的方式，合资合作的对象主要是污水处理厂，如厦门水务集团将几个污水处理厂和自来水厂分别打包转让 55%和 45%股权给中环保水务，但相对比较少见。

尽管这一阶段中国排水与污水处理市场化改革取得了一定的进展，但也逐步暴露出一些市场化改革过程中的问题和矛盾，如合同不规范、承包商带资承包建设、固定或变相固定投资回报等问题。较为典型的项目，如 2004 年香港汇津中国（长春）污水处理有限公司与长春市城市排水公司的合作纠纷，使政府财政和公众利益蒙受了巨大损失，甚至威胁到政府诚信。

（二）规范扩张阶段（2005 年至 2012 年）

以 2005 年 9 月建设部出台《关于加强市政公用事业监管的意见》为标志。在总结探索发展阶段市场化改革存在的问题基础上，政府不断加强对城镇排水与污水处理项目的规范和监管。2006 年，建设部结合城市污水处理行业特点，制定并颁布了《城市污水处理特许经营协议示范文本》，进一步规范了城市污水行业特许经营制度的组织实施。2010 年 7 月，建设部印发了《城镇污水处理工作考核暂行办法》（建城函［2010］166 号），并已开始对各地城镇污水处理工作进行考核。这一阶段，是城镇排水与污水处理设施建设发展最快速的阶段，随着国内资金和技术的不断积累，国内优秀的污水处理企业不断涌现，外资进入中国排水与污水处理市场的步伐开始趋缓。反之，国内水务企业依托属地优势和资本运作，以具有一定实力的国资背景的水务集团和上市公司为重点，跨地区参与排水与污水处理设施的投资运营，已培育深水、北排、首创、中环保等污水处理专业运营商的服务品牌，并已有桑德、创业环保、首创、安徽国祯等十多家国有或民营污水处理上市公司。

（三）依法改革阶段（2013 年至今后一段时期）

以 2013 年国务院颁布的《城镇排水与污水处理条例》为标志。在过去十几年的市场化改革历程中，城镇排水与污水处理行业广泛探索了以特许经营为核心的市场化改革实践，但无论是行业管理或者特许经营，都缺少国家层面的法律法规加以规范。2013 年出台的《城镇排水与污水处理条例》，第一次以国家法规的形式，明确“国家鼓励实施城镇污水处理特许经营制度”，而且“具体办法由国务院住房城乡建设主管部门会同国务院有关部门制定”，为排水与污水处理行业实施特许经营提供了法律依据。随后，国家财政部、发改委、住房和城乡建设部又多次联合发文推进包括污水处理领域的公私合作，并出台了政府与社会资本合作的合同指南与操作指南，这无疑会启动社会资本进入排水与污水处理行业的新一波浪潮，但与前一阶段不同的是，这一阶段的改革以立法为先导，国家在中央层面已经建立了一套相对完善的制度体系，并且明确了政府与企业的责任边界。可以预见，在今后一段时期，排水与污水处理行业市场化改革将沿着公私合作的框架进一步深入和规范。

三、排水与污水处理行业价格监管改革

与行业发展相适应，城镇排水与污水处理行业价格监管经历了福利供给、排水有偿使用费、污水处理费的变迁过程。

20 世纪 50 年代初至 90 年代早期，中国城市污水处理行业从无到有，城市排水和排污设施较少，主要靠明渠或河道排水，用来应对城市安全、公共卫生、减灾防涝等，现代化的集中污水处理设施刚刚起步。随着化工、农药、印染等工业行业的发展，城市污水中有毒有害物质逐渐增多，使水体受到污染，人们逐步加大对水污染问题的关注，城市排水在原有的功能基础上，又被赋予了污水处理和污泥处置等更多职能。这一阶段，建设主管部门作为城镇排水与污水处理的投资者、建设者和运营管理者，对城市污水处理系统的管理呈现出行政管理、行业管理和经营管理三位一体的格局，城市排水与污水处理属于事业性经营，污水处理不收费，城市排水和污水处理全面由政府承担，以福利形式供给城市市民。

福利供给一直延续到 1993 年才开始逐步取消，但收费主要是为补偿排水设施的建设和运营费用。1993 年，国家物价局、财政部印发《关于征收城市排水设施使用费的通知》(价费字［1993］181 号)，开始征收排水设施有偿使用费。要求“凡直接或间接向城市排水设施排放污水的企事业单位和个体经营者，应按规定向城市建设行政主管部门缴纳城市排水设施使用费”。

之后，为配合市场开放，国家启动了污水处理收费工作，排水设施使用费逐步向污水处理费过渡，我国开始逐步建立和规范污水处理收费制度，为市场化改革的投资收益回报提供了前提条件。随着城镇污水处理设施建设进度加快，1996 年，全国八届人大通过对《水污染防治法》的修改，规定“城市污水集中处理设施按照国家规定向排污者提供污水处理的有偿服务”，“向城市污水集中处理设施排放污水、缴纳污水处理费用的，不再缴纳排污费”。1997 年，财政部印发《关于淮河流域城市污水处理收费试点有关问题的通知》(财综字［1997］111 号)，污水处理费征收试点工作在淮河流域先期展开。

1999 年，原国家计委、建设部、环保总局联合印发《关于加大污水处理费的征收力度建立城市污水排放和集中处理良性运行机制的通知》（计价格［1999］1192 号），规定“污水处理费是水价的重要组成部分。根据用户用水数量（包括从城市供水企业取水、自备井和从江河湖泊取水），各城市要在供水价格上加收污水处理费，以补偿城市排污和污水处理成本”，“污水处理费由城市供水企业在收取水费中一并征收，按月划拨给排水和污水处理企业（单位），用于城市排污管网和污水处理厂的运行、维护”，征收污水处理费后，“环保部门不再向排入城市排污管网和污水集中处理设施污水的单位征收污水排污费，同时取消建设部门征收的城市排水设施使用费”。

随后，国务院及中央部委相继出台相关法律和政策，进一步规范了污水处理费的征收范围、征收标准、资金使用与管理等内容。2009 年，财政部印发《关于将按预算外资金管理的全国性及中央部门和单位行政事业性收费纳入预算管理的通知》（财预［2009］79 号），将污水处理费作为预算内行政事业性收费，纳入财政预算管理。由于全国绝大多数城市已开征污水处理费，2011 年财政部和国家发展改革委联合印发《关于取消部分涉企行政事业性收费的通知》（财综字［2011］9 号），要求取消排水设施有偿使用费，所需相关经费，由同级财政预算予以保证。

2014 年底，根据《水污染防治法》和《城镇排水与污水处理条例》的要求，财政部、发改委、住房城乡建设部联合颁布《污水处理费征收使用管理办法》（财税〔2014〕151 号），以部门规章的形式确立了污水处理收费制度。在此办法中，明确了污水处理费的性质、征收标准的确定、污水处理服务费的补贴与支付等重大问题，指出污水处理费属于政府非税收入，纳入地方政府性基金预算管理；污水处理费的征收标准，按照覆盖污水处理设施正常运营和污泥处理处置成本并合理盈利的原则制定；政府以购买服务的方式，向污水处理运营单位支付服务费，服务费应覆盖成本及合理收益，并与绩效评估相挂钩。这些条款明确了市场化改革后的政府责任，有力地保障了社会资本进入排水与污水处理行业的合理收益，但同时要求对运营单位进行绩效考核，并将服务费与绩效挂钩，可以有效激励市场主体降低成本、提高绩效，为进一步深化市场化改革提供了有效的价格机制。

在《污水处理费征收使用管理办法》中，明确将污水处理费和污水处理服务费做了区分。其中，污水处理费是向排水户收取的费用，主要用于补偿排水与污水处理的成本，包括运行、维护和建设；污水处理服务费是向排水与污水处理设施运营单位核拨的政府购买污水处理服务的费用。二者在概念、定价和数额上都有所不同。概念上，前者作为水价的重要组成部分，由行业主管部门委托供水企业或相关机构和单位代收，并统一上缴财政，纳入财政预算资金统一管理；后者作为政府购买服务的费用，由行业主管部门根据运营服务合同、考核评估结果和相关的水质、水量监测数据，核定需支付的运营服务费用。定价上，前者属于关系群众切身利益的公用事业价格，根据《价格法》，其定价和价格调整需召开价格听证会；后者由政府和企业在签订运营服务合同时确定费用单价或计算公式，并由行业主管部门核定，同时应执行国家和地方的相关规定。数额上，二者相对独立，当前者高于后者时，由政府统筹分配，可部分用于补偿设施建设资金的不足；当前者低于后者时，应由政府财政补贴，足额支付运营、维护单位的运营服务费。

为进一步落实《城镇排水与污水处理条例》等规定，促进水污染防治，改善水环境质量，加大污水处理收费力度，2015 年年初，发改委、财政部、住房和城乡建设部三部委联合下发《关于制定和调整污水处理收费标准等有关问题的通知》，明确要求未征收污水处理费的市、县和重点建制镇，最迟应于 2015 年底前开始征收，而且城市居民污水处理费不低于 0.95 元/立方米，非居民不低于 1.4 元/立方米；县城、重点建制镇原则上每吨调整至居民不低于 0.85 元，非居民不低于 1.2 元。该通知颁布后，全国基本所有的设市城市都开征了污水处理费，同时污水处理费未达到文件规定标准的城市纷纷启动污水处理费调价模式。2016 年 12 月，国家发展改革委、住房城乡建设部关于印发《“十三五”全国城镇污水处理及再生利用设施建设规划》的通知，明确指出：按照“污染付费、公平负担、补偿成本、合理盈利”的原则，合理制定和调整城镇污水处理收费标准，收费标准要补偿污水处理和污泥无害化处置的成本并合理盈利。

2018 年，国家发展改革委印发《关于创新和完善促进绿色发展价格机制的意见》（发改价格规〔2018〕943 号），将完善污水处理收费政策作为促进绿色发展价格机制的一项重要内容。重点关注了污水处理费的动态调整、污水处理按效付费、差别化收费以及农村污水处理收费等问题，这些内容与当下污水处理费收支不平衡、污水处理设施提标改造、农村污水处理设施普及、工业企业污染物排放浓度差异等问题密切相关，是下一阶段污水处理收费价格政策改革的重点和难点问题。

此外，各地也在不断完善污水处理收费价格政策，已有 26 个省、自治区和直辖市通过地方法规和文件的形式建立了污水处理收费制度，其中 25 个省、自治区和直辖市出台了专门的污水处理收费管理办法，新疆则在排水管理办法中对污水处理收费做了明确规定。36 个重点城市中，15 个城市出台了专门的污水处理收费管理办法，南京、青岛、宁波、太原等 7 个城市则在排水条例或排水管理办法中对污水处理收费做了明确规定。其他省、自治区、直辖市和重点城市主要是以转发国务院办公厅和有关部委相关文件的方式指导当地的污水处理收费管理工作。

根据中国水网公布的 2018 年 12 月全国 36 个大中城市水价，36 个城市全部开通污水处理费，城市居民污水处理费的平均标准为 0.968 元/吨，略高于国务院规定的“吨水平均收费原则上不低于 0.95 元/吨”标准。八成多的城市污水处理费标准达到或超过 0.95 元/吨，但仍有太原、乌鲁木齐、拉萨、呼和浩特、南昌、西宁、广州等 7 个城市的污水处理费标准低于 0.95 元/吨，占比 19%，特别是太原和乌鲁木齐两市的污水处理费标准仅为 0.5 元/吨，甚至低于拉萨 0.8 元/吨的水平。此外，污水处理费标准最高的是上海和南京，分别为 1.7 元/吨和 1.42 元/吨，还有 15 个城市的污水处理费标准设置在 0.95～1 元/吨，占比 42%，有 13 个城市污水处理费设置在 1～1.5 元/吨，占比 36%。具体如表 3-26 和图 3-44 所示。

全国 36 个大中城市污水处理费标准（截至 2018 年 12 月）　　表 3-26

城市污水处理费价格区间	城市数量（个）	比例（%）
<0.95 元/吨	7	19
≥0.95 元/吨，<1 元/吨	15	42
≥1 元/吨，<1.5 元/吨	13	36
≥1.5 元/吨	1	3
合计	36	100

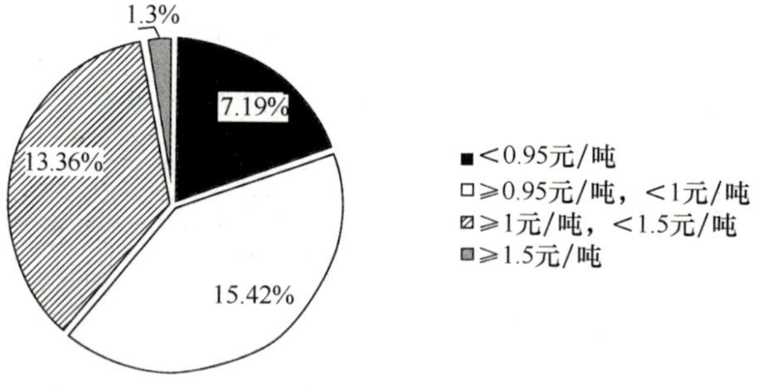

图 3-44　全国 36 个大中城市污水处理费标准

为保障污水处理设施逐年增长的设施投资和维护费用，各地近年来纷纷对污水处理费进行了调整。根据中国水网提供的 36 个大中城市 2015 年～2018 年污水处理费及调整情况（图 3-45），短短三年时间，就有 26 个城市调整了污水处理费，占比 72.22%，涨幅超过 100%的是长春市和杭州市，分别为 137.5%和 100%。天津市、南京市、成都市、广州市的涨幅最低，大约为 10%，特别是拉萨市，是 36 个重点城市中唯一一个在 2015 年后才开始征收污水处理费的城市，如图 3-45 所示。此外，仍有 10 个城市在近三年未调整污水处理费，分别是北京、西安、深圳、呼和浩特、厦门、乌鲁木齐、南昌、太原、西宁、南宁。其中，北京、西安、深圳、厦门、南宁这 5 个城市的污水处理费高于 0.95 元/立方米，因为已达到国家规定的标准而暂未调整污水处理费，另有乌鲁木齐、呼和浩特、南昌、太原、西宁 5 个中西部欠发达城市，污水处理费设置在 0.5～0.82 元/立方米之间，考虑到社会可承受能力和当地的污水处理成本，这些城市的污水处理费虽未达标但仍未启动污水处理费调价程序。

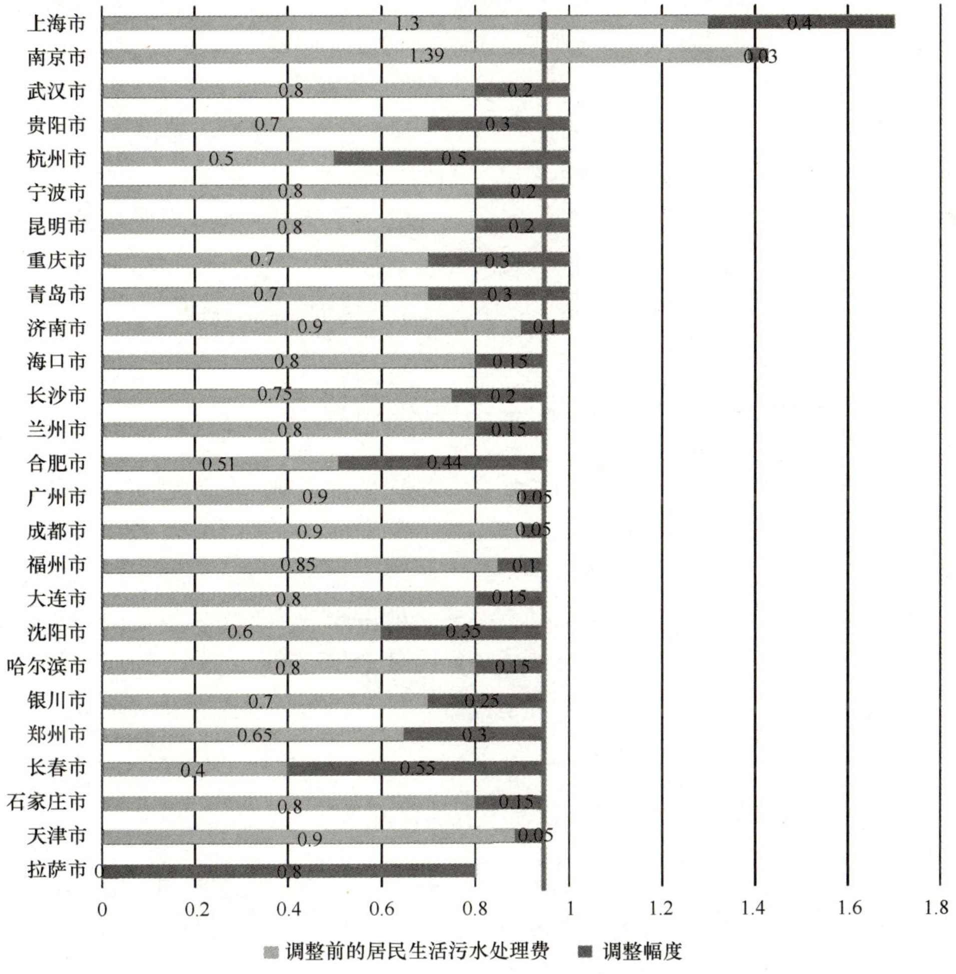

图 3-45 2015 年～2018 年 36 个重点城市污水处理费调整情况

在市场经济较为完善，民营化程度较高的东部地区，特别是在电镀、纺织、化学等重污染企业集聚的工业园区，甚至建设专业的污水处理厂专门收集、处理工业废水，其污水处理费则主要通过市场机制进行定价。2018 年，国家出台

《关于创新和完善促进绿色发展价格机制的意见》（发改价格规〔2018〕943 号），要求建立企业污水排放差别化收费机制，鼓励有条件的地区探索多种污染物差别化收费政策，可根据企业排放污水中主要污染物种类、浓度、环保信用评级等，分类分档制定差别化收费标准。

针对污染程度不同的污水，已有一些城市先行先试，对污水处理按质计价。早在 2007 年，浙江省就出台政策，对太湖流域杭嘉湖地区的工业企业污水处理费试点按污染程度分档计价，取得了较好的效果。2015 年底，在总结前期试点经验的基础上，浙江省出台《关于加快推进分类分档及多因子计收工业污水处理费的指导意见》，在全省范围推行污水处理差别化收费政策。以嘉兴市为例，确定的主要污染因子为化学需氧量、酸碱度、悬浮物、总磷、氨氮等 5 种，价格部门对每个因子设置基准值和分档值，进行不同定价，如悬浮物，设定 400 为基准值，50 为分档值，每档加价标准为 0.2 元/吨；总磷（TP）分档更细，8＜TP≤50 时，6 为分档值，50＜TP≤80 时，3 为分档值，80＜TP 时，0.5 为分档值，每档加价标准均为 0.2 元/吨。截至 2018 年底，浙江省已有 57 个市、县实行了分类分档收费，55 个市、县实行了多因子复合收费，基本实现全省全面实施的目标。

四、排水与污水处理行业质量监管改革

保障城镇排水与污水处理的服务质量和环保标准控制关系到居民的生命财产安全，关系到城市安全和环境安全。市场化改革后，一些不具备运营资质的企业进入了排水与污水处理行业，或者一些企业追求成本最小化，忽视了污水处理达标排放以及污泥的安全处理处置，还有一些企业由于缺乏对突发事件的应急响应经验，容易因处理不当发生安全事故或不能有效地控制事故损失。因此，政府不断加强对排水与污水处理的质量和环境监管，保障污水处理达标排放，减少污泥对环境造成的污染和破坏。

（一）建立和完善排水与污水处理行业的标准体系

中国目前已制定、修订和实施一系列与排水与污水处理行业相关的国家标准和行业标准，包含污水处理、污泥处置、再生水利用、海绵城市、黑臭水体治理等多个领域，涉及排水标准、排水监测标准、规范和方法、工程技术标准、规范和规程、产品设备标准等方面，如：《城镇污水处理厂污染物排放标准》（GB 18918—2002）、《污水排入城镇下水道水质标准》（CJ 343—2010）、《污水综合排放标准》（GB 8978—1996）、《城市用水分类标准》（CJ/T 3070—1999）、《给水排水管道工程及验收规范》（GB 50268—1997）、《城镇污水处理厂污泥泥质》

(GB 24188—2009)、《城市污水再生利用　分类》(GB/T 18919—2002)、《城镇污水处理厂工程质量验收规范》(GB 50334—2017)、《城镇污水再生利用技术指南(试行)》(建城［2012］197 号)、《城镇污水处理厂工程施工规范》(GB 51221—2017)、《城镇内涝防治技术规范》(GB 51222—2017)、《城市排水工程规划规范》(GB 50318—2017)。这些标准、规范和规程基本建立起涵盖工程规划、设计、施工、验收、运行全过程的标准规范体系，对规范排水与污水处理企业的生产行为，保障城市排水与污水处理服务质量起到了积极的引导作用。特别是近些年，随着工程技术的进步，排水与污水处理行业不断修订国家现行标准，如 2017 年先后修订《城市排水工程规划规范》和《城市污水处理厂工程质量验收规范》，保证了行业标准规范的先进性和适用性。同时，由于排水与污水处理的外延不断扩大，业务领域已涉及海绵城市建设和黑臭水体治理，住房城乡建设部先后出台《城市黑臭水体整治——排水口、管道及检查井治理技术指南(试行)》(建城函［2016］198 号)、《海绵城市建设技术指南——低影响开发雨水系统构建(试行)》(建城函〔2014〕275 号)等技术指南，规范相关企业行为，为政府监管提供技术支撑。

(二) 建立质量监控体系，完善考核评估机制

首先，建立健全质量监控体系。一方面安装在线监测设备，并将监测数据进行联网，建立覆盖全国的城市污水处理管理的信息化平台，实时监测污水处理厂的污染物排放情况和对周围环境的影响；另一方面建立日常检测、不定期抽查、定期评估和专项调查相结合的监督检查制度，弥补在线监测的不稳定性，具体的检测工作可以委托具有计量资格的第三方检测单位进行检测，并对检测结果进行通报。

其次，完善质量考核评估机制。早在 2007 年，住房和城乡建设部就制定了《全国城镇污水处理信息报告、核查和评估办法》(建城［2007］277 号)，要求各地定期报送在建和已建项目信息，包括：设计规模、工艺类型、建设运营方式、设计水质、建设进度、累计完成投资等项目基本建设情况，以及实际处理水量、进出水水质、污泥产生量、再生水利用量、用电量、运行天数、污水处理费标准等实际运行信息，并由建设部对全国城镇污水处理项目建设、运行情况进行汇总、分析和评估。通过该信息报送机制，住房和城乡建设部建立了全国城镇污水处理管理信息系统，形成国家和地方数据共享的监管平台，实时掌握城镇排水与污水处理的建设运行情况，实现了对项目建设和运行的动态监管。2010 年，住房和城乡建设部制定了《城镇污水处理工作考核暂行办法》(建城函［2010］166 号)，建立了城市污水处理工作考核体系和管理办法，明确规定了城镇污水处理工作考核的方式、方法，制定具体的考核评分细则，通过对污水处理设施覆

盖率、城镇污水处理率、设施利用率、污染物削减率等指标考核，建立了“量质结合”的城镇污水处理考核体系，为城市污水处理质量考核提供制度保障。2017年，为贯彻落实《国务院关于印发水污染防治行动计划的通知》（国发〔2015〕17号）要求，全面提升城镇污水处理效能，住房和城乡建设部又组织对《城镇污水处理工作考核暂行办法》（建城函〔2010〕166号）进行了修订，进一步加强了对城镇污水处理设施建设和运行的监管。目前我国江苏、四川、上海、深圳、浙江等地已根据实际，相继制定了一系列污水处理考核标准、质量规范、监管办法等。

根据2017年新修订的污水处理工作考核指标及计算方法，污水处理考核指标主要包括：城镇污水处理效能、主要污染物削减效率、污泥处置、监督管理、进步鼓励5方面。考核采用百分制，考核总分为各项考核指标分值之和。其中进步鼓励分是根据前四项考核结果与上一年度同期同口径相比后，总分、排名有进步的能够得到进步鼓励分。

2017年～2018年，根据最新的考核办法对全国城镇污水处理绩效进行考核，总体上看全国城镇污水处理绩效较为乐观，具体如图3-46所示。2017年第四季度的污水处理绩效提升主要归功于污泥处置和监督管理的绩效提升，2018年第一季度的绩效提升则主要是由于污泥处置和污染物收集效能的绩效得分提高，2018年第二与第三季度的绩效提升则主要是由于污水处理率和监督管理的绩效得分提高，2017年第三季度绩效较低主要是污染物收集效能得分小幅下降造成。具体如图3-47所示。

再者，加强政府监管能力。主要是加强政府监管的队伍建设，配备专门的机构和专业的监管人员负责监督和考核，特别设置县、区一级的专门管理机构，并

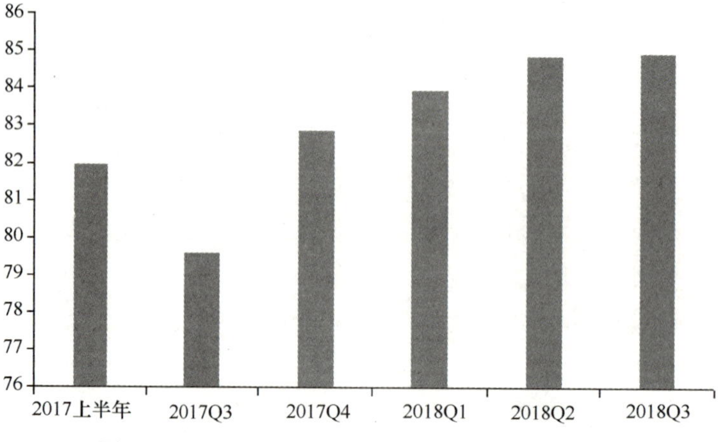

图3-46　2017年～2018三季度全国绩效得分情况

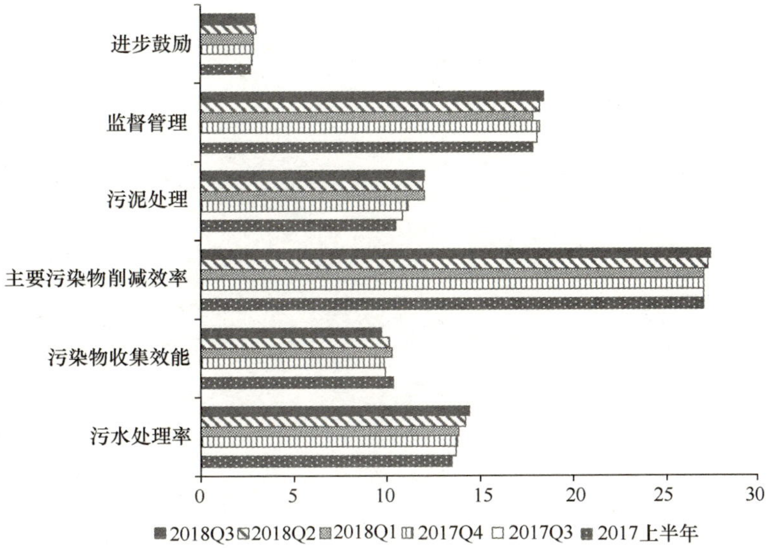

图 3-47 2017 年～2018 三季度全国各项指标绩效得分情况

对监管人员进行定期培训，提高专业技术水平，保证基层的监管不缺位。目前，全国已设立 20 座国家级城镇排水监测站，分布在 17 个省（自治区、直辖市），加强了城镇排水与污水处理水质监管。

（三）加强激励性监管，建立质量和环保考核的长效机制

为提高排水与污水处理服务质量，监管机构综合运用价格杠杆和市场准入等政策工具，将污水处理出水水质与自来水费和污水处理费相挂钩，以激励企业主动地提高效率和服务质量水平，进而形成质量和环保考核的长效机制。在质量监督检查的基础上，对质量不达标的污水处理厂扣减污水处理服务费，特别是一些关键性的控制指标，如污水处理厂排放的 COD、N、P 的浓度，每超标排放 1 个百分点，予以扣减一定比例的污水处理服务费。反之，如果污水处理厂超额削减污染物，则予以一定的奖励。同时，将考核结果作为污水处理企业资质管理和市场准入的一项重要内容，对于考核不合格的企业，将其运营资质予以降级甚至吊销，不允许其进入污水处理行业，对于考核优秀的企业，则可将其资质提高，并在同等条件下，优先准予进入污水处理行业。在行政监管上，监管机构主要依据相关的法律法规和政策文件，对污水处理企业的质量违法行为进行查处和行政处罚；在合同监督上，对签订了特许经营协议、委托协议等各类服务合同的污水处理企业，依据合同约定的条款，对质量不达标的企业追究违约责任，严重的取消其运营资格，终止合同，并由政府接管。

第四章　垃圾处理行业发展报告

垃圾处理行业属于环保产业的一个分支，一般包括工业垃圾处理、危险废物处理及城市生活垃圾处理三大领域。垃圾处理按作业对象可分为直接处理对象和间接处理对象两大类：（1）将垃圾作为直接处理对象的作业涵盖垃圾的清扫、收集、运输和处置等活动；（2）将垃圾作为间接处理对象的作业涵盖为前者提供规划、设计、产品研发与制造、监管、垃圾排放权交易等服务活动①。本报告主要以城市生活垃圾的直接处理作业为例，对垃圾处理行业的投资与建设、生产与供应、发展成效和高质量发展及其未来趋势进行研究。

① 熊孟清，隋军，徐建韵等. 垃圾处理产业的基本范畴 [J]，环境与可持续发展，2009（6）：47-50。

第一节　垃圾处理行业投资与建设

一、总体概况

目前中国垃圾处理行业的主要投资主体或来源包括两大类：（1）政府投入，包括地方财政、国家财政、国债资金和 CDM[①] 的资金支持；（2）社会资本，包括国内垃圾处理投资运营商、国外垃圾处理投资运营商、银行融资、股市融资、环保产业基金和风险投资基金。

（一）固定资产投资现状

2017 年，全国城市市容环境卫生固定资产投资额为 623 亿元，相较 2016 年增加了 11.03%，总量增加了 61.89 亿元（图 4-1）。

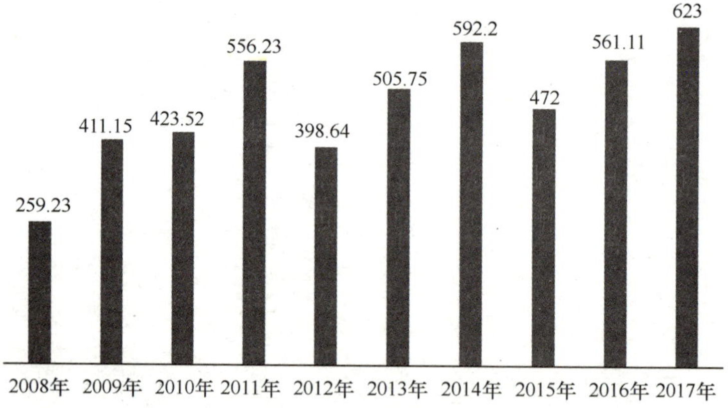

图 4-1　城市市容环境卫生建设投资额（亿元）

数据来源：国家统计局。

从 2008 年至 2017 年，城市环境卫生固定资产投资额占城市市政公用设施固定资产投资额的比例如图 4-2 所示。可以看出 2016 年之前该比例在 2.5%上下浮

① CDM 即 Clean Development Mechanism，它是《京都议定书》中引入的灵活履约机制之一。核心内容是允许缔约方（即发达国家）与非缔约方（即发展中国家）进行项目级的减排量抵消额的转让与获得，从而在发展中国家实施温室气体减排项目。

动，2017 年有大幅上升，比例为 9.10%。

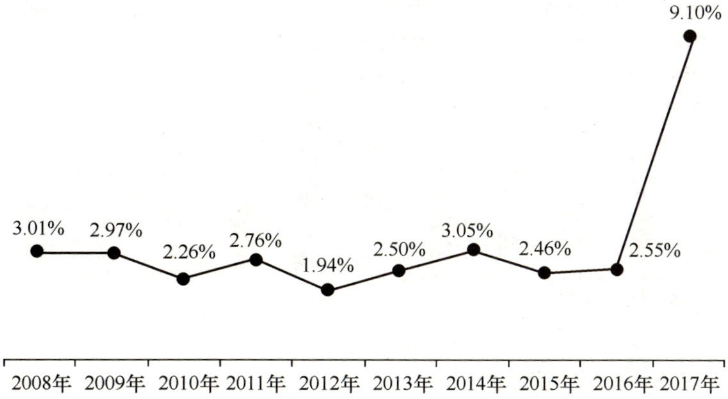

图 4-2　2008 年～2017 年城市环境卫生固定资产投资额占城市市政公用设施固定资产投资额的比例

资料来源：《中国城乡建设统计年鉴》(2017)；住房和城乡建设部网站，http：//www.mohurd.gov.cn/xytj/tjzljsxytjgb/。

2017 年垃圾处理领域的固定资产投资额为 508.1 亿元，占全社会城市市政公用设施建设固定资产投资的比例为 2.63%，环卫固定投资在 2012 年历经连续三年阶段性调整后，有较大增幅（图 4-3）。

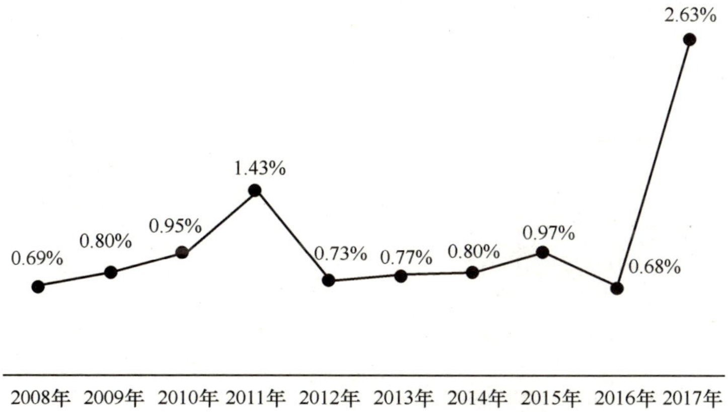

图 4-3　2008 年～2017 年垃圾处理固定资产投资额占城市市政公用设施固定资产投资额比例

资料来源：《中国城乡建设统计年鉴》(2017)；住房和城乡建设部网站，http：//www.mohurd.gov.cn/xytj/tjzljsxytjgb/。

由图 4-4 可知，2017 年城市环境基础设施、环境污染治理、市容环境卫生建设投资额，相比 2016 年分别提高 3.46%、12.45%、11.03%。

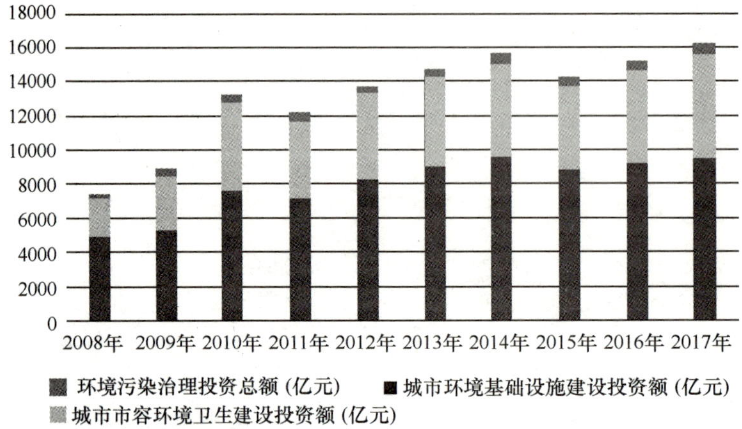

图 4-4　2008 年～2017 年城市环境基础设施、环境污染治理、市容环境卫生建设投资额对比图

资料来源：国家统计局。

(二)"十三五"期间资金需求预测

根据马中、陆琼和昌敦虎[①]对"十三五"时期全国城镇生活垃圾处理资金的需求预测，"十三五"期间，我国城镇生活垃圾处理基于现有规划投资水平的资金需求为 1009 亿元；基于初步实施全面生活垃圾分类情景的资金需求为 1884 亿元；基于城镇生活垃圾处理行业执行更为严格环境标准情景的资金需求为 5981 亿元（详情如表 4-1 所示）。

"十三五"期间资金需求预测　　表 4-1

假设前提	基于现有规划投资水平	初步实施全面生活垃圾分类	城镇生活垃圾处理执行更为严格的环境标准
具体要求	①"十二五"规划未覆盖的 50%设区城市享受等同于"十二五"规划水平的垃圾分类补贴； ② 2010 年前建设的转运设备全部淘汰； ③ 填埋、焚烧等垃圾处理方式比例等于"十二五"规划； ④ 2010 年前建设的填埋设施全部封场； ⑤ 在线监管覆盖全部处理设施。	① 全面实施垃圾分类补贴； ② 进一步回收纸类、橡塑、金属、玻璃等； ③ 实现生活垃圾前端减量 10%； ④ 占生活垃圾总量 40%以上的餐厨垃圾实行堆肥等综合处理； ⑤ 占生活垃圾总量 30%的可燃组分进行焚烧处理； ⑥ 未回收的玻璃、陶瓷、渣土等进行填埋和其他处理； ⑦ 2010 年建设的转运和填埋设施全部淘汰、封场； ⑧ 全部处理设施进行在线监管	在前一假设情景的基础上提升单位投资成本

① 马中，陆琼，昌敦虎. "十三五"时期全国城镇生活垃圾处理资金需求分析 [J]. 环境保护，2016 (8)。

续表

假设前提		基于现有规划投资水平	初步实施全面生活垃圾分类	城镇生活垃圾处理执行更为严格的环境标准
资金需求	设区城市垃圾分类补贴	210 亿元	420 亿元	630 亿元
	收集转运	275 亿元	275 亿元	413 亿元
	综合处理	408 亿元	1070 亿元	4762 亿元
	存量治理	102 亿元	102 亿元	153 亿元
	在线监管	14 亿元	16 亿元	24 亿元
	合计金额	1009 亿元	1884 亿元	5981 亿元

资料来源：马中，陆琼，昌敦虎．“十三五”时期全国城镇生活垃圾处理资金需求分析［J］．环境保护，2016（8）。

（三）环卫专用车辆设备

我国城市市容环卫专用车辆设备①总数保持逐年稳步增长，各年车辆设备总数如图 4-5 所示，2017 年车辆设备总数已达到 228019 台。

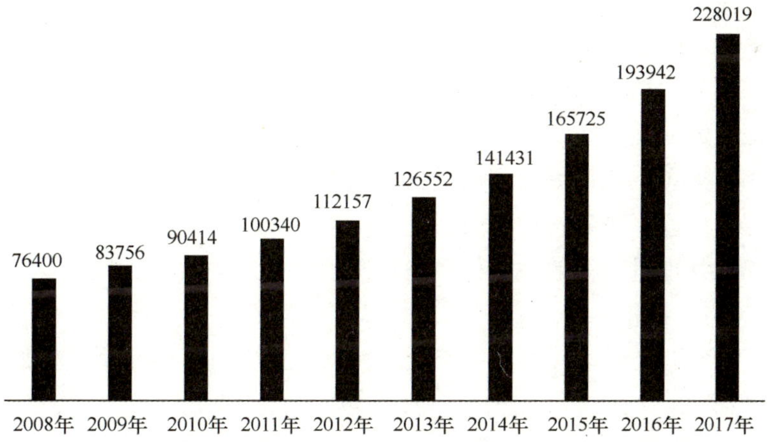

图 4-5　中国城市市容环卫专用车辆设备总数（单位：台）

资料来源：国家统计局。

① 指用于环境垃圾卫生作业、监察的专用设备和车辆，包括用于道路洒水、冲洗、清扫、除雪、市容监察、垃圾粪便清运以及与其配套使用的设备和车辆。如：垃圾车、扫路机（车）、洗路车、洒水车、真空吸粪车、除雪机、装载机、压实机、推土机、专用船舶、吸泥渣车、盐粉撒布机、垃圾筛选机、垃圾破碎机等。对于长期租赁的车辆及设备也统计在内。

图 4-6 展示了我国城市市容环卫专用车辆设备总数的增长率，从图中可以看到，我国城市专用车辆设备的年增长率在近两年（2016 年 17.03%；2017 年 17.57%）有较大增幅。

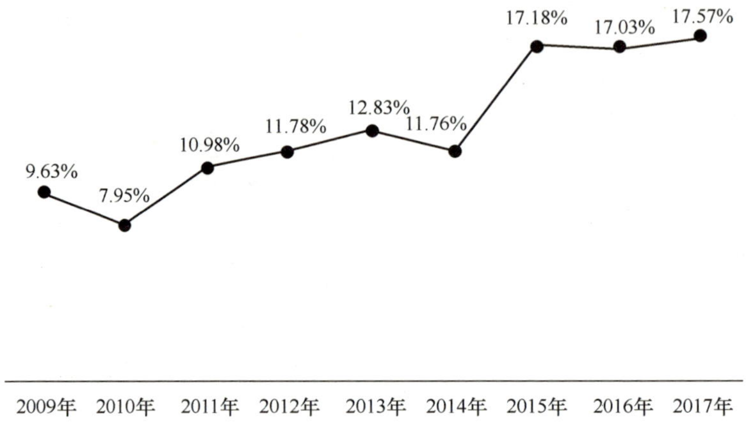

图 4-6　中国城市市容环卫专用车辆设备数量增长率

资料来源：国家统计局。

(四) 垃圾处理场①

1. 不同类型垃圾处理场比较

我国城市生活垃圾处理的方式主要可以划分为三大类：垃圾卫生填埋、垃圾焚烧和其他垃圾处理方式（堆肥（含综合处理）、堆放和简易填埋）。图 4-7 统计了城市历年各类无害化垃圾处理厂的占比情况。

垃圾卫生填埋都是我国现阶段最主要的垃圾无害化处理方式；其次，城市近年来卫生填埋处理量占总的垃圾处理量有降低趋势；而无害化垃圾焚烧厂的比例逐渐扩大。

图 4-8 描绘了城市垃圾无害化处理厂、垃圾卫生填埋厂和垃圾焚烧厂历年增长率。总体而言，城市垃圾处理厂的总数目在稳步上升（2017 年增长率为 7.77%），其主要增长力量为垃圾焚烧方式的无害化处理厂（2017 年增长率为 14.86%）。此外，卫生填埋场的增长率在 2017 年下降了 0.46%。

2. 不同地域垃圾处理厂数量比较

图 4-9 展现了不同地域无害化垃圾处理厂的数量，从图中看到东部的垃圾处理厂总数接近中部和西部二者数量之和，而东北三省的无害化垃圾处理厂数量最

① 本报告“垃圾场”与“垃圾厂”通用，以下同。

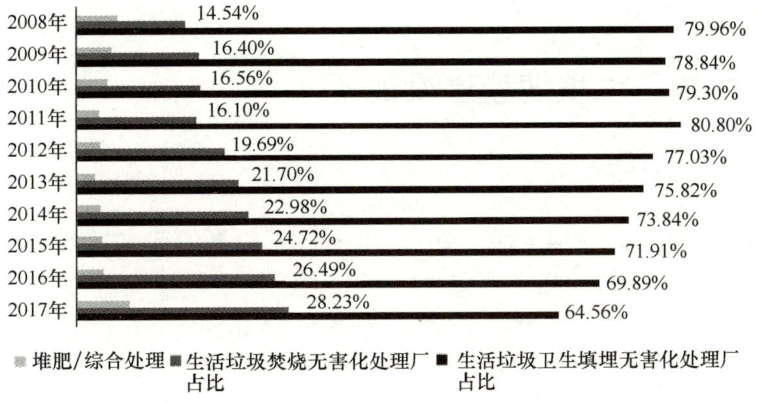

图 4-7 历年城市各类无害化垃圾处理厂占比

资料来源：国家统计局。

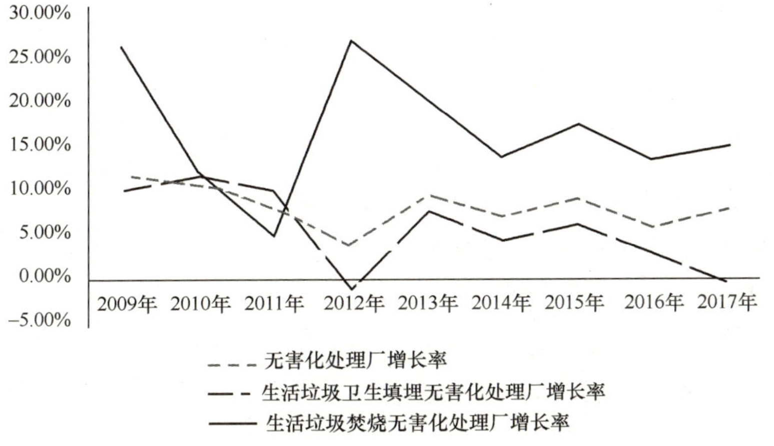

图 4-8 城市无害化垃圾处理厂的增长率比较

资料来源：国家统计局。

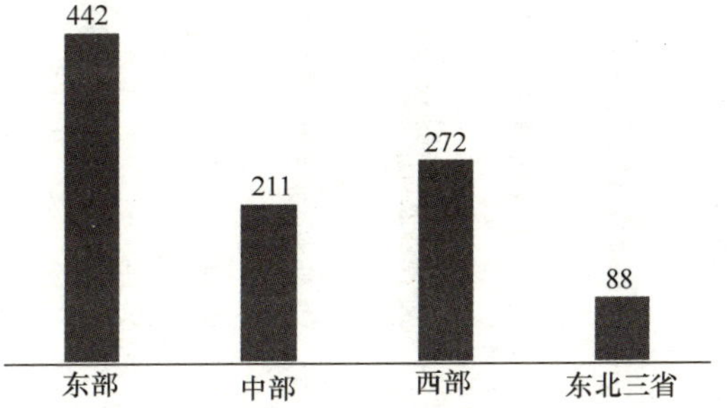

图 4-9 不同地域无害化垃圾处理厂的数量（单位：座）

资料来源：国家统计局。

少，只有东部地区的 1/5。

二、垃圾卫生填埋场建设现状

（一）垃圾填埋简介

20 世纪 80 年代，我国生活垃圾无害化处理建设开始起步，但是由于技术和资金的缺乏，国内的填埋场主要集中于一些大中城市，县级城市的分布相对较少，且都是非卫生填埋的堆场。从 1990 年至 2000 年间，居民的生活垃圾的填埋量一直持续增加，但随着我国首个垂直防渗的天子岭填埋厂投入使用，全国各地城市的卫生填埋厂数量迅速增加，此类大中型卫生填埋厂地投入运行，使得垃圾处理能力迅速提升，后期的卫生填埋厂数量也逐步趋于稳定①。由于垃圾卫生填埋厂具有管理简单、投资运行费用低、作业难度低等特点，近些年间，填埋厂都将会成为无害化垃圾处理设施的主流。

（二）建设现状

截至 2017 年底，我国共有生活垃圾卫生填埋厂 654 座。陈湘静在《“十三五”垃圾处理设施需打造“升级版”焚烧更严格填埋遇转折》中预计在“十三五”期间，城市填埋厂数量不会有显著增长，县级填埋厂数量还将有所增加。至 2020 年，我国卫生填埋厂总数将达到峰值 2400 座左右，再以后会略有减少，稳定在 2000～2200 座。

2008 年～2017 年城市生活垃圾卫生填埋无害化处理厂数量如图 4-10 所示，2017 年填埋厂数量比 2016 年减少了 3 座，比 2015 年新增 14 座。

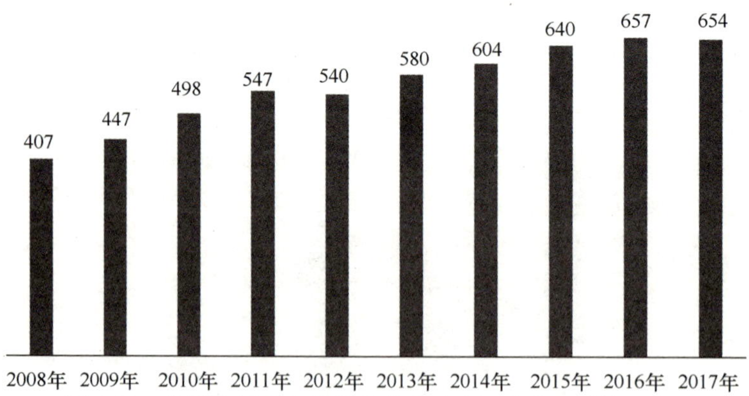

图 4-10 生活垃圾卫生填埋无害化处理厂座数（单位：座）

资料来源：国家统计局。

---

① 袁文祥，郤俊等. 2014 年生活垃圾填埋处理进展［J］. 固废观察，2015 年 12 月 10 日。

截至 2017 年 12 月底，我国各省（区、市）运营中的垃圾填埋场分布情况如图 4-11 所示。从该图可知，国内的垃圾填埋场主要集中分布在人口相对集中、密度较大的地区，如河南、广东、河北、山东等地；发达城市有逐渐减少的趋势，其中北京、上海等经济相对发达的城市制定了原生垃圾零填埋的指导目标，并在建造大

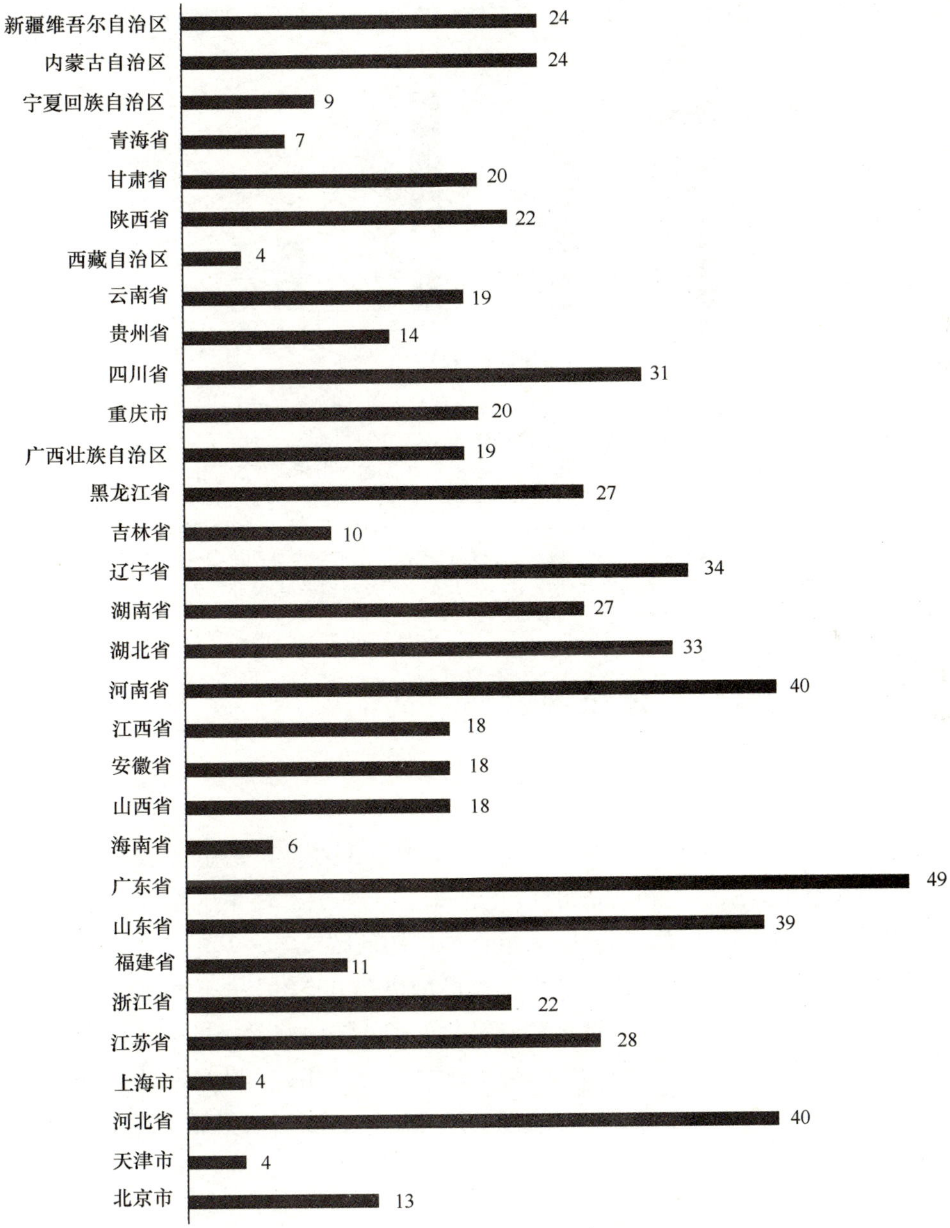

图 4-11　2017 年度主要省（区、市）垃圾填埋场的地域分布情况（座）

资料来源：国家统计局。

量的垃圾焚烧设施。等到垃圾焚烧设施全部投入运行后，预计国内未来的焚烧能力将大幅提升，相对地，有危害性的垃圾填埋处理方式比重将大大降低。

同比 2017 年，2016 年我国各地区垃圾填埋厂变化情况如图 4-12 所示。全国垃圾卫生填埋厂共计减少 3 座，其中东部减少 5 座填埋厂；中部地区增加 5 座卫生填埋厂；西部地区垃圾填埋厂增加 1 座；东北地区填埋厂减少 4 座。

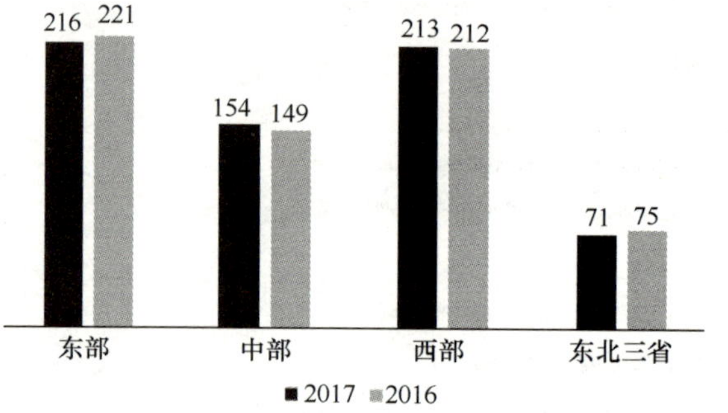

图 4-12　2016 年～2017 年城市垃圾填埋场的地域发展情况（单位：座）

注：（1）按照区域经济带将城市分为四类：东部、中部、西部、东北；（2）东部地区：北京、天津、河北、上海、江苏、浙江、福建、山东、广东和海南 10 个省份和直辖市；（3）中部地区：山西、安徽、江西、河南、湖北和湖南 6 个省份；（4）西部地区：四川、云南、广西、重庆、内蒙古、贵州、西藏、陕西、甘肃、青海、宁夏和新疆共 12 个省份；（5）东北三省：辽宁、吉林和黑龙江 3 个省份。

资料来源：《中国城乡建设统计年鉴》（2017）；住房和城乡建设部网站，http：//www. mohurd. gov. cn/xytj/tjzljsxytjgb/。

三、垃圾焚烧厂建设现状

（一）垃圾焚烧简介

2015 年 8 月，国家发展改革委发布的《国家重点推广的低碳技术目录》涉及煤炭、电力、钢铁、有色、石油石化、化工、建筑、轻工、纺织、机械、农业、林业等 12 个行业，共 33 项国家重点推广的低碳技术。其中“生活垃圾焚烧发电技术”被列入，该目录针对“生活垃圾焚烧发电技术”的说明中指出：该技术通过焚烧对生活垃圾进行减量化和稳定化处理，同时将垃圾的内能转化为高品质的热能用于发电。与传统的卫生填埋垃圾处理方式相比，生活垃圾焚烧的处理方式有 5 大优势，即项目用地少、垃圾处理速度快、减容效果好、污染排放低和可产生能源。

（二）建设现状

据国家统计局数据，截至 2017 年底，我国城市生活垃圾焚烧设施 286 座，相对 2016 年底新增 37 座（图 4-13）。而 2017 年山东省新建城市生活垃圾焚烧厂 12 座，安徽省新增 6 座，内蒙古自治区、广西壮族自治区、辽宁省、黑龙江省、河南省、湖南省、广东省、海南省、重庆市、四川省、云南省等 11 个省市自治区新增 1 座，贵州省、吉林省、江苏省、江西省、上海市等 5 省市各新增 2 座垃圾焚烧发电厂，如图 4-14 所示。

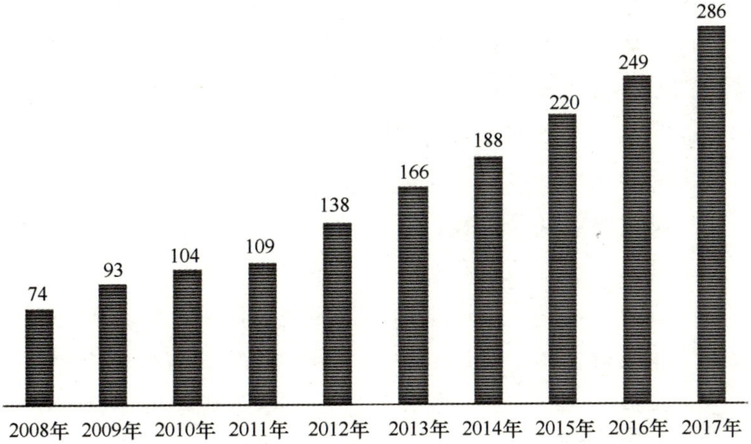

图 4-13　历年城市生活垃圾焚烧无害化处理厂数量（单位：座）

资料来源：国家统计局。

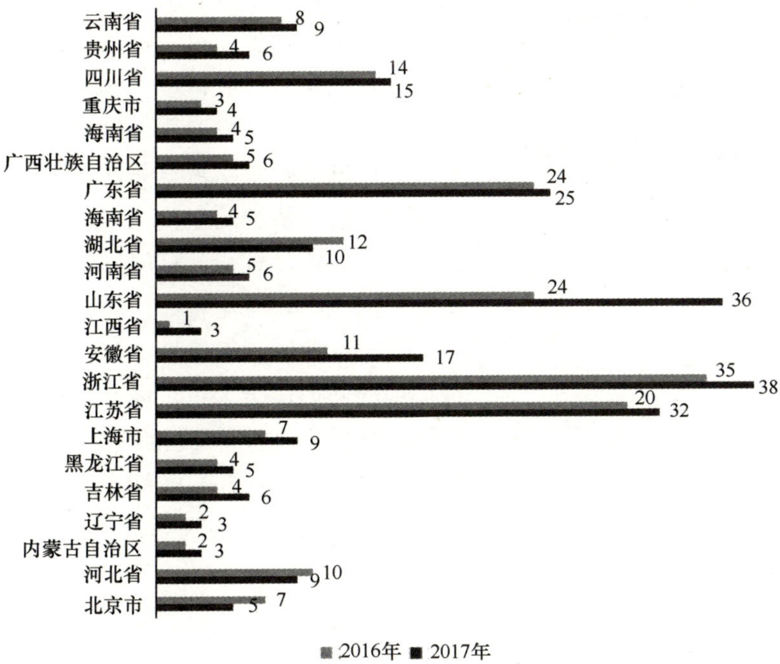

图 4-14　2016 年～2017 年生活垃圾焚烧无害化处理厂数量变化的地域分布（单位：座）

资料来源：国家统计局。

四、其他类型垃圾处理厂建设现状

其他类型垃圾处理方式一般包括堆肥（含综合处理）、堆放和简易填埋，后两种垃圾处理方式对环境破坏明显，属于取缔的对象。

城市垃圾堆肥法是指对城市生活垃圾中的有机物进行分解，而形成相应的生物、肥料，通过将垃圾中的有机物转变成有机肥料或者土壤的调节剂，实现废弃物的资源转化。但是目前在使用堆肥法进行垃圾处理的过程中，如何选择城市生活垃圾类型和如何对城市生活垃圾进行彻底的处理，是目前技术发展中的难题，如果对城市垃圾处理不当会造成土壤的二次污染①。

预防二次污染主要有两种方式，一是预堆肥综合处理工艺，该处理工艺会带来很多好处，但是运行成本比较高；二是能量自给综合处理工艺，垃圾堆肥是一种微生物化学反应过程，是利用微生物来人为地促使可生物降解的有机物转化成稳定的腐殖质。在该微生物反应过程中，垃圾中的氧气与有机物会和环境中的细菌相互作用，通过化学反应释放出水、二氧化碳和热量，同时会生成可用作土壤改良剂的腐殖质。按堆肥过程中所需氧气的程度，堆肥一般可以分为好氧堆肥和厌氧堆肥两种方式。厌氧堆肥是指一种生化过程，依靠兼性厌氧菌和专性厌氧菌来降解有机物，厌氧堆肥下的有机物分解速度较慢，发酵周期较长，占地面积较大。好氧堆肥则是指依靠兼性好氧菌和专性好氧菌来降解有机物的生化工程，好氧堆肥下的有机物分解速度较快，臭气发生量较少，堆肥所需天数较短，应用较为广泛。

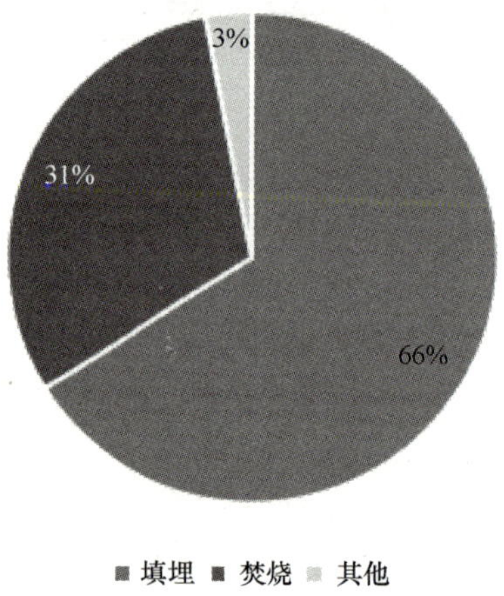

图 4-15　我国垃圾处理方式占比

资料来源：郭宁宁等．城市垃圾处理模式创新与价值共创机制研究［J］．创新科技，2018（2）。

我国目前以垃圾填埋、焚烧为主，垃圾处理技术的使用情况为：填埋方式所占比例约为66%，焚烧方式所占比例约为31%，而其他方式只占3%，如图4-15所示。

① 浦艳华．我国城市生活垃圾处理处置的现状与问题［J］．基层建设，2018（3）。

第二节　垃圾处理行业生产与供应

一、总体概况

垃圾处理产业的产出大致可以分为三类：物质资源、环境资源和垃圾处理服务。物质资源的初生态就是未经处理或加工的回收物质，高级形态是二次原料（包括二次能源）。环境资源主要指自然、人文和生态环境的环境容量资源，垃圾处理产业通过对垃圾无害化、资源化和减量化处理减少了排入环境的污染物量，亦即减少了对环境容量的占用，为生产和消费持续发展提供了可能。垃圾处理服务由包括解决公众投诉在内的管理和作业等一系列活动组成，垃圾处理产业通过提供垃圾处理服务带给公众良好环境的享受①。

（一）垃圾无害化处理能力和处理量

我国城市垃圾无害化处理能力和处理量均在逐年增加，详情如图 4-16 所示。

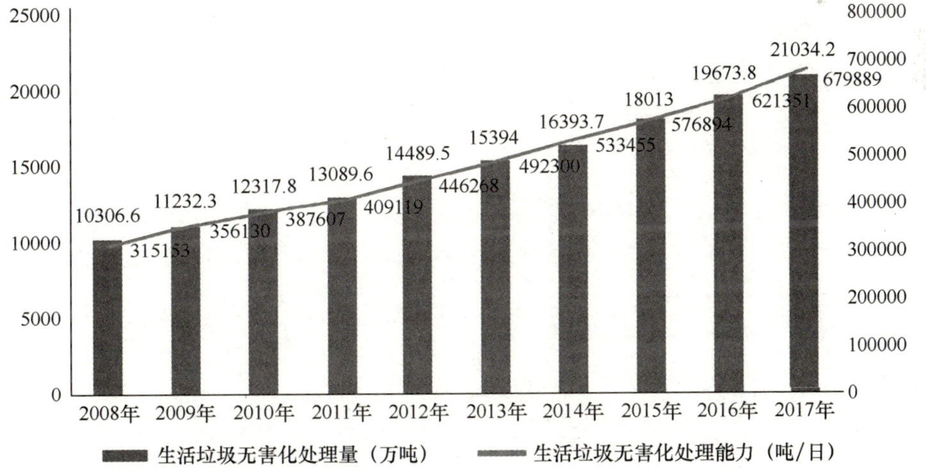

图 4-16　历年城市生活垃圾无害化处理能力和处理量

资料来源：国家统计局。

① 熊孟清，隋军，徐建韵，范寿礼．垃圾处理产业的基本范畴［J］．环境与可持续发展，2009（6）。

由该图可知，2017 年城市垃圾无害化处理能力达到 679889 吨/日，增幅为 9.42%。2016 年城市垃圾无害处理量为 19674 万吨，增幅 9.22%。

（二）各类型垃圾处理能力和处理量

2017 年城市生活垃圾卫生填埋无害化处理能力为 360524 吨/日（占 53.03%），生活垃圾焚烧无害化处理能力为 298062 吨/日（占 43.84%），垃圾堆肥/综合处理无害化处理能力为 21303 吨/日（占 3.13%），如图 4-17、图 4-18 所示。

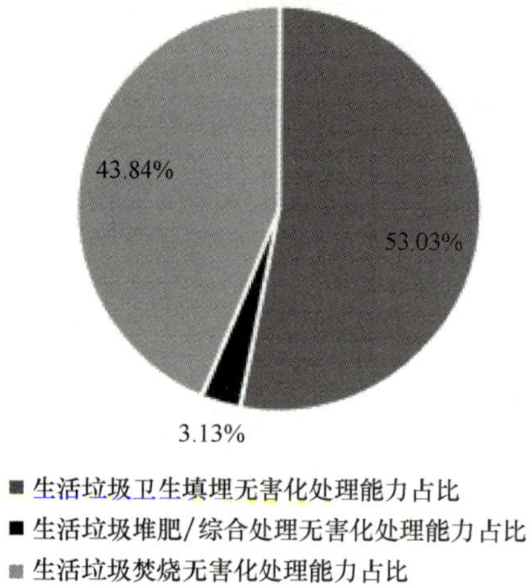

图 4-17 各类型垃圾处理能力占比

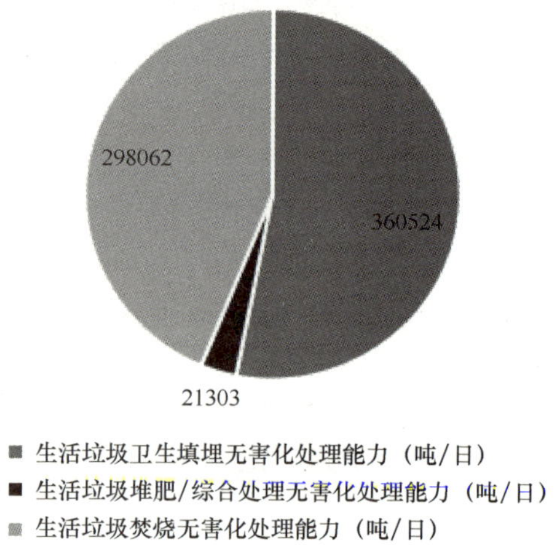

图 4-18 各类型垃圾处理能力

资料来源：国家统计局数据整理。

2017 年城市垃圾卫生填埋无害化处理量为 12037.6 万吨，垃圾焚烧无害化处理量为 8463.3 万吨，垃圾堆肥/综合处理无害化处理量为 533.3 万吨。

（三）各地域垃圾无害化处理能力和处理量

图 4-19 展示了 2017 年各地域垃圾无害化处理能力分布，从该图可知，东部地区的垃圾无害化处理能力高于中部、西部及东北三省之和。

图 4-20 展示了 2017 年各地域垃圾无害化处理量分布，从该图可知，东部地区的垃圾无害化处理量高于中部与西部之和。

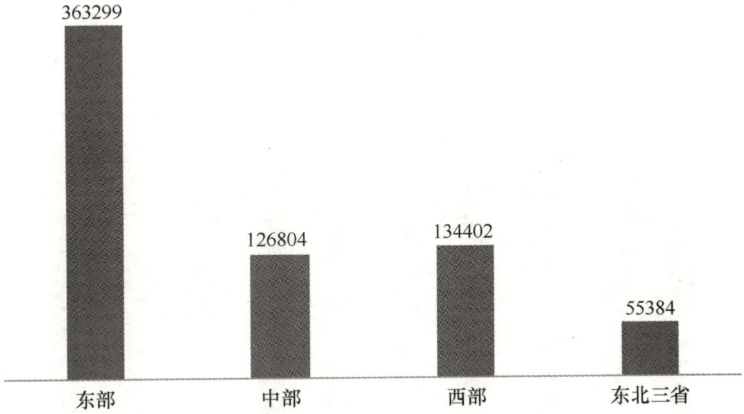

图 4-19 各地域垃圾无害化处理能力分布

资料来源：国家统计局数据整理。

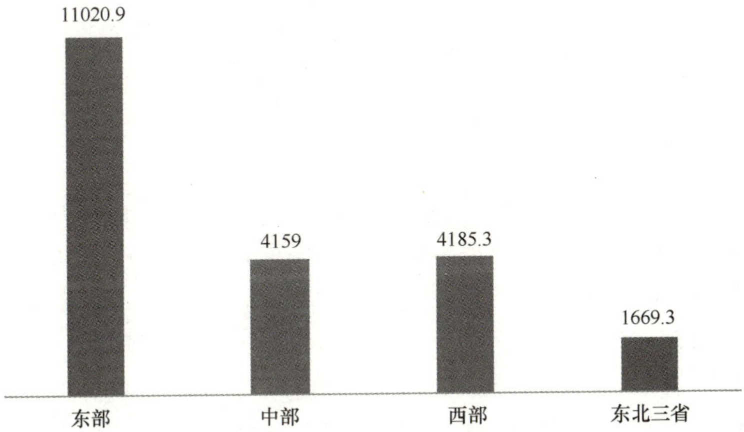

图 4-20 各地域垃圾无害化处理量分布（单位：万吨）

资料来源：国家统计局数据整理。

二、垃圾卫生填埋场处理能力及处理量

（一）增长现状

图 4-21 展现了 2008 年～2017 年城市垃圾卫生填埋无害化处理能力和处理量的发展状况，经过 10 年的发展，我国城市垃圾卫生填埋无害化处理能力从 253268 吨/日提升到 360524 吨/日，10 年间增长了 42.35%，2017 年增长率为

3.0%；城市垃圾卫生填埋无害化处理量由一年 8424 万吨到一年 12037.6 万吨，10 年间增长了 42.90%。2017 年的增长率为 1.44%。

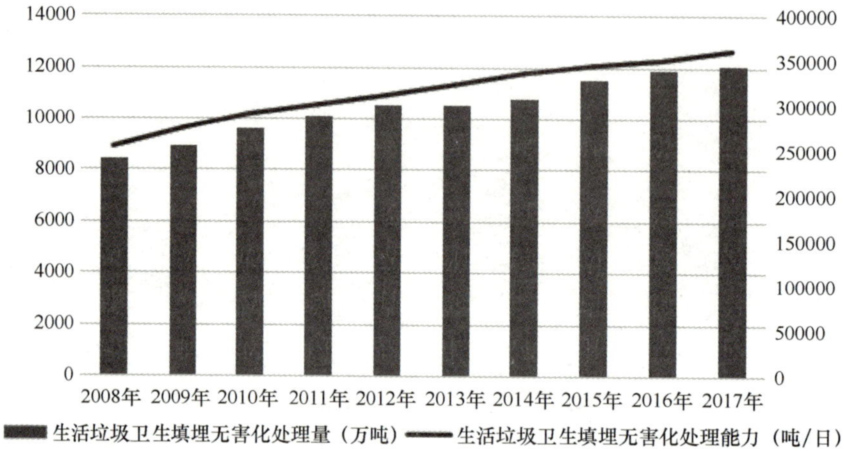

图 4-21　2008 年～2017 年城市垃圾卫生填埋无害化处理能力和处理量

资料来源：国家统计局网站。

（二）地域分布

截至 2017 年 12 月底，我国各省份运营中的垃圾填埋处理能力分布情况如表 4-2 所示。国内的垃圾填埋厂主要集中在人口密度较大、分布相对集中的东部发达地区①，东部发达地区由于其经济发展水平较高，带动了其垃圾焚烧技术的大力发展，其填埋处理能力平均在 14919.4 吨/日，大部分如北京、上海等经济相对发达的城市都规划了原生垃圾达到零填埋的指导目标，且目前已经开始大量垃圾焚烧设施的建设工作，待这些垃圾焚烧设施全部投入运行使用后，预计未来这些城市的焚烧能力将超过 90%，从而会大大降低垃圾填埋的比重。在 2017 年的数据中，西部、中部和东北地区占各地区无害化设施处理总能力的比重也是相对较高，分别为 70.48%、73.92%、74.10%，但是其中部分地区依然全部采用垃圾填埋处理方式，它们的垃圾焚烧项目或部分即将投运或在建中或是还在规划中，如青海、宁夏、新疆、江西、甘肃等。

相较于技术型的垃圾处理方式而言，填埋场的建设和运行投入成本相对较低，从而针对于中西部等相对欠发达地区而言，填埋场目前仍是垃圾处理的主要选择。2017 年各地域垃圾卫生填埋处理能力分布如表 4-2 所示。目前西部地区新增填埋厂的数量占比达全国总量的 60%，是我国垃圾填埋场增建数量最多的

① 袁文祥，郜俊．2014 年生活垃圾填埋处理进展［J］．固废观察，2015 年 12 月 10 日。

地区。目前，东部地区填埋处理能力呈现出低幅的负增长趋势。

2016年～2017年各地域垃圾卫生填埋处理能力分布　　表4-2

地域	省份	2016年处理能力（吨/日）	2017年处理能力（吨/日）	两年度变化率
东部	浙江	13558	19287	42.26%
	江苏	22310	19960	−10.53%
	广东	39972	43337	8.42%
	山东	20074	19005	−5.33%
	福建	5865	5418	−7.62%
	河北	12480	14156	13.43%
	上海	11230	10350	−7.84%
	天津	5100	5100	0.0%
	北京	9141	10341	13.13%
	海南	2233	2240	0.31%
中部	湖北	11340	11907	5.00%
	安徽	9037	9510	5.23%
	山西	9644	9719	0.78%
	河南	19907	19847	−0.30%
	湖南	18833	20320	7.90%
	江西	9865	11468	16.25%
西部	四川	12400	11262	−9.18%
	云南	4179	4098	−1.94%
	广西	8851	8206	−7.29%
	重庆	7353	7065	−3.92%
	内蒙古	9619	9049	−5.93%
	贵州	6890	6958	0.99%
	西藏	1151	349	−69.68%
	陕西	16425	18254	11.14%
	甘肃	4919	4959	0.81%
	青海	2253	1659	−26.36%
	宁夏	2960	2871	−3.01%
	新疆	8843	13064	−47.73
东北	辽宁	22513	22229	−1.26%
	吉林	9395	5678	−39.56%
	黑龙江	11763	12858	−9.31

资料来源：统计局网站整理。

三、垃圾焚烧厂处理能力及处理量

（一）增长现状

据国家统计局数据统计，2017年，全国拥有高达29.806万吨/日的垃圾焚烧处理能力，预计 2020 全国生活垃圾焚烧处理能力将达到 40 万吨/日以上，2025 年全国生活垃圾焚烧处理能力将达到 50 万吨/日，国内垃圾焚烧处理设施的需求将达到相对稳定状态。《“十三五”全国城镇生活垃圾无害化处理设施建设规划》中指出到 2020 年底，直辖市、计划单列市和省会城市（建成区）生活垃圾无害化处理率达到 100%；其他设市城市生活垃圾无害化处理率达到 95%，县城（建成区）生活垃圾无害化处理率达到 80%以上，建制镇生活垃圾无害化处理率达到 70%以上，到 2020 年底，设市城市生活垃圾焚烧处理能力占无害化处理总能力的 50%以上，其中东部地区达到 60%以上。

图 4-22 呈现了自 2008 年至 2017 年，国内城市垃圾焚烧厂的无害化处理能力和焚烧垃圾量的发展趋势状况，国内的城市垃圾焚烧厂无害化处理能力实现将近 6 倍的能力扩充，从 2008 年的 51606 吨/日发展到 2017 年的 298062 吨/日，且每年的垃圾处理增长率也在逐步提升，近年来一直保持着较高的增长率，2017 年增长率达到了 16.50%；国内的城市垃圾焚烧厂无害化垃圾处理量也由 2008 年的 1569.7 万吨到 2017 年的 8463.3 万吨，保持了较高的增长速率，2017 年增长率也达到了 14.70%。

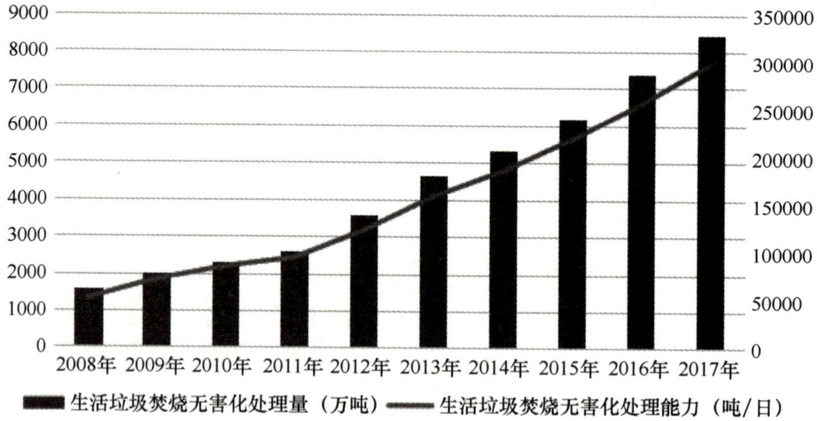

图 4-22　2008 年～2017 年城市垃圾焚烧处理能力及处理量

资料来源：国家统计局网站。

（二）处理量占比

图 4-23 展示了我国历年城市垃圾焚烧量在无害化处理垃圾总量当中的占比，由图可知，城市垃圾焚烧处理的垃圾总量占比在逐年攀升。

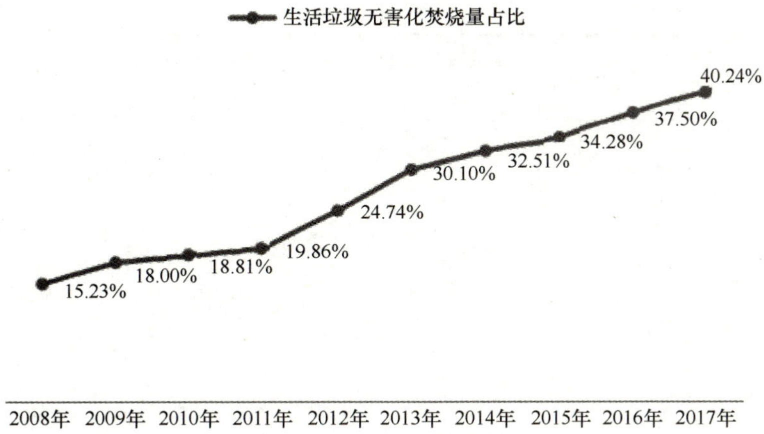

图 4-23　2008 年～2017 年城市生活垃圾无害化焚烧量占比

资料来源：国家统计局网站。

(三) 地域分布

表 4-3 列出了 2016 年～2017 年我国各省份生活垃圾无害化焚烧处理能力分布，浙江、江苏、福建、天津、海南、安徽、云南等 7 个省市的生活垃圾无害化焚烧占比超过 50％，焚烧已成为上述地区垃圾无害化处理的主要处理方式。

2016 年～2017 年各地域生活垃圾无害化焚烧处理能力分布　　表 4-3

地域	省份	2016 年处理能力（吨/日）	2017 年处理能力（吨/日）	两年度变化率
东部	浙江	34492	40985	18.82％
	江苏	33093	38979	17.79％
	广东	30045	33438	11.29％
	山东	20550	29330	42.73％
	福建	13066	15100	15.57％
	河北	10100	9700	－3.96％
	上海	11300	13300	17.70％
	天津	5700	5500	－3.51％
	北京	10400	9200	－11.54％
	海南	3900	3905	0.13
中部	湖北	12521	11721	－6.39％
	安徽	9050	13860	53.15％
	山西	3812	4062	6.56％
	河南	4850	5850	20.62％
	湖南	4180	4600	10.05％
	江西	640	1540	140.63％

续表

地域	省份	2016年处理能力（吨/日）	2017年处理能力（吨/日）	两年度变化率
西部	四川	12100	13960	15.37%
	云南	6900	7600	10.14%
	广西	3800	4800	26.32%
	重庆	4400	5000	13.64%
	内蒙古	2350	3350	42.55%
	贵州	2400	4300	79.17%
	西藏	—	700	—
	陕西	1500	—	—
	甘肃	2921	2600	−10.99%
	青海	—	—	—
	宁夏	1500	1500	0.00%
	新疆	800	800	0.00%
东北	辽宁	1780	2780	56.18%
	吉林	4700	5602	19.19%
	黑龙江	3000	4000	33.33%

资料来源：国家统计局网站整理。

（四）工艺与规模

目前我国的炉排炉工艺仍在炉型工艺选择上占据市场主流地位①。炉排炉设施的处理规模浮动相当大，每日处理能力在350～3000吨之间不等（单期投运规模），日平均的处理规模达896.7吨，其中吨投资平均达39.7万元/吨，依然较高；流化床工艺每日处理能力在200～1700吨不等，日平均处理规模达887.8吨，相较于炉排炉，它的平均处理能力是很接近的，但吨投资却相对较低，平均约为33.9万元/吨。由于中西部地区的煤炭资源丰富，采用流化床技术的焚烧厂主要分布在中、西部地区，以及东部地区地级市；另外，针对流化床焚烧炉垃圾贴费较低的特点，流化床焚烧炉较适宜于中型城市。针对目前城市发展土地资源的限制，焚烧设施存在着选址难等客观因素，因而焚烧设施完成选址工作后，主管部门会避免重复选址，往往更倾向于建造大规模的焚烧设施，技术本身自带的规模效应，也引导着我国不断出现规模越来越大的焚烧厂。目前单次投运规模最大的是北京鲁家山、上海老港一期、深圳宝安的二期项目，垃圾处理规模达到3000吨/日；深圳宝安的一、二期合计规模4200吨/日，拟建三期项目规模达3800吨/日；苏州垃圾焚烧发电项目的一、二、三期垃圾处理规模合计3550吨/日；上海老港拟建二期项目垃圾处理规模预计达6000吨/日。

① 陈善平，张瑞娜，贾川．2014年生活垃圾焚烧处理进展［J］．固废观察，2015年12月9日。

我国已经投入运营的垃圾焚烧电厂中采用炉排炉的焚烧发电厂有220座，合计处理能力达到22.8万吨/日，装机达到4380MW，如表4-4所示。2017年我国生活垃圾焚烧发电发展以炉排炉为主。目前垃圾焚烧发电厂主要分布经济发达地区和大城市，按照省级排列，江苏省处理能力最大，浙江省生活垃圾焚烧发电厂数量最多。随着经济发展，我国内地越来越多的城市选择建设生活垃圾焚烧发电厂①。

2017年焚烧发电厂技术类型及相关指标列表　　表4-4

厂别	技术类型	数量（座）	设计处理规模（万吨/日）	总装机（兆瓦）
焚烧发电厂	炉排炉	220	22.8	4380
	其他	83	7.6	1900
	小计	303	30.4	6280

（五）焚烧发电量

垃圾焚烧发电已逐渐发展成为固废处理最主要的方式之一，2017年全国垃圾焚烧投产产能增速达27%。自2012年以来，中国的垃圾焚烧发电厂呈指数级倍增，预计到2020年，我国将会有超过600座的垃圾焚烧发电厂。

2017年，全国生物质发电替代化石能源约2500万吨标煤，减排二氧化碳约6500万吨。农林生物质发电共计处理农林废弃物约5400万吨（2017年生物质发电装机容量分布情况见图4-24）；垃圾焚烧发电共计处理城镇生活垃圾约10080

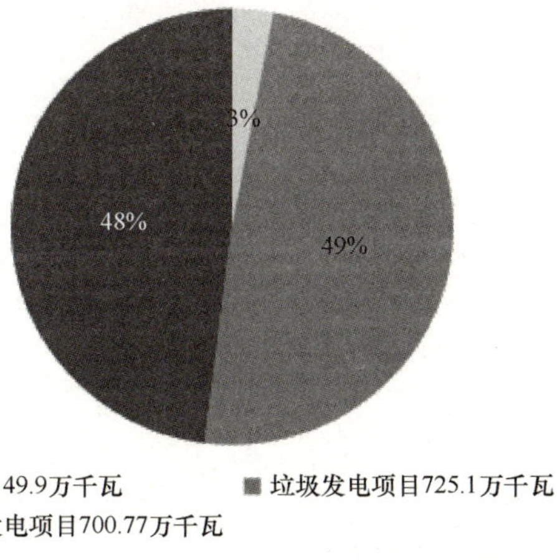

图4-24　2017年生物质发电装机容量分布情况

资料来源：中国产业发展促进会生物质能产业分会编委会，《2018中国生物质发电产业排名报告》

① 中国环保产业协会，《2017年环保产业发展评述和2018年展望》。

万吨，约占全国垃圾清运量的 37.9%，全年垃圾焚烧发电装机容量达 725.1 万千瓦，较上年增长 32.1%。

据垃圾焚烧发电各省上网电量排行榜显示，浙江、江苏和广东位列前三。其中，浙江省以上网电量 53.1 亿千瓦时位列榜首。此外，浙江省在垃圾焚烧发电各省项目数量排名、垃圾焚烧发电各省装机容量排名均列第一。

以浙江省杭州市为例，表 4-5 展示了杭州市 2018 年 7～9 月的垃圾焚烧发电项目（部分）电量核定情况表，可知 63%的企业可以做到垃圾发电上网电量 100%。

垃圾焚烧发电项目电量核定情况表（2018 年 7～9 月）　　表 4-5

序号	发电项目名称	合计			
		入厂垃圾处理量（吨）	上网电量（万千瓦时）	其中：垃圾发电上网电量（万千瓦时）	其余上网电量（万千瓦时）
1	杭州绿能环保发电有限公司	50280.48	1297.856	1297.856	0
2	杭州富春江环保热电有限公司	264107	8282.11	7394.996	887.114
3	杭州萧山锦江绿色能源有限公司	73115.63	1886.5909	1886.5909	0
4	光大环保能源（杭州）有限公司	301223.32	10125.588	8434.253	1691.335
5	浙江清园生态热电有限公司	167774.87	5752.2266	4697.6964	1054.5302
6	临安华旺热能有限公司	19872.2	483.6378	483.6378	0
7	临安绿能环保发电有限公司	45698.7	962.2483	962.2483	0
8	桐庐盛运环保电力有限公司	37903.64	989.9295	989.9295	0
9	杭州萧山城市绿色能源有限公司	90515.76	2090.13	2090.13	0
10	慈溪中科众茂环保热电有限公司	222264.48	1788.6	1788.6	0
11	宁波中科绿色电力有限公司	118263.45	3362.156	3311.3766	50.7794
12	光大环保能源（宁波）有限公司	155725.98	4721.85	4360.3274	361.5226
13	宁波众茂姚北热电有限公司	126643.88	1528.7081	1528.7081	0
14	宁波明州环境能源有限公司	243988.95	7703.388	6831.6906	871.6974
15	浙江伟明环保股份有限公司	55235.67	1464.7501	1464.7501	0
16	温州永强垃圾发电有限公司	79006.47	2152.4794	2152.4794	0
17	温州市瓯海伟明垃圾发电有限公司	27125.06	541.2214	541.2214	0
18	温州伟明环保能源有限公司	109865.46	3450.5519	3076.2329	374.319
19	苍南玉苍伟明环保能源有限公司	9877.75	232.176	232.176	0

数据来源：浙江省发展改革委《关于核定垃圾焚烧发电项目 2018 年 7～9 月垃圾发电上网电量等事项的通知》。

第三节　垃圾处理行业的发展成效

一、垃圾清运和道路清扫的发展成效

伴随着多年的城市发展，导致国内城市生活垃圾累积堆存量正逐年增加，预计 2020 年，城市垃圾产量将增长至约 3.23 亿吨①。全国 668 个城市中，有 2/3 的城市被垃圾包围着，1/4 的城市垃圾填埋堆放场地已接近服役时限或已超过服役时限。

由于生活垃圾产生量在统计时不易取得，常用垃圾清运量代替。图 4-25 展示了历年城市垃圾清运量，从该图可知城市垃圾清运量在逐年上升，2017 年城市垃圾清运量达到 21521 万吨，增长率为 5.69％；此外，根据秦成在《我国城市生活垃圾处理现状及清运量预测研究》中运用变权组合模型预测，我国城市垃圾清运量在 2023 年将达到 22714.83 万吨，2014-2023 年呈现缓慢的增长过程，平均每年增加 474.23 万吨，平均增长率为 2.79％②。

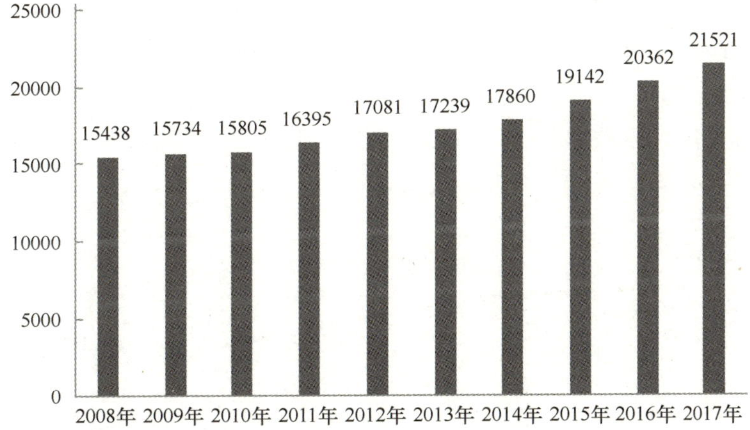

图 4-25　2008 年～2017 年城市垃圾清运量（万吨）

资料来源：国家统计局。

① 张世祥《垃圾焚烧这一年：停不下来的脚步 不断走低的价格》。

② 秦成，《我国城市生活垃圾处理现状及清运量预测研究》，天津财经大学学位论文，2015 年。

我国城市道路清扫保洁面积整体上保持上升趋势，在 2017 年清扫面积达到 842048 万平方米，增长率达到 5.93%，增长率有所下降，如图 4-26 所示。

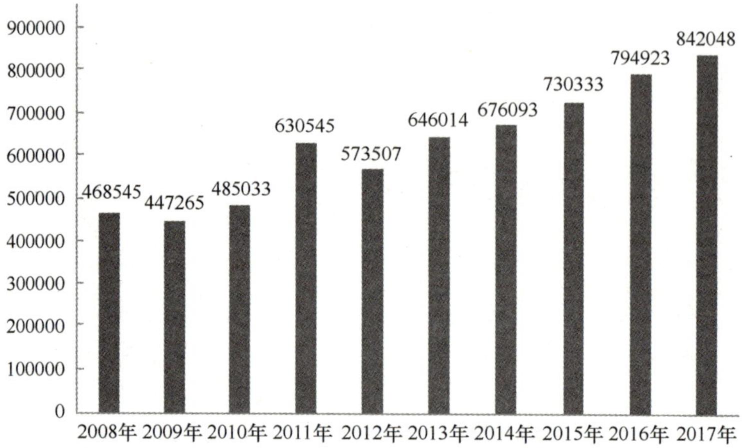

图 4-26　2008 年～2017 年城市道路清扫保洁面积（万平方米）

资料来源：国家统计局网站。

二、机械化清扫和密闭车清运的发展成效

对于道路清扫机械化比率，虽然我国东部、中部、西部和东北的道路清扫机械化比率都在不断上升，但由于地域经济发展的不平衡，东部地区的机械化清扫率始终处于最高点。图 4-27 展示了 2015 年～2016 年各地域道路清扫机械化比率，从该图可知无论是 2015 年还是 2016 年，各地域道路清扫机械化比率的排序始终是东部＞中部＞西部＞东北。

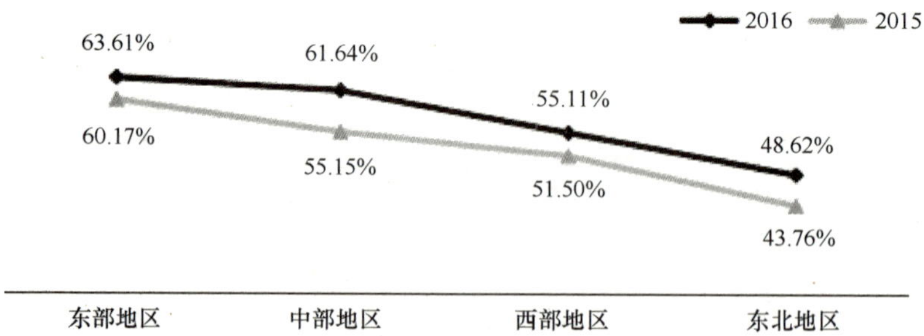

图 4-27　2015 年～2016 年各地域道路清扫机械化比率对比

资料来源：中国城乡建设统计年鉴编委会．中国城乡建设统计年鉴（2016）[M]．北京：中国统计出版社，2018。

图 4-28 展示了 2015 年～2016 年各地域密闭车清运比率，从该图可知无论是 2015 年还是 2016 年，各地域密闭车清运比率的排序始终是东部＞西部＞中部＞东北，这与道路清扫机械化发展状况有所差异。

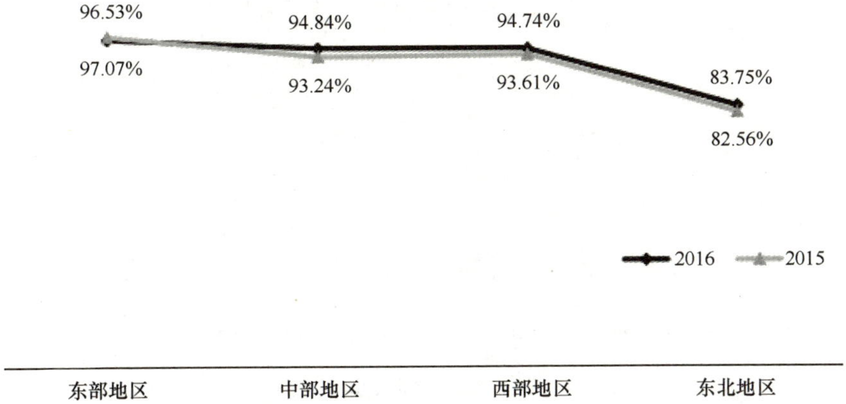

图 4-28 2015 年～2016 年各地域密闭车清运比率对比

资料来源：中国城乡建设统计年鉴编委会．中国城乡建设统计年鉴（2016）［M］．北京：中国统计出版社，2018。

三、垃圾处理和无害化处理的发展成效

随着垃圾行业的蓬勃发展，我国道路清扫量、生活垃圾处理率和无害化处理率都达到了相当高的水平。2008 年～2017 年城市生活垃圾处理量和无害化处理量如图 4-29、图 4-30 所示，城市生活垃圾处理量和无害化处理量逐年上升；垃

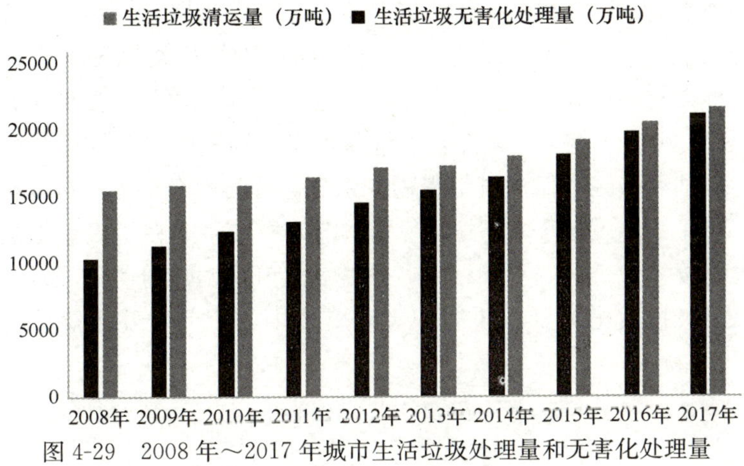

图 4-29 2008 年～2017 年城市生活垃圾处理量和无害化处理量

资料来源：国家统计局。

圾无害化处理率从 2008 年的 66.8%上升到 2017 年的 97.7%。

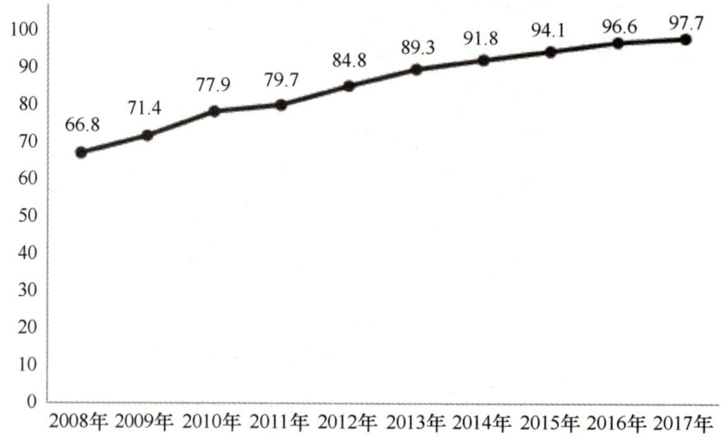

图 4-30　2008 年～2017 年城市生活垃圾无害化处理率（%）

资料来源：国家统计局。

四、垃圾分类收集和管理的发展成效

目前国家和地方正逐步采用可操作性强的垃圾分类方法、融合互联网＋的宣传方式、实用性的法规章程、完善的分类收集一分类运输一分类处理循环链来推进生活垃圾分类，使生活垃圾分类工作还逐步向市场化方向发展。我国将走出一条切实可行、可复制、可推广的高效生活垃圾分类模式①。

在宣传上，互联网＋分类的形式逐步盛行。手机 APP 可不定时向居民推送各种垃圾分类信息，并向居民提供实时查询服务，例如天津生态城垃圾分类 APP 扁豆帮已投入试运行。用户进入操作界面点击投递类别即可查询每类包含的具体垃圾种类及相应积分。其大件预约功能更可实现大件垃圾网络预约一工作人员上门取件的便捷服务②。另外，上海绿色账户推进的机制与网络平台已经基本建成，多数试点小区由保洁员负责刷卡积分，分类不合格者将由保洁员指导分类③。杭州更引入了二维码垃圾分类智能系统，居民将贴在垃圾袋上的专属本户家庭的二维码放在垃圾房门上扫描后，系统就会开启对应分类的投放口，并在后台处理居民垃圾投放记录，如正确率等，以此生成积分，并用短信告知。据统

① 彭韵，李蕾等．我国生活垃圾分类发展历程、障碍及对策［J］．中国环境科学，2018（10）。

② 佚名．中新天津生态城垃圾分类 APP 试运行［J］．环境卫生工程．2018（1）。

③ 吴健忠，周旭捷，严小芳等，《上海城市垃圾分类减量绿色账户制度的成效与优化建议》，《上海大学学报（自然科学版）》，2016 年第 2 期。

计，自实施以来，当地垃圾投放率从 15%变成了 75%，投放正确率从 40%提高到 82%。

2017 年 3 月 30 日，国务院办公厅转发国家发展改革委住房城乡建设部《生活垃圾分类制度实施方案》的通知，明确以下 46 个重点城市的城区范围内在 2020 年底前先行实施生活垃圾强制分类，如表 4-6 所示。此外，《通知》还要求，从规范生活垃圾分类投放，规范生活垃圾分类收集，加快配套分类运输系统，加快建设分类处理设施等方面着手，加快推进生活垃圾分类处理系统建设。2019 年 4 月 26 日，住房和城乡建设部发布《关于在全国地级及以上城市全面开展生活垃圾分类工作的通知（建城〔2019〕56 号)》，要求在各直辖市、省会城市、计划单列市等 46 个重点城市（以下简称 46 个重点城市）先行先试基础上，决定自 2019 年起在全国地级及以上城市全面启动生活垃圾分类工作。可以预见，未来的垃圾分类工作会大大推进。

2017 年 1 月～2019 年 7 月国内出台的部分垃圾分类相关政策　　表 4-6

颁布时间	政策名称	颁布部门	政策主要内容
2017	《关于转发国家发展改革委住房城乡建设部生活垃圾分类制度实施方案的通知》(国办发［2017］26 号)	国务院	2020 年底生活垃圾回收利用率达 35%以上；46 座重点城市将先行实施生活垃圾强制分类；必须将有害垃圾作为强制分类的类别之一
2017	《关于加快推进部分重点城市生活垃圾分类工作的通知》(建城［2017］253 号)	住房和城乡建设部	2018 年 3 月底前，46 个重点城市要出台生活垃圾分类管理实施方案或行动计划
2017	《关于推进党政机关等公共机构生活垃圾分类工作的通知》（国管节能［2017］180 号)	国管局	从党政机关率先做起，把生活垃圾分类工作扩大到所有公共机构和相关企业
2017	《关于军队单位落实生活垃圾分类制度的意见》(军后建［2017］485 号)	军委后勤保障部	从军队单位率先做起，把生活垃圾分类工作扩大到所有公共机构和相关企业
2017	《关于在医疗机构推进生活垃圾分类管理的通知》(国卫办医发［2017］30 号)	国家卫生计生委员会	从医院等率先做起，把生活垃圾分类工作扩大到所有公共机构和相关企业
2017	《关于开展第一批农村生活垃圾分类和资源化利用示范工作的通知》(建办村函［2017］390 号)	国家发展改革委等 5 部门	决定在全国选择 100 个县（市、区）开展第一批农村生活垃圾分类和资源化利用示范工作

续表

颁布时间	政策名称	颁布部门	政策主要内容
2019	《关于在全国地级及以上城市全面开展生活垃圾分类工作的通知（建城〔2019〕56号）》	住房和城乡建设部	在各直辖市、省会城市、计划单列市等46个重点城市（以下简称46个重点城市）先行先试基础上，决定自2019年起在全国地级及以上城市全面启动生活垃圾分类工作

生活垃圾分类水平的提高有赖于各省市的政策落实，在国家政策的号召下，各省市积极对“十三五”期间各地的生活垃圾处理进行规划部署。2017年10月以来部分省市生活垃圾分类政策汇总见表4-7。

部分省市垃圾分类政策　　表4-7

发布/实施时间	政策名称	主　要　内　容
2017年10月	《江苏省生活垃圾分类制度实施办法》	设区市城市建成区生活垃圾分类投放设施覆盖率达到70%以上，其他城市建成区达到60%以上；在实施生活垃圾强制分类的城市，生活垃圾回收利用率达到35%以上
2017年12月	《广西生活垃圾分类制度工作方案》	到2020年底，在实施生活垃圾强制分类的城市基本建立生活垃圾分类相关法规、规章和标准体系，强制分类范围内生活垃圾得到有效分类，南宁市生活垃圾回收利用率达到35%以上，其他生活垃圾强制分类城市的生活垃圾回收利用率达到20%以上
2017年12月	《福建省生活垃圾分类制度实施方案》	加快实施生活垃圾强制分类，厦门市、福州市城市建成区分别于2018年、2019年全面推行生活垃圾强制分类；除厦门外，福州、泉州、漳州、莆田、三明、龙岩等6个获得“全国文明城市”的设区市2018年至少选择1个区开展生活垃圾强制分类；其他设区市和平潭综合实验区城市建成区于2020年前开展生活垃圾强制分类
2018年2月	黑龙江省《关于做好生活垃圾分类工作的通知》	明确“到2020年底，城区建立生活垃圾分类保障体系、源头分类体系、分类收运体系、分类处置体系，形成可复制、可推广的垃圾分类模式，生活垃圾回收利用率达到35%以上”的目标
2018年2月	浙江省地方标准《农村生活垃圾分类管理规范》	这是我国首个农村生活垃圾分类处理为主要内容的升级地方标准

续表

发布/实施时间	政策名称	主　要　内　容
2018年2月	《浙江省城镇生活垃圾分类管理办法》	对浙江省城镇生活垃圾的管理工作提出了具体的要求和实施办法。2018年4月1日起执行
2018年3月	上海市《关于建立完善本市生活垃圾全程分类体系的实施方案》	坚持“集中与分散相结合”的布局，加快推进湿垃圾处理利用建设，同时结合农村生活垃圾分类，大力推进乡镇（村）就地就近湿垃圾利用能力建设
2018年3月	《四川省生活垃圾分类制度实施方案》	在成都、德阳、广元城区实施生活垃圾强制分类，生活垃圾回收利用率达到35%以上；开展农村生活垃圾分类和资源化利用示范工作，逐步推进农村垃圾分类，垃圾分类综合治理、全民参与的浓厚氛围基本形成

第四节　垃圾处理行业监管体制改革

一、垃圾处理行业监管机构改革

我国垃圾处理行业监管机构经历了一个从无到有，从零散到系统的过程。从早期的无特定监管机构，到后来的地方自主监管，再到中央和地方的协同监管；从只注重职能分工到政策工具的组合应用，再到加强监管绩效评价，监管体系愈加完善，职能配置更趋合理，充分反映了我国政府在生活垃圾处理行业监管能力的稳步提升。以创新、协调、绿色、开放、共享的发展理念为指导，按照生态文明建设总体要求，垃圾处理行业监管能力建设进入快速发展期。本节主要就垃圾处理行业监管机构的发展变革作简要梳理。

早在1984年国务院颁发的《城市建设技术》绿皮书中，就提出垃圾分类收集密闭作业以及机械化运输、卫生填埋等措施。虽然提出要重视垃圾处理工作，但是没有明确由哪些职能部门监管。1986年国务院批转了原城乡建设环境保护部，中央爱卫会《关处理城市垃圾改善环境卫生面貌的报告》，该报告强调地方政府要重视垃圾处理工作，制定地方环境卫生发展规划，从生活垃圾处理清运设备到工作人员待遇等方面，强调采取多方手段解决城市日益增多的生活垃圾问题。在监管部门方面没有提及中央部门，具体的垃圾监管部门实际上是地方政府。

1992 年，国务院颁布《城市市容和环境卫生管理条例》，批转了建设部等部门《关于解决我国城市生活垃圾问题的几点意见》。在该条例中，首次提出了城市市容和环境卫生工作的监督管理原则（其中包括城市生活垃圾的管理内容）即实行统一领导、分区负责、专业人员管理与群众管理相结合的原则，也明确了从中央到地方的监管机构。其中，国务院城市建设行政主管部门主管全国城市市容和环境卫生工作；省、自治区人民政府城市建设行政主管部门负责本行政区域的城市市容和环境卫生管理工作；城市人民政府市容环境卫生行政主管部门负责本行政区域的城市市容和环境卫生管理工作；同时，城市人民政府应当把城市市容和环境卫生事业纳入国民经济和社会发展计划，并组织实施。

1995 年，全国人大常委会颁布《中华人民共和国固体废物污染环境防治法》。该法案针对生活垃圾处理的监管职能做出更加细化的规定。具体来看，国务院环境保护行政主管部门会同国务院有关行政主管部门，根据国家环境质量标准和国家经济、技术条件，制定国家固体废物污染环境防治技术标准，并对污染物进行检测；县级以上人民政府统筹安排建设城乡生活垃圾收集、运输、处置设施，提高生活垃圾的利用率和无害化处置率，促进生活垃圾收集、处置的产业化发展，逐步建立和完善生活垃圾污染环境防治的社会服务体系。可见，中央负责制定标准，地方政府负责具体实施，监管机构的职能分配更加细化。

2007 年 4 月 28 日，建设部发布了《城市生活垃圾管理办法》（中华人民共和国令第 157 号），该管理办法规定国务院建设主管部门负责全国城市生活垃圾管理工作。省、自治区人民政府建设主管部门负责本行政区域内城市生活垃圾管理工作。直辖市、市、县人民政府建设（环境卫生）主管部门负责本行政区域内城市生活垃圾的管理工作。该办法的出台进一步厘清了从中央到地方的管理责任。

2011 年国务院批转住房城乡建设部等 16 个部门（住房城乡建设部、环境保护部、发展改革委、教育部、科技部、工业和信息化部、监察部、财政部、人力资源社会保障部、国土资源部、农业部、商务部、卫生部、税务总局、广电总局、中央宣传部）的《关于进一步加强城市生活垃圾处理工作意见的通知》（国发〔2011〕9 号），从监管机构设置上更进一步强化了对垃圾处理行业监管部门的绩效考核。住房城乡建设部负责城市生活垃圾处理行业管理，牵头建立城市生活垃圾处理部际联席会议制度，协调解决工作中的重大问题，健全监管考核指标体系，并纳入节能减排的考核工作；环境保护部负责生活垃圾处理设施环境影响评价，制定污染控制标准，监管污染物排放和有害垃圾处理处置；发展改革委会同住房城乡建设部、环境保护部编制全国性规划，协调综合性政策；科技部会同有关部门负责生活垃圾处理技术创新工作。工业和信息化部负责生活垃圾处理装备自主化工作；财政部负责研究支持城市生活垃圾处理的财税政策；国土资源部负责制定生活垃圾处理设施用地标准，保障建设用地供应；农业部负责生活垃圾肥料资源化处理利用标准制定和肥料登记工作；商务部负责生活垃圾中可再生资源回收管理工作。

2016年《"十三五"全国城镇生活垃圾无害化处理设施建设规划》中对垃圾行业监管机构提出了新要求。城镇生活垃圾无害化处理设施建设工作由省级人民政府负总责，市、县级人民政府负责具体实施。各省（区、市）和计划单列市人民政府要制定本地区城镇生活垃圾无害化处理设施建设规划。住房城乡建设部将对各地实施《规划》加强指导。发展改革委、住房城乡建设部将加强对《规划》实施情况的评估和监督检查，推动规划各项任务顺利实施，加强对监管机构的监管绩效监督。

2018年，根据《国务院机构改革方案》（2018），中央部委各职能机构有所调整，职能配置与以往也有所差别，涉及垃圾处理行业的监管机构及职能变化如下：组建自然资源部，取消国土资源部。将国土资源部的职责纳入到自然资源部当中，原国土资源部负责制定生活垃圾处理设施用地标准的职责，由自然资源部负责。组建生态环境部，取消环境保护部。原环境保护部负责的生活垃圾处理设施环境影响评价等职能由生态环境部承接。组建农业农村部，把农业部、国家发改委的农业投资项目、财政部的农业综合开发项目等合并到农业农村部，原农业部负责的生活垃圾肥料资源化处理利用标准制定和肥料登记工作也划分到农业农村部。组建科学技术部，取消科技部。原科技部负责的生活垃圾处理技术创新工作有新的科学技术部继续承担。

此外，在地方层面，城市生活垃圾处理工作依旧实行省（区、市）人民政府负总责、城市人民政府抓落实的工作责任制。省（区、市）人民政府对所属城市人民政府实行目标责任制管理，加强监督指导。省（区、市）住房城乡建设部和省（区、市）环保部门负责生活垃圾的具体管理，其中省（区、市）住房城乡建设部负责生活垃圾的清运、处理处置及相关设施建设的管理，省（区、市）环保部门负责生活垃圾处理处置过程中的污染防治管理。住房城乡建设部、发展改革委、环境保护部、监察部等部门对省（区、市）人民政府的相关工作加强指导和监督检查。

二、垃圾处理行业监管制度改革

当前我国垃圾处理行业监管制度构成可分为垃圾处理设施的规划与投资建设

监管制度、市场准入监管制度、收费和价格监管制度、运营规范监管制度、市场退出监管制度等。为了对城市垃圾处理行业进行有效监管，建设部颁布了多部监管法规，典型的如《城市生活垃圾管理办法》。这一法规制度用于监管我国垃圾处理行业的各项活动，为垃圾处理行业制度化、规范化和法律化奠定了基础。2015 年以来，我国垃圾处理行业的监管制度得到了创新性发展，主要体现在以下三大方面：

1. 因地制宜务实监管制度改革

近年来，针对生活垃圾无害化处理，政府倡导针对不同地区实际情况采用因地制宜式监管，提前规划、科学论证，选择先进适用技术，减少原生垃圾填埋量，加大生活垃圾处理设施污染防治和改造升级力度，加强运营管理和监督，保障处理设施安全、达标、稳定运行；并充分利用数字化城市管理信息系统和市政公用设施监管系统，完善生活垃圾处理设施建设、运营和排放监管体系；此外，还加强对生活垃圾焚烧处理设施主要污染物的在线监控，监控频次和要求严格按照国家标准规范执行。

2. 监管模式创新推动监管制度改革

在垃圾处理行业市场化进程中，政府角色应由不规范的行政干预转向依法监督，职能转变前提是实现政企分开和政资分开。政资不分是政企不分的基础。只有切断政府与企业资本方面的联系，打破行政垄断，放宽市场准入，才能真正减少政府对企业的干预，企业也才能真正成为自主经营、自我约束、自负盈亏的市场竞争的主体。垃圾处理行业正在逐步摆脱政府对其直接控制，多数企业已成为市场中独立生产经营的主体。政企分离的垃圾处理机构也可以促使政府逐步淡化对企业具体运作的干涉，专注于宏观经济层面的管理，迫使政府尽快掌握法律和经济手段规范、监督企业行为，进而加快企业市场化改革的过程。

3. 法律法规和标准体系完善保障监管制度改革

建立健全生活垃圾处理相关法律法规，完善相关标准体系。近年来，我国出台了一系列垃圾监管政策，其中涉及生活垃圾处理统计指标体系、餐厨垃圾资源化利用条例、生活垃圾分类目录和细则、生活垃圾分类、回收利用、收集运输、设施建设等相关标准和规范等（详见表 4-8）。同时加快生活垃圾处理产业化发展、社会化运作，建立多元化投入机制，完善以公共财政为主导的城镇垃圾处理设施建设投资体制，逐步形成“政府引导、社会参与、市场运作”的多元化投资机制。鼓励跨地区、跨部门的合作，培育和发展专业化、规模化的垃圾处理企业，进一步完善市场准入制度。

2015年以来中国垃圾处理行业的主要监管政策　　表4-8

颁布时间	颁布部门	政策名称	政策主题
2015	住房城乡建设部	《关于全面推进农村垃圾治理的指导意见》(建村〔2015〕170号)	全面推进农村人居环境整治，开展农村垃圾专项治理，解决好当前农村垃圾乱扔乱放、治理滞后等问题
2015	国家发展改革委等5部门	《关于公布第一批生活垃圾分类示范城市(区)的通知》(建办城〔2015〕19号)	各示范城市在试点小区基础上，不断扩大实施范围，完善收运体系，推进垃圾分类
2016	国家发展改革委、环境保护部、国土资源部	《关于进一步加强城市生活垃圾焚烧处理工作的意见》(建城〔2016〕227号)	指导各地高标准建设垃圾焚烧处理设施。
2016	国家发展改革委住房和城乡建设部	“十三五”全国城镇生活垃圾无害化处理设施建设规划(发改环资〔2016〕2851号)	“十三五”规划
2017	住房和城乡建部	《关于加快推进部分重点城市生活垃圾分类工作的通知》(建城〔2017〕253号)	加快推进46个重点城市生活垃圾分类工作
2017	国务院	《生活垃圾分类制度实施方案》(国办发〔2017〕26号)	对推进生活垃圾分类工作进行了全面部署，动员社会参与
2017年	国管局	《关于推进党政机关等公共机构生活垃圾分类工作的通知》(国管节能〔2017〕180号)	鼓励从党政机关把生活垃圾分类工作扩大到所有公共机构和相关企业
2017年	国家卫生计生委员会	《关于在医疗机构推进生活垃圾分类管理的通知》(国卫办医发〔2017〕30号)	鼓励从医院等率先做起，把生活垃圾分类工作扩大到所有公共机构和相关企业
2017	住房和城乡建设部	《生活垃圾渗沥液膜生物反应处理系统技术规程》(住房和城乡建设部公告第1432号)	行业标准
2017	住房和城乡建设部	《生活垃圾卫生填埋场封场技术规范》	国家标准
2017	住房和城乡建设部	《生活垃圾焚烧厂标识标志标准》(住房和城乡建设部公告第1517号)	行业标准

续表

颁布时间	颁布部门	政策名称	政策主题
2017	住房和城乡建设部	《关于规范城市生活垃圾跨界清运处理的通知》(建城〔2017〕108号)	严格垃圾清运处理服务准入、规范垃圾跨界清运处置行为、强化垃圾跨界清运处置过程监管、强化保障措施
2017	住房和城乡建设部	《生活垃圾焚烧厂运行维护与安全技术标准》(住房和城乡建设部公告第1649号)	行业标准
2017	住房和城乡建设部	《生活垃圾除臭剂技术要求》(住房和城乡建设部公告第1732号)	行业产品标准
2017	国务院办公厅	《关于印发禁止洋垃圾入境推进固体废物进口管理制度改革实施方案的通知》(国办发〔2017〕70号)	禁止洋垃圾入境
2017	国家发展改革委等4部门	《关于进一步做好生活垃圾焚烧发电厂规划选址工作的通知》(发改环资规〔2017〕2166号)	焚烧发电厂选址做了规范
2018	住房和城乡建设部、生态环境部、水利部、农业农村部	《关于做好非正规垃圾堆放点排查和整治工作的通知》(建村〔2018〕52号)	重点整治垃圾山、垃圾围村、垃圾围坝等
2018	住房和城乡建设部	关于发布行业产品标准《有机垃圾生物处理机》的公告(住房和城乡建设部公告2018年第115号)	批准《有机垃圾生物处理机》为城镇建设行业产品标准
2018	国务院办公厅	《关于印发"无废城市"建设试点工作方案的通知》(国办发〔2018〕128号)	在全国范围内选择10个左右有条件、有基础、规模适当的城市,在全市域范围内开展"无废城市"建设试点
2019	生态环境部	《2019年环保设施和城市污水垃圾处理设施向公众开放工作实施方案》(环办宣教函〔2019〕333号)	鼓励城市垃圾处理设施向公众开放
2019	住房和城乡建设部	《关于在全国地级及以上城市全面开展生活垃圾分类工作的通知》(建城〔2019〕56号)	在46个重点城市先行试点基础上,决定自2019年起在全国地级及以上城市全面启动生活垃圾分类工作

三、垃圾处理行业价格监管改革

我国一直在探索促进绿色发展的价格机制，其中不乏全面推行居民用电、用水、用气阶梯价格制度，出台奖惩结合的环保电价和收费政策，完善水资源费、污水处理费、垃圾处理费政策等，价格机制在不断完善、政策体系在逐步系统化、同时，也将着重点放在价格机制要充分体现资源稀缺程度、生态价值和环境损害成本等，且激励与约束相结合①。

以 2002 年 6 月国家发改委等部委联合颁布《关于实行城市生活垃圾处理收费制度促进垃圾处理收费制度促进垃圾处理产业化的通知》为时间节点，我国正式开征城市生活垃圾处理费。2011 年国务院颁布《关于进一步加强城市生活垃圾处理工作的意见》指出，要按照“谁产生、谁付费”的原则，推行城市生活垃圾处理收费制度，产生生活垃圾的单位和个人应当按规定缴纳垃圾处理费。2016 年国务院印发《“十三五”节能减排综合工作方案》，强调加大垃圾处理费收缴力度，提高收缴率。2017 年国务院转发《生活垃圾分类制度实施方案》指出，需完善垃圾处理收费制度。由此可见，政府关于垃圾收费政策是在探索中不断深入，从简单的规定收费原则，单纯地强调收缴率，到逐步完善以引导居民自觉开展生活垃圾分类为导向的垃圾处理收费制度。

2018 年 6 月 21 日，国家发展改革委出台《关于创新和完善促进绿色发展价格机制的意见》（以下简称《意见》），提出 2020 年底前，全国城市及建制镇要全面建立生活垃圾处理收费制度，同时探索建立农村垃圾处理收费制度。按照《意见》的要求，发改委鼓励各地创新垃圾处理收费模式，提高收缴率。要求全面建立覆盖成本并合理盈利的固体废物处理收费机制，加快建立有利于促进垃圾分类和减量化、资源化、无害化处理的激励约束机制。这也是国家层面首次明确提出垃圾计量收费模式。收费模式细分为：对非居民用户推行垃圾计量收费，并实行分类垃圾与混合垃圾差别化收费等政策，提高混合垃圾收费标准；对具备条件的居民用户，实行计量收费和差别化收费，加快推进垃圾分类。差别化收费的方式，意味着要让垃圾分类和减量的责任落到个人。

目前，垃圾处理费仍主要以两种方式征收。一种是将其附征于水、电、燃气等公用事业收费，按照居民消耗的水、电或燃气征收生活垃圾处理费；第二种，是通过居民委员会或物管直接向业主收取垃圾处理费。以 2017 年住房城乡建设

---

① 国家发展改革委《关于创新和完善促进绿色发展价格机制的意见》（发改价格规〔2018〕943 号）。

部等部门确定的第一批生活垃圾分类示范城市为例，笔者整理了这些示范城市生活垃圾处理收费制度文件（包括：河北省邯郸市、江苏省苏州市、安徽省铜陵市、江西省宜春市、山东省泰安市、湖北省宜昌市、四川省广元市、四川省德阳市、西藏自治区日喀则市、陕西省咸阳市）。其中有些城市还没有明确收费标准，如泰安市、铜陵市等；有些城市如宜春市、咸阳市、广元还是依据国家 2002 年的指导性文件；苏州、宜昌等城市有明确的收费制度。此外，上海、南京等地加大了分类收运体系不符合规范的惩罚力度，上海除了处以最高 10 万元罚款外，情节严重的，还将吊销收运单位的生活垃圾经营服务许可证；南京处以 1～3 万元不等的罚款，如表 4-9 所示。

部分城市垃圾收费制度 **表 4-9**

城市	主要做法	政策依据
苏州	标准为 4 元/（月·户），由市市政公用局委托供水部门按表每两月代收一次，生活垃圾处理费实行专户储存，专款专用	苏府［2007］65 号
宜春	国家指导性文件	计价格［2002］872 号
咸阳	国家指导性文件	计价格［2002］872 号
宜昌	按月征收，供水和垃圾处理统一收费，代收单位提取不超过 3%的手续费	鄂价法规［2005］89 号
广元	国家指导性文件	《城市市容和环境卫生管理条例》，国发［2011］9 号，计价格［2002］872 号
深圳	特区内居民类生活垃圾处理费统一采用“排污水量折算系数法”计费，收费标准为 0.59 元/立方米	深发改［2017］1063 号（2017 年 8 月 31 日起执行）
上海	各区继续沿用现行区域内单位生活垃圾处理费具体收费标准及相关收费减免政策。自 2018 年 8 月 1 日起，本市单位生活垃圾处理费标准由市价格主管部门制定。违反分类收运规定除了处以最高 10 万元罚款外，情节严重的，还将吊销收运单位的生活垃圾经营服务许可证	沪发改规范［2018］6 号，《上海市生活垃圾管理条例（草案）》
南京	加大了收运体系不符合规范的惩罚力度	南京市生活垃圾处置监督管理办法（2018 年 12 月 10 日起施行）

总体来看，各地在探索符合本地实情的垃圾收费制度，因地制宜，与时俱进，如深圳市 2017 年 8 月 31 日起，特区内居民的生活垃圾处理费由原来每月每户 13.5 元，改为与特区外居民一样统一采用“排污水量折算系数法”计费，收

费标准为0.59元/立方米。而且，针对“我按照分类扔进垃圾桶里，垃圾车一来全部一起混装带走，垃圾分类有什么用?”的疑问，在地方新近出台的垃圾收费制度中，都将收运体系运作规范做了明确说明，加大违规惩罚力度，使垃圾源头分类更有成效，真正在促进垃圾分类和减量化、资源化、无害化处理的激励约束机制上下功夫。

四、垃圾处理行业进入监管改革

我国垃圾处理行业进入监管改革，主要体现在由过去政府垄断性供给逐步转向引入市场竞争，推行市场化发展上。由于生活垃圾处理服务的对象为居民，且处理的生活垃圾具有私人物品特性，这要求政府对该行业引入一定程度的市场机制，以多元化的参与模式，鼓励各类社会资本积极参与垃圾处理行业设施的投资、建设和经营，将更加符合和适应中国改革开放和社会主义市场经济建设潮流，也更符合目前政府和社会公众对垃圾处理的要求。

将垃圾处理行业由政府全权控制的形式转变为使民营企业参与进来，首先要考虑的一个问题就是对民营企业进入的监管。垃圾处理行业的进入监管具有两重性，其一是由垃圾处理行业的技术经济特征所决定的，需要对新进入的垃圾处理企业实行严格的控制，从而避免在垃圾处理行业出现重复建设和过度竞争的状态；其二是对新进入的垃圾处理民营企业实行控制并不意味着禁止新企业进入垃圾处理行业，政府部门应该适时允许通过直接或间接的途径使得有资质、合适的垃圾处理民营企业进入，从而实现发挥竞争机制的作用。具体的监管政策思路是根据不同的业务类型制定出不同的监管政策（垃圾处理行业不同业务领域的进入与退出监管政策如表4-10所示）。

为适应准公共物品的特性，政府和社会资本合作（PPP）模式应运而生。《2017年度环卫行业发展报告》显示，2015年～2017年，仅环卫服务行业签约项目数量由4514个增至8946个，年复合增长率40.78%。从经营模式看，环卫市场化可以分为政府购买服务和PPP两种类型，其中，PPP项目的增量开始提升，环卫一体化中标企业不断增多，据环境服务业数据挖掘与检测平台—环境司南《环卫PPP报告（2015—2018）》数据统计，2018年1～4月，我国共发布各类环卫PPP项目达166个，相当于2017年全年的数量，2015年～2018年4月，环卫PPP项目数量一共达到473个，其中环卫一体化项目数量居前，入围企业104家，较17年大幅增长。

政府和社会资本合作（PPP）模式的广泛采用，需要政府变革进入监管模式，将政府和市场有机结合，不仅应关注如何将社会资本引入垃圾处理行业，更应关注市场化运营机构的运营效率和效果，以提升垃圾处理行业发展成效。本节以政府和社会资本合作（PPP）模式监管为例引入，就目前垃圾处理行业进入监管存在的问题、改革措施以及监管的变革趋势三方面进行阐述。

垃圾处理行业不同业务领域的进入退出监管政策　　表 4-10

业务领域	技术经济特征	进入监管政策	退出监管政策
垃圾收集业务	竞争性	竞争性招标、特许投标制度、避免过度竞争	使用特许经营的方式允许新的企业取代退出企业
垃圾运输业务	竞争性	竞争性招标、特许投标制度、避免过度竞争	使用特许经营的方式允许新的企业取代退出企业
垃圾填埋处理业务	自然垄断	BOT、特许经营	确保垃圾处理能力稳定
垃圾焚烧处理业务	自然垄断	BOT、特许经营	确保垃圾处理能力稳定

1. 垃圾处理行业进入监管存在的问题

我国各省市政府都在大力推动 PPP 模式在垃圾处理领域的应用，适用于生活垃圾处理行业的 PPP 模式有多种，大致可划分为公有私营、公私合资和特许经营三大类，具体包含 9 种方式。公有私营模式细分为服务合同、管理合同和租赁合同等三种；公私合营类细分为国有股权/产权出售模式和准 BOT 模式；特许经营类细分为 BTO、BOT、BOO 和 TOT 四种。另外还有狭义的 PPP 类模式。以 PPP 模式为例，目前，针对垃圾处理行业 PPP 模式的监管还存在一些问题和风险：

（1）PPP 模式下对准入企业的资质审查有待提升。PPP 模式下引入社会资本激活垃圾处理行业的活力，新进入的私人企业资质直接影响垃圾处理技术、管理能力等。我国 PPP 模式起步晚，对准入企业的资质审查和要求规范有待完善。

（2）一些政府部门的合约意识和市场意识较弱。垃圾处理的 PPP 模式基于政府和私人企业合作展开，但受我国受行政制度特点的影响，垃圾处理项目的实际投建运营中政府通常处于强势地位，导致社会资本难以保障其自主经营的权益。

（3）垃圾处理 PPP 模式运作缺乏完善的国家法律体系保障。政府和私企合作模式必须有相应的法律政策来明确合作双方各自的权利和义务，缺乏制度及专门法律保护使得 PPP 模式在运作中的个性化问题层出不穷。

（4）政府的能力与责任不相匹配。PPP 模式作为我国目前垃圾处理的重要模式需要高素质的管理人才推动项目运作。而目前政府工作人员缺乏垃圾处理领域的相关专业知识与技能，易导致垃圾处理决策失误。政企合作下还存在一定的贪污腐败风险。

（5）低价中标的垃圾处理项目频现。低价中标给项目建设运营带来了较大的财务风险、社会隐患，以及政企双方合作利益冲突的潜在风险等。如在利用BOT等特许招投标选择社会资本合作主体的过程中，社会主体之间可能出现低价竞争，在未来特许经营期内不确定因素增多。

2. 垃圾处理行业进入监管模式改革

在垃圾处理行业的市场化进程中，为确保垃圾处理行业新进入企业的资质水平、技术水平和管理能力，推进新的垃圾处理行业格局有序运营并实现市场化目标，政府需要对垃圾处理行业进入监管进行改革，主要体现在以下方面：

（1）对私人企业进入的监管改革。其一是考虑到垃圾处理行业的技术经济特征，需要政府对新进入的垃圾处理私人企业实行严格的控制，从而避免垃圾处理企业重复建设和过度竞争；其二是政府部门应适时允许有资质、合适的垃圾处理新私人企业进入，从而发挥竞争机制的作用。严格审查企业资质和经营许可，建立市场准入监管后，垃圾处理企业依据监管政策执行运营。

（2）对垃圾处理PPP模式政企合作的监管改革。针对政府在PPP项目中过于强势导致的合作不畅，政府部门需转变观念，建立契约意识及对民营资本的保障机制，完善合同管理，在政府和企业之间合理分配项目的风险与收益。提升政府部门的合同管理能力，确保双方执行PPP项目相关法律责任与合同履约成效。最后，建立保证政府履约能力的预算机制，增强社会资本的信心。

（3）构建完善的垃圾处理行业法律体系。及时修改目前适用于PPP模式的《政府采购法》，并制定专门的PPP行政法规以完善PPP立法体系。政府需加强垃圾处理领域的立法研究，将法律规定细化到足够指导实践生产的底部，借鉴国际优秀经验，完善垃圾处理PPP项目的运作过程，保证政府采购物有所值。根据垃圾处理PPP项目的特性优化政府部门的角色与作用。

（4）对政府专业人才和社会资本加强政府监管。对政府工作人员的垃圾处理专业知识和技能进行严格培训考核，规避人员素质欠缺导致的项目运行不力。针对垃圾处理PPP项目容易发生信息不对称、搭便车从而损害公共利益等行为，要加强政府监管，对垃圾处理的市场准入进行优化和落地，切实监督社会资本一方履行合同，避免其违反合同内容，损害公共利益。设置信息披露制度，实现全民监督PPP项目。

（5）对于街道清扫、垃圾收集与回收利用等竞争性业务领域，适度放松政府监管。放开市场，采用公开竞争招投标选择区域性的作业经营者。在垃圾处理行业引入充分的市场竞争，避免恶性低价中标现象，确保市场对资源进行优化配置的功能得到充分发挥，显现垃圾处理 PPP 模式的优势。与政府签订合同后企业完全按市场化模式运作，政府需根据作业质量标准进行严格监管。

3. 垃圾处理行业进入监管的变革趋势

近年来，在人口增长和环境资源压力下，中国对垃圾处理能力的需求越来越高，要求越来越高。政府部门相应出台了一系列监管政策，推进我国垃圾处理行业市场化发展的成效。例如，在 2014 年 12 月《关于政府和社会资本合作示范项目实施有关问题的通知》（财金〔2014〕112 号）确定的首批 PPP 示范项目中，就包括涉及垃圾焚烧领域的 PPP 项目。2016 年 10 月住房和城乡建设部、国家发展改革委、财政部、国土资源部、中国人民银行《关于进一步鼓励和引导民间资本进入城市供水、燃气、供热、污水和垃圾处理行业的意见》（建城［2016］208 号），鼓励和引导民间资本进入垃圾处理等市政公用行业。2017 年 5 月环境保护部、住房和城乡建设部《关于推进环保设施和城市污水垃圾处理设施向公众开放的指导意见》（环宣教［2017］62 号），2017 年 7 月财政部、住房和城乡建设部、农业部、环境保护部发布《关于政府参与的污水、垃圾处理项目全面实施 PPP 模式的通知》（财建［2017］455 号），都强调了要进一步创新体制机制，鼓励社会资本参与生活垃圾分类收集、运输和处理和推进垃圾处理 PPP 模式全面实施。从近年来的政策变化可以看出，相关监管政策呈现出愈加细化和深化的变化趋势，政府垃圾处理行业进入监管模式逐渐优化，逐步推进了垃圾处理市场化改革的全面落实，垃圾处理的成效也越加显著。可以预计，社会资本进入我国垃圾处理行业即将进入一个新的高潮，更多具有竞争力的社会资本将会大大激发垃圾处理市场的活力。

五、垃圾处理行业质量监管改革

垃圾处理行业的质量监管尤其注重对可持续性问题的关注，需要正确处理短期与长期的关系。2000 年后一段时期的“反焚烧”呼声导致以卫生填埋为主要途径的垃圾处理不可持续，带来“垃圾围城”等一系列问题，《2014～2018 年中国垃圾处理行业市场需求与投资规划分析报告》的数据显示，2013 年全国 600 多个市级城市中，城市生活垃圾已将 2/3 的城市包围，1/4 的城市已经没有垃圾填埋、堆放场地，而全国城市垃圾堆存已累计侵占土地超过 5 亿平方米，让整个行业深刻地认识到了垃圾处理行业的质量监管、可持续发展的重要性。垃圾处理行业的质量监管体现在：一是垃圾处理的源头把控，如生活垃圾的分类收集和管理的质量监控；二是垃圾处理环节中行业产品标准的制定、垃圾处置效率提升、避免二次污染的监管，如生活垃圾焚烧处理技术的提升、生活垃圾填埋二次污染控制、存量垃圾治理；三是再生资源回收利用水平的质量监管。

1. 生活垃圾分类收集和管理的质量监管

2016年以来，国家对垃圾分类的要求越来越明确：在工作思路方面，要求生活垃圾网络与再生资源回收网络两网融合；在分类方法方面，要求有害垃圾必须分类，鼓励湿垃圾和可回收物分类；在分类区域方面，要求直辖市、省会城市、计划单列市和第一批生活垃圾分类示范城市（区）等46个城市的城区范围的公共机构和相关企业强制分类，引导居民自觉开展生活垃圾分类，开展农村垃圾分类；在时间节点方面，2017年46个城市制定强制分类方案，2020年完成考核指标。

截至2018年上半年，134家中央单位、27家驻京部队已开展生活垃圾分类，134家中央单位全部通过了验收，并建立了11个示范单位。全国各省直机关普遍推行生活垃圾分类，29个省（区、市）已完成省直机关生活垃圾强制分类目标。另一方面，一些地区率先建立了生活垃圾强制分类制度。包括福建、贵州、江西三个生态文明试验区在内的21个省（区、市）已经出台了生活垃圾分类实施方案。各直辖市、省会城市、计划单列市和部分地级城市（以下简称46个重点城市）着力推进生活垃圾分类投放、收集、运输和处理设施体系建设。其中，41个城市正在推进生活垃圾分类示范片区建设，14个城市已经出台生活垃圾分类地方性法规或规章。厦门、深圳、宁波、苏州、杭州、广州、上海等城市生活垃圾分类工作已取得初步成效，厦门市岛内全部小区、岛外68%的1000户以上小区已开展生活垃圾分类。

我国针对生活垃圾分类收集和管理的质量监管主要从以下五个方面着手：一是提升民众垃圾分类意识。近年来随着我国出台一系列垃圾分类制度，同时加大宣传力度，强化垃圾分类设施投放，尤其上海自2019年7月1日起，强制实行垃圾分类以来，垃圾分类逐渐成为民众生活不可分割的一部分；二是探索生活垃圾分类的创新模式。各地努力探索、不断创新，浙江金华的农村垃圾“二次四分法”被称为全国典范。多地鼓励居民把垃圾分干湿两类（即“干湿分离”），这种分类方法简单易操作，居民参与度非常高；三是加强农村垃圾分类工作。以浙江省为例，目前浙江省农村垃圾集中有效处理已基本实现全覆盖，创建省级高标准生活垃圾分类示范村200个，农村生活垃圾回收利用率达30%以上、资源化利用率达80%以上、无害化处理率达99%以上；四是衔接生活垃圾分类与再生资源回收体系。再生资源回收与生活垃圾分类清运体系的协同发展，在收集、回收、转运与分拣、处理环节不断融合发展，促进了垃圾回收运作效率和资源回收率显著提高；五是融合互联网、物联网等现代信息技术参与垃圾分类回收工作。“互联网＋回收”模式、“逆向物流＋回收”模式、“智能化＋回收”等创新模式不断涌现，通过平台建立、信息采集、数据分析、流向监测、资源整合，推动了垃圾分类回收的线上线下有机结合。

2. 生活垃圾焚烧处理技术的质量监管

2011 年 4 月，国务院发布《关于进一步加强城市生活垃圾处理工作意见的通知》，确立了垃圾焚烧的主流地位，垃圾焚烧迎来了高速发展的黄金期，装备技术、标准规范等方面也在不断发展和完善中。2014 修订版的《生活垃圾焚烧污染控制标准 GB 18485》将各类污染物的排放限值均大幅收紧，主要污染物控制指标全面向欧盟 2000 标准看齐，北京、上海、深圳等地制定了更加严格的地方标准，“清洁焚烧”、“蓝色焚烧”等行业理念不断推陈出新。2016 年《关于进一步加强城市生活垃圾焚烧处理工作的意见》（建成〔2016〕227）发布，提出“十三五”期间总体目标：到 2017 年底，建立符合我国国情的生活垃圾清洁焚烧标准和评价体系，到 2020 年底，全国设市城市垃圾焚烧处理能力占总处理能力的 50%以上，并全部达到清洁焚烧标准。

2016 年中共中央国务院和住房和城乡建设部、国家发改委和环保部等各部委连续出台多项政策标准（表 4-11），推动焚烧设施建设运行标准不断提升，按照 2015 年 12 月中央城市工作会议和 2016 年 2 月《中共中央国务院关于进一步加强城市规划建设管理功罪的若干意见》要求，将垃圾焚烧处理设施建设作为维护公共安全、推进生态文明建设、提高政府治理能力和加强城市规划建设管理工作的重点。

2016 年以来垃圾焚烧处理的部分质量监管政策　　表 4-11

颁布时间	政策名称	颁布部门	政策主要内容
2016	《生活垃圾清洁焚烧指南 RISN-TG022—2016》	住房城乡建设部	对清洁焚烧体系进行了系统构建并提出了具体指标要求
2017	《生活垃圾焚烧污染控制标准》	环境保护部	对意见稿的重新修订
2017	《生活垃圾焚烧厂标识标志标准》	城建	行业标准
2017	《生活垃圾焚烧飞灰固化稳定化处理技术标准》（征求意见稿）	住房城乡建设部	行业标准
2018	《生活垃圾焚烧灰渣取样制样与检测》	住房城乡建设部	行业标准

3. 生活垃圾填埋避免二次污染的质量监管

我国当前生活垃圾的含水率普遍在 50%～70%之间，在进行无害化处置时，必然会产生大量渗滤液。目前，我国尚无渗滤液处理能力的官方数据，我国 2016 年共计无害化处理生活垃圾 2.5 亿吨，按照渗滤液产生率 30%计算，全年产生渗滤液量约为 7500 万吨，约折合每日产生 20.5 万吨渗滤液。城市生活垃圾填埋场中最可能造成环境污染的成分是垃圾渗滤液。鉴于它的成分较为复杂并且污染物的含量很高，导致填埋场将渗滤液进行无害化处理时需要较复杂的工艺和较高的成本①。根据中国目前现行的垃圾处理技术标准，垃圾填埋场的渗滤液处理技术水平需要达到《生活垃圾填埋污染控制标准》（GB 16889—2008）中2级以上的标准，为此就需要运用膜处理技术，使填埋场实现较为严格的雨污分流，这就导致垃圾填埋场的垃圾处理成本显著提升。成本因素容易诱使市场化运作的垃圾填埋场在垃圾处理时“偷工减料”，直接或间接地将没有得到有效处理的垃圾渗滤液排向河流，造成二次污染。

生活垃圾卫生填埋技术在我国已有近30年的发展历史，是生活垃圾末端处置的最主要无害化手段，关于生活垃圾填埋场的建设运行、运行监管、封场技术等行业标准和国家标准陆续出台，生活垃圾卫生填埋技术标准体系不断完善。2016年以来垃圾填埋处理的部分相关政策如表4-12所示。

根据《“十三五”全国城镇生活垃圾无害化处理设施建设规划》，2020年我国城镇生活垃圾无害化处理能力达到110.49万吨/日。与此同时，渗滤液处理能力也必将迎来大幅提高，预计年均增速达到8%以上，将会带动渗滤液处理工程建设、设施运行、设备供货、污染监测等相关业务发展。

2016年以来垃圾填埋处理的部分质量监管政策　　表4-12

颁布时间	政策名称	颁布部门	政策主要内容
2016	《生活垃圾填埋场防渗土工膜渗漏破损探测技术规程》	住房城乡建设部	规范行业标准
2016	《生活垃圾填埋场运行监管标准》	住房城乡建设部	加强过程监管、规范监管
2017	《生活垃圾卫生填埋场封场技术规范》	住房城乡建设部	从行业标准上升到国家标准
2017	《生活垃圾渗沥液膜生物反应系统处理技术规程》	住房城乡建设部	满足防止污染、保护环境的需求

4. *存量垃圾治理的质量监管*

针对存量垃圾治理的质量监管，主要体现在：对因历史原因形成的非正规生活垃圾堆放点、不达标生活垃圾处理设施以及库容饱和的填埋场进行监管整治，使其达到标准规范要求。其中，整治非正规生活垃圾堆放点，结合其规模、设施状况、场址地质构造、周边环境条件、修复后用途等，在环境评估的基础上，优先开展水源地、城乡接合部等重点区域的治理工作，并对堆体整形、填埋气收集

① 杜艳丽．中国城市生活垃圾处理市场化改革研究［D］．北京：华北电力大学，2010年。

与处理、封场覆盖、地表水控制、渗滤液收集处理和其他附属工程等提出措施。对于渗滤液处理不达标的生活垃圾处理设施，开展改造工作，未建渗滤液处理设施的预计在两年内完成建设；对具有填埋气体收集利用价值的填埋场，开展填埋气体收集利用及再处理工作；对于库容饱和的填埋处理设施，按照相关要求规范封场。在确保安全环保的前提下，对库容饱和的填埋厂土地开展复合利用。“十三五”期间，预计实施存量治理项目 803 个。“十三五”新增收运设施、存量治理和餐厨垃圾处理设施规模如表 4-13 所示。

“十三五”新增收运设施、存量治理和餐厨垃圾处理设施规模　　表 4-13

地区	收运能力（万吨/日）	存量治理（个）	餐厨垃圾处理设施能力（万吨/日）
全国	44.22	803	3.44
北京	1.39	7	0.15
天津	0.95	3	0.08
河北	1.84	22	0.16
山西	0.75	7	0.06
内蒙古	1.02	19	0.05
辽宁	4.62	17	0.07
大连	0.85	6	0.02
吉林	0.55	21	0.05
黑龙江	1.11	33	0.08
上海	0.86	2	0.13
江苏	1.87	17	0.22
浙江	0.87	10	0.31
宁波	0.57	3	0.15
安徽	3.13	80	0.1
福建	1.04	0	0.08
厦门	0.4	0	0.02
江西	1.62	102	0.08
山东	1.4	10	0.08
青岛	0.2	0	0.01
河南	1.73	55	0.16
湖北	2.3	9	0.09
湖南	2.14	41	0.11
广东	0	48	0.34

续表

地区	收运能力（万吨/日）	存量治理（个）	餐厨垃圾处理设施能力（万吨/日）
深圳	1.28	3	0.07
广西	1.21	22	0.05
海南	0.21	58	0.02
重庆	1.34	8	0.15
四川	2.7	39	0.11
贵州	1.16	10	0.06
云南	0.94	36	0.08
西藏	0.17	0	0.01
陕西	0.85	20	0.05
甘肃	0.7	51	0.06
青海	0.48	11	0.01
宁夏	0.17	22	0.04
新疆	1.33	11	0.12
新疆兵团	0.29	0	0.01
黑龙江农垦	0.18	0	0

数据来源：国家发展改革委、住房城乡建设部《“十三五”全国城镇生活垃圾无害化处理设施建设规划》（发改环资〔2016〕2851号）。

5. 再生资源回收利用水平的质量监管

垃圾处理行业的产品质量体现在再生资源的回收利用水平上，在此环节的质量监管，主要体现在创新监管模式上。首先，生活垃圾网络与再生资源回收网络两网融合发展，提高了再生资源的回收利用水平。“资源回收与垃圾分类协同发展模式”推动垃圾分类和再生资源回收无缝衔接，做到源头分类的资源化，同时涌现了很多创新型的垃圾回收模式，如“逆向物流＋回收”模式：传统销售企业、电商企业、物流企业等利用销售配送网络，逐渐形成销售、回收一体的逆向物流回收渠道模式；“智能化＋回收”模式：利用物联网技术，布局回收机、回收超市，建立线上线下融合的智能化回收网络；“再生银行＋回收”模式：通过居民参与垃圾分类投放、再生资源回收利用获得相应积分，凭积分可进行指定消费，从而促进再生资源回收。

其次，再生资源回收利用的行业发展也迎来新机遇。一是国家出台了支持再生资源回收行业发展的一系列政策，包括推进再生资源产业发展、推进行业转型升级、推广垃圾分类、禁止洋垃圾入境，等等。二是互联网、物联网等现代信息技术与再生资源回收行业开始融合。通过平台建立、信息采集、数据分析、流向监测、资源整合，推动交易的线上线下有机结合。三是再生资源回收行业“小散差”粗放型经营模式开始向规范化、集聚化、标准化方向发展，企业兼并重组和行业转型升级加快。四是再生资源回收行业中的金融资本“势力”显现，通过绿色信贷、上市、发债、PPP 等支持再生资源回收企业做强做大。再生资源回收行业的发展壮大，有效提升了资源回收利用水平。

第五章 天然气行业发展报告

天然气是埋藏在沉积岩内的有机物，在长期的地质条件作用下，经过复杂的有机化学反应而形成，是蕴藏在地层内的优质可燃气体，可通过钻井开采出来。它的主要成分是甲烷，另外还含有氮、二氧化碳、硫化氢和微量的惰性气体。天然气产业链分为三个部分：上游勘探生产、中游运输以及下游分销。中国天然气需求旺盛且快速提升，2000 年～2018 年间消费量复合增长率达 14.45%，受环保需求以及“煤改气”的驱动，2018 年天然气消费量达到 2803 亿立方米。2018 年中国天然气产量 1610 亿立方米，同比增长 7.5%，显著低于同期消费量 18.1%的增速，自产气满足消费量的比例由 2014 年的 69%下降至 2018 年的 57%，推动中国天然气对外依存度进一步攀升。天然气具有低碳、低硫、高效率、高热值的特点，符合绿色、低碳发展要求，促进中国天然气行业高质量发展，对于“推进能源生产和消费革命，构建清洁低碳、安全高效的能源体系”具有十分重要的作用。

第一节　天然气行业投资与建设

国内外宏观环境、行业体制改革等都有利于促进我国天然气行业投资和发展。从国际环境来看，“一带一路”进口通道为天然气行业投资提供商机。在中国国内，从基础设施到国家政策，均为天然气的快速发展创造了良好的条件。根据能源发展“十三五”规划，中国天然气消费比重从 2015 年的 5.9%提升至 2020 年的 10%。在 2017 年国家发展和改革委员会发布的关于《加快推进天然气利用》的意见中，明确指出要以实施城镇燃气工程为重点任务，推进北方冬季清洁取暖、快速提高城镇居民燃气供应水平、打通天然气利用“最后一公里”。而且，新型城镇化进程加快，人民生活水平不断改善，迫切需要改变传统的生产、生活方式。天然气管道建设加快，西气东输、陕京、川气东送天然气管道等一批长距离、大输量的主干管道陆续建成，联络线和区域网络不断完善。因此，天然气行业投资与建设具有好的外部条件和市场需求。

一、体制改革促进天然气投资和建设

中国天然气行业包括上游生产、中游管输和下游分销三个环节，具体来看，上游是勘探、开采和加工贸易，中游是通过长输管网和车船进行天然气输送，下游则是通过城市管网分销燃气。当前，上游和中游是中石油、中石化、中海油公司寡头垄断结构，三大公司各自独立实行上、中游生产和输送、内外贸批发寡头垄断经营模式，并在一定程度上垄断下游燃气销售。在上游和中游以国有产权为主，下游则基本实现了产权多元化。其中上游生产与中游的长输管道是三大集团公司各自捆绑运营，形成区域性垂直一体化垄断机构。与下游的地方性配气公司相对分离，下游的配送销售基于中国传统的公用事业管理体制，都拥有特许经营权，形成地域垂直一体化垄断企业。如图 5-1 所示。在传统体制下，上游、中游和下游是逐级加价模式。

2015 年 5 月，国务院批转发改委《关于 2015 年深化经济体制改革重点工作意见的通知》中，明确指出了“研究提出石油天然气体制改革总体方案，在全产业链各环节放宽准入”的要求，总体来讲，包括上游矿权准入放开、原油进口、管道第三方无歧视准入、下游成品油批发零售市场、放开油气价格监管等方面。

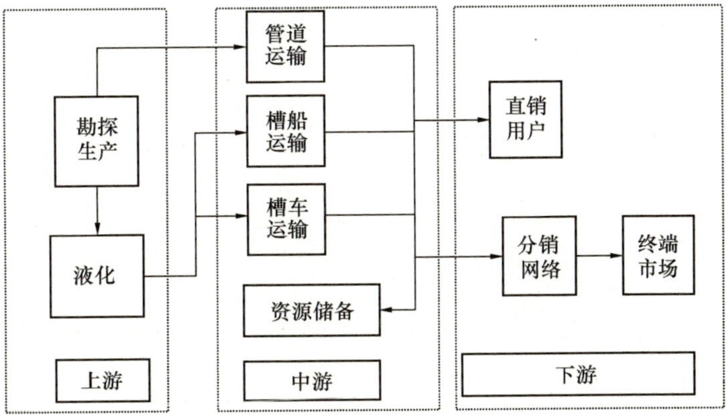

图 5-1　中国天然气的产业链示意图

根据十八届三中全会文件精神，油气管网的总体思路是根据其自然垄断性业务的属性，实行“网运分开、放开竞争性业务”。油气管道改革的最终目标是完成管道业务的独立和市场化，按照“财务独立一业务独立一产权独立”的步骤，推行油气田和管网分离、管网和销售分离，逐渐推动管网独立、网运分开；另一方面，新成立的管网公司应按照非歧视原则向第三方提供运输服务，并允许各类投资主体参加油气管网、储油储气库和液化天然气接收站等基础设施的投资；管网独立后，国家将核定合理的管输价格和回报率，对管输企业向第三方的公平开放、价格和回报水平进行监管。中共中央和国务院于 2015 年 9 月 13 日联合发布了《关于深化国有企业改革的指导意见》，这个文件是后期国有企业改革的“顶层设计”。之后，国务院又于 9 月 24 日、11 月 4 日分别发布了《关于国有企业发展混合所有制经济的意见》和《关于改革和完善国有资产管理体制的若干意见》。党的十八届三中全会和已出台有关国企改革的文件均强调要积极发展国有资本、集体资本、非公有资本等交叉持股、相互融合的混合所有制经济，指出这是中国基本经济制度的重要实现形式。2017 年 5 月中共中央、国务院印发的《关于深化石油天然气体制改革的若干意见》，确定“放开两头、管住中间”的改革方向，最终通过在上游和下游引入竞争机制，成立独立的天然气管网公司，改革天然气行业体制。在国企改革和油气体制改革的大背景下，天然气行业的价值链模式将发生重大改变，即由传统的各环节的差价模式转换为基于平台和管网基础设施的市场交易模式（图 5-2）。在新的产业链模式下，上游、中游和下游都催生了大量的市场投资机会。

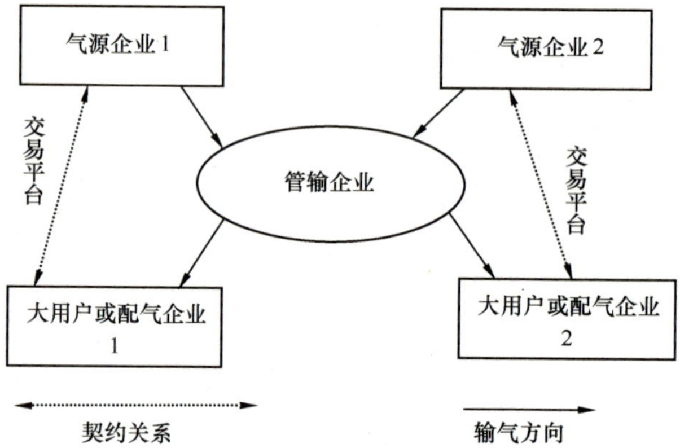

图 5-2 基于交易平台的天然气价值链

二、天然气生产的投资与建设

天然气生产主要包括了从天然气勘探到开采、输送后进行净化处理的整个生产过程。天然气主要蕴藏于油田、气田、煤层和页岩层中，以伴生气或非伴生气形式存在，所以勘探寻找有商业开采价值的天然气资源和建立气井将资源举升到地面是生产的第一步。由于通常气田是一个广阔的区域，为有效提升气田的生产效率，通常会打多口气井进行开采，天然气从气井采出后经集气管线进入集气站。在集气站内天然气通过节流、调压、计量等工艺流程处理后，统一输送至天然气净化厂，在净化厂里天然气脱除了硫化氢、二氧化碳、凝析油、水分等杂质，最终达到符合国家有关标准规定的天然气质量等级。中国由于历史原因常规天然气的勘探开采权由中石油、中石化、中海油和延长石油四家单位拥有，但是随着勘探和开发技术的不断革新升级，非常规天然气开发量占总开发量的比例逐渐增加，而且国家在该种气源的勘探权和开发权上引入了民间资本，并鼓励境外资本依照法律法规和外商投资产业政策参与投资，竞争性的天然气资源开发机制正在逐渐成形发展。

从表 5-1 的数据来看，从 2010 年到 2017 年，中国油气勘探开采投资额增幅不稳定。油气勘探投资从 2016 年开始稳步回升（图 5-3）。

中国油气勘探开采投资量 **表 5-1**

年度	油气勘探开采投资额（亿元）	增长率（%）
2010	2927.99	
2011	3021.96	3.21

续表

年度	油气勘探开采投资额（亿元）	增长率（%）
2012	2853.99	−5.56
2013	3805.17	33.33
2014	4023.03	5.73
2015	3424.93	−14.87
2016	2330.97	−31.94
2017	2648.93	13.64

资料来源：《中国统计年鉴》(2010～2018年)，中国统计出版社。

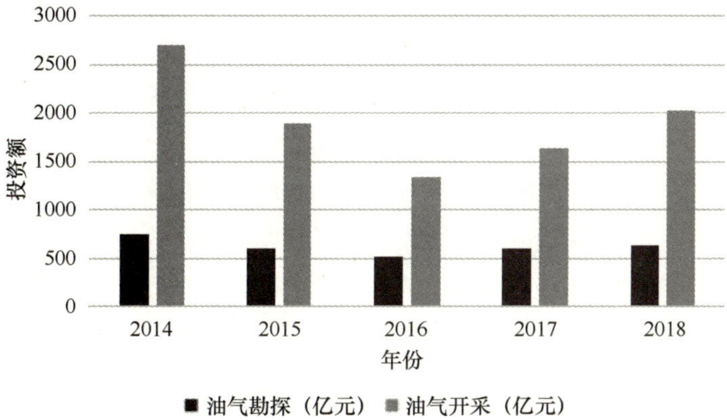

图 5-3 中国油气勘探和油气开采投资额

资料来源：《中国统计年鉴》(2014—2018年)，中国统计出版社.

根据2018年自然资源部发布的《全国石油天然气资源勘查开采情况通报(2017年度)》发布的信息显示，截至2017年底，全国累计探明的天然气地质储量14.22万亿立方米，剩余经济可采储量3.91万亿立方米。2018年天然气新增探明地质储量8311.57亿立方米，同比增长49.7%。其中，新增探明储量大于1000亿立方米的盆地有2个，分别为鄂尔多斯盆地和塔里木盆地。新增探明储量大于1000亿立方米的气田有3个，分别为鄂尔多斯盆地的苏里格气田和米脂气田、塔里木盆地的克拉苏气田。中国油气田新增探明地质储量见表5-2。

中国油气田新增探明地质储量 **表 5-2**

年度	石油（亿吨）	天然气（亿立方米）
2015	11.18	6772.20
2016	9.14	7265.60
2017	8.77	5553.80
2018	9.59	8311.57

三、天然气管网及相关基础设施建设

管网及相关基础设施建设是天然气行业发展的必要条件。国际经验表明，天然气行业遵循着储量快速增长促进管道建设、管道建设促进市场开拓、市场开拓又促进产量增长的规律。俄罗斯天然气管道总长度已超过 20 万公里，美国天然气管道总长度为 50 多万公里，欧洲天然气管道总长度为 130 多万公里，美国和欧洲可以将天然气从任何一个角落输送到任何一个消费区。

中国天然气资源主要分布在塔里木、柴达木、鄂尔多斯、四川、松辽、渤海湾、东海和南海八个盆地。其中，塔里木、柴达木、鄂尔多斯、四川位于中国新疆、青海、宁夏、甘肃、内蒙古、陕西、四川和重庆等西部地区，其天然气资源量占总资源量的 55%；东海和南海盆地位于东部和南部沿海地带。中国天然气市场主要分布在东部经济比较发达的长江三角洲、环渤海和珠江三角洲等地区。从地域分布上看，资源和市场分别处于西部和东部地区，中间距离相隔数千公里，对天然气的输送造成了较大的挑战，往往需要投入几十亿甚至数百亿元铺设长距离、大口径的天然气管道，才能将天然气从资源地输送到用户所在地。

从中国天然气管道目前的建设进度来看，截至 2018 年底中国长输天然气管道总里程近 7.6 万公里，干线管网总输气能力超过 3100 亿立方米（表 5-3）。中国以西气东输系统、川气东送系统、陕京系统为主要干线的基干管网基本成形，联络天然气管网包括忠武线、中贵线、兰银线等陆续开通，京津冀、长三角、珠三角等区域性天然气管网逐步完善，中亚 A、B、C 线和中缅线已经建成投产，中亚 D 线和中俄东线正在建设，中国已基本形成“西气东输、北气南下、海气登陆、就近外供”的供气格局。中国主要天然气管道现状情况见表 5-3。

中国主要天然气管道现状情况表 **表 5-3**

管线名称	起止地点	供气范围	管径（毫米）	建成年份	管道长度（公里）	设计能力（亿立方米/年）
崖 131—香港管线	南海崖 131 平台至香港地区	香港地区	711	1995	778	30
陕京一线	靖边至北京	京、津、冀、鲁等区域	660	1997	1090	30
靖西咸线	靖边至西安、咸阳	沿途向延安、铜川、西安、闫良供气	426	1997	488	5～8

续表

管线名称	起止地点	供气范围	管径（毫米）	建成年份	管道长度（公里）	设计能力（亿立方米/年）
靖宁线	靖边至银川	途经内蒙古的乌审旗、鄂托克前旗，陕西省定边县宁夏盐池县、灵武市、永宁县，止于银川市新市区	426	1997	320	5～8
平湖管线	东海平湖至上海	上海	355.6	1998	386	5
中济线	濮阳至济南		377	1999	261	7.65
涩宁兰	涩北至西宁、兰州		66	2001	953	20
京石线	涿州至石家庄		208	2001	220	5～12
长—呼管线	长庆气田第二净化厂至呼和浩特	主要供给鄂尔多斯市、包头市和呼和浩特市。其中，60%用于工作，40%用于商业和民用				
西气东输	轮南至上海	上海市、江苏省和浙江省以及管道沿线的河南省和安徽省	1016	2004	4000	120
忠武线	忠县至武汉	向武汉及沿线（湖北、湖南）用户供气	711	2005	1343.7	30
陕京二线	陕西省榆林市至北京	起于陕西省榆林市，向东进入山西省境内，并向山西省7个市地供气；出山西进入京、津、冀、鲁各地	1016	2005	935	120
永唐秦管道	河北省廊坊市永清县至秦皇岛市抚宁县		1016	2009	312.4	90
中亚天然气管道		该管道起自土库曼斯坦和乌兹别克斯坦两国边境，在新疆霍尔果斯入境中国	1016	2011	1801	300
西气东输二线	新疆霍尔果斯口岸至广州	途经新疆、甘肃、宁夏、陕西、河南、湖北、江西、湖南、广东、广西等14个省区市	1016	2012	9102	300

续表

管线名称	起止地点	供气范围	管径（毫米）	建成年份	管道长度（公里）	设计能力（亿立方米/年）
中缅天然气管道		该管道起自皎漂港，经缅甸若开邦、马圭省、曼德勒省和掸邦，从云南瑞丽入境中国	1016	2013	1727	120
陕京四线	陕西靖边至北京高丽营	途经陕西、内蒙古、河北、北京四地	1219	2017	1300	230

2018 年 LNG 接收站密集投产，增加进口接卸能力 1055 万吨/年，在历史上实现首次年度新增规模超千万吨。截至 2018 年底，中国已经建成 LNG 接收站共计 20 座，总接卸能力达 6695 万吨/年，其中仅 2018 年新增能力就占到总能力的 15.8%。有 4 个 LNG 接收站新建或扩建项目投入运营，包括中石化天津南港 LNG 接收站一期 300 万吨/年、中海油迭福 LNG 接收站 400 万吨/年、新奥舟山 LNG 接收站 300 万吨/年、广汇启东 LNG 接收站二期 55 万吨/年。LNG 接收站平均负荷率提高至 75%左右，比 2017 年提高 6 个百分点，达到历史高位。

《关于加快储气设施建设和完善储气调峰辅助服务市场机制的意见》的出台，首次从政策层面对上下游企业和地方政府提出了明确的、较高的储气指标要求。为落实这一要求，相关主体的储气库建设明显提速。截至 2018 年底，中国累计建成地下储气库 26 座，调峰能力 130 亿立方米，比 2017 年提高 30%。其中，2018 年港华燃气金坛储气库一期投产，成为国内第一座民营储气库。此外，2018 年中石油顾辛庄储气库投入运营，中石化文 23 储气库基本完工。

四、城市燃气的投资建设

（一）城市燃气的投资水平逐年增加

城市燃气行业属于公用事业，作为城市基础设施的重要组成部分，关系到人民的生活质量、城市自然环境和社会环境，已成为国民经济中具有先导性、全局性的基础产业。

如图 5-4 所示，近年来，城市燃气行业取得了较大的发展，在 1979 年至 2017 年间，中国城市燃气固定资产投资额总体呈增长态势，平均增幅达 18.84%。

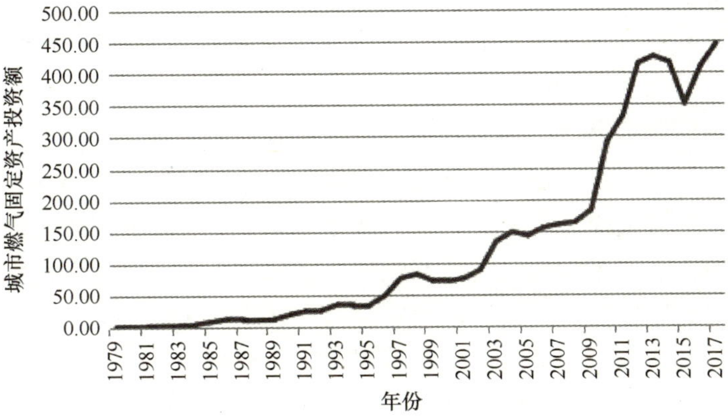

图 5-4 1979—2017 年城市燃气固定资产投资额（单位：亿元）

资料来源：《中国城市建设统计年鉴》（2018 年），中国统计出版社。

如图 5-5 所示，城市燃气固定资产投资占市政公用设施建设固定资产投资额的比重在不断变化，中国市政公用事业固定资产投资都在增加，城市燃气的投资规模受到天然气行业政策、城镇化进程等多个因素的影响。

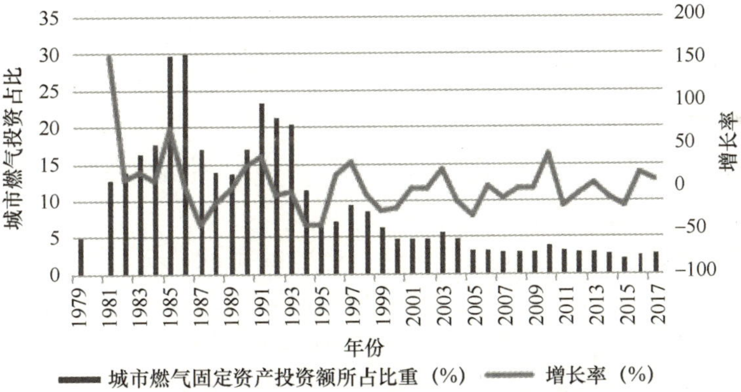

图 5-5 城市燃气占市政公用设施建设固定资产投资的比重

资料来源：《中国城市建设统计年鉴》（2018 年），中国统计出版社。

（二）城市燃气管网投资主体多元化

随着公用事业体制改革的不断深入和先进管理理念的引入，民营资本、境外资本陆续通过转制、合资等方式参与城市燃气建设运营，城市燃气市场逐步开放，并逐步形成城市燃气多元化发展的有利格局。燃气行业出现跨区域整合，各路资本开始“跑马圈地”的收购兼并，打破了城市燃气市场的地方垄断经营格局，跨区域的市场竞争波及全国城市燃气行业，城市燃气设施由各地市政府投资的单一投融资格局，被国内国际多元化的投融资渠道取而代之，城市燃气投资主体由单一地方政府资本变为国有资本（中央大型企业集团和地方政府）、民营资本、境外资本等诸多市场经营主体，多元化的城市燃气行业投资和经济管理体制逐步建立，中国城市燃气市场呈现多种所有制并存的格局。

由于天然气管道的自然垄断属性，省级管线基本局限在各省级行政区划范围之内，以地方独资或控股为主。目前，中国大陆 31 个省级行政区划单位中，有一半以上省份存在省级管网公司，绝大部分按照“一省一公司”的模式设置，山西和湖南则同时存在多家公司。山西省同时存在山西天然气公司、山西燃气产业集团、山西国际能源气化投资公司和晋煤集团四家公司。湖南省与中石油昆仑能源、中石化分别成立了省级管网公司。虽然成立了省级管网公司，但并不意味着在这些省份所有下游用户只能从省级管网接气，不能从国家级管线接气。实际情况是，从全国范围来看，下游燃气公司直接与上游生产商购气是主流。浙江等少数省份的天然气管网实行“统购统销”模式。也有一些地方的城市进行燃气公司行业市场化改革，如中石化与山东省公司合资成立的山东天然气管道公司，中石油和北京市燃气公司合资成立的北京天然气公司等。上海等地也正在尝试“X＋1＋X 模式”的改革，即上游和下游各有多家供气商，中游有一家管道输配公司。这样，在天然气产业链的上游和下游环节引入社会资本，建立市场竞争机制。在城市燃气行业市场区域结构分布上，国有资本控股的燃气企业集团主要分布在直辖市、省会等大中型城市；以新奥燃气为代表的民营资本控股的燃气企业，主要分布在地级的中型城市；以港华燃气为代表境外资本控股的燃气企业，主要分布在内地省会等大中型城市。

2017 年，根据《关于深化石油天然气体制改革的若干意见》的规定，完善国有油气企业法人治理结构，鼓励具备条件的油气企业发展股权多元化和多种形式的混合所有制。当前，已有多家天然气企业被纳入“混改”试点范围。各种社会资本进入城市燃气领域，有效地解决了城市燃气大规模发展所需的建设资金，完善了城市基础建设配套设施，提高了城市燃气供给能力，减轻了国家和地方政府财政负担，为社会经济发展做出了贡献。

（三）各地区城市燃气投资增长

2017 年，中部地区和东北地区的城市燃气投资出现负增长，东部地区城市燃气投资同比增长 4.76％，占 2017 年城市燃气总投资额的 40.47％；中部地区城市燃气投资同比负增长 51.20％，占 2017 年城市燃气总投资额的 15.78％；西部地区城市燃气投资同比增长 150.27％，占 2017 年城市燃气总投资额的 39.91％；东北地区城市燃气投资同比负增长 20.65％，占 2017 年城市燃气总投资额的3.84%（表5-4）。

2017年城市燃气分地区投资 **表5-4**

地区	2017年（万元）	2016年（万元）	增长量（万元）	增长率（%）
全国	4456833	4089062	367771	8.99
北京	660604	201160	459444	228.40
天津	40548	12834	27714	215.94
河北	181639	107030	74609	69.71
上海	163587	152172	11415	7.50
江苏	186962	661849	－474887	－71.75
浙江	186018	173643	12375	7.13
福建	63770	44356	19414	43.77
山东	267318	241359	25959	10.76
广东	49456	116849	－67393	－57.68
海南	3730	10361	－6631	－64.00
东部地区	1803632	1721613	82019	4.76
山西	128622	94991	33631	35.40
安徽	166447	187576	－21129	－11.26
江西	102206	43437	58769	135.30
河南	149459	83415	66044	79.18
湖北	81458	989356	－907898	－91.77
湖南	75041	42132	32909	78.11
中部地区	703233	1440907	－737674	－51.20
内蒙古	47846	108486	－60640	－55.90
广西	62757	66433	－3676	－5.53
重庆	131480	85177	46303	54.36
四川	64765	64809	－44	－0.07
贵州	120	0	120	100
云南	28403	33160	－4757	－14.35
西藏	2858	0	2858	100.00
陕西	256743	73716	183027	248.29
甘肃	41263	36686	4577	12.48
青海	8933	12664	－3731	－29.46
宁夏	11737	11942	－205	－1.72
新疆	1121808	217641	904167	415.44

续表

地区	2017 年（万元）	2016 年（万元）	增长量（万元）	增长率（%）
西部地区	1778713	710714	1067999	150.27
辽宁	49654	58514	−8860	−15.14
吉林	73864	66746	7118	10.66
黑龙江	47737	90568	−42831	−47.29
东北地区	171255	215828	−44573	−20.65

资料来源：《中国城市建设统计年鉴》2018 年，中国统计出版社。

由图 5-6 可见，城市燃气的地区主要是拥有燃气资源的地区和经济较发达的地区。其中，东部地区投资占比最高，中部地区增长快，东北地区占比最低。

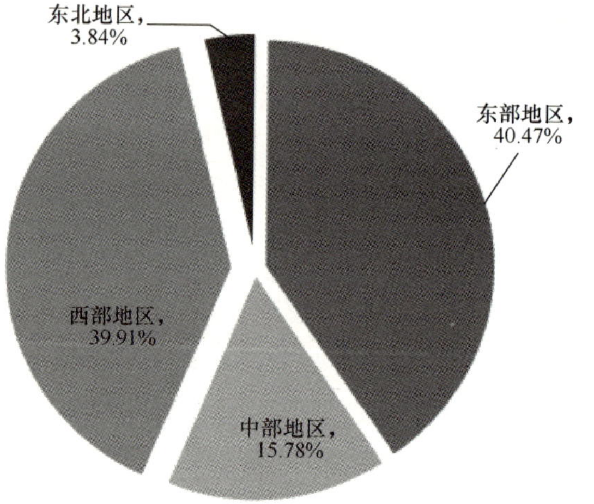

图 5-6　2017 年城市燃气投资地区结构

（四）城市燃气投资效益

据国家统计局公布的统计数据显示（表 5-5），2017 年，中国城市燃气生产和供应行业规模以上企业个数为 1700 家，较 2016 年同比上升 19.21%，行业规模有所扩大。2017 年实现产品销售利润 577.78 亿元，较 2016 年同比上升 18.71%，说明城市燃气发展空间较大。2017 年城市燃气资产总计 9551.58 亿元，同比上升了 20.29%，且企业亏损总额有所下降，从增长速度来看，燃气行业对成本的管理控制能力较好，盈利能力较强。

从偿债能力来看（表 5-6），2017 年中国城市燃气资产负债率 56.20%，产权比率 128.33%，较上年均略有上升，从数值上看，资产负债率处于较适宜水平，行业整体负债经营水平较为适当；已获利息倍数为 7.79 倍，较上年的 7.12 倍有所上升。综合来看，中国燃气行业近年来举债经营规模有扩大之势，且偿债能力有所上升。

2016 年～2017 年城市燃气行业重要数据指标比较　　表 5-5

指标	2016 年	2017 年	环比增长（%）
企业个数（个）	1426	1700	19.21
资产总计（亿元）	7940.20	9551.58	20.29
负债总计（亿元）	4385.70	5368.39	22.41
利润总额（亿元）	486.70	577.78	18.71
亏损总额（亿元）	63.40	60.2	－20.8

资料来源：《中国统计年鉴》（2017～2018 年），中国统计出版社。

2016 年～2017 年城市燃气行业偿债能力数据指标　　表 5-6

指标	2016 年	2017 年
资产负债率（%）	55.23	56.20
产权比率（%）	128.33	123.30
利息倍数（倍）	7.12	7.79

资料来源：根据表 5-5 计算所得。

从运营能力来看（表 5-7），2017 年中国燃气行业总资产周转率 0.66 次，流动资产周转率 1.98 次，固定资产周转率 1.11 次。总资产周转率和流动资产周转率较上年均有所减少，说明燃气行业对资产和流动资产的利用效率有所降低；固定资产周转率较上年有所上升，说明燃气行业对厂房、设备等固定资产的利用效率有待提高。

2016 年～2017 年城市燃气行业运营能力数据指标（单位：次）　　**表 5-7**

指标	2016 年	2017 年
总资产周转率	0.76	0.66
流动资产周转率	2.29	1.98
固定资产周转率	2.82	1.11

资料来源：根据表 5-6 计算所得。

第二节　天然气行业生产与供应

一、天然气行业生产情况

天然气作为一种清洁高效的化石能源，是理想的城市气源，由于其开采、储运和使用既经济又方便，天然气的应用范围非常广泛。中华人民共和国成立之初，受经济条件的限制和勘探开发技术、市场培育不足等因素的影响，中国天然气产量增长缓慢。20 世纪 90 年代后期，特别是进入新世纪以来，中国天然气储量快速增长和长距离输气干线的建成投产，为快速上产提供了资源基础。同时，随着勘探技术的进步和勘探开发力度的加大，中国天然气勘探开发取得重大突破，先后发现苏里格、普光、元坝等一批大型气田，全国已形成四川、鄂尔多斯、塔里木、柴达木、松辽、准噶尔、莺-琼、东海等八大天然气主要产区。中国常规天然气探明储量呈现快速增长态势。“八五”期间，天然气累计探明天然气地质储量为 6969 亿立方米，为前 40 年探明地质储量的总和；“九五”期间，天然气累计探明地质储量进一步提高到 11543 亿立方米，年均增长 2309 亿立方米。迈入新世纪之后，中国天然气探明剩余地质储量继续保持高速增长。

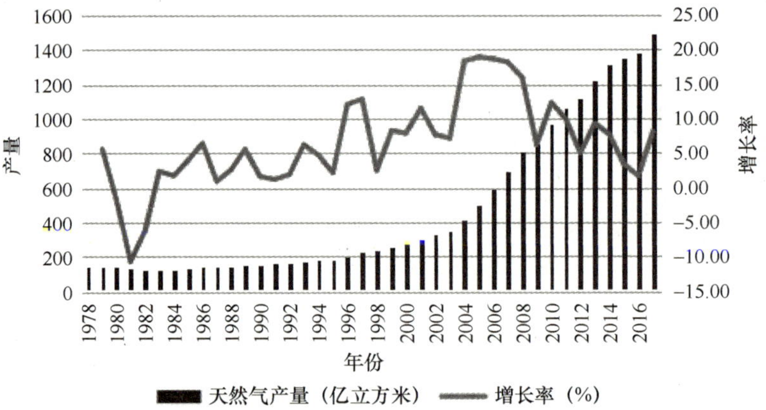

图 5-7　1978 年～2016 年中国天然气的产量以及增长率

资料来源：《中国统计年鉴》2018 年，中国统计出版社.

由图 5-7 可知，进入 21 世纪以来，中国天然气总体上呈现快速增长的阶段，即天然气的绝对产量每年在增加且增长率基本上也是保持稳定的增长，1978 年～2017 年中国天然气的年均增长率为 20.24%。中国国内的三大石油巨头的开发，西气东输一线、二线的完工以及俄罗斯天然气南下也推动了中国国内天然气的快速发展。2017 年全国统计天然气总产量为 1474.20 亿立方米，西北和西南地区为主要产地，其中西北占比 54%，超过全国总产量的一半（图 5-8）。

从各省的数据来看（表 5-8），陕西、四川和新疆作为天然气资源大省（自治区），是中国天然气的主要产地，占了全国总产量的绝大部分，且四川 2017 年的产量增速达到 20.03%。

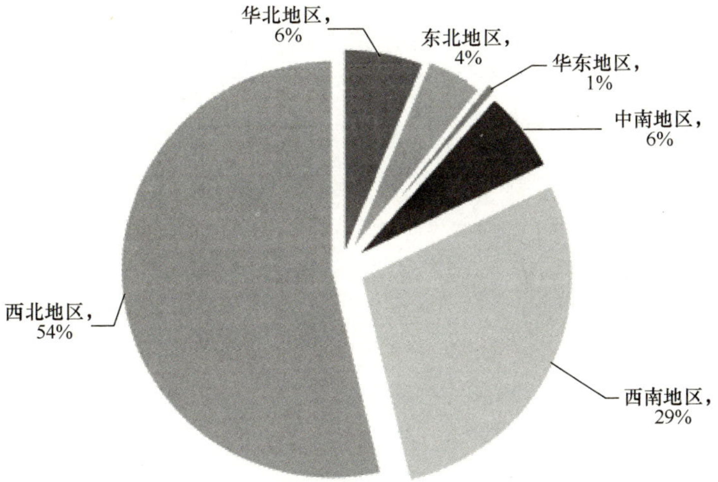

图 5-8 2017 年中国天然气分区域生产结构

2017 年按省分列的天然气产量情况 **表 5-8**

地区	2017 年（万立方米）	2016 年（万立方米）	增长率（%）
全国	1474.20	1358.60	8.51
北京	15.40	11.90	29.41
天津	21.50	19.69	9.19
河北	7.39	7.78	−5.01
山西	46.76	43.22	8.19
内蒙古	0.20	0.20	0.00
华北地区	91.25	82.79	10.22
辽宁	5.11	5.52	−7.43
吉林	18.58	19.77	−6.02
黑龙江	40.54	38.04	6.57
东北地区	64.23	63.33	1.42
上海	1.71	2.02	−15.35
江苏	2.94	1.33	121.05
浙江	0.00	0.00	0.00
安徽	2.60	3.40	−23.53
福建	0.20	0.20	0.00
江西	0.00	0.00	0.00
山东	4.15	4.22	−1.66
华东地区	11.60	11.17	3.85

续表

地区	2017 年（万立方米）	2016 年（万立方米）	增长率（%）
河南	2.98	3.30	−9.70
湖北	1.27	1.31	−3.05
湖南	0.00	0.00	0.00
广东	89.23	79.25	12.59
广西	0.20	0.20	0.00
海南	1.10	1.37	−19.71
中南地区	94.78	85.43	10.94
重庆	60.70	51.75	17.29
四川	356.39	296.91	20.03
贵州	4.10	3.50	17.14
云南	0.04	0.02	100.00
西藏	0.00	0.00	0.00
西南地区	421.23	352.18	19.61
陕西	419.40	411.91	1.82
甘肃	0.60	0.06	900.00
青海	64.01	60.81	5.26
宁夏	0.00	0.00	0.00
新疆	307.04	291.20	5.44
西北地区	791.05	763.98	3.54

2017 年全国天然气总产量比 2016 年增长 115.6 亿立方米，增长率达到 8.5%。各地产量增加主要是受到国家天然气产业政策的影响，是因为中国为实现构建和谐社会和可持续发展等国家宏观目标，实施能源战略调整、提升环境保护势在必行，推出了与天然气产业相关的一系列支持和鼓励发展的政策，将大力发展天然气等清洁能源作为一项长期的国家能源战略，对于天然气产业的发展起到了极大的促进作用。

二、天然气行业供应量情况

2017 年全国统计天然气供应总量为 12327856.65 万立方米，增长率为

8.34%。其中居民用气量为2825026.78万立方米，增长率为-1.37%，占天然气供应总量的22.92%；天然气用于集中供热1270489.21万立方米，占天然气供应总量的10.31%；天然气用于燃气汽车1144892.88万立方米，占天然气供应总量的9.29%（表5-9）。

2017年全国天然气供应情况　　　　表5-9

类别	2017年（万立方米）	2016年（万立方米）	增长率（%）
销售气量	12327856.65	11379009.25	8.34
居民用气量	2825026.78	2864124.10	-1.37
集中供热	1270489.21	1173589.45	8.26
燃气汽车	1144892.88	1129460.55	1.37
损失气量	309689.07	338176.45	-8.42

资料来源：《中国城市建设统计年鉴》2018年，中国统计出版社。

2017年天然气消费最多的地区是华东地区，全年销售3728194.24万立方米，占全年天然气销售总量的30.24%；其次是中南地区，全年销售天然气2405417.03万立方米，占全年天然气销售总量的19.51%（图5-9）。

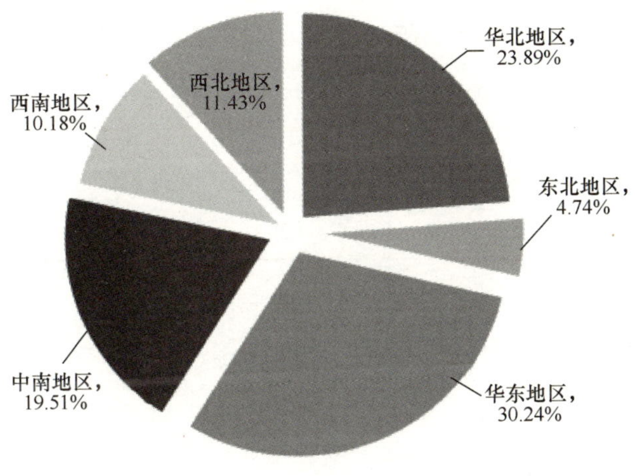

图5-9　2017年分地区中国天然气供应结构

资料来源：《中国城市建设统计年鉴》2018年，中国统计出版社.

2017年全国居民天然气使用占供应天然气的22.92%，较2016年的25.17%下降了2.25个百分点；华北地区居民天然气使用占供应天然气的16.99%，较2015年12.71%增长了4.28个百分点；中南地区居民天然气使用占供应天然气的21.61%，较2016年的36.10%下降了14.41个百分点；其他地区的居民天然气使用情况如图5-10所示。

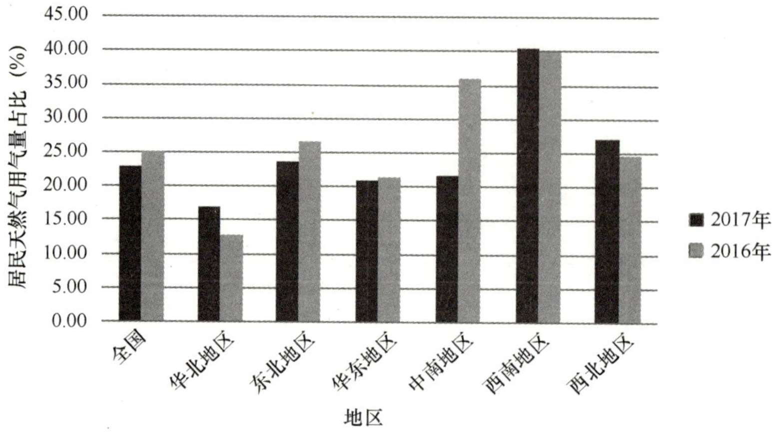

图 5-10　2016 年、2017 年分区域中国居民天然气用气量占比情况（单位：%）

资料来源：《中国城市建设统计年鉴》2018 年，中国统计出版社.

2017 年全国 6 大区域对居民天然气供应量呈升降并存的态势，其中华北地区上升幅度最明显，增长 50.38 个百分点，基本上与天然气的产量情况相对应。在已列入统计范围的全部 31 个天然气对居民进行提供天然气的省份中，内蒙古的居民天然气用气量上升速度最快，增长了 135.71%（见表 5-10）。

2017 年按省分列的天然气供应量和居民用气量情况　　表 5-10

地区	2017 年		2016 年		销售量增长率（%）	居民用气量增长率（%）
	销售量（万立方米）	居民用气量（万立方米）	销售量（万立方米）	居民用气量（万立方米）		
全国	12327856.65	2825026.78	11379009.25	2864124.10	8.34	−1.37
北京	1577065.00	163203.00	1538425.00	127723.00	2.51	27.78
天津	407668.53	46983.94	330923.13	37668.75	23.19	24.73
河北	470554.34	144284.25	349137.44	80001.89	34.78	80.35
山西	309714.15	59997.15	249260.40	50942.97	24.25	17.77
内蒙古	180344.83	86047.06	150880.79	36505.41	19.53	135.71
华北地区	2945346.85	500515.4	2618626.76	332842.02	12.48	50.38
辽宁	302423.24	62402.54	200481.12	46330.71	50.85	34.69
吉林	144324.56	45551.35	126822.42	39518.29	13.80	15.27
黑龙江	138063.29	30594.51	117671.35	32967.38	17.33	−7.20
东北地区	584811.09	138548.4	444974.89	118816.38	31.43	16.61
上海	771971.51	150772.47	735176.00	142527.15	5.00	5.79
江苏	1064285.63	201551.05	946152.18	193326.49	12.49	4.25

续表

地区	2017年		2016年		销售量增长率（%）	居民用气量增长率（%）
	销售量（万立方米）	居民用气量（万立方米）	销售量（万立方米）	居民用气量（万立方米）		
浙江	478613.88	72915.55	382847.26	65414.75	25.01	11.47
安徽	303241.90	97363.08	277019.10	81021.71	9.47	20.17
福建	195348.02	15740.19	157780.46	12758.25	23.81	23.37
江西	115755.42	38293.41	87785.73	26821.63	31.86	42.77
山东	798977.88	200250.72	653897.17	172752.63	22.19	15.92
华东地区	3728194.24	776886.47	3240657.9	694622.61	15.04	11.84
河南	439568.89	137001.77	360206.87	113076.48	22.03	21.16
湖北	416395.02	99630.63	369735.76	83990.76	12.62	18.62
湖南	229814.47	80736.42	220078.51	64986.48	4.42	24.24
广东	1226587.46	166554.60	1611006.06	655394.10	−23.86	−74.59
广西	68917.45	24435.80	48451.97	20792.39	42.24	17.52
海南	24133.74	11518.00	23596.94	12223.94	2.27	−5.78
中南地区	2405417.03	519877.22	2633076.11	950464.15	−8.65	−45.30
重庆	451596.63	171811.11	370785.62	138817.23	21.79	23.77
四川	702290.07	304773.05	672284.69	277246.15	4.46	9.93
贵州	70195.38	19215.71	39650.34	15339.74	77.04	25.27
云南	28218.77	10068.96	16530.01	6842.02	70.71	47.16
西藏	2661.51	1100.55	1278.75	449.76	108.13	144.70
西南地区	1254962.36	506969.38	1100529.41	438694.9	14.03	15.56
陕西	377618.30	163938.83	337007.40	117116.85	12.05	39.98
甘肃	202871.81	42341.14	168194.14	31328.11	20.62	35.15
青海	142790.65	28823.32	133790.27	25951.60	6.73	11.07
宁夏	181656.19	41512.02	214674.71	59636.43	−15.38	−30.39
新疆	504188.13	105614.60	487477.66	94651.05	3.43	11.58
西北地区	1409125.08	382229.91	1341144.18	328684.04	5.07	16.29

资料来源：《中国城市建设统计年鉴》2018年，中国统计出版社.

三、天然气行业供应能力情况

从终端城市燃气来看，普及率逐年提高，天然气覆盖面更广。2016年全国人工煤气、天然气和液化石油气用气总人口为4.57亿人，燃气普及率达95.75%，比上年提高0.45个百分点。其中，天然气已超越人工煤气和液化石油气成为城市燃气的第一大气源，使用天然气总人口为 3.09 亿人，占全国用气总人口的 67.54%；液化石油气用气人口继续萎缩，使用液化石油气总人口为 1.37 亿人，占全国用气总人口的 30.08%；人工煤气用气人口也继续萎缩，使用人工煤气总人口为 0.11 亿人，占全国用气总人口的 2.37%。图 5-11 为中国 1978 年～2016 年人工煤气、天然气和液化石油气用气人口变化趋势。

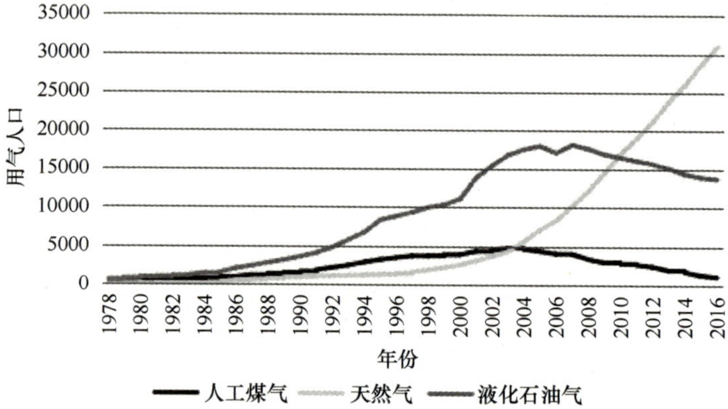

图 5-11　中国 1978 年～2016 年人工煤气、天然气和液化石油气用气人口变化趋势（单位：万人）

资料来源：《中国城市建设统计年鉴》2017 年，中国统计出版社.

2004 年"西气东输"管道投入商业运行以来，天然气开始大规模走入千家万户，天然气用气人口首次超过人工煤气用气人口。且 2004 年以来，天然气以年均 37.35% 的增速迅猛发展，到 2010 年其用气总人数首次超过液化石油气用气总人口数。天然气覆盖人口不断增加，覆盖地区不断拓宽。截至 2016 年底，中国 31 个省级行政区均已不同程度地利用天然气，以天然气作为城市燃气主要气源的城市将越来越多。

1990 年～2017 年城市燃气供给能力的变化　　**表 5-11**

年份	供气管道长度（万公里）	五年增长率（%）	燃气普及率（%）	五年增长率（%）
1990	2.40	—	19.10	—
1995	4.40	83.33	34.30	79.58
2000	8.90	102.27	45.40	32.36
2005	16.20	82.02	82.10	80.84
2010	30.90	90.74	92.00	12.06
2015	52.84	71.00	95.30	3.59
2017	64.12	—	96.26	—

资料来源：《中国城市建设统计年鉴》（1991 年、1996 年、2001 年、2006 年、2011 年、2016 年、2018 年），中国统计出版社。

从全国总体情况看（表 5-11），不论是供给总量水平，还是普及率，这 20 多年都有很大提高。1990 年～2017 年供气管道长度的增长率在 25 年间都比较高，2010 年～2017 年的供气管道长度以每年约 10％左右的速度增长。1990 年～2017 年燃气普及率增长速度极快，在 2010 年就已达 90％以上，在 2017 年高达 96.26％。从管道长度以及燃气普及率来看，中国的天然气供给能力在市场化改革中有很大的提升（表 5-12）。

2010 年～2017 年城市燃气管道和燃气普及率的变化　　表 5-12

年份	人工煤气管道长度（万公里）	天然气管道长度（万公里）	液化石油气管道长度（万公里）	供气管道长度（万公里）	增长率（％）	燃气普及率（％）	增长率（％）
2010	—	—	—	30.9	—	92	—
2011	3.71	29.90	1.29	34.90	12.93	92.41	0.45
2012	3.35	34.28	1.27	38.89	11.46	93.15	0.80
2013	3.05	38.85	1.34	43.24	11.17	94.25	1.18
2014	2.90	43.46	1.10	47.46	9.77	94.57	0.34
2015	2.13	49.81	0.90	52.84	11.33	95.3	0.77
2016	1.85	55.10	0.87	57.82	9.42	95.75	0.47
2017	1.17	62.32	0.62	64.12	10.90	96.26	0.53

资料来源：《中国城市建设统计年鉴》（2011～2018 年），中国统计出版社。

由表 5-13 可见，供气管道是城市燃气普及的基础，随着城市燃气管道的扩张，燃气普及率也在不断提高。天然气管道在总管道中占绝对比重，且不断增长，人工煤气管道和液化石油气管道在不断萎缩。

2011 年～2017 年城市燃气分类供气总量变化　　表 5-13

年份	人工煤气供气总量（亿立方米）	天然气供气总量（亿立方米）	液化石油气供气总量（万吨）	供气管道长度（万公里）	燃气普及率（％）
2011	84.70	678.80	1165.80	34.90	92.41
2012	77.00	795.00	1114.80	38.89	93.15
2013	62.80	901.00	1109.70	43.24	94.25
2014	56.00	964.40	1082.80	47.46	94.57
2015	47.10	1040.80	1039.20	52.84	95.3
2016	44.10	1171.70	1078.80	57.80	95.75
2017	27.09	1263.75	998.81	64.12	96.26

资料来源：《中国城市建设统计年鉴》（2012～2018 年），中国统计出版社。

2011 年～2017 年，城市燃气中人工煤气和液化石油气供气总量逐年减少，天然气供气总量逐年增加，且增加量较大。可见，近年来城市燃气大力发展天然气，天然气成为城市燃气的主要部分。加上管道长度和燃气普及率的增加，可见城市燃气供给能力的大幅提升。

第三节　天然气行业发展成效

党的十九大报告指出，“我国经济已由高速增长阶段转向高质量发展阶段”，要把握社会主要矛盾的变化，“把提高供给体系质量作为主攻方向”。当前，中国能源供给领域矛盾突出，以化石能源为主的能源供给体系及其粗放式发展与经济社会的高质量发展要求明显不相协调，迫切需要转变能源发展方式，提高能源服务供给质量，以天然气为主体的燃气行业高质量发展是我国能源革命和高质量经济发展的基础。

一、天然气产业链体系日益完善

从资源分布看，中国天然气资源总量丰富但分布不均匀。全国油气资源动态评价结果显示，全国常规天然气（含致密气）地质资源量为 90.3 万亿立方米，可采资源量为 50.1 万亿立方米。国家能源局油气司统计数据显示，截至 2016 年底，全国累计探明常规天然气（含致密气）地质储量为 11.7 万亿立方米，煤层气地质储量为 6928.3 亿立方米，页岩气地质储量为 5441.3 亿立方米，主要分布在四川盆地、塔里木盆地、鄂尔多斯和东海沿海海域。

2018 年全国天然气产量达到 1610 亿立方米，同比增长 7.5%，增加 136 亿立方米，创历史新高。其中，长庆、塔里木、西南、大庆、延长等主要气田产量均创下历史纪录（表 5-14），同比分别增长 4.9%、5.1%、7.7%、8.1% 和 31.8%。页岩气产量突破百亿立方米，达到 114.4 亿立方米，同比增长 27.1%。

我国十大油气田 2017 年、2018 年产量　　　　表 5-14

名称	2018 年（万吨）	2017 年（万吨）	增长率（%）
中国石油长庆油田	5641	5300	6.43
中国石油大庆油田	4167	4272	−2.46
中海油渤海油田	3000	2545	17.88
中国石油塔里木油田	2673	2533	5.53

续表

名称	2018年（万吨）	2017年（万吨）	增长率（%）
中国石化胜利油田	2383	2377	0.25
中国石油西南油气田	1812	1683	7.66
中国石油新疆油田	1379	1357	1.62
陕西延长石油	1310	1105	18.55
中海油南海东部油气田	1305	1200	8.75
中国石油辽河油田	1040	1000	4.00

其次，全球经济一体化同时加快了天然气市场的发展速度，中国已初步形成西北、东北、东南和西南天然气进口通道；其中西北通道气源来源于中亚地区、东北通道气源来源于俄罗斯、西南通道气源主要来自中东，东南通道则是由东部沿海LNG站码头接收海上进口的LNG。LNG易于运输和储存、安全性能好、环保性更强，进口LNG便于由海陆通过专业的运输船运输。

国际市场开放，进口天然气增加是国内天然气供应增长的重要原因之一，2017年中国LNG进口来源地已扩充至22个国家，其中从澳大利亚进口LNG量占进口量的45%，接近LNG总进口量的半数，从南亚包括印度尼西亚和马来西亚进口LNG量占进口量的19.1%，从卡塔尔进口LNG量占进口量的19.6%。当前已建、在建和规划中LNG接收站项目主要分布在广东、福建、上海、浙江、海南、江苏、山东、辽宁、天津等地，东南沿海成为中国进口LNG接收站建设最多的地区，LNG接收站数量的增加对于城市燃气供给提高有重要影响。

中国的进口管道气主要来自于哈萨克斯坦、乌兹别克斯坦、土库曼斯坦、缅甸等国家，目前运行的管道有中亚天然气管线A/B/C线以及中缅天然气管线，中亚天然气管线起于土乌两国边境，从新疆霍尔果斯进入中国境内。中缅天然气管道起于缅甸皎漂港，从云南瑞丽进入中国。在建的管道有中亚天然气管道D线以及中俄东线和西线。

其次，天然气管网互联互通取得前所未有的重要进展，掀开全国一张网建设的新篇章。2018年，通过建设十余项管道联通工程，打通重要节点，真正实现了石油公司之间、南北区域之间的联合串换保供。主要表现在三条线路：一是三大石油公司通过实施多项联通工程，逐步搭建全国一张网，使“南气北上”气量提高至3000万立方米/日；二是大连LNG、双6储气库外输通道形成向华北输送能力达700万立方米/日；三是天津LNG接收站向港清线增供1200万立方米/日。

从全国总体情况看（表5-15），不论是供给总量水平，还是普及率，这20多年都有很大提高。1990年～2017年供气管道长度的增长率在25年间都比较高，

2010 年～2017 年的供气管道长度以每年约 10%左右的速度增长。1990 年～2017 年燃气普及率增长速度极快，在 2010 年就已达 90%以上，在 2017 年高达 96.26%。从管道长度以及燃气普及率来看，中国的天然气供给能力在市场化改革中有很大的提升。

1990 年～2017 年城市燃气供给能力的变化　　表 5-15

年份	供气管道长度（万公里）	五年增长率（%）	燃气普及率（%）	五年增长率（%）
1990	2.40	—	19.10	—
1995	4.40	83.33	34.30	79.58
2000	8.90	102.27	45.40	32.36
2005	16.20	82.02	82.10	80.84
2010	30.90	90.74	92.00	12.06
2015	52.84	71.00	95.30	3.59
2017	64.12	—	96.26	—

资料来源：《中国城市建设统计年鉴》（1990 年～2018 年），中国统计出版社。

从总体上看，中国的天然气生产能力不断增强，并形成了包括国外管道气、进口 LNG 等多渠道天然气供给体系。同时加快全国天然气管网建设和联网，并加快城市管网建设，天然气产、供、销产业链逐步完善。

二、天然气行业体制改革不断深化

在中国天然气发展的初级阶段，国家授予天然气三大石油公司纵向一体化垄断经营的权利，主要是为了提高“三桶油”进行管网建设，完善基础设施的积极性，赋予其管网建设的能力。一方面，基于当时我国的天然气行业还发展不久，很多基础设施相当缺乏，赋予其上游的勘探开采权利的同时给予其中游的运输和下游的销售，基于企业自身生产经营的需要，石油公司有了积极加大对管网建设的动力；另一方面，由于天然气管网具有资产沉淀性特点，管道的建设前期投入巨大且投资回报期过长，一般的企业没有能力进行管网建设，但是石油公司从上游的勘探开采以及下游的销售中获得巨大的经济效益，从而具备了管网建设所需的大额投资资金，具有了管网建设的能力。

2014 年以来，政府积极推进能源领域的混合所有制改革，鼓励和引导民间资本进一步扩大能源领域投资。2014 年 9 月中石化子公司中国石化销售有限公司引进战略投资者，进行了混合所有制改革。2017 年 5 月，中共中央、国务院印发的《关于深化石油天然气体制改革的若干意见》（以下简称《意见》）。《意见》是我国天然气产业优化升级的纲领性文件，明确了深化石油天然气体制改革的指导思想、基本原则、总体思路和主要任务。《意见》部署的八个方面重点改革任务中，在促进竞争方面，主要体现在两个方面：一是在上游勘查开采领域，实行勘查区块竞争出让制度和更加严格的区块退出机制，逐步形成以大型国有油气公司为主导、多种经济成分共同参与的勘查开采体系。二是在中游管网运营方面，分步推进国有大型油气企业干线管道独立，实现管输和销售分开。完善油气管网公平接入机制，油气干线管道、省内和省际管网均向第三方市场主体公平开放。2019 年 3 月 19 日，习近平总书记亲自主持召开了中央全面深化改革委员会第七次会议，审议通过了《石油天然气管网运营机制改革实施意见》，明确要求组建国有资本控股、投资主体多元化的石油天然气管网公司，推动形成上游油气资源多主体多渠道供应、中间统一管网高效集输、下游销售市场充分竞争的油气市场体系。

城市燃气市场最早引入市场竞争机制，通过特许经营制度促进市场准入，引入社会资本，极大增加了燃气供应能力。在 2002 年以前，城市燃气实行垄断专营制度，政府财政是城市燃气行业投资建设的主要资金来源，民间资本禁止进入。2002 年，国家建设部出台了《关于加快市政公用行业市场化进程的意见》，从投资主体、选择投资主体的方式、特许经营权的授权主体等多个方面进行了规定。2004 年国家建设部出台《市政公用事业特许经营管理办法》，对城市燃气行业准入的进入条件、进入监管等方面进行了明确规定。为了进一步加强政府监管，国家建设部出台《关于加强市政公用事业监管的意见》，从进入与退出、运行安全、产品与服务质量、价格、市场秩序等方面提出监管要求。2004 年，国家建设部颁布《市政公用事业特许经营管理办法》，明确提出在中国城镇燃气行业采用特许经营方式，推动市场化改革，并指导中国城镇燃气行业发展。为规范燃气行业准入监管，促进燃气事业健康发展，维护燃气经营者和燃气用户的合法权益，2010 年由国务院第 129 次常务会议通过《城镇燃气管理条例》，为后来的燃气行业准入许可证制度奠定了基础。2014 年，住房城乡建设部印发《燃气经营许可管理办法》，规定从事燃气经营活动的，应当依法取得燃气经营许可证，并在许可事项规定的范围内经营。符合上述规定条件的企业，由县级以上地方人民政府燃气管理部门核发燃气经营许可证。2015 年国务院出台《基础设施和公用事业特许经营管理办法》，规定了特许经营原则、方式、期限、方案、部门职责、协议内容与履行以及协议变更终止等内容。根据国家发展改革委在 2019 年 6 月 30 日发布 2019 年版外资准入负面清单，取消 50 万人口以上城市燃气、热力管网须由中方控股的限制。这意味着，未来外资可控股甚至全资拥有城市燃气企业。根据此前政策，城市燃气、热力管网的建设、经营须由中方控股，外资在城市燃气合资公司里面最多持股 49%。

三、逐步建立天然气价格市场化机制

中国天然气市场发展初期为保证上游资源勘探开发企业利益，天然气供应价格机制采用“成本加成法”。为理顺天然气与可替代能源比价关系，引导天然气资源合理配置，2011 年 12 月 26 日在广东和广西试点实施以“市场净回值法”为依据的价格机制，2013 年 7 月在全国范围内实施。2015 年 11 月 20 日国家发展和改革委员会明确提出试点放开直供用户（除化肥企业）用气门站价格，由供需双方协商定价，2018 年 6 月居民与非居民门站价格实现并轨，价格改革迈出关键一步，居民与非居民价格并轨建立起市场主导的天然气价格机制。2018 年 5 月，国家发展和改革委员会出台《关于理顺居民用气门站价格的通知》，将居民用气由最高门站价格管理改为基准门站价格管理，价格水平与非居民门站价格接轨，供需双方可在上浮 20%、下浮不限的范围内协商确定价格。中国居民用气门站价格自 2010 年以来一直未做调整，长期低于非居民门站气价。居民和非居民的用气价差造成了交叉补贴以及市场上的套利空间，不利于保障居民用气。此次调整，迈出了天然气价格改革的关键一步，进一步完善了我国天然气价格形成机制，解决了居民和非居民价格双轨制产生的诸多问题，有助于利用价格杠杆调节市场供需，便于政府监管。至此，中国天然气批发环节价格实现由市场主导形成。其中，实行市场化定价的包括海上天然气、页岩气、煤层气、煤制气出厂价格、液化天然气、化肥用气、储气库气价等；另外，通过管道供应的居民和非居民用气，并轨后的基准门站价格具有一定的浮动区间，也是由市场主导形成。至此，政府先后放开了进口 LNG、国产非常规气、直供大用户的门站价格，通过上海、重庆天然气交易中心竞价交易发现市场价格，并在福建开展西三线天然气门站价格市场化试点。一系列发展政策措施的最终目标是推行市场化定价，进一步反映供求关系的变化和营造公平、公正的市场环境。

四、天然气行业监管体系日益完善

天然气行业出台了《天然气管道运输价格管理办法（试行）》、《天然气管道运输定价成本监审办法（试行）》，各省相继出台省级天然气管道管道运输价格管理办法、天然气管道运输定价成本监审办法等。因此，天然气行业基本确立了“准许成本＋合理收益”的价格监管思路和方法，以促进对被监管企业的价格，以及与之相关的投资、成本、质量等内容进行“精细化”深度干预。国家发展改革委于2017年6月20日印发《关于加强配气价格监管的指导意见》（以下简称《指导意见》），在对管道运输环节建立起价格监管规则后，进一步对下游城镇燃气配送环节建立起价格监管规则，从而构建起全环节价格监管体系。2017年8月29日，国家发展改革委发布了《国家发展改革委关于核定天然气跨省管道运输价格的通知》。此次管道运输价格是在国家首次对天然气跨省管道运输企业开展成本监审的基础上核定的，标志着科学透明的管道运输价格监管体系基本建立，管道运输价格监管向制度化、精细化迈出实质性步伐。

天然气管道运输属于自然垄断环节业务。截至2016年底，中国共有跨省管道运输企业13家，拥有长输管道6.8万公里左右。2017年上半年，根据《天然气管道运输价格管理办法（试行）》和《天然气管道运输定价成本监审办法（试行）》的规定，国家发展改革委组织对13家企业开展了成本监审，并在此基础上核定了跨省管道运输价格。经过成本监审，共剔除13家企业无效资产185亿元，核减比例7%；核减不应计入定价成本总额46亿元，核减比例16%，核定准许成本242亿元。在此基础上，进一步计算确定了各管道运输企业的准许收益及年度准许总收入，结合各企业管道负荷率水平，核定13家天然气跨省管道运输企业管道运输平均价格，比此前下降了15%左右。通过制定实施燃气行业价格监管政策体系和改革实践探索，为燃气行业市场化改革奠定重要基础。输、配气价改革核定的“过网费”，为现阶段的天然气行业体制改革创造了条件。

在对天然气管输价格核定的基础上，2019年5月由国家发展改革委、国家能源局、住房和城乡建设部及国家市场监管总局四部门联合发布《油气管网设施公平开放监管办法》，推动天然气长输管网向第三方公平开放，为推动天然气市场化价格改革积累经验，并为最终实现输配分离、推动天然气市场化交易奠定基础。

五、天然气行业发展面临的问题和对策

（一）天然气行业发展面临的问题

1. 天然气资源供应对外依存度高

自2004年西气东输管道正式投入商业运营以来，中国天然气消费市场快速打开。近年来，城市燃气、工业燃气和天然气发电的用气需求量越来越大，2017年的表观消费量已达到2012年的1.62倍，预测到2020年，中国天然消费量将达到3100亿立方米。然而，与快速增长的消费需求不同，我国天然气产量的增速较慢，2017年同期产量与消费量的比例为0.56∶1，自产供应明显不足，导致

天然气进口量大增。据海关总署统计数据，2017 年，中国天然气进口量为 6871.72 万吨，同比增幅达 28.11%。高进口量也意味着中国天然气市场供应的高对外依存度。据相关统计，2017 年中国天然气对外依存度高达 39%，预计到 2020 年国内天然气供应的对外依存度仍将保持在 30%左右的高位。鉴于目前土库曼斯坦等国出现输华天然气压供等现实情况，高对外依存度势必对中国天然气市场的安全供给造成威胁。

2. 基础设施支撑能力不强

就像电力运输离不开电网一样，天然气的运输使用也需要管网和储气库等基础设施的支撑服务。但目前中国天然气管网和储气库等的支撑服务能力明显不足。据计算，中国每万平方公里陆地面积对应的管网里程仅为 70.8 公里，约为美国同期水平的 12%，全国还有超过 20%的地级行政单位和约 30%的县级行政单位没有接通管道气。另外，中国已建成投产的地下储气库调峰能力仅为总消费量的 2.7%，远低于美国 20% 的水平，也低于国外其他天然气产业成熟国家 15%的平均储备水平。LNG 接收站罐容量站全国消费量的 2.2%，远低于 10%的国际平均水平。基础设施支撑服务能力不强，严重影响天然气市场的稳定供给。因此需要大力促进市场进入。当前，有新奥等社会资本进入储气站建设市场，但是仅限定在参股或者参与，而不是作为单独的市场主体进入。全国已经制定的区域发展规划和天然气发展专项规划中，基本上由三大油气企业和省属国有企业承担，其他市场主体仍然被排除在外，需要打破限制，促进社会资本进入储气行业。

3. 燃气行业价格机制尚不健全

天然气的价格影响天然气产业链的协调发展。欧美等发达国家基本都建立了竞争式的天然气市场定价机制。党的十八大以来，中国也按照“管住中间、放开两头”的思路加快推进天然气价格市场化改革，希望通过价格改革来倒逼天然气行业体制改革。然而，由于体制改革没有及时跟进，产业上中游大部分仍被国有大型中央企业垄断，市场定价放开后，出现了气价疯长的局面，背离了价格改革的初衷。国家统计局公布的数据显示，2017 年 12 月下旬液化天然气报价达到 7248.9 元/吨，同比当年 8 月涨幅超过 100%，给基本民生保障带来了巨大冲击。

4. 城市燃气亟待提高分配效率

在城市燃气发展初期，管道设施明显不足，亏损严重，未来发展的不确定因素较大。照搬国外的特许经营权竞标的方式，容易招致道德风险问题。主观上考虑，居民天然气价格倒挂严重，还存在终端交叉补贴等问题，无法像欧美国家那样实行顺价销售。特许经营制度的初衷是通过引进社会资本提升运营能力，并解决政府财政负担。为了解决居民供气政策性负担以及提升项目吸引力，特许经营权采取了管道输配和终端供气捆绑经营的方式，以非居民供气补贴居民供气，以市场保护换取政策性负担。哪怕是工商业等完全市场化的用户，只要是提供管道输送服务，只能由管道燃气企业独家供气。这种方式带来的问题显而易见：一是垄断高价，政府监管压力日趋加大；二是无法提升产品效率，气价居高不下成为发展瓶颈。特许经营制度实施伊始天然气消费规模小，用户以居民、中小工商业为主，问题不明显。但随着消费量快速增长以及非居民用户占比的急速提升，通过竞争提升产品效率成为越来越紧迫的问题。

（二）促进天然气行业发展的政策建议

1. 多渠道保障天然气市场安全稳定供给

天然气的安全供应事关发展稳定大局，要着力降低天然气供应的对外依存度，同步抓好“开源”与“节流”工作。一方面，要利用我国页岩气和煤层气资源数量大，单个气藏含气量高，勘探开发条件比较有利的优势，加大对页岩气、煤层气等非常规天然气开采技术的研发与应用，拓展天然气来源渠道。另一方面，要坚持主体多元化、竞争全面化的发展原则，在勘探开采领域引入社会资本，扩大开采规模，为产业发展注入新的生机活力。同时，要积极拓展国际供应合作空间，避免“将鸡蛋放在一个篮子里”，在加强与中亚天然气资源国传统合作的基础上，积极拓展非洲区块、拉美板块和亚太板块，提高天然气供应的安全可靠性。再者，要科学统筹推进“煤改气”工程，避免搞“一刀切”，不使市场天然气供应负荷骤然增加。

2. 大力度补齐天然气运输储备调峰短板

加强天然气运输、储备、调峰等基础设施建设是实现产业高质量发展的基本保障。长期以来，政企不分、责任不明和回报机制不全等问题制约了我国企业投资建设运输储备调峰设施的积极性。应加大力度完善相关体制机制，调动投资积极性，尽快补上天然气运输储备调峰的短板。一方面，要考虑天然气管网经营模式向电网经营模式的转变，实现采运分离，组建全国性的管网公司，进行专业化运作；另一方面，要尽快组织制定天然气全国干线管网的统一规划，加快联络线建设，打破企业间的管线壁垒，避免重复建设和分散投资；同时，要降低储气库建设的审批门槛，放宽市场准入，以明确的利益回报机制鼓励引进先进技术和社会资本，降低建设和运营成本，加快设施的换代升级。

3. 进一步完善天然气市场化定价机制

价格改革不是最终目标，以价格改革促进产业体制改革，实现天然气产业的市场化发展才是根本目的。因此，要进一步完善天然气市场化定价机制，促进价格改革与体制机制改革协同发展。一方面，要加强天然气市场供需情况的监测分析，做好需求与供应变化情况的预测，及时向市场公布，打破价格信息不对称的局面，减少投机炒作的可能。另一方面，介于中间环节的运输、储备、调峰设施有一定的公益性，可以考虑对其建设营运进行一定的财政补贴，例如推动出台天然气调峰费和储气库费的专项基金和减免液化天然气进口环节增值税等，防止将成本过度转嫁给消费者。再者，要强化天然气市场价格的监管，严厉查处恶意炒作和哄抬气价的行为，维护市场正常秩序。

4. 分步推进城市燃气市场化改革

党的十八大以来，天然气终端改革政策，有两条主线，一是还原能源商品属性，二是放开终端价格。前者要求放开管道气对工商业用户的绑定，开放管道代输功能。实现后者的前提是促进渠道建设和优化市场结构。这其中，城镇管网输配与供气解绑是最为关键的一环。考虑到现阶段终端交叉补贴以及管道和特许经营投资收益保障等原因，未来城镇燃气改革可以分成两个阶段。第一阶段，在接下来的5～15年，即特许经营协议终止之前，逐步实现输配和供气解绑。放开大用户直供，强制管道燃气企业代输。支持第三方在城镇管网输气能力不足或城燃供气普遍服务履行不佳的地区修建直供管网。为了解决代输动力不足问题，应该明确支持发展LNG点供和鼓励终端业务模式创新，以竞争倒逼管输代输。同时要抓住改革窗口期，加快建立居民气价传导机制。第二阶段，在特许经营协议期满后，管道输配和终端供气实现经营主体分离。工商业用户可以自由选择供气企业。居民供气等公益性服务，各地视市场规模和改革配套可以继续由管道燃气企业供气或选择新的供气商。

第四节　天然气行业监管体制改革

天然气行业属于自然垄断行业，对自然垄断环节需要进行严格监管。当前，中国天然气行业处于快速改革和发展之中，监管目标、内容、手段也会随着市场化阶段的不同而不断变化。在市场化改革初期，上游和中游保持垄断一体化状态，只有相当数量的民营企业进入城市燃气环节成为经营主体，对中上游的价格监管和特许竞争企业的进入监管及合同监管是监管的重点内容。随着市场化程度的提高，天然气行业的监管目标和内容发生相应的变化。在竞争性市场条件下，天然气行业政府监管体系的建构是一个复杂的社会系统工程，包括监管体制的健全、监管权力的合理配置、监管目标的正确选择、监管手段的灵活运用以及有效的争端解决机制等。中国天然气行业政府监管机制也在不断改进，在监管机构、市场进入、质量、价格等方面的监管机制将趋于完善，产生较好的效果。

一、天然气行业监管机构改革

（一）天然气监管机构的现状及问题

在天然气行业的上游和中游，在传统的天然气生产和运输一体化模式下，天然气生产和运输环节统一考核，两者间的职责界定、成本收益等问题可以通过领导内部协调、公司行政命令等方式推进。当前，油气勘探开采由自然资源部管理。2013年国家能源局重组，设立石油天然气司，将电力监管委员会地方监管机构职能扩大至天然气领域，并增加行政执法职能等举措，初步构建了国家天然气产业监管机构。其主要负责制定天然气行业监管计划、保障资源稳定供应、推动天然气管网等基础设施公平开放等方面工作。在下游城镇燃气部门，自2011年3月1日起实施的《城镇燃气管理条例》第一章第五条规定："国务院建设主管部门负责全国的燃气管理工作。县级以上地方人民政府燃气管理部门负责本行政区域内的燃气管理工作。县级以上人民政府其他有关部门依照本条例和其他有关法律、法规的规定，在各自职责范围内负责有关燃气管理工作。"由此可以看出，目前中国城市燃气采用的是国家与地方分层监管模式，主要监管机构是住房和城乡建设部和地方政府燃气管理部门，此外，中国城市燃气协会及各地方城市的燃气行业协会，作为燃气行业的自律机构，协助政府主管部门进行行业管理。另外，对于天然气涉及环保等领域的监管更加严格，天然气生产安全法规和标准体系基本成型。天然气行业监管机构设置存在以下问题：

一是政府监管机构之间职能存在交叉，各项审批错综复杂。目前中国天然气行业监管存在"条块分开、职能交叉、不成系统、审批复杂"的问题，行业监管职能分散在不同的部委手中，如油气勘探开采的审批权在自然资源部，油气管网设施公平开放监管职责在国家能源局及其派出机构，天然气价格监管职责在国家发展改革委的价格管理部门，城市燃气管网的监管职责在各地住房和城乡建设部门，这就容易造成行业监管面临"政出多门"和"各执一词"的窘境，难以形成正向协同效应。另外，"政出多门"容易导致责任主体不明，执行贯彻力度不够，运作效率较差，而且留有监管盲区且存在寻私的可能性，对监管效果造成不利影响。

二是监管力量薄弱，相关人才缺乏。以国家能源局及其派出机构为例，由于天然气行业监管是建立在原国家电力监管委员会工作基础上，机构组织体系尚不完备，架构、层级和人员数量和配备上都无法满足当前监管要求，在组织机构、业务流程、职责划分、制度建设等方面还存在很多需要厘清和规范的工作，且监管人员多为行政公务管理人员，掌握产业知识、经济管理理论的专业管制人才缺乏，对于当前处于快速发展阶段的天然气产业难以全面掌控，监管的政策性、专业性、时效性都存在弱化的问题。

三是监管机构独立性不够。由于未能实现独立监管，监管机构和人员在履职时常被要求服从于政府行政命令，造成监管政令出现到了地方被篡改、被削弱的情况，由此使得监管政策的权威性和执行力度出现“打折扣”的现象，进而弱化预期效果。

（二）优化天然气监管机构的政策建议

在天然气行业，由于与市场经济体制相适应的管理体制尚未健全和完善，国家综合经济部门依靠行政手段对大型国有天然气企业进行管理和协调的作用仍然存在一定的积极作用，这是中国当前采用是“政监合一”监管机构模式的重要原因。针对当前天然气管理和天然气监管职能界限不清晰的问题，应尽快理顺国家能源局部门之间的关系，让它们各司其职、加强沟通、分工负责、形成合力。由于天然气监管职能还存在分散和多头监管等问题，应该集中和加强天然气监管部门的监管职能，将市场准入、市场秩序和垄断性企业成本和价格的统一监管职能集中到一个监管部门，实现天然气监管转型。通过法律明确监管机构的主要监管内容，即天然气管道及其他基础设施的公平准入、管道的所有单位以及运营单位所指定的管输服务价格的形成机制、相关服务质量落实和维护机制、市场各参与方的公平竞争机制以及相关信息公开发布机制等。

二、天然气行业价格监管改革

随着消费的快速增长，天然气已经成为中国能源供应中越来越重要的组成部分，价格改革是天然气行业健康发展的重要保障。在“放开两头，管住中间”的体制改革中，通过价格监管管住自然垄断环节（天然气输配）的价格，是中国天然气价格监管改革的目标。从当前来看，天然气行业价格监管还包括门站价形成机制、管网运输价格和城市燃气销售价格。

（一）天然气生产环节价格监管改革

1. 天然气井口价格监管

中国天然气上游勘探生产环节的价格制定表现为天然气的井口价，目前井口价的形成机制改革经历了三个阶段：单一的国家定价机制、双轨制价格机制、国家指导价格机制。

（1）单一的国家定价机制（1956年～1993年）

在燃气工业发展初期，燃气企业并没有定价权，为鼓励国内燃气消费，国家计划统一对燃气实行优惠低价策略，直接规定企业原材料价格和成品价格。1982年以后，由于天然气产量出现滑坡，为筹集天然气勘探开发资金，国家开始逐步提高天然气井口价格，调整为0.08元/立方米。与此同时，国家采取了多种价格形式，将天然气价格分为计划内价格和计划外价格，对天然气实现商品量常数包干，包干基数内仍执行国家计划价，为130元/千立方米，对超过包干基数的外供天然气实行高价政策，价格为260元/千立方米，但计划外的天然气价格仍由国家定价。

1987年国家颁布了《关于颁发天然气商品质量管理暂行办法的通知》，为了弥补生产企业的成本支出，允许天然气生产企业在气价外向用户收取净化费，这是在计划经济条件下由于井口价格偏低而采取的一种价外收费的补充形式。1992年，原国家计委对我国天然气实行了分类气价，按用途分为化肥用气价格、其他工业用气价格、城市居民用气价格和商业用气价格，同时对四川天然气井口价格实行了计划内外并轨。

（2）国家计划定价和政府指导价并存（1993年～2005年）

1993年，国家推出了企业自销天然气价格的价格模式。随后在1994年，国家再次调整天然气价格，天然气包干内外完全并轨，对企业自销天然气井口价格规定了基准价，即生产企业可在此基础上上下浮动10%。从此，燃气的井口价进入了国家定价和国家指导价并存的双轨制阶段。这一价格政策不仅有利于筹集天然气勘探开发资金，而且对提高天然气产量以及外销商品率、满足市场需求起到了积极作用。2002年1月，国家对天然气价格结构进行了改革，将外收的天然气净化费并入井口价，统称为出厂价，此外，在该时期进行的西气东输工程中，首次采用了价格调整机制，实现了天然气出厂基准价与原油、LPG（液化石油气）和煤炭价格的联动。

（3）政府指导价机制（2005年～至今）

2005年底，国家发改委发布了《国家发展改革委关于改革天然气出厂价格形成机制及近期适当提高天然气出厂价格的通知》，决定将天然气出厂价归并为两档价格。其中，一档气出厂价在川渝气田、长庆气田、青海油田、新疆各油田及大港、辽河、中原等原油计划内天然气执行，可以在国家规定的基准价基础上上下浮动10%，由供需双方协商确定；除了实行一档价格以外的天然气均执行二档气出厂价，可以在国家规定的基准价格基础上上浮10%，下浮幅度不限。

天然气基准价格每年调整一次，调整系数按照原油、LPG 和煤炭五年移动平均变化情况，分别按 40%、20%、40%加权平均确定，相邻年度的价格调整幅度最大不超过 8%。从此，我国天然气价格实行政府指导价并建立与替代能源价格挂钩联动机制。

2007 年 4 月底，发改委提出了新的天然气价格改革的方向，即“先商品化、后市场化，最终目标与国家原油价格接轨”。2007 年 11 月，发改委上调了工业气价，为 0.4 元/立方米；同时提高了车用天然气销售价格。2010 年 5 月 31 日，国家发改委再次发布通知，为促进资源节约，理顺天然气价格与其他可替代能源的比价关系，引导天然气资源合理配置，决定提高国产天然气出厂价格，并完善天然气相关价格政策和配套措施：将各油气田（含西气东输、忠武线、陕京线、川气东送）出厂（或首站）基准价格提高 0.23 元/立方米，同时将大港、辽河和中原三个油气一、二档出厂基准价格加权并轨，取消价格双轨制；国产陆上天然气一、二档气价并轨后，将出厂基准价格允许浮动的幅度统一改为上浮 10%，下浮幅度不限，即供需双方可以在不超过出厂基准价格 10%的前提下，协商确定具体价格。

2013 年 7 月国家发改委发出通知，决定调整非居民天然气价格，建立与可替代能源价格挂钩的动态调整机制，改进天然气的价格管理环节和形式。国家将天然气价格管理由出厂环节调整为门站环节（上游供气企业与地方管道公司、城市燃气公司、直供用户等下游购买方交气点价格），并对门站价格实行政府指导价，即最高限价管理，由供需双方在国家规定的价格范围内协商确定具体价格。与此同时将天然气分为存量气、增量气两个部分。存量气门站价格每立方米提价幅度最高不超过 0.4 元，其中，化肥用气价格每立方米提价幅度最高不超过 0.25 元。增量气门站价格按可替代能源（燃料油、液化石油气）价格 85%的水平确定。调整后，全国平均门站价格由每立方米 1.69 元提高到每立方米 1.95 元。

2018 年 5 月 25 日，国家发改委出台《关于理顺居民用气门站价格的通知》（下称《通知》），决定将居民用气由最高门站价格管理改为基准门站价格管理，价格水平与非居民用气基准门站价格水平相衔接，自 2018 年 6 月 10 日起开始执行。

（二）天然气管道输送环节价格监管改革

中国国家级天然气干线管道管输费的价格监管为政府定价。根据定价方法的不同，以 2017 年 1 月 1 日为时间节点分为两个阶段。

第一阶段为 2017 年之前。从定价方法看，有“统一定价”，“一线一价”、

“两部制定价”三种。其中，“一线一价”占主体。“统一定价”是指1984年国家实行“拨改贷”、“利改税”政策前建设的管道，采用“老线老价”的管理办法，管输费由国家统一制定，执行统一运价率。1976年、1991年、1997年和2010年，中国先后四次制定或调整了统一运价率。“一线一价”是指1984年之后由企业筹资新建的天然气管道，采用“新线新价”的管理办法。管道项目建成后，以可研管输量、建设投资和运行成本为基础，通过财务基准收益率反算管输费，由企业报国家主管部门批准后执行。表现形式为“一线一价”、“一省一价”、“结构气价”。以西气东输管道和川气东送管道为例说明。国家发展改革委核准的西气东输管道全线平均管输费为0.79元，川气东送管道全线平均管输费0.55元。国家发展改革委核准的西气东输到管道沿线各省管输费，根据输气距离远近和价格承受能力，不仅制定了每个省的平均管输费，每个省内又根据用气行业的不同，分别制定了城市燃气、工业用气和发电用气的管输费。“两部制定价”是国家对天然气管输价格改革和探索的一种形式，是指向用户分别收取“管道容量费”和“管道使用费”。国家发展改革委分别于2004年和2005年对忠武线、陕京线系统核定了“两部制”模式下的管输容量费和管输使用费。

第二阶段为2017年之后。2016年10月9日，国家发展改革委印发《天然气管道运输价格管理办法（试行）》和《天然气管道运输定价成本监审办法（试行）》（简称“两个《办法》”），对管道运输的定价方法、监管对象、价格公布方式等进行了改革，并明确从2017年1月1日起实施。新的天然气管道定价方法调整为“准许成本加合理收益”原则定价，监管准许收益率为税后全投资收益率8%。监管对象改为以管道运输企业为监管对象，由“一线一价”改为“一企一率”。价格公布方式改为国家核定管道运价率（元/立方米·公里），企业测算并公布进气口到出气口的具体价格水平。同时，明确管道负荷率低于75%的，按75%负荷率对应的气量计算确定管道运价率。

（三）城市燃气配送管网价格监管改革

中国城镇燃气配送管网的价格监管也为政府定价。一直以来，多数地方都没有单独核定配气价格，而是将其直接包含在天然气零售价格之内，即直接管理销售价格。2017年6月，国家发展改革委印发《关于加强配气价格监管的指导意见》的通知，要求各地2018年6月底制定配气价格管理和定价成本监审规则，同时明确了配气价格的制定方法，确定了重要指标参数的选取范围。其中，明确要求配气价格按照“准许成本加合理收益”的原则制定；准许收益率为税后全投资收益率，不超过7%；校核周期原则上不超过3年。

（四）天然气价格监管存在的问题及对策

1. 天然气价格监管存在的问题

第一，中游价格制定缺失。由于当前资源和管网仍由三大国有石油公司垄断经营，导致中游价格制定仍存在缺失。在垂直一体化的大背景下，门站价格就是在考虑中上游一体化的基础上制定的规制价格体系，但是中游垄断意味着对上游的控制和对下游的支配，这种管道输送价格与出厂价合并为门站价格统一定价的方式与“放开两头、管住中间”的目标背道而驰，不利于管道输送环节与上下游的独立分离和开展第三方准入，亟须实现管道网络的互联互通从而提升天然气产业的竞争力，实现产业链结构性改革。同时，长输管网管输费价格虽然已经制定，但是制定过程缺乏独立性和透明度，且储气库等管网相关设施也缺乏配套的定价政策，进而造成社会资金缺乏投资动力。

第二，按资源热量计价的国际通行方式未能普及。随着天然气产业的发展、管网设施的健全、气源多样化格局的形成，传统的体积计价和重量计价模式已无法解决不同来源的天然气资源带来的不同价值差异问题，“同价不同质”使得用户无法获得公平的用气环境，不利于国内管网等基础设施的第三方开放工作推进以及与国内国际天然气市场的接轨。

第三，清洁能源的环保价值未能在气价中有效体现。由于国内长年对环保重视不足，用能企业在选择燃料时只是将经济性作为考虑的第一要素。天然气作为清洁能源的环保价值在经济性面前基本被忽视，这对天然气终端利用市场的开拓及环保节能政策的推广普及产生不利影响。

2. 天然气价格监管的对策建议

（1）建立城市燃气用气价格上下游联动机制。传统公用事业定价方法因其僵化的调价机制和漫长的反应时间已无法应对上游资源价格和市场的快速变化。下一步建立终端用气价格上下游联动机制将成为改革的重要工作之一，主要可以考虑从以下几方面着手：第一，推进政策制定环节的改革，建立符合国情和燃气行业特点的价格听证模式。第二，引导终端用气价格（特别是居民气价）回归作为市场信号的本质，不应让终端气价承担过多如补贴低收入群体等政策性目标；对于政策性目标应选择其他诸如政府采取无差别直接补贴等更有效率的方式实现。第三，建立价格联动机制配套政策和执行办法，避免发生之前较为普遍的主要由地方政府采取行政手段定夺的情况。

（2）构建科学的管输费形成机制。由于当前我国管网主要分为长距离输气管网、区域性输气管网，应结合各类管网特点设立有针对性的管输费价格形成机制。第一，长距离输气管网，考虑到其主要是大型资源项目的配套项目特点，具备单一气源、单一管道、多分输支线、管线距离长、直接的下游用户负荷大、需要调峰保障的特性，其管输费价格形成机制应体现费率随运输距离增加而递增的特点，采取基于管道设施运输容量分配和使用的“二部制”费率结构，对用户收取基于使用周期的设施容量预留费用及每次使用时根据实际用量产生的使用费。第二，区域性输气管网，考到其具有的集气、输气及长距离输气管道间的联络功能，且具备管路复杂、供气点多及用户多具有区域性的特点。考虑到该类管网及相应天然气资金来源的复杂性，其管输费宜采取“一部制”结构，即按照管输距离划分不同的费率区间，并按照资源到用户的管输距离递增而增加的原则计费。第三，支线输气管网，具有承接长距离管道和区域管网输送资源向终端用户输气的功能，考虑到终端用户数繁多，可采用类似“邮票”式的计费模式，实行管输费率的统一管理。终端用户只需向管输公司按实际提取气量支付包括管输全部成本的管道使用费即可。

（3）完善“市场净回值”定价机制

第一，天然气定价的参考因素除了燃料油和液化石油气之外，还应结合中国能源利用特点，将煤炭价格作为重要的关联指标纳入价格公式，使未来天然气价格更能准确反映国内能源市场发展情况。第二，进一步优化调价机制，尝试将国内天然气生产的平均利润率等国产气效益指标进行量化，并作为气价公式中的修正因子，由此将使得天然气定价机制更趋合理。

（4）价格机制体现天然气的环境价值

随着社会公众对于低碳发展、环境保护的日益重视，天然气价格形成机制中要兼顾考虑资源使用产生的环保收益。具体包括：第一，政府一揽子统筹各类能源的定价，高污染、高排放能源产品价格时收取一定的环保治污成本和碳排放成本，并将该类成本设立清洁能源补贴基金，对天然气等清洁能源价格给予适当补贴，降低该类能源的使用成本。第二，通过现有的碳交易机制对于使用天然气产生的碳排放的减少而产生的经济效益进行量化，创造天然气碳排放价格折减系数，使其成为天然气市场净回值定价的重要修正系数。

三、天然气行业进入监管改革

天然气行业进入监管是政府根据公共事业、公共安全、社会福利的需要及法律的规定，通过其自身所具有的公权力行使强制性手段，对天然气产业内部各个环节的进入和退出进行管控，确保产业内部参与者的总数基本达到一定的合适量级，以实现推动有效竞争，在一定程度上减少资源无序投入而造成浪费和低效问题的目标。受到产业链各环节之间存在的自然垄断性和技术特性各异的特点影响，相应的监管举措也各有不同。

（一）天然气生产环节进入监管

在传统管理体制下，油气勘探开采环节管束过严，区块退出机制不畅，导致中国油气资产开发效率不高。随着天然气行业体制改革的推进，在上游勘探开发领域，中国主要通过开辟竞争性领域和放松进入监管两个方面尽可能引入竞争机制。一方面，将页岩气、可燃冰等列为独立矿种。2011 年 12 月 30 日，页岩气成为我国第 172 个独立矿种；2017 年 11 月 17 日，天然气水合物成为我国第 173 个独立矿种。将页岩气、可燃冰等列为独立矿种，可避开天然气上游矿业权流转和退出机制不完善的问题，鼓励具有资金、技术实力的多种投资主体进入，充分发挥市场在资源配置中的决定性作用。以页岩气为例。页岩气列为独立矿种后，我国放开了页岩气勘查开采市场，不断探索开展页岩气勘查区块竞争出让新模式。2017 年 8 月，国土资源部委托贵州省政府成功拍卖出让了安页 1 井所在的正安区块。这是自 1998 年国土资源部成立以来，部属探矿权拍卖成功第一例，也是页岩气矿权成功拍卖的首例。另一方面，以新疆为试点，逐渐放松进入规制。2015 年 7 月 7 日，国土资源部发布《新疆石油天然气勘查区块招标出让项目公告》，决定在新疆开展油气勘查开采改革试点工作。2015 年 10 月 20 日，新疆 5 个石油天然气勘查区块公开招标出让，包括中石化、新疆能源、京能集团、美都能源等在内的 13 家国企、民企参与了竞标。根据 2017 年 5 月国务院印发的《关于深化石油天然气体制改革的若干意见》，允许符合准入要求并获得资质的市场主体参与常规油气勘探开采，放松了天然气上游环节的进入门槛，有效促进民营和外资企业进入，提高天然气上游环节的生效率。

（二）天然气管网进入监管

作为油气领域的重要环节，中国油气管网设施的建设、运营主要集中于三大国有石油公司等大型央企，主干油气管网处于高度垄断经营状态。随着油气领域上下游主体多元化市场逐步形成，各方对于油气领域市场化改革的意愿日益强烈，尤其对油气管网设施公平开放的诉求越来越高。

早在 2014 年 2 月，国家能源局就印发过《油气管网设施公平开放监管办法（试行）》，但是由于各方面原因，进展缓慢。但是基础设施第三方公平开放已开始逐步试水，国家已对三大国有石油公司的天然气管网等基础设施富余产能登记造册，信息已向社会公众开放；中石油江苏启东接收站、中海油天津接收站在液化天然气储存和外输产能第三方公平开放方面已进行了初步的探索：通过中石油向广汇能源启东接收站开放西气东输管道的框架协议的签署，实现了国内天然气管网第三方开放的首单尝试；中石油在西气东输三线等多个主干管道项目中开始尝试引入多元化投资主体，推动产业混改的加速进行。2017 年 5 月，党中央、国务院印发了《关于深化石油天然气体制改革的若干意见》，明确提出要“完善油气管网公平接入机制，油气干线管道、省内和省际管网均向第三方市场主体公平开放”。2019 年 3 月，中央全面深化改革委员会第七次会议审议通过《石油天然气管网运营机制改革实施意见》。会议强调，推动石油天然气管网运营机制改革，要坚持深化市场化改革、扩大高水平开放，组建国有资本控股、投资主体多元化的石油天然气管网公司，推动形成上游油气资源多主体多渠道供应、中间统一管网高效集输、下游销售市场充分竞争的油气市场体系，提高油气资源配置效率，保障油气安全稳定供应。2019 年 5 月 31 日，国家发展改革委、国家能源局、住房和城乡建设部、市场监管总局四部委联合发布了《油气管网设施公平开放监管办法》，该办法的核心内容是要求油气管道、液化天然气接收站、地下储气库等油气基础设施打破垄断、无歧视地向第三方公平开放。

（三）城市燃气进入监管

城市燃气行业的技术经济特性决定了政府部门需要对其进行市场准入监管。一是区域性的自然垄断性要求地区燃气的生产经营需由一家或少数几家企业进行，过多企业的进入、网管的重复建设会造成沉淀成本的增加、资源的浪费、效率的损失；二是准公共性和公益性要求燃气企业能够稳定地生产和供应城市燃气，企业频繁的进入和退出市场会为公众生产生活带来众多的不便；三是危险性要求燃气企业生产和供应的各个环节的安全性都能够达到标准，使安全隐患降到最低，因此，除需进行燃气质量监管外，也需进行市场准入监管，从源头上排除条件不符的企业。目前，中国城市燃气行业的进入采取许可证制度，即企业需向相关部门提出申请，经核准取得许可证后进入市场，并在生产经营过程中接受政府的监督管理。

在 20 世纪 80 年代以前，燃气行业的投资均由政府拨款，亏损由政府补贴，燃气企业也是一直处于政府授权下的垄断经营，没有实质的经营决策权，也不具备盈利的性质，是隶属于政府的公益事业。这种体制使得大多数城市燃气公司严重依赖政府政策性补贴，造成公司冗员严重、经营管理不善。由于城市化快速发展的需求，对城市各种基础设施建设的要求也越来越高，同时城市燃气建设所需的资金投入也越来越大，仅仅靠政府的投资显然是不够的，因此需要外来资金对燃气行业进行投资建设。随后在 20 世纪 90 年代初期，以中华煤气为代表的港资和以新奥燃气为代表的民营资本开始投资国内城市燃气市场。

在 2002 年版《外商投资产业指导》中，原禁止外商进行投资的燃气行业开始对外开放。同年，建设部出台了《关于加快市政公用行业市场化进程的意见》，鼓励社会资金和外国资本采取独资、合资、合作等多种形式参与供气等经营性市政公用设施建设，形成多元化投资结构。2004 年，为了加快推进市政公用事业市场化，规范市政公用事业特许经营活动，加强市场监管，建设部发布了《市政公用事业特许经营管理办法》。根据该办法，政府通过向社会公开招标的方式选择投资者和经营者，授予其在一定时间和范围内对燃气产品或服务进行经营的权利，即特许经营权，使得燃气行业的跨区域整合成为可能，燃气分销领域的竞争格局逐渐由地方垄断转变为跨区域的市场竞争。2005 年国家发展改革委颁布的《国务院关于鼓励支持和引导个体私营等非公有制经济发展的若干意见》中指出“支持非公有资本积极参与城镇供水、供气、供热、公共交通、污水垃圾处理等市政公用事业和基础设施的投资、建设与运营”，该《意见》使得非公有制资本开始进入国家的公用事业领域。2007 年版《外商投资产业指导目录》仅将“大城市燃气管网的建设、经营”作为限制外商投资类产业且要求中方控股，中等城市以下对外商全部放开。此后，港资、外资、民营资本以及国有资本纷纷进入城市燃气市场，逐步形成了多元投资主体共存的竞争格局。

为加强燃气管理，保障燃气供应，促进燃气事业健康发展，维护燃气经营者和燃气用户的合法权益，2010 年由国务院第 129 次常务会议通过《城镇燃气管理条例》(国务院令［2010］583 号)，第三章第十五条规定：“从事燃气经营活动的企业，应当具备下列条件：(1) 符合燃气发展规划要求；(2) 有符合国家标准的燃气气源和燃气设施；(3) 有固定的经营场所、完善的安全管理制度和健全的经营方案；(4) 企业的主要负责人、安全生产管理人员以及运行、维护和抢修人员经专业培训并考核合格；(5) 法律、法规规定的其他条件，为后来的燃气行业准入许可证制度奠定了基础。2014 年，住房和城乡建设部印发《燃气经营许可管理办法》，规定从事燃气经营活动的，应当依法取得燃气经营许可证，并在许可事项规定的范围内经营。符合上述规定条件的企业，由县级以上地方人民政府燃气管理部门核发燃气经营许可证。2015 年国务院出台《基础设施和公用事业特许经营管理办法》，进一步将特许经营上升为国务院办法，并规定了特许经营原则、方式、期限、方案、部门职责、协议内容与履行以及协议变更终止等内容。2019 年国家取消了外资进入城市燃气的负面清单，即全面放开城市燃气的进入监管。

（四）天然气行业进入监管存在的问题及对策

1. 天然气行业准入监管存在的问题

（1）上游天然气资源仍由“三桶油”把持。目前我国天然气资源生产和进口的主要主体仍然为中石油、中石化和中海油三家所垄断。其中国内陆上天然气产区绝大部分仍由中石油和中石化控制，海上天然气田仍由中海油控制。虽然诸如东莞九丰、中国燃气、新奥燃气、广汇集团等企业也开始逐渐试水上游业务，但无论从资源量还是市场规模均与三家国家石油天然气公司差距甚远。

（2）中游管网基础设施垄断降低资源配置效率。当前国内投产和在建的95％上液化天然气接收站项目和长输管线项目由“三桶油”控股和作业，多采取封闭模式运营，对非自己公司所有的资源具有强烈的排他性。面对设施产能第三方开放后带来的竞争格局，设施所有者仍倾向于凭借产权和作业者的垄断优势制造进入障碍以保障自身经济利益，由此人为造成国内天然气资源和市场发展不均衡问题。

（3）地方政府整合辖区内天然气主干管网形成新的垄断力量。目前陕西、山西、江苏、浙江、江西、广东等省已组建了省天然气管网公司（“省管网公司”），主要负责投资建设和运用省级天然气主干管网，并对下游用户实行天然气资源“统购统销”。省管网公司具有较强自然垄断性，成为省级区域天然气利用市场的垄断者，终端用户因此将承受更高的输配费用负担。

（4）上游企业凭借资源优势进入下游市场，纵向一体化垄断加强。近年来，部分天然气上游企业受到利益驱使，凭借国家赋予的资源优势和市场支配地位，通过与地方政府签订排他性的专营协议，资源换市场战略将业务领域强势延伸到下游城市燃气供应领域，对燃气企业发展空间造成严重挤压，破坏了下游城市燃气行业经过改革已取得的市场竞争均衡发展的成果，对天然气产业健康发展产生不利影响。

2. 优化天然气行业进入监管的对策建议

中国天然气行业“放开两头、管住中间”的改革目标明确了要在上游和下游放松准入引入市场机制，成立独立的产权多元化的管网公司。当前可从以下几方面入手优化完善天然气行业准入监管。

（1）完善矿业权竞争性出让制度。近两年国内天然气产量增长明显滞后于市场发展，对外依存度迅速提升，供应安全更加脆弱。加快完善天然气矿业权竞争性出让制度是解决上述问题的根本途径。要严格天然气矿业权的退出和转让，实现矿业权在石油公司之间、石油公司与社会资本之间进行更大范围的有效流转，以此推动国产气勘探开发力度，高效、经济的实现增储上产目标。

（2）建立健全天然气基础设施运营机制。尽管2018年天然气管网互联互通取得了积极进展，但与全国天然气资源高效流动和优化配置的目标仍相距甚远。近年来管网建设进展缓慢、基础设施互联互通不充分等成为制约天然气发展的瓶颈。未来一两年天然气需求增速有望放缓，为改革提供了有利时机。随着跨省管输成本监审的完成和各省输配气价监审的不断推进，政府监管体系已具备雏形，加之社会对成立国家管网公司的预期基本建立，改革时机日趋成熟。要加快建立健全天然气基础设施运营机制，根据2019年5月份出台的《油气管网设施公平开放监管办法》，促进油气管网设施公平开放，以解决基础设施不足和第三方公平准入的难题。

（3）探索可行的储气调峰商业模式。清晰划分调峰责任有利于理顺上下游之间、政府与企业之间的关系，实现联合保供。在已确定上下游供气企业承担季节（月）和小时调峰责任的基础上，要在政策中进一步明确城市燃气企业承担天然气日调峰责任，从根本上解决企业间对日调峰责任推诿扯皮的问题，减轻地方政府临时协调的工作量。同时，建议采取试点方式探索可操作的储气调峰商业模式，为社会资本建设运营储气设施的投资决策提供合理预期，为实现2020年储气指标提供可行路径。

四、天然气行业质量监管改革

天然气的“三易”特性导致其具有很高的危险性，其产品、工作、服务的质量直接关系着人们的生命财产安全和社会的健康稳定，质量安全问题始终备受关注。此外，随着我国建设“资源节约型、环境友好型”社会步伐的加快，以及低碳经济的不断发展，对天然气行业环境影响的监管，实际上也是一种对天然气行业质量监管的要求。近年来，中国不断重视天然气行业的安全监管。要求燃气企业委托具有安全评价资格的中介机构，采用安全检查表的形式，对燃气企业的安全管理制度、内部组织结构、技术和设施的安全操作检修情况、事故预防与处理机制等方面进行评估，并据此为燃气企业的安全状况划分评价等级，采取相应的管理措施。此外中国还确立了一系列燃气安全标准，制定了专业资格制度，建立了用户回访制度，并经常对企业安全生产情况进行监督检查。天然气企业服务质量也是监管的重要内容，即对服务的态度、服务的技能、服务的效率等方面的监管，如是否为申请用气用户及时安装和通气，是否方便及时地进行维修管理，是否及时发出停气通知，是否合理地收取费用，是否及时有效地处理燃气事故等。质量监管最主要的是要关注燃气企业的服务质量，消除燃气行业垄断行为。

首先，建设行政主管部门要依据相关行政许可、建筑施工等法律法规，统一认识，明确各级政府及政府各部门之间的工作职责，同时加强行业主管部门与地方燃气企业之间的监管关系，积极听取燃气用户的意见建议等，解决地方政府各自为政、建设单位为所欲为的问题，改变以往对燃气企业进行经济手段来监管的方法，营造开放、公平竞争的市场环境。第一，将重点放在监管责任与事权两者间平衡上，改进现有监督与管理制度，加强监管力度与效力，提升监管效率与质量。第二，构建联合监督管理机制，与有关部门相互协调一同做好相关监督与管理工作。第三，加强政府部门的服务职能和政企之间的合作，切实改进与完善现有体制。

其次，要完善建立行业自律机制，发挥燃气协会、建筑业协会的中间作用，提高燃气企业合法经营的自觉性。同时还要加快建立统一的行业信用体系，建立建设、施工、监理、设计、勘察、运营单位各方的信用档案，并实时进行动态管理，信用好的单位可予以政策性支持，扶优扶强，信用不好的可以加入黑名单，加大处罚力度。同时还要要求燃气公司全部对外书面文件均要根据反垄断法所要求的来全面整理，要及时纠正可能有悖于该法律规定的制度，如限制交易，价格歧视，交易附加条件，搭售商品等，同时也要及时调整各种霸王条款内容。

第六章 电力行业发展报告

电力作为最重要的基础性能源之一，其行业发展与国民经济息息相关，全社会用电量指标也常常被视为经济发展的替代性指标，用电量上升往往意味着经济向上发展。世界各国电力行业发展一般经历严格管制到适度放松的过程，这与电力行业的地位及其行业结构相关，中国也不例外。建国初期，电力行业实行严格的计划经济，20 世纪 80 年代初开始实行市场化改革，经过 30 多年的发展，基本改变电力短缺的局面，行业一体化结构也被打破，在发电市场基本实现市场化竞争。本章分别介绍了电力行业投资与建设、生产与供应、发展成效以及监管体制改革。

第一节　电力行业投资与建设

改革开放后，电力行业以前所未有的速度发展，电力投资力度持续加大，电源建设不断迈上新台阶，电网建设速度逐年加快。但近年来，受宏观经济的影响，电力行业投资与建设有所放缓，同比有下滑的趋势。

一、电力行业投资

早期为填补电力供需缺口，2003 年～2007 年，曾形成超大规模的电力投资建设浪潮，电力累计投入 20595 亿元。2008 年～2009 年全国电力基本建设投资规模继续增加，2010 年有所回落，但 2010 年～2016 年全国电力工程投资总额再次保持持续增长势头，但增速却有起伏，2011 年～2014 年增幅不明显，2015 年较 2014 年有大幅度增加，但 2016 年增幅则又趋于平缓，同比增幅不足 0.2%，增长疲软已经初显（图 6-1）。

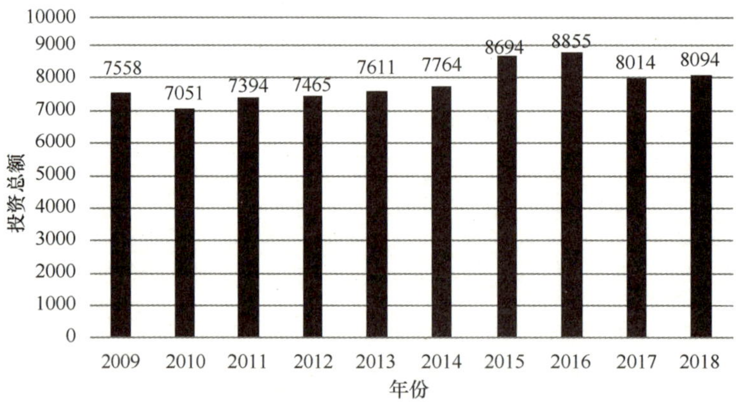

图 6-1　2009 年～2018 全国电力工程投资总额（单位：亿元）

2017 年调头下滑，全国主要电力企业电力工程建设完成投资 8014 亿元，同比减少 9.5%。打断了连续 7 年保持增长的势头。与 2017 年相比，2018 年全国电力工程投资略有回升。

（一）电源投资总额先升后降

2002年发电资产重组后，发电市场竞争效果初步显现，电源建设投资迅速增加，电力供应不足的问题很快得到解决。图6-2与图6-3表明，2002年～2006年，全国发电装机容量增加迅猛，从2002年的35657万千瓦增加到2006年的62200万千瓦，年增长率从5.87%升至22.34%，随后，增速放缓，增长率表现为下降的趋势，直至2015年后增长率又有所回升。但从2016年开始又呈下降趋势，2016年全国发电装机容量增长率与上年相比，下降3.11个百分点，2017年和2018年再次下降0.54个百分点和0.77个百分点。

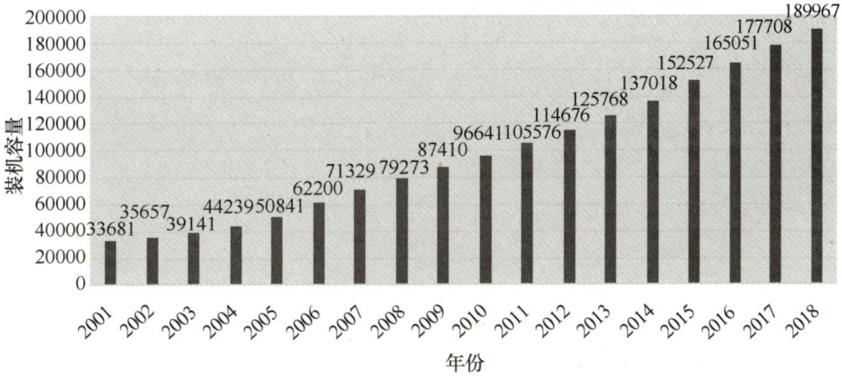

图6-2　2001年～2017全国发电装机容量（单位：万千瓦）

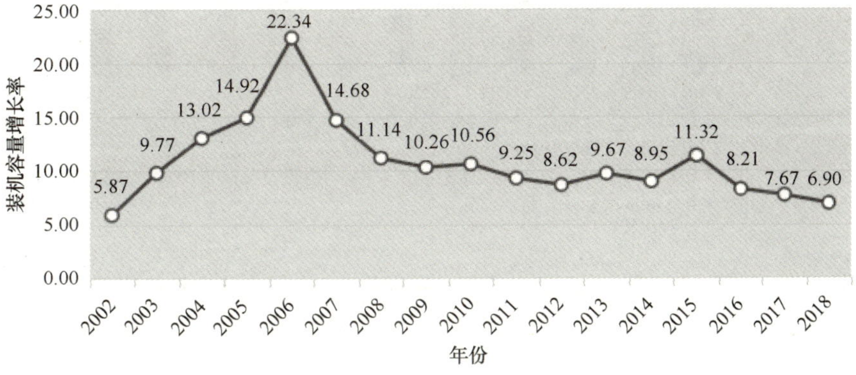

图6-3　2002年～2017全国发电装机容量增长率（单位：%）

从电力投资结构来看，2018年，全国主要发电企业电源工程建设完成投资2787亿元，比上年下降3.9%，下降幅度同比上年收窄。全国电网工程建设完成投资5340亿元，与去年基本持平。

其中，水电 700 亿元，比上年增长 12.7%（其中，抽水蓄能 162 亿元，比上年增长 14.0%，为历年来投资额最大）；核电 447 亿元，比上年下降 1.6%；风电 646 亿元，比上年下降 5.2%，已连续三年下降；太阳能发电 207 亿元，比上年下降 27.4%；火电投资 786 亿元，比上年下降 8.3%，为 2004 年来投资额最小，其中，燃煤发电 644 亿元，比上年下降 8.8%，占电源投资的 23.1%，与上年基本持平，燃气发电投资 142 亿元，与上年基本持平。直流工程 520 亿元，比上年下降 39.4%，占电网工程总投资的 9.7%；交流工程 4600 亿元，比上年增长 7.6%。配电网投资额较快增长，全年完成配电网投资 3023 亿元，比上年增长 6.4%。

（二）清洁能源投资比重持续提升

图 6-4 显示，从投资比重看，火电工程投资从 2008 年的 49.3%下降到 2018 年的 28.2%，降幅达 21.1 个百分点；核电和风电投资比重大幅提升，分别从 2008 年的 9.7%和 15.5%，提升到 2018 年的 16.0%和 23.2%，提升 6.3 个百分点和 7.7 个百分点；水电投资比略有提升，2019 年与 2008 年相比，提升 0.2 个百分点。

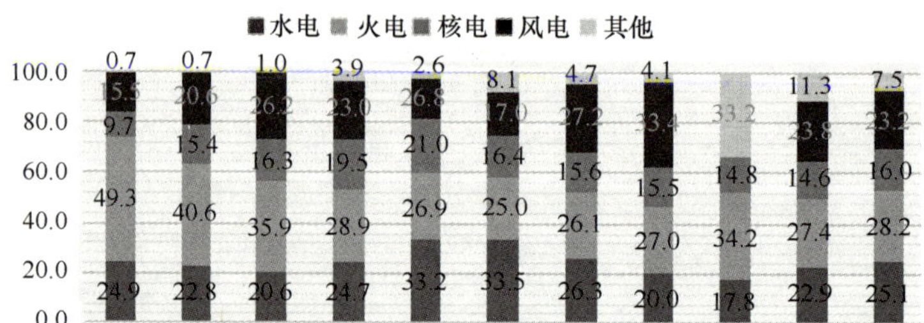

	2008	2009	2010	2011	2012	2013	2014	2015	2016	2017	2018
其他	0.7	0.7	1.0	3.9	2.6	8.1	4.7	4.1	33.2	11.3	7.5
风电	15.5	20.6	26.2	23.0	16.3	17.0	27.2	33.4		23.8	23.2
核电	9.7	15.4	16.3	19.5	21.0	16.4	15.6	15.5	14.8	14.6	16.0
火电	49.3	40.6	35.9	28.9	26.9	25.0	26.1	27.0	34.2	27.4	28.2
水电	24.9	22.8	20.6	24.7	33.2	33.5	26.3	20.0	17.8	22.9	25.1

图 6-4 2008 年～2018 年各类电源投资所占比重统计图

数据来源：根据中电联发布的《中国电力行业年度发展报告》整理而得。2016 年风电数据缺失，风电投资占比包含在其他类投资之中。

（三）电网基本建设投资累计完成额平稳增长

1978 年～1995 年，电网基本建设投资占全部电力基本建设投资比重平均只有 25.34%。进入“九五”以后，全国长期严重缺电的局面逐步缓解，电力部门开始注意同步发展电网、调整电力工业产业结构。1998 年 7 月，国务院决定大规模推行城乡电网建设与改造工程，使电网基本建设投资占全部电力基本建设投资的平均比重在“九五”期间上升到 29.38%。“十五”期间，是中国省内或省间、区域内或区域间以 500kV 联网、城乡电网建设与改造工程、“西电东送”三大通道工程大力推进时期，电网基本建设投资占全部电力基本建设投资的平均比重又上升到 35.05%。“十一五”前 2 年，电网基本建设投资占全部电力基本建设投资的平均比重又上升到 39%，电源、电网的投资结构处于不断改善之中。

1999 年～2002 年，电网投资增速相对缓慢，2002 年以来电网投资增长较快。2004 年与 2009 年，输电线路新增速度明显加快，其中，2009 年 330 千伏输电线路几乎等于 1999 年、2002 年与 2004 年三个年份总的新增输电线路长度。2009 年，500 千伏以上与 220 千伏输电线路均有大幅增长。随着电网建设加快，输电效率也有提高，输电线路损失率从 1999 年的 8.1%下降到 6.72%。

2008 年，电网投资首超电源投资。全国电力基本建设投资完成额达到 5763 亿元，同比增长 1.52%。其中，电源电网分别完成投资 2879 亿元和 2885 亿元，同比分别下降 10.78%和增长 17.69%，电网基本建设投资占电力基本建设投资的 50.05%，近几年首次超过电源投资。2008 年，南方电网西电东送完成 1057 亿千瓦时，分别增长 17.84%和 70.95%。京津唐电网受电电量达 223 亿千瓦时，增长 22.88%。

2010 年电网投资较 2009 年有所下降，2010 年～2012 电网投资均低于电源投资，但从 2013 年开始，电网投资重新超过电源投资，且超过的额度有增长的趋势，“十二五”以来，除 2017 年外，电网工程建设完成投资每年都有不同程度的提升。其中，2011 年完成 3682 亿元，同比增 6.77%；2012 年完成 3693 亿元，同比增 0.2%；2013 年完成 3894 亿元，同比增 5.44%；2014 年突破 4000 亿元达 4118 亿元；2015 年完成 4603 亿元，增速首次达到两位数；2016 年首破 5000 亿元大关，达到 5426 亿元，增速升至 16.9%；因 2016 年电网投资增速较高的基数效应，2017 年我国电网工程建设完成投资 5315 亿元，同比下降 2.2%，为 2010 年以来首次下降；相比之下，2018 年电网工程建设投资 5373 亿元，较电源投资高出 2652 亿元，虽然增幅不大，但延续了我国电网工程建设完成投资持续增长的态势，连续第六年超过电源建设投入（图 6-5）。

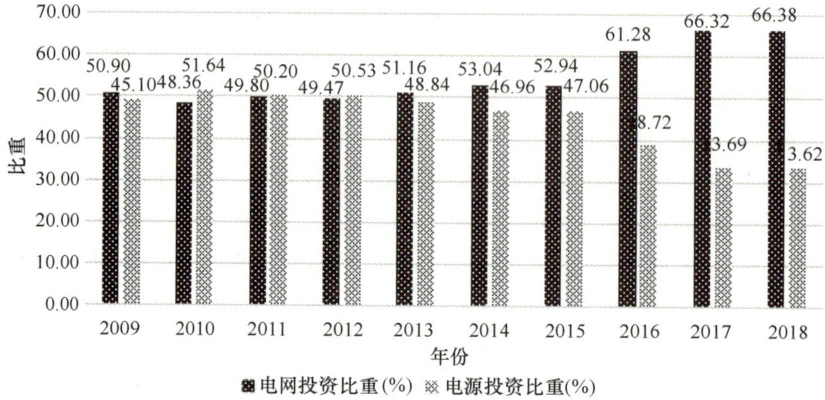

图 6-5　2009 年～2017 年电源和电网基本建设投资完成额所占比重统计图

数据来源：笔者根据中电联发布的《中国电力行业年度发展报告》整理而得。

二、电力行业建设

（一）发电装机容量

自 2002 年以来，我国电力行业实行厂网分开，打破了电力行业原来高度一体化的垄断体系，调动了各方办电的积极性，电源建设速度进一步加快，成为中华人民共和国成立以来电源发展最快的一段时期。与改革开放初期相比，发电装机容量增长了 10 倍。自 1996 年起，中国发电装机容量一直位居世界第二位。电源结构不断继续优化。电源建设贯彻了“优化发展火电，有序发展水电，积极发展核电和大力发展可再生能源发电”的方针，加快了水电、核电和可再生能源等清洁能源发电的建设步伐。新增能力保持较大规模，电源结构继续优化。

截至 2018 年底，全国全口径发电装机容量 190012 万千瓦，比上年增长 6.5%，增速比上年回落 1.2 个百分点。其中，水电 35259 万千瓦（含抽水蓄能发电 2999 万千瓦，比上年增长 4.5%），比上年增长 2.6%；火电 114408 万千瓦（含煤电 100835 万千瓦，比上年增长 2.3%），比上年增长 3.1%；核电 4466 万千瓦，比上年增长 24.7%；并网风电 18427 万千瓦，比上年增长 12.4%；并网太阳能发电 17433 万千瓦，比上年增长 33.7%。全国人均装机 1.36 千瓦/人，比上年增加 0.08 千瓦/人，连续多年居世界平均水平。

随着新的发电机组相继投产，全国发电设备容量继续平稳增长，且新能源发电装机容量占比不断提高。全国非化石能源发电装机容量 77551 万千瓦，占全国发电总装机容量的 40.8%，比上年提高 2.1 个百分点；新能源发电装机合计

35860 万千瓦，占比 18.9%。单机 100 万千瓦级火电机组达到 113 台，60 万千瓦及以上火电机组容量占比达到 44.7%。

清洁能源装机比重提升，电源结构继续优化。如图 6-6 所示，截至 2018 年底，电力装机构成中，火电装机占比 60.20%，同比降低 1.98 个百分点；水电装机占比 18.54%，同比回落 0.79 个百分点；核电装机占比 2.35%，同比上升 0.33 个百分点；风电装机占比 9.70%，同比提高 0.51 个百分点；太阳能发电装机占比 9.19%，同比提升 1.91 个百分点。

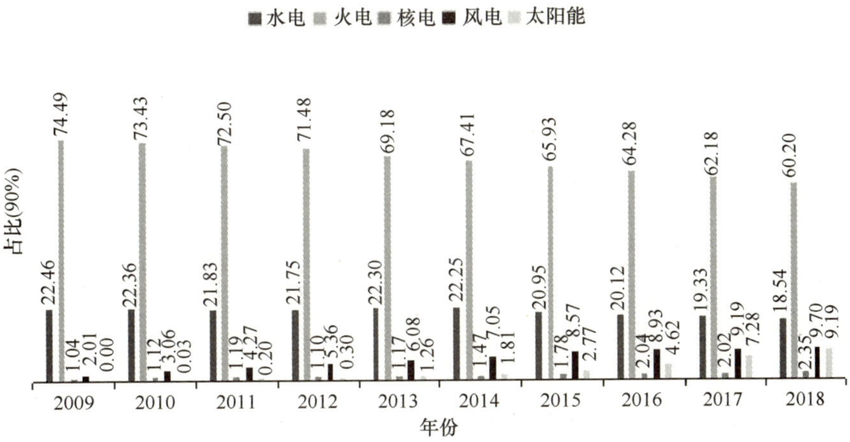

图 6-6　2009 年～2018 年电力装机构成图

（二）新增装机

虽然全国发电新增装机容量整体上呈上升趋势，但并不连续。例如虽然 2017 年新增装机容量较上年大幅上涨，但 2018 年再次回落（表 6-1）。2017 年，全国发电新增设备容量 13019 万千瓦，同比增加 876 万千瓦。分电源类型看，水电新增容量 1287 万千瓦，同比增加 108 万千瓦；火电新增容量 4453 万千瓦，同比减少 595 万千瓦；核电新增 218 万千瓦，同比减少 502 万千瓦；风电新增容量 1720 万千瓦，同比减少 304 万千瓦；太阳能发电新增容量 5341 万千瓦，同比大幅度增加 2170 万千瓦。

2018 年，全国发电新增设备容量 12439 万千瓦，同比减少 580 万千瓦。分电源类型看，水电新增容量 854 万千瓦，同比减少 433 万千瓦；火电新增容量 4119 万千瓦，同比减少 334 万千瓦；核电新增 884 万千瓦，同比减少 666 万千瓦；风电新增容量 2100 万千瓦，同比减少 380 万千瓦；太阳能发电新增容量 4473 万千瓦，同比大幅度增加 868 万千瓦。

2009—2017 年全国新增发电装机容量（单位：万千瓦） **表 6-1**

年份	总量	水电	火电	核电	风电	太阳能
2009	9667.35	2105.70	6585.76		973.00	2.79
2010	9124.00	1642.85	5830.56	173.69	1457.31	19.59
2011	9041.00	1225.00	5886.00	175.00	1585.00	169.00
2012	8315.00	1676.00	5236.00		1296.00	107.00
2013	10222.00	3096.00	4175.00	221.00	1487.00	1243.00
2014	10443.00	2180.00	4791.00	547.00	2101.00	825.00
2015	13184.00	1375.00	6678.00	612.00	3139.00	1380.00
2016	12143.00	1179.00	5048.00	720.00	2024.00	3171.00
2017	13019.00	1287.00	4453.00	218.00	1720.00	5341.00
2018	12439.00	854.00	4119.00	884.00	2100.00	4473.00

（三）电网建设

截至 2018 年底，新增 220 千伏及以上输电线长度 3.77 万公里，总长度达到了 71.6 万公里；2017 年这一数据是 67.8 万公里，新增长度 3.77 万公里，同比增长 14.0%。与线路投入相比，2018 年，电网建设变电设备容量方面有所放缓。2018 年全国基建新增 220 千伏及以上变电设备容量 2.2 亿千伏安，同比下降 8.9%；新增直流换流容量 3200 万千瓦，同比下降 59.5%。

2018 年电网投资建设的主要增长点在 110 千伏及以下电网。新一轮农网改造，与配电网建设是 110 千伏及以下电网投资比重加大的主要原因之一；2018 年电网投资继续向配网及农网倾斜，新一轮农网改造升级取得阶段性重大进展。110 千伏及以下投资增长 12.5%，占全部电网投资的比重为 57.4%、比 2017 年提高 4.5 个百分点。

2018 年，国家电网有限公司启动“三区两州”深度贫困地区电网建设，解决了 259 条 10 千伏线路“卡脖子”、1.3 万户居民低电压问题，累计接入光伏扶贫电站 1814 万千瓦、惠及 247 万户贫困户，在定点帮扶的青海玛多县新建 11 座光伏扶贫电站。推进北方地区冬季清洁取暖，完成京津冀及周边、汾渭平原地区 210 多万户居民“煤改电”。南方电网公司农网改造升级工程项目总体完成 309 亿元投资，投资完成率 100%。其中完成中央投资农网项目 49.37 亿元，共建成投产中央投资农网项目 9080 个、“小康用电示范县”项目 6105 个、“中国特色小镇”项目 436 个，全面实现智能电表和低压集抄全覆盖。

第二节　电力行业生产与供应

改革开放以来，我国电力行业生产与供应能力飞速发展，特别是 2002 年电力体制改革之后，电力供应短缺局面迅速扭转，电力生产运行安全也在快速增加。但是近年来，受宏观经济影响，电力行业出现产能过剩的情况。

一、电力行业生产

近二十年是我国电力行业生产飞速发展时期，全国发电设备容量平稳增长，发电量逐年增加，生产运行安全可靠性不断提升。近年来新能源发电装机容量占比不断提高，弃风弃光问题明显改善，风电设备利用小时屡创新高，但区域发电仍然存在较大差异性。

（一）发电量及增长情况

如图 6-7～6-10 所示，1990 年～2018 年间，发电量逐年增加。全社会单月发电量平稳增长，累计发电量增速稳步回升，特别是 2000 年以后，发电量增长迅猛，但近几年也有所放缓。

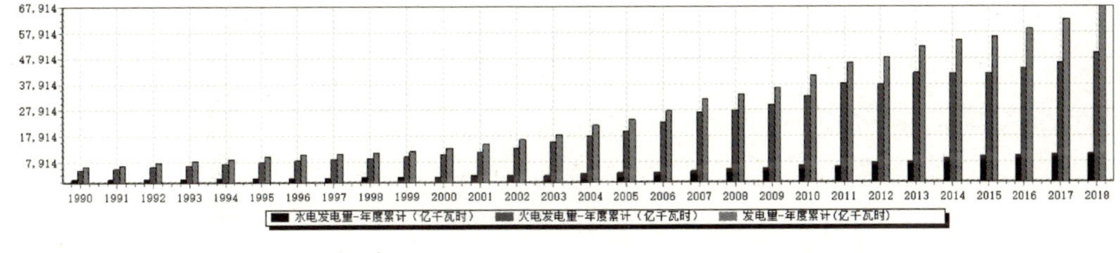

图 6-7　1990 年～2018 年全国发电量统计图

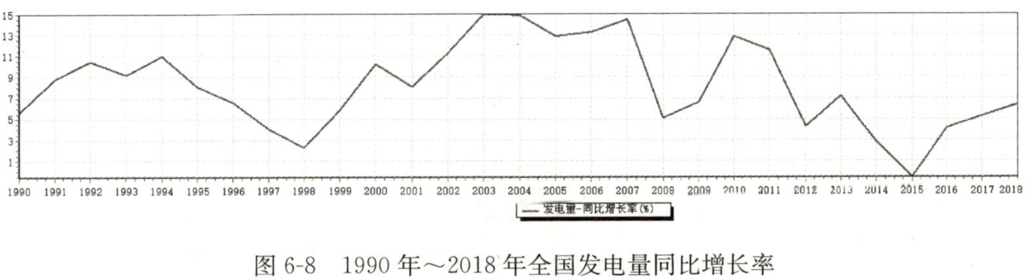

图 6-8　1990 年～2018 年全国发电量同比增长率

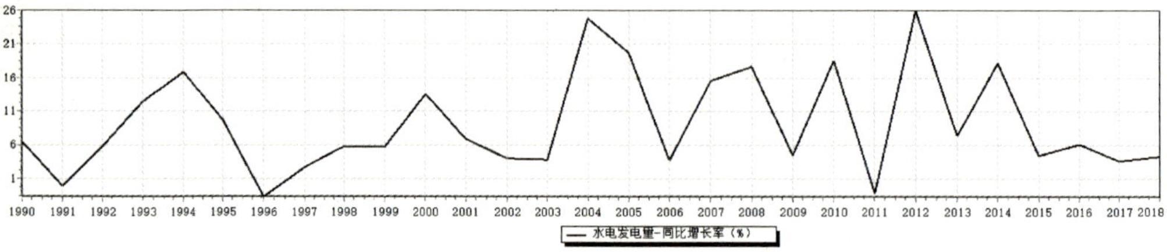

图 6-9　1990 年～2017 年全国水电发电量同比增长率

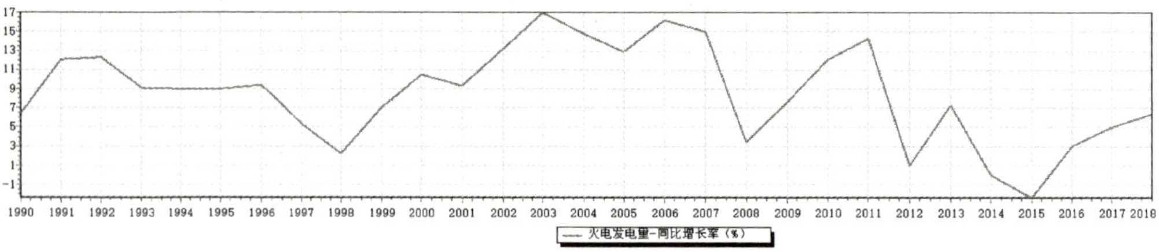

图 6-10　1990 年～2017 年全国火电发电量同比增长率

2018 年，全国全口径发电量 69947 亿千瓦时，比上年增长 8.4%，增速比上年提高 1.9 个百分点。其中，水电发电量 12321 亿千瓦时，比上年增长 3.1%；火电发电量 49249 亿千瓦时，比上年增长 7.3%，其中，煤电发电量 44829 亿千瓦时，比上年增长 7.3%；核电发电量 2950 亿千瓦时，比上年增长 18.9%；并网风电发电量 3658 亿千瓦时，比上年增长 20.1%；太阳能发电量 1769 亿千瓦时，比上年增长 50.2%。全国非化石能源发电量 21634 亿千瓦时，比上年增长 11.1%，占全口径发电量的比重为 30.9%，比上年提高 0.8 个百分点，对全国发电量增长的贡献率为 40.0%；新能源发电量增长 28.5%，对全国发电量增长的贡献率达到 22.2%。

（二）电源结构情况

2018 年 1～12 月，核电、风电、太阳能发电量占比均略有提升，火电水电占比有所下降。根据国家统计局发布的数据，2018 年全年，水电发电量占全部发电量的比重为 17.61%，与上年同期相比下降 0.98 个百分点；核电、风电、太阳能发电量占全部发电量的比重分别为 4.22%、5.23%和 2.53%，与上年同期相比分别提高 0.35 个百分点、0.50 个百分点和 0.71 个百分点；火电发电量占全部发电量的比重为 70.41%，与上年同期相比下降 0.58 个百分点，如图6-11所示。

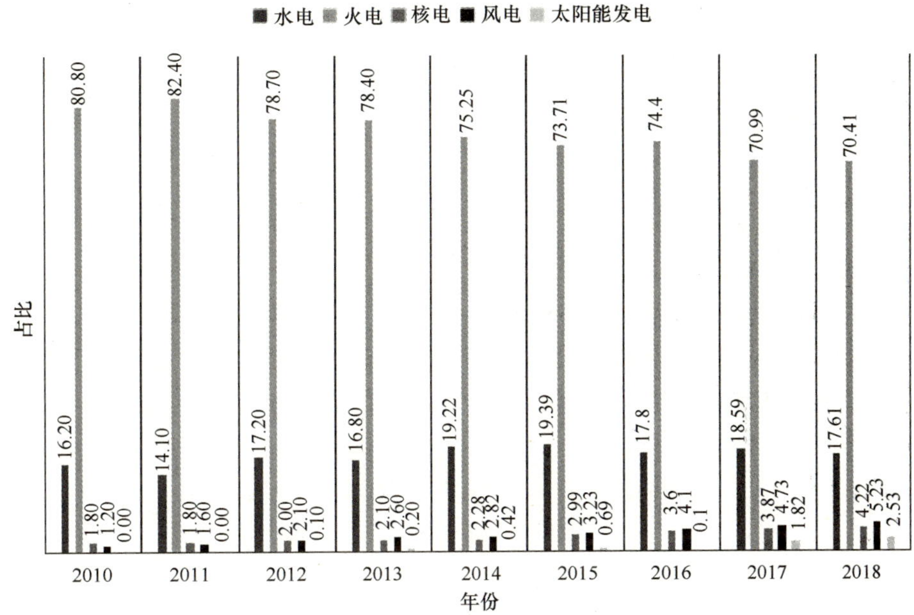

图 6-11　2010 年～2018 年中国发电量构成

数据来源：笔者根据中电联发布的《中国电力行业年度发展报告》整理而得。

（三）分区域发电情况分析

我国幅员辽阔，区域天然条件差异大，因此我国分区域发电情况差异很大。图 6-12 是我国 2018 年分区域发电情况，2018 年发电量增速在 15%以上的省市有 6 个，分别是青海（29.43%）、广西（25.05%）、西藏（19.66%）、宁夏

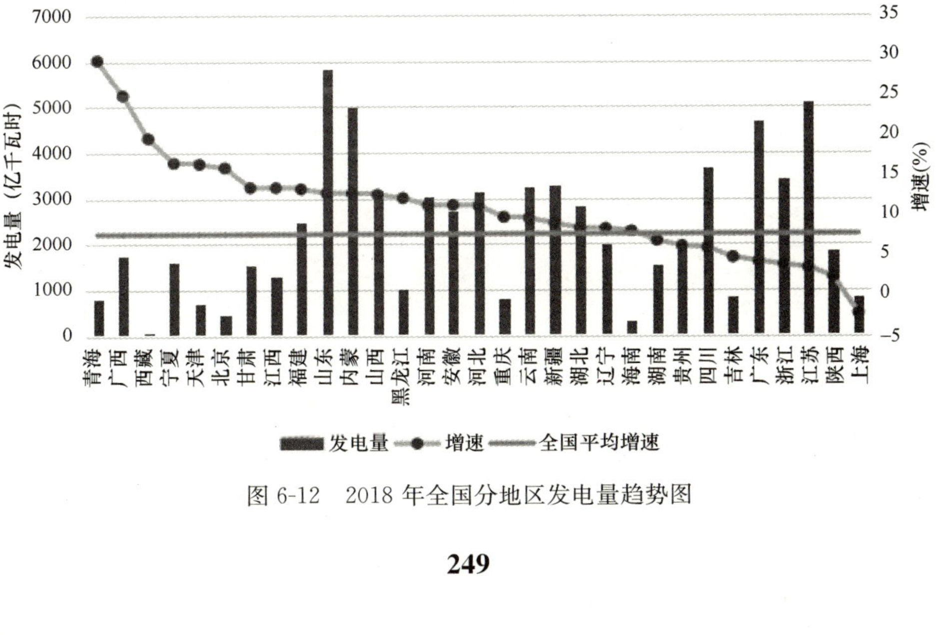

图 6-12　2018 年全国分地区发电量趋势图

(16.58%)、天津（16.44%)、北京（15.98%）发电量增长较快；发电量负增长的地区仅有 1 个：上海（−2.28%)；其余地区发电量增速在 0～15%区间。

与 2017 年相比，各省份增速整体上有大幅提升，分省份 2017 年发电量增速在 10%以上的省市有 6 个，分别是宁夏（20.67%)、青海（13.32%)、内蒙古(12.31%)、山西（11.39%)、甘肃（11.10%)、新疆（10.73%)，而 2018 年 10%以上增速的城市有 16 个；2017 年发电量负增长的地区有 4 个，分别是北京(−10.59%)、山东（−3.12%)、天津（−1.06%)、贵州（−0.26%)，而 2018 年，发电量负增长的省份仅有 1 个。

与用电量增长情况相比，发电量增速的地区差异更大，如图 6-13 所示，2018 年发电量增速最高区域华北地区是最低区域华东地区的 2 倍以上，但发电量华北地区却不及华东地区，因为发电量不仅受地区用电需求的影响，还受装机增速等其他因素影响，未来，随着发电装机向资源丰富地区转移，跨区输电比例扩大，发电量增速的区域性差异将愈加明显。

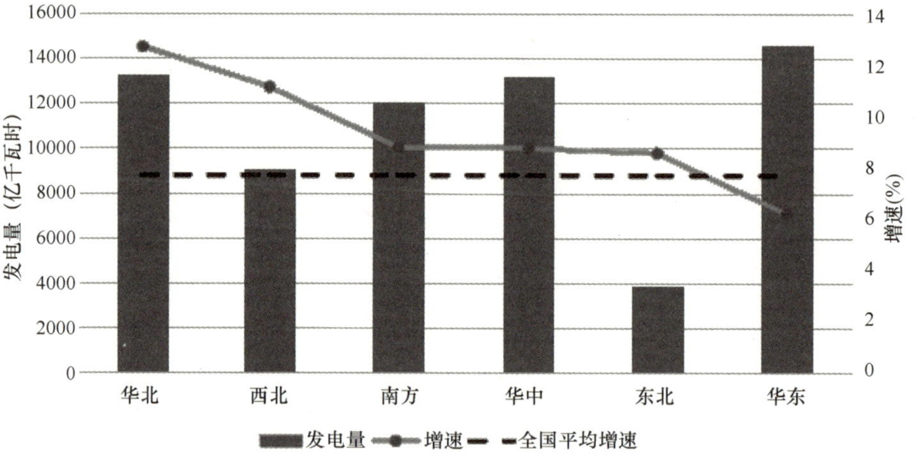

图 6-13　2018 年分地区发电量及增长情况

分地区看，2018 年，华北地区发电量 13301.23 亿千瓦时，同比增长 12.69%，增速在各地区中最高；华东地区发电量 14591.88 亿千瓦时，同比增长 6.17%，增速在各地区中最低，但仍然较去年有所增长。

（四）生产安全

2018 年，全国未发生较大以上电力人身伤亡事故，未发生电力系统水电站大坝垮坝、漫坝以及对社会造成重大影响的安全事件。电力可靠性主要指标总体保持在较高水平。其中，4 万千瓦及以上水电机组以及 10 万千瓦及以上煤电机组、燃气轮机组、核电机组的等效可用系数分别为92.30%、92.26%、92.47%、91.84%。除核电机组的等效可用系数提高0.74个百分点外，其他分别比上年下降0.25个百分点、0.5个百分点和0.13个百分点。架空线路、变压器、断路器三类主要输变电设施的可用系数分别为99.328%、99.741%、99.908%，均低于上年。直流输电系统合计能量可用率、能量利用率分别为92.15%、44.11%，分别比上年下降3.20个百分点和10.31个百分点；总计强迫停运35次，比上年增加2次。全国10（6、20）千伏供电系统用户平均供电可靠率为99.820%，比上年提高0.006个百分点；用户平均停电时间15.75小时/户，比上年减少0.52小时/户；用户平均停电频率3.28次/户，与上年持平。

二、电力行业供应

近年来，随着特高压电网建设提速，城市配电网以及农网升级改造稳步推进，全国建设新增变电容量及输电线路长度持续增加，电力供应能力及可靠性不断增强。

（一）发电效率分析

1. 设备利用小时分析

因发电装机容量快速增长，而电力需求增长缓慢，2005年～2017年期间发电设备平均利用小时虽有起伏，但整体上呈下降态势。其中2013年～2016年降幅最大。2017年，受益于全社会用电量快速增长，以及发电装机增速放缓，全国发电设备利用小时数实现止跌回升。全年发电设备利用小时数为3785.78小时，同比增长0.78小时；核电设备利用小时数同样实现止跌回升，全年累计利用小时数为7107.94小时，同比增长65.94小时。

2018年水电、火电、核电和分电发电设备利用小时同比增加。全国发电设备累计平均利用小时3862小时，比上年同期增加72小时。随着电力供需失衡的继续缓解，全国发电设备利用小时数有望继续回升，从而带动核电设备利用小时回升。2005年～2018年全国发电设备累计平均利用小时变动趋势图见图6-14。

分类型来看，全国水电设备平均利用小时为3613小时，比上年同期增加16小时；全国火电设备平均利用小时为4361小时，比上午同期增加142小时；全国核电设备平均利用小时为7184小时，比上年同期增加95小时；全国风电设备平均利用小时2095小时，比上年同期增加146小时。

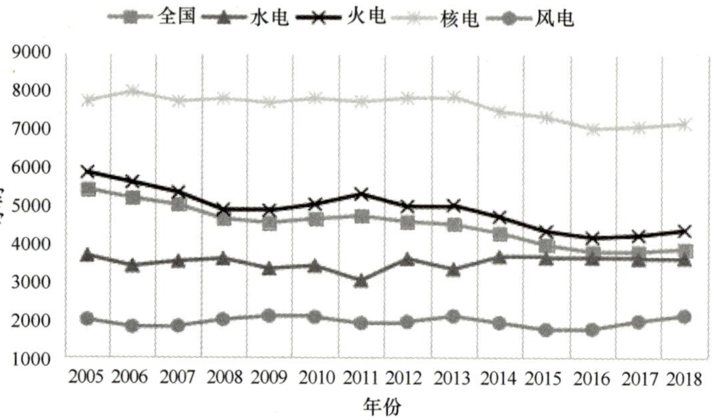

图 6-14　2005 年～2018 年全国发电设备累计平均利用小时变动趋势图

数据来源：中国电力企业联合会，各年《电力工业统计资料汇编》

2. 供电煤耗水平分析

如图 6-15 所示，2006 年～2018 年期间，供电煤耗水平逐步下降。其中 2015 年，全国 6000 千瓦及以上电厂供电标准煤耗为 315 克/千瓦时，较 2014 年下降 3 克/千瓦时；2016 年，标准煤耗为 312 克/千瓦时，较 2015 年下降 3 克/千瓦时。《节能减排十二五规划》提出的目标为，到 2015 年达到 325 克/千瓦时，该指标已降至预期值以下。2017 标准煤耗进一步降低，为 309 克/千瓦时，与 2016 年相比，又下降 3 克/千瓦时。2018 年没有延续前几年 3 克/千瓦时下降值，仅比 2017 年下降 1 克/千瓦时。

图 6-15　2006 年～2018 年供电煤耗趋势图（单位：克/千瓦时）

数据来源：中国电力企业联合会，同花顺 iFinD。

（二）电网运行状况

1. 电网规模有所增加

2017 年全国新增 110 千伏及以上交流输电线路长度和变电设备容量 58084

公里和 32595 万千伏安，分别比上年多投产 1406 公里和少投产 1990 万千伏安；新增直流输电线路和换流容量分别为 8339 公里和 7900 万千瓦，分别比上年多投产 4948 公里和 4660 万千瓦。截至 2017 年底，全国电网 35 千伏及以上输电线路回路长度 183 万公里，比上年增长 4.0%，变电设备容量 66 亿千伏安，比上年增长 5.3%。其中，220 千伏及以上线路长度 69 万公里，增长 6.2%；变电设备容量 40 亿千伏安，增长 9.1%。2017 年，全国共投产 5 条直流、2 条交流特高压项目，新增跨区输电能力 4350 万千瓦，极大提高了电网跨大区能源资源优化配置能力和清洁能源消纳能力。年底全国跨区输电能力达到 1.3 亿千瓦；其中，交直流联网跨区输电能力超过 1.1 亿千瓦，跨区点对网送电能力 1344 万千瓦。

2018 年，全年新增交流 110 千伏及以上输电线路长度和变电设备容量 56973 公里和 31024 万千伏安，分别比上年下降 1.9%和 4.8%；由于国家大气污染防治行动计划重点输电通道已陆续投产，新增直流输电线路和换流容量分别为 3325 公里和 3200 万千瓦，比上年分别下降 61.3%和 59.5%。截至 2018 年底，全国电网 35 千伏及以上输电线路回路长度 189 万公里，比上年增长 3.7%。其中，220 千伏及以上输电线路回路长度 73 万公里，比上年增长 7.0%。全国电网 35 千伏及以上变电设备容量 70 亿千伏安，比上年增长 5.4%。其中，220 千伏及以上变电设备容量 43 亿千伏安，比上年增长 6.0%。2018 年，全国共投产 2 条直流跨区特高压线路，新增跨区输电能力 1500 万千瓦。截至 2018 年底，全国跨区输电能力达到 13615 万千瓦，其中，交直流联网跨区输电能力 12281 万千瓦，跨区点对网送电能力 1334 万千瓦。

2. 线路损失率及变化情况

图 6-16 显示，2008 年～2016 年线路损失率整体上呈下降趋势，但中间有所起伏。其中 2018 年最低，为 6.21%，其他年份线路损失率均在 6.3%以上，线

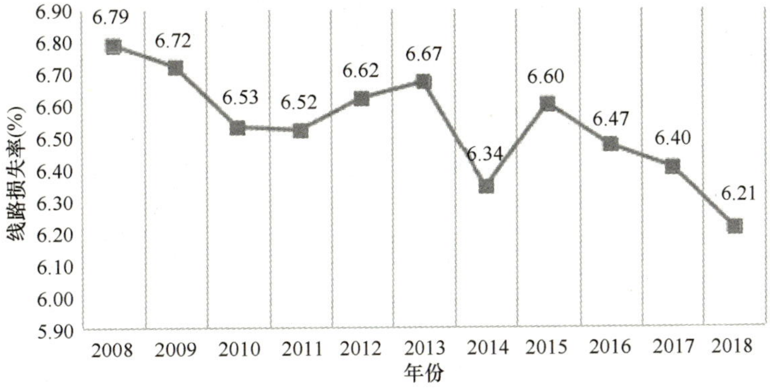

图 6-16　2008 年～2018 年线路损失率情况

数据来源：中国电力企业联合会

损相当严重。

（三）售电总量

图 6-17 显示 2005 年～2018 年中国售电总量呈上升趋势，近年来受宏观经济转型的影响，售电量整体上有所减缓，2015 年增长率较 2014 年下降，增速放缓明显。但 2016 年开始售电量回升明显。2018 年全年售电量 51045.00 亿瓦时，同比增长 9.76%。

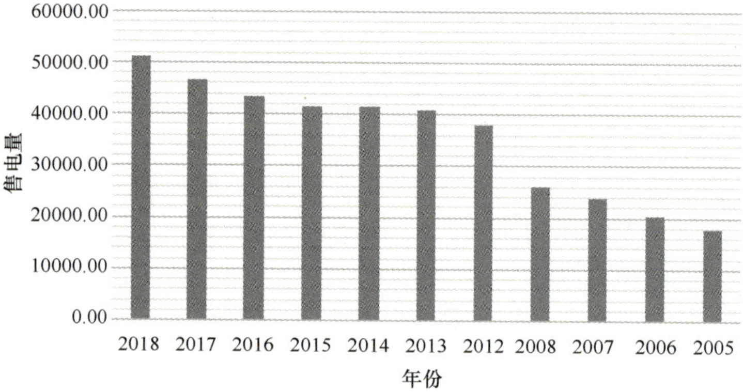

图 6-17　2005 年～2018 年全国售电量统计图（单位：亿千瓦时）

在宏观经济运行总体平稳、服务业和高新技术及装备制造业较快发展、冬季寒潮和夏季高温、电能替代快速推广、城农网改造升级释放电力需求等因素综合影响下，全社会用电实现较快增长。2018 年，全国全社会用电量 69002 亿千瓦时，比上年增长 8.4%，为 2012 年以来最高增速，增速比上年提高 1.8 个百分点。其中，第一、第二、第三产业和城乡居民用电量分别比上年增长 9.0%、7.1%、12.9%和 10.3%。第二产业用电量依然是拉动全社会用电量增长的主力，拉动 5.0 个百分点，比上年提高 1.1 个百分点；第三产业和城乡居民生活用电量继续保持快速增长，对全社会用电量增长的拉动力分别比上年提高 0.5 个百分点和 0.4 个百分点。

2018 年，全年累计完成替代电量 1557.6 亿千瓦时，比上年增长 21.1%。其中，全国工（农）业生产制造领域完成替代电量 968.0 亿千瓦时，约占总替代电量的 62.2%；居民取暖、交通运输、能源生产供应与消费等领域电能替代也在快速推广，替代电量逐年提高。

综合能源、电力系统储能与电动汽车充电等电力终端新业态在技术和商业化应用方面得到较快发展。截至 2018 年底，国家能源局公布的首批 55 个“互联网＋”智慧能源（能源互联网）示范项目、23 个多能互补集成优化示范工程项目和 28 个新能源微电网示范项目，正在试点实践。

2018 年，各级政府部门、行业协会、电力企业深化电力需求侧管理。各地通过积极探索、实施需求侧响应，最大削减高峰电力 1245 万千瓦。电网企业实施送变电系统节电和推动社会各领域企业节电等措施，全年合计完成节约电量 163 亿千瓦时，节约电力 431 万千瓦。

2018 年，全国电力供需形势从前两年的总体宽松转为总体平衡。其中，东北和西北区域电力供应能力富余；华北、华东、华中和南方区域电力供需总体平衡；部分地区受年初大范围雨雪天气、夏季持续高温天气、部分时段燃料供应偏紧等因素影响，局部时段电力供需平衡偏紧。

第三节 电力行业发展成效

改革开放以来，随着经济体量的迅速扩大，我国电力行业开始高速发展，在发展速度、发展规模和发展质量方面取得了巨大成就，发生了翻天覆地的变化。在全国联网、解决无电人口等方面取得了举世瞩目的成绩，但也必须看到我国电力发展仍面临清洁能源消费比重偏低、配置资源效率低下、体制机制有待完善等重重挑战。2014 年 6 月，在中央财经领导小组六次会议上，习总书记创造性提出“四个革命、一个合作”能源安全新战略。电力行业按照党中央、国务院统一部署，积极落实能源“四个革命、一个合作”发展战略，在保障电力系统安全稳定运行和可靠供应、提供电力能源支撑的同时，加快清洁能源发电发展，加大电力结构优化调整力度，持续推进电力市场化改革，大力推动电力科技创新，狠抓资源节约与环境保护，积极应对气候变化，倡导构建全球能源互联网，持续扩大电力国际合作，电力行业发展取得新的成绩，为国家经济社会发展、能源转型升级和落实国家“一带一路”战略做出了重要贡献。

一、电力行业运行成效

（一）电力供输成效

改革开放 40 年来，我国电力供应能力快速发展，电网建设规模也在不断扩大，电力工业作为国民经济发展最重要的基础产业，为经济增长和社会进步提供的强力保障和巨大动力。

1. 电力供应能力持续增强

1978 年底，我国发电装机容量为 5712 万千瓦，其中，水电装机 1728 万千瓦，占总装机容量的 30.3%，火电装机容量 3984 万千瓦，占总装机容量的比重约为 69.7%。发电量为 2565.5 亿千瓦时，水电发电量 446 亿千瓦时，占总发电量的 17.4%，火电发电量 2119 亿千瓦时，占总发电量的 82.6%，仅相当于现在一个省的规模水平。人均装机容量和人均发电量还不足 0.06 千瓦和 270 千瓦时。发电装机容量和发电量仅仅分别位居世界第八位和第七位。改革开放之初的电力发展规模不但远低于世界平均水平，也因为严重短缺成为制约国民经济发展的瓶颈。

改革开放开启了电力建设的大发展，此后经历 9 年时间，到 1987 年我国发电装机容量达到第一个 1 亿千瓦，此后又经历 8 年时间，到 1995 年达到 2.17 亿千瓦。到了 1996 年，装机容量达到 2.4 亿千瓦，发电装机容量和发电量跃居世界第二位，仅次于美国。2006 年起，每年新增发电装机在 1 亿千瓦左右。2011 年，我国发电装机容量与发电量超过美国，成为世界第一电力大国。2015 年，我国装机容量达到 15.25 亿千瓦，人均发电装机容量历史性突破 1 千瓦。2018 年底，我国装机容量达到 18.99 亿千瓦，发电量 71118 亿千瓦时，分别是 1978 年的 31 倍和 25 倍以上。40 年来我国电力工业从小到大，从弱到强，实现了跨越式快速发展。

此外，高参数大容量发电机组也成为电生生产的主力。改革开放初期，我国电力科技水平较为落后，中国只有为数不多的 20 万千瓦火电机组，30 万千瓦火电机组尚需进口。核电站直到 20 世纪 80 年代才在国外的帮助下建成。40 年来，随着技术进步及电源结构的优化，目前我国不仅在装机总量和发电量上是世界大国，而且电力装备业也已全面崛起，并已跻身世界大国行列。我国装备了具有国际先进水平的大容量、高参数、高效率的发电机组。

2. 电网规模稳步增长

改革开放之初，我国电网建设相对滞后，全国 220 千伏及以上输电线路长度仅 2.3 万公里，变电容量约为 2528 万千伏；历经 40 年的建设，全国电网建设也取得了举世瞩目的成就，最高电压等级从 220 千伏、500 千伏逐步发展到当前的 1000 千伏、800 千伏，电压层级分布日趋完善。1978 年我国 35 千伏以上输电线路维护长度仅为 23 万公里，变电设备容量为 1.26 亿千伏安，截至 2018 年底，全国 35 千伏及以上输电线路回路长度为 189 万公里，是 1978 年的 8.2 倍，变电设备容量 70 亿千伏安，是 1978 年的 55.56 倍。“十二五”时期，新疆、西藏、青海玉树藏族自治州、四川甘孜州北部地区相继结束了孤网运行的历史，全国彻底解决了无电人口用电问题，电网成为满足人民美好生活需要的重要保障。我国电网规模2005年以来稳居世界第一，电网建设总体保证了新增17亿千瓦电源的接入，满足了新增电量6万亿千瓦时的供电需求，有力支撑了社会经济的快速发展。

跨区输电能力大幅提升。我国的发电资源与电力负荷呈现明显的逆向分布，煤电资源主要分布在东北、华北和西北，风电资源主要集中在“三北”和华东沿海地区，太阳能光伏资源主要分布在西北和华北地区，而负荷中心集中于东南部沿海和中部地区，跨省跨区电网建设已成为我国解决资源分布不均、优化发电资源的重要手段，我国已基本建成“西电东送、南北互供、全国联网”的电网配置资源格局，8条1000千伏特高压交流线路和13条±800千伏特高压直流线路相继投运，电力资源的大范围调配成为常态。从2006年～2018年，我国跨区输电容量增长了5倍，西南、西北和华中三个区域的输出电量规模最大，合计占比超过3/4；34个省市中，20个省市净电量输出超过10太瓦时，13个省市净电量输入超过10太瓦时；作为水电资源丰富的西南地区，云南和四川是全国跨省外送电量比例最大的省份，2018年均超过40%；而北京和上海作为人口密度最大的城市（除香港和澳门外），年用电量超过40%为外来电。

电网电压等级不断提升。改革开放之初，我国电网最高电压等级为330千伏，1981年第一条500千伏超高压输电线路——河南平顶山至湖北武昌输变电工程竣工。1989年第一条±500千伏超高压直流输电工程——葛洲坝至上海直流输电工程，单极投入运行。2005年第一个750千伏输变电示范工程青海官亭至甘肃兰州东正式投运。2009年建成投运第一条1000千伏特高压输电线路（晋东南—荆门），我国电网进入特高压时代。2010年建成投运两条±800千伏特高压直流输电线路（云广、向上），我国又迎来特高压交直流混联电网时代。目前正在建设的±1100千伏新疆准东—安徽皖南特高压直流输电线路（3324公里）。

（二）电力生产成效

1. 电源结构多元化和清洁化

改革开放40年来，电力生产逐渐由初始的规模导向、粗放式发展过渡到以“创新、协调、绿色、开放、共享”五大发展理念为引领的绿色低碳发展理念。经过40年的发展，我国电源投资建设重点向非化石能源方向倾斜，电源结构持续向结构优化、资源节约化方向迈进，形成了水火互济、风电、光电、天然气发电、生物质电并举的电源格局，多项指标世界第一，综合实力举世瞩目。

新能源发电投资占比显著提高。2018年，风电、核电、水电、火电发电投资占电源总投资比重为23.2%、16.0%、25.1%、28.2%。火电及其煤电投资规模大幅下降，为2006年以来最低水平。

电源结构得到明显改善。改革开放初，我国电源构成仅有火电与水电，结构较为单一，其中火电 3984 万千瓦，占比 69.7%，水电 1728 万千瓦，占比 30.3%。在清洁能源发电中，只有水电发电量为 446 亿千瓦时，其他清洁能源则从零起步。经过 40 年的发展，特别是党的十八以来，在“四个革命、一个合作”能源安全新战略指引下，我国的电源结构已形成水火互济、风光核气生并举的格局。截至 2018 年底，全国火电装机 11.4 亿千瓦，在全国装机中占比 60.2%；水电装机 3.5 亿千瓦，占比 18.54%；核电装机 4466 万千瓦，占比 2.35%；风电装机 1.84 亿千瓦，占比 9.7%；太阳能发电装机 1.75 亿千瓦，占比 9.19%。

水电长期领先，综合实力举世瞩目。我国水电发展起步较早，并长期在世界水电领域保持领先的地位。2004 年，以公伯峡水电站 1 号机组投产为标志，中国水电装机容量突破 1 亿千瓦，居世界第一。2010 年，以小湾水电站 4 号机组为标志，中国水电装机容量突破 2 亿千瓦。2012 年，三峡水电站最后一台机组投产，成为世界最大的水力发电站和清洁能源生产基地。此后，溪洛渡、向家坝、锦屏等一系列巨型水电站相继开工建设。2018 年，中国水力发电装机3.5 亿千瓦，占到全球水电总装机容量近 30%。

风光核后来居上，多项指标世界第一。2000 年，我国风电装机仅有 30 多万千瓦，2010 年则突破 4000 万千瓦，超越美国成为世界第一风电大国。2015 年 2 月，我国并网风电装机容量首次突破 1 亿千瓦。1991 年 12 月 15 日，我国自行设计、研制、安装的第一座核电站——秦山一期核电站并网发电，从此结束了中国大陆无核电的历史。目前中国大陆地区在用核电机组达 38 台，装机容量约 3700 万千瓦；在建 18 台，装机容量约 2100 万千瓦，总装机容量和在建容量分列世界第四和世界第一。1983 年，总装机 10 千瓦的我国第一座光伏电站在甘肃省兰州市榆中县园子岔乡诞生。近几年光伏发电加速发展，光伏领跑者计划、光伏扶贫计划和分布式光伏全面启动，国内光伏发电产业发展由政策驱使逐步转向市场化，装机容量实现爆发式增长。光伏发电新增装机从 2013 年开始连续居于世界首位，并于 2015 年超越德国成为累计装机全球第一。

2. 电力科技水平不断提升

改革开放 40 年来，我国通过实施一大批重大科技项目，推动科技实力实现跨越式提升，实现了科技实力从“赶上时代”到“引领时代”的伟大跨越。40 年来，我国出台了多项能源科技发展规划及配套政策，走出了一条引进、消化吸收、再创新的道路，能源技术自主创新能力和装备国产化水平显著提升。我国电力工业快速发展的背后，是电力科技实力不断提升的支撑。目前，我国多项自主关键技术跃居国际领先水平。

火电技术不断创新，达到世界领先水平。高效、清洁、低碳火电技术不断创新，相关技术研究达到国际领先水平，为我国火电结构调整和技术升级做出贡献。超超临界机组实现自主开发，大型循环流化床发电、大型IGCC、大型褐煤锅炉已具备自主开发能力，二氧化碳利用技术研发和二氧化碳封存示范工程顺利推进。燃气轮机设计体系基本建立，初温和效率进一步提升，天然气分布式发电开始投入应用。燃煤耦合生物质发电技术已在2017年开展试点工作。

可再生能源发电技术已显著缩小了与国际先进水平的差距。水电、光伏、风电、核电等产业化技术和关键设备与世界发展同步。中国水电工程技术挺进到世界一流，特别是在核心的坝工技术和水电设备研制领域，形成了规划、设计、施工、装备制造、运行维护等全产业链高水平整合能力。风电已经形成了大容量风电机组整机设计体系和较完整的风电装备制造技术体系。规模化光伏开发利用技术取得重要进展。核电已经从最初的完全靠技术引进，到如今以福清5号机组和防城港3号机组为代表的“华龙一号”三代核电技术研发和应用走在世界前列，四代核电技术、模块化小型堆、海洋核动力平台、先进核燃料与循环技术取得突破，可控核聚变技术得到持续发展。

电网技术水平处于国际前列。掌握了具有国际领先水平的长距离、大容量、低损耗的特高压输电技术，我们运行着全球最大的电网，使之成为我国大范围资源优化配置的重要手段。电网的总体装备和运维水平处于国际前列。特高压输电技术处于引领地位，掌握了1000千伏特高压交流和±800千伏特高压直流输电关键技术。已建成多个柔性直流输电工程，智能变电站全面推广，电动汽车、分布式电源的灵活接入取得重要进展，电力电子器件、储能技术、超导输电获得长足进步。

前沿数字技术与电力技术的融合正在成为新的科技创新方向。当前，发电技术、电网技术与信息技术的融合不断深化，大数据、移动通信、物联网、云计算等前沿数字技术与电力技术的融合正在成为新的科技创新方向，以互联网融合关键技术应用为代表的电力生产走向智能化。我国已开展新能源微电网、“互联网+”智慧能源、新型储能电站等示范项目建设，正在推动能源互联网新技术、新模式和新业态的兴起。

3. 电力生产安全不断提升

改革开放以来，我国电力生产安全性不断提升，近年来尤为明显。2018年，全国未发生较大以上电力人身伤亡事故，未发生电力系统水电站大坝垮坝、漫坝以及对社会造成重大影响的安全事件。电力可靠性主要指标总体保持在较高水平。其中，4万千瓦及以上水电机组以及10万千瓦及以上煤电机组、燃气轮机组、核电机组的等效可用系数分别为92.30%、92.26%、92.47%、91.84%。除核电机组的等效可用系数提高0.74个百分点外，其他分别比上年下降0.25个百分点、0.5个百分点和0.13个百分点。架空线路、变压器、断路器三类主要输变电设施的可用系数分别为99.328%、99.741%、99.908%，均低于上年。直流输电系统合计能量可用率、能量利用率分别为92.15%、44.11%，分别比上年下降3.20个百分点和10.31个百分点；总计强迫停运35次，比上年增加2次。全国10（6、20）千伏供电系统用户平均供电可靠率为99.820%，比上年提高0.006个百分点；用户平均停电时间15.75小时/户，比上年减少0.52小时/户；用户平均停电频率3.28次/户，与上年持平。

（三）电力消费持续增长

改革开放以来，经济结构对应的产业电量排序经历了从“二一三”到“二三一”，再到“三二一”的调整，电力消费弹性系数，也经历了由小于1到大于1继而降至小于1的“A”型发展。通过产业结构调整促进电力消费结构优化，三次产业及居民用电结构表现出“两升两降”的特点，即第一、二产业用电占比双降，三产及居民用电占比快速上升，用电结构从1986年的6∶82∶7∶5演变为2017年的2∶70∶14∶14。“六五”至“九五”时期，我国尚处于工业化初期，全国电力供需整体紧张，表现为经济增速普遍大于用电增速（除“七五”时期，经济过热导致严重通货膨胀，经济增速明显下降），严重缺电成为制约经济快速发展的瓶颈。从用电量增长贡献率的角度看，“七五”至“九五”期间，二产对用电量增长的贡献率居首但快速下降，三产和居民贡献率快速上升。其后，2002年～2007年连续6年全社会用电量增速均超过11%。与此同时，二产用电量在“十五”至“十一五”期间成为拉动全社会用电量增长的主力。“十二五”以来，随着经济进入新常态，电力消费由粗放型高速增长向中高速转变，电力弹性系数降至1以下，即为了支撑经济增长1%，电力消费增速仅需增长0.8%，较“十五”和“十一五”电力消费弹性系数分别下降了0.5和0.3。

二、电力市场建设成效

我国坚持市场化的改革方向不动摇，市场作为资源配置的主导地位不断提升，也是推动电力工业快速发展的强大动力。在改革开放的大背景下，电力行业不断解放思想深化改革，经历了电力投资体制改革、政企分开、厂网分开、配售分开等改革。电力体制机制改革既是我国经济体制改革的重要组成部分，也是我国垄断行业走向竞争、迈向市场化的一种探索。电力领域每一次改革，都为电力行业以及社会经济激发出无穷活力，产生深远影响。在售电侧改革与电价改革、交易体制改革、发用电计划改革等协调推下，2018年电力市场建设加快，电力市场交易更加活跃。

（一）电力投资体制改革促进投资主体多元化

改革开放前和改革开放初期，电力行业一直实行集中统一的计划管理体制，投资主体单一，运行机制僵化，投资不足且效率低下。20 世纪 80 年代初，为了解决电力短缺以适应国民经济蓬勃发展的新局面，以 1981 年山东龙口电厂正式开工兴建为标志，拉开了电力投资体制改革的序幕。此轮电力投资体制改革通过集资办电、利用外资办电、征收每千瓦时 2 分钱电力建设资金交由地方政府办电等措施，吸引了大量非中央政府投资主体进行电力投资，打破了政府独家投资办电的格局，促进了电力投资主体多元化。这次改革比较成功地解决了电源投资资金来源问题，极大地促进了电力特别是电源的发展。1978 年，全国电力装机只有 5712 万千瓦，到 2001 年底，全国各类电力装机已经达到 33849 万千瓦。同时，从 1988 年到 2002 年，随着改革开放的不断深入，按照公司化原则、商业化运营、法制化管理的改革思路，我国电力行业逐步实现了政企分开，并颁布实施了《电力法》，确立了电力企业的法人主体地位。

（二）厂网分开改革形成电源市场化竞争格局

2002 年，国务院出台 5 号文件，明确按照“厂网分开、竞价上网”的原则，将原国家电力公司一分为七，成立国家电网、南方电网两家电网公司和华能、大唐、国电、华电、中电投五家发电集团，以及四家辅业集团公司。出台了电价改革方案和相应的改革措施，改进了电力项目投资审批制度。在东北、华东、南方地区开展了电力市场试点工作。厂网分开后，电源企业形成了充分竞争的市场化格局，进一步提升和发挥了市场机制的推动作用，激发了企业发展的活力，使得电力行业迎来了又一次快速发展的新机遇，这期间无论是电源建设规模，还是电网建设规模，都达到过去几十年来电力建设的顶峰。

（三）新电改加快推动电力交易市场化

2015 年 3 月，《中共中央国务院关于进一步深化电力体制改革的若干意见》（即 9 号文件）印发，开启了新一轮电力体制改革，当年，六个配套文件也相继出台，随后各项改革试点工作迅速推进。截至 2017 年底，电力体制改革综合试点扩至 22 家；输配电价改革试点已覆盖全部省级电网；售电侧市场竞争机制初步建立，售电侧改革试点在全国达到 10 个，增量配电业务试点则达到 195 个，注册登记的售电公司超过 1 万家；交易中心组建工作基本完成，组建北京、广州两个区域性电力交易中心和 32 个省级电力交易中心。电力现货市场建设试点启程，八个地区被选为第一批电力现货市场建设试点。

（四）市场化改革降低企业用电成本

随着新一轮电力体制改革的推进，大用户直购电、跨省跨区竞价交易、售电侧零售等具有市场化特质的电量交易已初具规模，市场化交易电量占比日益提高，降低了企业用电成本。新电改历时 3 年，完成各省级电网（西藏除外）输配电价核定，核定后全国输配电价较原购销价差降低 1 分/千瓦时，核减 32 个省级电网准许收入约 480 亿元。2017 年，全国市场化交易电量累计达 1.63 万亿千瓦时，约占全社会用电量的 26%，2018 年我国电力市场化交易电量更是高达到 2.1 万亿千瓦时。

（五）电力普遍服务水平显著提升

电力不仅支撑了我国工业的高速发展，满足了城市的消费，还大力服务于农村经济发展、农民生产生活。40 年来，通过全面解决无电地区人口用电问题、大力推进城乡配电网建设改造和动力电全覆盖、加大电力扶贫工作力度，电力普遍服务水平显著提升。

改革开放之初，我国的农村电气化水平极低，从 1982 年起，随着“自建、自管、自用”和“以电养电”等政策的实施，全国农村电气化建设有序推进。1983 年、1990 年、1996 年，国家先后组织了三批共 600 个农村水电初级化试点县建设。1996 年，全国有 14 个省（市区）实现了村村通电、户户通电。截至 2012 年底，全国还有 273 万人口没有用上电，主要分布在新疆、四川、青海、甘肃、内蒙古、西藏等偏远地区。国家能源局审时度势，于 2013 年正式启动《全面解决无电人口用电问题三年行动计划（2013～2015 年）》。至 2015 年底，随着青海省果洛藏族自治州班玛县果芒村和玉树藏族自治州曲麻莱县长江村合闸通电，全国如期实现“无电地区人口全部用上电”目标。

改革开放之初，农村电网薄弱，我国高度重视农村电网建设与改造，长期以来保持持续投入。1998 年以来，陆续实施了一二期农网改造、县城农网改造、中西部地区农网完善、无电地区电力建设，农网改造升级工程。2016 年启动新一轮农村电网改造升级工程，截至 2018 年底，新一轮农网改造升级三大攻坚任务“农村机井通电”、“小城镇中心村农网改造升级”、“贫困村通动力电”顺利完成，显著提升了农村供电能力，农村电力消费快速增加，带动了农村消费升级和农村经济社会发展。

光伏扶贫成为精准扶贫的重要方式。光伏扶贫被国务院扶贫开发领导小组列为精准扶贫十大工程之一。2014 年，国家能源局、国务院扶贫办联合印发《关于实施光伏扶贫工程工作方案》，并随后启动光伏扶贫试点工作。截至 2018 年底，覆盖贫困户百万户。此外，各地根据国家政策还自行组织建设了一批光伏扶贫电站。通过 3 年多努力，光伏扶贫取得了带动群众增收脱贫、有效保护生态环境、积极推动能源领域供给侧改革“一举多得”的效果，成为精准扶贫的有效手段和产业扶贫的重要方式，增强了贫困地区内生发展活力和动力。

三、电力行业节能减排

为缓解资源环境约束，应对全球气候变化，国家持续加大节能减排力度，将节能减排作为经济社会发展的约束性目标。40 年来，电力行业持续致力于发输电技术以及污染物控制技术的创新发展，目前煤电机组发电效率、资源利用水平、污染物排放控制水平、二氧化碳排放控制水平等均达到世界先进水平，为国家生态文明建设和全国污染物减排、环境质量改善做出了积极贡献。

（一）电力能效水平持续提高

1978 年全国供电煤耗 471 克/千瓦时，电网线损率为 9.64%，厂用电率 6.61%。改革开放以来，受技术进步，大容量、高参数机组占比提升和煤电改造升级等多因素影响，供电标准煤耗持续下降。截至 2018 年底，全国 6000 千瓦及以上火电厂供电标准煤耗 308 克/千瓦时，比 1978 年降低 163 克/千瓦时，煤电机组供电煤耗水平持续保持世界先进水平；电网线损率 6.21%，比 1978 年降低 3.43 个百分点，居同等供电负荷密度国家先进水平。

（二）电力环境保护基础建设与改造全覆盖

改革开放之初，我国以煤为主要燃料的火电厂对环境造成严重污染，1980 年，我国火电厂粉尘排放量为 398.6 万吨，二氧化硫排放量为 245 万吨。1990 年，电力粉尘、二氧化硫和氮氧化物化物排放量为 362.8 万吨、417 万吨、228.7 万吨。改革开放 40 年来，电力行业严格落实国家环境保护各项法规政策要求，火电脱硫、脱硝、超低排放改造持续推进，截至 2018 年底，全国燃煤电厂 100%实现脱硫后排放，已投运火电厂机组 90%以上实现烟气脱硝，全国累计完成燃煤电厂超低排放改造 7 亿千瓦以上，占全国煤电机组容量比重超过 70%。

（三）电力排放绩效显著优化

2018 年，全国电力烟尘、二氧化硫和氮氧化物排放量分别约为 26 万吨、120 万吨和 114 万吨，分别比 1990 年下降 336 万吨、297 万吨和 114.7 万吨，在全国火电装机大幅增长的情况下，污染物总排放量显著下降。目前，单位火电发电量烟尘排放量、二氧化硫排放量和氮氧化物排放量分别为 0.06 克/千瓦时、0.26 克/千瓦时和 0.25 克/千瓦时，已处于世界先进水平。在应对气候变化方面，改革开放以来，碳排放强度不断下降，2018 年，单位火电发电量二氧化碳排放约 844 克/千瓦时，比 2005 年下降 19.5%。2006 年～2018 年的 11 年间，通过发展非化石能源、降低供电煤耗和线损率等措施，电力行业累计减少二氧化碳排放约 110 亿吨以上，有效减缓了电力二氧化碳排放总量的增长。

第三节　电力行业监管体制改革

中华人民共和国成立之初，电力行业实行的是高度垄断的经济体制，后面经历了燃料工业部、水利工业部到第二次、第三次电力工业部的成立。这其中的复制与重建，每一次改动都耗费了极大的人力物力，而改革的历程也是极为艰难的，在电力行业改动的这些阶段中，由于经济体系复杂与环境的影响，改动的过程中多是管理方式、政策和制度的调整，就是本质而言并无实质性的变动。

1978 年以党的十一届三种会召开为契点，我国电力产业政府管理体制也发生了巨大的变革，首次从严格的制度过渡到放松阶段。1985 年电力行业市场化改革，经历三个主要的行业改革阶段，尤其是 2002 年，国家电力公司的分拆，中国电力市场由传统垂直一体化垄断模式逐步过渡到现阶段的部分开放竞争模式。目前中国电力市场中，“厂网分开 ”和“竞价上网 ”已经基本实现，市场竞争只对发电侧开放。在中国电力市场结构中，是由各类发电企业、输电企业和供电企业承担着基本的运营业务。

在立法上，为了电力行业管理有法可依，国务院出台了《电力监管条例》以及《电力法》等法规条例；在规制上，为了扩展多渠道投资，实行了放松的规制，改变了以往垄断一体化模式；在电价上，实行了竞价上网，为方便管理，也出台了更为科学的电价管理方法。

电力行业管理体制改革，以服务电力体制改革为目标。几十年的改革确实使电力产业得到了飞速的发展，在未来的发展中，完善电力监管机构、提高电力行业效率、健全法律机制仍有很大的空间，要全面实现这些目标，完善电力产业结构还需要相当长的时间。

一、电力行业监管机构改革

从中华人民共和国成立之初到目前为止，电力行业监管机构改革可划分为三个阶段：无独立监管机构阶段、有独立监管机构阶段和大部制改革阶段。电力行业监管机构改革稍滞后于行业本身的改革，在很长的一段时间内，电力行业并无独立的监管机构，直到2003年中国电力监管委员会正式挂牌成立，标志着独立监管机构的出现，中国电力行业也被誉为是最早探索政府行政部与监管机构职能分离（即“政监分离”）的代表性行业，但是电力监管委员会仅维持十年，在机构改革“大部制”的背景下，2013年电力监管委员会即被撤销，其职责与2008年成立的国家能源局进行整合，成立新的国家能源局，由国家发展和改革委员会统筹管理。

（一）电力监管委员会成立背景

1997年3月开始的电力改革，首先是实行政企分开，国家电力公司宣告成立，在国家电力公司与电力部双轨运行一年后，1998年撤销电力部，组建国家经贸委电力司，原电力部拥有的行政管理职能移交国家经贸委，在中央层面实现电力产业的政企分开，中央有关部委收回电力项目审批权和电价定价权。政企分开后的国电公司承担电力资产经营职能，不再具有行政管理职能，接受国家经贸委等部门的行政管理与监督。电力企业往往集团化经营，具有垂直一体化的垄断经营特征。垄断经营行业。垄断经营造成了电力行业效率低下，国有资产流失严重，并存在一定的腐败行为。2003年审计报告表明，国家电力公司原领导班子决策失误造成78.4亿元重大损失，同时还有45亿元的国有资产流失，以及涉嫌个人经济犯罪12起，涉案金额10亿元。

原有的对应于计划经济体制和垂直一体化的电力工业结构的政府规制体制，已不能适应新形势下电力工业发展的要求，制约着我国电力工业的进一步发展和电力资源配置与运营效率的提高。在这种背景下，2002年3月，国务院正式批准国家计委的《电力体制改革方案》，并成立电力体制改革工作小组，第三轮电力改革开始。2002年4月，国家计委公布电力体制改革方案，决定将国家电力公司分拆为11个公司，成立电力监管委员会。2002年12月，电力资产重组进入实施阶段，中国电力新组建（改组）的11家公司正式宣告成立，实现了厂网分开，引入了竞争机制。

2003年3月中国电力监管委员会正式挂牌成立，在此之前国务院下发了电监会三定方案（即职能配置、内设机构和人员编制）。电监会下设七个职能部门，主要有十项管理职责。

（二）电力监管委员会机构职能设计

在国务院 2003 年批准的电力监管委员会三定方案中规定电力监管委员会有十项主要职责，根据职责下设 7 个职能部门，人员编制 98 人。2004 年 7 月，电力监管委员会下设 6 个区域电力监管局批准成立，区域电监局是国家电监会的派出机构。至此，我国电力监管组织结构大致搭建完成，即三级纵向垂直监管体系：中国电力监管委员会、大区域电监局、有关城市的监管专员办公室。

电力监管委员会下设 7 个职能部门是：办公厅（国际合作部）、政策法规部（电力体制改革办公室）、市场监管部、输电监管部、供电监管部、价格与财务监管部（稽查局）、人事培训部（机关党委）。

电力监管委员会下设立华北、东北、西北、华东、华中、南方等 6 个区域电力监管局（简称电监局），并向有关城市派驻监管专员办公室。区域电监局的主要职责是：依据电力监管委员会授权，监管电力市场运行，规范电力市场行为，维护公平竞争；监管辖区内电力企业和电力调度交易机构；负责辖区内电力行政执法、行政处罚和行政诉讼等涉及的有关法律事务；负责辖区内电力安全和可靠性监管；负责辖区内电力市场统计和信息发布，管理辖区内电力业务许可证；依法查处辖区内电力企业的违法违规行为。①

（三）电力监管委员会运行中存在的问题

电力监管委员会成立 10 年来，根据时任电力监管委员会主席吴新雄的说法，主要抓了 6 个方面的监管：一是安全监管，确保电网不发生大面积的停电事故，不发生重大人身伤亡；二是市场准入监管，市场竞争要规范有序，首先市场的主体要规范；三是价格和成本监管，建立公开、公平、公正的电力市场秩序，为促进电价改革打好基础；四是交易监管，建立完善公开、公平、公正的电力市场交易机制；五是节能减排监管，促进转变发展方式，提升电力行业发展水平和企业竞争力；六是供电服务监管，通过监管提高供电的服务水平。

其中，一、五、六项属于社会性监管，主要是出于保障劳动者和消费者的安全、健康、卫生，以及环境保护、防止灾害为目的，对物品和服务的质量制定一定的标准，并禁止、限制特定行为的监管。二、三、四项属于经济性监管，是为防止发生资源配置低效和确保公平，对企业的进入、退出、价格、投资、财务会计，以及服务的数量和质量等有关行为实施监管。然而有关市场准入监管和价格

① 唐诗林，周洋．我国电力监管机构改革中的问题及对策［J］．合作经济与科技，2004（16）：8-10.

监管这两项核心职权，即便在2005年国务院颁布的《电力监管条例》中，也没有明确授予电力监管委员会。

一直以来，电价是由国家发改委和物价部门管理的。在经济性监管领域，从开端的电力市场主体准入资格，到电力市场末端的价格核定，电力监管委员会都缺少强有力的监管权限，因此在推动电力市场化改革方面长期力不从心。此外，作为国务院直属事业单位，电力监管委员会的法律地位并不明晰，也使其发展前景不明。

（四）“大部制”改革

继2003年电力监管委员会成立以来，能源管理机构的顶层设计也动作不断：2005年国务院成立国家能源领导小组，作为国家能源工作的高层次议事协调机构；2008年国务院机构改革又设立了国家能源局，主要承担发改委的能源产业管理职责，同时根据第十一届全国人大第一次会议审议批准，国务院又成立国家能源委员会，同样也是高层次的议事协调机构；2013年将电力监管委员会与国家能源局重组。

短期内如此频繁的机构调整，源自于能源问题涉及多领域、多部门。在我国，能源问题涉及石油、天然气、电力、核能、水力等多个行业，分属多个不同的政府部委管辖，这种分业监管的机构设置模式导致国家能源局仍要面对多个部委和一些地位强势的大型垄断型国有企业，在能源产业规划和政策设计上难以形成通盘考虑，相关产业的替代竞争机制也难以形成。同时，作为副部级的政府机构，国家能源局面对众多行政级别比它高的部委和国有企业履行其综合管理职能，其协调成本和制度交易成本巨大。

在这种能源管理体制下，能源主管部门热衷于通过投资项目审批、价格制定和生产规模控制等监管方式，而在能源布局、特高压建设、新能源与可再生能源发展、油气资源开发、环境保护等重大发展战略、规划，以及能源体制改革等宏观政策职能方面的建树不多。这种干预微观经济主体的行为、忽略宏观战略的监管备受诟病，能源管理体制改革的呼声不断。

（五）能源行业监管机构“大部制”机构改革特点

第7次国务院机构改革在前几次改革的基础上着力推进机构合并，突出政府职能转变，职能转变既包括横向层面政府部门间的职能调整和划转，还包括政府减少在市场、社会等领域的职能，以及纵向层面中央向地方下放权力。新的国家能源局开始向宏观战略、宏观规划、宏观政策、能源改革和能源监管等领域转移，并在微观管理上实行简政放权，简化办事程序，提高办事效率，强调事后监管。

1. 职能扩权

职能转变首先要求政府系统内部不同部门间职能的科学配置和分工合作，具体而言就是厘清部门职责边界，合并同类项，减少部门职责重叠、交叉和分散，理顺部门职责关系。

2013 年的新国家能源局的主要职责涵盖了划入原国家能源领导小组办公室职责、国家发展和改革委员会的能源行业管理有关职责，以及原国防科学技术工业委员会的核电管理职责等，对能源、煤炭、石油、天然气、电力（含核电）、新能源和可再生能源这些传统上分业管理、各自为政的领域进行集中统一监管。在 2013 年 9 月的一次国家能源局内部座谈会上，时任国家发改委副主任兼国家能源局局长吴新雄强调，能源监管职责包括能源规划和能源政策及项目落实情况监管、电力安全监管、能源市场及交易监管、能源成本监管、电网和油气管网公平开放监管、能源市场准入监管、参与协助能源价格监管、能源消费总量控制和能源行业节能减排监管、能源行业行政执法等 8 大类监管职责。这实际上至少在监管职能上，国家能源局进行了扩权。

2. 简政放权

能源管理政府部门间的职能整合后，需要考虑如何向市场、企业和社会转移一些政府不应管、管不好的职能。本轮国务院改革方案提出了 5 个方面的放权，即：减少和下放投资审批事项；减少和下放生产经营活动审批事项；减少资质许可和认定；减少转向转移支付和收费；减少部门职责交叉和分散。随后在 2013 版国家能源局的“三定”方案中，明确取消了 8 项职责。

电力企业安全生产和安全监管工作一直以来是电监会的重要监管领域，保障着电力系统安全稳定运行。该项职责取消后，新的国家能源局将把工作重点放在事后监管上，包括对现有电力安全监管规章、标准和规范性文件的清理、修订和制定工作的监管等。

此外，本次机构改革还将原属发改委的供电营业区的设立、变更审批职权与供电营业许可证核发职责整合为一项行政许可，下放到地方，更好地调动了地方政府的积极性。

二、电力行业监管制度改革

我国市场化改革过程中，公用事业行业改革普遍吸收了当代经济学、法学的基本原则，顺应了时代潮流，纷纷进行了市场改革。这其中以电力行业首当其冲，2003 年电力体制改革之后，电监会成为监管电力行业的主角，它不仅承担着一般的经济职能，还承担着维护市场秩序的重任。但是电监会也仅仅维持十年，在机构改革“大部制”的背景下，2013 年电力监管委员会即被撤销，其职责与 2008 年成立的国家能源局进行整合，成立新的国家能源局，由国家发展和改革委员会统筹管理。虽然电力行业监管在进行大刀阔斧的改革，但当前电力监管法律尚不健全，配套措施不到位，在实践中依然存在着监管漏洞。

（一）电力监管制度的法律基础

电力监管作为我国电力领域的一项新生事物，对促进电力工业的迅速高效发展发展具有重要意义。电力监管机构随着电力市场的需要应运而生，作为一个新设机构如何发挥应有的作用，进行有效监管成为其设立的重要内容。制定完善的法律法规是对电力市场实施有效监管的前提和基础。因此，加强我国电力监管立法以及制定相应的完善的法律法规，实现电力监管机构对电力企业以及电力市场中的运行过程进行有效的调控干预，发挥市场资源优化配置的作用。19 世纪，西方发达国家已经开展经济领域的监管，随着经济管制思想不断发展，并由美国逐渐转向世界上主要的市场经济国家。因此，英国、加拿大等国在进行市场化改革的过程中，颁布相应的电力法以及电力监管法，加强电力市场监管的法制建设。我国电力法制建设是从 20 世纪 80 年代开始起步的，在近 10 年来，我国加快了电力立法和电力监管立法的步伐，电力体制改革不断深入，对加强电力工业法制建设，保障电力安全，完善电力行业监管，提高电力服务质量，推动电力工业发展等方面具有重要作用。

近年来，我国电力监管立法取得重大进步。现行《电力法》颁布实施以来，在促进电力改革与发展过程中发挥最重要作用，是电力立法和电力监管立法体系中的核心，而其他行政法规如《电力监管条例》、《电网调度管理条例》、《电力设施保护条例》是该体系的重要补充，其中《电力监管条例》共六章，三十七条，是我国电力市场化进入实质化改革的标志，是我国行政管理转向现在监管的具体体现。该条例规定了电监会主要职责，并赋予其必要的监管手段和监管措施，明确电监会及其工作人员的行为规范。同时国家相关主管部门制定了涉及电力领域的诸多部门规章，如《电力市场监管办法》、《电力监管信息公开办法》、《电力市场运营基本规则》，形成了以调整电力领域相关社会关系的法律、行政法规、部门规章为基本框架的电力和电力监管法律体系。

（二）电力市场准入监管制度

市场准入监管是电力监管机构的基本监管职能之一，也是电监会的基本职能。市场准入监管就是电力监管部门对欲进入电力市场从事经营活动的主体进行资质审查，对符合条件者或者授予电力经营特许权，或颁发电力经营许可证，允许其进入电力市场从事经营活动。目的是为了避免自然垄断产业的重复投资而造成社会资源的浪费。电力市场准入普遍采用了许可证制度，通过详细的许可证条款，只要符合法定限制条件的不同的电力业务领域具有不同的许可政策，所以不同的电力业务有不同的许可，主要包括发电许可证、输电许可证、供电许可证（配电许可证、售电许可证）主体才能获得许可，从事电力业务。我国《电力法》规定，电力供电许可证制度主要内容包括电力许可制度的范围、电力许可制度的程序、违反电力许可证制度的法律责任等主要内容。伴随我国电力体制改革的不断深入，为了满足对发电、输电业务进行有效监管的需要，我国在《电力监管条例》以及以后陆续颁发的法律法规中，不断完善电力许可证制度，努力建立有效的电力业务许可证制度。

（三）电力市场竞争监管制度

电力行业具有自然垄断的属性，但是并不意味着电力行业各个环节都具有垄断性，在 2002 年《电力体制改革方案》以来，电力体制改革的特征是打破垄断，引入竞争。电力行业中的发电市场和售电市场从原来的一体化的垄断电力产业分离出来，电力市场具有了竞争性。目前，电力监管一般包括对垄断性的输电、配电环节的政府管制，对具有竞争性的发电、售电市场的监管，电力市场的竞争程度和市场结构决定着电力监管机构的职能。而如何确保电力企业之间进行公平有序、充分竞争是电力监管面临的新课题。

（四）电网安全监管制度

电网安全监管应该包括对电网系统和电力安全的监管。《电力监管条例》中规定，电力监管机构负责监管发电厂并网、电网互联以及发电厂与电网协调运行中执行规章规则的情况等，对电力安全方面一方面对重大电力生产安全事故处理制定预案，另一方面对重大生产事故建立应急处理制度。2007 年电监会颁布了《电网运行试行办法》，对电网的规划、设计与建设、并网和互联电网进行规定。对电网安全监管是电力监管机构的重要责任，对预防和减少电力事故具有重要作用。

（五）电价监管制度

电价监管主要是对电力批发、输配电和零售价格进行监管。电力监管机构拥有电力价格核准和管理权力，制定价格公式和定价原则，以实现对电力价格的监管。电力市场化改革以后，大多数国家以“厂网分开、竞价上网”的方式，主要依靠市场资源配置作用，来确定竞争性环节和垄断性环节的电价标准和水平。而就目前我国电力监管法律法规，存在大部分属于原则性的规定，操作性不强。电监会也只能在价格监管方面提出建议，而不是决定权。

（六）我国电力监管制度存在的问题

1. 电力监管制度在电力基本法中缺位

《电力法》的实施，曾经在一定程度上保障和促进了我国电力工业的发展，但实施10多年来，许多配套法规仍迟迟未能出台。不利于维护电力市场主体的合法权益和电力的安全运行。电力改革不断深入，《电力法》原先的立法环境发生了重大变化，在电力监管实践中存在着明显的历史局限性，其实行的是单一电力行政管理模式。这种模式有悖于电力管理的宗旨，满足不了建立“政企分开、公平竞争、开放有序、健康发展”的电力市场体制需求。而且对电力市场的建立运作以及开展有效竞争等内容涉及较少，对输电、配电垄断性企业也缺少约束性的监管，特别是缺乏指导电力监管制度改革方面的法律条款。法律的缺失给电力市场改革以及电力行业发展带来许多危害。首先，在维护电力市场的有效竞争环境过程中监管陷入“无法可依”的困境，电力监管工作难以进行。其次，法规的缺乏又导致监管决策的不透明，投资者无法通过正常渠道获取投资决策信息。再次，没有依法进行权力分配和管理，相关政府部门不可能形成有效的协调机制，相互之间制定政策出现冲突不足为奇。诚信政府失信于投资者，这将给电力市场改革带来极大的风险。最后，新设立的电监会以及其新出台的一系列监管规则与电力法相抵触，不利于法规之间的协调性，容易出现部门权益纷争，给电力监管工作带来极大的波动性，为电力体制市场改革的推进造成障碍。

2. 配套制度不健全

电力监管法律体系中，电力基本法律作为核心，而政府部门颁布的行政法规是该体系的重要补充，如《电力监管信息公开办法》、《电价管理条例》、《电力监管条例》。《电力监管条例》主要内容包括总则、监管机构的监管职能职责、监管措施、法律责任和附则等方面。该条例在一定程度上为电监会进行电力市场监管提供了法律依据，在一定意义上结束了电监会执行监管无法可依的局面。但是该条例也有许多不尽人意的地方。首先，在许多地方还是原则性规定，缺乏操作性，需要制定更具体的实施细则和相配套的规章。其次，该条例有一些内容和其他法律法规有交叉冲突的地方，这就给监管部门带来执行难的问题。另外，该条例规定监管机构审查供电许可证，经贸委发放供电营业许可证，这种规定不利于提高行政效率，也容易造成监管机构和经贸委之间的行政冲突。更科学合理的规定是两证统一由一个部门发放和管理。该条例赋予电监会的权力和其他政府部门之间的权力存在冲突。随着电力体制改革，厂网分开使得发电厂和电网企业成为独立的市场主体，对不同主体应该颁发不同的市场准入许可证，而现行的电营业许可证已经不能适应。不仅对供电业务实施监管而且还应对发电、输电业务实施监管。近年来，虽然电力监管部门出台了许多与电力法相关电力监管相配套的行政法规、部门规章，但是要真正对电力监管活动进行有效的法律指导仍显不足。

3. 电力监管机构的职责不明确、权责不一

我国电力监管职权配置存在职责不明，权责不一的分散现象。而对垄断性产业的监管是系统性极强的工作，电价审批、市场准入、投融资管理、成本监控等相关监管必须密切协同，才能取得预期的效果。我国电力监管体制仍然还处于从计划管理体制向市场经济条件下现代监管体制过渡的阶段，存在管理主体多元化、职能分散等现象，如发改委负责电力基建项目的审批，电监会负责电力技改项目审批，财政部负责成本规则的制定和财政监督，工商局批准企业经营范围。由此可见，我国的电监会、发改委、各地经贸委、财政部、工商局等机构都具有一定的电力监管权，形成多头监管的局面，破坏了监管职能系统性的设置和职能分工，造成监管协调难度大、成本高、效率低的后果。具体表现，如电价监管，由于财政部门负责电价成本规则监管，电价制定和审批由国家发改委负责，成本监控和电价监管的分离，造成电价的不合理。而在开放市场条件下实施有效监管，平衡和调节国家、消费者、投资者、电力企业等方面利益，电监会必须具备市场准入监管和价格监管，而我国电监会恰恰在职权上缺位，造成电价定价协调难度大。

4. 监管信息披露不充分

电力监管信息披露是指监管机构披露监管过程中的监管依据、过程和结果，接受公众的监督。由于电力行业是具有公益性的特殊行业，而且具有高度专业化、系统化的要求，对于发电、输配电、售电等具体情况，在电力企业与消费者、电网企业与发电企业、调度交易机构与发电企业、监管机构与电力企业、监管机构与消费者之间存在严重信息不对称。因此，进行行之有效的监管难之又难。只有进行有效的信息披露，社会公众和其他市场主体才能发挥监督作用，监管机构才能发挥有效的监管作用，以防止信息不对称带来的市场机制失灵，造成资源浪费。此外，电力行业的投资者为了追求利益的最大化，会用尽办法俘获监管者，而要避免这种行为的发生，民主决策机制就变得非常重要，民主决策将大大降低监管者被俘获的可能。但是信息不对称，披露不充分，实现民主决策的可能性降低，所以就我国现在的电力信息披露而言还不充分，导致监管决策与实施民主程度不够。

5. 没有形成对电力监管的制约机制

电力监管部门作为行使公共权力的公众代理人，必须兼顾有关各方的利益，正确处理包括发电企业与电网企业之间的关系、电网企业与终端用户的关系、发电企业间的关系、不同类型的终端用户间的关系等。我国目前的监管体制存在“政监不分”，即制定政策监管职能合二为一和缺少民主监管渠道的现象。监管过程受多方因素的影响，监管部门在进行监管过程中可能会侵害电力市场主体的合法权利，违法做出决策。此外，由于缺少民主监管的渠道，除了依法提请行政诉讼外，在项目审批、定价服务等制定过程中无法进行民主监督。对于如何避免监管机构滥用权力，对监管者的行为进行制约，对电力产业的投资者、竞争性服务供应商以及消费者意义重大。因此，必须在监管过程中强调司法救济的地位和作用。但是根据我国司法检查范围来看，电监会制定的规范性文件的行为是抽象行政行为，司法审查的主要是具体行政行为。因此，减少了通过行政诉讼进行救济的可能性。再加上电力监管机构职责不明确、权责脱节，追究责任困难，监管行为的法律责任缺失，即使提起行政诉讼也会出现无法可依的局面。建立一个良好高效的监管制约体系，避免决策失误和监管机关滥用权力，加强对监管权力的限定，制约变得十分重要，以此实现法律对电力监管的责、权、利一致性监管的要求。

三、电力行业价格监管改革

电力行业价格监管与电力行业价格改革密切相关，不同的电价改革阶段，电价监管特点也有很大的差异，中华人民共和国成立到今，电价改革大致可以分为六个阶段，每个阶段的电价监管都有其特点。

（一）电力行业价格改革阶段

第一阶段：1985 年以前，国家执行指令性电价。1985 年之前，我国电力行业的特点就是发、输、配、售一体化，中央政府既是发电者，又是供电者，电源和电网全部都由政府出资建设，也并不存在发电和输、配电环节之间的上网电价；因此这个阶段的电价是狭义的，仅指面向终端受电用户的销售电价，实施的是指令性电价，政府是电价定价的绝对且唯一的主体。这一时期的电价分为照明、非工业、普通工业和大工业用电几大类。20 世纪 60 年代以后，全国电价水平基本统一，国家开始统一对某些高耗电的农业和工业生产用电实行优惠电价。十一届三中全会以后，国家对销售电价进行了局部调整，部分地区开始实行峰谷电价和季节性电价。国家将电力部门维持直接运营的费用和电力设备折旧作为核定电价的最主要因素，即此时的政府认为社会主义电力工业只需维持简单再生产，不考虑电力建设的投资回报，电力运行机构也是政府的一个部门，而非可盈利机构，所该阶段的指令电价基本无利润可言。到了 20 世纪 80 年代中期，随着改革开放全面铺开，中国经济呈几何增长，但由于电力工业长期处于简单维持再生产的模式严重滞后于经济发展，各地的电力供应均无法满足经济发展的需要，出现了全国闹电荒的窘境，原本应该承载国民经济腾飞的电源、电网，反而在此时成为制约经济发展的短板，于是我国启动了电价改革。

第二阶段：1985 年～1997 年，国家执行还本付息电价。1985 年是我国电价改革历程中里程碑式的一年。由于电力供应紧张局面逐渐凸显，国家开始实行多家办电、多渠道集资办电的政策，出台了《关于鼓励集资办电和实行多种电价的暂行规定》，开始逐步放开电源建设环节，鼓励和支持地方政府和企业出资建设电厂，电源侧建设投资主体不再是国家独家经营，呈多样化发展趋势。此时，虽然电厂、电网基本上仍为一体，但独立于电网的发电厂已经开始登上历史舞台，与之相匹配的上网电价的概念也逐渐开始清晰，代售加价的出现为后来输配电价的形成奠定了基础。鉴于独立发电单位的出现，燃料价格上涨和投资回报率等因素都被加入到电价的考量中，电价的制定不再以单一维持简单的再生产为原则。实行“老电老价”、“新电新价”的政策，从而形成了“一厂一价”，甚至“一机一价”的局面。此种模式在某种意义上确保了发电厂的利润，从而起到了鼓励多样化出资建设电厂的作用，保护了电价改革的萌芽。

第三阶段：1997 年～2002 年，国家执行经营期电价。20 世纪 90 年代中后期，我国局部地区出现了电力供应大于需求的现象，这时还本付息电价政策逐渐显示出一些弊端。随着钢铁、铜材等原材料价格的上涨，作为资本密集型行业，电力建设项目的造价节节攀升。“八五”期间，发电机组平均造价较“七五”期间建设同等水平的投入翻了一倍。为适应外部环境的变化，1998 年政府针对性地调整电价政策，停用“还本付息”电价政策，改用“经营期电价”政策。经营期电价政策，将电力建设在经济寿命周期内各年度的预计成本支出和还贷计划加入定价考量，通过计算电力项目每年度的现金流量，按照项目经济寿命周期内的内部收益率来测算电价。经营期电价政策反映了电力项目投资和普通商品投资一样，需要按社会平均先进成本定价的普遍规律，统一了电力企业的资本金收益率水平，规范了电力行业的经营法则。

第四阶段：2002 年“厂网分开”后“竞价上网”前，国家实施临时上网电价。2002 年，电力体制改革逐步推进，国家发布《国务院关于印发电力体制改革方案的通知》（国发［2002］5 号），开启了实质性操作层面的改革。厂网分开，发电部分分别划入大唐、华能、华电、国电和中电投五大发电集团公司，标志着电力体制改革正式进入到竞争性电力市场建设的攻坚克难环节。与此同时，国家颁布临时上网电价管理办法，用于厂网分开后的电价管理。该政策允许原参与电网统一核算、没有单独上网电价的电厂可制定临时结算上网电价，借此保障了厂网分离后各类电厂的正常运营，继而为电力工业全面引入市场竞争机制做好必要的铺垫，起到承上启下的重要作用。

第五阶段：2005 年，国家发布《国家发展改革委关于印发电价改革实施办法的通知》（发改价格［2005］514 号），制定了上网电价、输配电价和销售电价管理办法，将上网电价、销售电价与燃料价格挂钩。此次电价管理办法的变动根据国务院《电价改革方案》（国办发［2003］62 号）有关要求制定，标志着我国开始实行新的电价管理机制。根据这三部管理办法的有关精神，政府电价主管部门按照合理补偿成本、合理确定收益以及依法计入税金的原则，在竞价上网前核定或通过政府部门招投标确定发电企业的上网电价。同时，在同一地区新建的同类型发电机组之间上网电价由政府电价主管部门统一核定，并事先向社会公布，同时逐步统一原已核定的发电企业上网电价。核定的上网电价与燃料价格波动联动，体现电能构成，符合经济规律。

第六阶段：2014 年开始，国家陆续在深圳、蒙西等地开展输配电价改革试点，出台《中共中央国务院关于进一步深化电力体制改革的若干意见》（中发［2015］9 号）及其 6 个配套文件和《输配电定价成本监审办法（试行）》（发改价格［2015］1347 号），电价形成机制市场化改革进入新阶段。根据出台的一系列文件，国家将按照“管住中间、放开两头”的思路，输配电价由政府根据“准许成本加合理收益”分电压等级核定，用户或售电主体按照其接入的电网电压等级所对应的输配电价支付费用；公益性外的发售电价格由市场形成；电网企业履行保底供应商义务，确保无议价能力用户有电可用。

（二）我国电力行业价格监管存在的问题

尽管随着电力市场化改革的推进，电力行业价格监管亦不断改革和加强，但由于改革尚浅加上行业本身在经济发展中的特殊性，使得我国电力行业价格监管比任何国家都要复杂，现阶段电价监管仍然存在许多问题。

1. 发电环节

（1）市场竞争问题。五大发电集团占领的发电市场份额已近寡头垄断，2009 年后，各发电集团纷纷从各省圈地建发电厂，继续不断扩大各自地盘。由此带来的后果是：发电市场逐步被少数集团寡头垄断，市场竞争将逐步失灵。2009 年、2011 年电煤不断上涨全国闹电荒时，五大发电集团很多机组纷纷抱团停机，倒逼国家发改委提高上网电价，就是一个典型的案例。

（2）煤电联动问题。2004 年底，煤电联动政策开始实施。规定不少于 6 个月为一个联动周期，如果周期内平均煤价跟前一个周期相比，变化幅度达到或超过 5%，便相应对电价进行调整。该政策出台后半年时间，第一次煤电联动出现。2005 年 5 月根据联动政策，电价随煤炭价格上调 2.52 分钱，随后在 2005 年 11 月煤价波动第二度复合联动时，业界预期的电价上调并未如期而至，原因是国家未有动作；2008 年虽然又连续实施了两次煤电联动，但纵观煤电联动历次调整，自 2004 年政策出台后，煤炭价格成倍翻番，电价依旧裹足不前，上涨不到 40%。调整时间不及时和调整幅度不到位情况时有发生。其主要原因是国家层面的宏观调控，出于控制 CPI 过渡上涨等其他原因，限制电价应有的上调，大大压缩电价上调空间，拉长电价上涨的时间，造成煤电联动政策与实施过程有一定程度的差异。但“发一度，亏一度”的现象直接导致相当一部分发电企业和电网企业经营步履维艰，电力供应急剧萎缩短缺，电力行业整体信心不足、状态低迷等局面。同时，煤炭还存在一个输送运力紧缺和输送成本高等问题。虽说煤炭的发电效率较其他一次能源低，还伴生着环境污染严重的问题，但在今后很长一段时间，在我国新能源还不能完全取代火力发电的主导地位，所以煤电联动政策亟待完善。

（3）节能减排和环境保护问题。在电价政策方面，由于历史原因，小机组普遍煤耗高、负担重、无规模效应，导致生产成本高，无竞争优势，所以国家一般对小机组给予一定的电价优惠政策，电价普遍高于大机组。另外，小机组技术改造资金匮乏，无法安装脱硫装置，也无法实行脱硫电价政策。而水电的电价主要集中在前期建设和厂址居民迁移、环境改造的巨大投入，需着重计算在经济寿命周期内各年度的成本和还贷。

2. 输配环节

（1）监管和透明度问题。输配环节具有自然垄断属性，自然受到国资委、财政部、发改委、电监委等国家有关部口的监管，当然监管的角度会有所不同。国家立足于电价管理考量，以发改委和电监委监督为主。其中，发改委对电网企业从输配电价形成的角度收集电价成本相关信息和数据，并监审成本，核实涉及定价因素的成本，进而实现对电网成本的全方位监审，以此方式服务输配电定价。而电监会主要通过核算成本、检查费用分摊是否规范合理等内容，对电网企业成本控制的进行监管，进而通过监管建立健全电网企业的成本约束和激励机制，并以此为出发点，鞭策电网企业提升自身管理，达到降本增效的目的，与此同时也为输配电价的合理核定奠定基础。所以，监管部门希望电网企业各种成本信息公开透明。但客观上，电网企业由于行业的技术特性，其设备标准、折旧标准、维护标准没有社会通用标准，往往由电网企业来制定各种标准，监管人员往往缺乏专业知识难以识别。主观上，电网企业基于国家输配分开的要求，也不愿意将企业输配成本信息分得非常清楚，也不愿意主动将有关信息保送监管部口。

（2）电网建设可持续发展问题。随着国民经济的飞速发展，电能需求增速也是迅猛异常。在市场供需之手的推动之下，电力企业增容扩建是必然的趋势。浙江省在“十一五”期间在电网建设中投入的资金高达860亿元，其中170亿元用于特高压工程建设，500亿元用于输电主网建设，175亿元用于新农村输配电网建设。国家电网“十一五”期间累计自有资金短缺9000亿元。由于电价机制不健全等原因，电网公司资产赢利能力不强，成本增长高于收入增长，赢利空间不断压缩，自我积累能力弱，资产负债率不断上升，部分单位已接近80%警戒线，电网自我发展能力严重不足，需要在电价政策中给予充分考虑。

（3）县代管体制制约问题。全国还有很多县供电局管理体制为代管，因无资产纽带关系，国家电网的电网建设资金无法投入到代管的各县供电局，加上各代管县供电局资产规模小，赢利能力弱，融资能力差，因此，各代管县供电企业电网薄弱，配网和农网建设和发展长期受到制约，农村和农民用电权益受到损害。

3. 销售环节

（1）交叉补贴问题。以我国华东三省一市为例，居民电价均远远低于工商业电价，甚至低于大工业电价。居民用户和工商业用户电费负担的倒挂，造成了用电过程中工商业用户对居民用户的交叉补贴问题，不能客观地反映各类用户真实的供电成本水平。

（2）惩罚性电价问题。为指导推动节能环保产业加快发展，国务院出台《“十二五”节能环保产业发展规划》。国家发改委制定政策，对能源消耗超过限额标准的企业实行惩罚性电价，推进高耗能企业加快技术改造力度，促进节能减排。如，我国东部某市为了加快淘汰落后产能，推进产业转型升级，促进资源节约型和环境友好型社会建设，在执行基本电价的基础上，还实施了差别电价政策，即对允许类企业和鼓励类企业执行正常电价水平，对限制类、淘汰类企业按国家和省有关加价政策提高电价，自2011年起对全市不锈钢企业和制造企业执行差别电价政策，电价在正常电价水平上加收0.3元/度。惩罚性电价政策是一个非常好的政策，但在实际执行中，也碰到一些实际问题，一些地方政府为了追求GDP和就业的需要，对部分高耗能企业进行了地方保护，导致惩罚性电价政策的作用受到制约，也产生了社会公平性问题。

第七章 电信行业发展报告①

1994年～2008年的15年间，我国电信行业先后经历了两次剧烈的行业拆分重组。我国于20世纪90年代前期开始计划并实施邮电的政企分离，由此开启了我国电信行业的第一次拆分重组。1994年吉通通信有限责任公司（吉通）和中国联合通信有限公司（中国联通）相继正式挂牌成立。1997年北京电信长城移动通信有限责任公司（电信长城）成立。1998年中国电信将其全国寻呼业务剥离出来，单独成立了国信寻呼集团公司。1999年国信寻呼和电信长城并入中国联通，中国国际网络通信有限公司（中国网通）成立。2000年中国电信集团公司和中国移动通信集团公司正式成立挂牌，分别负责移动电话业务和固网服务。2001年中国铁道通信系统有限公司（中国铁通）和中国卫星通信集团公司（中国卫通）正式挂牌成立。2002年北方九省一市电信公司从中国电信剥离，与网通、吉通合并，成立中国网络通信集团公司（中国网通）。至此，我国形成了联通、移动、卫通、铁通、网通和电信六家电信公司的格局。

2008年我国开始了新一轮电信行业重组。2008年中国卫通的基础电信业务并入了中国电信，中国电信收购联通CDMA网络，而联通则收购了网通成立了新中国联合网络通信有限公司。2009年铁通公司

① 除特别说明外，本章数据均来源于2008年～2017年的《中国通信统计年度报告》（中华人民共和国工业和信息化部，人民邮电出版社）。本章所有图表均由本章前三节作者整理加工。

的铁路通信的相关业务、资产划转给铁道部后，铁通公司仍作为中国移动的独立子公司从事固定通信业务服务。至此网通并入中国联通，铁通并入中国移动，卫通的基础电信业务并入了中国电信，奠定了中国电信、中国移动和中国联通三家电信公司的基本格局。2014 年中国电信、中国移动、中国联通和中国国新又出资成立了中国铁塔股份有限公司，主要从事通信业相关基础设施的建设、维护和运营。

伴随着行业的拆分重组，我国通信技术也在频繁迅速更迭。在移动通信技术方面我国已经历三次技术变革。我国电信行业完成第一轮行业拆分重组后，中国移动及中国联通拥有 GSM 网络牌照（2G 牌照），而电信仅有固话及宽带牌照。完成第二次行业拆分重组后，于 2009 年初工信部正式向三大电信运营商正式发放了 3G 运营牌照，中国移动获得了 TD-SCDMA 牌照，中国联通获得了 WCDMA 牌照，中国电信则收购了中国联通的 CDMA 牌照。3G 技术方兴未艾，4G 时代便已到来。2013 年底，工信部又向三大电信运营商发放了 4G 运营牌照。中国移动、中国电信和中国联通都获得了 4GLTE 牌照。2019 年 6 月工信部又向三大运营商正式发放了 5G 运营牌照，标志着 5G 技术开始大规模民用普及。在互联网传输技术方面，我国也先后经历了 xDSL（数字用户线路）和 FTTH（光纤到户）两代传输技术。其中 xDSL 先后大致又分为 IDSL、HDSL、SDSL 和 ADSL 四种，相应传输速率逐渐提高。2012 年我国开始普及 FTTH/O 技术，其传输速度远高于 xDSL 技术。

我国电信行业长期大规模拆分重组和频繁技术进步冲击，导致我国电信行业在投资、建成、服务生产与供应等各方面，相较于其他城市公用事业表现出一些独有特点。其一，政府主导的行业拆分重组导致行业结构复杂且变化剧烈；其二，技术快速更迭导致行业服务种类繁多且更迭迅速；其三，反映行业状况的各项指标变化趋势复杂，不具有单调性，各项指标往往在短期内剧烈变动。鉴于此，本章将主要对我国电信行业在 2008 年～2017 年 10 年间的发展情况进行介绍分析。首先，2009 年我国完成了第二次电信行业的拆分重组，从而奠定了当前“电信、移动、联通三分天下”的基本格局；其次，由于统计口径和统计指标的差异，时间跨度扩大至 2008 年之前将导致较多统计指标难以前后衔接；再次，2017 年为当前公开可得数据的最近年限。

第一节　电信行业投资与建设

2008 年～2017 年间，我国电信行业固定资产投资累计完成 36599 亿元，年均增加 3.07%，各年投资规模处于 3000 亿～4500 亿元范围内。我国电信业固定资产投资主要集中在投资规模最大的前三项分项投资上，依次分别为移动电信固定资产投资、传输类固定资产投资以及互联网及数据通信投资。2008 年～2017 年三者累计共完成投资额 91974.4 亿元，占总固定资产投资累计完成额的 77.9%以上。分地区来看，我国电信业在移动电信以及互联网及数据通信固定资产投资中对西部地区有一定程度倾斜。

2008 年～2017 年间我国通信光缆建成长度保持较快平稳增长，年均增加 344.7 万公里，年均增速达 21.1%以上。2008 年～2017 年间我国移动电话基站建成数量保持较快增长，平均增速达 28.4%以上，年均建成 61.1 万座基站。移动电话语音信道和移动短消息中心容量在 2013 年～2014 年出现增长乏力，并在 2016 年～2017 年出现了负增长。2017 年我国电信业 xDSL 宽带接入端口数量仅为 0.22 亿个，而 FTTH/O 宽带接入端口则达到了 6.55 亿个，表明我国在 2013 年～2017 年的五年时间内，基本完成了从 xDSL 向 FTTH/O 互联网传输技术的全面升级过渡。我国移动电话交换机容量逐年快速增加，年均增速达 8.9%。

一、电信行业固定资产投资情况

（一）电信行业固定资产总投资

2008 年～2017 年间，我国电信行业固定资产投资累计完成 36599 亿元，年均增加 3.07%，各年投资规模处于 3000 亿～4500 亿元范围内。根据 10 年间电信固定资产投资完成额变化趋势，该过程大致可分为三个阶段。如图 7-1 所示，第一阶段为 2008 年～2009 年，其中 2008 年投资额为 3068 亿元，2009 年增加至 3773 亿元，较上 2008 年增加 22.98%。第二阶段为 2010 年～2015 年，该阶段固定投资额逐年递增，其中 2010 年投资额由 2009 年 3773 亿元骤降至 3022 亿元，为 10 年中投资额最低的一年。随后 5 年时间内以 8.47%左右的增速逐年递增，至 2015 年投资额增加至 4525 亿元。第三阶段为 2016 年～2017 年，2016 年

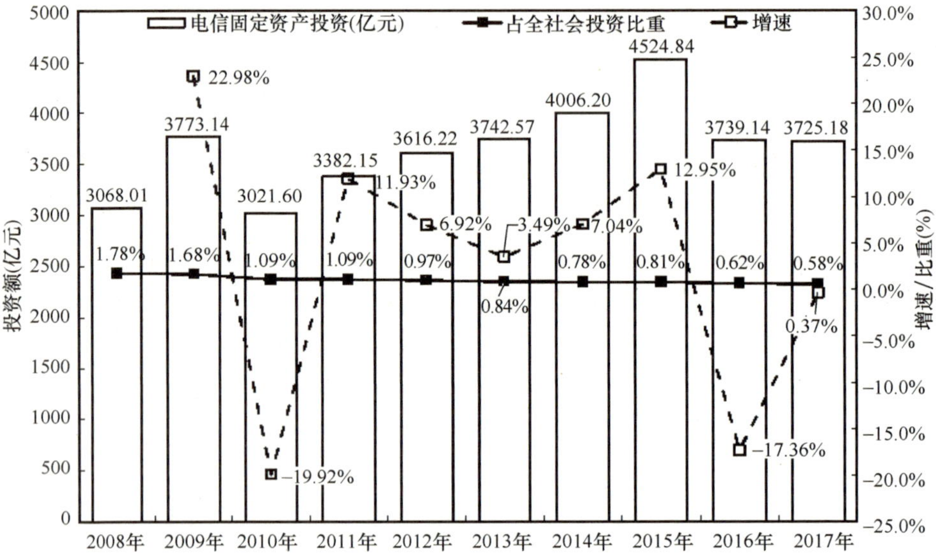

图 7-1　电信行业固定总资产投资完成情况

电信固定资产投资较上年减少 17.35%，降低至 3739 亿元，并在 2017 年维持在该投资水平上变化不大。由图 7-1 还可见，2008 年我国电信行业固定资产投资在全社会投资中的占比为 1.78%，随后大约以年均 0.13%的幅度逐年递减，至 2012 年降至 1%以下为 0.97%，至 2017 年降低至 0.58%。

（二）电信行业固定资产分项投资情况

我国电信行业固定资产总投资通常分为，固定电信投资、移动电信投资、互联网及数据通信投资、创新及增值平台投资、业务支撑系统投资、传输投资、局房和营业场所投资、其他固定资产投资，共 8 类分项固定资产投资。从各分项固定资产投资的投资规模、分项投资占比以及投资增速来看具有以下特点。首先，2008 年～2017 年间我国电信业固定资产投资主要集中在投资规模最大的三项分项投资上，该三项投资依次为，移动电信固定资产投资、传输类固定资产投资以及互联网及数据通信投资。三者累计完成投资额合计 91974.4 亿元，占总固定资产投资累计完成额的 77.9%以上。其次，上述规模最大的三项固定资产投资在历年间波动较为剧烈，且不具有单调的增减趋势，但表现出一定的周期性；再次，2008 年～2017 年间电信行业固定资产投资结构整体平稳，但固定电信投资、互联网及数据通信以及其他电信投资在结构上有较为显著变化。如图 7-2、图7-3 以及表 7-1 所示。

电信行业固定资产分项投资增速表　　表 7-1

分项	2009	2010	2011	2012	2013	2014	2015	2016	2017
固定电信	−1.5%	10.8%	51.9%	16.6%	−80.9%	−14.3%	−73.6%	−30.5%	−6.8%
移动电信	34.8%	−30.8%	7.4%	1.2%	−3.2%	35.8%	13.7%	−22.6%	5.0%
互联网及数据通信	47.4%	18.4%	8.0%	−4.7%	22.3%	−21.7%	79.0%	13.0%	−17.2%
创新及增值平台	14.4%	−5.6%	3.0%	−36.1%	6.2%	−14.7%	0.4%	21.7%	29.4%
业务支撑系统	35.7%	−37.0%	11.2%	5.4%	7.4%	−10.6%	10.5%	−4.0%	−7.4%
传输投资	20.6%	−18.5%	22.6%	46.5%	13.6%	2.0%	4.7%	−41.0%	1.5%
局房及营业场所	79.9%	−45.3%	−0.7%	3.9%	36.0%	−6.3%	17.8%	−7.0%	−0.1%
其他	−33.3%	−2.6%	21.9%	6.2%	21.9%	−18.0%	−49.7%	−0.9%	−13.8%

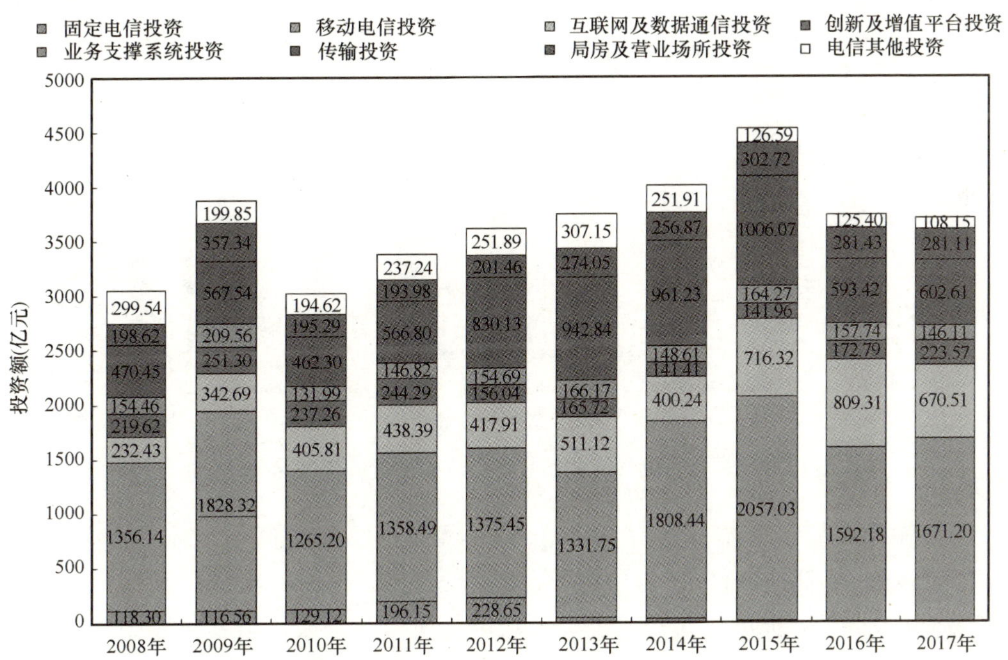

图 7-2　电信行业固定资产分项投资完成情况

移动电信固定资产投资累计完成 15644.2 亿元，占电信固定资产总投资累计完成额的 42.7%以上，年均增加 4.6%，各年投资额在 1250 亿～2050 亿元的范围内，变动较大。如图 7-2 及表 7-1 所示，其变化过程大致可分为四个阶段：第一阶段 2008 年～2009 年，投资额由 1356 亿剧增至 1826 亿元，增加 34.8%；第二阶段 2010 年～2012 年，2010 年投资降低至 1265 亿，较 2009 年降低 30.8%，然后逐年缓慢增加，到 2012 年投资额为 1375 亿元；第三阶段 2013 年～2015 年，该阶段投资进入快速增加阶段，2013 年投资额为 1332 亿元，随后逐年快速增加，至 2015 年增加到 2057 亿元；第四阶段为 2016 年～2017 年，投资额较为平稳，维持在 1650 亿元左右。2008 年～2017 年间移动电信固定资产投资在各分项投资中最为主要，且其占比较为稳定，一直保持在 40%左右，最低时为 2013 年的 35.6%，如图 7-3 所示。

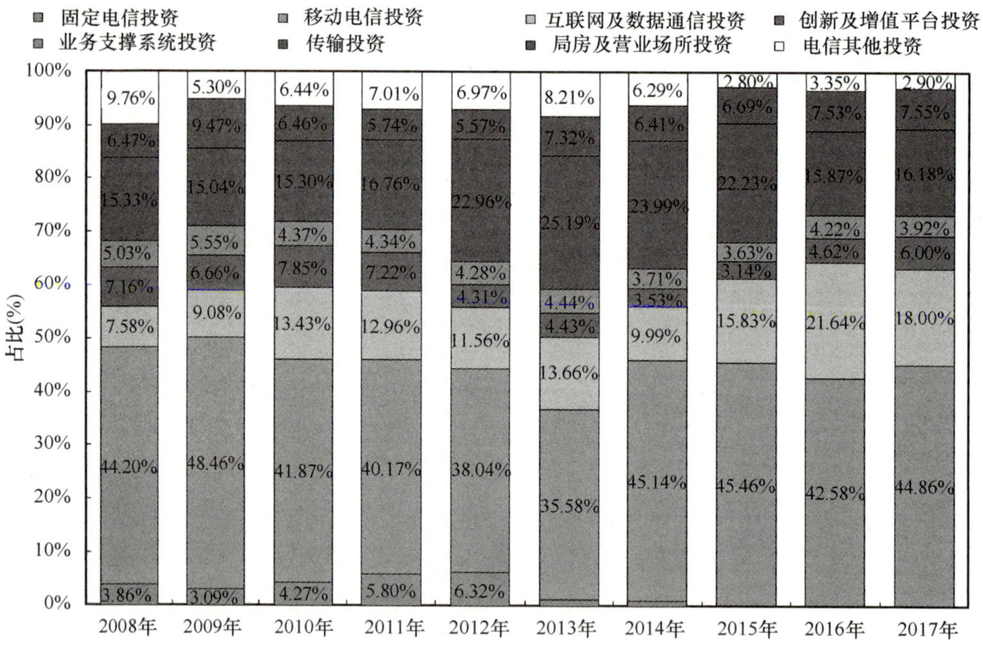

图 7-3　电信行业固定资产分项投资占比情况

传输固定资产投资累计完成 7003.4 亿元，占总固定资产累计投资完成额 19.1%以上，年均增加 5.8%，其投资规模在 250 亿～1000 亿元的范围内变动。如图 7-2 及表 7-1 所示，其变化过程大致可分为三个阶段：第一阶段 2008 年～2009 年，投资额由 2008 年的 470.5 亿元增加至 2009 年的 567.5 亿元，增加 20.6%；第二阶段 2010 年～2015 年，该阶段投资额以 17.9%的增速逐年快速递增，至 2015 年投资额增加至 1006.07 亿元，为 10 年间投资规模最大的一年；第三阶段 2016 年～2017 年，投资额快速回落至 600 亿元左右，并基本保持恒定。传输类固定资产投资在所有分项投资占比中处于第二主要位置，2012 年～2015 年间该项投资保持在 22%左右，其余年份维持在 16%左右，如图 7-3 所示。

图 7-4 进一步展示了移动通信固定资产投资在我国东、中、西三个地区的占比变化情况。尽管东部地区发展水平高于中西部地区，但由图可见，我国电信业在该项固定资产投资中，对西部地区有一定倾斜。2010 年该项投资在东部地区占比 47.7%，2017 年则下降至 44.6%，相比之下西部地区则由 2010 年的 25.3%增加至 2017 年的 29.6%，类似中部地区则由 24.5%增加到了 25.3%。

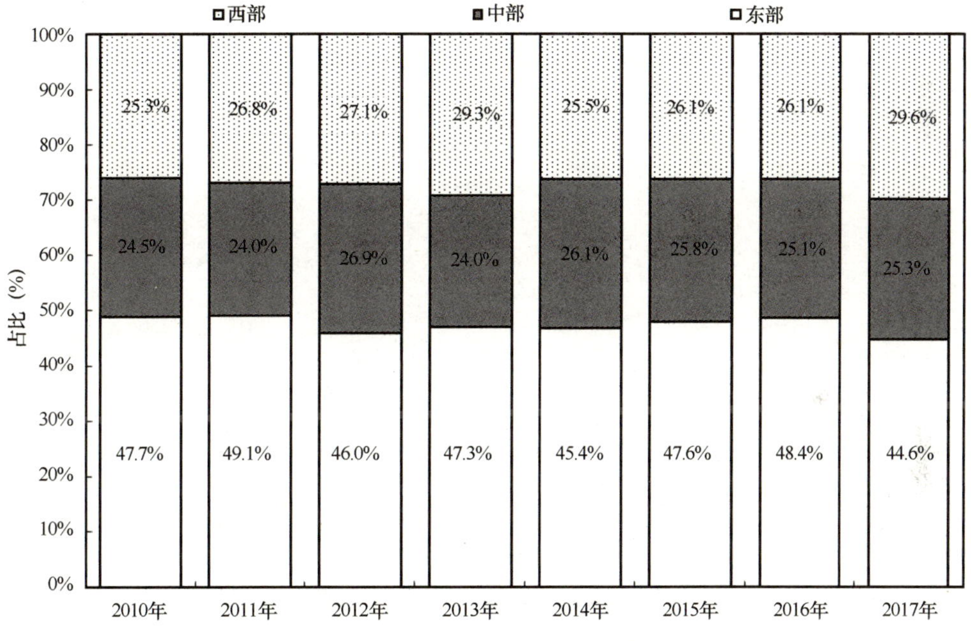

图 7-4 东、中、西地区移动通信固定资产投资占比变化情况

互联网及数据通信固定资产投资累计完成投资 4944.7 亿元，占总固定资产累计投资完成额 13.5%以上，年均增加 16.1%，变化范围在 230 亿～810 亿元。如图 7-2 及表 7-1 所示，其变化过程大致可分为三个阶段：第一阶段 2008 年～2011 年，投资额由 2008 年 232.4 亿元逐年增加至 2011 年 438.4 亿元，年均增速 24.6%；第二阶段 2012 年～2013 年，2012 年投资额较上年微弱回落，为 417.9 亿元，但随后 2013 年又快速增加到 511.1 亿元，增幅 22.3%；第三阶段 2014 年～2016 年，2014 年投资回落至 400.2 亿元，较上年减少 21.7%，随后 2015 年剧增至 716.3 亿元，2016 年进一步增加至 809.3 亿元，平均增速 46%以

上；第四阶段 2017 年，投资额再次大幅回落至 670.1 亿元，较上年减少 17.2%。2008 年～2017 年，该项投资在总固定资产投资结构中发生了比较显著的根本性变化。如图 7-3 所示，该项投资在 2008 年时占比仅为 7.58%，随后逐年扩大，至 2016 年达到最高为 21.7%，2017 年有所减少，但仍占 18%。

图 7-5 进一步展示了互联网及数据通信固定资产投资在我国东、中、西三个地区的占比变化情况。在该项固定资产投资中，中、西部受到了更大的倾斜。由图可见，2010 年东部地区的该项投资占比为 56.6%，到 2017 年则降低至 46.5%，下降了 10.1 个百分点。与之相比，西部地区则由 2010 年的 18.2%增加至 2017 年的 26.4%，增加了 8.2 个百分点；东部地区则由 24.6%增加至 27.0%，增加了 2.4 个百分点。

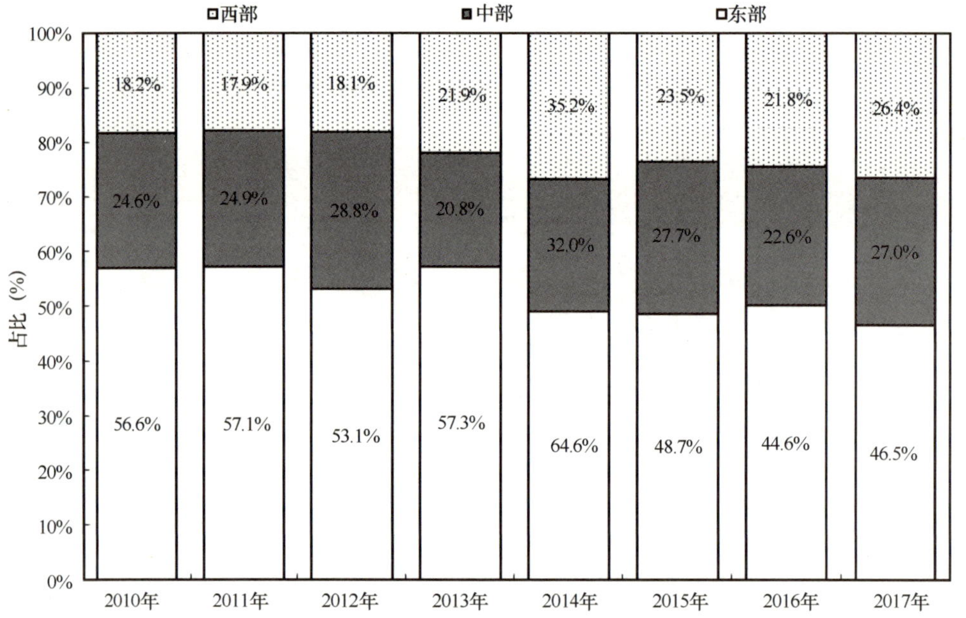

图 7-5 东、中、西地区互联网及数据通信固定资产投资占比变化情况

固定电信投资总体投资规模较小，累计完成投资 893.2 亿元，仅占电信总固定资产投资累计完成额的 2.4%。该项投资在 2008 年～2017 年间的变化过程分为增加和降低两个阶段：第一阶段 2008 年～2012 年，投资额以年均 19.4%的速度快速上升，由 2008 年 118.3 亿元增加至 2012 年的 228.7 亿元；第二阶段 2013 年～2017 年，2013 年投资额骤减至 43.8 亿元，较上年减少 80.9%以上，随后该项投资逐年快速递减，年均减少 41.2%，至 2017 年该项投资仅为 6.4 亿元。该项投资在总投资的结构中发生了较为显著的变化，如图 7-3 所示，第一阶段该投资占比从 2008 年的 3.86%逐年扩大至 2012 年的 6.32%，随后又迅速下降，至

2017 年仅为电信业总固定资产投资的 0.17%。

（三）电信行业固定资产分地区投资情况

2008 年～2017 年我国东、中、西三个地区的电信业固定资产投资情况如图 7-6、图 7-7 和图 7-8 所示。东部地区历年投资额在 1550 亿～2090 亿元的范围内波动，历年占比 50%左右，年均增速 1.7%，共累计完成投资 17555.4 亿元，占总投资累计完成额的 50.5%；中部地区历年投资额在 700 亿～1150 亿元的范围内波动，历年占比在 24%左右，年均增速 3.6%，累计完成投资 8713.2 亿元，占总投资累计完成额的 23.8%；中部地区历年投资额在 700 亿～1160 亿元的范围内波动，历年占比在 26%左右，年均增速 5.1%，累计完成投资 9242.6 亿元，占总投资累计完成额的 25.3%。由图 7-6 可以发现，东、中、西三个地区的电信业固定资产投资比例基本保持恒定，东部占比 50%左右，中部及西部地区各占比 25%左右，且西部地区占比略高于中部地区。由图 7-7 可见，三个地区的电信固定资产投资增速基本保持一致，其中 2009 年三个地区固定资产投资较上年均有 20%以上的增加，而 2010 和 2016 年三个地区较上年均有 20%左右的投资额减少发生。2011 年～2015 年三个地区投资额增速具有一定差异，但基本都在 0～15%的范围内，其中中部地区变动幅度略大于其他地区。

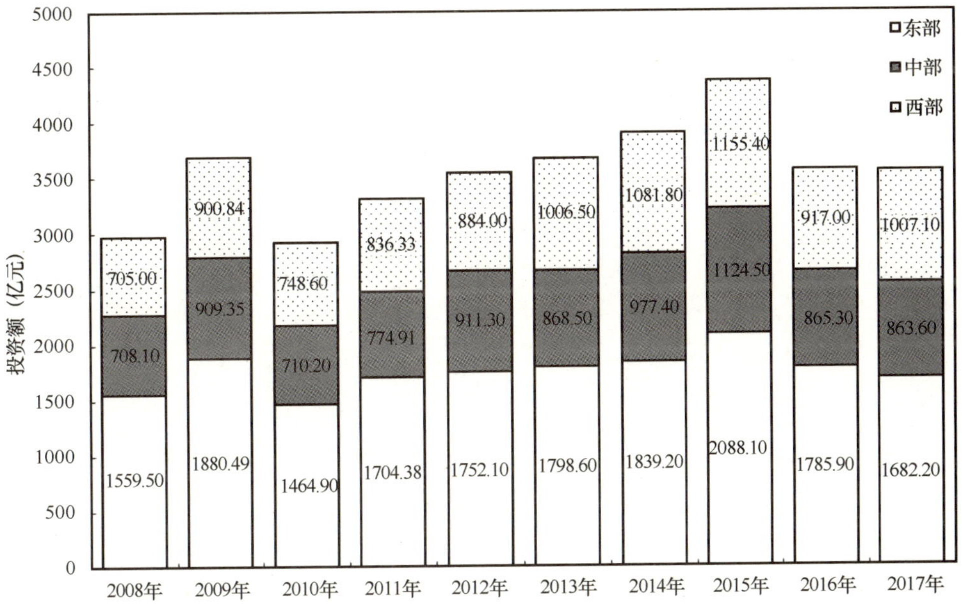

图 7-6　电信业固定资产分地区投资变化情况

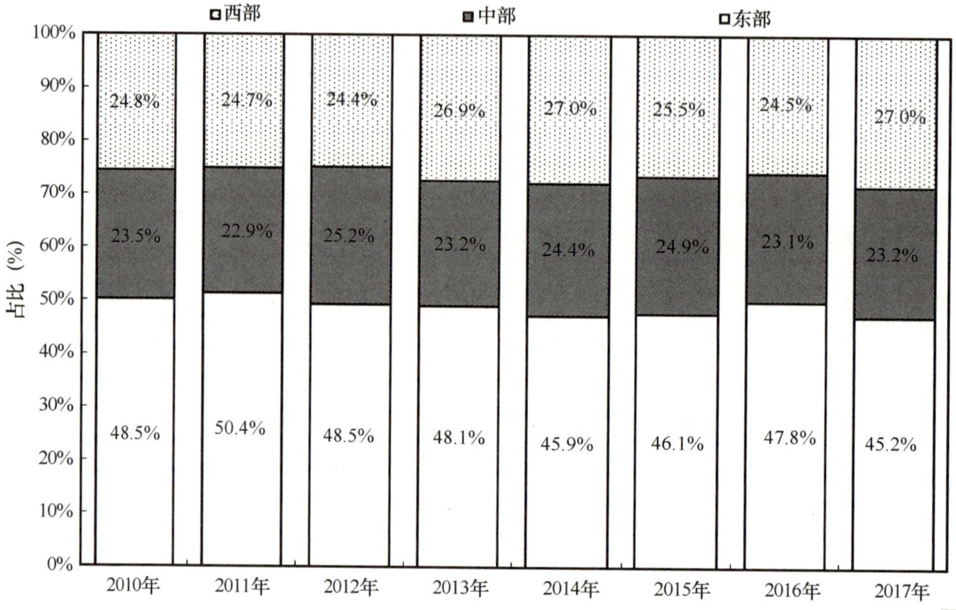

图 7-7　电信业固定资产分地区投资结构变化情况

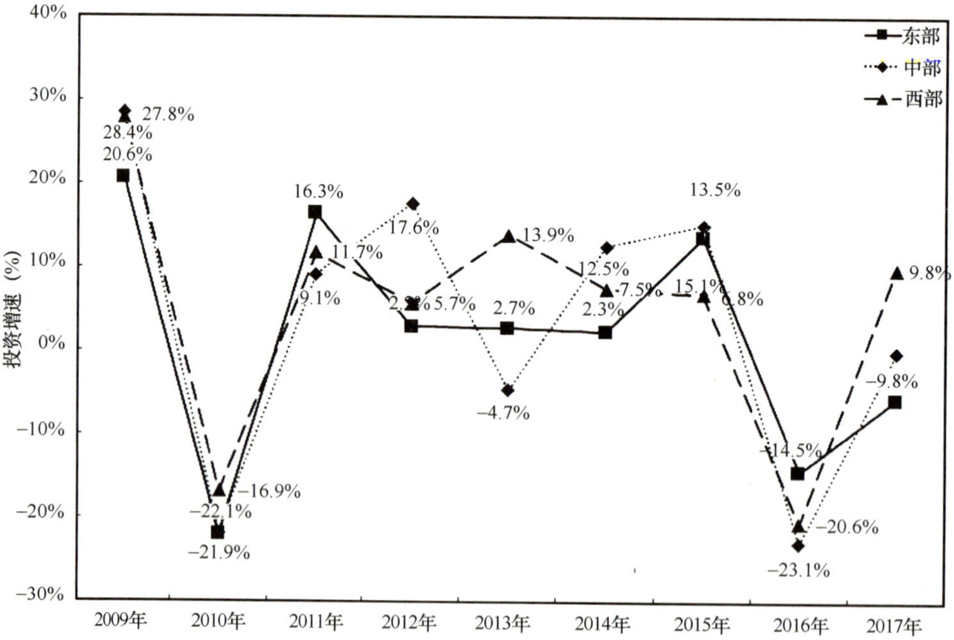

图 7-8　电信业固定资产分地区投资增速变化情况

二、电信行业通信能力建成情况

(一) 光缆线路长度

2008 年～2017 年间我国通信光缆建成长度保持较快平稳增长，年均增加 344.7 万公里，年均增速达 21.1%以上。如图 7-9 所示，2008 年光缆线路长度为 677.8 万公里，随后 4 年间增速均保持在 22.06%以上，到 2012 年光缆线路建成长度达到 1479.3 万公里，较 2008 年增加 1.2 倍；2013 年～2014 年光缆线路建成长度增速有所放缓，年增速为 18%左右，到 2014 年光缆线路建成长度为 2061.3 万公里，较 2008 年增加 2.1 倍以上；随后 2015 年～2017 年间，每年增速再次提高至 20%以上，截至 2017 年全国光缆线路建成长度达到 3780.1 万公里，较 2008 年增加 4.5 倍以上。

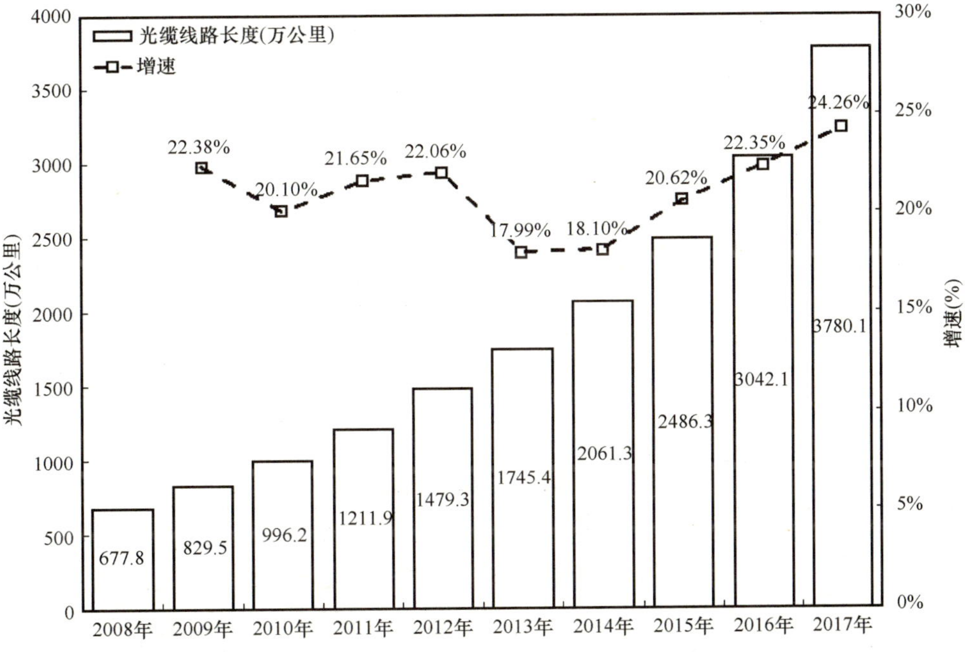

图 7-9 通信光缆长度变化情况

通信光缆按照功能和布局可分为长途光缆、本地网中继光缆和接入网光缆。其中长途光缆用以远距离不同城市间通信信号传输，本地网中继光缆用以在城市内部连接各个通信中心机房，接入网光缆又称为用户光缆，用以连接家庭用户和通信机房。图 7-10～图 7-12 反映了上述三类光缆线路长度的相关变化情况。

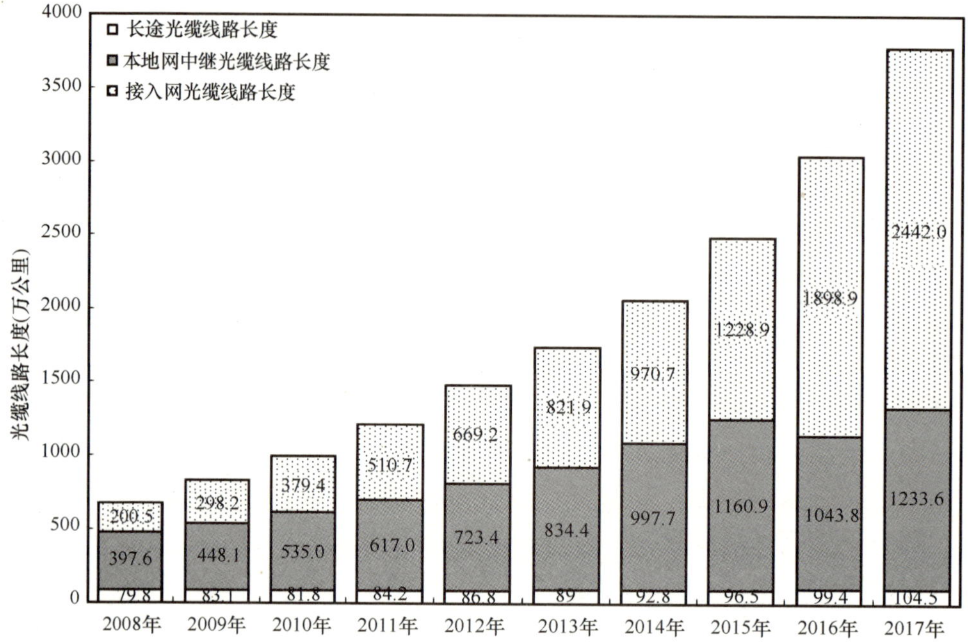

图 7-10　不同类型通信光缆长度变化情况

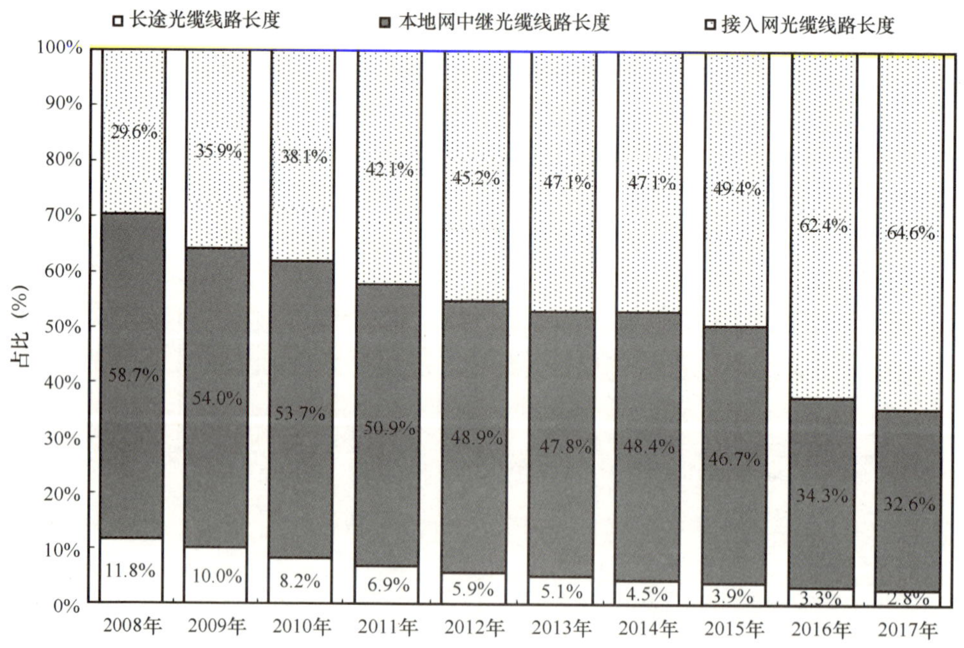

图 7-11　不同类型通信光缆长度占比变化情况

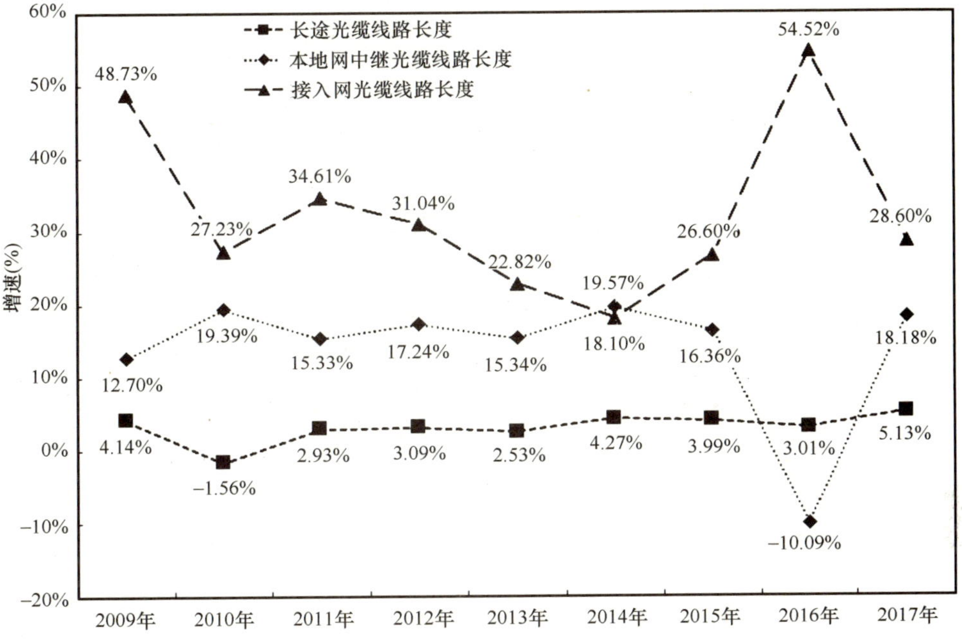

图 7-12 不同类型通信光缆长度增速变化情况

由图 7-10～图 7-12 可见，三类光缆线路中长途光缆线路长度最短，2007 年该类光缆线路长度为 79.8 万公里，随后大约以 3.1%的年均增速缓慢增长，至 2017 年达到 104.5 万公里。本地网中继光缆线路 2008 年为 397.6 万公里，除 2016 年外，其余各年增速均在 15%上下，到 2017 年该类光缆线路建成长度达 1233.6 万公里，在三类光缆线路中占比为 32.6%。三类光缆线路中，增速最快的为接入网光缆线路，2007 年该类线路长度仅为 200.5 万公里，但其增速较快，年均增速达 32.5%，各年均维持在 20%以上，尤其在 2009 年和 2016 年两年，增速分别达到了 48.7%和 54.5%。到 2017 年该类光缆线路长度达到 2442 万公里，在三类光缆线路中最长，占比从 2008 年的 29.6%增长到 64.5%。

（二）移动电话基站数量

移动电话基站即公用移动通信基站，是指在一定的无线电覆盖区中，通过移动通信交换中心，与移动电话终端之间进行信息传递的无线电收发信电台。移动基站数量是反映电信通信能力最为重要的指标之一。移动通信技术按照代际划分，目前可分为 2G、3G、4G 以及 5G 四代技术，相应的移动电话基站也分为四类。我国早期三大电信运营商中，中国移动公司和中国联通公司拥有 2G 经营牌照（即 GSM 牌照），中国电信公司则运营固定电话、宽带业务，但拥有 CDMA

牌照。2009 年 1 月 7 日工信部正式向三大电信运营商正式发放了 3G 运营牌照，2013 年 12 月 4 日工信部再次向三大电信运营商发放了 4G 运营牌照。2019 年 6 月工信部向三大运营商正式发放了 5G 运营牌照，标志着 5G 技术开始民用普及。

如图 7-13 所示，2008 年～2017 年间我国移动电话基站建成数量保持较快增长，平均增速达 28.4%以上，年均建成 61.1 万座基站。2008 年我国移动电话基站为 69 万座，2009 年 3G 移动通信开始民用普及，基站数量迅速增加至 111.1 万座，较 2009 年增加 61.0%。2013 年增速回落至 25.8%，并逐年放缓，至 2013 年降低到 16.65%。2013 年底 4G 通信技术正式开始民用普及，由此 2014 年基站数量再次迅猛增加，增速骤增至 45.56%。随后基站数量增速又开始逐步放缓，到 2017 年增速降低至 10.6%，移动电话基站建成数量达到 618.7 万座。

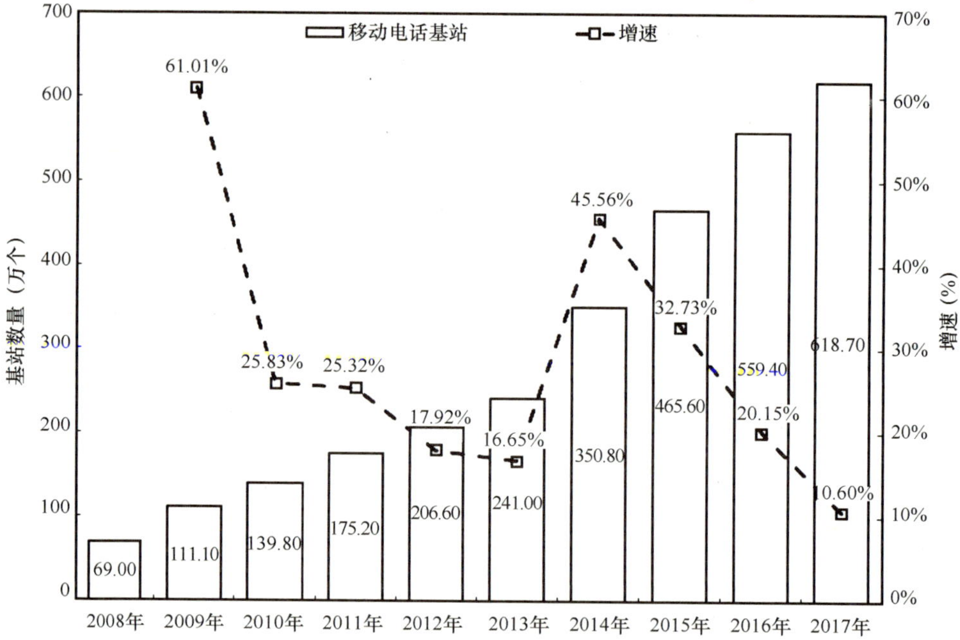

图 7-13　移动电话基站数量变化情况

图 7-14 和图 7-15 反映了我国 2008 年～2017 年间三类移动电话基站的数量及增速变化情况。首先，尽管新一代通信技术的出现会引起上一代通信基站数量比例的降低，但上一代移动电话基站数量绝对值仍会保持增加，表明一定时期内新旧移动通信技术共存，对旧技术的取代需要一定过程。其次，4G 通信技术开始普及后，其相应移动通信基站建设速度显著高于 3G 技术普及过程中 3G 基站的建设速度。

2008 年我国累计建成移动电话基站 69 万座，且均为非 3G/4G 基站。2009 年 3G 通信技术开始普及后，非 3G/4G 基站建成数量仍处于较快增长中，增速

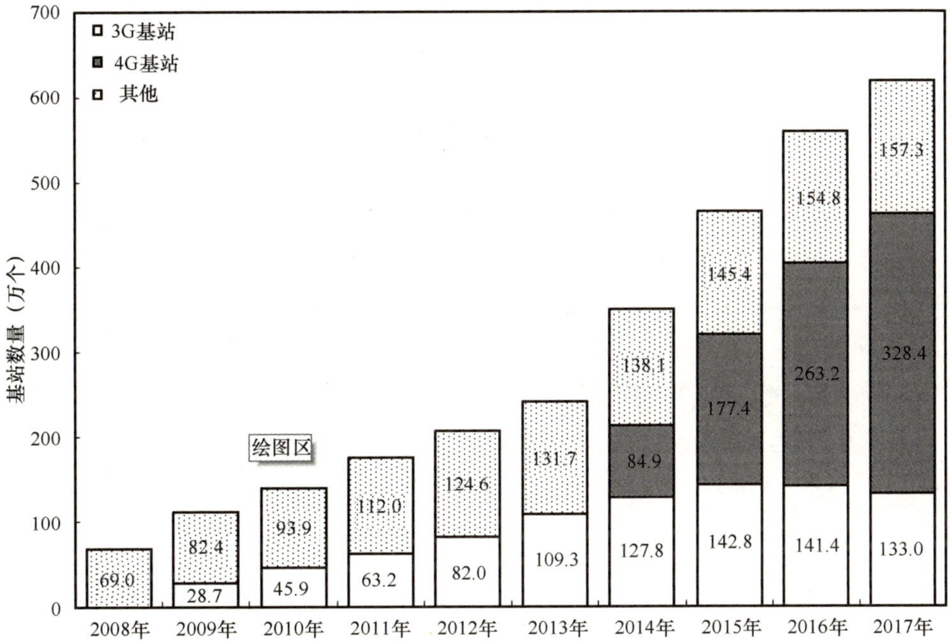

图 7-14 不同类型移动电话基站数量变化情况

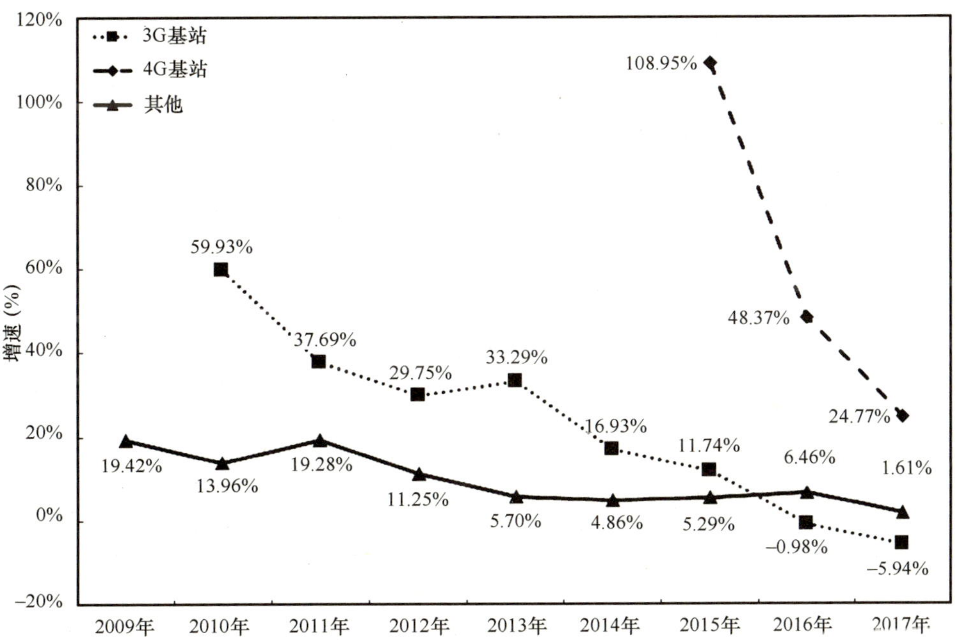

图 7-15 不同类型移动电话基站数量增速变化情况

达到 19.2%，2010 年增速为 14.0%，2011 年甚至再次上升，达到 19.3%，此后增速才开始逐渐回落，到 2017 年仍有 1.61%的增速，如图 7-15 所示。

2009 年 3G 移动通信技术开始正式投入商用后，3G 基站开始建成投入使用，当年共建成 28.7 万座基站。2010 年 3G 基站数量迅速增加，该类基站累计建成 45.9 万座，较上年增加 59.93%，但随后增速逐渐回落，在 2011 年～2013 年保持在 30%左右，2014 年再次开始回落，到 2016 年 3G 移动电话基站数量首次出现负增长，到 2017 年降低至－5.94%。截至 2017 年，我国累计建成 3G 移动通信基站 142.8 万座（2016 年～2017 出现负增长），年均建成 34.8 万座基站，年均增速为 22.8%。

2014 年 4G 移动通信技术开始正式商用，4G 基站开始建成投入使用。2014 年当年共建成 4G 移动通信基站 84.9 万座。2015 年 4G 基站累计建成数量骤增至 177.4 万座，较上年增加 108.95%，随后增速开始回落，到 2017 年仍有 24.8%的增速。截至 2017 年，我国累计建成 4G 移动通信基站 328.4 万座，年均增速 60.7%，年均建成 4G 基站 81.2 万座。由此可见，4G 移动通信基站建设速度远快于 3G 通信技术普及过程中 3G 基站的建设速度。

（三）移动电话语音信道及短消息中心容量

移动电话语音信道是在移动电话语音通话过程中，通信信号的物理性传输通路。如图 7-16 所示，2008 年～2017 年间我国移动电话语音信道数量变化过程可

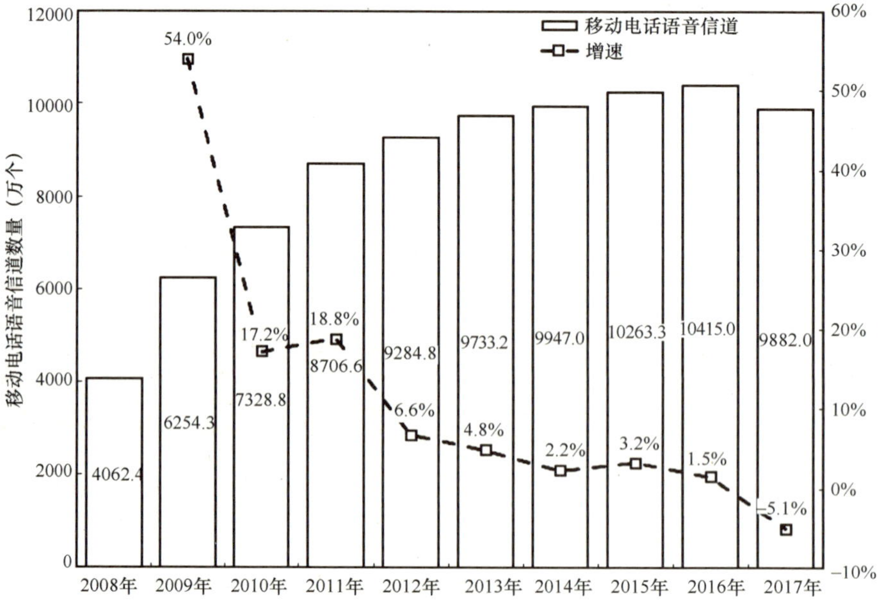

图 7-16　移动电话语音信道数量变化情况

分为三个阶段。第一阶段 2008 年～2009 年，2008 年我国移动电话语音信道数量为 4062.4 万个，2009 年急剧增加到 6254.3 万个，增速达到 54.0%；第二阶段 2010 年～2011 年，2010 年移动电话语音信道数量增加至 7328.8 万个，增速回落至 17.2%，2011 年增速小幅上升，为 18.8%，建成信道数量为 8706.6 万个；第三阶段 2012 年～2017 年，信道数量缓慢增加，增速逐渐放缓，2012 年增速降低至 6.6%，并逐年降低，到 2016 年信道数量增速仅为 1.5%，累计建成信道数量为 10415.0 万个，2017 年移动电话语音信道数量首次出现微弱负增长，降低幅度为−5.1%。

图 7-17 反映了 2008 年～2017 年间我国移动短消息中心容量的变化情况。与移动电话语音通信信道数量类似，该过程大致可分为三个阶段：第一阶段 2008 年～2010 年，该阶段中我国移动短消息中心容量迅速增加，2008 年我国移动短消息中心容量为 33.8 亿条，随后 2009 年增加至 38.3 亿条，增速为 13.3%，2010 年移动短消息中心容量骤增至 51.8 亿条，增速达到 35.1%；第二阶段 2011 年～2013 年，该阶段增速放缓，2011 年增速骤然放缓至 8.5%，随后又缓慢上升，到 2013 年增速为 12.0%，容量增加至 69.7 亿条。第三阶段 2014 年～2017 年，该阶段增速进一步放缓并出现负增长，2014 年～2015 年短消息中心容量缓慢增加，两年增速分别 2.4%和 1.3%，容量分别为 71.3 和 72.3 亿条，随后到 2016 年～2017 年，容量开始出现负增长，增速分别降低到−2.5%和−1.9%。

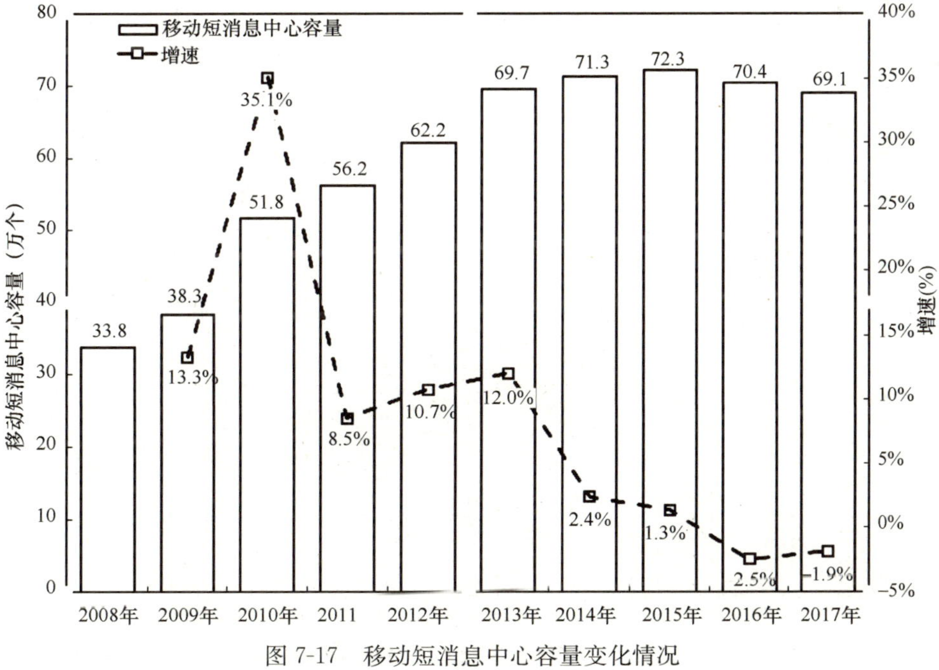

图 7-17　移动短消息中心容量变化情况

由上述分析可见，移动电话语音信道和移动短消息中心容量在 2013 年～2014 年出现增长乏力，并在 2016 年～2017 年出现了负增长。导致该现象产生的部分可能原因在于，移动互联网通信的迅速发展与普及，在极大程度上取代了传统的移动语音和段消息通信需求。首先，3G 和 4G 通信技术的相继出现和快速普及，极大地提高了移动互联网通信传输速率，为移动互联网通信普及提供了通信传输技术条件；其次，移动智能手机制造技术迅速进步，国产智能手机产量迅速扩大，手机价格快速下降，3G、4G 智能手机得以短时间内普及，为移动互联网通信普及提供了必要的硬件条件；第三，以腾讯、阿里巴巴、百度等为代表的各大互联网公司，相继开发出了各种基于智能移动终端的软件（APP），例如微信、QQ 以及淘宝等移动终端 APP 以得到极大普及，从而为移动互联网通信普及提供了相应软件条件；最后，国家出台电信行业价格规制政策，极大降低了移动互联网流量服务资费，则为移动互联网通信普及提供了更为高效便利的市场条件。

（四）互联网宽带接入端口

除基于电信运营商提供的移动互联网流量服务外，其余民用互联网通信均要通过互联网固定宽带接入互联网。互联网固定宽带不仅为 PC 机等固定终端提供互联网接入服务，移动终端也可通过终端路由器等设备连接互联网宽带。因此，互联网宽带接入端口数量是反映我国基础电信业中互联网接入服务的重要指标。

如图 7-18 所示，我国互联网宽带接入端口数量在 2008 年～2017 年间的变化

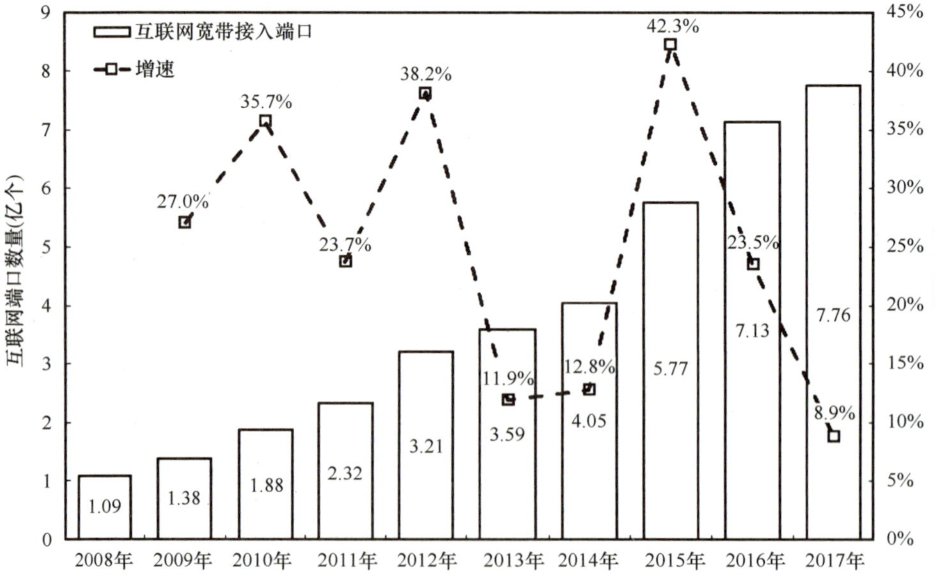

图 7-18　互联网宽带接入端口数量变化情况

过程大致可分为三个阶段。第一阶段为 2008 年～2012 年，该阶段中互联网宽带接入端口迅速增加。2008 年我国互联网宽带接入端口为 1.09 亿个，随后大约以 31.2%的年均增速逐年增加，到 2012 年接入端口数量达到 3.21 亿个。第二阶段为 2013 年～2014 年，该阶段互联网宽带接入端口缓慢增加，两年增速均维持在 12%左右。第三阶段为 2015 年～2017 年，其中 2015 年增速骤然增加至 42.3%，互联网宽带接入端口数量增加至 5.77 亿个，随后增速又迅速下降，2016 年和 2017 年增速分别降低到了 23.5%和 8.9%，接口数量分别增加到 7.13 亿个和 7.76 亿个。

导致上述变化过程的主要原因可能在于，第一阶段互联网宽带接入端口快速增加为基于 xDSL 技术的接入端口普及过程。相比于当年需求，到 2012 年该类端口安装基本饱和。2013 年我国开始大规模普及 FTTH/O（光纤到户）技术，因而 2013 年开始新增的 FTTH/O 端口一部分用以替代 xDSL 旧端口，由此导致第二阶段内端口接入数量增长缓慢。

图 7-19 和图 7-20 一定程度上反映了上述分析。2009 年～2011 年 xDSL 端口均保持较快增长速度，而到 2012 年时该类宽带接入端口增速已降至 2%，说明该类端口到 2012 年时已增长乏力。随后到 2013 年～2014 年，随着 FTTH/O 技术普及 xDSL 宽带接入端口开始减少，其增速降低至－7.1%和－6.1%，说明该类宽带接入端口可能正在被 FTTH/O 端口替代。到 2015 年后，FTTH/O 端口

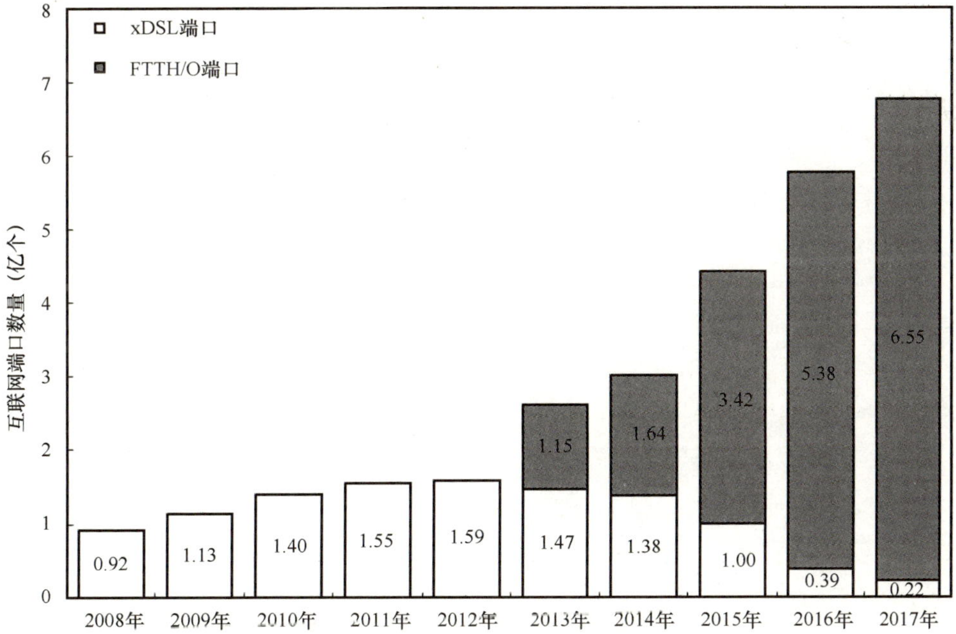

图 7-19　互联网宽带接入端口数量变化情况

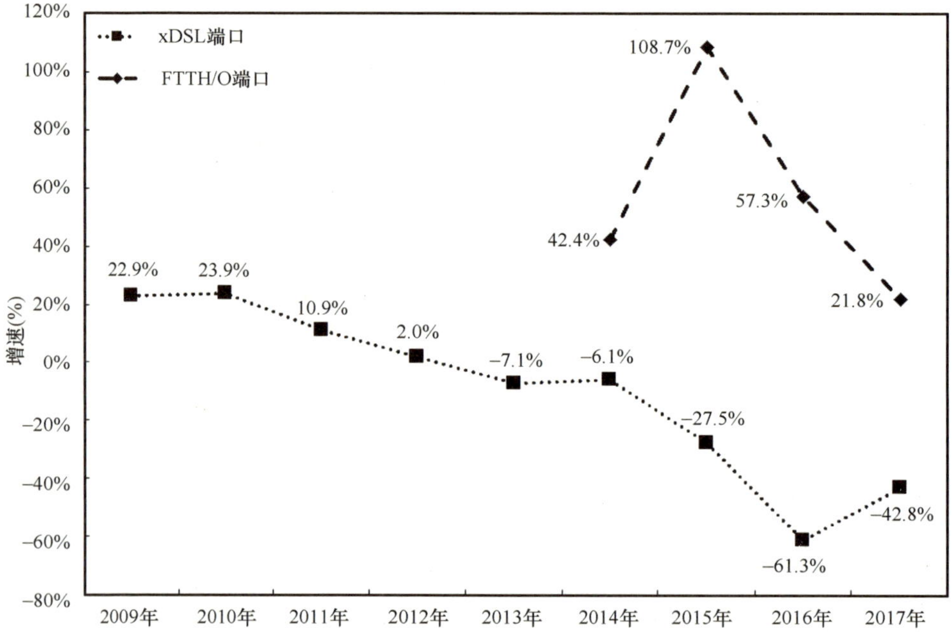

图 7-20　互联网宽带接入端口数量增速变化情况

急剧增加，2015 年增速达到 108.7%，相比之下 xDSL 宽带接入端口则进一步急剧减少，2015 年～2017 年三年间增速分别为－27.5%、－61.3%以及－42.8%。到 2017 年，xDSL 宽带接入端口数量仅为 0.22 亿个，而 FTTH/O 宽带接入端口则达到了 6.55 亿个，表明我国在 2013 年～2017 年的五年时间内，基本完成了从 xDSL 向 FTTH/O 互联网传输技术的全面升级过渡。

（五）交换机容量

图 7-21 和图 7-22 分别反映了我国电信行业三类交换机容量和增速的变化过程。其中固定长途电话交换机容量数量较少，且逐年减少。2008 年该类交换机容量为 0.17 亿路端，随后大约以－2.0%的速度逐年减少，到 2013 年时该类交换机容量减少速度进一步提高，到 2017 年一直维持在－16%的水平，截至 2017 年该类交换机数量仅有 0.06 亿路端，较 2008 年大约减少 64.3%。局用交换机容量在 2008 年时有 5.09 亿门，随后到 2014 年大约以年均－3.7%的速度缓慢降低，到 2015 年该类交换机容量猛然下降，当年增速为－35.8%，随后到 2016 年～2017 年又回升至－14%左右。截至 2017 年我国局用交换机数量已减少至 1.94 亿门，较 2008 年减少了 61.9%。与上述两类交换机截然不同，我国移动电话交换机容量历年均远高于上述两类交换机容量，且逐年增加，年均增速达到了

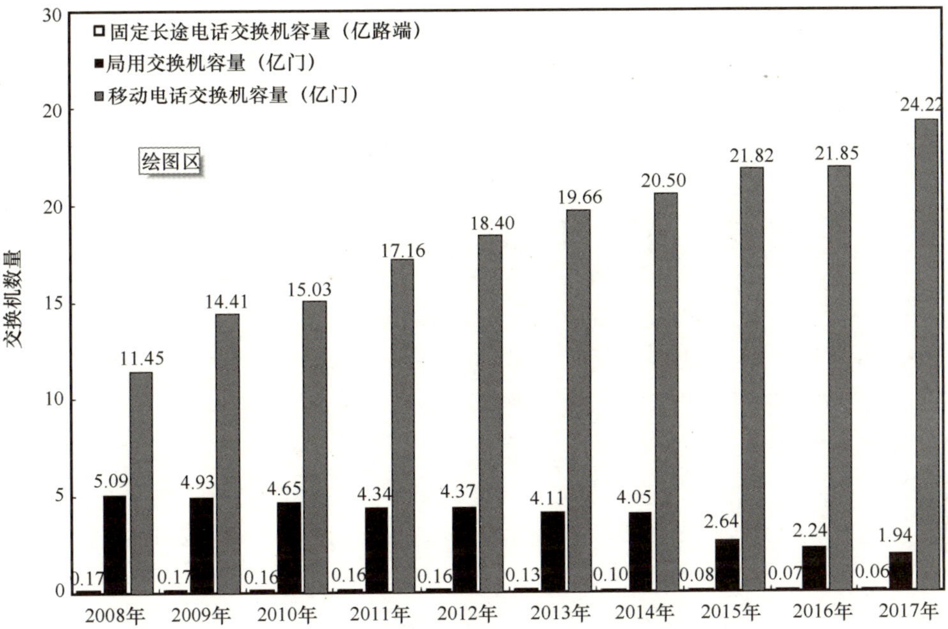

图 7-21　不同类型交换机数量变化情况

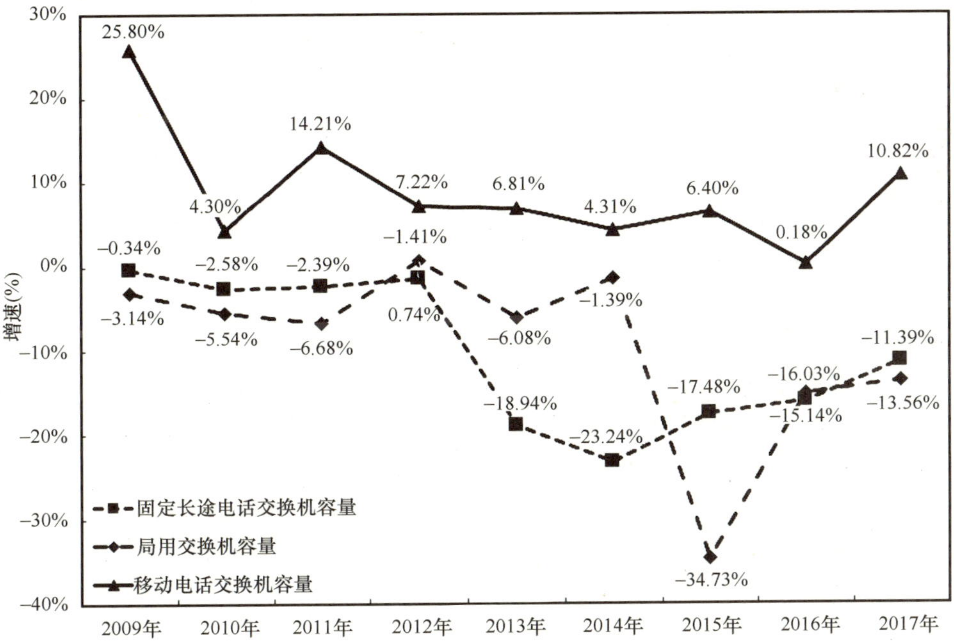

图 7-22　不同类型交换机数量变化情况

8.9%，其中 2009 年、2011 年以及 2017 年，该类交换机容量增速最高，分别达到了 25.8%，14.2%和 10.8%。这一变化过程表明，经过 2008 年～2017 年 10 年时间，固定电话通信已基本被移动和互联网通信取代。

第二节　电信行业生产与供应

2008 年～2017 年我国电信行业累计完成 161522.3 亿元业务量，年均增加 15.6%。2008 年～2017 年间，我国固定电话通话业务量以年均－14.3%的速率逐年迅速减少，2017 年固话本地通话时长仅为 1527.9 亿分钟，较 2008 年减少 69.7%。与固话本地通话总体变化趋势一致，但固话长途通话业务量下降更为剧烈。2008 年～2017 年间，我国移动电话通话量经过 2007 年～2013 年快速增长后，在 2015 年开始缓慢负增长，显现出增长乏力的迹象，这表明移动电话通话可能遭受了互联网通信的冲击。2010 年我国移动短信业务总量为 8277.5 亿条，到 2017 年下降至 6641.4 亿条，尽管短信业务量总体下滑，但“非点对点短信业务量”仍然处于快速增加中，表明“非点对点短信”在我国通信服务中仍具有重要价值和大量需求。2012 年我国移动互联网接入总流量仅为 8.8 亿 GB，人均接入流量 0.649GB，到 2017 年总量达到 246.0 亿 GB，人均量达到 17.7GB，总量及人均量在五年内增长 26 倍以上。

2008 年～2017 年间，我国电信业固定电话用户以年均 6.04%的速度持续减少，至 2017 年减少至 1.94 亿户。而同一时期内，我国移动电话用户规模以年均 9.4%的速度持续快速扩大，10 年累计增加 7.76 亿户，至 2017 年达到 14.17 亿户，按当年年末全国总人口计算，移动电话普及率达到 102 部/百人，标志着我国已完全实现“人均一部”的移动电话普及。2008 年～2017 年间，我国互联网宽带接入用户逐年快速增加，年均增速达 17.5%，十年累计增加 2.66 亿户。FTTH 技术开始投放市场后，其用户占比急剧扩大，截至 2017 年达到 84.3%，表明 FTTH 互联网接入技术在我国已基本实现普及。

一、电信行业业务量

（一）电信行业总业务量

2008 年～2017 年间，我国电信行业累计完成 161522.3 亿元业务量，年均增加 15.6%。根据 10 年间电信总业务量变化趋势，以 2013 年为界，该过程大致可分为三个阶段，如图 7-23 所示。第一阶段为 2008 年～2012 年，在该阶段各年电信业务完成总量以较快增速逐年递增。2008 年全年我国电信业业务总量为 7552.4 亿元，随后大约以 15%的增速逐年增加，至 2011 年达到 11725.8 亿元。2012 年增速放缓至 10.72%，当年完成业务总量为 12982.4 亿元。第二阶段为 2013 年～2015 年，该阶段业务总量增速急剧提高，业务总量呈现大规模增长。其中 2013 年业务总量急剧增加到 15707.2 亿元，较 2012 年增加了 20.99%；随后 2014 年业务量增速有所放缓，为 15.48%，业务总量为 18138.3 亿元；2015 年电信业务总量再次出现大会规模增加，并首次突破 20000 亿元，达到 23346.3 亿元，当年增速达到 28.71%。第三阶段为 2016 年～2017 年，该阶段业务总量增速大幅回落，其中 2016 年增速为 9.73%，业务量为 25616.9 亿元，2017 年增速为 7.73%，业务量增加至 27596.7 亿元。

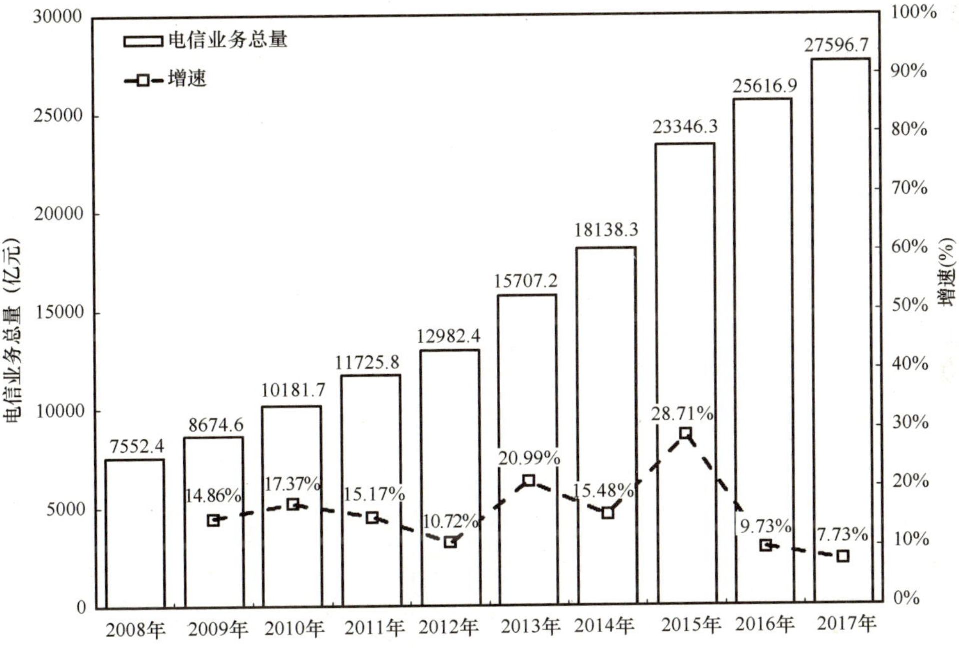

图 7-23 电信行业总业务量变化情况

从我国电信业技术革新普及，固定资产投资以及相应设备建成情况的角度来看，导致了上述电信业务总量在 2013 年～2015 年的急速增加的主要动力来源于 4G 移动通信业务和 FTTH/O 固定宽带业务开始大规模普及。首先，2013 年底工信部向三大运营商正式发布了 4G 运营牌照，标志 4G 通信技术开始大规模普及；与此同时，FTTH/O（光纤到户）宽带技术同年开始大规模普及；其次，由表 7-1 可见，2013 年～2015 年电信业固定资产在移动通信和互联网及数据通信两类固定资产的投资上，增速急剧上升；第三，由图 7-13 和图 7-18 可见，2013 年～2015 年的 4G 通信基站以及 FTTH/O 宽带接入端口大量增加。

（二）固定电话通话时长

2008 年～2017 年间，我国固定电话通话业务量一直处于逐年快速下降的过程中。图 7-24 是我国固定电话本地通话时长的变化情况，2018 年我国本地通话中固定电话通话时长为 6185.9 亿分钟，随后以年均－14.3％的速率逐年减少，到 2017 年时固话本地通话时长仅为 1527.9 亿分钟，较 2008 年减少 69.7％。与固话本地通话总体变化趋势一致，固话长途通话时间在 2008 年～2017 年间同样处于不断下降的过程之中，但固话长途通话时间下降更为剧烈。如图 7-25 所示，2013 年～2015 年三年固话长途通话下降速率较低，但也在－10％～－16％的范围内，除此外的大部分年份内减少速率均在 20％左右。2008 年固话长途通话时长为 1655.8 亿分钟，至 2017 年已下降至 314.1 亿分钟，10 年共减少了 75.8％。

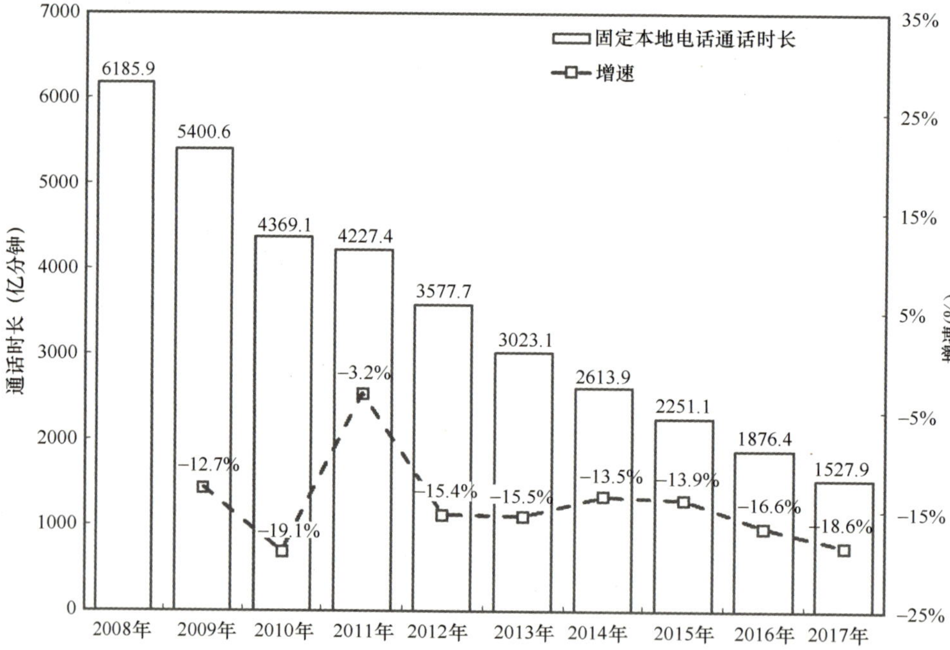

图 7-24 固定电话本地通话时长变化情况

相比于固定电话，更为便捷的移动电话通信和互联网通信快速普及，显然是我国电信业固定电话通话量快速下降的最直接原因。但在此过程中，伴随着大规模人口迁移的城镇化则可能为固话的淘汰起到了助推作用。一方面，在向各地区中心城镇流动并集中的大量人口中，来自于我国中西部落后农村地区的居民占据

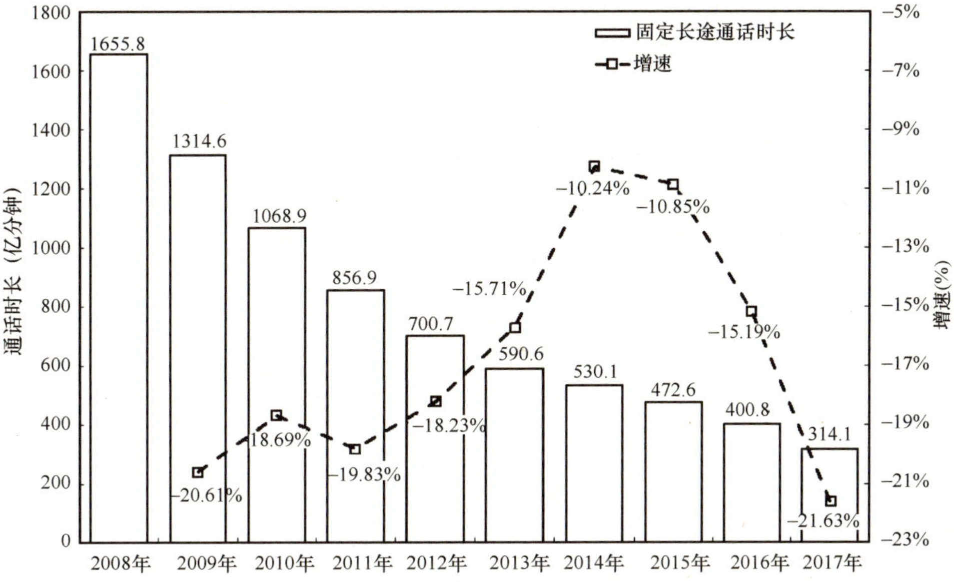

图 7-25　固定电话长途通话时长变化情况

绝大多数。另一方面，大部分迁入城市的农村人口在短期内难以成为具有固定工作和居所的城市户籍居民，而是作为流动人口在城市内部或城市间保持流动状态。因此，固定电话很难满足城镇化过程中流动人口的通信需要。

图 7-26 和图 7-27 分别反映了我国东、中、西三个地区在 2008 年～2017 年

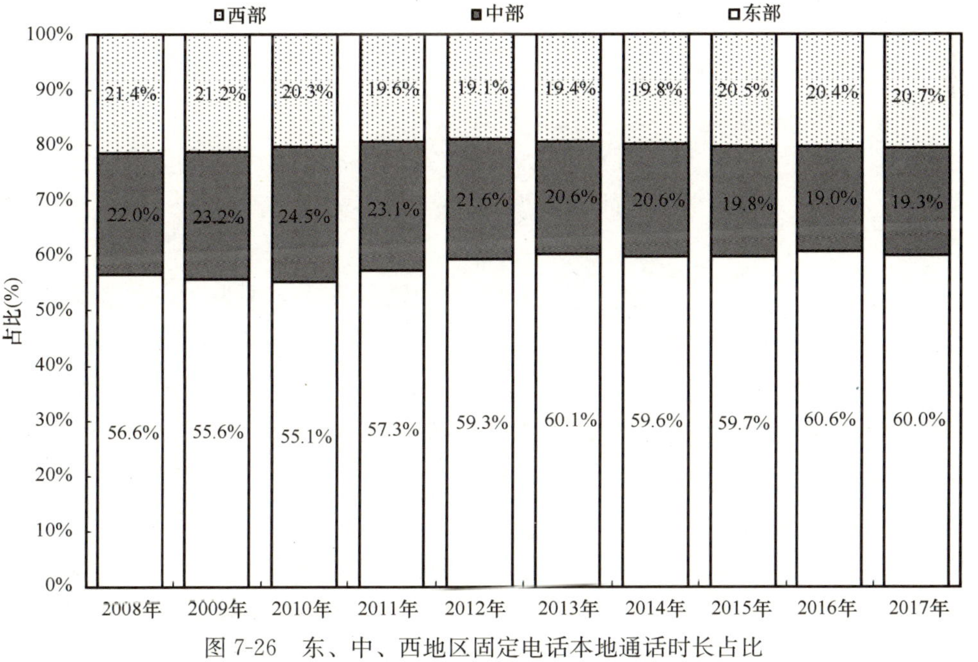

图 7-26　东、中、西地区固定电话本地通话时长占比

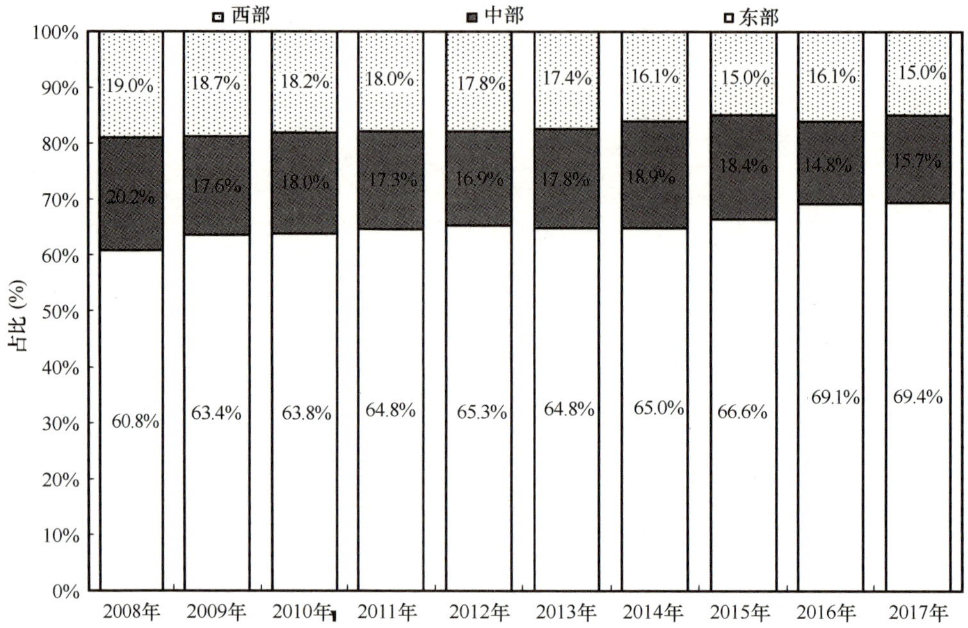

图 7-27　东、中、西地区固定电话长途通话时长占比

固话本地及长途通话时间占比情况。从图中可以发现，尽管固定电话通话主要分布在东部地区，但随着时间推移，中、西部地区的占比逐年下降。2008 年西部和中部地区的固话本地通话占比分别为 21.4％和 22.0％，到 2017 年则分别降低到 20.7％和 19.0％，而东部地区 2008 年占比为 56.6％，到 2017 年则上升到 60.0％。相比于本地通话，固话长途通话的东、中、西分布变化更为显著，2008 年中、西部的固话长途通话时长占比分别为 20.2％和 19.0％，到 2017 年则分别降低至 15.7％ 和 15.0％，而东部地区 2008 年占比 60.8％，2017 年上升至 69.4％。

与之对应，2010 年中、西部地区的移动通话量占比分别为 24.2％和 24.6％，到 2017 年时则分别增加至 25.6％和 27.8％；相比之下，中部地区 2010 年通话量占比 51.2％，到 2017 年则降低至 46.6％。2011 年我国东、中、西三个地区在移动互联网接入总流量中分别占 61.3％、20.7％和 18.0。但随后一直到 2017 年，中部和西部地区的接入流量占比持续扩大，到 2017 年中部地区占比 24.3％，较 2011 年提高 3.6 个百分点，而西部地区占比则达到 26.4％，较 2011 年提高 8.4 个百分点。相比之下，东部地区则由 2011 年的 61.3％降低到 2017 年的 49.3％，减少 12 个百分点。由此说明，2011 年～2017 年 6 年时间内，在移动互联网接入流量增长速度上，西部地区的高于中部地区，中部地区高于东部地区。

（三）移动电话通话时长

移动电话是替代传统固话的主要通信方式之一。2008 年～2017 年间，我国移动电话通话量总体经历了“先增加，后减少”的过程。如图 7-28 和图 7-29 所示，2008 年我国移动电话通话总时长（来去话合计）为 29355.6 亿分钟，随后以大约 20%的速度增长至 2011 年，然后增速逐年降低，到 2014 年放缓至 1%，通话量增加到 59012.7 亿分钟，为 2008 年～2017 年间最大值。到 2015 年通话量开始出现小幅下降，当年增速为−2.6%，到 2017 年通话时长降低至 54004.7 亿分钟，当年增速−4.2%。

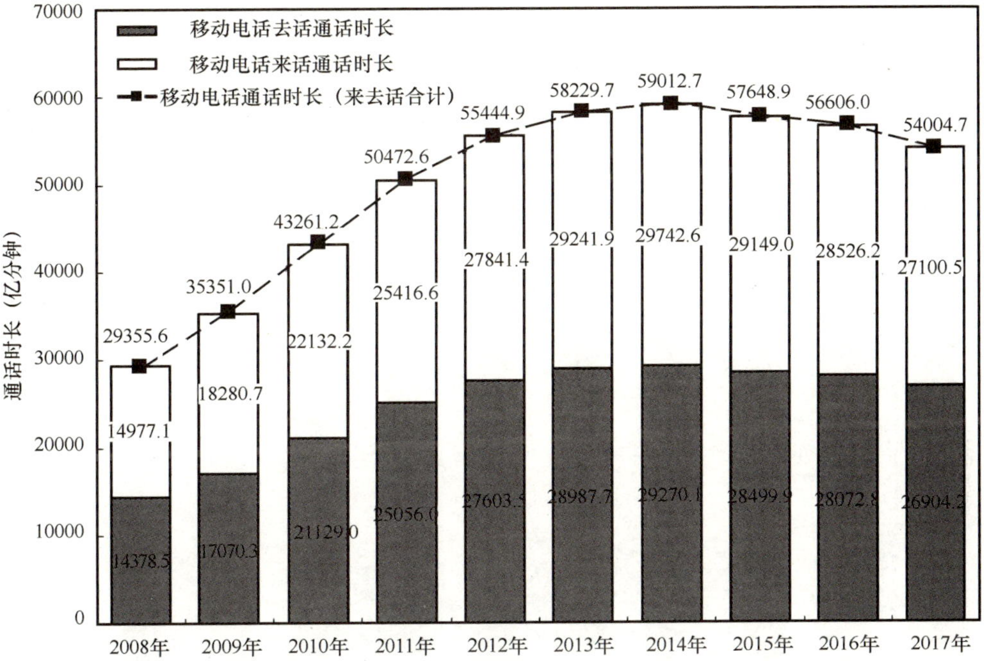

图 7-28 移动电话通话时长变化情况

移动通话量经过 2007 年～2013 年快速增长后，在 2015 年开始缓慢负增长，显现出增长乏力的迹象，这表明移动电话通话可能遭受了互联网通信的冲击。2013 年 4G 通信技术和光纤到户宽带开始大规模商业普及，这使得移动互联网和固定宽带的传输速度大幅度提高，从而能够在移动终端上实现较高质量的互联网语音通话，甚至是视频通话。

从移动通话量在东、中、西三个地区的占比分布上看，三者大致保持了“2∶1∶1”的比例，但该比例随时间有所变化，中、西部地区的占比逐年扩大，如图 7-30 所示。2010 年中、西部地区的移动通话量占比分别为 24.2%和 24.6%，

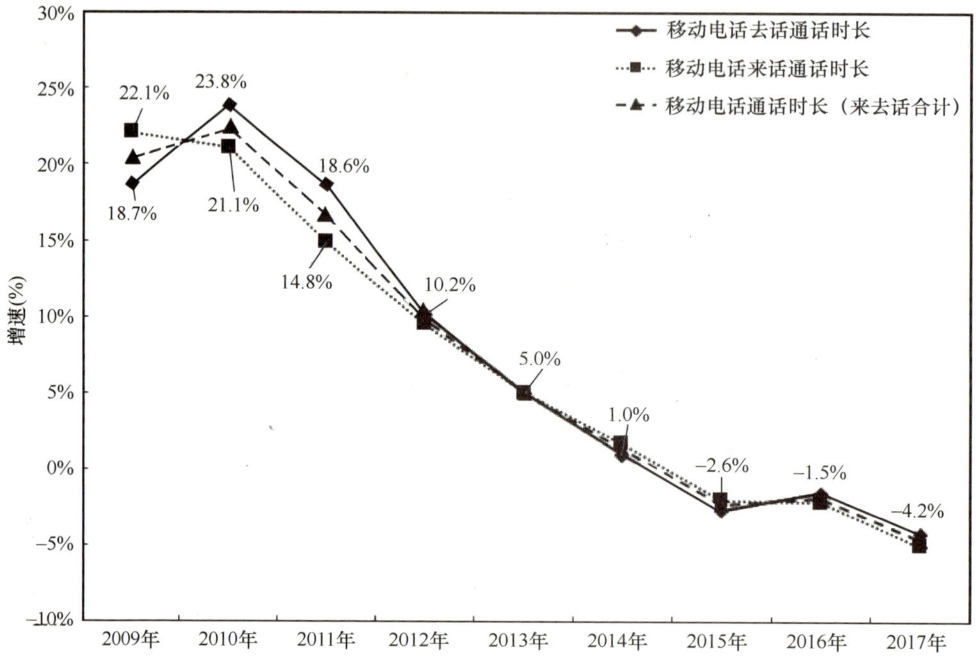

图 7-29　移动电话通话时长增速变化情况

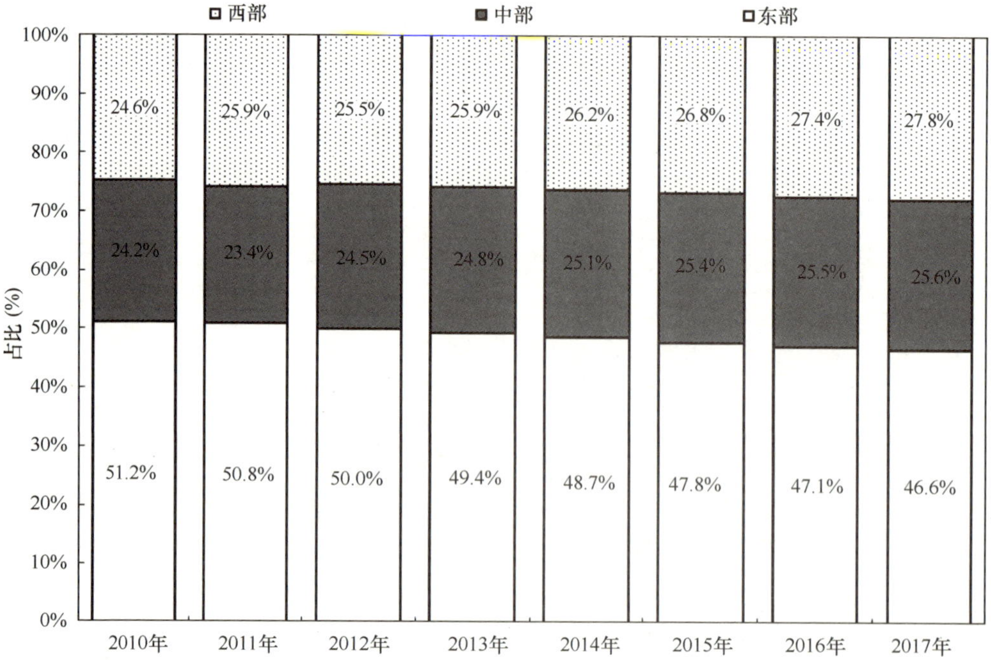

图 7-30　东、中、西地区移动电话通话时长变化情况

到 2017 年时该占比分别增加至 25.6%和 27.8%；相比之下，中部地区 2010 年通话量占比 51.2%，到 2017 年则降低至 46.6%。

（四）移动短信、彩信业务量

移动短信和彩信是移动电话通话外的另一种重要通信方式。其中短信可以以文字形式传递信息，而彩信则除文字外还可以传递图片、声音等多媒体信息。短信和彩信又分为“点对点”和“非点对点”两类。点对点短信/彩信是指两个通信终端（主要为移动电话）之间相互发送和接收短信/彩信，主要使用者为个体居民；非点对点短信/彩信则主要是指移动终端（移动电话）与 SP 运营商①之间相互发送和接收的短信/彩信，其主要使用者是提供电信增值服务的 SP 运营商和其用户。

图 7-31 和图 7-32 描述了 2010 年～2017 年我国电信业移动短信业务量的变化情况。2010 年我国移动短信业务总量为 8277.5 亿条，然后逐年小幅增加，到 2012 年达到 8973.1 亿条，随后又开始逐年下滑，其中 2014 年～2015 年降幅较大，分别为−14.0%和−8.9%，到 2017 年下降至 6641.4 亿条。进一步分类来看，

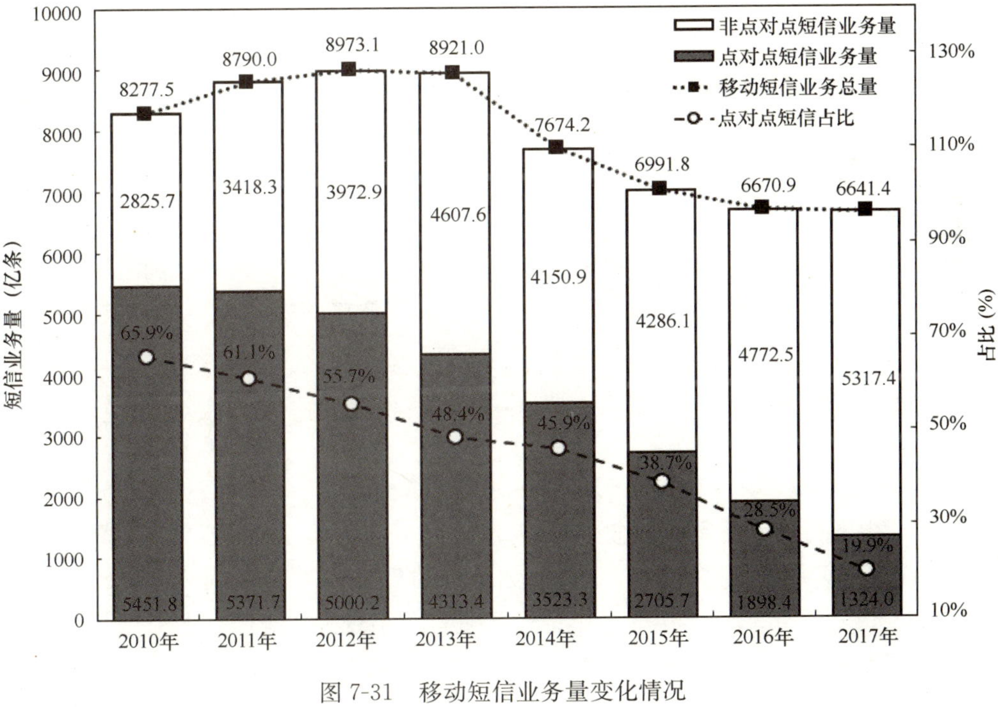

图 7-31　移动短信业务量变化情况

① SP 运营商是指电信增值服务提供商，即通过运营商提供的增值接口为用户提供服务，然后由运营商在用户的手机费和宽带费中扣除相关服务费，最后运营商和 SP 再按照比例分成。

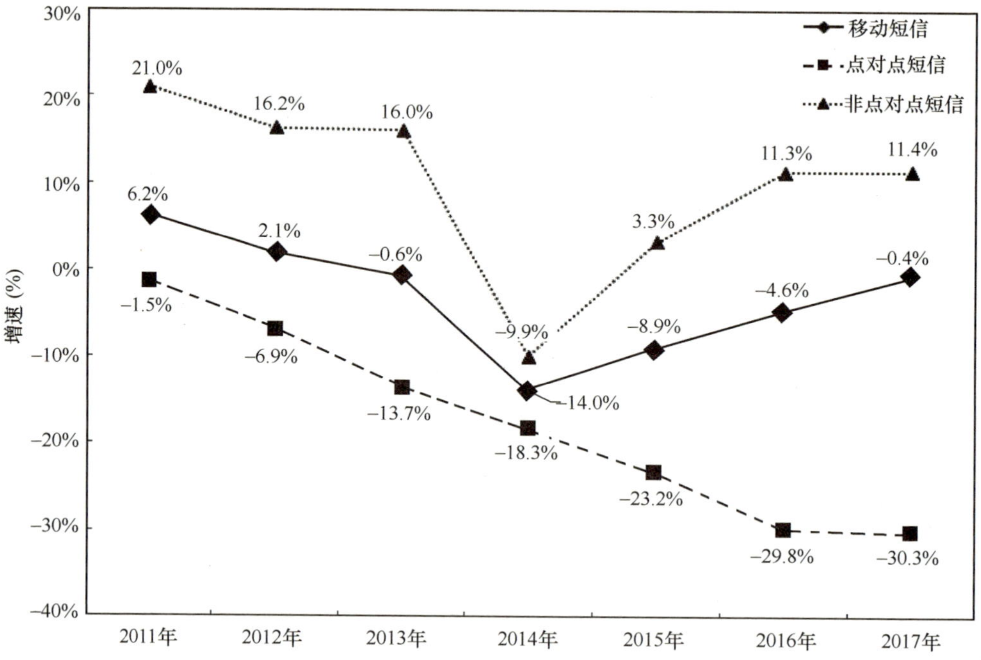

图 7-32　移动短信业务量增速变化情况

从 2011 年开始"点对点短信"业务量一直处于逐年减少的过程，且其在总短信业务量中的占比逐年降低。2010 年"点对点短信"业务量为 5451.8 亿条，在总移动短信业务量中占据较大比例，占比达 65.9%；2011 年"点对点短信"业务量较上年减少 1.5%，随后减少速度逐年加快，到 2017 年"点对点短信"业务量仅为 1324.0 亿条，较上年降幅达到－30.3%，而其在总业务量中的占比迅速降低至 19.9%。相比之下，除 2014 年以外，以 SP 移动短信为主的"非点对点短信"业务量则逐年递增，2010 年该类短信业务量为 2825.7 亿条，占比为 34.1%，到 2017 年该类短信业量增加到 5317.4 亿条，在总短信业务量中占比达到 80.1%。

图 7-33 和图 7-34 描述了 2010 年～2017 年我国电信业移动彩信业务量的变化情况。由图可见，移动彩信业务量在 2010 年～2017 年经历先增加后降低的过程。2010 年移动彩信业务量为 555.7 亿条，随后逐年增加，到 2013 年达到最大，为 850.7 亿条。2014 年移动彩信业务量首次出现大幅下滑，业务量为 647.4 亿条，较上年减少－24.4%，随后逐年减少，到 2017 年移动彩信业务量为 488.1 亿条。分类来看，2010 年～2017 年间"点对点彩信"业务量在移动彩信总业务量中占比一直处于较低水平，2011 年为占比最大的年份，仅为 7.6%，因此上述彩信业务总量变化趋势主要反映了"非点对点彩信"业务量变化情况。

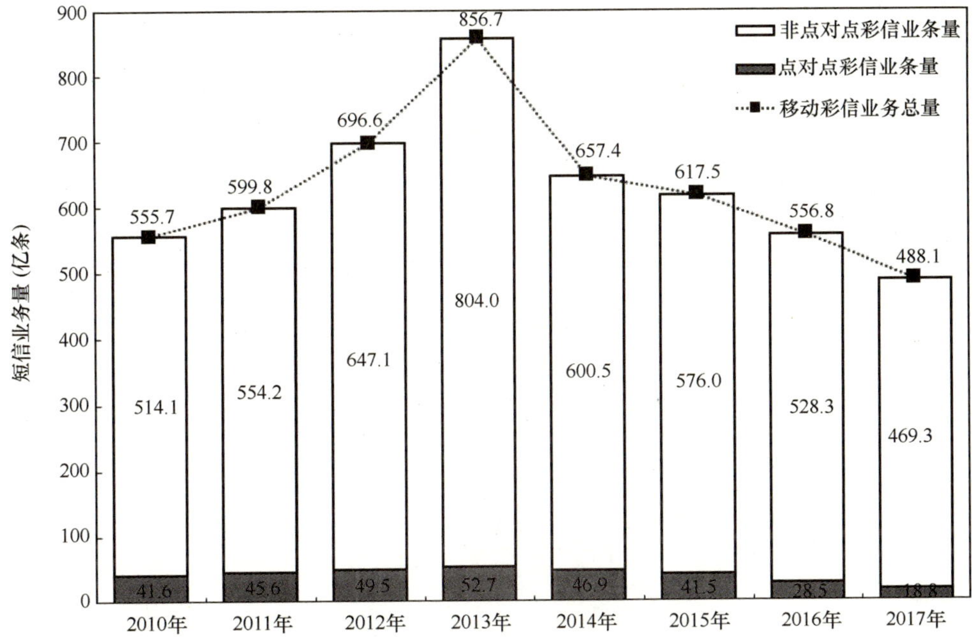

图 7-33　移动彩信业务量变化情况

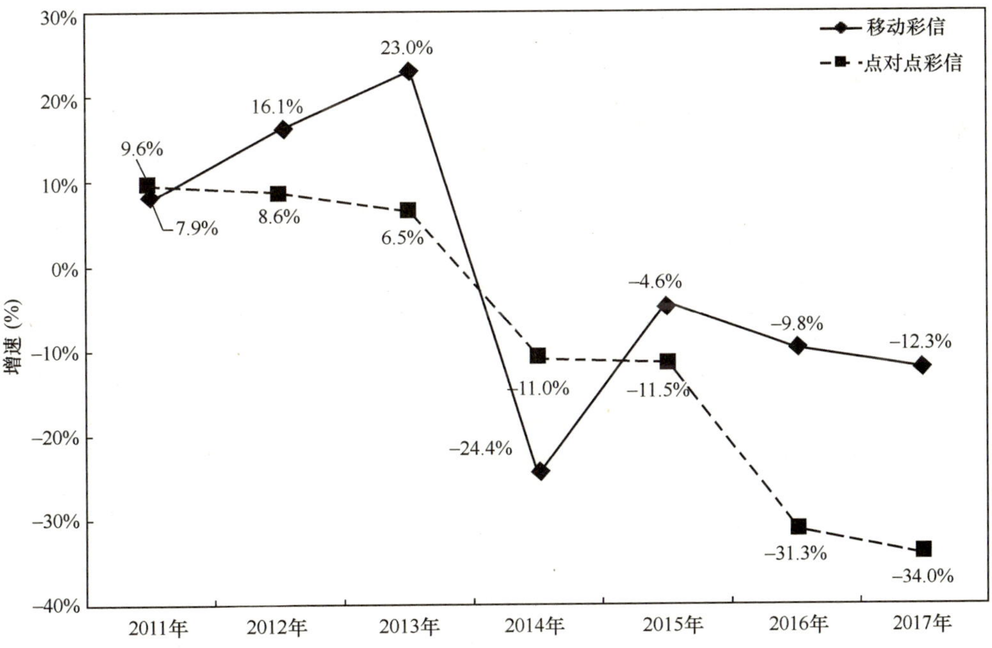

图 7-34　移动彩信业务量增速变化情况

移动互联网的快速发展对电信行业传统移动短信及彩信造成了较大冲击，进而可能导致其业务量出现下滑，尤其是在 2013 年 4G 移动互联网技术开始大规模普及之后。但值得注意的是，“非点对点短信业务量”仍然处于快速增加中，这说明“非点对点短信”在我国通信服务中仍具有重要价值和大量需求。

（五）移动互联网流量

近年来，我国电信业移动互联网业务几乎在以爆炸式的增长速度飞速发展，其中移动互联网接入流量增速甚至超过了几何级数增长速度。如图 7-35 所示，2012 年我国移动互联网接入总流量仅为 8.8 亿 GB，人均接入流量 0.649GB，到 2017 年总量达到 246.0 亿 GB，人均量达到 17.7GB，总量及人均量在五年内增长 26 倍以上①。从接入流量构成来看，2012 年手机和移动网卡的互联网接入流量基本相当，但随后后者增长缓慢，甚至在 2013 年～2014 两年内有所减少；相比之下，手机接入互联网流量规模迅速扩大，到 2017 年手机接入流量在总接入流量中占比 95.5%。

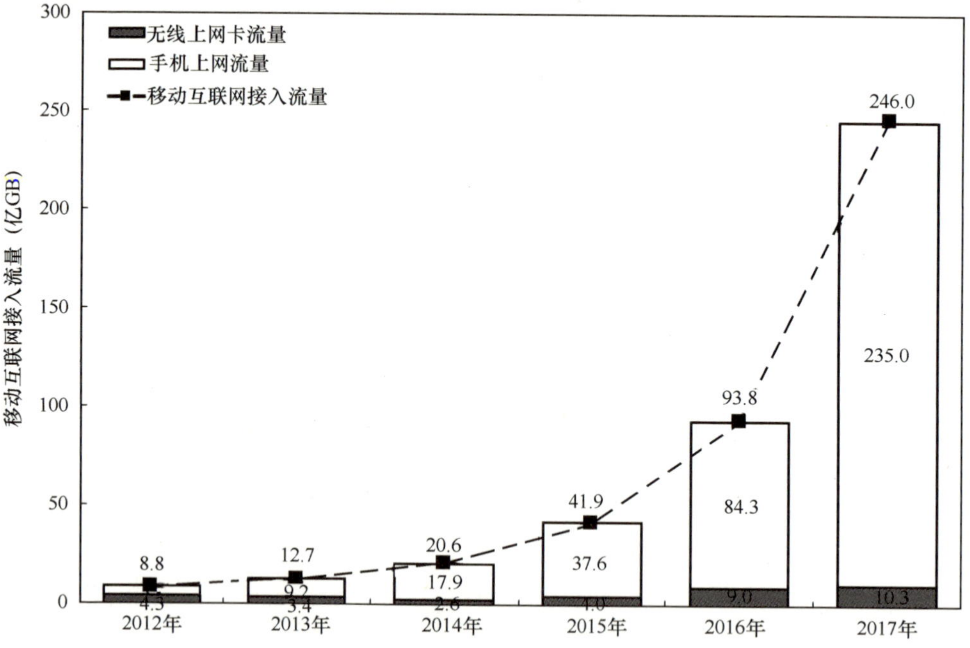

图 7-35　移动互联网接入流量变化情况

图 7-36 反映了移动互联网接入流量增速变化情况，由如可见，移动互联网

① 国家统计局公布数据，我国 2012 年和 2017 年末总人口分别为 135404 万人和 139008 万人。

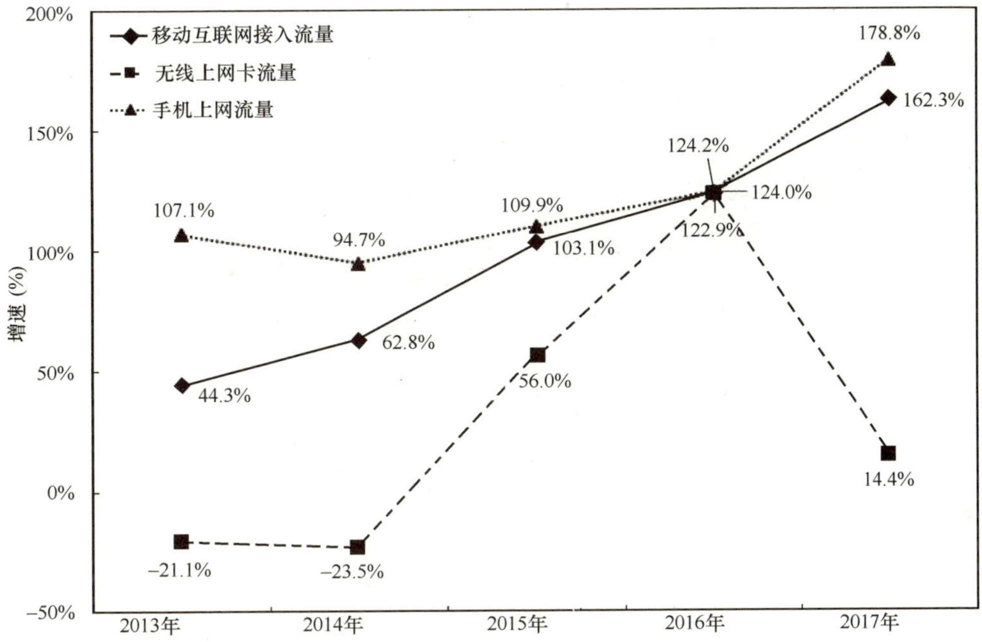

图 7-36 移动互联网接入流量增速变化情况

接入流量增速在 2013 年～2014 年先后分别为 44.3%和 62.8%，到 2015 年增速骤升至 103.1%，2016 年～2017 年增速进一步增加到 124.0%和 162.3%。从增速构成来看，手机接入流量增速几乎一直保持在 100%以上，2016 年～2017 两年甚至达到了 124.2%和 178.8%，也即其增速超过了每年“翻一番”的几何级数。移动网卡接入流量增速相对缓慢，甚至在 2013 年～2014 两年内有所减少，由于 2014 年之前移动网卡接入流量占比较大，因而在较大程度上拉低了 2013 年～2014 年总体接入流量增速。

尽管我国东、中、西三个地区的经济发展水平依次相对更为滞后，但在移动互联网发展速度上似乎表现出了相反的趋势。如图 7-37 所示，2011 年我国东、中、西三个地区在移动互联网接入总流量中分别占 61.3%，20.7%和 18.0。但随后一直到 2017 年，中部和西部地区的接入流量占比持续扩大，到 2017 年中部地区占比 24.3%，较 2011 年提高 3.6 个百分点，而西部地区占比则达到 26.4%，较 2011 年提高 8.4 个百分点。相比之下，东部地区则由 2011 年的 61.3%降低到 2017 年的 49.3%，减少 12 个百分点。由此说明，2011 年～2017 年 6 年时间内，在移动互联网接入流量增长速度上，西部地区高于中部地区，中部地区高于东部地区。

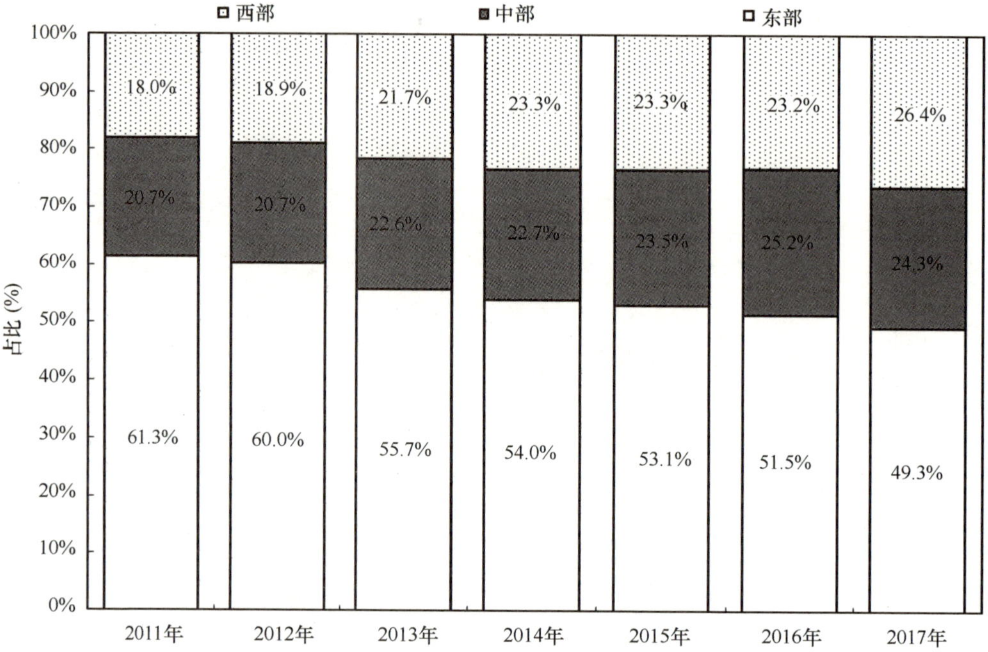

图 7-37　东、中、西地区移动互联网接入流量占比变化情况

二、电信行业用户情况

（一）固定电话用户

2008 年～2017 年间，我国电信业固定电话用户以年均 6.04％的速度持续减少。图 7-38 描绘了 2008 年～2017 年我国固定电话用户数量变化情况，2008 年我国各类固话用户规模为 3.4 亿户，随后经过连续 9 年下降，到 2017 年固话用户规模缩减至 1.94 亿户，累计减少 1.46 亿户。进一步从图 7-37 中可以发现，该变化过程大致分为两个阶段。第一阶段为 2008 年～2013 年，该阶段内有线固话用户规模缓慢下降，固话用户规模缩减主要来自无线市话（小灵通）用户。2008 年全国无线市话用户为 0.69 亿户，随后平均每年以 33.5％的速度迅速减少，到 2014 年该类固话用户保有量仅为 0.02 亿户。2013 年无线市话用户降低至 0.09 亿户后，因基数过小，其减少对固话用户规模缩减的贡献变得十分有限。进入第二阶段 2014 年～2017 年后，有线固话用户开始迅速大规模减少，2013 年固话用户数量为 2.58 亿户，到 2017 年减少至 1.93 亿户，4 年累计减少 0.65 亿户。

图 7-39 反映了我国农村地区固定电话用户规模及其在总固话用户中的占比变化情况。由图可见，2008 年我国固定电话农村用户数量为 1.09 亿户，在总用户数

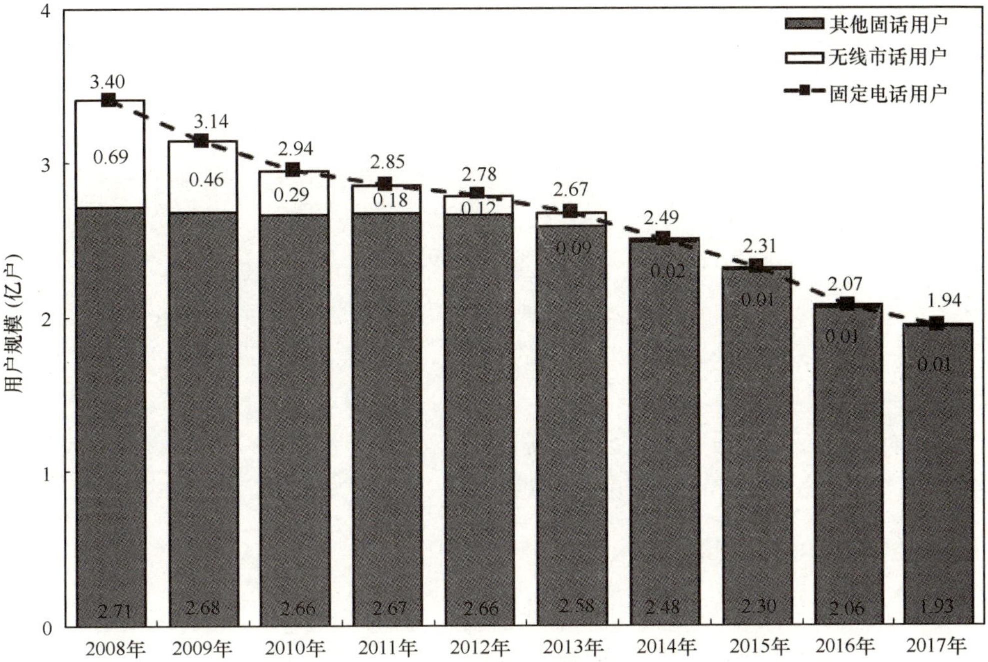

图 7-38 固定电话用户规模变化情况

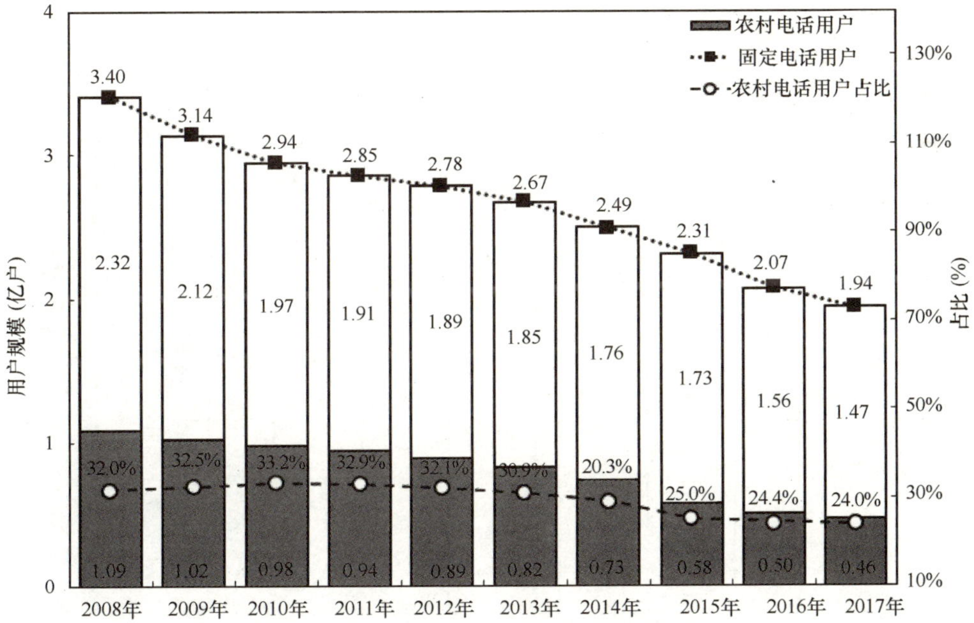

图 7-39 农村固定电话用户规模变化情况

量中占比 32.0%；随后农村固话用户开始缓慢减少，但因其减少速度低于城市固话用户规模缩减速度，其占比在 2009 年～2010 年内小幅上升。2011 年后农村固话用户减少速度超过城市固话用户减少速度，占比开始缩小，并直到 2017 年。2017 年我国农村固话用户为 0.46 亿户，占比 24.0%，较 2008 年减少 0.63 亿户，占比下降 8 个百分点，说明农村固话用户规模缩减幅度大于城市固话用户。

正如前文所述，相比于固定电话，更为便捷的移动电话通信和互联网通信快速普及，显然是我国电信业固定电话通话量快速下降的最直接原因，但在此过程中，伴随着大规模人口迁移的城镇化则可能为固话的淘汰起到了助推作用。一方面，在向各地区中心城镇流动并集中的大量人口中，来自于我国中西部落后农村地区的居民占据绝大多数。另一方面，大部分迁入城市的农村人口在短期内难以成为具有固定工作和居所的城市户籍居民，而是作为流动人口在城市内部或城市间保持流动状态。因此，固定电话很难满足城镇化过程中流动人口的通信需要。

（二）移动电话用户

2008 年～2017 年间，我国移动电话用户规模以年均 9.4%的速度持续快速扩大，10 年累计增加 7.76 亿户，至 2017 年达到 14.17 亿户，按当年年末全国总人口计算，移动电话普及率达到 102 部/百人，标志着我国完全实现“人均一部”的移动电话完全普及。如图 7-40 所示，移动电话用户总规模分两个阶段快

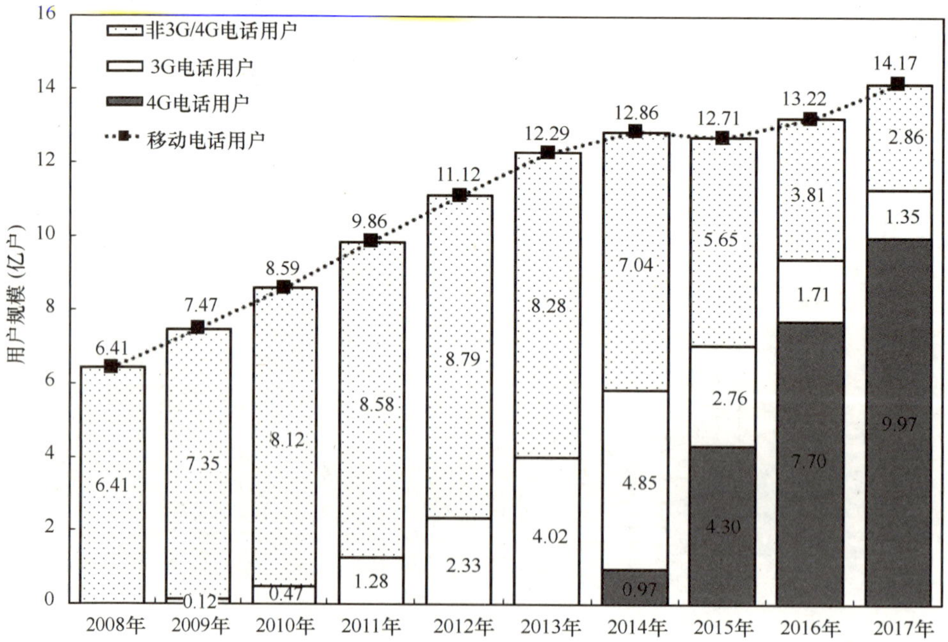

图 7-40　移动电话用户规模变化情况

速增长，第一阶段为从 2008 年的 6.41 户持续增长至 2014 年 12.86 亿户，随后 2015 年用户规模小幅下降至 12.71 亿户；第二阶段为从 2015 年的 12.71 户持续增加至 2017 年的 14.17 亿户。

我国电信业完成第二次行业拆分重组后，2009 年初工信部正式向三大电信运营商正式发放了 3G 运营牌照。3G 技术方兴未艾，2013 年底工信部又向三大电信运营商发放了 4G 运营牌照。如图 7-39 中所示，从不同类型移动电话用户规模的变化来看，以 3G 和 4G 通信技术大规模普及为节点，该变化过程又分为三个阶段。第一阶段为 2008 年～2012 年，该阶段内 3G 用户出现并快速增加，但其规模有限，非 3G/4G 移动电话用户规模同时增加，2008 年非 3G/4G 用户规模为 6.41 户，2009 年 3G 用户仅 0.12 亿户，到 2012 年非 3G/4G 用户增加至 8.79 亿户，3G 用户增加至 2.33 亿户；第二阶段 2013 年～2014 年，非 3G/4G 用户规模开始快速减少，2013 年减少至 8.28 亿户，3G 用户规模急剧扩大，2013 年扩大至 4.02 亿户，随后 2014 年 3G 和非 3G/4G 用户规模同时缩减，分别缩减至 2.76 亿户和 7.04 亿户，与此同时 4G 用户开始出现，并迅速增加至 0.97 亿户。第三阶段 2015 年～2017 年，该阶段内 4G 用户爆炸式增长，大规模替换 3G 和非 3G/4G 用户，2017 年非 3G/4G 用户降低至 2.86 亿户，3G 用户降低至 1.35 亿户，而 4G 用户则增加至 9.97 亿户。

图 7-41 描绘了 2008 年～2017 年移动电话用户构成变化情况。由图可见，

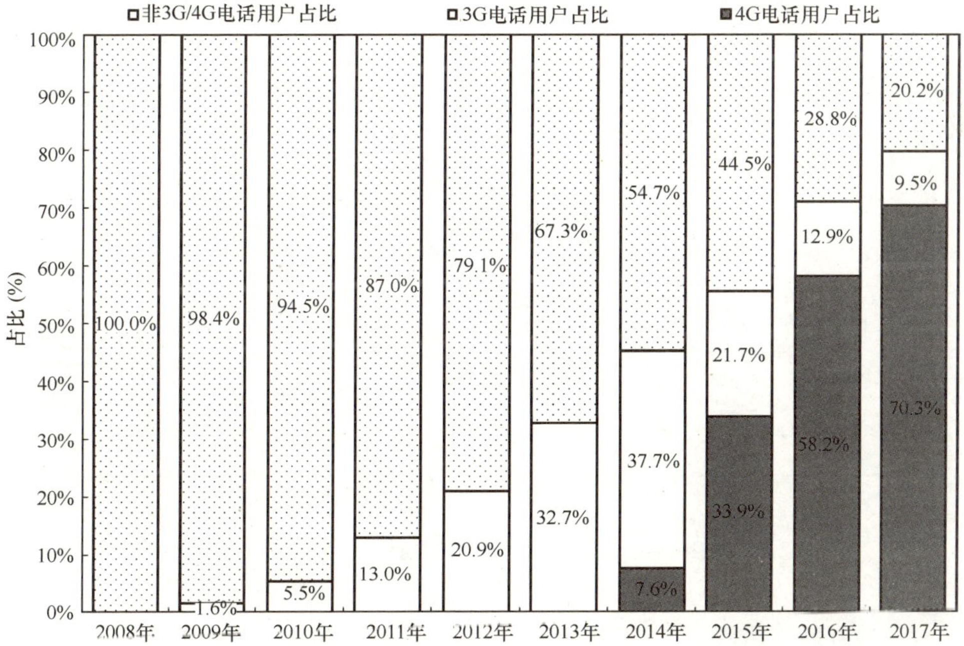

图 7-41　移动电话用户构成变化情况

3G 和 4G 用户相继出现导致非 3G/4G 用户规模占比逐年下降，从 2008 年的 100%最终降低到 2017 年的 20.2%。3G 用户规模占比则经历了先增加后减少的抛物线过程。2009 年～2014 年 3G 用户规模占比持续增加，并一度增加至 2014 年的 37.7%，随后又在 2014 年～2017 年间又开始迅速下降，到 2017 年下降至 9.5%。4G 用户规模占比从 2014 年开始便一直处于急剧扩张过程中，2014 年占比仅为 7.6%，经过 3 年到 2017 年占比便已占据绝大多数，达到 70.3%。

图 7-42 反映了移动用户总规模和不同类型移动用户规模在 2008 年～2017 年间的增速变化情况，图中反映出两条较为明显的变化规律。首先，图中 3G 和 4G 用户规模增速曲线表现出类似的变化规律，当新技术开始进入市场普及时，其用户规模在初始阶段的扩张速度会急剧增加，随后迅速下降。例如 3G 用户数量增速在 2010 年一度达到 281.8%，到 2014 年便迅速降至 20.8%；而 4G 用户数量增速在 2015 年达到 342.4%，2017 年急剧下降至 29.5%。其次，新技术出现后，旧技术用户会被新技术迅速替代而急剧减少。例如 3G 技术出现后，非 3G/4G 用户增速在 2013 年便下降至－5.9%，并持续降低；而 4G 技术出现后，2015 年 3G 用户增速由 20.8%骤降至－38.1%。

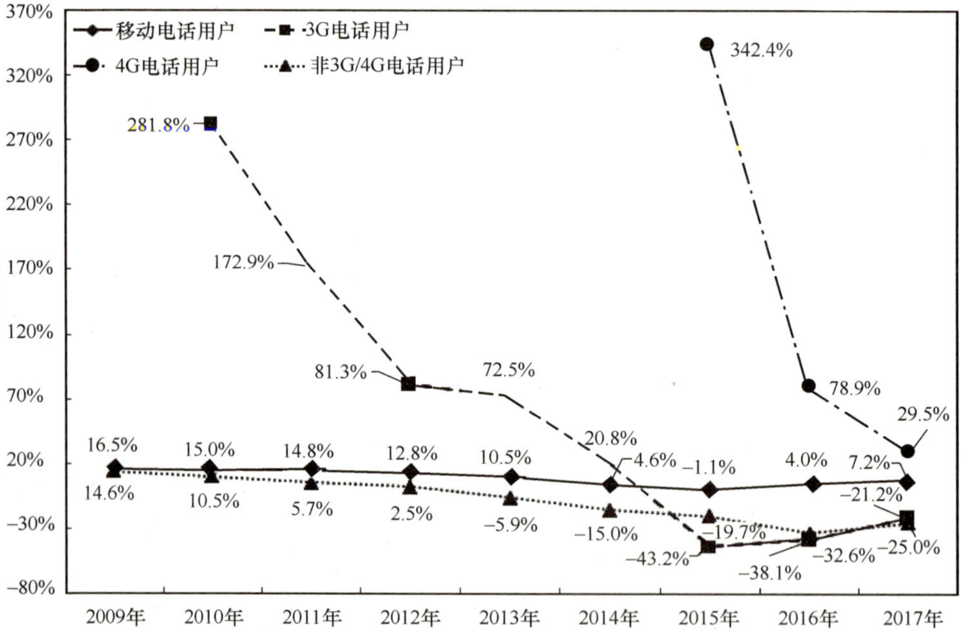

图 7-42　移动电话用户规模增速变化情况

（三）互联网用户

2008 年～2017 年间，我国互联网宽带接入用户逐年快速增加，年均增速达

17.5%，10 年累计增加 2.66 亿户。如图 7-43 所示，2008 年我国互联网宽带接入用户规模为 0.83 亿户，2009 年增加至 1.04 亿户，增速达 25.5%。随后用户规模逐年扩大，但增速放缓，2014 年用户规模增加至 2.00 亿户，增速放缓至 6.0%。2015 年增速急剧上升到 29.4%，用户规模扩大至 2.59 亿户，2016 年～2017 增速下滑至 16%左右，2017 年用户规模增加至 3.49 亿户。

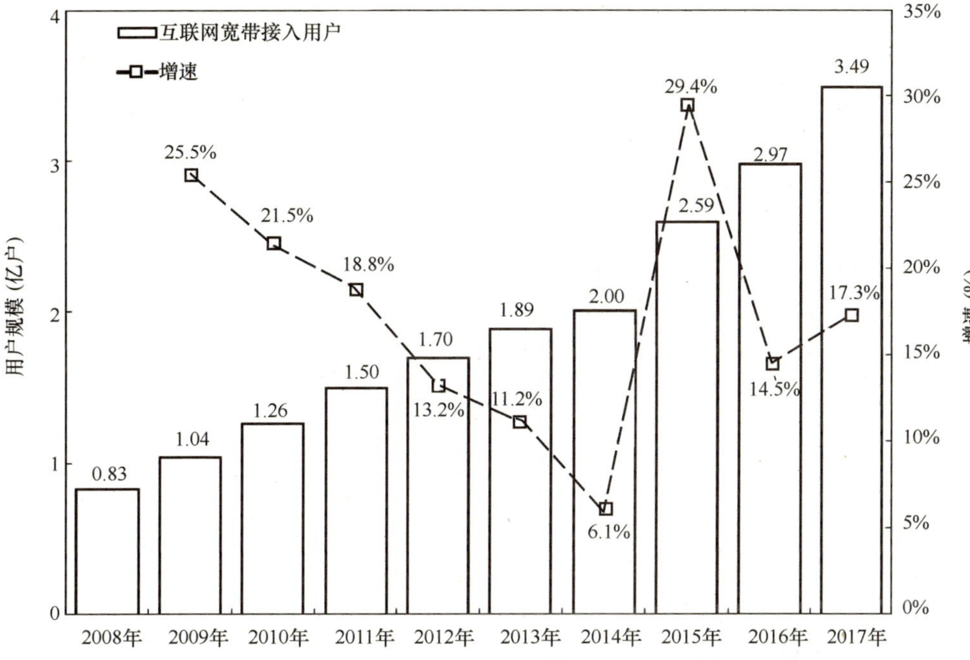

图 7-43　互联网宽带接入用户规模变化情况

目前我国互联网宽带接入形式可分为 LAN（局域网）、xDSL（数字用户线路）和 FTTH（光纤到户）三类用户。2013 年我国开始大规模普及 FTTH 互联网宽带技术。图 7-44 更为详细地描绘了 2008 年～2017 年上述三种类型互联网接入用户规模变化情况，LAN 用户规模有所增加，但总体保持较低比例，2017 年该类用户为 0.41 亿户；xDSL 用户规模在 2008 年～2012 年逐年扩大，2012 年该类用户规模达到 1.15 亿户，为历史最大值。2013 年 FTTH 开始大规模普及后，该类用户规模开始迅速缩减，到 2017 年该类用户仅剩余 0.11 亿户。2012 年开始出现 FTTH 用户，当年规模为 0.12 亿户，随后该类用户数量急剧增加，到 2017 年达到 2.94 亿户，占比 80%以上。

图 7-45 反映了历年各类互联网接入用户的分布变化情况。2008 年～2011 年，xDSL 用户与 LAN 用户比例基本维持在 1∶4。2012 年开始出现 FTTH 用户后，xDSL 用户占比首先遭到挤压而开始逐渐减小，到 2015 年该类用户占比

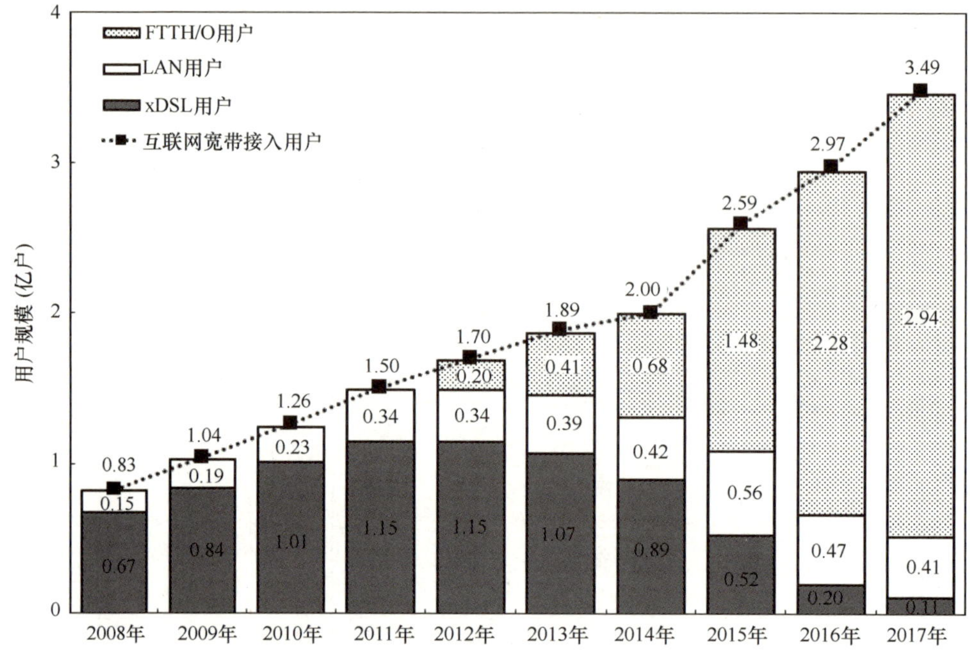

图 7-44　不同类型互联网宽带接入用户规模变化情况

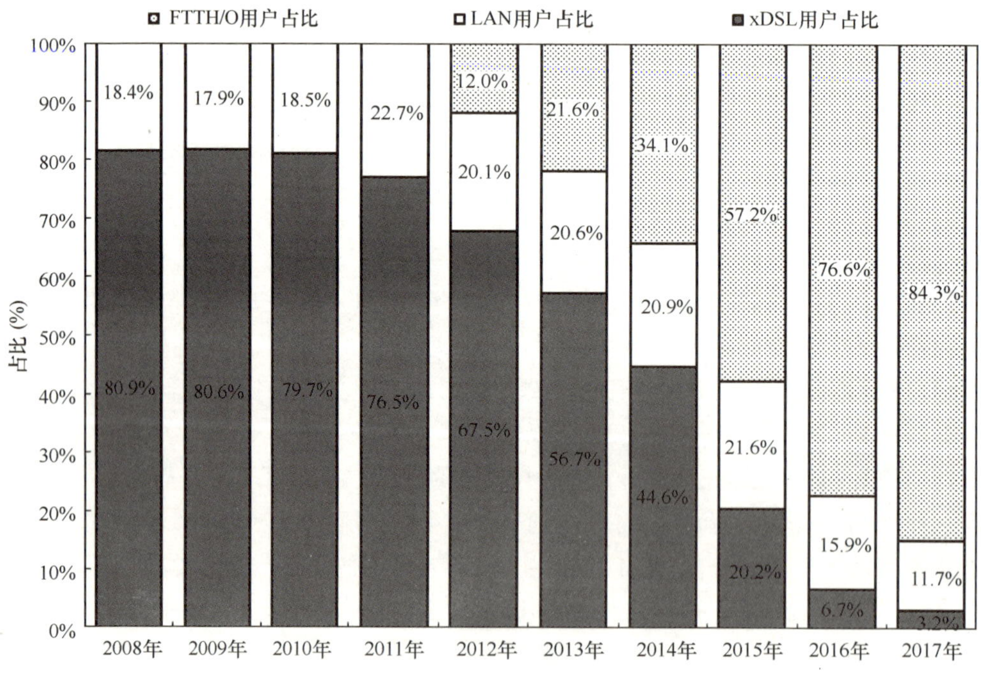

图 7-45　不同类型互联网宽带接入用户规模占比情况

缩减至 20.2%，到 2017 年则仅占 3.2%。LAN 用户占比相对较为稳定，2008 年～2015 年一直保持在 20%左右，但 2016 年～2017 年该类用户占比开始下降，两年占比分别为 15.9%和 11.7%。FTTH 用户出现后，占比急剧扩大，2017 年达到 84.3%，表明 FTTH 互联网接入技术在我国已基本实现普及。

图 7-46 进一步刻画了各类互联网宽带接入用户规模增速变化情况。由图可以发现与 3G 和 4G 用户规模类似的变化规律（图 7-41），当新技术出现并开始大量投放市场后，其用户规模在初始阶段的扩张速度会急剧增加，随后迅速下降；与此同时，旧技术用户会被新技术迅速替代而急剧减少。如图 7-45 所示，2012 年 FTTH 技术开始应用，2013 年～2015 年保持较高增速，2015 年一度增加至 117.1%，随后增速又开始迅速回落，2017 年时下降至 29.1%。与此同时，xDSL 用户增速迅速下降，2013 年为－6.5%，2016 年迅速降低至最低值－62.3%，2017 年虽有所回升，但仍有－43.3%。

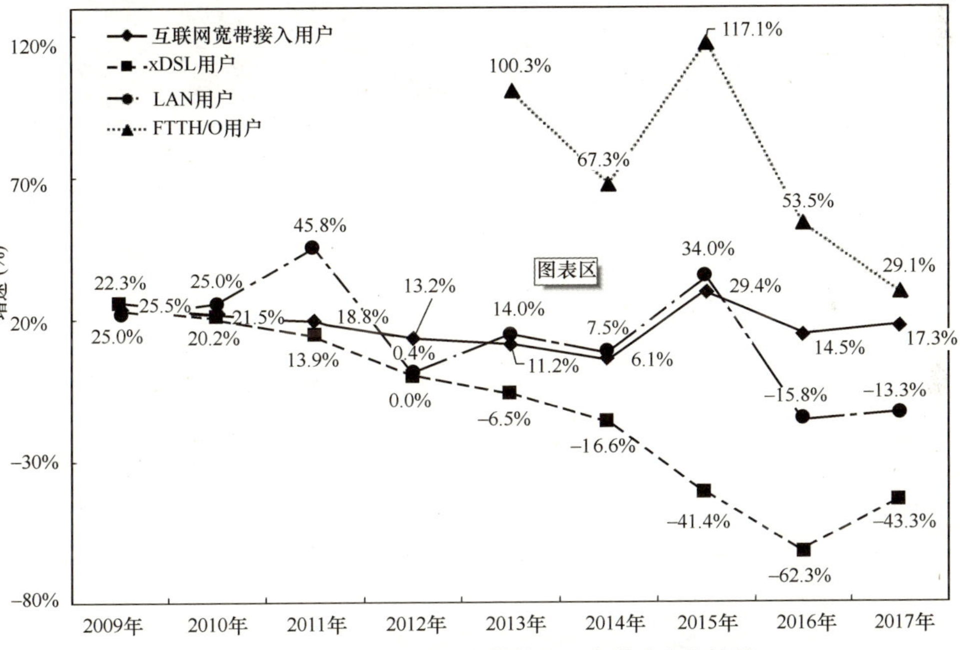

图 7-46 不同类型互联网宽带接入用户增速变化情况

图 7-47 和图 7-48 反映了我国互联网宽带城市和农村接入用户量和增速变化情况。由图 7-46 可见，农村互联网宽带用户逐年扩大，2010 年该类用户为 0.25 亿户，2017 年增加至 0.94 亿户，相应其占比则从 2010 年的 19.6%增加至 2017 年的 16.9%，共增加 7.3 个百分点。这表明我国农村地区互联网宽带接入用户增速高于城市，由图 7-47 可见，农村用户增速在 2011 年、2013 年、2015 年以及 2017 年均达到 30%左右，显著高于城市用户规模的同期增速。

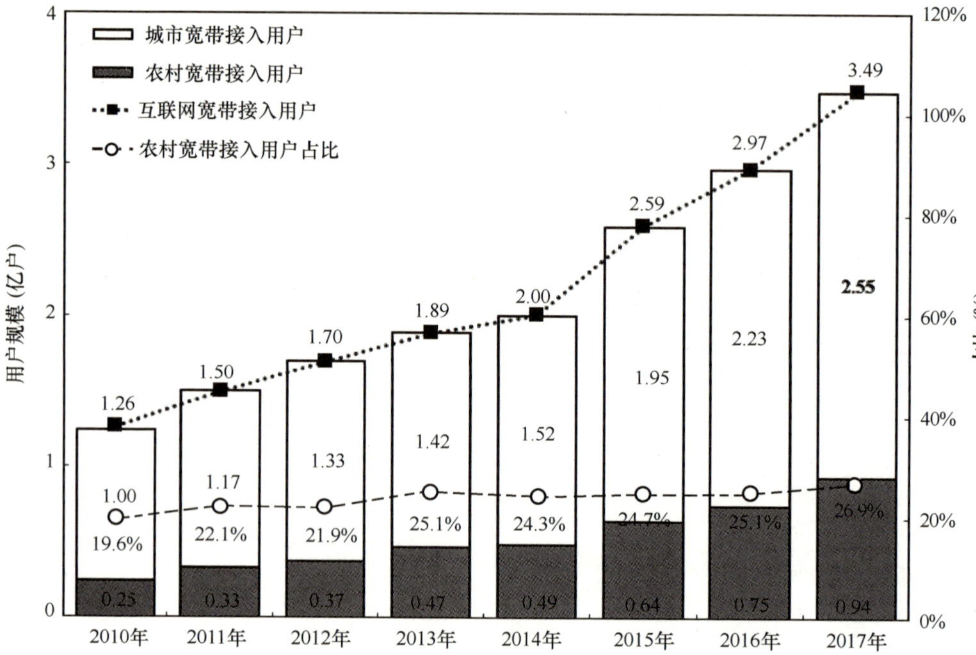

图 7-47　农村-城市互联网宽带接入用户规模

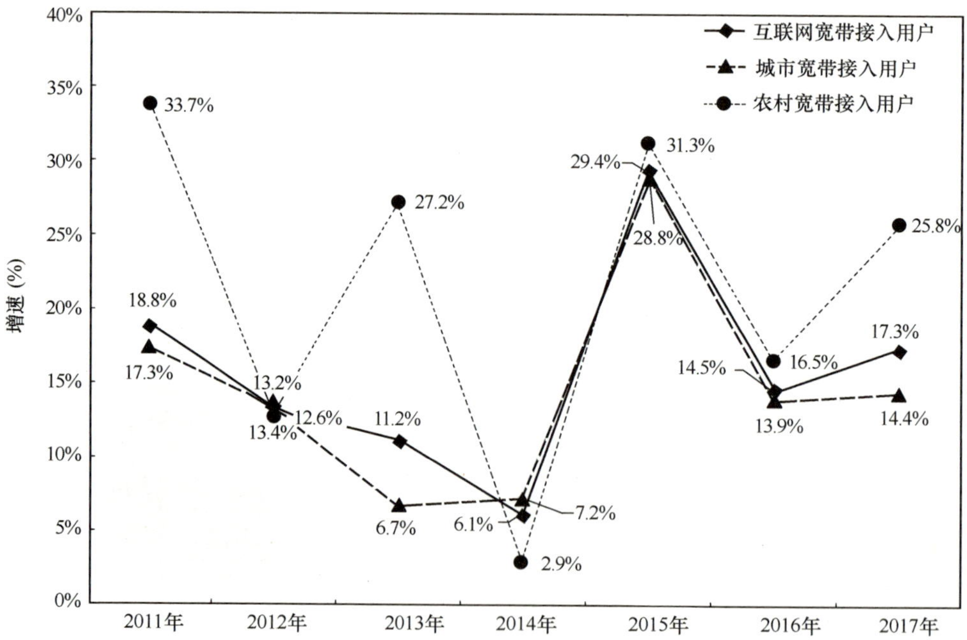

图 7-48　农村-城市互联网宽带接入用户规模增速情况

第三节　电信行业发展成效

2009 年我国电信业完成了第二次拆分重组后，奠定了“移动、电信、联通三足鼎立”的基本行业格局。经过十年发展，我国电信行业在资产投资积累、行业经济效益以及业务普及等各个方面，均取得了长足进步和显著成效。

在经济效益方面，2008 年～2017 年间我国电信业业务总量保持快速增加，年均增速达 15.6%，10 年累计完成业务量 161522.3 亿元；与此同时，我国电信业收入以 5.1%的年均速度逐年增加，并累计实现收入 106290.2 亿元；2008 年～2017 年我国电信业增加值总体保持快速增加，10 年累计实现增加值 58048.2 亿元，年均增加 4.2%。

在业务普及方面，2008 年～2017 年我国移动电话普及率快速大幅提高，2013 年我国移动电话普及率达到 90.3 部/百人，达到基本普及，2017 年普及率进一步增加至 102.8 部/百人，为 2008 年普及率的 2 倍以上，表明移动电话在我国居民中已达到完全普及的状态。互联网固定宽带和移动互联网业务规模的迅速扩大，使我国互联网普及率在 2008 年～2017 年间取得显著发展成效。2017 年我国互联网普及率达到 55.8%，也即平均每 100 人中有 55.8 人为互联网网民，为 2008 年的 2.5 倍。到 2017 年我国网民数量达到 7.72 亿人，网民数量年均增速达 11.4%。移动电话和移动互联网通信的相继大规模普及，快速取代传统固定电话业务，到 2017 年固话普及率已下降至 13.9 部/百人，较 2008 年下降一半。

在固定资产方面，不同固定资产指标规模均以较快增速逐年扩大。2008 年～2017 年间，我国电信行业固定资产原值以 6.1%的年均增速逐年递增，规定资产总值以 5.3%的年均增速逐年递增，固定资产净值以 4.07%的年均增速逐年增加。

与此同时，伴随电信业务总量持续扩大，我国电信业成本花费也在不断上升。2008 年～2017 年间，我国电信业累计花费成本 59918.9 亿元，年均增加 9.2%，高于年均收入增速 4.1 个百分点。尽管电信业增加值逐年增加，但其在当年 GDP 中占比逐年降低。2008 年～2017 年间我国电信业累计实现利润 16059.6 亿元，年均增速仅为 0.92%。我国 2008 年～2017 年间我国电信业固定资产折旧速度加快，新增固定资产比重持续下降。

一、电信行业经济效益

（一）电信行业业务总量

2008 年～2017 年间，我国电信行业累计完成 161522.3 亿元业务量，年均增加 15.6％。根据 10 年间电信总业务量变化趋势，以 2013 年为界，该过程大致可分为三个阶段，如图 7-49 所示。第一阶段为 2008 年～2012 年，在该阶段各年电信业务完成总量以较快增速逐年递增。2008 年全年我国电信业业务总量为 7552.4 亿元，随后大约以 15％的增速，逐年增加，至 2011 年达到 11725.8 亿元。2012 年增速放缓至 10.72％，当年完成业务总量为 12982.4 亿元。第二阶段为 2013 年～2015 年，该阶段业务总量增速急剧提高，业务总量呈现大规模增长。其中 2013 年业务总量急剧增加到 15707.2 亿元，较 2012 年增加了 20.99％；随后 2014 年业务量增速有所放缓，为 15.48％，业务总量为 18138.3 亿元；2015 年电信业务总量再次出现大规模增加，并首次突破 20000 亿元，达到 23346.3 亿元，当年增速达到 28.71％。第三阶段为 2016 年～2017 年，该阶段业务总量增速大幅回落，其中 2016 年增速为 9.73％，业务量为 25616.9 亿

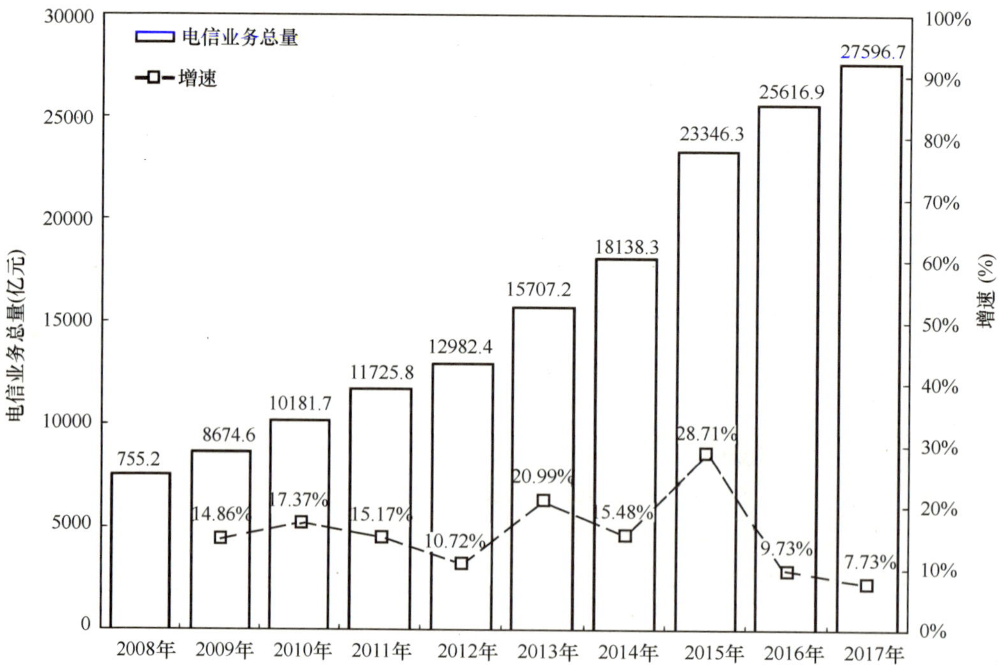

图 7-49　电信行业总业务量变化情况

元，2017 年增速为 7.73%，业务量增加至 27596.7 亿元。

（二）电信业收入及成本

2008 年～2017 年间，我国电信业收入大体逐年增加，累计实现收入 106290.2 亿元，年均增加 5.1%。如图 7-50 所示，2008 年我国电信业全年实现收入 8148.0 亿元，随后收入规模及收入增速逐年增加，到 2011 年增速达到 8.8%，并且在 2012 年首次突破 1 万亿元收入，达到 10758.3 亿元。2013 年继续保持 8.5%的增速，但随后增速开始放缓，至 2015 年增速下滑至－2.0%，当年全年实现收入 11665.2 亿元。2016 年～2017 年收入增速再次提高，分别达到 2.9%和 5.3%。2017 年全年实现收入 12636.9 亿元，为 10 年来收入最高的一年。

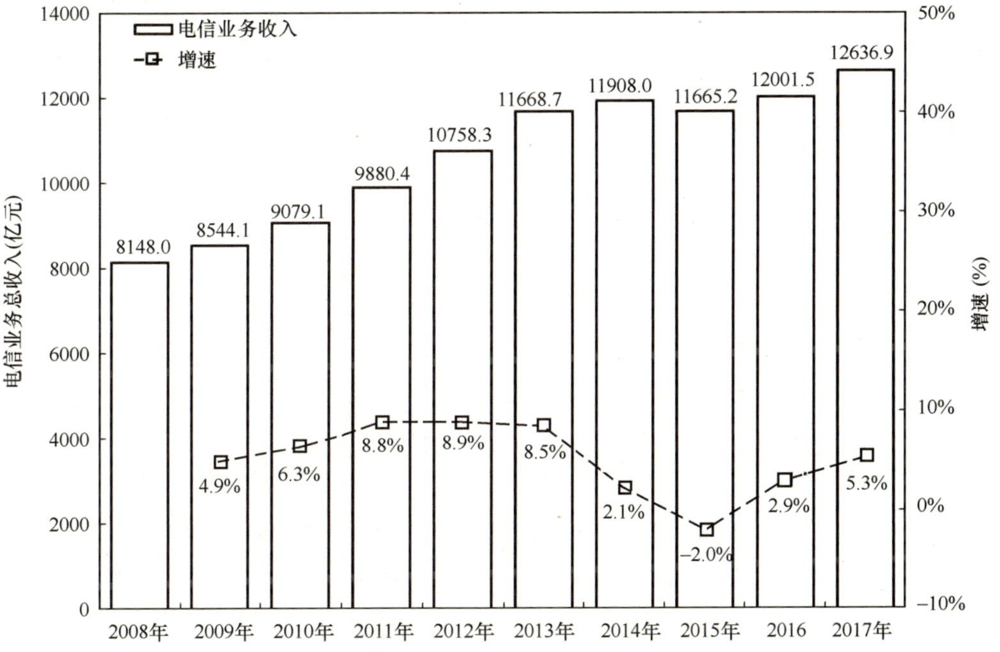

图 7-50　电信业收入变化情况

伴随电信业务总量持续扩大，我国电信业成本花费也在不断上升。2008 年～2017 年间，我国电信业累计花费成本 59918.9 亿元，年均增加 9.2%，高于年均收入增速 4.1 个百分点。如图 7-51 所示，2008 年我国电信业全年花费成本 3941.6 亿元，随后一直到 2011 年成本及增速均保持逐年递增的趋势，2011 年花费成本达到 4980.2 亿元，较上年增加 14.2%。2012 年成本花费为 5240.3 亿元，成本增加有所放缓，较上年增加 5.2%。但随后成本再次进入快速增加阶段，增

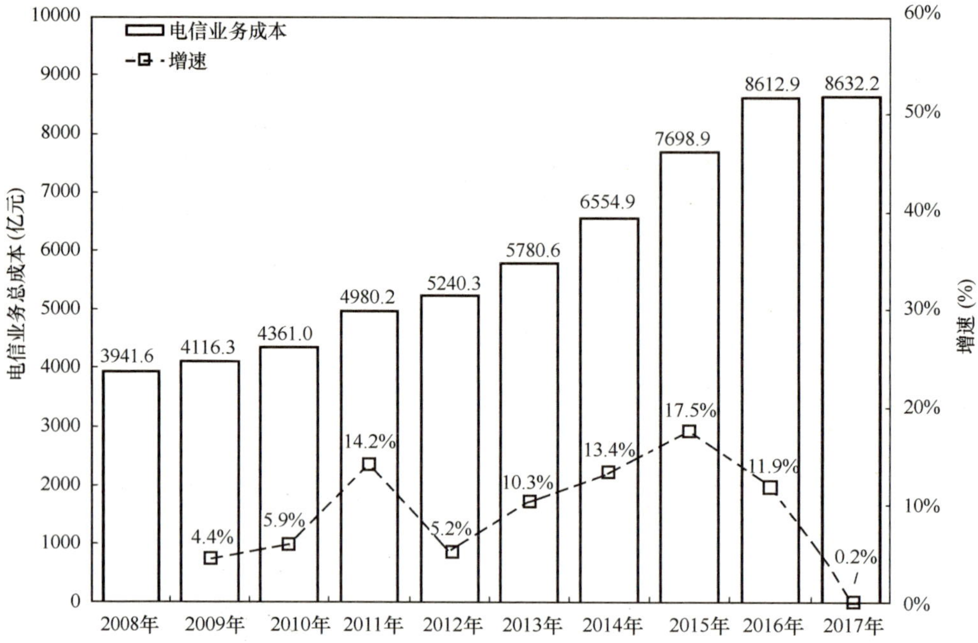

图 7-51　电信业成本变化情况

速逐年快速增加，到 2015 年成本增加幅度达到 17.5%，成本花费达到 7698.9 亿元。2016 年仍保持较大增幅，较上年成本增加接近 1000 亿元，增幅达到 11.9%。2017 年成本花费 8632.2 亿元，较上年基本持平，增幅仅为 0.2%。

（三）电信业增加值及利润

2008 年～2017 年我国电信业增加值总体保持快速增加，10 年累计实现增加值 58048.2 亿元，年均增加 4.2%。如图 7-52 所示，2008 年我国全年电信业增加值为 4557.2 亿元，经过 10 年发展到 2017 年，电信业增加至达到 6619.9 亿元。2008 年～2014 年电信业增加值以较高增速逐年增加，除 2010 年增速较低为 1.3%外，其余隔年均保持较高增速，2011 年和 2014 年两年增速在 9%以上。2014 年后增速回落，2016 年增速一度下滑到－4.0%，随后 2017 年增速再次上升至 3.2%。

尽管电信业增加值逐年增加，但其在当年 GDP 中占比逐年降低。如图 7-53所示，2008 年和 2009 年我国电信业增加值在当年 GDP 中占比分别为 1.45%和 1.44%，随后该占比逐年降低，2015 年降低至 1%以下，2017 年降低至 0.8%。

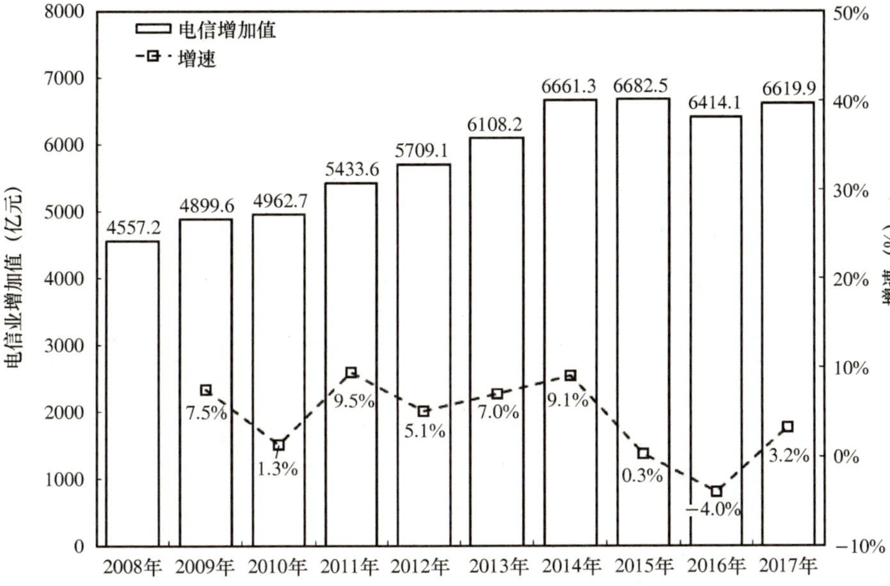

图 7-52　电信业增加值变化情况

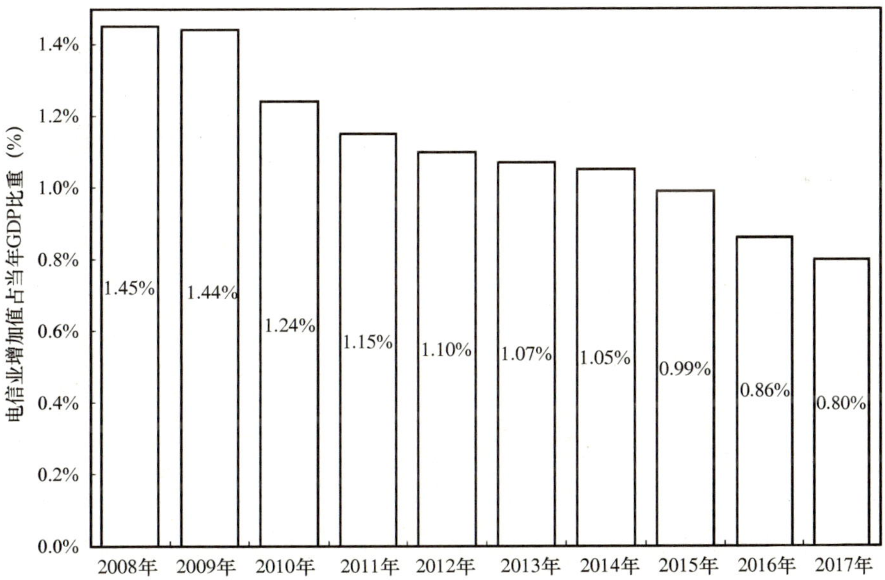

图 7-53　电信业增加值占当年 GDP 比重变化情况

2008 年～2017 年间我国电信业累计实现利润 16059.6 亿元，年均增速仅为 0.92%。受多方面因素影响，其总体变化趋势较为复杂。由图 7-54 可见，其变化过程大致分为三个阶段。第一阶段为 2008 年～2009 年，该阶段电信业利润基本维持在 1740 亿元左右。第二阶段为 2010 年～2012 年，2010 年电信业利润大幅下降至 1458.5 亿元，较上年减少－15.7％，随后又开始快速回升，2011 年和 2012 年增幅分别达到 14.4％和 7.7％，利润分别达到 1668.3 亿元和 1797.3 亿元。第三阶段为 2013 年～2017 年，2013 年利润再次大幅下滑至 1213.1 亿元，为 10 年间电信行业利润最低的一年，2014 年利润额又再次大幅回升到 1651.6 亿元，并在随后在 2015 年～2017 三年间维持在 1600 亿元的水平上下波动。

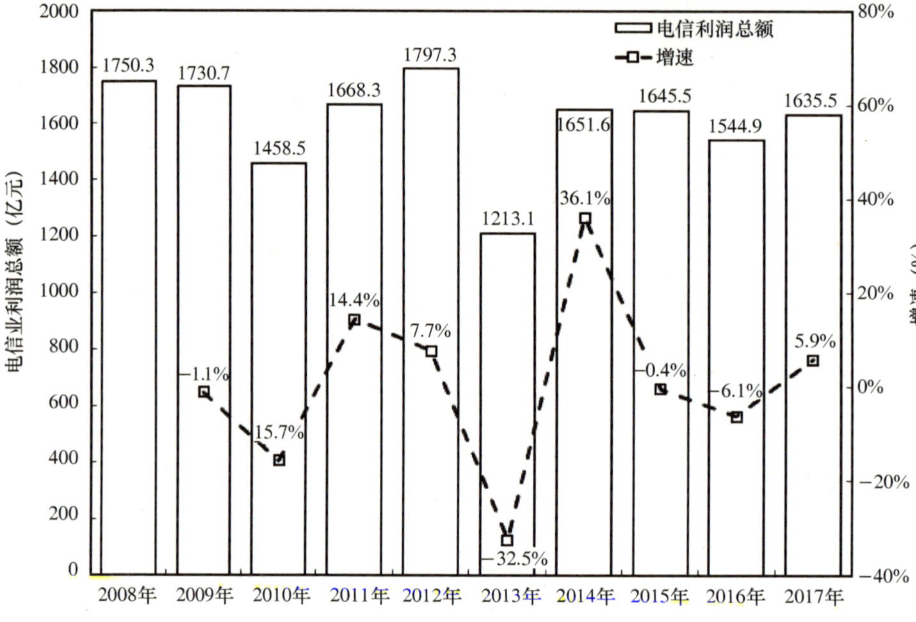

图 7-54　电信业利润变化情况

二、电信行业资产状况

2008 年～2017 年间，我国电信行业资产原值以 6.1％的年均增速逐年递增。如图 7-55 所示，2008 年我国电信业资产原值为 22594.9 亿元，随后逐年递增，增速保持在 5.0％～9.0％之间。2017 年资产原值达到 38373.4 亿元，为 10 年间资产原值最高的年份。

2008 年～2017 年间，我国电信行业资产总值以 5.3％的年均增速逐年递增。如图 7-56 所示，2008 年我国电信业资产总值为 19857.4 亿元，随后逐年递增，增速保持在 5％左右。2016 年资产总值达到 31803.9 亿元，为 10 年间资产总额最高的年份，2017 年资产总额以 0.5％的降幅微弱下降至 31654.7 亿元。

2008 年～2017 年，我国电信业资产净值以 4.07％的年均增速逐年增加。如图 7-57 所示，2008 年我国电信业固定资产净值为 11050.1 亿元，随后逐年增加至 2014 年。2015 年电信固定资产净值较上年减少 4.2％，而 2016 年～2017 年

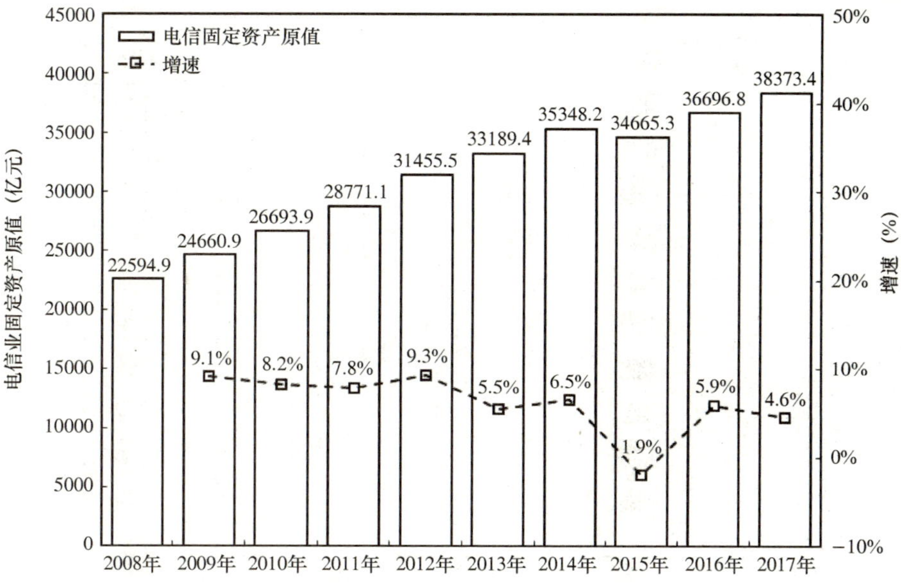

图 7-55　电信固定资产原值变化情况

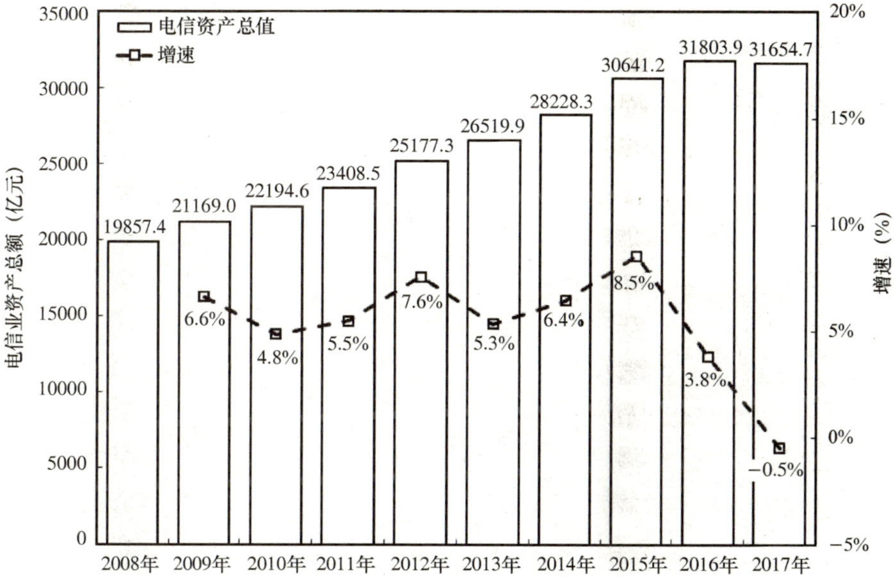

图 7-56　电信业总资产变化情况

资产净值再次持续增加。2017 年电信固定资产净值达 15743.7 亿元，为 10 年来电信资产净值最高的年份。

从历年固定资产总值中刨除净值得到电信业在建工程价值，如图 7-58 所示。2008 年～2017 年，我国电信业在建工程数量逐年递增，其中 2011 年～2015 年

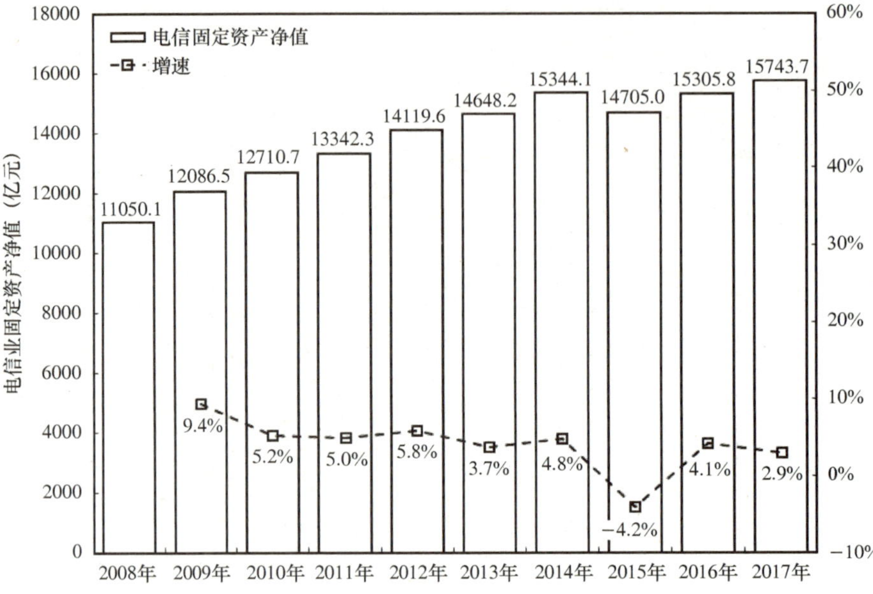

图 7-57　固定资产净值变化情况

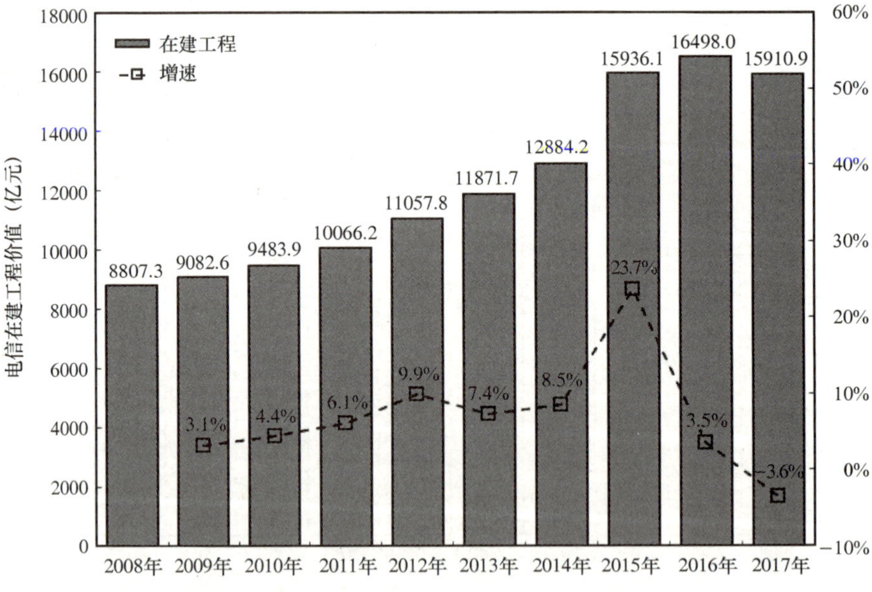

图 7-58　电信业在建工程价值变化情况

保持较快增速，2015 年增速达到 23.7%。随后 2016 年～2017 年增速回落，在建工程价值维持在 16000 亿元左右。

图 7-59 中的“电信固定资产有用系数”反映了 2008 年～2017 年间我国电信业固定资产折旧（新旧）程度。如图 7-59 所示，2008 年和 2009 年该系数为

0.489 和 0.490，随后该系数以 2%的速度逐年递减，到 2017 年该系数下降至 0.410。该结果表明，我国 2008 年～2017 年间我国电信业固定资产折旧速度加快，新增固定资产比重下降。

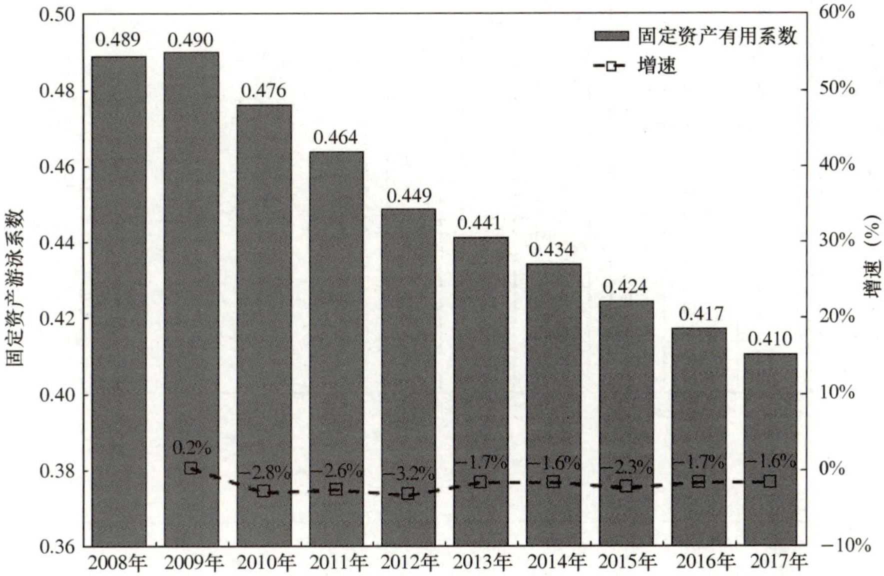

图 7-59 固定资产有用系数变化情况

三、电信行业业务普及率

移动电话和移动互联网通信的相继大规模普及，导致传统固定电话业务被快速取代，进而在统计数据上表现出固话普及率的快速下降。如图 7-60 所示，2008 年我国固话普及率为 25.8 部/百人，随后大约以－6.6%的速度逐年降低，到 2017 年固话普及率已下降至 13.9 部/百人，较 2008 年下降一半。

2008 年～2017 年我国移动电话普及率快速大幅提高，2013 年我国已基本实现移动电话普及。如图 7-61 所示，2002 年～2017 年间我国移动电话普及率变化过程大致分为两个阶段。第一阶段 2008 年～2014 年，2008 年我国移动电话普及率为 48.5 部/百人，随后普及率以较快增速逐年上升，但增速逐年放缓。其中 2009 年增速为 16.1%，到 2014 年增速下降至 4.1%，而普及率上升至 94 部/百人。第二阶段 2015 年～2017 年，2015 年移动电话普及率小幅下降至 92.5 部/百人，随后又开始回升。2017 年我国移动电话普及率上升至 102 部/百人，为 2008 年普及率的 2 倍以上，同时表明我国移动电话平均拥有量已超过每人一部，移动电话在居民中已达到完全普及的状态。

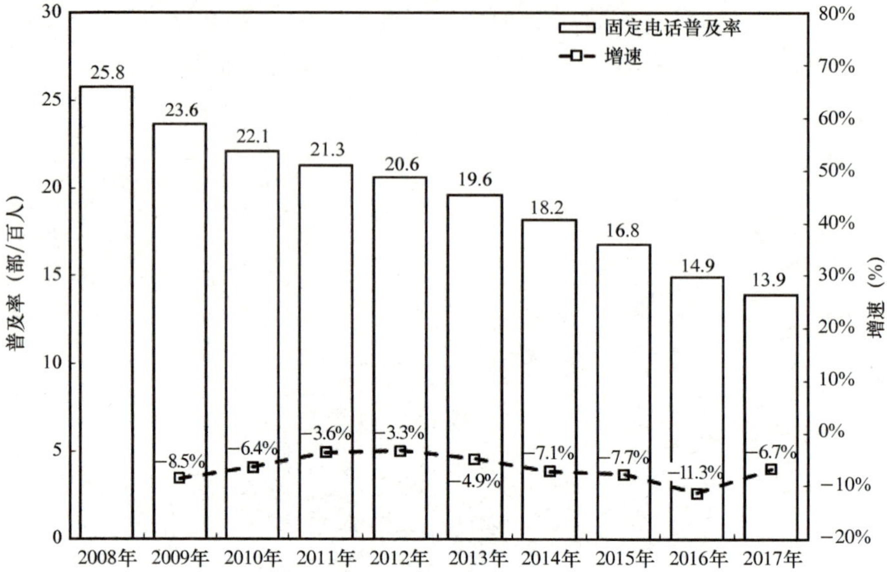

图 7-60　固定电话普及率变化情况

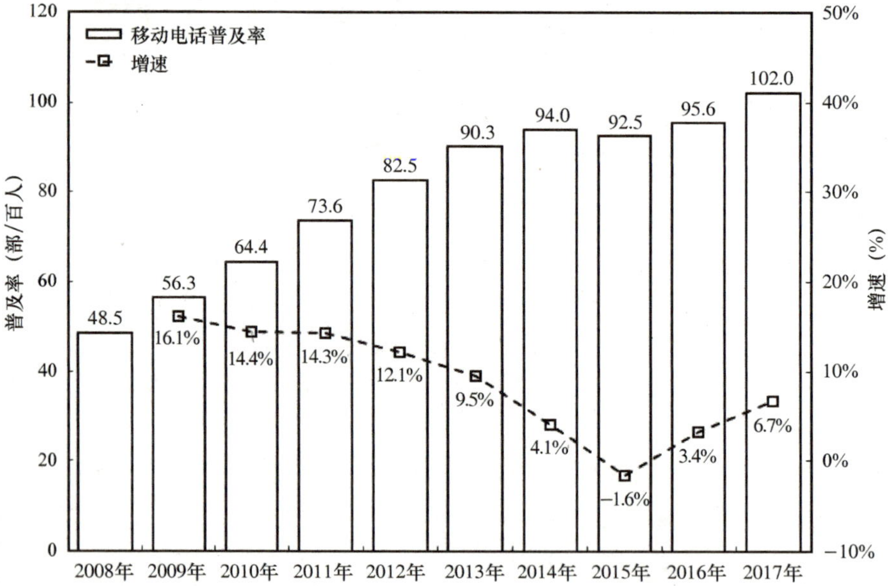

图 7-61　移动电话普及率变化情况

互联网固定宽带和移动互联网业务规模的迅速扩大，使我国互联网普及在 2008 年～2017 年间取得显著发展成效。如图 7-62 所示，2008 年我国互联网联网普及率仅为 22.6%，也即平均每 100 个居民中仅有 22.6 人为网民。随后互联网普及率逐年增加，且年均增加 3.7 个百分点。2017 年我国互联网普及率达到

55.8%，也即平均每100人中有55.8人为互联网网民，为2008年的2.5倍。图7-63进一步描绘了我国2008年～2017年历年网民数量的变化情况，由图可见，2008年我国网民数量仅为2.98亿人，到2017年网民数量达到7.72亿人，网民数量年均增速达到11.4%。

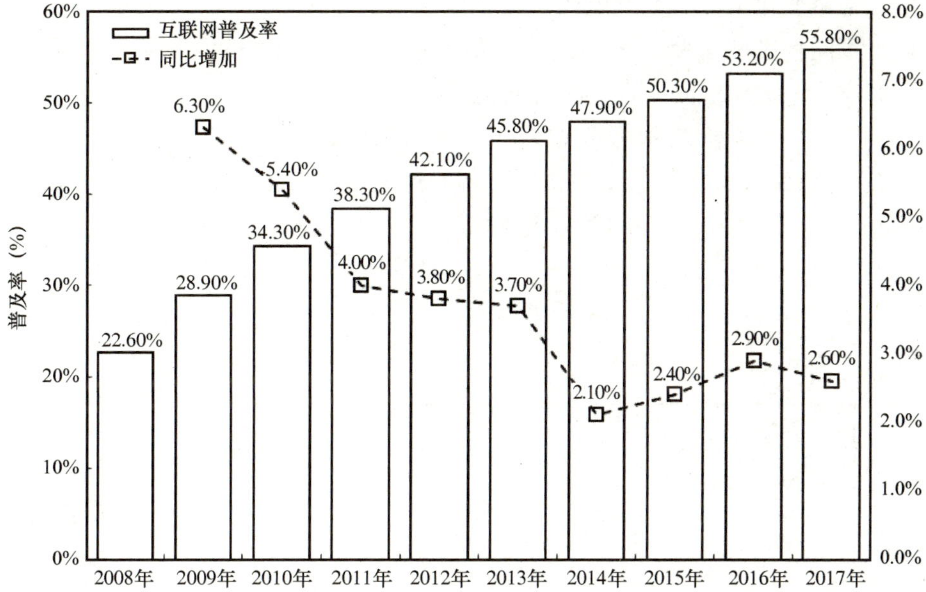

图7-62 互联网普及率变化情况

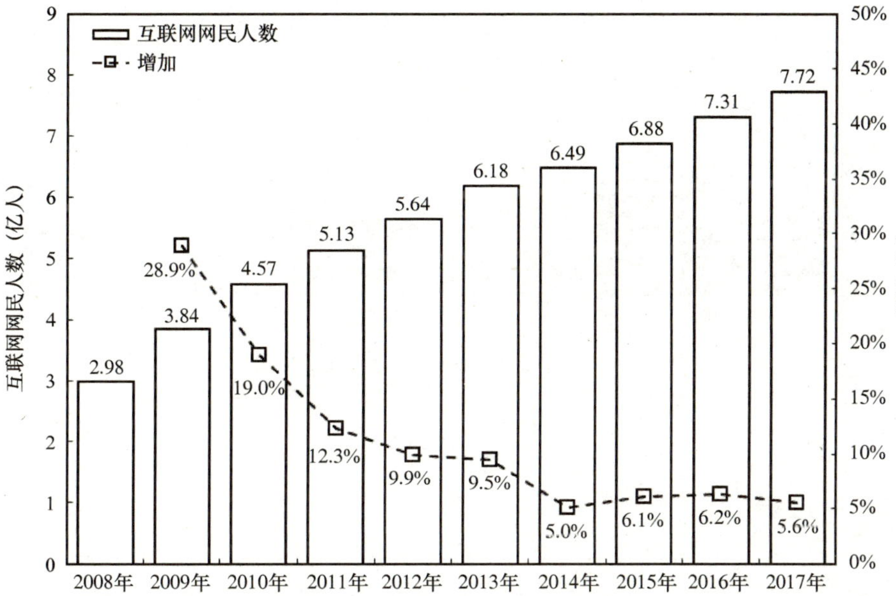

图7-63 互联网网民人数变化情况

四、电信综合价格指数水平

类似于其他价格指数，电信综合价格指数的变化反映电信行业中各种电信业务价格的普遍变化情况。我国电信业综合价格指数水平在 2008 年～2017 年的各年中均有不同程度的下降，表明我国电信业服务价格普遍持续下降。如图 7-64 所示，2008 年～2010 年三年中我国电信综合价格指数下降水平均在 8%以上；2011 年～2013 年该价格指数降幅较低，其中 2012 年仅为 1.6%，2013 年为 6%；随后电信综合价格指数下降水平开始快速提高，其中 2014 年该指数下降水平达到 11.6%，2015 年和 2016 年则达到 24%左右，2017 年则进一步达到 39.7%。

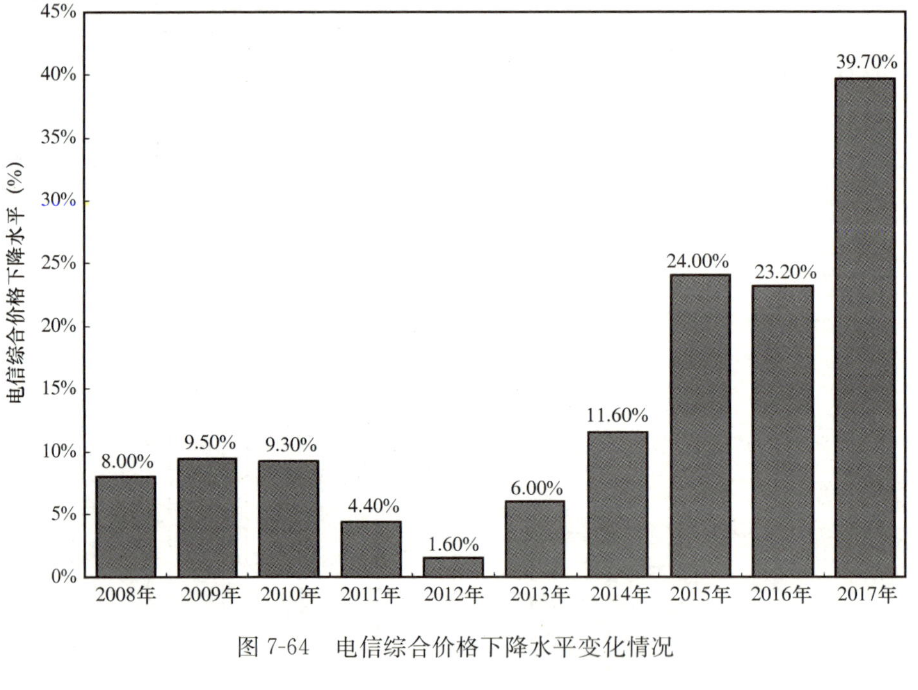

图 7-64　电信综合价格下降水平变化情况

五、其他

我国三大电信运营商均提供移动电话国际漫游服务。如图 7-65 所示，2008

年中国移动公司提供 237 个国家或地区的国际漫游服务，2012 年后范围进一步扩大，到 2014 年增加中国移动公司在 251 个海外国家或地区提供移动电话漫游业务，2017 年进一步扩大至 257 个国家或地区。2008 年中国电信提供移动电话国际漫游服务的海外国家或地区为 211 个，2011 年增加至 258 个国家或地区，2015 年～2016 年有所减少，2017 年再次增加至 262 个。2008 年中国联通提供移动电话国际漫游服务的海外国家或地区为 202 个，在三大电信运营商中数量最少，但 2011 年迅速扩展到 246 个，2016 年达到 258 个，2017 年又减少至 252 个，与中国移动和中国电信基本持平。

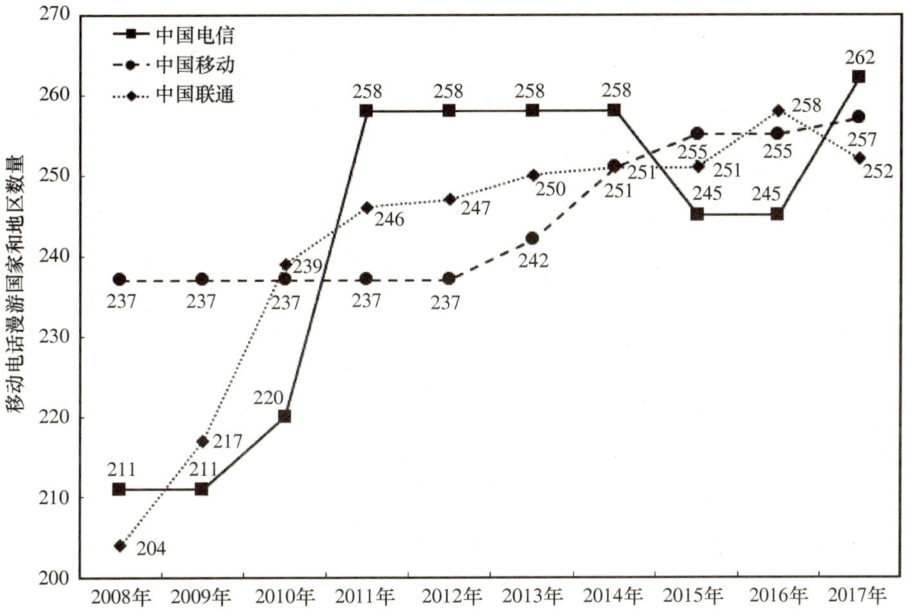

图 7-65　移动电话国际漫游国家和地区

2008 年～2017 年间，我国电互联网国际出口带宽迅速增加，年均增速在 32.2%以上，至 2017 年带宽达到 732MB/s。如图 7-66 所示，2008 年我国互联网国际出口带宽仅为 64MB/s，随后大约以 30%的增速逐年增加至 2012 年，2013 年受 4G 移动互联网和光纤到户宽带的大规模普及，出口带宽猛增至 341MB/s。随后在 2014 年～2016 年三年内，出口带宽又以 20%～30%的年增速持续增加，至 2017 年带宽增加至 732MB/s，为 2008 年的 11.44 倍。

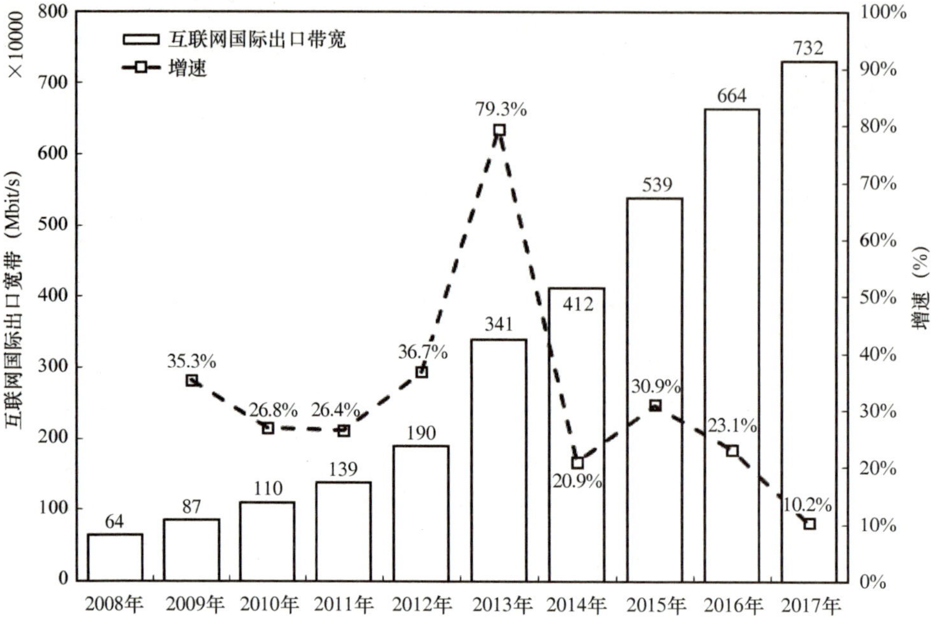

图 7-66　互联网国际出口带宽变化情况

第四节　电信行业监管体制[①]

电信业监管体制改革是一项复杂而影响重大的问题。电信业需要依靠电信网络来提供电信服务，因此，电信业具有自身的特殊性，正确认识电信行业的技术经济特性是理解电信业监管体制改革的基础和依据。本节首先分析电信业的基本特性，在此基础上，讨论电信行业监管机构、进入监管、价格监管和质量监管体制改革历程。

一、电信业的基本特征

电信业基本特征主要包括技术特征和经济特征两个方面。电信业的技术特征主要表现在横向的全程全网性、纵向的强技术关联性和异质替代性。首先，横向的全程全网特性是指一个地理区域内的电信企业无法仅以自己的力量完成电信网

① 本节由郑加梅博士撰写.

络上全部信息的传递，因而需要全网的配合。其次，电信基础设施和电信服务这两个领域的纵向技术关联度非常密切，协作化的要求很高，因而通常会形成一体化的组织结构①。一家企业拥有互补性网络，能有效提升每一种网络的价值，从而提升整个企业网络的价值。最后，异质替代特征是指采用不同的通信技术或者技术组合可以完成同样的服务。这种特性主要体现在两个方面：一是竞争性替代，二是互补性替代。例如，IP 技术出现后，移动运营商利用 IP 电话与固话运营商的传统有线长途电话竞争长途通信市场，从而形成竞争性替代②。

电信业的经济特性主要包括规模经济、范围经济、自然垄断特性和网络外部性。首先，规模经济性，即在一定的网络容量内，随着用户数量的增加，单位运营成本呈递减趋势。电信业的规模经济性呈现出三个方面的特征：一是电信业的平均生产成本随着用户密度的增加而减少；二是电信业平均资本性支出成本随着用户密度的增加总体上出现较为明显的递减趋势；三是电信业总的收入利润率随着用户密度的增加呈现出十分显著的递增趋势③。其次，范围经济性，是指以联合生产多样产品而取得的成本收益（史普博，1999）④，电信业的范围经济性主要体现在以下三个方面：网络基础设施的共用性、边际成本不相关和专业分工。再次，自然垄断性表现为显著的规模经济性和成本弱增性，成本弱增性意味着由一家企业生产所有产品的成本低于多家企业分别生产这些产品的成本之和（Clarkson 和 Miller，1982）。具有自然垄断特性的产业主要进行进入管制和价格管制。Berg 和 Tschirhart（1988）列示了不同情况下对自然垄断产业进行管制的对策，详见表 7-2。最后，电信网络拥有正负两方面的外部性。一是通信网络上用户间的正外部性，原用户由于新用户的加入而增加收益；二是指负外部性是指网络的“拥塞性”，由于通信系统的用户太多，很多用户不得不等待⑤。

自然垄断的管制对策 **表 7-2**

垄断的类型	进入有障碍	进入无障碍：有承受力	进入无障碍：无承受力
强自然垄断	价格管制：使价格高于边际成本以消除企业的亏损，同时避免垄断价格。	不管制：借助于潜在的竞争者进入的威胁迫使垄断者制定盈亏相抵的价格。	管制：①使价格高于边际成本以消除企业的亏损，同时避免垄断价格；②不允许潜在竞争者进入市场。

① 王俊豪. 自然垄断产业的政府管制理论［M］. 杭州：浙江大学出版社，2000.

② 郑加梅. 中国电信业价格上限规制与动态效率研究［M］. 北京：经济科学出版社，2017.

③ 郑奇宝. 从垄断到竞争—电信行业管制理论与实证研究［M］. 北京：人民邮电出版社，2005.

④ 丹尼尔·F·史普博. 管制与市场（中译本）［M］. 上海：上海三联书店，1999.

⑤ 王俊豪. 自然垄断产业的政府管制理论［M］. 杭州：浙江大学出版社，2000

续表

垄断的类型	进入有障碍	进入无障碍：有承受力	进入无障碍：无承受力
弱自然垄断	价格管制：使价格等于边际成本，允许企业盈利。	不管制：借助于潜在的竞争者进入市场的威胁，迫使垄断者制定等于边际成本的价格。	管制：①使价格等于边际成本，允许企业盈利；②不允许潜在竞争者进入市场。

二、电信行业监管机构改革

1998 年 3 月 9 日九届全国人大一次会议审议批准了国务院机构改革方案，正式批准在原邮电部和原电子部的基础上组建中华人民共和国信息产业部，作为中国电信管制机构。信息产业部的主要职能包括：拟定国家信息产业发展战略、方针政策和总体规划；依法对电信和信息服务市场进行监管，实行必要的经营许可制度，进行服务质量监管，保障公平竞争，保证普遍服务，按国家规定组织对邮政和电信普遍服务的补贴等。按照改革目标，信息产业部不从事电信业务经营活动，实现管制职能与电信业务的完全分离①。

为了推进信息化和工业化融合，2008 年再次进行国务院机构改革，组建工业和信息化部，将原信息产业部的产业监督职能合并到工业和信息化部。工业和信息化部替代原信息产业部成为我国电信业的监管部门，政府将国有资产管理权限之外的其他监管行为，如牌照发放、产业发展、价格监管、普遍服务等职能配置给工业和信息化部。各省、自治区、直辖市通信管理局，负责地方电信业的监管工作②。

我国电信业监管采用的是政监合一的模式，即工业和信息化部既是电信产业政策制定者，也是电信业的监督者。由于我国至今还没有一部《电信法》，以国务院“三定方案”形式授权的工业和信息化部，只是国务院的一个工作部门，在电信管制过程中必然缺乏明确的法律地位，也不可能得到法律的充分授权。根据英美等经济发达国家的经验，电信管制机构作为行使监督权的机构，应具有独立性，以有利于公平、公正地开展管制活动（王俊豪，2001）③。

三、电信行业进入监管改革

改革开放以来，中国电信业进入监管改革大致可以分为三个阶段：

① 资料来源：https：//tech.sina.com.cn/t/2008-11-12/07352572511.shtml.

② 资料来源：http：//mini.eastday.com/bdmip/180313112057178.html.

③ 王俊豪. 政府管制经济学导论［M］. 上海：商务印书馆，2001.

第一阶段（1980年～1998年）：放松管制、引入竞争阶段。1980年以前，我国电信业主要由政府（原邮电部）直接垄断经营。1994年中国联通公司成立，是由中央直接管理的国有重点企业，公司的经营范围为全国性基础电信业务和增值业务。从而打破电信市场独家垄断局面。到1998年为止，中国联通的自由资金只有中国邮电电信总局（简称中国电信，它既是中国联通的管理者，又是其竞争对手）中国电信的1/260，营业收入仅为中国电信的1/112。中国电信处于绝对垄断阶段（高红冰，2011）①。

第二阶段（1999年～2008年）：产业重组和横向拆分阶段。1999年2月中国电信拆分成新中国电信、中国移动和中国卫星公司3个公司，寻呼业务并入联通公司，并给网通、吉通和铁通公司颁发了电信运营许可证。网通的主营业务是数字数据传输；铁通的主要经营范围是固定电话业务、IP电话业务、互联网业务和无线寻呼业务；卫通的主要经营业务范围包括通信、广播及其他领域的卫星空间段业务，卫星移动通信业务，互联网业务，基于卫星传输技术的话音、数据、多媒体通信业务等。由此国内电信共有7家电信运营商，初步形成电信市场分层竞争格局。2001年11月，国务院批准《电信体制改革方案》，对固定电信企业进行重组整合，将中国电信再度拆分成南北两大电信集团，南方中国电信，北方中国电信与网通、吉通等组建了新网通，以便形成有效竞争的局面。2002年5月16日，新的中国电信集团及中国网通集团正式挂牌成立。2003年6月，吉通并入网通集团。2004年中国铁通作为国有独资基础电信运营企业运行。这样，我国电信市场形成中国移动、中国电信、中国网通、中国联通、中国铁通五大运营企业加上中国卫星的格局。

第三阶段（2008年至今）：全业务重组阶段。随着移动固话替代效应加剧，移动业务发展迅速，固话业务呈现出逐年下降趋势，电信企业间发展差距逐步扩大，电信竞争出现严重失衡。为形成相对稳定的电信竞争格局，2008年5月24日，工业和信息化部、国家发改委以及财政部联合发布《关于深化电信体制改革的通告》，指出鼓励中国电信收购中国联通CDMA网（包括资产和用户），中国联通与中国网通合并，中国卫通的基础电信业务并入中国电信，中国铁通并入中国移动，同时也开始发放3G牌照。电信行业的改革使得原本独家垄断的行业逐渐形成了寡头垄断的局面。经历了30年的改革，电信业通过放松管制、引入竞争以及产业重组，逐步形成了中国电信、中国移动、中国联通三大运营商，逐渐呈现了数网竞争的局面。

---

① 高红冰．第五次电信分拆与重组方案建议［J］．互联网周刊，2011（3）．

四、电信行业价格监管改革[①]

20 世纪 90 年代，中国政府也对电信业实行了放松管制的改革，提出并实施了“打破垄断，引入竞争”的改革政策。为了适应电信市场发展的要求，从 20 世纪 90 年代开始，我国电信业价格管制也进行相应的改革，改革历程大致可分为资费局部调整、收益率管制、混合价格管制、价格上限管制和全面放开价格这五个阶段。

（一）电信资费的局部调整阶段（1994 年～1999 年）

为了鼓励电信市场竞争，电信价格管制也转变为以政府指导价为主，市场调节价为辅的管制方式，给予企业一定的定价权。开始引入不对称管制政策，对中国联通等新进弱势企业[②]的资费可以在电信资费水平的基础上，上下浮动 10%。在市场竞争的压力下，以往电信企业乱涨价行为演变为无序的价格战，电信资费管制的重点也随之转变为整顿和规范无序竞争和价格战。

这一阶段在总体资费水平下调的前提下，实行局部性资费调整，且仅限于资费水平的调整。1994 年～1997 年间，邮电部联合国家计委、财政部对电信业务资费进行了一系列的调整。1994 年，邮电部为了更好地发展移动业务而颁布《邮电部关于加强移动电话机管理和调整移动电话资费标准的通知》，将基本通话费每月 150 元调整为基本月租费每月 50 元，本业务区内通话费由每分钟 0.50 元（主叫或被叫均按每分钟收取通话费）调整为每分钟 0.40 元（主叫或被叫均按每分钟收取通话费）。

1995 年为了进一步发挥全网综合效率，满足用户需求，邮电部决定调低或取消部分邮电资费标准，根据《邮电部关于调低部分邮电资费标准的通知》，一是降低数据业务资费标准，下浮幅度在 30%以内；二是移动电话入网费由 3000～5000 元降低到 2000～3000 元，具体标准由各省邮电管理局会同该省物价部门确定。1996 年，国家计委、邮电部发布《关于改革邮电价格的通知》，具体决定如下：（1）为了缓解市内电话亏损的矛盾，缩小市话与长话的价差，适当提高市内电话指导性通话费标准，由现行每 3 分钟（不足 3 分钟按 3 分钟计算）指导价每次 0.10 元调整为中准指导价每次 0.12 元，允许上下浮动的幅度不超过 20%；（2）营业区内通话费中准价每分钟 0.40 元，允许上下浮动的幅度为不超过

① 郑加梅. 中国电信业价格上限规制与动态效率研究［M］. 北京：经济科学出版社，2017.

② 高红冰. 第五次电信分拆与重组方案建议［J］. 互联网周刊，2011（3）.

25%；(3) 降低除广东省以外的其他国内地区的国际及港澳台电话通话费标准，下降幅度为30%；(4) 简化长途电话计费等级，由现行的12级简化为4级。

1997年，国家计委、国家经贸委、邮电部联合颁布的《移动电话价格管理暂行规定》再次下降移动电话入网费，由2000～3000元降到1000～3000元，允许上下浮动20%，但浮动后的具体标准应处于国家规定的上下限标准内。为了适应中国电信业市场发展的迫切需求，1999年3月、10月信息产业部联合国家计委和财政部相继出台一些措施，降低中国电信出租给经营性互联网租费，进一步降低中国电信出租的数字、数字数据、模拟电路资费标准。将中国网通、吉通公司向互联网服务商收取的实行包月制的网络使用费平均降低45%。电信业进行了一系列资费调整活动，为日后其他领域引入竞争创造了良好的条件。

（二）收益率管制阶段（2000年～2005年）

随着1999年中国电信业顺利完成第一次纵向分拆重组，初步形成电信市场分业务竞争格局，从而使得电信业发展初期垄断运营时期实行的业务间交叉补贴政策①难以为继。在竞争的环境下，新的竞争者通常会进入边际利润最高的长途和国际电信业务。由此，运营商将会受到降低补贴的压力，否则就会失去高利润市场用户。为了使资费政策适应电信市场的现实需要，2000年9月国务院颁布《电信条例》的第二十三条明确提出：电信资费标准实行以成本为基础的定价原则（收益率管制），这意味着我国电信基础业务的价格管制进入收益率管制时期。

2000年12月25日信息产业部、国家计委、财政部联合发布《关于电信资费结构性调整的通知》（信部联［2000］1255号），决定对我国现行部分电信资费进行结构性调整，2001年1月1日正式执行。这次资费调整优化了固定本地电话资费结构，大幅降低国内长途、国际及港澳台长途、互联网上网费以及电路出租费等业务的资费，取消电信业务附加费，对已经形成充分竞争的寻呼机服务费、IP电信业务资费②、服务器托管业务和其他增值业务等四项业务实行市场调

① 根据当时的国家经济发展水平和电信用户承受能力，以交叉补贴为基础，形成了“国际补贴国内、长途补贴市话、城市补贴农村、东部补贴西部、单位电话补贴住宅电话”的电信资费结构体系，造成国际和长途电信的资费远远高于成本，而本地市话资费却低于成本，从而保证大多数用户能以较低的价格使用最基本的电信业务。

② IP电话业务资费实现市场调节价分两步完成，第一步是2000年这次结构性资费调整只对IP国内电话资费实行市场调节价，IP电话国际结算因涉及国家利益，须由信息产业部统一规定；第二步是2002年信息产业部和国家计委决定进一步对已经形成充分竞争的IP电话国际资费实行市场调节价。

节价，一律实行申报备案制。这次资费调整以业务成本为导向，根据业务成本重新设定电信业务的价格，使其更加接近于提供该种业务的成本，进而降低了利润过高的长途电信业务资费标准，提高了亏损业务的本地电话资费水平，极大地改变本地电话和长途电话的不合理资费结构，消除了长途业务长期补贴本地业务的局面。这实际上是一次资费再平衡的过程，减少了电信业务间的交叉补贴，缓解了电信资费的结构性矛盾，改善了资源配置效率，培育了公平竞争的市场环境。2001 年 7 月进一步取消了固定电话初装费和移动电话入网费，电信业务资费的制定和收取日益合理。

2002 年，信息产业部联合国家计委依据《价格法》、《电信条例》和相关法律法规，出台了一系列关于电信资费管理规范性文件。这标志着我国电信资费的制定向着更加科学、规范的方式转变。信息产业部对电信业务经营者在自主制定政府指导价标准幅度内的电信业务资费和市场调节价的电信业务资费需要履行的备案行为做出了明确规定，简化了资费备案手续，切实下放定价权，真正体现电信资费向市场化过渡的指导政策。2004 年，信息产业部会同国家有关部门研究出台《关于进一步加强电信资费监管工作有关事项的通知》（信部联清［2004］204 号），以进一步加强各集团公司对下属公司的资费管理。

在收益率管制下，政府承担企业的运营成本，且补偿给被管制企业合理的资本回报率。2000 年～2005 年，我国基础电信业的资费定价模式基本属于这种类型。其理论基础是基于总成本的定价理论，基本公式是：

资费总收入＝总成本＋合理报酬

总成本＝经营成本＋折旧＋税

合理报酬＝利息＋所有者权益×合理利润率

其通常做法是：首先是电信企业向管制机构提出提高价格的申请，管制机构接受申请后，根据企业的历史成本数据和各投入要素的价格变化，通过上述基本公式确定企业运营的总成本并做出相应的调整，最后确定企业的投资回报率，作为企业在某一特定时期内（通常为一年时间）的定价依据。但在实际执行中存在以下问题：一是没有严格按地区和业务核算成本，这与业务资产的界定不清和成本分摊方法比较随意有关。二是利润率的确定缺乏依据，这与目前的普遍服务实施方式及对电信业务的性质认识有关，因此，目前的政府定价方式不符合垄断业务管制的基本原则，不能保证社会福利最大化。

（三）混合价格管制阶段（2006 年～2009 年）

2000 年电信业务资结构再平衡为推行价格上限管制奠定了良好的基础，2002 年～2004 年的改革措施为推行上限管制确立了必要的制度环境。到 2005 年我国电信业务总量达到了12028.54亿元，每年的行业增速远超过GDP的增速①。2005年电信业务用户总数超过了7.4亿户，其中固定电话用户超过3.5亿，移动电话用户超过3.9亿。中国逐渐从一个通信落后国家赶超成为世界最大的电信市场。此外，各电信企业集团公司陆续成立，健全了企业内部电信资费管理机制，电信资费市场化改革的条件逐步成熟。2005年8月19日信息产业部、国家发展和改革委员会发布了《关于调整部分电信业务资费管理方式的通知》，决定调整国内长途、国际长途、港澳台长途、手机国内漫游通话费和固定本地网营业区间通话费等部分电信业务的资费管理方式，实行资费上限管理，资费上限暂按现行资费标准执行，政府主管部门将视市场情况适时调整资费上限标准，电信企业也可以提出调整申请。国内长途电话通话费、国际长途电话及台港澳地区电话通话费、移动电话国内漫游通话费上限标准由信息产业部商议国家发展改革委后调整。固定电话本地网营业区间通话费上限标准由各省通信管理局会同同级价格主管部门调整，以上规定自2005年10月1日正式执行。至此，中国电信基础语音业务处于收益率管制与价格上限管制的混合价格管制时期。

此次电信资费管理方式的调整，表面上看好像是将电信业务的定价权交给了运营商，但实际上此政策的出台只是将少量定价权交给企业。一是此次资费管理方式改革只涉及了部分电信业务，而非所有的基础语音业务；二是长途电信市场经过长期竞争，其实际资费水平远远低于现行的政府定价；三是虽然将国内移动漫游费和本地网区间通话费改为价格上限管制，但由于运营商在这两种业务上都具有完全的垄断地位，因此，电信企业并没有降低资费的动力。基于上述原因，对部分电信业务实行价格上限管制，而其余基础电信业务实行收益率管制，这种混合价格管制对电信产业的影响不会很大，电信产业依然需要进一步放松价格管制，推进激励性价格管制改革。

（四）价格上限管制阶段（2010年～2014年）

2008年全业务重组使得三大电信运营商实现了垂直一体化经营，如果继续对垄断电话业务实行收益率管制方式，将会使得纵向一体化的运营商有机会实施妨碍竞争的交叉补贴。为了发挥资费结构对电信市场结构的调节作用，2009年11月18日工业和信息化部、国家发展改革委印发了《关于调整固定本地电话等业务资费管理方式的通知》，对固定本地电话业务的基本月租费、本地网营业区内通话费、本地网无线接入电话（俗称“无线市话”或“小灵通”）业务基本月租费、本地网通话费的资费以及出租电路长期租用资费由现行政府定价改为实行

① 数据来源于2005年《中国通信统计年度报告》。

上限管理。

这次改革主要调整了上述电信业务资费的价格管理形式，并不涉及具体资费标准的调整。改革前，这些电信业务资费均实行政府定价。电信企业推出的各种资费优惠套餐，也需要政府主管部门审批。改革后将实行价格上限管理方式，具体做法是：电信企业应当至少向用户提供一款与现行标准资费的资费结构、计费单位相同，且各项资费水平均不高于现行标准资费的资费方案。现行标准资费是指各省、自治区、直辖市 2001 年电信资费结构性调整时确定的固定本地电话的基本月租费、本地网营业区内通话费①，以及现行各省、自治区、直辖市确定的本地网无线接入电话的基本月租费、本地网通话费的标准资费。同时，电信企业可以根据市场情况和用户需求制定其他资费方案，自主确定资费结构、计费单位和资费标准。至此，基础电信业务（除移动本地通信业务外）基本上实现了价格上限管制，中国电信业进入价格上限管制时期。

（五）全面实行市场调节价阶段（2014 年至今）

工业和信息化部联合国家发展和改革委员会于 2014 年 5 月 9 日联合发布《关于电信业务资费实行市场调节价的通告》。通告提出，对所有电信业务资费实行市场调节价，电信企业可以自主制定具体资费结构、资费标准和计费方式。同时，为切实保护用户权益，文件对电信企业资费方案设计、宣传推广、协议签订和准确计费等方面提出了多项要求。

2015 年 5 月 14 日，国务院办公厅《关于加快高速宽带网络建设推进网络提速降费的指导意见》（国办发〔2015〕41 号），要求加快推进宽带网络基础设施建设，进一步提速降费，提升服务水平。“提速降费”是党中央、国务院的重大决策部署。2019 年 3 月 5 日，国务院总理李克强在十三届全国人大二次会议上作政府工作报告。报告提出，今年中小企业宽带平均资费再降低 15%，移动网络流量平均资费再降低 20%以上，在全国实行“携号转网”，规范套餐设置。2019 年 5 月 14 日的国务院常务会议对今年网络提速降费工作做出专项部署。

三大运营商积极响应落实国家网络提速降费新要求、新部署，推出了具体举措。中国电信：全面下调套外流量价格。针对用户担心产生高额套外流量费的情况，2019 年 1 月，中国电信全面下调套餐外流量资费至不超过 0.03 元/MB，套

---

① 信息产业部、国家计委、财政部《关于电信资费结构性调整的通知》（信部联清［2000］1255 号）将固定电话基本月租费按省会城市、地市县、农村和办公电话划分为 4 个级次，各级次内又分不同资费档次，标准为每月 10～35 元不等；本地网营业区内通话费共设 3 档，首 3 分钟资费标准分别为 0.18 元、0.2 元、0.22 元，以后每分钟标准分别为 0.09 元、0.1 元、0.11 元。具体标准是由当地在上述资费档次中选择确定。

餐外流量资费降幅最高达到 90%，确保用户知情、敢用、放心用。中国移动：达量不限速，支持多人“畅享”。自 2019 年 4 月 20 日起，中国移动陆续在北京、四川、辽宁等 10 个省（市）试点推出了畅享系列套餐。中国联通：大幅下调港澳台地区数据漫游资费。为满足用户港澳台地区漫游使用需求，2019 年 6 月 1 日起，中国联通将调整港澳台地区漫游流量费，大幅提升每日 25 元封顶高速流量，同时调整港澳台地区数据漫游日套餐包流量。

五、电信行业质量监管改革

电信行业在控制价格的同时应该保证服务质量，这样才能提高消费者利益。否则，电信运营商将会产生降低服务质量标准的刺激。为了促进我国电信事业健康、有序、快速地发展，维护电信用户的合法权益，加强对电信业务经营者服务质量的监督管理，根据《中华人民共和国电信条例》及有关法律、行政法规的规定，2001 年 1 月 5 日第 5 次部务会议通过信息产业部令第 6 号《电信服务质量监督管理暂行办法》和《电信用户申诉处理暂行办法》。《电信服务质量监督管理暂行办法》明确了电信管理机构服务质量监督的六大职责。《电信用户申诉处理暂行办法》规范了电信行业用户申诉处理行为。为了保护电信用户的合法权益，规范用户申诉处理行为，2016 年 5 月 17 日工业和信息化部第 23 次部务会议审议通过《电信用户申诉处理办法》，同时废止《电信用户申诉处理暂行办法》。

为了进一步加强电信服务监管，增加电信服务质量的透明度，2001 年 2 月 14 日印发《电信服务质量通告制度》的通知（信部电［2001］114 号），根据《中华人民共和国电信条例》的有关规定，信息产业部和省、自治区、直辖市通信管理局对电信业务经营者的电信服务质量状况实行电信服务质量通告制度，并以“电信服务质量通告”的形式向社会公布。电信服务质量通告的内容包括：（1）申诉受理机构处理电信用户申诉情况；（2）电信业务经营者定期上报的电信服务质量的有关内容；（3）电信服务质量用户满意度指数调查评价结果；（4）电信监管机构对电信业务经营者的服务质量检查结果；（5）电信管理机构对电信业务经营者严重违反电信服务质量有关规定的处理决定；（6）其他需要通告事项。

为了进一步强化社会监督，信息产业部 2001 年印发《电信服务质量用户满意度指数评价制度》（信部电［2001］896 号），引入许多发达国家通用的用户满意度制度评估电信服务质量。2002 年信息产业部首次采用用户满意度指数公布了 2001 年全国电信用户满意度指数。2003 年，在借鉴先进国家成功经验的基础上，对 2001 年的测度方案进行修改完善，信息产业部正式发布了《电信服务质量用户满意度（TCSI）测评方案》，包括满意度、忠诚度、用户抱怨、预期质量、感知质量、感知价值、感知公平和品牌印象等八大指标，以及质量特性分析、用户改进要求识别等。

为进一步加强电信服务质量监督管理工作，便于电信行政主管部门及时了解、掌握电信服务质量状况，有针对性地采取措施，促进电信服务质量的不断改善和提高，以保护电信用户的合法权益，信息产业部印发《电信服务质量报告制度》(信部电［2001］347 号)。

为了提高电信服务质量，维护电信用户的合法权利，保证电信服务和监管工作的系统化和规范化，依据《中华人民共和国电信条例》，信息产业部第八次部务会议审议通过中华人民共和国信息产业部令第 36 号《电信服务规范》，自 2005 年 4 月 20 日起施行。《电信服务规范》对包括固定网本地及国内长途电信业务等 8 类电信业务服务都制定了明确的规范标准。

目前，我国电信服务质量监管以“一部条例、一项规范、两个办法、三项制度”为支撑，遵循针对性、公平性、客观性、经济性和可操作性原则，将“政府监管、企业自律、社会监督”有机地结合起来，保障电信行业服务水平不断上升。

第八章　铁路运输行业发展报告

铁路作为国民经济大动脉、国家重要基础设施和大众化交通工具，是综合运输体系的骨干和主要运输方式之一，在我国经济社会发展中的地位和作用至关重要。加强现代化铁路建设，对扩大铁路运输有效供给，构建现代综合交通运输体系，建设交通强国，实现“两个一百年”奋斗目标和中华民族伟大复兴的中国梦，具有十分重要的意义。近十年来，从整体趋势看，铁路运输行业需求增速与GDP的增速周期基本吻合，铁路固定资产投资依旧保持强度规模，高铁建设将成为未来铁路建设的重点，我国铁路运输行业在快速发展中取得了较大的发展成效：体制机制实现重大突破；高铁路网实现跨越式发展，有力支撑经济增长；技术取得重大突破，形成产业先进制造能力；铁路绿色发展取得巨大进步；运输服务品质得到显著改善。

与此同时，我国铁路监管体制机制改革上也取得一系列进步。然而铁路运输行业在发展的过程中，依旧存在一系列的问题，亟须进一步深化改革。本章将分别从铁路运输行业投资与建设、运输与服务能力、铁路发展取得的成绩和监管等方面入手，并结合我国铁路行业发展中的实践案例来分析我国铁路运输建设过程中的经验和问题，旨在为我国未来的铁路运输行业发展提供一定的参考。

第一节 铁路运输行业投资与建设

铁路行业是一个投资大、周期长、风险高的行业，从投资角度说，其与国家宏观经济和固定资产投资具有密切的关联性，而铁路投资也会有效支撑经济的发展。金融危机之后，由于受到 4 万亿投资的强有力拉动，我国迎来了铁路投资与建设的快速发展期，整个铁路运输行业的投资不断增加，建设里程不断提高，有效地支撑了经济对客运、货运的发展需求。本节将从具体的总量、增量以及政策等多个角度，来分析我国铁路运输行业投资与建设的现状。

一、铁路运输行业总体规划情况

（一）铁路行业与经济发展联动变化

铁路是国民经济的大动脉、关键基础设施和重大民生工程，属于网络型基础设施产业。铁路运输主要作为大宗货物运输方式，因此受到宏观经济走势和政策的影响较大。从整体趋势看，铁路运输行业需求增速与 GDP 的增速周期基本吻合，在经济存在下行预期的时候，铁路方面的投资一般都会保持较强规模。据中诚信研究结果显示①，因为受到“4 万亿经济刺激政策的强有力拉动”，使得我国 GDP 增长率在 2010 年第一季度甚至达到 12.2%的高位，而同期铁路旅客周转量和货物周转量的增速也分别达到了 11.2%和 9.6%的历史高位。然而，在进入 2012 年以后，由于受到国内外经济形势的影响，GDP 增速在 2015 年降到 6.9%，如图 8-1 所示，当年货物周转量增速也一路下降到了－13.7%，达到了历史最低点。随后铁路运输行业又受到交运行业调结构以及铁路规划等诸多政策方面的影响，铁路货物周转量出现了反弹式增长，2017 年周转量增速也基本恢复至 2010 年的水平，但随着“三去一补一降”工作的持续展开，我国铁路货物量出现了较大波动，如图 8-2 所示，特别是进入到 2018 年以来，由于持续受到中美贸易摩擦的冲击和影响，我国铁路货物量出现了较大的波动。

---

① 中诚信国际铁路运输行业报告［J］. 中国铁路运输行业展望，2019 年 3 月。

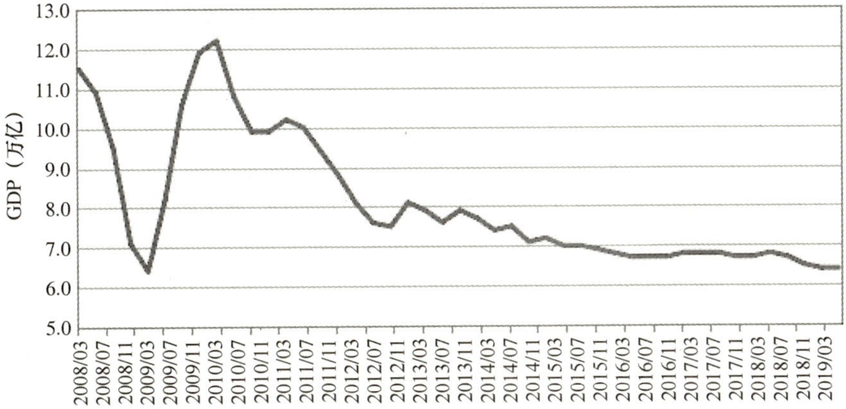

图 8-1 我国近年来 GDP 走势

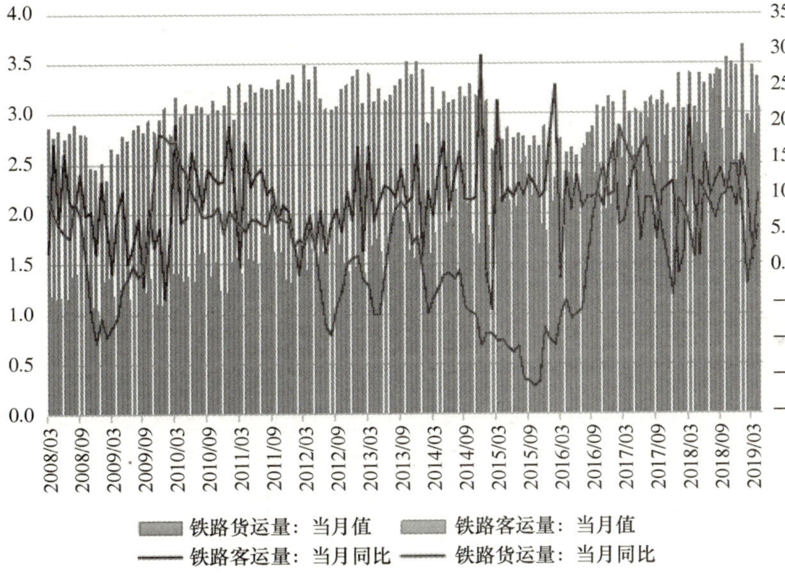

图 8-2 我国铁路客运和货运量走势图

(二) 铁路建设与投资总体规划

为了有效推进我国铁路行业的发展，使得铁路建设有序平稳推进，我国先后出台了《国民经济和社会发展第十三个五年规划纲要》、《“十三五”现代综合交通运输体系发展规划》、《中长期铁路网规划》、《铁路“十三五”发展规划》等一系列文件，为铁路行业未来快速发展奠定了良好的发展基础。特别是随着《中长期铁路网规划》的修订和出台，其已经成为决定未来十年我国铁路建设的基本依据和纲领性文件，按照该文件所确定的任务和目标：到 2020 年，铁路运输行业建设将保障一批重大标志性项目建成投产，铁路网规模达到 15 万公里，其中高速铁路 3 万公里，覆盖 80%以上的大城市，为完成“十三五”规划任务、实现全面建成小康社会目标提供有力支撑。到 2025 年，铁路网规模达到 17.5 万公里左右，其中高速铁路 3.8 万公里左右，网络覆盖进一步扩大，路网结构更加优化，骨干作用更加显著，更好发挥铁路对经济社会发展的保障作用。展望到 2030 年，基本实现内外互联互通、区际多路畅通、省会高铁连通、地市快速通达、县域基本覆盖。

按照以上文件的规划要求，我国未来铁路发展的任务主要集中在如下几个方面：第一，在“四纵四横”① 高速铁路的基础上，增加客流支撑、标准适宜、发展需要的高速铁路，部分利用时速 200 公里铁路，形成以“八纵八横”主通道为骨架、区域连接线衔接、城际铁路补充的高速铁路网②，实现省会城市高速铁路通达、区际之间高效便捷相连。

第二，建设普速铁路网。扩大中西部路网覆盖，完善东部网络布局，提升既有路网质量，推进周边互联互通，形成覆盖广泛、内联外通、通边达海的普速铁路网，提高对扶贫脱贫、地区发展、对外开放、国家安全等方面的支撑保障能力。到 2025 年，普速铁路网规模达到 13.1 万公里左右，并规划实施既有线扩能改造 2 万公里左右。确保远期铁路网规模将达到 20 万公里左右，其中高速铁路 4.5 万公里左右。

第三，打造综合交通枢纽。统筹运输网络格局，按照“客内货外”的原则，优化铁路枢纽布局，完善系统配套设施，修编铁路枢纽总图。创新体制机制，统筹建设运营，促进同步建设、协同管理，形成系统配套、一体便捷、站城融合的现代化综合枢纽。研究制定综合枢纽建设、运营、服务等标准规范。构建北京、上海、广州、武汉、成都、沈阳、西安、郑州、天津、南京、深圳、合肥、贵阳、重庆、杭州、福州、南宁、昆明、乌鲁木齐等综合铁路枢纽。

第四，进一步深化投融资体制改革。用改革精神破解铁路投融资等难题，创

---

① 四纵四横是中华人民共和国铁道部《中长期铁路网规划（2008 年调整）》，中国高速铁路发展以客车速度为每小时 200 公里以上“四纵四横”客运专线为重点，加快构建快速客运网的主骨架。“四纵”是指：北京—上海客运专线，北京—武汉—广州—深圳（香港）客运专线，北京—沈阳—哈尔滨（大连）客运专线，上海—杭州—宁波—福州—深圳客运专线。“四横”是：徐州—郑州—兰州客运专线，上海—杭州—南昌—长沙—昆明客运专线，青岛—石家庄—太原客运专线，上海—南京—武汉—重庆—成都客运专线。

② 高速铁路主通道规划新增项目原则采用时速 250 公里及以上标准（地形地质及气候条件复杂困难地区可以适当降低），其中沿线人口城镇稠密、经济比较发达、贯通特大城市的铁路可采用时速 350 公里标准。区域铁路连接线原则采用时速 250 公里及以下标准。城际铁路原则采用时速 200 公里及以下标准。具体请参见国家发改委、交通运输部、中国铁路总公司联合发布的《中长期铁路网规划》。

新市场化融资方式，放宽市场准入，培育多元投资主体，鼓励支持地方政府和广泛吸引包括民间、外资在内的社会资本参与投资铁路建设，形成国家投资、地方筹资、社会融资相结合的多渠道、多层次、多元化铁路投融资模式。为社会资本进入创造便利条件。

第五，培育壮大高铁经济。以高速铁路通道为依托，引领支撑沿线城镇、产业、人口等合理布局，促进区域密切交流合作和资源优化配置，加速产业梯度转移和经济转型升级，培育壮大高铁与经济深度融合发展的高铁经济新业态。以高铁站区综合开发为载体，发展站区经济，引导和推动站区现代物流、商贸金融、电子商务、旅游餐饮等关联产业聚集和规模发展，努力形成品牌效应和规模效益。综合开发收益弥补铁路建设与运营。

第六，开展环境影响评价和要求。要求对规划的环境影响进行总体评价，各类环境敏感区相协调，对气环境、声环境和水环境的影响均在可控范围之内，并预防和减轻不良环境影响的措施。

对于中长期高铁建设，2016 年《中长期铁路网规划》提出了“八纵八横”建设目标，即构筑纵向和横向分别为 8 条线路的高速铁路网。“八纵八横”作为我国中长期高铁建设安排（中期展望到 2025 年，远期展望到 2030 年），虽未囊括全部线路，但包括主要的高铁线路，其建设进程大致反映了我国高铁建设长期规划的整体进度，具体见表 8-1 和表 8-2。

八纵高铁规划　　　　**表 8-1**

八纵	连接范围
沿海通道	大连（丹东）—秦皇岛—天津—东营—潍坊—青岛（烟台）—连云港—盐城—南通—上海—宁波—福州—厦门—深圳—湛江—北海（防城港）高速铁路（其中青岛至盐城段利用青连、连盐铁路，南通至上海段利用沪通铁路），连接东部沿海地区，贯通京津冀、辽中南、山东半岛、东陇海、长三角、海峡西岸、珠三角、北部湾等城市群
京沪通道	北京—天津—济南—南京—上海（杭州）高速铁路，包括南京—杭州、蚌埠—合肥—杭州高速铁路，同时通过北京—天津—东营—潍坊—临沂—淮安—扬州—南通—上海高速铁路，连接华北、华东地区，贯通京津冀、长三角等城市群
京港（台）通道	北京—衡水—菏泽—商丘—阜阳—合肥（黄冈）—九江—南昌—赣州—深圳—香港（九龙）高速铁路；另一支线为合肥—福州—台北高速铁路，包括南昌—福州（莆田）铁路。连接华北、华中、华东、华南地区，贯通京津冀、长江中游、海峡西岸、珠三角等城市群
京哈—京港澳通道	哈尔滨—长春—沈阳—北京—石家庄—郑州—武汉—长沙—广州—深圳—香港高速铁路，包括广州—珠海—澳门高速铁路。连接东北、华北、华中、华南、港澳地区，贯通哈长、辽中南、京津冀、中原、长江中游、珠三角等城市群
呼南通道	呼和浩特—大同—太原—郑州—襄阳—常德—益阳—邵阳—永州—桂林—南宁高速铁路。连接华北、中原、华中、华南地区，贯通呼包鄂榆、山西中部、中原、长江中游、北部湾等城市群

续表

八纵	连接范围
京昆通道	北京—石家庄—太原—西安—成都（重庆）—昆明高速铁路，包括北京—张家口—大同—太原高速铁路。连接华北、西北、西南地区，贯通京津冀、太原、关中平原、成渝、滇中等城市群
包（银）海通道	包头—延安—西安—重庆—贵阳—南宁—湛江—海口（三亚）高速铁路，包括银川—西安以及海南环岛高速铁路。连接西北、西南、华南地区，贯通呼包鄂、宁夏沿黄、关中平原、成渝、黔中、北部湾等城市群
兰（西）广通道	兰州（西宁）—成都（重庆）—贵阳—广州高速铁路。连接西北、西南、华南地区，贯通兰西、成渝、黔中、珠三角等城市群

八横高铁规划 **表 8-2**

八横	连接范围
绥满通道	绥芬河—牡丹江—哈尔滨—齐齐哈尔—海拉尔—满洲里高速铁路。连接黑龙江及蒙东地区
京兰通道	北京—呼和浩特—银川—兰州高速铁路。连接华北、西北地区，贯通京津冀、呼包鄂、宁夏沿黄、兰西等城市群
路桥通道	连云港—徐州—郑州—西安—兰州—西宁—乌鲁木齐高速铁路。连接华东、华中、西北地区，贯通东陇海、中原、关中平原、兰西、天山北坡等城市群
青银通道	青岛—济南—石家庄—太原—银川高速铁路（其中绥德至银川段利用太中银铁路）。连接华东、华北、西北地区，贯通山东半岛、京津冀、太原、宁夏沿黄等城市群。陆桥通道。连云港—徐州—郑州—西安—兰州—西宁—乌鲁木齐高速铁路。连接华东、华中、西北地区，贯通东陇海、中原、关中平原、兰西、天山北坡等城市群
沿江通道	上海—南京—合肥—武汉—重庆—成都高速铁路，包括南京—安庆—九江—武汉—宜昌—重庆、万州—达州—遂宁—成都高速铁路（其中成都至遂宁段利用达成铁路），连接华东、华中、西南地区，贯通长三角、长江中游、成渝等城市群
沪昆通道	上海—杭州—南昌—长沙—贵阳—昆明高速铁路。连接华东、华中、西南地区，贯通长三角、长江中游、黔中、滇中等城市群
厦渝通道	厦门—龙岩—赣州—长沙—常德—张家界—黔江—重庆高速铁路（其中厦门至赣州段利用龙厦铁路、赣龙铁路，常德至黔江段利用黔张常铁路）。连接海峡西岸、中南、西南地区，贯通海峡西岸、长江中游、成渝等城市群
广昆通道	广州—南宁—昆明高速铁路。连接华南、西南地区，贯通珠三角、北部湾、滇中等城市群
兰（西）广通道	兰州（西宁）—成都（重庆）—贵阳—广州高速铁路。连接西北、西南、华南地区，贯通兰西、成渝、黔中、珠三角等城市群

二、铁路运输行业投资与建设情况

（一）铁路运输行业投资情况

近年来，全国铁路固定资产投资（含基本建设、更新改造和机车车辆购置）始终保持了较大规模的增长。据铁路公司 2018 年年报披露显示，全国铁路固定资产投资额整体呈快速上升趋势，近 10 年复合增速达 12.26%。2008 年～2010 年，高铁建设带动整个铁路行业投资规模快速上升，全国铁路固定资产年投资额一度达到 8233 亿元。2011 年，温州动车组事故导致高铁建设被叫停，固定资产投资额同比大幅下降 29.91%，其后几年又逐渐恢复增长。2014 年铁路固定资产投资达到 8088 亿元，2015 年～2018 年，全国铁路固定资产投资分别完成为 8238 亿元、8015 亿元、8010 亿元和 8028 元①。仅 2018 年全年铁路建设共建设投产新线 4683 公里，其中高速铁路 4100 公里，新开工项目 22 个，具体如图 8-3 和图 8-4 所示。

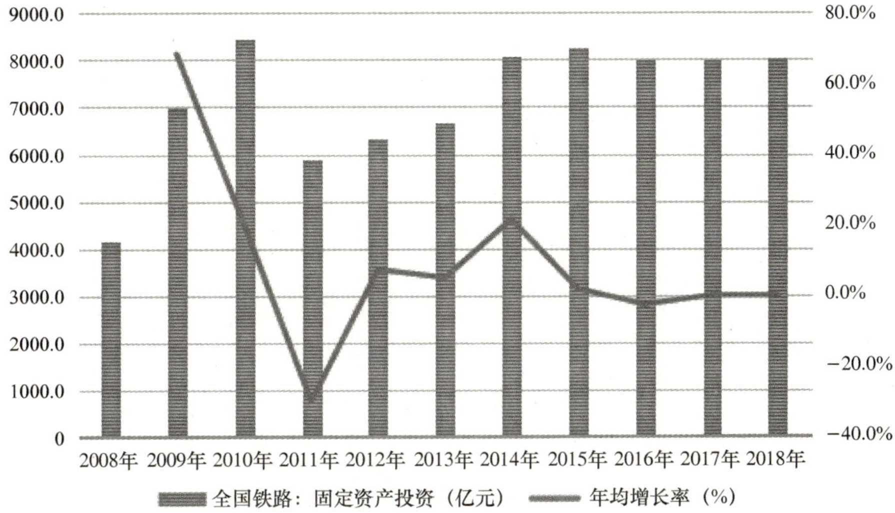

图 8-3 我国铁路固定资产增长情况

然而，2018 年全国铁路固定资产投资完成虽然不是最高的一年，但超额完成比例创下其成立以来最高纪录。2018 年全国铁路固定资产计划投资额为 7320 亿元，全年超额完成投资任务 708 亿元，超额完成 9.67%。鉴于我国中长期规划所确定的铁路建设任务，预计未来几年铁路固定资产投资将基本维持在每年约 8000 亿的投资规模。根据中国铁路总公司近期出台的年度建设计划，全国铁路固定资产投资保持强度规模，优质高效完成国家下达的任务目标，确保投产新线 6800 公里，其中高铁 3200 公里 ，其中投产新线数据比上一年增加 45%，而高铁开工里程将控制在 3200 公里，较上年减少 20%，但由于穿越山区、多隧道的重庆至昆明高速铁路即将开工，总的投资额预计将有大幅增长。根据中国铁路总公司的表述，2019

① 具体请参见国家铁路局发布的历年铁道统计公报，http：//www.mot.gov.cn/tongjishuju/tielu/201905/P020190530365089148979.pdf。

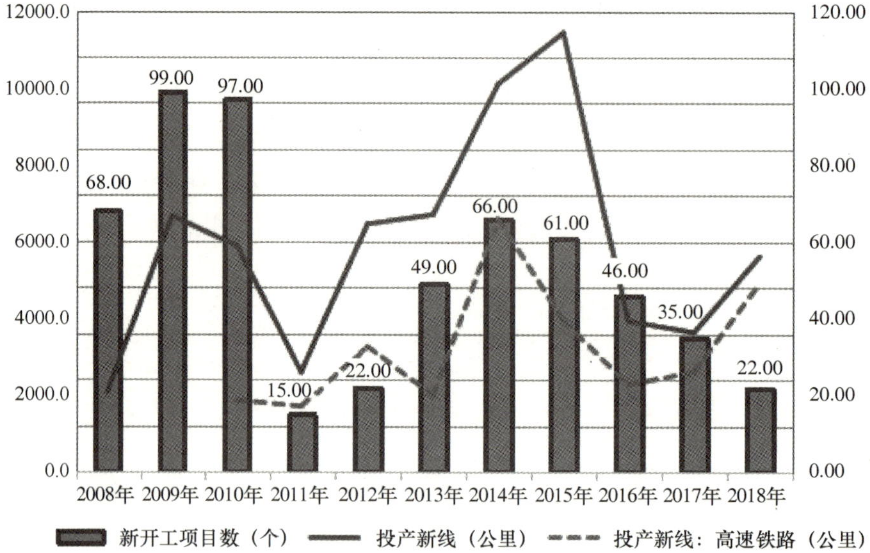

图 8-4　我国铁路固定资产分项增长情况

年将举全行业之力，加强勘察设计组织工作，加大环保、土地、地震等专题研究和前期工作力度，确保川藏铁路全线可在 2019 年二季度完成，并在三季度报批。同步深入展开重点控制性工程初步设计，力争在 2019 年三季度末具备开工建设条件。与此同时，铁路部门还要完成长三角、粤港澳大湾区、成渝城市群及海南省等铁路规划工作，启动"十四五"规划前期研究，开展高铁快运、装备发展、集装箱运输等专项规划研究。不仅如此，新开工的线路还包括连接湖南、江西两省和川渝之间的铁路，以及连接雄安新区和河南商丘之间的高速铁路项目等。2019 年中国铁路总公司铁道负债额度达 3000 亿元，远超 2018 年的 2400 亿元，增幅达 25%。今年铁路投资额有望创下逾 8500 亿元的历史新高。

（二）铁路运输行业建设情况

改革开放 40 年以来，经过几代铁路人的艰苦奋斗，铁路改革发展实现历史性突破和成就。以我国近年来大力发展的高铁为例，2008 年 8 月，我国第一条高铁——京津城际高铁开通运营，标志着中国高铁时代正式到来。经过近十年的发展，目前中国已经是世界上高速铁路系统技术最全、集成能力最强、运营里程最长、运行速度最高、在建规模最大的国家 。据统计，截至 2018 年末，全国铁路营业里程达到 13.1 万公里，比上年增长 3.1%，如图 8-5 所示。其中高铁营业里程 2.9 万公里以上，高铁营运里程占铁路营运里程占比达到 22.13%，比上年上升 2.3%，占世界高铁总量的 66.3%，铁路电气化率、复线率分别居世界第一和第二位，如图 8-6 所示。不仅如此，截至 2018 年末，我国复线里程 7.6 万公里，复线率 58.0%；电气化里程 9.2 万公里，电气化率达到 70.0%；西部地区铁路营业里程 5.3 万公里。全国铁路路网密度 136.9 公里/万平方公里，比去年增加 3.7 公里/万平方公里，如图 8-7 示。

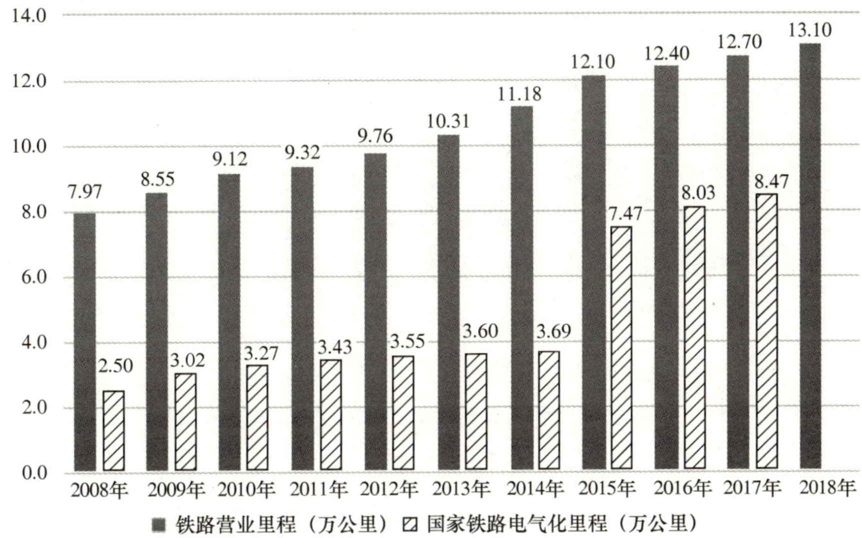

图 8-5　我国铁路里程发展迅猛

资料来源：2008～2017 年铁道统计年鉴，WIND

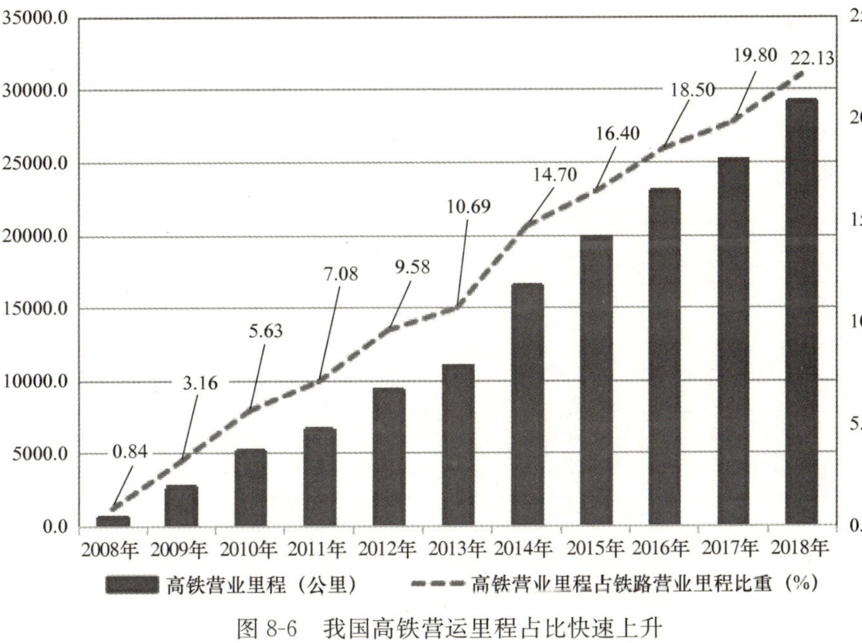

图 8-6　我国高铁营运里程占比快速上升

资料来源：2008～2017 年铁道统计年鉴，WIND

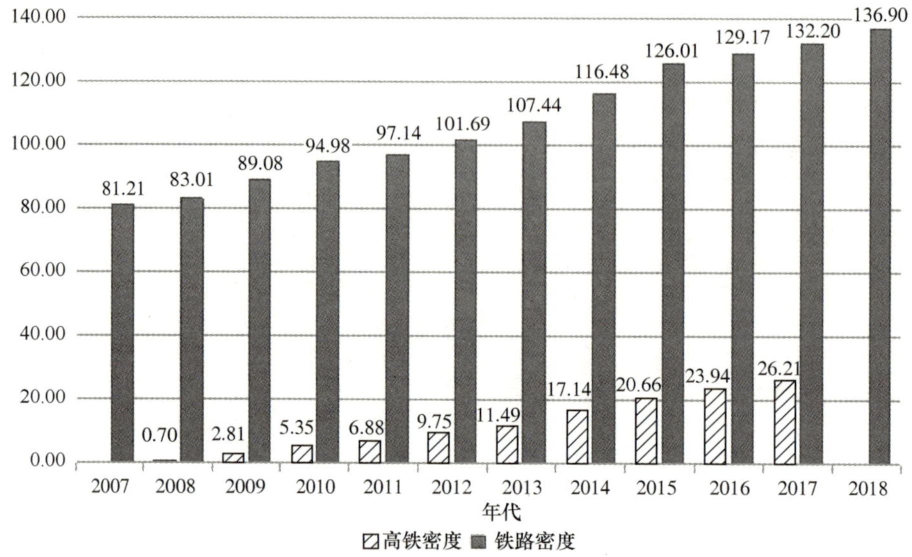

图 8-7　我国铁路和高铁密度（单位：公里/万平方公里）

资料来源：WIND

交通顺畅通常对一个地区的经济水平提高起到推动的作用，铁路建设和发展因而广受重视，并与区域面积、经济发展程度和人口等密切相关，因此各省、市、自治区也纷纷将铁路建设发展作为推动经济发展的重要工作，铁路建设得到了支持的背景下，通车里程出现快速提升。如表 8-3 所示，从全国来看，各省铁路总里程排名中，内蒙古自治区（12675 公里）、河北（7162 公里）、黑龙江（6232 公里）、新疆（5947 公里）等位居前列。从目前媒体披露和报道情况看，仅 2018 年我国通车的铁路就达到 11 条，其中包括哈尔滨至佳木斯、北京至沈阳段等，具体见表 8-4。

我国各省铁路营运里程比较（单位：公里）　　**表 8-3**

省份	2007	2008	2009	2010	2011	2012	2013	2014	2015	2016	2017
内蒙古	6694	6840	8074	8947	9162	9474	10203	10226	12094	12339	12675
河北	4838	4853	4880	4916	5170	5630	6256	6253	6958	6956	7162
黑龙江	5755	5755	5756	5785	5945	6022	6022	6019	6234	6234	6232
新疆	2761	2761	3673	4229	4320	4750	4741	5463	5868	5869	5947
辽宁	4201	4195	4229	4279	4302	5006	5104	5130	5773	5559	5915
山东	3302	3633	3686	3833	4200	4288	4288	5029	5434	5452	5726
河南	4042	4042	3949	4282	4261	4890	4890	5200	5296	5571	5415
山西	3115	3324	3536	3752	3774	3774	3786	4980	5086	5293	5317
广西	2734	2731	3126	3205	3194	3194	4013	4742	5117	5192	5191

续表

省份	2007	2008	2009	2010	2011	2012	2013	2014	2015	2016	2017
吉林	3622	3829	3914	4024	3988	4398	4397	4520	5053	5053	5044
陕西	3185	1195	3320	4079	4083	4093	4421	4524	4549	4633	4972
四川	2999	3006	3258	3549	3516	3533	3539	3976	4442	4623	4832
湖南	2899	2895	3693	3695	3696	3828	4027	4550	4540	4720	4745
甘肃	2435	2435	2435	2441	2442	2487	2596	3403	3847	4102	4664
江西	2566	2650	2712	2835	2835	2835	3084	3702	4010	4011	4280
安徽	2387	2871	2850	2850	3121	3260	3513	3548	4169	4243	4275
湖北	2565	2711	2980	3360	3355	3814	3930	4059	4062	4138	4216
广东	2175	2165	2479	2727	2832	2846	3472	4027	4035	4158	4201
云南	2308	2309	2475	2473	2491	2619	2619	2916	2929	3652	3682
贵州	2012	1962	1983	2002	2070	2058	2093	2373	2810	3270	3285
福建	1616	1618	2110	2111	2110	2255	2748	2759	3201	3201	3191
江苏	1619	1657	1656	1921	2350	2355	2600	2678	2724	2767	2816
浙江	1319	1319	1678	1775	1779	1779	2044	2347	2564	2577	2624
青海	1652	1676	1677	1863	1858	1858	1858	2125	2350	2349	2349
重庆	1291	1291	1318	1396	1373	1452	1680	1781	1923	2102	2166
宁夏	789	811	890	1248	1266	1289	1289	1289	1289	1320	1352
北京	1120	1167	1169	1169	1228	1276	1277	1285	1285	1264	1264
天津	694	764	781	781	867	868	963	971	1044	1061	1149
海南	388	387	387	694	694	694	694	694	1033	1033	1033
西藏	550	500	526	532	532	532	532	786	786	786	785
上海	331	316	318	422	461	466	465	465	465	465	465

注：本表各种按照 2017 年营运里程数量进行排名。

资料来源：2008～2017 年铁道统计年鉴，WIND

2018 年我国通车的主要铁路情况统计　　表 8-4

线路名称	里程（公里）	开工时间	通车时间
广通至大理铁路	175	2012 年 12 月	2018 年 7 月
哈尔滨至佳木斯	343	2014 年 6 月	2018 年 9 月
深茂铁路江门至茂名	270	2014 年 6 月	2018 年 7 月
连云港至盐城铁路	234	2013 年 12 月	2018 年 12 月
哈尔滨至牡丹江铁路客专	293	2014 年 12 月	2018 年 12 月
北京至沈阳客专	710	2014 年 3 月	2018 年 12 月
杭州至黄山	265	2014 年 6 月	2018 年 12 月
青岛至连云港	194	2014 年 10 月	2018 年 12 月
怀化至邵阳至衡阳	318	2014 年 6 月	2018 年 12 月

续表

线路名称	里程（公里）	开工时间	通车时间
济南至青岛高铁	303	2015 年 10 月	2018 年 12 月
通辽至京沈高铁新民北站	197	2016 年 5 月	2018 年 12 月

资料来源：中国产业信息网。

不仅如此，自从 2008 年我国高铁建设高速发展以来，目前，我国 34 个省级行政区划中，除了西藏和澳门以外，其他省市区都已经开通了高速铁路。截至 2018 年 12 月，全国开通运营高铁里程最多的是广西壮族自治区，开通的高铁里程为 1751 公里，高居全国各省市区之首；排名第二位的是全国第一大经济省份广东，其目前已经开通运营的高铁里程为 1542 公里；排第三名的是福建，其目前开通高铁里程 1500 公里，如图 8-8 所示。此外，铁路总里程排行前 11 的省市几乎均在东部地区。目前正处于加紧建设的阶段，包括四大直辖市北京、上海、重庆、天津，以及边界省份黑龙江、内蒙古等地；这其中直辖市和香港特别行政区、台湾是因为面积狭小所致；黑龙江、内蒙古、青海等省因为地广人稀，目前还不具备大建高铁的条件。

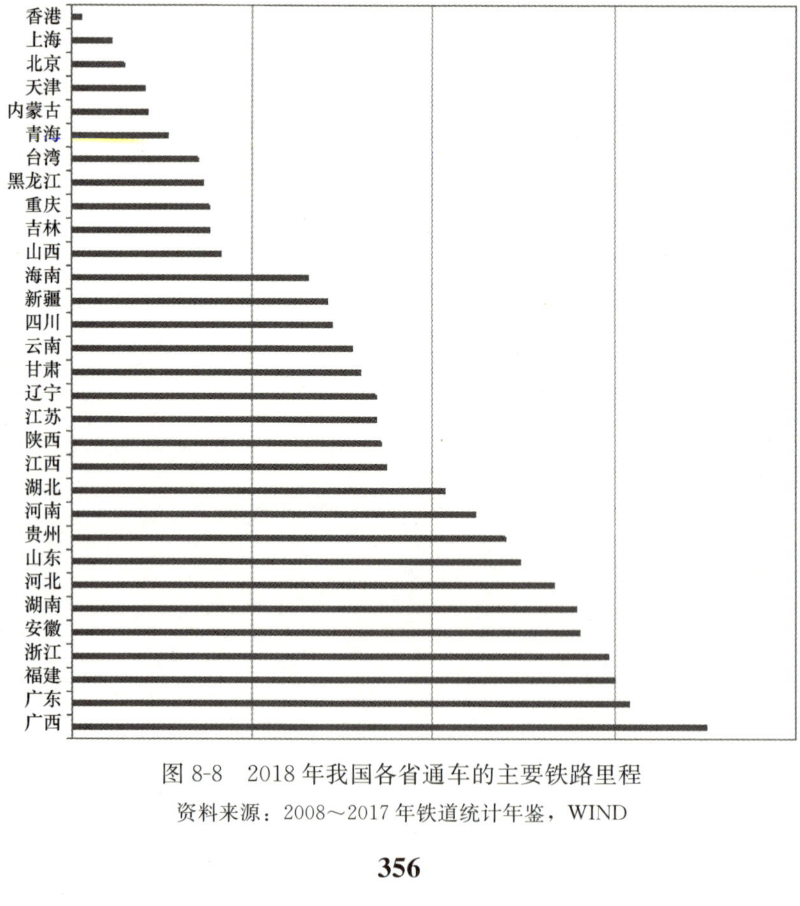

图 8-8　2018 年我国各省通车的主要铁路里程

资料来源：2008～2017 年铁道统计年鉴，WIND

第二节　铁路运输行业运输与服务能力

伴随着铁路运输行业尤其是高铁建设的快速发展，在实现铁路建设和通车里程实现跨越式发展的同时，也使得我国铁路运输能力得到了极大提高，但是与经济发展和社会需求相比，服务能力目前依旧成为制约我国铁路运输发展的重要阻碍。本节将从铁路运输和服务能力两个方面，重点分析我国近年来所取得的进步和成就，并对其中存在的问题进行分析。

一、铁路运输行业运输情况

（一）铁路运输客运量基本情况

在客运量总体增长方面，近年来，随着铁路里程的不断增长，以及铁路时速的大幅提升，乘客出行“一票难求”的问题逐步得到缓解。铁路运输客运量保持双位数增长，其中高铁占比超过60%。根据中国铁路总公司2018年统计公报结果显示，截至2018年末，国家铁路旅客发送量完成33.17亿人，比上年增加2.79亿人，增长9.2%；国家铁路旅客周转量完成14063.99亿人公里，比上年增加667.03亿人公里，增长5.0%，具体如图8-9、图8-10所示。

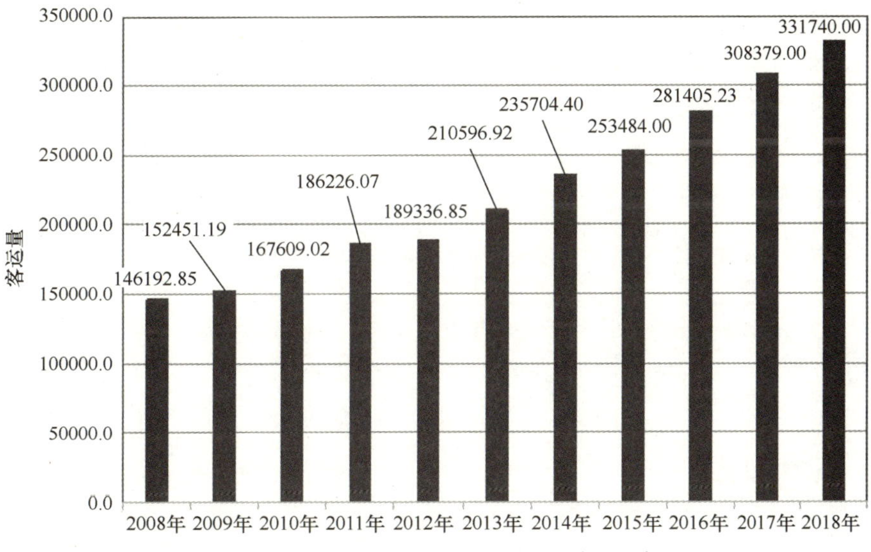

图8-9　中国铁路客运量增长情况（单位：亿人）

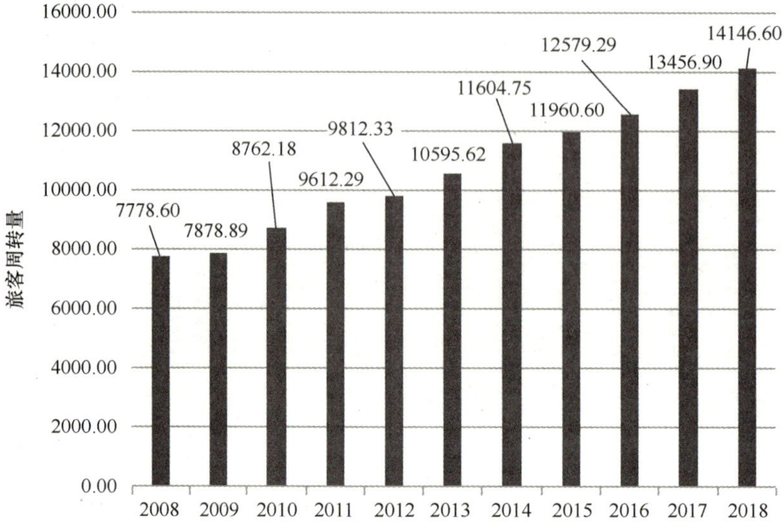

图 8-10　中国铁路旅客周转量（单位：亿人公里）

资料来源：WIND

从我国高铁客运量来看（图 8-11、图 8-12），中国高铁客运量人次也逐年增高，除了 2015 年之外，增速保持在 13%～35%之间，可以说是飞速发展。据中国铁路总公司数据显示，2018 年，全国高铁旅客发送量 20.05 亿人，同比增长 17.0%，其占到铁路客运量的比重由 2008 年的 0.5%一跃增长到 60.44%。同时，2017 年末高铁旅客周转量为 5875.60 亿人公里，其占到铁路旅客周转量的 43.7%。同时复兴号已在 38 条高铁线路上运营，通达 23 个省会以上城市及香港特别行政区。截至 2018 年底，复兴号累计发送旅客 1.31 亿人，平均客座率 78.8%，较高铁列车平均客座率高出 4.2 个百分点，投入运用的复兴号达到 850 组。中国高铁动车组已累计运输旅客突破 90 亿人次，成为中国铁路旅客运输的主渠道，中国高铁的安全可靠性和运输效率世界领先。

需要特别指出的是，作为连接北京、上海两大超级枢纽京沪高铁，其自 2011 年开通以来，常常是一票难求，其日均发送旅客人数 13.4 万人，2018 年 5 月 1 日，京沪高铁更是创造了 66.9 万人次的单日旅客发送量最高纪录，如图 8-13 所示。目前其占全国高铁客运量约 10%，成为我国最繁忙的铁路客运线路。截至 2018 年 6 月 30 日，京沪高铁已安全运营 2558 天，累计开行列车 76.7 万列，年均增长 21.3%，累计运送旅客突破 8.25 亿人次，年均增长 24.6%。2018 年上半年，平均每日开行列车 472 列，全线运送旅客 9074.1 万人次（日均 50.1 万人次），较去年同期增加 738.8 万人次，增长 8.9%，高速列车最小追踪间隔 4 分钟。

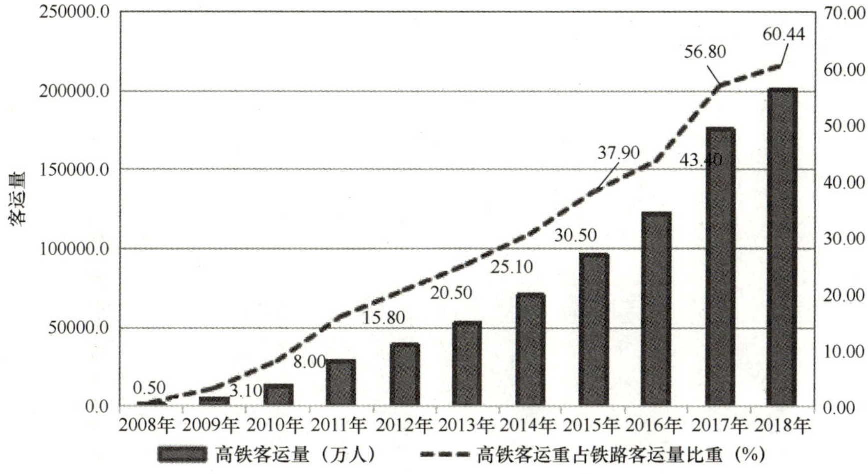

图 8-11　中国铁路高铁客运量增长情况

资料来源：2008～2017 年铁道统计年鉴，WIND

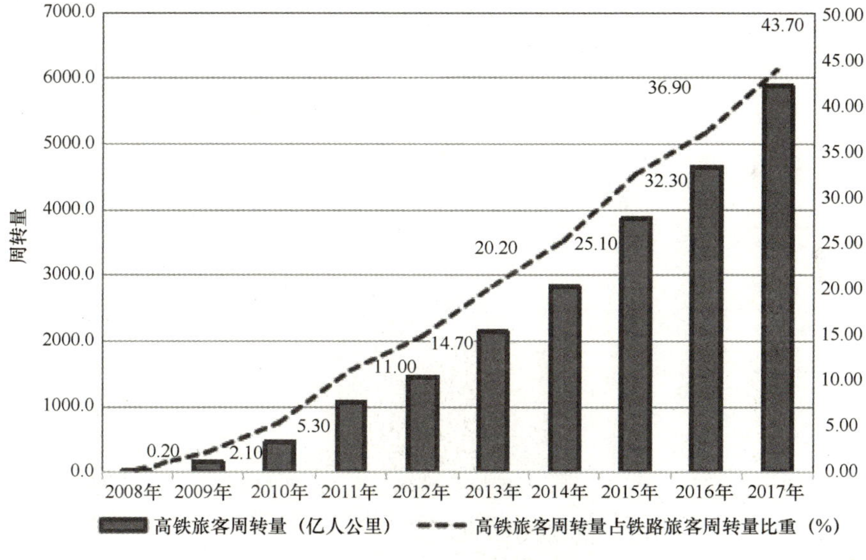

图 8-12　近十年中国高铁旅客周转量

资料来源：2008～2017 年铁道统计年鉴，WIND

在各省铁路客运量增长方面，见表 8-5 所示，广东省铁路客运量在我国保持遥遥领先，2017 年客运量达到 2.87 亿人，浙江（2.01 亿人）、江苏（1.98 亿人）、湖北（1.57 亿人）、河南（1.52 亿人）紧随其后，青海（0.11 亿人）、宁夏（0.065 亿人）、西藏（0.032 亿人）则位列后三名。在铁路客运周转量方面，河北（1043 亿人公里）、河南（1024 亿人公里）、湖南（970 亿人公里）位列各省前三名，见表 8-6 所示。

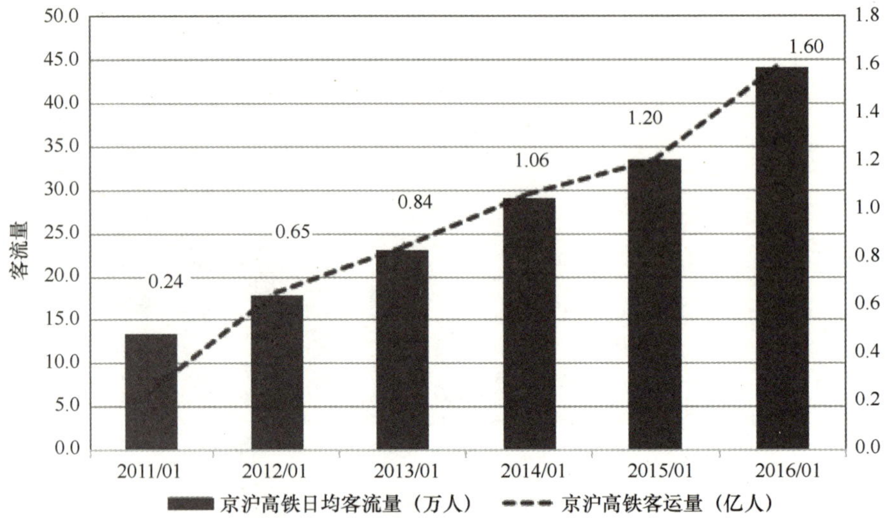

图 8-13　京沪高铁日均客流量和年客运量统计

资料来源：WIND

各省铁路客运量（单位：万人）　　**表 8-5**

省份	2008	2009	2010	2011	2012	2013	2014	2015	2016	2017
广东	10613	10361	11674	14441	15031	17658	20942	23149	25603	28766
浙江	7000	7024	8083	8888	9144	11052	13648	15224	18035	20114
江苏	8846	9167	9711	10603	11758	13435	15374	16116	17814	19786
湖北	4918	5260	6013	7083	8266	10410	12379	13508	14197	15747
河南	7476	7718	8338	8804	9213	10532	11647	12200	13825	15252
辽宁	12004	13377	13336	12044	12045	13033	12841	12919	14040	14266
山东	5669	6136	6679	7327	8347	9246	10304	11397	12639	14151
北京	7646	8161	8915	9800	10398	11680	12709	12918	13479	13931
湖南	6284	6466	7250	8064	8601	9231	9806	10511	11518	12872
四川	5939	5903	8148	13147	7997	8240	8905	9207	11456	12631
福建	2066	2083	3640	4695	5295	6501	8345	9256	10496	11624
上海	5343	5161	6095	6198	6758	7972	9194	9692	10609	11617
河北	6816	7194	7558	7601	7846	8762	9571	9706	10771	11527
安徽	4662	5131	5552	5980	6385	7210	7972	8553	10370	11487
黑龙江	10012	10133	10602	10745	10524	10107	10096	9865	10480	10412
江西	5214	5470	5588	6152	6335	6945	7840	8458	9249	10224
广西	2623	2886	3148	3383	3310	3275	4770	7046	8388	9838
陕西	5218	5008	5411	5614	5757	6123	7077	7866	8302	8908

续表

省份	2008	2009	2010	2011	2012	2013	2014	2015	2016	2017
山西	4740	5320	5754	6219	6208	6294	6949	7418	7530	7664
吉林	5320	5687	5770	6141	6263	6629	6935	7158	7567	7663
重庆	2474	2605	2664	2934	3040	3251	4057	3994	4911	6349
贵州	3199	3204	3437	3939	3902	4322	4409	4901	5169	5796
内蒙古	3861	4079	4213	4207	4320	4635	4789	5108	5388	5446
天津	1944	2232	2594	2829	2970	3352	3687	4054	4543	4792
云南	2110	2123	2446	2727	2762	3189	3479	3949	4056	4754
甘肃	1911	2121	2273	2451	2383	2522	2672	3123	3604	4467
新疆	1287	1345	1524	1964	2125	2286	2329	2719	3155	3515
海南	65	68	84	1074	1162	1389	1543	1651	2292	2674
青海	407	430	474	520	544	592	615	936	994	1134
宁夏	457	513	539	543	535	594	657	661	659	650
西藏	70	85	99	110	110	129	163	221	265	320

注：本表按照 2017 年数据进行排名。

资料来源：2008～2017 年铁道统计年鉴，WIND

各省铁路客运周转量（单位：亿人公里） **表 8-6**

省份	2008	2009	2010	2011	2012	2013	2014	2015	2016	2017
河北	639	672	731	785	791	867	986	944	994	1043
河南	689	700	766	777	774	862	901	886	923	1024
湖南	651	631	717	785	780	840	881	889	921	970
广东	422	410	459	508	518	570	675	751	797	872
湖北	379	374	431	534	554	634	722	726	742	792
江苏	319	312	352	401	453	514	600	626	686	765
山东	379	394	435	472	514	552	620	664	705	754
安徽	395	411	468	475	497	552	618	643	696	746
江西	530	511	565	600	584	623	655	669	688	723
浙江	290	291	363	382	390	437	513	542	604	658
辽宁	466	484	510	549	542	573	609	605	623	635
陕西	351	343	363	405	409	421	465	464	464	471
广西	167	167	182	194	188	194	237	318	351	405
福建	108	104	138	172	185	209	285	305	339	374
甘肃	272	289	319	364	380	383	378	371	360	372

续表

省份	2008	2009	2010	2011	2012	2013	2014	2015	2016	2017
四川	228	231	262	295	303	310	322	314	341	358
黑龙江	227	239	259	267	262	257	261	258	271	275
新疆	132	134	150	192	210	225	220	228	245	271
吉林	191	198	206	229	229	245	251	252	262	262
贵州	163	162	189	205	199	211	217	230	226	249
山西	134	142	156	196	192	190	202	215	219	223
内蒙古	152	162	170	169	172	187	202	211	222	220
重庆	96	98	100	116	116	125	147	151	164	201
天津	113	123	137	151	164	178	158	170	184	194
北京	90	94	100	109	116	118	136	149	151	154
云南	72	72	86	95	96	107	114	124	123	142
上海	53	51	60	63	68	75	84	89	99	107
青海	34	40	45	50	51	55	56	74	78	87
海南	2	2	2	21	22	25	28	30	42	48
宁夏	29	31	33	41	41	45	48	47	45	43
西藏	6	8	9	10	10	11	12	14	16	18

注：本表按照 2017 年数据进行排名。

资料来源：2008～2017 年铁道统计年鉴，WIND

（二）铁路运输货运量基本情况

在全国货运量方面，中国铁路总公司 2018 年统计公报结果显示，国家铁路货运总发送量完成 31.91 亿吨，增长 9.3%。这一数据比上年增加 2.72 亿吨，超额完成全年增运 2 亿吨的目标任务。其中，集装箱、商品汽车、散货快运发送量比上年分别增长 44.6%、25.1%和 2.3%。国家铁路货运总周转量完成 25800.96 亿吨公里，比上年增加 1709.26 亿吨公里，增长 7.1%。国家铁路总换算周转量完成 39846.95 亿吨公里，比上年增加 2376.29 亿吨公里，增长 6.3%。在铁路货物运输中，大宗货物运量占铁路货运总量的比例已经基本稳定保持在 90%以上。如图 8-14～图 8-16 所示。

在 2018 年，煤炭、矿石等大宗货运表现亮眼。中国铁路总公司于 2018 年 7 月 2 日开始实施的《2018～2020 年货运增量行动方案》，至 2020 年，全国铁路货运量将达到 47.9 亿吨，较 2017 年增长 30%。目前看来，第一阶段铁路货运增势强劲，铁路货运增量行动开局良好、成效显著。以煤炭为例，2018 年以来，

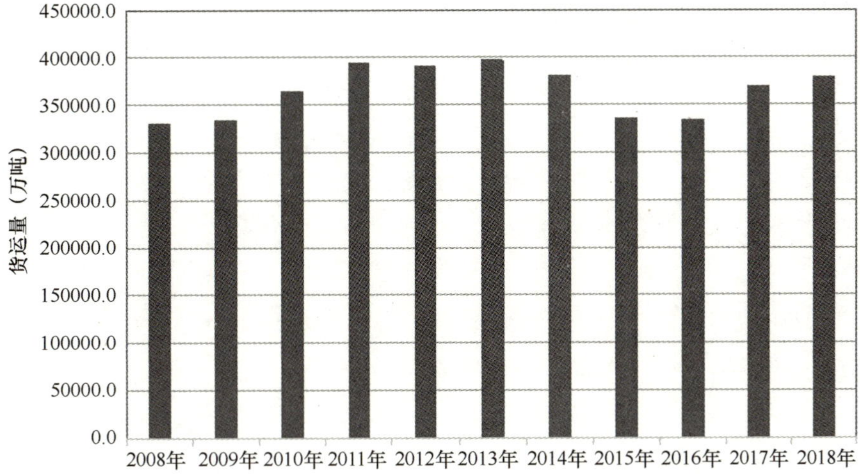

图 8-14　中国铁路货运量情况

资料来源：WIND

唐呼、瓦日铁路首次开行万吨重载列车，大秦、唐呼、瓦日铁路全年运量分别完成 45100 万吨、5405 万吨、3395 万吨，同比增长 4.3%、491.6%、75.6%，陕煤外运和疆煤外运分别同比增长 24.3%、44.9%。

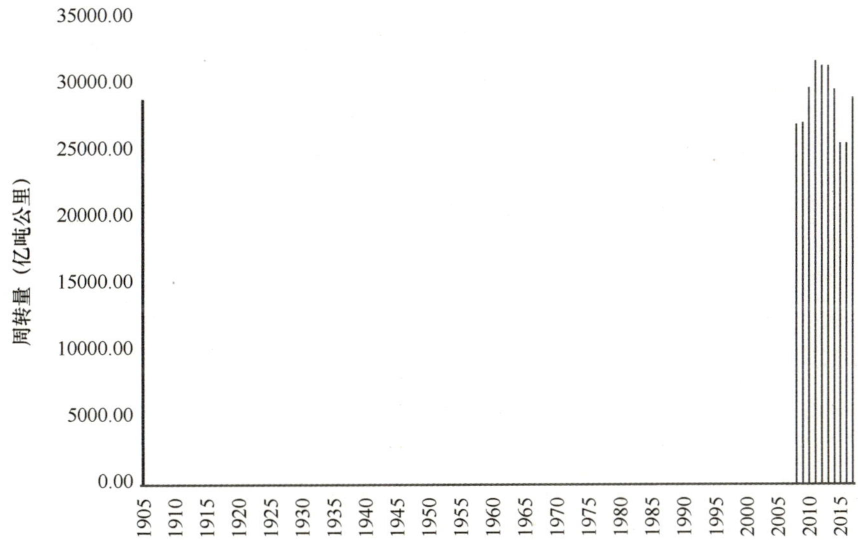

图 8-15　中国铁路货物周转量情况

资料来源：2008～2017 年铁道统计年鉴，WIND

为了保障我国煤炭主产区运量充足，中国铁路总公司围绕山西、陕西、内蒙古西部、新疆等煤炭主产区，充分发挥大秦（大同至秦皇岛）、唐呼（唐山至呼和浩特）、瓦日（瓦塘至日照）、侯月（侯马至月山）、宁西（南京至西安）、兰渝（兰州至重庆）等煤炭外运主通道能力，大力组织开行万吨重载列车，坚持铁路直达、铁水联运等多种方式，全面增强西煤东运、北煤南运能力。同时，按照三年行动方案的要求，2018 年～2020 年，铁路集装箱多式联运年均增长 30%以上。中国铁路总公司把集装箱运输作为铁路货运增量行动的重要着力点和货运增量的重要增长点，突出发展铁海联运、铁江联运、国际联运，全面提升多式联运的效率和质量。

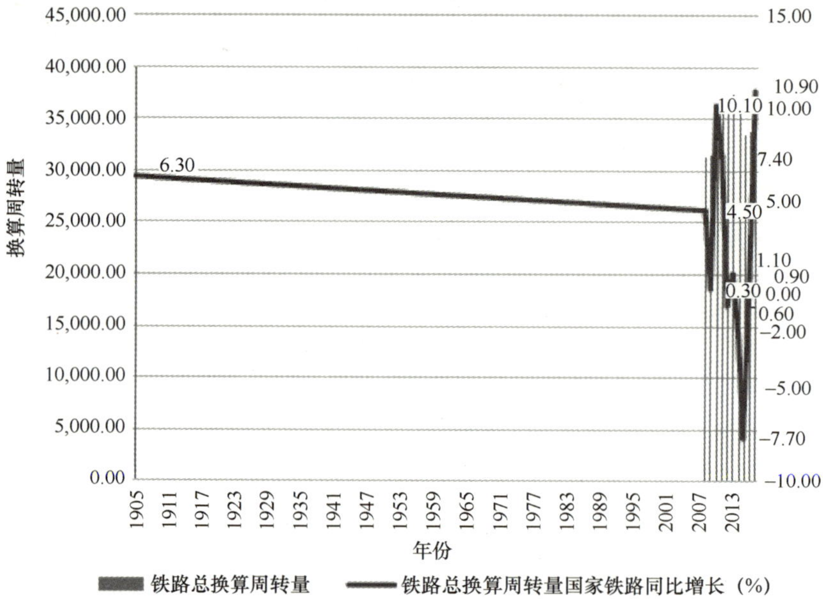

图 8-16　近十年国家铁路总换算周转量

在各省货运量方面，山西（7.41 亿吨）、内蒙古（6.58 亿吨）、陕西（3.91 亿吨）三个煤炭能源大省在铁路货运量方面遥遥领先，北京、上海、西藏则分列后三位，见表 8-7。

各省铁路货运量（单位：万吨）　　**表 8-7**

省份	2008	2009	2010	2011	2012	2013	2014	2015	2016	2017
山西	60152	54743	63530	69194	71428	73181	76411	70509	64861	74616
内蒙古	38357	43084	52069	64669	64682	67288	65165	55612	56113	65835
陕西	22615	24421	27121	30299	31942	35767	37483	32951	35459	39162
山东	17970	19219	21314	23156	23145	22876	20268	19191	20574	22295
辽宁	19141	20316	20689	21577	19803	20566	19154	16442	16230	17740
河北	14750	15483	18508	20447	21010	22469	20619	17843	16313	17100

续表

省份	2008	2009	2010	2011	2012	2013	2014	2015	2016	2017
黑龙江	17795	16744	17717	17678	16591	14561	11777	9033	9542	11161
河南	16279	14160	14721	14368	12638	12929	11770	9969	10287	10087
新疆	6048	6389	6777	6801	6840	7288	7410	6168	6822	9635
安徽	12014	11308	12091	12507	12260	11566	10488	10158	9265	8940
天津	12210	11263	7242	7346	7909	8349	8874	8378	8150	8736
广东	7105	7597	8562	8971	9306	9711	9136	8117	8380	8606
四川	7915	7659	8051	9172	8793	8970	8541	7287	6794	6982
广西	8041	8962	9092	6770	6846	6916	6684	5779	5898	6634
宁夏	4400	5979	6872	7848	8467	8412	6990	5631	5839	6528
甘肃	5512	5763	6188	6446	6290	6381	6448	5936	5866	6052
江苏	5575	6563	6812	7713	7670	7157	6376	5304	5590	5949
贵州	6683	6956	7991	7219	6665	6461	6317	5736	5635	5279
吉林	7422	7478	7490	7875	7347	6516	6074	4432	3944	5097
江西	6046	5570	5677	6046	5562	5217	4934	4019	4357	4871
云南	5224	4929	5497	5545	5031	5146	4823	5108	5372	4568
湖北	6460	6116	6249	6431	5882	5646	4689	4135	4088	4253
湖南	5892	5736	6094	6321	5677	5169	4753	4407	4114	4185
浙江	3830	3762	4386	4850	4607	4831	4343	3887	3913	4071
福建	3642	3574	3705	3762	3814	3636	3402	2820	2918	3175
青海	2310	2701	3095	3634	3784	3784	3608	2729	2834	3052
重庆	2203	2263	2279	2191	2328	2475	2054	1862	1928	2012
海南	570	621	542	694	752	960	854	779	793	963
北京	1836	1717	1578	1387	1237	1097	1135	1034	762	736
上海	1012	941	959	888	825	702	549	496	482	488
西藏	26	23	30	49	85	72	43	48	65	56

注：本表按照 2017 年数据进行排名。

资料来源：2008～2017 年铁道统计年鉴，WIND

在铁路货运周转量方面，河北（4278 亿吨公里）、山西（2426 亿吨公里）、内蒙古（2382 亿吨公里）则位列前三位，而西藏、海南、上海则位列后三位，见表 8-8。

各省铁路货运周转量（单位：亿吨公里）　　表 8-8

省份	2008	2009	2010	2011	2012	2013	2014	2015	2016	2017
河北	3205	3183	3618	3916	3962	4234	4183	3633	3704	4278
山西	1460	1484	1870	2015	2139	2314	2348	2064	2113	2426
内蒙古	2021	2232	2452	2685	2571	2589	2368	1950	1918	2382
河南	1956	1964	2042	2180	2143	2153	1963	1700	1736	1967
陕西	1122	1185	1268	1354	1447	1515	1603	1436	1518	1642
甘肃	1120	1130	1240	1390	1457	1551	1523	1314	1220	1391
山东	1347	1408	1533	1627	1580	1487	1314	1161	1226	1311
辽宁	1347	1307	1403	1547	1405	1341	1181	898	901	1090
新疆	661	655	706	742	791	868	844	712	702	870
湖北	927	791	873	942	917	914	847	763	736	814
湖南	982	999	1045	1071	1022	950	850	762	751	813
北京	675	644	775	867	861	895	872	745	664	799
四川	681	683	748	787	809	817	800	723	716	764
安徽	1012	990	1017	1013	937	878	810	739	720	747
黑龙江	1029	981	1057	1117	1066	949	795	608	620	737
广西	782	797	891	895	860	809	770	675	679	710
贵州	564	673	706	696	694	658	634	561	567	603
江西	672	659	687	715	666	613	539	497	515	533
吉林	593	570	598	635	621	580	512	374	393	483
天津	481	458	510	520	513	516	519	445	400	480
云南	347	366	392	399	412	428	430	410	412	448
江苏	353	332	345	406	399	381	352	311	289	297
广东	349	313	334	327	311	310	279	259	259	271
青海	149	165	192	228	247	249	273	223	240	266
宁夏	226	253	280	325	366	364	306	245	242	254
浙江	340	323	342	312	291	272	223	213	212	216
重庆	172	179	186	191	182	183	166	158	157	180
福建	204	178	179	183	177	163	150	129	129	136
西藏	7	10	12	13	18	22	24	24	30	30
海南	6	7	7	9	10	13	12	12	12	15
上海	29	25	26	21	18	15	12	11	10	10

注：本表按照 2017 年数据进行排名。

资料来源：2008～2017 年铁道统计年鉴，WIND

二、铁路运输行业服务能力基本情况

近些年来，中国铁路发展速度快，进步大，无论是从运输效率还是效益来说均处于世界先进位置。然而，相较于经济的高速发展，我国铁路运输能力和服务质量依旧存在较大的差距：从客运来看，旅客买票难、乘车难的问题并没有彻底得到解决，尤其是春运期间，一票难求的状况依旧存在，重要的干线承受着较大的运输压力，严重影响着客货服务质量和设备安全质量。从货运来看，虽然运输能力和服务已经有所进步，但是与经济发展和社会需求相比，依旧存在着较大的发展空间。回顾近十年的发展历程，铁路运输服务能力和服务质量都取得了较大的进步。

（一）高铁票价改革，企业自主制定

根据前瞻产业研究院数据统计①，2011 年原铁道部对京沪高铁票价将根据市场需求、运营状况，实行票价季节浮动、时段浮动和周内浮动，浮动方案由京沪高铁公司在运价政策范围内确定，浮动幅度灵活，不受 5％的限制。根据国家发改委 2015 年 12 月发布的《关于改革完善高铁动车组旅客票价政策的通知》，对在中央管理企业全资及控股铁路上开行的设计时速 200 公里以上的高铁动车组列车一、二等座旅客票价，由铁路运输企业依据价格法律法规自主制定；商务座、特等座、动卧等票价，以及社会资本投资控股新建铁路客运专线旅客票价继续实行市场调节，由铁路运输企业根据市场供求和竞争状况等因素自主制定。2019 年 1 月，中国铁路总公司表示要探索构建灵活可控的高铁票价调整机制，深化一日一价、一车一价可行性研究并择机试点。高铁票与普铁车票二等座定价策略见表 8-9。

高铁票与普铁车票二等座定价策略　　**表 8-9**

里程（公里）	高铁车票价率（元/人・公里）	中速车票价率（元/人・公里）	定价标准
0～500	0.46	0.34	基准价
500～1000	0.414	0.306	基准价 9 折
1000～1500	0.368	0.272	基准价 8 折
1500～2000	0.322	0.238	基准价 7 折
2000～5000	0.276	0.204	基准价 6 折

资料来源：前瞻产业研究院。

① 前瞻产业研究院：《2019 年中国高铁产业全景图谱》。

（二）提升铁路货物增量，促进“公转铁”速度

为贯彻落实中央关于调整运输结构、增加铁路运输量的决策部署，中国铁路总公司将实施《2018～2020 年货运增量行动方案》，进一步提升运输能力，降低物流成本，优化产品供给，到 2020 年，全国铁路货运量将达到 47.9 亿吨，较 2017 年增长 30%。以 2018 年为例，中国铁路总公司加大港口矿石运输“公转铁”力度，以环渤海及山东、江苏北部沿海港口为重点，锁定 17 个港口共 5 亿吨左右的公路矿石运量，坚持“一港一策”，逐港制定疏港矿石铁路运输方案，特别是与河北省唐山市政府、沧州市政府联合制定了曹妃甸港、黄骅港疏港矿石“公转铁”（公路转铁路）运输组织方案。2018 年沿海主要港口疏港矿石运量完成 3.11 亿吨，同比增长 11.2%，曹妃甸港、黄骅港两个港口的疏港矿石铁路运量分别同比增长 352.4%、65.2%。而为了配合“三年货运增量行动”，中国铁路总公司相关人士向媒体披露，未来三年将新购置货车 21.6 万辆、机车 3756 台，其中，2018 年购置货车 4 万辆、机车 188 台；2019 年购置货车 7.8 万辆、机车 1564 台；2020 年购置货车 9.8 万辆，机车 2004 台，总体金额超过 1500 亿元。在动车组方面，每年新增需求量约 400 标准组左右（2014 年～2017 年每年新增动车标准组分别为 366、479、703、349 标准组）。如图 8-17 所示。

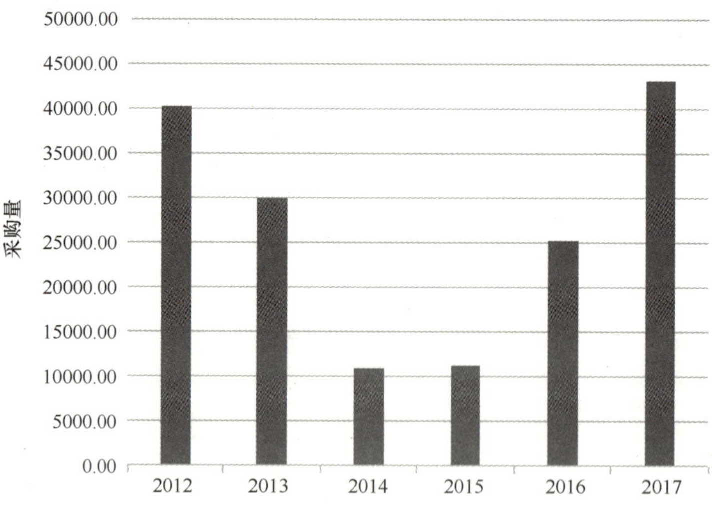

图 8-17　铁路货物采购量情况

（三）优化服务流程，打造服务精品

近年来，铁路运输行业明显加强了客户服务的流程化管理，新时期铁路精神

凝练为“安全优质、兴路强国”[①] 八个字，并将其严格贯彻到铁路服务流程中。乘坐组编制由其岗位人员编制标准确定，旅客列车单独运行时间越长，编制人员越多，如单程运行 18 个小时以上者，旅客列车乘务人员需要满足正副列车长各一人，列车员每辆 2 人，行李员每列 2 人，广播员 1 人，餐车人员若干人，供水人员每节茶炉车 1 人等，见表 8-10。

单列铁路列车乘务人员编组情况　　表 8-10

人员种类	人员构成
列车长（列）	正、副共 2 人
列车员（节）	每节车厢 2 人
广播员（列）	每列 1 人
餐车人员（列）	每日 1 餐者配备 7 人；每日 2 餐者配备 8 人；每日 3 餐者配备 9 人；单程 22 小时以上配备 10 人
供水人员（列）	每节茶炉车 1 人

资料来源：根据铁路总公司官网及网络报道整理。

从服务具体流程上，其主要包括准备阶段、乘务阶段和退乘阶段三个作业流程。如以乘客上车前“准备阶段”为例，乘务员需要提前 2 个小时到派班室报道，接受命令指示，确认当日担当乘务情况，整理仪容仪表，并检查移动补票机、对讲机等设备、资料（图 8-18）。第一，要参加出乘任务布置会，接受列车长布置的重点工作；第二，参加业务学习，接受列车长业务抽考；第三，检查对讲机、补票机、站车无线交互系统等设备的性能；第四，整理制服帽子、胸卡、头饰、皮鞋以及乘务箱和车门钥匙等；第五，列队集合。而以上流程需要严格遵守相应的标准，第一，通信、补票设备需要状态良好，电量充足；第二，接受命令传达要准确无误，乘务任务要布置清楚，值乘人员精神饱满；第三，着装及人容标准需要严格执行铁道部《关于发布动车站车客运人员服务规范》（营运监督（2007）73 号）文件的规定；第四，对讲机佩戴位置统一。

图 8-18　准备阶段的“服务”流程

资料来源：根据铁路总公司官网

① 2014 年 1 月 9 日，中国铁路总公司党组书记、总经理盛光祖同志在总公司工作会议上，将新时期铁路精神凝练为“安全优质、兴路强国”八个字，要求全路以学习宣传习近平总书记系列讲话精神为重点，深入开展中国特色社会主义、中国梦和社会主义核心价值观教育，大力弘扬新时期铁路精神，巩固全路干部职工团结奋斗的共同思想基础。

第三节　铁路运输行业发展成效

过去的“十一五”、“十二五”是我国铁路发展的重要时期。十余年来，铁路部门以科学发展观为指导，深入贯彻落实党中央、国务院关于加快发展铁路的决策部署，加快实施中长期铁路网规划，铁路建设取得重要进展，技术创新取得显著成效，客货运量保持快速增长，对经济社会发展的运输保障作用明显提升。铁路“十一五”、“十二五”规划各项目标任务目前已经全面完成，2017 年 11 月，发改委印发《铁路“十三五”发展规划》的通知（发改基础〔2017〕1996 号）对于铁路运输行业发展又提出了新的要求，要求努力加强现代化铁路建设，对扩大铁路运输有效供给，构建现代综合交通运输体系，建设交通强国，实现“两个一百年”奋斗目标和中华民族伟大复兴的中国梦，具有十分重要的意义。回顾过去十年来的发展，铁路运输行业取得的成就主要表现在如下几个方面。

一、体制机制实现重大突破

（一）组建国家铁路局和中国铁路总公司

铁路运输行业的发展既需要在指标上和硬件上有所突破，解决硬件差、基础设施薄弱的问题，同时也需要在体制机制上有所突破，即通过体制机制改革来进一步激发活力，通过引入市场机制来保障服务质量和高效安全。近年来，我国实施政企分开，通过组建国家铁路局、中国铁路总公司，推进简政放权，加快职能转变，大幅削减铁路行政审批事项，进一步激发市场活力。2017 年 1 月，国家发改委下发了《关于进一步下放政府投资交通项目审批权的通知》，将原本需要国家发改委审批的非跨省新建普通铁路项目等四项政府投资项目审批权限下放给铁路总公司和省级政府。2017 年 9 月，铁路总公司下发了《中国铁路总公司关于全面推进铁路局公司制改革的指导意见》，改革意见要求积极推进铁路局公司制改革，加快建立现代企业制度，形成公司法人治理结构和市场化经营机制。铁路局改制后由铁路总公司行使出资人职责，不设股东会。2017 年末，铁路总公司所属的 18 个铁路局均已经完成公司制改革工商变更登记，正式挂牌，标志着铁路公司制度改革取得了重要成果，为我国铁路实现从传统运输生产型企业向现代运输经营型企业转型发展迈出了重要的一步。在推进铁路局公司制度改革的同时，铁路总公司本级的公司制改革方案建议已经国家出资人代表财政部，铁路总公司机构组织架构改革基本完成，内设机构精简调整，工作流程也进一步优化。中国国家铁路局集团公司管理及股权架构如图 8-19 所示。

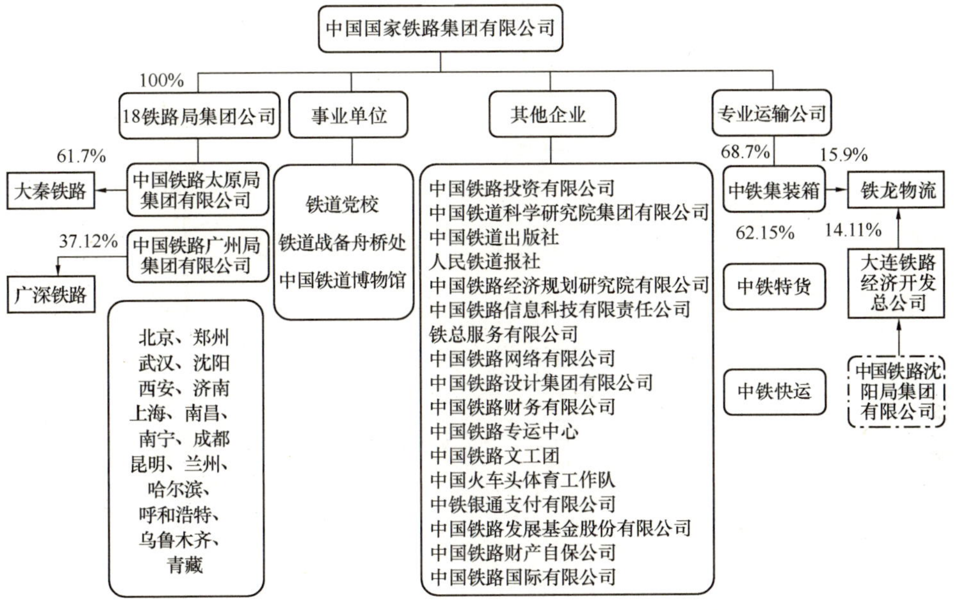

图 8-19　中国国家铁路局集团公司管理及股权架构

（二）实现投融资体制创新

铁路投融资体制改革快速推进，支持铁路实施土地综合开发，进一步鼓励和扩大社会资本投资建设铁路，发起设立铁路发展基金，有序推进铁路运输价格市场化改革，铁路发展的支持政策更加完善。由于我国铁路仍旧处于建设发展期，此前铁路建设主要采取合作建设模式，即由铁路总公司牵头，铁路总公司和地方政府公共筹集资本金（政府财政资金），其余资金主要以铁路建设基金、银行贷款等方式融资。根据中诚信国际的研究，随着铁路改革的不断推进，在铁路总公司和地方政府的合作中，地方政府在合资铁路中的出资占比有所提高，城际铁路、支线铁路等项目的建设主导权由铁路总公司逐渐过渡到地方政府和社会资本方。随着简政放权的逐步落实，省级铁路改由地方政府规划建设，普速铁路审批权放开，只需省级审批、中央备案，建设资金也将更多地改由建设省份或者地区自筹。在交通投资预算约束下，预计地方政府将通过积极吸引社会资本进入铁路项目投资来缓解资金压力。铁路建设审批权的下放将有助于提升审批效率，减少地方政府铁路建设对于国家资金的过度依赖，且会更多地关注铁路项目本身的盈利能力以及建设效益。正是以上的体制机制改革使得我国铁路转型发展迈出了重要的一步，未来的工作重点在于继续坚持政府主导、市场化运作、多元化投资的原则，进一步深化投融资体制改革，完善投融资政策，积极拓展融资渠道。完善合资合作建路机制，规范合资铁路建设与运营管理，研究制定铁路运输和服务清算规则和相关管理办法。深化企业管理体制和经营机制改革创新。大力发展多元化经营，统筹运输业务、延伸业务和其他业务协调发展，增强企业发展活力和效益。

二、高铁路网实现跨越式发展

（一）快速铁路网络建设极大满足居民出行需求

改革开放以来，我国城镇化快速发展，2010 年城镇化率已达到 49.95%，拥有城镇人口 6.7 亿人，2017 年城镇人口已经达到 8.13 亿人，城镇化率达到 58.52%，如图 8-20 所示。同时以大城市为依托、以中小城市为重点，逐步形成辐射作用大的城市群，促进大中城市和小城镇协调发展。随着城镇化水平提高以及城市群发展，人口和产业集聚的中心城市之间、城市群内部的客运需求强劲，对交通基础设施承载能力提出更高要求。为适应我国城镇化发展需要，尽快形成高速铁路、区际干线、城际铁路和既有线提速线路有机结合的快速铁路网络，满足大流量、高密度、快速便捷的客运需求，为拓展区域发展空间、促进产业合理布局和城市群健康发展提供基础保障，同时也为广大城乡居民提供大众化、全天候、便捷舒适的基本公共服务。

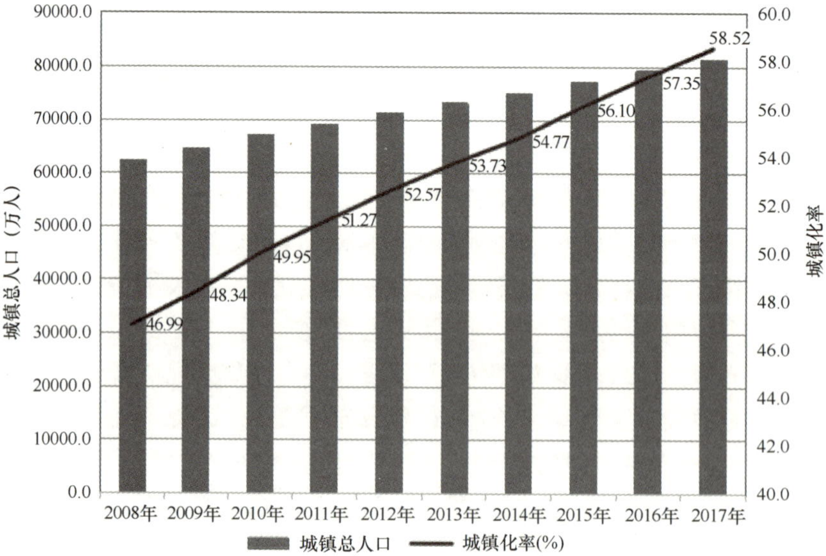

图 8-20　我国城镇人口及城镇化率

（二）铁路交通网络成为经济发展的生命线

在“十一五”期间，我国以“四纵四横”为骨架的快速铁路，长三角、珠三角、环渤海等地区城际铁路开工建设，京津、武广、郑西、沪宁、沪杭等高速铁路建成运营。青藏、包西、太中银铁路等建成投产，向莆、兰渝、云桂、山西中南部铁路等区际干线、煤运通道和西部铁路有序推进。北京、上海、广州等中心城市的新客站建成投产，形成与其他交通方式无缝衔接的综合交通枢纽。编组站、集装箱中心站、动车组维修基地、大功率机车检修基地、基础设施维修基地等进展顺利。“十一五”期间，铁路基本建设投资完成1.98万亿元，是“十五”投资的6.3倍；新增营业里程1.6万公里，复线投产1.1万公里，电气化投产2.1万公里，分别是“十五”的2.3倍、3.2倍和3.9倍。2010年全国铁路营业里程9.1万公里，其中西部地区铁路3.6万公里，复线率、电化率分别由2005年的34％、27％提高到41％、47％，路网规模和质量大幅提升。设施网络建设快速推进。“四纵四横”高速铁路基本建成，中西部路网骨架加快形成，综合枢纽同步完善，路网规模不断扩大，结构日趋优化，质量大幅提升，铁路建设取得显著成绩。“十二五”铁路完成固定资产投资3.58万亿元、新线投产3.05万公里，较“十一五”分别增长47％、109％，投资规模和投产规模达到历史高位。

铁路“十三五”规划、“公转铁”、“三年货运增量方案”以及“中长期铁路规划”等都为铁路建设营造了良好的政策环境。按照规划，“十三五”期间全国铁路网基本覆盖城区常住人口20万以上城市，高速铁路网覆盖80％以上的大城市。首先，旅客出行将更为便捷，动车组列车承担旅客运量比重达到65％。实现北京至大部分省会城市之间2～8小时通达，相邻大中城市1～4小时快速联系，主要城市群内0.5～2小时便捷通勤。其次，货物运输更为高效。货运能力基本满足跨区域能源、资源等物资运输需要，重载、快捷及集装箱等专业化运输水平显著提高，“门到门”、快速送达的全程物流服务体系初步形成。未来铁水、铁公、铁空等多式联运比重大幅提升，将进一步提高我国货物运输效率，成为支撑经济发展的基础。在铁路网规划方面，2020年中国铁路网将达到15万公里（高速铁路网达到3万公里），2025年中国铁路网将达到17.5万公里（高速铁路网达到3.8万公里），根据铁路总公司2019年1月召开的工作会议，铁路营业里程将有望超越规划预期（截至2018年底铁路营业里程数达13.1万公里，完成87％）；在铁路货运方面，到2020年，全国铁路货运量达47.9亿吨，较2017年增长30％，大宗货物运量占铁路货运总量的比例稳定保持在90％以上。

三、技术取得重大突破

（一）高铁技术和装备制造取得重要突破

“十一五”期间，我国坚持原始创新、集成创新、引进消化吸收再创新相结合，在较短时间内实现了关键领域跨越发展。通过京津、武广、京沪等高速铁路建设和运营，掌握了高速铁路建造和装备制造等领域核心技术，初步形成了高速铁路技术标准体系。在引进消化吸收时速 200～250 公里高速列车、大功率机车技术基础上；自主研制生产并批量投入运营时速 300～350 公里的高速列车及大功率交流传动机车。“复兴号”中国标准动车组全面实现自主化设计，京沪高速铁路工程荣获国家科学技术进步奖特等奖，自主开发的铁路列车调度指挥系统和运输调度管理系统全面应用，形成了以 CRH380 系列高速动车组为核心的完整的高速铁路移动装备体系，并在此基础上，专门面向中国铁路总公司需求，定制研发了复兴号系列动车组。中国铁路经过新中国成立以来数十年的积累，实际上已经形成了相对比较完善的科技创新能力、产业能力和体系化配套能力，具备了支撑高铁发展的技术和产业基础。

（二）知识产权和行业标准不断涌现

中国特色社会主义具有能够集中力量办大事的体制优势。针对高速铁路这一重大科技产业，国家科技主管部门和产业主管部门能够集中全国优势力量来协同联合攻关。在把高铁搞好的使命感召下，参与高铁科技创新、建设、运营的队伍不断奋斗，共同铸就了中国高铁的跨越式发展。不仅如此，我国还在铁路运输行业涌现出一系列的知识产权和行业标准，如 2018 年中国铁路总公司组织制定并发布了《高速综合检测列车通用技术条件》、《高速铁路地震预警监测系统技术条件》、《CTCS-3 级列控系统总体技术规范》、《列车调度指挥系统技术条件》等 89 项总公司技术标准；中国铁路总公司主持项目——《严寒季冻区高速铁路毫米级变形标准下路基平稳性控制技术及应用》项目获 2018 年国家科学技术进步奖二等奖，《“复兴号”中国标准动车组》获第五届中国工业大奖。《一种永磁电机》、《一种轨道车辆防倒溜控制系统及其方法》、《轨道电路发送器及故障导向安全的实现方法》等 6 项专利获第 20 届中国专利银奖，《双块式无砟轨道的施工装备及施工工艺》、《基于永磁同步传动系统的转子位置获取方法及装置》、《轨道车辆制动控制方法及装置》等 16 项专利获第 20 届中国专利优秀奖；等等。

（三）高铁国际交流日益频繁

“十二五”期间，铁路尤其是高铁已经日益成为我国对外交流合作的新名片和共建“一带一路”倡议的重要领域。铁路建设、装备、运输等企业积极开拓国际市场，承建的土耳其安伊高速铁路建成通车，肯尼亚蒙内铁路等开工建设，雅万高铁和中老、匈塞等铁路合作积极推进，机车车辆等装备实现较大规模整装出口。总体来说，中国的高铁技术已经形成如下优势：一是普适性强。中国国土辽阔，覆盖了世界上几乎所有种类的自然地理环境，也是世界上路网最复杂、运营与服务需求最复杂的高速铁路网络。中国的国情、环境、需求和运营管理的复杂性，决定了满足中国的需求就能够满足世界其他任何地区的需求。二是自主化程度高。目前，除了极少数的关键零部件仍然需要进口，几乎所有的配套都能在中国国内解决。中国已经形成了世界上最为完善的高铁产业配套体系。三是技术体系完整。中国高铁技术和产品实现了从时速 200 公里到时速 400 公里全覆盖。四是中国高铁具备强大的建设和运营大规模路网的能力，在建设和运营等方面有着成本优势。五是中国高铁已经形成了完善的、配套的、体系完整的科技创新能力体系，这个体系的规模和布局在全球独一无二。

四、铁路绿色发展取得巨大成就

（一）发挥铁路在绿色出行上的优势

我国能源资源相对不足，生态环境承载能力弱。随着经济社会持续快速发展，资源环境约束日趋加剧，需要加快转变经济发展方式，加快构建“两型”社会，增强可持续发展能力。目前社会运输成本较高，能源消耗快速增加，节能减排压力大，交通拥堵严重，需要优化交通运输结构，促进我国交通运输又好又快发展。铁路在节能、节地、环保、经济等方面具有明显的比较优势①，进一步发展铁路运输，形成分工合作、优势互补、协调发展的运输体系，是落实国家节约资源、保护环境基本国策的重要体现，也是以较低的社会成本和资源环境代价满足经济社会发展对运输需求的客观需要，对加快转变交通发展方式、促进经济社会可持续发展具有重要作用。“十一五”期间，我国按照发展低碳经济、构建绿

① 国家能源署关于聚焦铁路为能源和环境提供机遇的报告结果显示，铁路是效率最高、排放最低的交通方式之一。报告称，铁路占到全球机动客运总量的 8%，货物总量的 7%，但是仅占到全球能源消耗的 2%。如果所有铁路提供的服务均由飞机、汽车和火车提供，那么与运输相关的温室气体排量将每年增加 12 亿吨二氧化碳当量。这相当于整个非洲的二氧化碳排放量。

色交通的要求，大力发展电气化铁路，确保“十一五”末电力牵引完成工作量达到65%。广泛采用节能减排新技术，铁路单位能耗及污染物排放量大幅下降，提前两年完成运输收入单耗下降20%、化学需氧量排放量下降10%的目标，提前一年完成二氧化硫排放量下降10%的目标。

（二）节能减排取得较大进步

近些年来，我国在铁路规划建设中，贯彻落实资源节约和环境保护政策，采用先进设计和施工技术，节约土地资源和保护生态环境，更加注重统筹各种运输方式协调发展，加强各种运输方式的有机衔接和综合枢纽建设，因而在节能减排上取得了较大进步。中国铁路总公司2018年统计公报结果显示：在综合能耗上，国家铁路能源消耗折算标准煤1624.21万吨，比上年减少2.57万吨，下降0.2%。单位运输工作量综合能耗4.11吨标准煤/百万换算吨公里，比上年减少0.23吨标准煤/百万换算吨公里，下降5.3%。单位运输工作量主营综合能耗3.90吨标准煤/百万换算吨公里，比上年减少0.08吨标准煤/百万换算吨公里，下降2.0%，如图8-21所示。

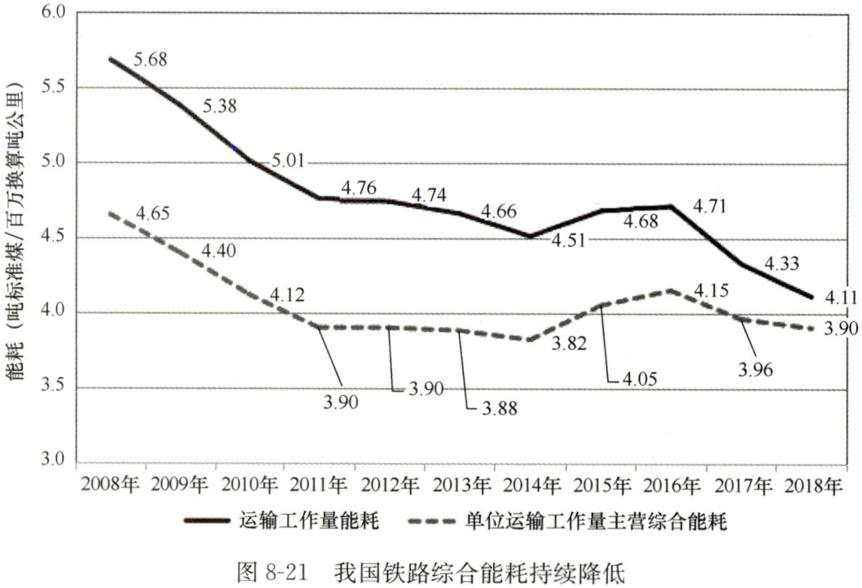

图8-21 我国铁路综合能耗持续降低

资料来源：铁总统计公报，WIND

在主要污染物排放量上，2018年国家铁路化学需氧量排放量1878吨，比上年减排14吨，降低0.7%；二氧化硫排放量9836吨，比上年减排6468吨，降低39.7%，如图8-22所示。2018年国家铁路绿化里程4.83万公里，比上年增加0.13万公里，增长2.8%，如图8-23所示。

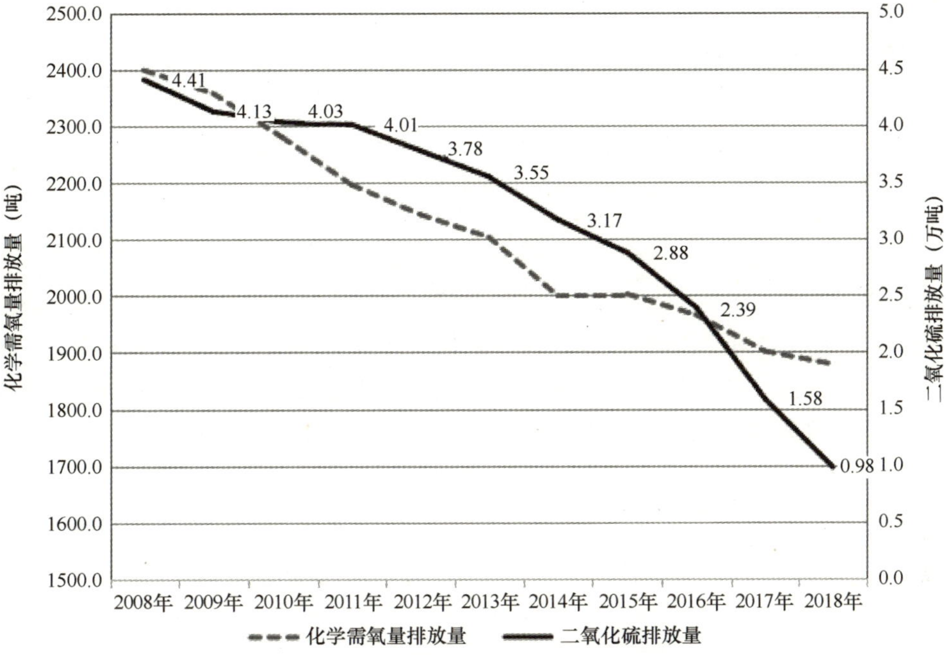

图 8-22 我国铁路污染物排放量大幅降低

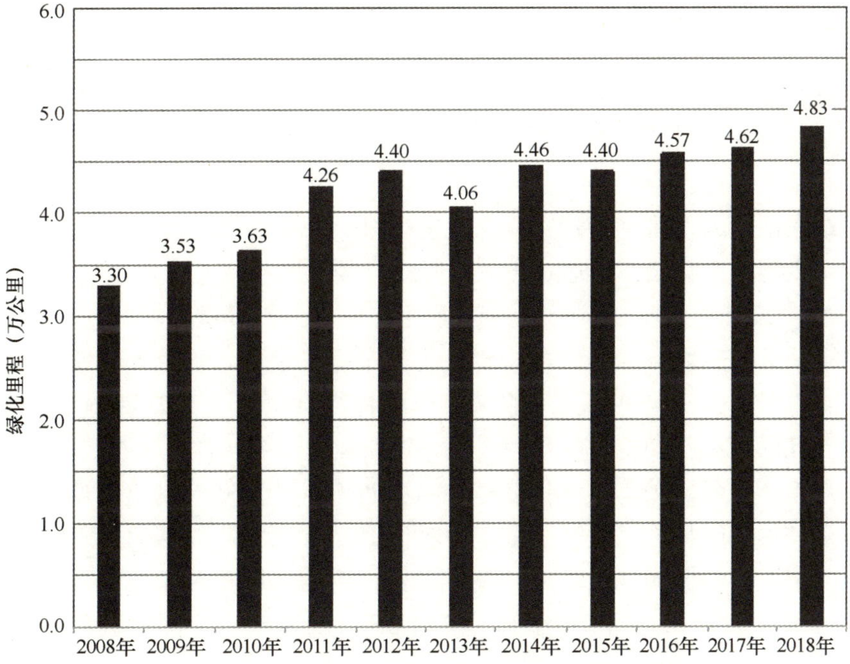

图 8-23 近十年来我国铁路绿化里程逐步增加

五、运输服务品质得到显著改善

（一）通过公益运输任务满足多元化需求

根据《铁路规划十二五》规划披露，在“十一五”时期，我国加快了铁路现代化进程，实现了铁路快速发展，对经济社会发展做出了积极贡献。一批快速铁路建成投产，大大缩短区域时空距离，为促进区域协调发展、加快城镇化和工业化进程提供支撑。高速铁路发展推动了产业结构优化升级、增强企业科技创新能力并带动沿线旅游、商贸等服务业的快速发展，促进综合运输体系优化。西部铁路的建设和运营，改善了西部地区基础设施条件，增强了地区自我发展能力，加快了老少边穷地区脱贫致富和经济社会发展。铁路始终坚持把国家利益和社会利益放在第一位，90%的运力用于确保关系国计民生的煤炭、冶炼、石油、粮食等重点物资运输，承担了大量公益性运输任务，保障了国民经济平稳运行和人民群众生产生活需要。在应对南方部分地区低温雨雪冰冻灾害，抗击汶川、玉树特大地震灾害以及其他应急运输中发挥了骨干作用。

（二）大力推动便民化服务

在近些年来，铁路运输行业大力推动便民化措施，提升服务体验，实施便民利民举措，加快客货营销由传统方式向电子商务转变，实现铁路与客户远程直接服务，积极推广电话订票、互联网售票、电子客票、银行卡购票、自动售检票等方式，最大限度方便旅客和货主。深化货运组织改革，创新货运业务流程，加快推进集中受理、优化装车等服务方式，提高运输效率和效益。加快建设铁路客户服务中心，实行“一站式”办理、“一条龙”服务，拓展服务功能，提升服务水平，加强公共信息服务工作。进一步改善站车服务设施，强化站车乘降、供水、供暖、卫生、餐饮、信息等基本服务，全面提高站车服务质量和水平。近几年来，随着互联网和移动支付的快速发展，铁路运输服务多样性、选择性、舒适性和便捷性不断增强。动车组承担客运比重接近 50%，12306 网络售票全面推广，人民群众获得感明显增强，客运量年均增长 10%。而 12306 移动 APP 自从 2014 年上线以来，已经成为月活跃用户达到 5000 多万的高频 APP（图 8-24）。据统计，2018 年 2 月，12306 网站注册用户超 3 亿，12306 客户端总装机量超 2 亿。

2017年，12306网站售出30亿张火车票，首尾相接可绕地球7圈[①]。2018年春运售出3.5亿张火车票，排起队来，可绕地球近一圈。货运能力不断释放提升，重点物资运输保障有力，受理服务明显改善，中欧班列形成品牌效应。运输安全基础进一步夯实，国防和应急保障能力也显著增强。

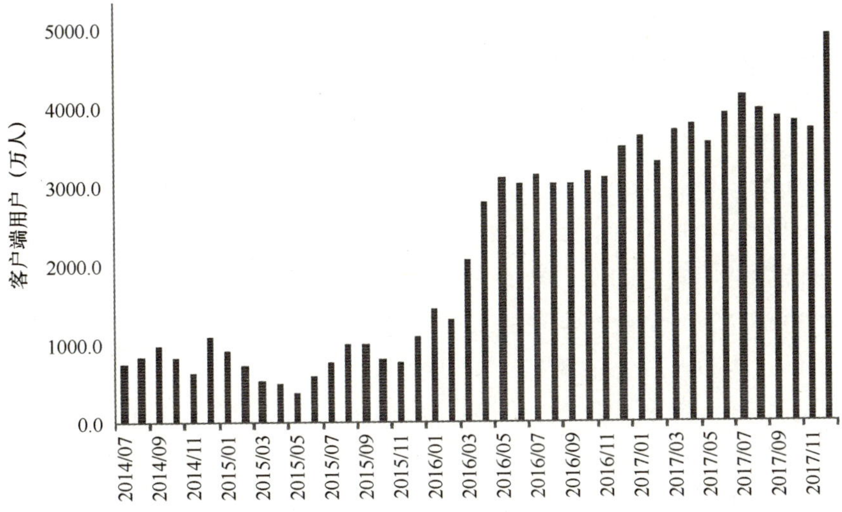

图 8-24 12306客户端用户数激增

第四节 铁路运输行业监管

一、铁路行业监管机构改革

铁路行业的监管主要指的是监管机构对于铁路行业监管的职责及其权利分配的方式和组织制度，其主要解决的是由谁来对铁路企业、铁路市场和铁路运输行业进行监管、监管机构之间的权力分配以及由谁来对监管效果负责以及如何负责的问题。本节主要从两个方面对于铁路行业的监管展开论述，一方面，是对监管主体的权责及监管机构内部行使权力的部门的阐述；另一方面，是对于监管主体按照授权行使监管行为的阐述，主要包括价格监管、准入监管和质量监管等。

① 12306网站的日售票能力是1000万张，最高的一天售出933万张火车票。而2018年春运，12306网站的日售票能力提高至1500万张。目前，日均售票量962.5万张。2019年1月24日，峰值售票量达到1381.8万张。12306的日点击量峰值达到1577.8亿次。

（一）我国铁路行业监管机构演变①

1. 归口管理阶段（1949 年～2009 年）：对全国铁路实行统一管理，铁道部经历多次调整

作为我国最早成立的中央直属部门，铁道部具有悠久的历史，根据 1949 年《中华人民共和国中央人民政府组织法》第十八条的规定，我国在建国伊始就正式设置中央人民政府铁道部。1954 年 9 月中央人民政府铁道部又改为中华人民共和国铁道部；1970 年 7 月，铁道部与交通部、邮电部所属邮政部分合并，成立新的交通部。然而，随着经济的发展和铁路运输重要性的凸显，铁道部已经逐渐难以满足社会发展的需求，其机构和职责改革逐步提到日程上来。1994 年，根据国务院办公厅专门印发《铁道部职能配置、内设机构和人员编制方案》，明确指出铁道部应当兼负政府和企业双重职能。随后在国务院发布的《铁道部职能配置、内设机构和人员编制规定》（国办发〔1998〕85 号）中明确要求铁道部应当实行政企分开，根据行业特点和当前实际，通过改革界定政府管理职能、社会管理职能、企业管理职能并逐步分离。铁道部负责拟定铁路行业规划、政策和法规，管理铁路建设、运输工作、运输价格和运输安全，承担国家铁路综合管理和暂时保留的社会事务管理职能；相应下放生产经营权责；减少和弱化计划、项目的直接管理。铁路局、工程局、工厂作为企业法人实体和市场竞争主体，自主经营、独立核算、自负盈亏。2009 年 3 月 2 日，国务院办公厅专门印发《铁道部主要职责、内设机构和人员编制规定》（国办发〔2009〕19 号），其中特别明确铁道部为国务院组成部门，取消已由国务院公布取消的行政审批事项，并对其职责和内设机构、人员编制等做了具体规定。

2. 机构改革阶段（2010 年～2013 年）：多重问题引发高度关注，机构改革加速推进

2010 年，随着铁路运输行业暴露出一系列安全事故、腐败等问题，铁路改革命题逐渐引发社会广泛讨论与关注，铁路必须进行体制改革，否则已有矛盾很难解决，特别是随着 2011 年甬温线动车追尾事故发生，使得铁道体制改革加快推进。2012 年 3 月《关于 2012 年深化经济体制改革重点工作的通知》中明确要按照政企分开、政资分开的要求，研究制定铁路改革方案。2013 年《国务院机构改革和职能转变方案》中要求实行铁路政企分开，完善综合交通运输体系。将铁道部拟订铁路发展规划和政策的行政职责划入交通运输部。组建国家铁路局，由交通运输部管理，承担铁道部的其他行政职责，负责拟订铁路技术标准，监督管理铁路安全生

① 李桥，廉文彬，李博，等. 国外铁路监管机构探析［J］. 铁道运输与经济，2017，39（11）.

产、运输服务质量和铁路工程质量等。同时组建中国铁路总公司，承担铁道部的企业职责，负责铁路运输统一调度指挥，经营铁路客货运输业务，承担专运、特运任务，负责铁路建设，承担铁路安全生产主体责任等（图 8-25）。

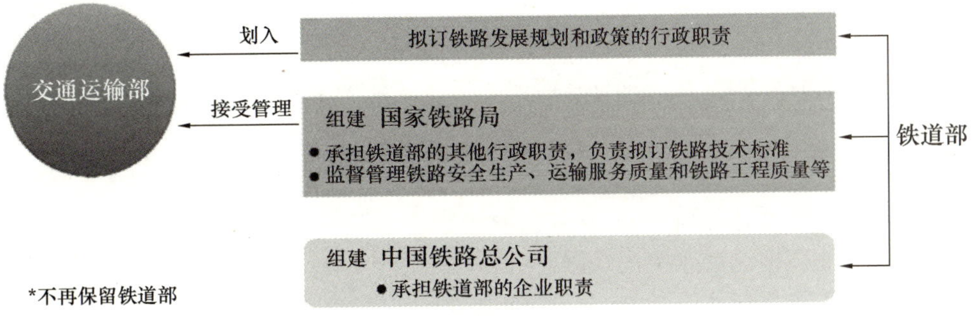

图 8-25　铁道部架构和职责调整

3. 多头管理阶段（2013 年至今）：三大监管机构并存，价格、社会、政策监管各有侧重

2013 年 3 月 17 日，中国铁路总公司正式成立，并以铁路客货运输服务为主业，实行多元化经营。中国铁路总公司机关设置 20 个内设机构，下设 18 个铁路局、3 个专业运输公司等企业。2017 年 3 月，铁总初步确定改革计划分为三步走，第一步是对中国铁路建设投资公司等非运输类企业进行公司制改革，第二步是让全国 18 家铁路局进行公司制改革，而第三步就是对铁总本身进行公司制改革。2019 年经国务院批准同意，中国铁路总公司改制成立中国国家铁路集团有限公司，并在北京挂牌①。这是继 2013 年我国实行铁路政企分开，铁道部撤销，国家铁路局和中国铁路总公司挂牌成立后的又一重要举措。自此，我国形成了铁路行业三大监管机构并存的格局，即交通运输部继续承担政策性监管的工作，而将价格监管等经济性监管、社会性监管中的安全监管等权限划拨给专业性监管机构——国家铁路局，社会性监管中的其他职能由其他综合监管机构行使。

（二）我国铁路监管体制和机构

监管体制主要指的是监管职责的分配和组织制度，解决的是监管主体的设置、职责、权力分配以及谁对监管效果负责和如何负责的问题，而铁路监管即要通过对铁路运输行业的体制机制设计，实现“谁来对铁路企业、铁路市场和铁路运输行业进行监管”的主体机构和组织建设，以及保障监管权力落到实处，确保

---

① 改制后成立的中国国家铁路集团有限公司为国家授权投资机构和国家控股公司，注册资本为人民币 17395 亿元，由中央管理，以铁路客货运输为主业，实行多元化经营。

监管主体可以依法行使监管权力。铁路监管机构是对铁路企业进行监督管理的公共部门，其监管职责主要表现为起草铁路监督管理的法律法规，并依据相应的法律法规对铁路企业的安全运营与铁路行业的市场秩序等进行监督管理。铁路监管机构在履行监管职责时，通常综合使用法律法规、行政许可、调查审查、信息发布等多种监管手段，对铁路运营的某一部分或整个铁路行业实施监管，以实现保护旅客和铁路企业的利益、保证铁路企业的安全运营、保障铁路企业的可持续发展的目的。作为我国铁路监管的主要机构，国家铁路局是由中华人民共和国交通运输部管理，属国务院部委管理的国家局，行政级别为副部级，根据 2013 年《国务院机构改革和职能转变方案》由原中华人民共和国铁道部部分机构更名改组设置（其他机构保留于中国铁路总公司的上层），于 2014 年 1 月挂牌成立。

其主要职责包括如下几个：第一，起草铁路监督管理的法律法规、规章草案，参与研究铁路发展规划、政策和体制改革工作，组织拟订铁路技术标准并监督实施。第二，负责铁路安全生产监督管理，制定铁路运输安全、工程质量安全和设备质量安全监督管理办法并组织实施，组织实施依法设定的行政许可。组织或参与铁路生产安全事故调查处理。第三，负责拟订规范铁路运输和工程建设市场秩序政策措施并组织实施，监督铁路运输服务质量和铁路企业承担国家规定的公益性运输任务情况。第四，负责组织监测分析铁路运行情况，开展铁路行业统计工作。第五，负责开展铁路的政府间有关国际交流与合作。第六，承办国务院及交通运输部交办的其他事项（表 8-11、表 8-12）。

铁路局监管职责及内设机构 **表 8-11**

主要职责	内设机构
一、起草铁路监督管理的法律法规、规章草案，参与研究铁路发展规划、政策和体制改革工作，组织拟订铁路技术标准并监督实施。 二、负责铁路安全生产监督管理，制定铁路运输安全、工程质量安全和设备质量安全监督管理办法并组织实施，组织实施依法设定的行政许可。组织或参与铁路生产安全事故调查处理。 三、负责拟订规范铁路运输和工程建设市场秩序政策措施并组织实施，监督铁路运输服务质量和铁路企业承担国家规定的公益性运输任务情况。 四、负责组织监测分析铁路运行情况，开展铁路行业统计工作。 五、负责开展铁路的政府间有关国际交流与合作。 六、承办国务院及交通运输部交办的其他事项	综合司（外事司） 科技与法制司 安全监察司 运输监督管理司 工程监督管理司 设备监督管理司 人事司 直属机关党委

资料来源：铁路局官网。

中国七大铁路监督管理局及管理区域 **表 8-12**

序号	铁路监督管理机构	所在城市	监督管理的铁路局
1	北京铁路监察室	北京	北京局
2	上海铁路监督管理局	上海	上海局、济南局、南昌局
3	广州铁路监督管理局	广州	广州局、南宁局
4	成都铁路监督管理局	成都	成都局、昆明局

续表

序号	铁路监督管理机构	所在城市	监督管理的铁路局
5	沈阳铁路监督管理局	沈阳	沈阳局、哈尔滨局
6	西安铁路监督管理局	西安	西安局、太原局、呼和浩特局
7	武汉铁路监督管理局	武汉	武汉局、郑州局
8	兰州铁路监督管理局	兰州	兰州局、乌鲁木齐局、青藏集团

资料来源：铁路局官网。

除了科技与法制司、安全监察司、运输监管管理司等内设机构外，国家铁路局还设立沈阳、上海、广州、成都、武汉、西安、兰州 7 个地区铁路监督管理局，由他们来负责辖区内共计 18 个区①的铁路监督与日常管理工作，同时还设立了北京铁路监察室②，单独负责中国铁路北京局集团有限公司管界内的相关铁路监督管理工作（图 8-26）。

中国国家 18 个大区铁路局总部机关所在城市和管辖省市范围		
分局	总部机关所在城市	管辖省市区域范围
北京局	**北京**	北京、天津、河北、山东(部分)、河南(部分)、山西(部分)
上海局	**上海**	上海、安徽、江苏、浙江
广州局	**广州**	广东、湖南、海南
成都局	**成都**	四川、贵州、重庆、云南(部分)、湖北(部分)
郑州局	**郑州**	河南、山西(部分)、山东(部分)
武汉局	**武汉**	湖北、河南(部分)、安徽(部分)
西安局	**西安**	陕西
沈阳局	**沈阳**	辽宁、吉林、内蒙古(部分)、黑龙江(部分)、河北(部分)
太原局	**太原**	山西
济南局	**济南**	山东
南昌局	**南昌**	江西、福建
南宁局	**南宁**	广西
昆明局	**昆明**	云南
兰州局	**兰州**	甘肃、宁夏、内蒙古(部分)、青海(部分)
青藏集团	**西宁**	青海、西藏
乌鲁木齐局	**乌鲁木齐**	新疆
呼和浩特局	**呼和浩特**	内蒙古
哈尔滨局	**哈尔滨**	黑龙江

图 8-26 中国十八个铁路局（公司）及管辖范围

① 目前全国共有 18 个铁路局（公司）：哈尔滨铁路局、沈阳铁路局、北京铁路局、太原铁路局、呼和浩特铁路局、郑州铁路局、武汉铁路局、西安铁路局、济南铁路局、上海铁路局、南昌铁路局、广州铁路（集团）公司、南宁铁路局、成都铁路局、昆明铁路局、兰州铁路局、乌鲁木齐铁路局、青藏铁路公司。

② 北京监察室的主要职责包括：1. 组织监督铁路运输安全、铁路工程质量安全、铁路设备产品质量安全；监督规范铁路市场秩序的政策措施实施情况；监督铁路运输服务质量和铁路企业承担国家规定的公益性任务情况。2. 研究分析铁路安全形势、存在问题，提出改进企业安全管理工作的措施要求并监督实施。3. 组织或参与铁路交通事故和建设工程质量事故调查处理，按规定履行事故统计、报告、通报、分析等工作职责。4. 监督相关铁路法律法规、规章制度和标准规范执行情况，负责铁路行政执法监察工作，受理相关举报和投诉，组织查处违法违规行为。5. 完成国家铁路局及其他领导机关交办事项。

二、价格监管

价格监管是铁路行为监管的重要组成部分，价格监管的核心在于监管部门要在尊重市场基本规律的前提下，充分调动广大运营主体的积极性进行灵活定价，同时在进行价格管理的过程中保障消费者的知情权和协商权。党的十八大以来，按照党中央国务院决策部署，铁路行业相应国家号召，积极推进价格监管制度的完善，初步建立起以“准许成本＋合理收益”为核心的行业定价制度框架，严格成本监审，强化价格监管，有效约束了行业成本。铁路运输价格的本质是建立健全以“准许成本＋合理收益”为核心的约束与激励相结合的垄断行业定价制度，实现科学化、精细化、制度化、透明化监管。

（一）价格监管的沿革与发展①

1. 发展初期（20 世纪 50 年代至 90 年代）：计划经济体制下对价格实行严格管制

中华人民共和国成立之初，我国经济体制还处于计划经济时代，铁路行业带有鲜明的“政企合一”的色彩，我国按地区设置铁路局并为其分配了局管内的铁路运输网络。为了适应运输网络分割化的局面，“政企合一”的铁道部实行了高度集中统一的运输调度和收入清算制度。这直接导致我国的铁路运输价格的高度计划性，运输价格始终处于国家管制范围内，并且由国家来严格控制价格水平和其可能的浮动范围，而铁路运营企业则毫无定价权。随着经济的日益活跃以及铁路运力的逐步饱和，这种体制的弊端也逐渐暴露出来。一方面，铁路行业高度封闭，严格限制外资和民营资本进入，体制僵化导致效率难以得到保障；另一方面，铁路定价权的缺失使得运营企业难以按照市场机制进行自主定价，铁路建设资金严重匮乏，员工待遇得不到根本改善。以上问题进一步发酵，甚至从长期上影响到了铁路规划、运营能力和服务水平等诸多方面，也因此，要求对铁路价格放松管制的呼声逐步高涨，我国多部门也积极引入地方政府和企业等其他建设经营主体；对国家铁路（铁道部所有或控股）实施了“网运分离”和“主辅分离”形式的结构重组；放松价格规制，允许运输企业在规定的时间区间内实行浮动运输价格。

2. 放松监管（20 世纪 90 年代—2000 年）：运价改革逐步制度化，价格管制日益松动

① 王伟. 中国铁路行业的政府管制问题［J］. 经济研究参考，2003（25）。

20 世纪 90 年代起，我国采取了一系列铁路和客票价格改革措施，不断地完善了政府定价的具体形式，但是都没有超越政府定价的框架①。如自 1996 年期，根据改革和运输正常的变化，铁道部开始对运价改革一事一报的做法开始进行研究，开始形成了运价改革的整体方案，改革重点就是放松运价管制和建立灵活的运价形成机制。1998 年 3 月，国家发展计划委员会、铁道部经国务院批准，印发《关于调整铁路货运价格规范铁路收费秩序的通知》（计电［1998］31 号），允许铁路货物运价向下浮动。2000 年 11 月国家计委又发布了《国家计委关于部分客列车票价实行政府指导价格有关问题的批复》，我国开始实行春运浮动票价②，政府指导价的定价机制开始真正地发挥作用，而票价的浮动范围和浮动水平由铁路主管部门和铁路运输企业在国家授权的范围内，根据市场供需情况自主确定。2002 年《国家计委关于公布部分旅客列车票价实行政府指导价执行方案的通知》进一步明确"部分旅客列车票价实行政府指导价执行方案"③。然而，这些频繁的改革并没有能建立我国有弹性的价格管理体制，正如诸多学者批评的那样，"这些规制改革都是在'政企合一'框架下实行的表层、间断、补丁式改革，既没有树立运输企业市场主体地位，也没有打破垄断、为引入市场机制创造条件④"。见表 8-13。

我国铁路运输客货运价格调整一览　　　　表 8-13

年份	客运价格水平	货运价格水平
1955 年	统一关内外客运价格，平均为每人每公里 1.49 分	统一关内外货运价格，平均为每吨每公里 1.65 分
1961 年～1967 年		下调货运价格，调整至每吨每公里 1.428 分
1982 年		110 公里内短途货运临时加价至每吨每公里 1.483 分
1983 年		铁路货物运价上调到每吨每公里 1.827 分

---

① 章军. 中国铁路行业监管机制研究［D］. 长春：吉林大学，2015。

② 《国家计委关于部分旅客列车票价实行政府指导价有关问题的批复》同意对旅行社或社会团体包租、包乘的非定期定时开行的旅客列车，及高级软卧包房、特等软座、包租公务车等新型高档客运服务，试行市场调节价。

③ 方案明确对春运期间经过运输能力紧张线路（指通过能力利用率达到 90%的线路，下同）的部分旅客列车，在客流高峰期票价适当上浮；对部分客流较少线路和时段的旅客列车票价适当下浮，对节后需实行上浮票价的列车在农历除夕至正月初二票价适当下浮。具体实行上、下浮动的线路、方向由铁道部根据历年客流变化规律确定。

④ 李华伟. 我国铁路运输业价格与市场结构规制改革研究［D］. 成都：西南财经大学，2012。

续表

年份	客运价格水平	货运价格水平
1985 年	100 公里内硬座票价上调为每人每公里 2.4 分，软座上调为每人每公里 4.2 分	铁路运营线 200 公里以内的短途货物运输维持原来的运价率，并且加收附加费
1989 年	旅客基本票价率上调至每人每公里 3.861 分	
1993 年	春运期间，进出广东省和广东省内的火车票客运票价实行浮动加价	自 1991 年 3 月 1 日起对货物运输征收将设基金费，为每吨每公里 0.2 分，7 月 1 日上调至每吨每公里 3.5 分
1995 年	将客运基本价格由每人每公里 3.861 分上调至每人每公里 5.861 分，硬座、软座、硬卧、软卧的价格比提高到 1∶2：2.2∶3.85	
1997 年		全路营运线（包括执行统一运价的临管线）货运价格上调至每吨每公里 0.5 分
1998 年	1998 年 7 月《价格法》实施后，客运价格执行政府定价	继续提高货运价格，全路正式营运线（包括执行统一运价的临管线）运营价格上调至每吨每公里 0.5 分
1999 年	春运期间，允许在上海、南昌、广州、柳州等铁路局发到的部分列车实行浮动票价，硬座价格浮动幅度在 10%内，硬卧、软卧在 20%以内	
2000 年～2001 年	2000 年 11 月起，允许部分铁路旅客票价以公布价格为基准进行上下浮动	

3. 严格监管（2005 年至今）：逐步引入市场机制，企业自主化定价进一步放松

随着我国铁路监管体制机制的逐步完善，铁路局、铁路总公司的主体进一步明确，而市场主体的逐步确立也为价格机制的引入创造了良好的条件。铁路运输行业逐步开始尝试进行自主定价，如《关于改革完善高铁动车组旅客票价政策的通知》（发改价格〔2015〕3070 号）即明确对在中央管理企业全资及控股铁路上开行的设计时速 200 公里以上的高铁动车组列车一、二等座旅客票价，由铁路运输企业依据价格法律法规自主制定；商务座、特等座、动卧等票价，以及社会资本投资控股新建铁路客运专线旅客票价继续实行市场调节，由铁路运输企业根据市场供求和竞争状况等因素自主制定。同时，铁路运输企业制定高铁动车组一、二等座旅客票价时，应当制定无折扣的公布票价（以下简称公布票价），同时，可根据运输市场竞争状况、服务设施条件差异、客流分布变化规律、旅客承受能力和需求特点等实行一定折扣，确定实际执行票价。公布票价和实际执行票价要按照明码标价制度规定，及时通过网络和售票窗口等渠道告知旅客。制定公布票

价应当在售票前对外公告，调整公布票价应当提前 30 天对外公告。2019 年 1 月 3 日，中国铁路总公司总经理陆东福表示，铁路部门将进一步推广应用电子客票，提升智能化服务水平。更重要的是，要探索构建灵活可控的高铁票价调整机制，深化一日一价、一车一价可行性研究并择机试点。

与此同时，我国铁路货运同步进行价格市场化改革。2017 年 12 月，国家发改委《关于深化铁路货运价格市场化改革等有关问题的通知》（发改价格〔2017〕2163 号），其中特别明确：将进一步深化铁路货运价格市场化改革，充分发挥市场在资源配置中的决定性作用，促进铁路运输行业持续健康发展，决定扩大铁路货运价格市场调节范围，简化运价结构、完善运价体系文件。铁路集装箱、零担各类货物运输价格，以及整车运输的矿物性建筑材料、金属制品、工业机械等 12 个货物品类运输价格实行市场调节，由铁路运输企业依法自主制定（表 8-14）。

实行市场调节价的铁路整车运输货物品类 **表 8-14**

序号	品　类	货物种类
1	矿物性建筑材料	土、砂、石、石灰；砖、瓦、砌块；水泥制品；玻璃；玻璃纤维及其制品；其他矿物性建筑材料
2	水泥	水泥；水泥熟料
3	木材	原木；锯材；木片；人造板材
4	盐	食用盐；非食用盐
5	金属制品	金属结构及其构件；金属工具、模具；铝制器皿、搪瓷制品；其他金属制品
6	工业机械	普通机械设备；运输工具（不含挂运与自行的铁路机车、车辆及轨道机械）；仪器、仪表、量具
7	电子、电气机械	电力、通信、广播电视设备；日用电器；电子计算机及其外部设备；其他电子、电器机械及器材
8	饮食品及烟草制品	食用糖；食品；饮料；烟草制品；其他烟草制品
9	纺织品、皮革、毛皮及其制品	丝、毛、化学纤维、纱、线；纺织品、针织品；鞋、帽、服装及其他编织、缝纫品；皮革、毛皮及其制品
10	纸及文教用品	纸浆；纸及纸制品；印刷品；其他文教用品
11	医药品	中药材；中成药、西药及其他医药品
12	其他货物（不含饲料、有机肥、特定货物）	家具、搬家货物、行李、日用杂品；动植物油脂、冰、水；动植物残余物；浆粕、废碎物品；工艺品、展览品；特定集装化运输用具

资料来源：根据《国家发展改革委关于深化铁路货运价格市场化改革等有关问题的通知》（发改价格〔2017〕2163 号）整理。

（二）价格监管的主要内容①

鉴于铁路运输行业具有的自然垄断性，除了符合我国《铁路法》的有关规定外，现行的铁路运输行业的运价还需要参照《政府定价目录》，由国务院价格、铁路主管价格部门进行统一管理，在部分客车票价行政指导价的同时，客运票价以政府定价为主，对铁路货物运价由政府定价改为政府指导价格。具体来说，价格监管主要通过对成本加成的资本回报率进行监管，从客运价格来说，客运票价＝基本票价＋各里程递减票价＋杂费。其中，基本票价＝单位基价×基价里程，各里程递减票价＝各里程递减票价率×各区段里程，杂费主要是指附加票价，是按照列车速度等级和列车车型划分收取的加快费等附加费用。

从货运价格来看，铁路货运价格包括货运运费、运输杂费和货物运输相关服务收费。货物运费分为整车、零担和集装箱三类，计算公式均为基价 1＋基价 2×运行公里。货物运费用于补偿铁路发运站至到达站这一运输环节发生的正常运输费用。运输杂费主要包括铁路运输企业在铁路发运至到达的运输过程中发生的货物装卸等辅助作业费用。货物运输相关服务收费包括运输企业在发货地点至铁路发运站、从铁路到达站到收货地点的过程中为客户提供诸如延伸服务、物流服务等附加服务费用。可见，成本加成的定价原则充分体现在铁路客运价格和货运价格的制定中（表 8-15）。

货运价格监管的标准 **表 8-15**

类别	运价	基准 1		基准 2	
		单位	标准	单位	标准
整车	1	元/吨	8.5	元/吨公里	0.071
	2	元/吨	9.1	元/吨公里	0.080
	3	元/吨	11.8	元/吨公里	0.084
	4	元/吨	15.5	元/吨公里	0.089
	5	元/吨	17.3	元/吨公里	0.096
	6	元/吨	24.2	元/吨公里	0.129
	7			元/吨公里	0.483
	机械冷藏车	元/吨	18.7	元/吨公里	0.131
零担	21	元/10 千克	0.188	元/11 千克公里	0.001
	22	元/11 千克	0.263	元/12 千克公里	0.0014

① 章军. 中国铁路行业监管机制研究［D］. 长春：吉林大学，2015。

续表

类别	运价	基准 1		基准 2	
		单位	标准	单位	标准
集装箱	20 英尺箱	元/箱	449	元/箱公里	1.98
	40 英尺箱	元/箱	610	元/箱公里	2.7

资料来源：根据《关于调整铁路货物运价有关问题的通知》（发改价格〔2014〕210 号）整理。

三、准入监管

（一）铁路准入监管的沿革与发展

铁路运输市场准入着重解决的是谁可以成为合格的铁路承运人，即铁路承运人应当具备什么条件的问题。铁路承运人与其他承运人应有各自的特点。铁路运输在国民经济中的地位和作用决定着国家行政机关对其运输市场监管的方式和力度。目前铁路运输行政管理的三个基本手段是经济、行政和法律手段。铁路运输市场准入管理工作中同样也应采用这三种基本手段，具体管理中的主要方式有行政审批制、核准制、登记制等。在现行市场准入管理中最主要的一项管理方式就是行政审批制。作为行政主管部门可以根据运力和运量的平衡情况进行审批，不至于造成市场主体过多、过小、过散，有利于总体上把握市场极数，有利于保护消费者利益。实行审批制度，一般是针对那些关系国计民生的重要行业、技术要求高的运输项目而言的，如旅客运输、危险品运输等。实行审批制度对经营者的条件和资格进行认真的审查，从质的方面进行有效的控制，有利于保护运输经营者的利益、消费者的利益及社会利益，做法简单，容易操作。具体来说，铁路运输行业的准入监管主要包括如下几个阶段：

1. 单一垄断期（2013 年以前）：铁路行业封闭垄断，排斥社会资本进入

铁路行业具有自然垄断属性，铁路产业是直接为广大公众服务的，其提供的产品是具有一定程度的生活必需性和产品必需性的公共服务，因此其是一种准公共产品。在计划经济时代和背景下，铁路“铁老大”的这种社会定位一方面说明铁路在我国运输行业中“首屈一指”的经济定位，但是从侧面也说明了铁路行业的高度封闭性导致的资源的高度垄断。在这一时期中，财政投入有限，地方政府的投资又欠缺一定的积极性，而民间资本始终游离于铁路投资与建设之外，铁路发展物理改变单纯依赖财政的发展模式，难以突破模式、资金和参与主体单一化的窠臼中。

2. 逐步放松期（2013 年至今）：逐步引入民间资本，加快融资体制改革

国务院发布《关于改革铁路投融资体制加快推进铁路建设的意见》（国发〔2013〕33 号），其中明确按照“统筹规划、多元投资、市场运作、政策配套”的基本思路，完善铁路发展规划，全面开放铁路建设市场，对新建铁路实行分类投资建设。向地方政府和社会资本放开城际铁路、市域（郊）铁路、资源开发性铁路和支线铁路的所有权、经营权，鼓励社会资本投资建设铁路。研究设立铁路发展基金，以中央财政性资金为引导，吸引社会法人投入。铁路发展基金主要投资国家规定的项目，社会法人不直接参与铁路建设、经营，但保证其获取稳定合理回报。以上政策的推出具有非常明显的信号意义，同时也极大地提高了民营企业参与铁路建设与投资的积极性。2014 年 12 月 8 日，交通运输部颁布了《铁路运输企业准入许可办法》①，对铁路货物运输和旅客运输业务的许可条件和程序进行了初步性的规定，虽然只有 31 个条文，内容不具有系统性和完整性，但从政策可行性的角度分析，《铁路运输企业准入许可办法》的颁布，在一定程度上为设置铁路行业社会资本准入制度提供了法律实践的尝试。

（二）铁路准入监管主要内容

铁路行业的准入监管需要从准入领域、准入条件、准入程序以及准入法律责任等方面进行精心设计来化解垄断与竞争、效率与安全、营利性与公益性之间的矛盾冲突。铁路行业要向社会资本开放必须先确定合理的开放界限，明确开放的具体业务领域或不开放的具体业务领域，而要确立合理的开放界限必须建立科学规范的社会资本准入领域制度。根据《铁路运输企业设立、撤销、变更审批办法》，我国铁路运输的市场准入监管机制主要包括以下几个方面②：

第一，准入条件。申请企业需要满足软硬件方面的条件：（1）硬件方面，需要拥有铁路基础设施、机车车辆的所有权或者使用权，以及相应的生产作业和管理人员。（2）软件方面，需要具有安全生产管理机构，安全生产管理制度和应急预案，及相应的组织管理办法、服务质量标准、生产作业规范。此外，企业需要有承担相应民事责任的能力。

第二，准入程序。（1）申请者先在我国境内依法注册登记为企业法人，在具备相应许可条件的情况下，向国家铁路局提交行政许可申请书等相关材料，并对提交材料的真实性、有效性和合法性负责；（2）国家铁路局依法受理申请

① 交通运输部发布关于修改《铁路运输企业准入许可办法》的决定（中华人民共和国交通运输部令 2017 年第 31 号）对于《铁路运输企业准入许可办法》做出了相应修改，全文共 31 条。具体内容请参见 http://www.gov.cn/xinwen/2017-10/26/content_5234583.htm

② 亐道远. 铁路行业社会资本准入研究［D］. 长春：吉林大学，2015。

者的行政许可申请，并对其提交的材料进行审查，必要时进行实地核查和组织专家评定；（3）审查合格的，做出准予行政许可的书面决定，不合格的，做出不予行政许的书面决定，说明理由并告知其有依法申请行政复议或提起行政诉讼的权利；（4）做出准予决定的，由国家铁路局在合理时间内颁发铁路运输许可证。

第三，实施分类许可机制。按照运输方式实施分类许可，将整个铁路运输分为四类：高速铁路旅客运输、城际铁路旅客运输、普通铁路旅客运输和铁路货物运输，然后实施分类许可。比如说在铁路运输负责人应具备的相关工作经历上，各个运输分类许可都有不同的要求。

第四，特别规定。对拥有铁路基础设施所有权的企业，有权自主决定采用独立、合作、委托以及其他合法经营方式。将许可有效期设定为长期，对企业的停业、歇业提出限制性要求，未经国家铁路局批准，不得擅自停业、歇业。另外，不再设定企业年检制度，主要通过企业运输年报备案实施监管。

四、质量监管

（一）铁路服务质量监管的沿革与发展

1. 发展初期（20世纪90年代前）：服务质量重安全，轻服务体验

一直以来，服务质量监管是我国铁路运输行业质量监管的重点，在20世纪90年代前期，由于铁路运输行业运量和运力的不足，服务质量监管都首先关注是的运营安全①，而较少关注到服务本身所呈现的客户的满意度，特别是因服务而产生的对于客户创造适宜的服务体验上。服务质量表现为服务产品的质量，是服务过程结果的固有特性满足要求的程度。服务通常是无形的，服务需要在服务提供者和服务接受者即与顾客接触的层面上至少需要完成一项活动的结果，包括为顾客创造适宜的氛围。服务质量不仅指服务作为产品意义的质量，而且也指服务活动或过程的工作质量，还包括处理投诉过程、结果是否满足顾客的要求。顾客对服务质量的要求，不仅表现在明示的要求方面，而且也表现在隐含的要求方

① 国务院发布的《铁路安全管理条例》中明确规定，国务院铁路行业监督管理部门负责全国铁路安全监督管理工作，铁路运输企业应当依照法律、行政法规和国务院铁路行业监督管理部门的规定，制定铁路运输安全管理制度，完善相关作业程序、保障铁路旅客和货物运输安全。对企业行为的评价包括企业的市场表现、提供的产品和服务、对国家和社会利益的贡献（或国家宏观经济政策）、运输安全等。

面[①]。铁路运输作为常见的货物运输方式，相比于其他运输而言，其具有安全性高、运输成本低等优势，随着铁路运输改革的不断深入，铁路运输已经愈加重视客户的满意度，并且不断提高服务质量，以不断增加铁路运输在货物运输市场中的占有率。所以，铁路运输服务质量是质量监管的重要内容，其主要指的是铁路运输服务企业为客户提供的服务达到客户满意的程度。一方面，服务质量的高低是由铁路运输企业的服务水平决定的；另一方面，是由客户的期望值和满意度决定的。因此，为提高客户的满意度，铁路企业必须时刻关注客户的需求，围绕客户体验，不断提高服务水平，同时加强对服务质量的监管。只有这样，才能全面提高铁路企业在运输市场中的竞争力，不断将铁路运输服务组织改革深入推进，最终赢得市场[②]。

2. 快速发展期（20 世纪 90 年代至 2006 年）：高铁发展迅猛，服务体验的重要性日益凸显

经过长期不懈努力，我国铁路尤其是高速铁路迅猛发展，实现了从无到有、从探索到突破、从制造到创造、从追赶到领跑的崛起，总体技术水平已迈入世界先进水平，强有力地助推了国家战略，取得了举世瞩目的成就。但也要看到，我国铁路领域仍存在一定的低端供给和无效供给，运输服务、工程、产品质量距离人民群众的美好生活需求仍有差距，基于此，在铁路行业推进供给侧结构性改革，把提高供给质量作为改革的主攻方向，把全面提高运输服务、工程、产品质量作为提升供给体系的中心任务，开展质量提升行动，是大势所趋也是当务之急。在这种背景下，努力提升服务质量，并构建一个铁路运输服务质量的评价体系就显得非常重要，监管目前各国的质量服务体系及其权重有所不同，因素也多种多样，但是一个科学成熟的综合评估体系对于促进质量提升有着巨大的助益。而打造铁路运输服务质量综合评价体系的目标主要有两个：一方面，是利用铁路旅客运输服务质量综合评价结果，使企业能够发现差距、找准问题和原因，明确目标，有针对性地不断改进和完善。另一方面，是为了满足对铁路运输企业的监管要求，可以有效地与监管措施和监管手段相结合，使这些措施和手段能够真正地落实到位，有效地发挥作用。

3. 质量提升期（2018 年以后）：服务质量提升受到国家层面重视，并且列出明确的时间表

随着铁路特别是高铁运力的极大提升，服务满意度也广受关注，在近些年来

---

① 陈滋顶. 基于政府监管的铁路旅客运输服务质量综合评价体系与方法研究［D］. 北京：北京交通大学，2016。

② 孙桂岩. 提高铁路货运服务监管质量探析［J］. 交通企业管理，2018，33（04）：36-38。

旅客满意度测评中，旅客反映比较强烈的问题有：乘坐动车组列车的旅客反映车票价格偏高、乘坐非动车组列车的旅客反映晚点情况突出、站车餐饮和商品的质量不好且价格偏高、购票等待时间过长、候车室的空气质量较差、列车超员过多和一次性用品补充不及时等，下阶段应针对这些问题，制定有针对性的改进措施，并将改进措施落实到每一个服务细节，让这些不满意的问题有所改观，旅客满意度乃至整体服务质量水平将会得到显著提高。基于此，2018 年 1 月 19 日，国家铁路局发布了《关于开展质量提升行动实施方案》，这是我国首部以中共中央、国务院名义出台的质量工作纲领性文件。该文件的出台设定了明确的时间表，从 2018 年 1 月开始进行工作的动员部署，而后在 2018 年 2 月至 2020 年 10 月将开展具体责任的落实和组织实施，最后将在 2020 年 10 月至 12 月之间进行工作的总结推广，如图 8-27 所示。

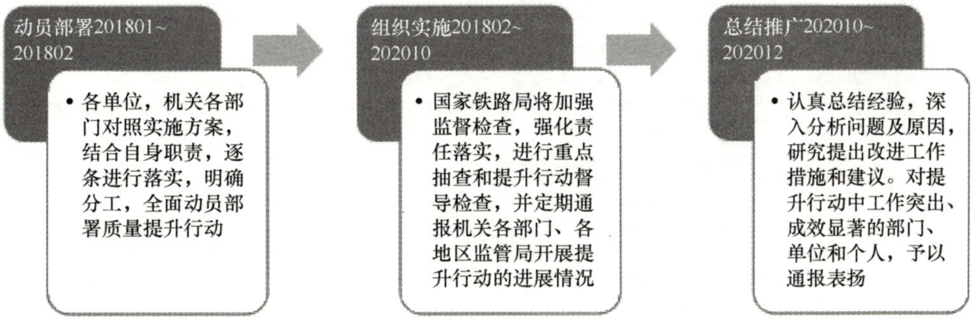

图 8-27 铁路运输服务质量工作任务部署

资料来源：根据《关于开展质量提升行动实施方案》进行整理绘制

同时，文件明确我国服务质量监管的主要内容：第一，强化监督检查。坚持把铁路运输安全作为履职监管的首要任务，突出旅客和高铁安全，以运输高峰期和国家重大活动等运输关键时期为重点，加强车票实名制、旅客安检、危险货物运输等运输安全关键环节和运输服务质量的监督检查。督促运输企业切实落实主体责任，保障运输安全，提高运输服务质量。第二，开展问卷调查。深入车站、列车等生产一线，围绕广大旅客和社会各界关注的购票、站车服务、餐饮供应、服务态度、选座等热点问题，持续开展服务质量问卷调查，倾听了解旅客意见。同时，认真搜集、分析旅客反映的问题，整理汇总作为铁路供给侧改革的重要输入内容，督促运输企业不断改进。第三，积极处理投诉。完善铁路运输服务质量投诉处理机制，制定铁路运输服务质量投诉处理办法。认真处理铁路运输服务质量投诉，做到件件有登记、有处理，切实维护消费者合法权益。针对社会影响较大的投诉，及时调查核实处理反馈。依法公开铁路运输服务质量投诉处理情况（表 8-16）。

质量提升行动中确定的服务质量监管的主要内容　　表 8-16

项目	主要内容
强化监督检查	坚持把铁路运输安全作为履职监管的首要任务，突出旅客和高铁安全，以运输高峰期和国家重大活动等运输关键时期为重点，加强车票实名制、旅客安检、危险货物运输等运输安全关键环节和运输服务质量的监督检查。督促运输企业切实落实主体责任，保障运输安全，提高运输服务质量
开展调查问卷	深入车站、列车等生产一线，围绕广大旅客和社会各界关注的购票、站车服务、餐饮供应、服务态度、选座等热点问题，持续开展服务质量问卷调查，倾听了解旅客意见。同时，认真搜集、分析旅客反映的问题，整理汇总作为铁路供给侧改革的重要输入内容，督促运输企业不断改进
处理投诉	完善铁路运输服务质量投诉处理机制，制定铁路运输服务质量投诉处理办法。认真处理铁路运输服务质量投诉，做到件件有登记、有处理，切实维护消费者合法权益。针对社会影响较大的投诉，及时调查核实处理反馈。依法公开铁路运输服务质量投诉处理情况

（二）铁路工程质量监管沿革与发展

目前我国铁路工程质量监管实行分级管理，国家铁路局负责全国铁路工程质量监管，地区铁路监督管理局负责辖区内的铁路工程质量监管。铁路监管部也可委托具有一定资质的质量监督机构行使质量监管工作。交通运输部 2015 年第 2 号的《铁路建设工程质量监督管理规定》中明确提出“国家铁路局及地区铁路监督管理局负责铁路建设工程质量监督管理工作。铁路监管可委托符合国家规定条件的工程质量监督机构具体实施铁路建设工程质量监督工作”。

国家铁路局设置的工程监督管理司主要负责组织监督铁路工程质量，内设处室有综合监管处、质量安全监管处和建设市场监管处。其工作职责主要包括：第一，负责铁路总公司工程质量的监督检查工作，组织开展铁路工程质量的监管工作。第二，参与制定铁路总公司关于工程质量监管的制度，负责制定铁路工程质量监督机构的工作制度，并指导质检机构的工作。第三，组织并参与工程质量事故和与质量事故相关举报投诉的调查处理工作。第四，负责查处工程质量的突出问题和违法违纪行为，必要时提出处理意见，并且将其发布出去。参与参建单位的信用评价工作，组织质检机构对建设项目开展信用评价、不良行为认定等活动的监督。第五，参与铁路大中型建设项目的竣工验收工作等。

经过近几十年的完善和变革，我国已建立起由政府及其委托的质量监督机构、社会监理和企业自检相结合的铁路工程质量政府监管体系，工程质量监管已成为提升工程质量的重要方式。由于铁路工程本身具有的工程投资规模大、技术难度高、不可预见性因素多、铁路实行政企分开和质量问题时有发生等因素使得原有铁路工程质量政府监管体系已不再适用于新形势和市场经济的要求。例如，2012 年政府铁路质监管部门查处包括武广高铁、郑西高铁、兰渝铁路等在内的 12 条铁路存在隧道拱部掉块、漏水、电绳布设混乱、通信铁塔倾斜等质量问题。2013 年正在修建的京福高铁存在较严重的质量问题，如路基压实度程度和所用工程钢材等级等多方面不达标等，虽然铁路总公司每年会定期对铁路工程产品实行抽样监测，但是仍有部分厂家的产品不合格。因此，铁路工程质量仍有很大的提升空间。

我国现行的铁路工程质量政府监管相关法律法规源于 1983 年颁布的《建设工程质量监督条例》和 1984 年颁布的《国务院关于改革建筑业和基本建设管理体制若干问题的暂行规定》（国发［1984］123 号文）。在随后的 30 多年里，为加强铁路工程质量政府监管质量，保证工程质量及人民生命和国家财产，陆续颁布了多项相关法律文件，对招投标管理、参建单位的工作职责和内容、质量管理要求、工程事故调查处理及质量检测管理等做了相应规定，铁路工程质量监管的实施需符合工程建设的各项规范、技术标准和政府部门有关工程质量管理的规章制度。

2018 年 1 月 19 日，国家铁路局发布了《关于开展质量提升行动实施方案》，其中明确我国铁路质量监管的重点，包括：第一，强化监督检查。贯彻“双随机、一公开”监管改革要求，加强事中事后监管，强化铁路工程质量安全监督检查，及时公开监督检查信息，推进阳光执法。加大抽查抽测力度，持续开展以铁路隧道工程质量特别是衬砌厚度、空洞、渗漏水等质量问题及铁路桥梁制运架等大型施工机械设备、铁路工程雨季冬期施工、铁路工程材料构件设备产品进场质量验收落实情况、竣工验收程序等为重点的专项监督检查，督促企业加强质量安全管理，整改质量安全隐患，不断提高质量安全意识和风险管控水平，促进铁路工程优质安全建设。第二，督促落实参建各方质量安全责任。深入开展铁路建设工程“三不问题质量行为”专项整治行动，重点整治“不按工程设计图纸或技术标准施工、使用不合格的建筑材料、将不合格的工程按合格工程验收”等行为；依法受理投诉举报，严肃查处违法违规行为，坚持教育与处罚并举，加强社会和舆论监督，督促落实参建各方主体质量责任，特别是强化建设单位的首要责任和勘察、设计、施工单位的主体责任，维护良好铁路建设市场秩序。第三，推动科技创新应用。开展铁路优质工程（勘察设计）奖评选和铁路工程建设部级工法评审，弘扬工匠精神，营造精益求精的行业风气。加大铁路工程新技术、新工艺、新工法等的推广应用力度，鼓励以机械化减人、以自动化换人、以信息化管人，发挥科技力量，促进企业提升工程质量安全水平。第四，健全铁路工程质量安全监督管理体制。发挥专业优势，加大指导帮助，协调推动地方铁路项目工程质量安全监督管理责任落实。探索监理单位向铁路行业监管部门报告质量安全监理情况试点，发挥监理单位在质量控制中的作用。依托信息化手段和信息公开机制，促进构建适应新时代铁路建设发展需要的铁路建设市场信用体系，健全质量违法行为记录制度，依法公开行政处罚信息，加大对质量失信行为的惩戒力度。质量提升行动中确定的工程质量监管的主要内容见表 8-17。

质量提升行动中确定的工程质量监管的主要内容　　表 8-17

项目	主要内容
强化监督检查	贯彻“双随机、一公开”监管改革要求，加强事中事后监管，强化铁路工程质量安全监督检查，及时公开监督检查信息，推进阳光执法。加大抽查抽测力度，持续开展以铁路隧道工程质量特别是衬砌厚度、空洞、渗漏水等质量问题和铁路桥梁制运架等大型施工机械设备、铁路工程雨季冬期施工、铁路工程材料构件设备产品进场质量验收落实情况、竣工验收程序等为重点的专项监督检查，督促企业加强质量安全管理，整改质量安全隐患，不断提高质量安全意识和风险管控水平，促进铁路工程优质安全建设
督促落实参建各方质量安全责任	深入开展铁路建设工程“三不问题质量行为”专项整治行动，重点整治“不按工程设计图纸或技术标准施工、使用不合格的建筑材料、将不合格的工程按合格工程验收”等行为；依法受理投诉举报，严肃查处违法违规行为，坚持教育与处罚并举，加强社会和舆论监督，督促落实参建各方主体质量责任，特别是强化建设单位的首要责任和勘察、设计、施工单位的主体责任，维护良好铁路建设市场秩序
推动推动科技创新应用	开展铁路优质工程（勘察设计）奖评选和铁路工程建设部级工法评审，弘扬工匠精神，营造精益求精的行业风气。加大铁路工程新技术、新工艺、新工法等的推广应用力度，鼓励以机械化减人、以自动化换人、以信息化管人，发挥科技力量，促进企业提升工程质量安全水平
健全铁路工程质量安全监督管理体制	发挥专业优势，加大指导帮助，协调推动地方铁路项目工程质量安全监督管理责任落实。探索监理单位向铁路行业监管部门报告质量安全监理情况试点，发挥监理单位在质量控制中的作用。依托信息化手段和信息公开机制，促进构建适应新时代铁路建设发展需要的铁路建设市场信用体系，健全质量违法行为记录制度，依法公开行政处罚信息，加大对质量失信行为的惩戒力度

第九章　政　策　解　读

第一节　综合性法规政策解读

《关于创新和完善促进绿色发展价格机制的意见》解读

一、出台背景

走向生态文明新时代，建设美丽中国，是实现中华民族伟大复兴的中国梦的重要内容；绿色发展是建设生态文明、构建高质量现代化经济体系的必然要求；节约资源和保护环境是我国基本国策。党中央、国务院高度重视运用市场化手段和价格机制促进绿色发展。习近平总书记明确指出，我国生态文明建设正处于压力叠加、负重前行的关键期，已进入提供更多优质生态产品以满足人民日益增长的优美生态环境需要的攻坚期，也到了有条件有能力解决生态环境领域突出问题的窗口期。基于此，2018 年 6 月 21 日，国家发展改革委通过《关于创新和完善促进绿色发展价格机制的意见》（发改价格规〔2018〕943 号）（以下简称《意见》）。《意见》提出了两个时间节点的目标：到 2020 年，我国将基本形成有利于绿色发展的价格机制、价格政策体系，促进资源节约和生态环境成本内部化的作用明显增强；到 2025 年，适应绿色发展要求的价格机制更加完善，并落实到全社会各方面各环节。

二、核心内容

《意见》明确了创新和完善促进绿色发展价格机制应坚持的基本原则，即坚持问题导向，坚持污染者付费，坚持坚持激励约束并重，坚持因地分类施策。《意见》共包括七个部分，明确了我国在以下领域的价格改革方向，重点聚焦污水处理、垃圾处理、节约用水、节能环保等四个领域的价格或收费政策，强调改革方向、建立和完善机制。具体的政策措施则由各地结合本地实际来制定，为地方探索创新预留了足够空间。

在污水处理领域，加快构建覆盖污水处理和污泥处置成本并合理盈利的价格机制，推进污水处理服务费形成市场化，逐步实现城镇污水处理费基本覆盖服务费用。具体来说，建立城镇污水处理费动态调整、企业污水排放差别化收费、与污水处理标准相协调的收费机制；探索建立污水处理农户付费制度；健全城镇污水处理服务费市场化形成机制。

在固体废物领域，全面建立覆盖成本并合理盈利的固体废物处理收费机制，促进垃圾分类和减量化、资源化、无害化处理。具体来说，建立健全城镇生活垃圾处理收费机制；完善城镇生活垃圾分类和减量化激励机制；探索建立农村垃圾处理收费制度；完善危险废物处置收费机制。

在节约用水领域，深入推进农业水价综合改革，完善城镇供水价格形成机制，全面推行城镇非居民用水超定额累进加价制度，建立有利于再生水利用的价格政策，保障供水工程和设施良性运行，促进节水减排和水资源可持续利用。

在节能环保领域，完善差别化电价政策、峰谷电价形成机制以及部分环保行业用电支持政策，充分发挥电力价格的杠杆作用，推动高耗能行业节能减排、淘汰落后，引导电力资源优化配置，促进产业结构、能源结构优化升级和相关环保业发展。同时，鼓励各地积极探索生态产品价格形成机制等各类绿色价格政策。

创新和完善促进绿色发展价格机制，是当前和今后一个时期价格工作的一项重要任务。为确保各项政策落地生根，要求各地价格主管部门加强对政策落实情况的跟踪评估，及时调整完善政策；主动与相关部门加强协作，形成政策合力；正确处理推进绿色发展与保障群众生活的关系，充分考虑社会承受能力尤其是低收入群体承受能力，兜住民生底线；切实做好宣传引导工作，最大限度凝聚社会共识。

三、主要评价

《意见》的出台，是贯彻落实党中央、国务院关于加强生态文明建设、全面推动绿色发展决策部署的一项重要措施。《意见》是应对形势的变化和发展的需要，对在实践中证明有效措施的吸收，也是针对加强生态环境保护、推动绿色发展的新形势新要求下对各地探索的创新。既明确了深化资源环境价格改革的方向，又提出了一揽子的政策措施；既落实绿色发展理念，又推进生态文明建设。

《国务院关于在全国推开“证照分离”改革的通知》解读

2018 年 10 月 10 日，国发〔2018〕35 号文件《国务院关于在全国推开“证照分离”改革的通知》正式发布（以下简称《通知》）。文件规定自 2018 年 11 月 10 日起，在全国范围内对第一批 106 项涉企行政审批事项分别按照直接取消审批、审批改为备案、实行告知承诺、优化准入服务等四种方式实施“证照分离”改革。

“证照分离”是针对工商部门颁发营业执照和各相关行业主管部门颁发经营许可证审批的改革。2015 年 12 月 16 日，国务院常务会议审议通过了《关于上海市开展证照分离改革试点总体方案》，决定在上海浦东新区率先开展“证照分离”改革试点。2017 年 9 月 28 日，《国务院关于在更大范围推进“证照分离”改革试点工作的意见》（国发〔2017〕45 号文件）发布，提出在深入总结上海市浦东新区“证照分离”改革试点经验基础上，在天津、辽宁、浙江、福建、河南、湖北、广东、重庆、四川、陕西 10 个自贸试验区，复制推广上海市改革试点成熟做法。在以上一系列试点工作推行的基础上，为进一步破解“准入不准营”问题，激发市场主体活力，加快推进政府职能深刻转变，国务院决定在全国推开“证照分离”改革。

一、“证照分离”基本内涵

“证照分离”是针对企业市场准入放松行政审批的一项改革举措。所谓“证”是由工商部门颁发的营业执照，所谓“照”是由各行政主管部门颁发的经营许可证，如食品经营许可证。“证照分离”改革之前，企业进入市场开始经营，必须首先办理经营许可，然后才可以办理营业执照。“证照分离”改革后，施行“先照后证”，企业只需到工商部门领取营业执照，即可从事一般性生产经营活动，如需从事需要许可的生产经营活动，再到相关审批部门办理许可手续。因此“证照分离”的施行，大大简化了行政审批程序，提高了办事效率。

二、本次全国推开“证照分离”的重点工作内容

一是明确改革方式。对纳入“证照分离”改革范围的涉企行政审批事项分别采取以下四种方式进行管理：即对设定必要性已不存在、市场机制能够有效调节、行业组织或中介机构能够有效实现行业自律管理的行政审批事项，直接取消审批；对取消审批后有关部门需及时准确获得相关信息，以更好开展行业引导、制定产业政策和维护公共利益的行政审批事项，改为备案；对暂时不能取消审批，但通过事中事后监管能够纠正不符合审批条件行为的行政审批事项，实行告知承诺；对关系国家安全、公共安全、金融安全、生态安全和公众健康等重大公共利益的行政审批事项，保留审批，优化准入服务。纳入第一批“证照分离”改革范围的涉企行政审批事项中，取消审批的有 2 项，改为备案的有 1 项，实行告知承诺的有 19 项，优化准入服务的有 80 余项。

二是统筹推进“证照分离”和“多证合一”改革。有效区分“证”“照”功能，市场主体凭营业执照即可开展一般经营活动，特定市场主体需持营业执照和许可证方可从事特定经营活动。通过“多证合一”改革尽可能整合到营业执照上，真正实现市场主体一‘照’一‘码’走天下。

三是加强事中事后监管。加快建立以信息归集共享为基础、以信息公示为手段、以信用监管为核心的新型监管制度。贯彻“谁审批、谁监管，谁主管、谁监

管”原则，避免出现监管真空。构建全国统一的“双随机”抽查工作机制和制度规范。

四是要加快推进信息归集共享。进一步完善全国和省级信用信息共享平台、国家企业信用信息公示系统，在更大范围、更深层次实现市场主体基础信息、相关信用信息、违法违规信息归集共享和业务协同，建立全国统一标准的企业法人单位基础信息资源库。

三、关于在全国推开“证照分离”的解读

《通知》中提出，本次改革的指导思想在于进一步厘清政府与市场关系，全面改革审批方式，创新政府管理方式。因此全面推行“证照分离”的意义首先在于为企业减负，进一步强化市场主体地位，充分释放市场活力，释放和激发企业创新动力，而这也是实现经济高质量发展的重要前提之一。“证照分离”同时也反映了加快政府职能转变，提供政府工作效率与监管效能的改革方向，从而为企业营造更加便利的营商环境。

“证照分离”改革的一个重要特征是对于事中尤其是事后监管的重视。“先照后证”简化了对企业市场准入的事前资质监管，与之相应的是转换为加强对企业在经营过程中的事中行为监管，具体而言则是通过全面推进“双随机、一公开”监管，逐步实现跨部门“双随机”联合抽查常态化，并建立完善惩罚性赔偿、“履职照单免责、失职照单问责”等制度。同时重视通过信息化手段加强事后监管，通过信用信息平台、信用信息公示系统、“黑名单”制度的建立，对失信企业主体进行威慑和必要惩处。

第二节　供水行业法规政策解读

《住房城乡建设部、国家发展改革委关于印发〈国家节水型城市申报与考核办法〉和〈国家节水型城市考核标准〉的通知》解读

一、出台背景

为全面贯彻党的十九大精神，落实国家节水行动要求，按照《国务院关于印

发水污染防治行动计划的通知》(国发〔2015〕17 号)、《全国城市市政基础设施建设“十三五”规划》确定的目标任务，加强对城市节水工作的指导，规范国家节水型城市申报与考核管理，住房和城乡建设部、国家发展改革委组织修订了《国家节水型城市申报与考核办法》和《国家节水型城市考核标准》。

二、核心内容

1. 申报和考核办法

适用于国家节水型城市的申报、考核、复查及管理。申报范围是设市城市。申报国家节水型城市，须通过省级节水型城市评估考核满一年(含)以上。被撤销国家节水型城市称号的城市，三年内不得重新申报。国家节水型城市申报考核工作每两年进行一次，接受申报年份为双数年；复查自命名当年起每四年进行一次。住房和城乡建设部、国家发展改革委在组织考核或复查评审当年的 6 月 30 日前受理申报或复查材料。

申报城市按照《国家节水型城市考核标准》要求进行自审，达标后分别报所在省、自治区住房城乡建设厅与发展改革委(经济和信息化委、工业和信息化厅)进行初审。省、自治区住房城乡建设厅与发展改革委(经济和信息化委员、工业和信息化厅)按照《国家节水型城市考核标准》进行审核，提出初审意见，对初审总分达 90 分以上的城市，可联合上报住房和城乡建设部、国家发展改革委。直辖市自审达标后，申报材料报住房和城乡建设部、国家发展改革委。

住房和城乡建设部、国家发展改革委负责组建国家节水型城市考核专家委员会，其成员由管理人员和技术人员组成。国家节水型城市考核专家委员会负责对申报城市进行创建工作技术指导、申报材料预审、现场考核及综合评审等具体工作。参与申报城市所在省、自治区组织的省内初审工作，或为申报城市提供技术指导的专家，原则上不能参与住房和城乡建设部、国家发展改革委组织的对该申报城市的现场考核。申报城市要实事求是准备申报材料，数据资料要真实可靠，不得弄虚作假；若发现造假行为，取消当年申报资格。申报城市要严格按照有关廉政规定协助完成考核工作。国家节水型城市考核和复查的日常工作由住房和城乡建设部城市建设司负责。考核工作程序为申报材料预审、现场考核、综合评审、公示、通报命名。

2. 国家节水型城市考核标准

基本条件要求：法规制度健全、城市节水机构依法履责、建立城市节水统计制度、建立节水财政投入制度、全面开展创建活动。基础管理指标：城市节水规划、海绵城市建设、城市节水资金投入、计划用水与定额管理、自备水管理、节水“三同时”管理、价格管理。技术考核指标中的综合节水指标：万元 GDP 用水量、城市非常规水资源利用、城市供水管网漏损率。技术考核指标中的生活节水指标：节水型居民小区覆盖率、节水型单位覆盖率、城市居民生活用水量、节水器具普及、特种行业用水计量收费率。技术考核指标中的工业节水指标：万元工业增加值用水量、工业用水重复利用率、工业企业单位产品用水量、节水型企业覆盖率。技术考核指标中的环境生态节水指标：城市水环境质量。

三、主要评价

修订后的《国家节水型城市申报与考核办法》和《国家节水型城市考核标准》，是从当前中国城市节水实际出发，充分考虑节水型城市建设以及新形势下对海绵城市建设的新要求，修订后的办法与标准更有助于节水型城市的甄选，形成了有效的退出机制，对节水型城市监管下属节水型企业，提升居民节水动能等具有重要的推动作用。同时，有助于加大城市基础设施领域补短板力度，推动城市的高质量发展。

《住房和城乡建设部办公厅〈关于做好2018年全国城市节约用水宣传周工作的通知〉》解读

一、出台背景

为全面贯彻习近平总书记关于节水优先方针的重要论述，落实党的十九大关于实施国家节水行动的部署，决定于2018年5月13日至19日开展全国城市节约用水宣传周活动，活动主题为“实施国家节水行动，让节水成为习惯”。节水宣传是实现节水目标的主要途径，对推动我国城市居民和企事业单位实现有效节水具有重要意义。为此，住房和城乡建设部办公厅出台了《关于做好2018年全国城市节约用水宣传周工作的通知》。

二、核心内容

1. 明确宣传重点

（1）以习近平新时代中国特色社会主义思想为指导，宣传“推进资源全面节约和循环利用，实施国家节水行动，降低能耗、物耗，实现生产系统和生活系统循环链接”的节水战略；宣传“节水优先、空间均衡、系统治理、两手发力”“以水定城、以水定地、以水定人、以水定产”“加强需求管理，把水资源、水生态、水环境承载力作为刚性约束，贯彻落实到改革发展稳定各项工作中”的节水理念；宣传“倡导简约适度、绿色低碳的生活方式，反对奢侈浪费和不合理消费”“树立节约用水就是保护生态、保护水源就是保护家园的意识”“深入开展节水型城市建设，使节约用水成为每个单位、每个家庭、每个人的自觉行动”的节水意识。

（2）要加大宣传节水型小区、节水型企业、节水型公共机构、节水型校园建设成效，以及节水先进工作和节水家庭事迹等，让人民群众有参与节水的自豪感；宣传海绵城市建设推进雨水利用、黑臭水体整治、污水再生利用、自然水循环系统恢复、供水管网漏损控制体系构建等，提高人民群众对城镇节水工作的满意度；宣传城镇节水有关法律法规、政策标准和节水科技，推广日常生活节水技巧、科学用水知识和节水科技产品，消除水龙头上的浪费，让人民群众有获得感。

（3）从现在到 2020 年是全面建成小康社会的决胜期，同时也面临着水资源短缺、水生态破坏、水环境污染和水时空分布不均等新老问题交织的多重压力。要加强宣传城镇节水工作的紧迫性，使全社会认识到挖掘城镇节水潜力、提升用水效率、提高优质水生态产品供给水平和供给能力的重要性。

（4）节水型城市建设是落实绿色发展理念、提升城市品质、转变生产生活方式、促进减排和资源能源节约的重要抓手。要加强对 2018 年修订印发的《国家节水型城市考核标准》宣传培训，组织开展对标工作，将工作任务分解细化，落实到每个部门、每个单位、每个社区，让每个家庭、每个人都积极参与到国家节水型城市建设。

2. 加强宣传周活动的组织领导

各省级住房和城乡建设（城镇节水）主管部门要组织指导本地区抓紧开展主题鲜明、形式多样、内容丰富、覆盖面广的宣传活动。各地创建国家节水型城市领导小组和城市节水管理部门要发挥好街道、社区及行业协会等社会组织的作用，主动与教育、经济、卫生、旅游等主管部门及妇联和文明办等单位合作，组织好贴近家庭、单位和个人的节水宣传活动，指导督促政府机关单位发挥节水工作带头作用。

要充分利用广播、电视、报纸、网络、微信公众号等载体，开展节水进社区、进校园、进企业等宣传活动，增强广大市民节水和科学用水意识。宣传活动要贴近百姓，能够体现群众获得感，便于群众了解水资源稀缺性与节水重要性、获取日常节水小知识与小技巧，便于群众在生活、生产和消费等各环节参与城镇节水，让节水成为一种习惯。

3. 扎实做好城镇节水工作

各省级住房和城乡建设（城镇节水）主管部门要增强城镇节水工作的责任感和紧迫感，以宣传周活动为契机，以更大的力度、更实的措施推动城镇节水工作，推动绿色发展。落实国家节水行动有关要求，强化规划引领，统筹规划建设节水相关市政公用设施。推进海绵城市建设，结合黑臭水体整治和水生态改善，推进污水再生利用和雨水利用；建设节水型城市，缺水城市要率先达到国家节水型城市标准要求。加快落实“水十条”确定的目标任务，推进供水管网分区计量管理，构建漏损管控体系；加强节水器具推广。加强城镇节水基础管理，抓好计划用水与超定额累计加价管理，实施居民生活用水阶梯水价，加强合同节水管理、节水“三同时”、用水计量、节水统计等工作。

三、主要评价

住房和城乡建设部办公厅出台了《关于做好2018年全国城市节约用水宣传周工作的通知》对宣传党的十九大精神和习近平总书记关于节水优先的重要论述，增强各主体做好城镇节水的自觉性，宣传城镇节水成效，突出群众参与的自豪感和获得感，宣传城镇节水工作紧迫性，促使全社会重视城镇节水，宣传节水型城市建设标准，推动全社会参与节水型城市建设具有重要的推动作用。

第三节 排水与污水处理行业法规政策解读

《关于创新和完善促进绿色发展价格机制的意见》解读

一、出台背景

党的十九大报告指出，要加快生态文明体制改革，建设美丽中国。2018年5月，全国生态环境保护大会在北京召开，大会对加强生态环境保护、打好污染防治攻坚战作出部署，强调要提高环境治理水平，要充分运用市场化手段，完善资源环境价格机制。为深入学习贯彻习近平生态文明思想，认真落实全国生态环境保护大会精神，助力打好污染防治攻坚战，促进生态文明和美丽中国建设，2018年6月21日，国家发改委印发《关于创新和完善促进绿色发展价格机制的意见》（发改价格规〔2018〕943号）（以下简称《意见》），旨在充分运用市场化手段，完善资源环境价格机制，推进生态环境保护市场化进程，更好地发挥价格杠杆引导资源优化配置、实现生态环境成本内部化、促进全社会节约、加快绿色环保产业发展的积极作用，进而促进绿色发展和生态文明建设。

二、核心内容

《意见》共包括七个部分，指出了创新和完善促进绿色发展价格机制的重要意义，明确了促进绿色发展价格机制的总体要求和政策落地保障，特别是聚焦了污水处理收费、固废处理收费、水价、电价等四个方面，针对性地提出了完善四类资源环境价格机制促进绿色发展的实施路径和重点举措。

（1）完善污水处理收费政策。《意见》明确将污泥处置成本纳入污水处理费的补偿覆盖范围，要求建立城镇污水处理费动态调整机制，污水处理费标准将依据定期评估结果动态调整。创新性地提出建立企业污水排放差别化收费机制，鼓励地方根据企业排放污水中主要污染物种类、浓度、环保信用评级等，合理设置污染物浓度分档和差价标准，分类分档制定差别化收费标准。针对农村污水处理快速发展面临的资金瓶颈，探索建立污水处理农户付费制度，综合考虑村集体经济状况、农户承受能力、污水处理成本等因素，合理确定付费标准。对于政府以购买服务的方式支付的污水处理服务费，要求健全市场化形成机制，通过招投标等市场竞争方式形成污水处理服务费标准，并建立污水处理服务费收支定期报告制度，每年定期上报收支状况，为调整完善污水处理费标准提供参考。

（2）健全固体废物处理收费机制。《意见》要求建立健全城镇生活垃圾处理收费机制，到2020年底前，全国城市及建制镇全面建立生活垃圾处理收费制度。为激励垃圾分类和减量化，要求对非居民用户推行垃圾计量收费，并实行分类垃圾与混合垃圾差别化收费等政策，提高混合垃圾收费标准。与农村污水处理收费制度设计类似，探索建立农村垃圾处理收费制度，综合考虑当地经济发展水平、农户承受能力、垃圾处理成本等因素，合理确定垃圾处理收费标准。为提高危险废物处置能力，《意见》引入了市场化定价机制，区分了医疗废物、工业危废和社会源危废，在确保危废安全处置和全流程监控的前提下，允许危废处置收费标准实行协议定价的方式。

（3）建立有利于节约用水的价格机制。《意见》要求完善城镇供水价格形成机制，建立充分反映供水成本、激励提升供水质量的价格形成和动态调整机制，逐步将居民用水价格调整至不低于成本水平。对于非居民用水，全面推行城镇非居民用水超定额累进加价制度，进一步拉大特种用水与非居民用水的价差。深入推进农业水价综合改革，全面实行超定额用水累进加价，并同步建立精准补贴和节水奖励机制。农业水价综合改革试点地区要将农业水价一步或分步提高到运行维护成本水平，有条件的地区提高到完全成本水平。为鼓励再生水利用，要求按照与自来水保持竞争优势的原则确定再生水价格，推动园林绿化、道路清扫、消防等公共领域使用再生水。

(4) 健全促进节能环保的电价机制。《意见》要求完善差别化电价政策，严格落实铁合金、电石、烧碱、水泥、钢铁、黄磷、锌冶炼等7个行业的差别电价政策，对淘汰类和限制类企业用电（含市场化交易电量）实行更高价格。完善峰谷电价形成机制，建立峰谷电价动态调整机制，进一步扩大销售侧峰谷电价执行范围，扩大高峰、低谷电价价差和浮动幅度，引导用户错峰用电，鼓励市场主体签订包含峰、谷、平时段价格和电量的交易合同。为促进环保行业发展，《意见》要求2025年底前，对实行两部制电价的污水处理企业用电、电动汽车集中式充换电设施用电、港口岸电运营商用电、海水淡化用电，免收需量（容量）电费。

三、主要评价

《意见》围绕损害群众健康的突出环境问题，紧扣打赢蓝天保卫战、城市黑臭水体治理、农业农村污染治理等标志性战役，重点聚焦污水垃圾处理、节水节能、大气污染治理等重点领域的价格形成机制，是对现行资源环境价格政策的有益补充。目前我国对固体废物处理收费、水价改革、电价改革等都没有明确的法规或中央文件进行规范和指导，《意见》的出台，明确了这些领域当前和今后一个时期价格改革工作的方向、重点和举措。

《意见》着力建立健全能够充分反映市场供求和资源稀缺程度、体现生态价值和环境损害成本的资源环境价格机制，力图将生态环境成本纳入经济运行成本。在价格机制设计上，坚持激励约束并重、因地分类施策的原则，支持各地针对城乡、区域、行业、不同主体实际，结合本地资源禀赋条件、污染防治形势、产业结构特点以及社会承受能力等，研究制定符合绿色发展要求的具体价格政策。然而，《意见》中对碳排放权交易、可再生能源强制配额和绿证交易制度等绿色价格政策尚未形成具体政策，仅仅在《意见》中略有提及，下一步可对这些问题进行专题调研，出台专门的针对性政策文件，更好促进生态文明建设和绿色发展。

《城市黑臭水体治理攻坚战实施方案》解读

一、出台背景

根据2015颁布的《水污染防治行动计划》的要求，到2020年，地级及以上城市建成区黑臭水体均控制在10%以内，到2030年，城市建成区黑臭水体总体得到消除。因此，城市黑臭水体整治成为地方各级人民政府改善城市人居环境工作的重要内容，并取得了积极进展、成效显著，但完成2020年的控制性目标依然任务艰巨。2018年5月，全国生态环境保护大会明确提出要把解决突出生态环境问题作为民生优先领域，要求基本消灭城市黑臭水体，还给老百姓清水绿岸、鱼翔浅底的景象。为巩固近年来治理成果，加快改善城市水环境质量，2018年9月，住房和城乡建设部、生态环境部联合颁布《城市黑臭水体治理攻坚战实施方案》（建城〔2018〕104号）（以下简称《方案》），确保用3年左右时间使城市黑臭水体治理明显见效，扎实打好水污染防治攻坚战。

二、核心内容

《方案》共包括五个部分，明确了城市黑臭水体治理的指导思想和基本原则，细化分解了黑臭治理的年度目标，具体部署了包括工程建设、长效机制和监督检查等三方面的任务，并通过责任落实、部门分工、资金支持等方面，提出了城市黑臭水体治理的保障措置。

（1）明确城市黑臭水体治理的总体要求。《方案》提出了“系统治理、有序推进，标本兼治、重在治本”的原则，明确要求各地全面整治城市黑臭水体，加快补齐城市环境基础设施短板，确保用3年左右时间使城市黑臭水体治理明显见效。在总体目标的基础上，《方案》进一步细化了年度的目标要求，到2018年底，直辖市、省会城市、计划单列市建成区黑臭水体消除比例高于90%；到2019年底，其他地级城市建成区黑臭水体消除比例显著提高，到2020年底达到90%以上。对一些重点区域，京津冀、长三角、珠三角，鼓励其尽早全面消除城市建成区黑臭水体。

（2）加快实施城市黑臭水体治理工程。《方案》提出了系统治理的工程建设任务，要统筹好上下游、左右岸、地上地下，一方面要重点抓好控源截污、内源治理，将入河的污染源都查清、控制住，另一方面要加强生态修复和活水保质，加强水体的自净能力，有效改善城市黑臭水体反弹的问题。其中，控源截污工程包括：推动城市建成区污水管网全覆盖、全收集、全处理以及老旧污水管网改造和破损修复；深入开展入河湖排污口排查、整治；削减合流制溢流污染；强化工业企业污染控制和农村农业污染控制。内源治理工程包括：科学实施清淤疏浚；加强水体及其岸线的垃圾治理。生态修复工程包括：加强水体生态修复，强化沿河湖园林绿化建设，营造岸绿景美的生态景观；综合采取“渗、滞、蓄、净、用、排”方式建设海绵体，减少径流污染。活水保质包括：合理调配水资源，恢复水体生态基流；推进再生水、雨水用于河道生态补水。

（3）建立城市黑臭水体治理的长效机制。为避免黑臭反弹，《方案》更加侧重机制建设，让地方建立长效机制，达到“长治久清”的目标要求。一是严格落实河长制、湖长制，明确城市建成区内河湖的河长、湖长，并加强巡河管理，着力解决违法排污的问题，从源头控制污染物进入水体；二是加快推行排污许可证制度。强化城市建成区内排污单位污水排放管理，按行业、地区、时限核发排污许可证，严厉打击偷排漏排。2019 年底前，地级及以上城市建成区全面实现污水处理厂持证排污，36 个重点城市建成区要求提前一年完成；三是强化运营维护。逐步建立以 5～10 年为一个排查周期的管网长效管理机制，推进城市排水企业实施“厂-网-河湖”一体化运营管理机制，建立和完善城市排水管网地理信息系统，严格城市生活污水处理设施运营监管。

（4）强化城市黑臭水体治理的监督检查和保障。2018 年生态环境部和住房和城乡建设部联合开展了城市黑臭水体整治环境保护专项行动，促进了城市黑臭水体治理工作，《方案》明确在今后两年会继续开展专项行动，按照排查、交办、核查、约谈、专项督察“五步法”，形成以地市治理、省级检查、国家督查三级结合的专项行动工作机制。同时定期开展水质监测，于 2018 年底前，对已完成治理的黑臭水体开展包括透明度、溶解氧（DO）、氨氮（NH_3-N）、氧化还原电位（ORP）等四项指标在内的水质监测，并要求每年第二、三季度各监测一次。最后，《方案》从组织领导、责任追究、资金支持、优化审批、信用管理、科技支撑、公众参与等六个方面完善了城市黑臭水体治理的保障措施。特别是明确了城市党委和政府主要负责人是黑臭水体整治的第一责任人，并延续了《水污染防治行动计划》的总体分工要求，细化了具体的工作任务，由单部门治水转变为各部门协同治水。

三、主要评价

《方案》在距 2020 年中期目标完成还有 2 年多的时间节点颁布，既是对前三年治水成效的总结，更是对后两年治水攻坚战吹响冲锋号。针对困扰黑臭治理的两大突出问题：一是城市黑臭水体整治面临反弹的风险，二是城市黑臭水体整治资金压力大，《方案》紧密围绕打好污染防治攻坚战的总体要求，全面整治城市黑臭水体，加快补齐城市环境基础设施短板，更加侧重机制建立，力求通过这次攻坚战，让地方建立起长效机制，达到“长治久清”目标要求。《方案》与已出台的相关文件做了充分衔接，同时，结合近 3 年在推进城市黑臭水体治理工作中取得的经验，进一步突出重点、精准发力。既有集中力量打歼灭战的工程任务，又有久久为功打持久战的机制设计；既有对工程建设的具体指导，也有体制机制上的创新突破；既有对已经整治完成的水体如何巩固成果的要求，也有对尚未完成整治的水体如何推进整治的要求。

第四节　垃圾处理行业法规政策解读

《“无废城市”建设试点工作方案》解读

一、出台背景

我国是世界上人口最多、产生固体废物量最大的国家，固体废物产生强度高、利用不充分，全国每年新增固体废物100多亿吨，历史堆存总量高达600～700亿吨，根据生态环境部2018年12月公布的《2018年全国大、中城市固体废物污染环境防治年报》，全国大、中城市一般工业固体废物产生量为13.1亿吨，工业危险废物产生量为4010.1万吨，医疗废物产生量为78.1万吨，生活垃圾产量为20194.4万吨，部分城市“垃圾围城”问题十分突出，与人民日益增长的优美生态环境需要还有较大差距。

党中央、国务院高度重视固体废物管理工作。习近平总书记多次做出重要指示批示，提出明确要求。2019年1月21日，国务院办公厅发布《关于印发“无废城市”建设试点工作方案的通知》（国办发〔2018〕128号），要通过“无废城市”建设试点，统筹经济社会发展中的固体废物管理，大力推进源头减量、资源化利用和无害化处置，坚决遏制非法转移倾倒，探索建立量化指标体系，系统总结试点经验，形成可复制、可推广的建设模式。

党的十八大以来，相关部门分别组织开展了一系列固体废物回收利用的试点。如国家发展改革委牵头开展的循环经济示范城市（县）、资源综合利用“双百工程”餐厨废弃物资源化利用和无害化处理试点建设；工业和信息化部组织开展的工业固体废物综合利用基地建设；农业农村部开展的畜禽粪污资源化利用、农作物秸秆综合利用试点、农膜回收试点等；住房和城乡建设部实施的城市生活垃圾强制分类、建筑垃圾治理试点；商务部开展了再生资源回收体系建设试点。这些试点对于推动各类固体废物减量化、资源化和无害化发挥了重要作用，为开展综合性的“无废城市”建设试点奠定了良好基础。

二、核心内容

1. “无废城市”概念的阐释与现阶段目标

“无废城市”是以创新、协调、绿色、开放、共享的新发展理念为引领，通过推动形成绿色发展方式和生活方式，持续推进固体废物源头减量和资源化利用，最大限度减少填埋量，将固体废物环境影响降至最低的城市发展模式。“无废城市”并不是没有固体废物产生，也不意味着固体废物能完全资源化利用，而是一种先进的城市管理理念，旨在最终实现整个城市固体废物产生量最小、资源化利用充分、处置安全的目标，需要长期探索与实践。现阶段，要通过“无废城市”建设试点，统筹经济社会发展中的固体废物管理，大力推进源头减量、资源化利用和无害化处置，坚决遏制非法转移倾倒，探索建立量化指标体系，系统总结试点经验，形成可复制、可推广的建设模式。

2. 生活垃圾减量的举措与预期目标

践行绿色生活方式，推动生活垃圾源头减量和资源化利用。以绿色生活方式为引领，促进生活垃圾减量。通过发布绿色生活方式指南等，引导公众在衣食住行等方面践行简约适度、绿色低碳的生活方式。支持发展共享经济，减少资源浪费。限制生产、销售和使用一次性不可降解塑料袋、塑料餐具，扩大可降解塑料产品应用范围。以餐饮企业、酒店、机关事业单位和学校食堂等为重点，创建绿色餐厅、绿色餐饮企业，倡导“光盘行动”。促进餐厨垃圾资源化利用，拓宽产品出路。加快推进快递业绿色包装应用，到 2020 年，基本实现同城快递环境友好型包装材料全面应用。同时推动公共机构无纸化办公。在宾馆、餐饮等服务性行业，推广使用可循环利用物品，限制使用一次性用品。创建绿色商场，培育一批应用节能技术、销售绿色产品、提供绿色服务的绿色流通主体。

3. 全面落实生活垃圾收费制度，强化信息公开

建设资源循环利用基地，加强生活垃圾分类，推广可回收物利用、焚烧发电、生物处理等资源化利用方式。垃圾焚烧发电企业实施“装、树、联”（垃圾焚烧企业依法依规安装污染物排放自动监测设备，在厂区门口树立电子显示屏实时公布污染物排放和焚烧炉运行数据，自动监测设备与生态环境部门联网），强化信息公开，提升运营水平，确保达标排放。

4. 发展“互联网＋”固体废物处理产业，提升监管水平

推广回收新技术新模式，鼓励生产企业与销售商合作，优化逆向物流体系建设，支持再生资源回收企业建立在线交易平台，完善线下回收网点，实现线上交废与线下回收有机结合。建立政府固体废物环境管理平台与市场化固体废物公共交易平台信息交换机制，充分运用物联网、全球定位系统等信息技术，实现固体

废物收集、转移、处置环节信息化、可视化，提高监督管理效率和水平。

5. 积极培育第三方市场

鼓励专业化第三方机构从事固体废物资源化利用、环境污染治理与咨询服务，打造一批固体废物资源化利用骨干企业。以政府为责任主体，推动固体废物收集、利用与处置工程项目和设施建设运行，在不增加地方政府债务前提下，依法合规探索采用第三方治理或政府和社会资本合作（PPP）等模式，实现与社会资本风险共担、收益共享。

6. 对试点城市的要求

试点城市负责编制“无废城市”建设试点实施方案，明确试点目标，确定任务清单和分工，做好年度任务分解，明确每项任务的目标成果、进度安排、保障措施等。实施方案按程序报送生态环境部，经生态环境部会同有关部门组织专家评审通过后实施。2019 年上半年，试点城市政府印发实施方案。

7. 2020 年需达成的目标

到 2020 年，系统构建“无废城市”建设指标体系，探索建立“无废城市”建设综合管理制度和技术体系，试点城市在固体废物重点领域和关键环节取得明显进展，大宗工业固体废物贮存处置总量趋零增长、主要农业废弃物全量利用、生活垃圾减量化资源化水平全面提升、危险废物全面安全管控，非法转移倾倒固体废物事件零发生，培育一批固体废物资源化利用骨干企业。

三、主要评价

继“文明城市”“园林城市”“森林城市”之后，“无废城市”的创建，是理念创新也是发展思维的创新，是我国首创，国际上只有一些相似的理念，如日本推进的建设循环经济社会基本规划，欧盟委员会先后发布的“迈向循环经济：欧洲零废物计划”“循环经济一揽子计划”，新加坡提出的迈向“零废物”的国家愿景等。尽管提法不尽相同，但核心都是为了建设一种新的经济体系和社会发展模式，从根本上解决自然资源瓶颈，以及废物处置对稀缺土地资源的占用问题。

从试点内容看，“无废城市”建设试点更加强调在补齐短板的前提下，协同推进，提升全市域固体废物综合管理水平。在突出不同固体废物特殊性的同时，更加强调系统集成。在具体举措上，主要围绕理顺城市层面固体废物污染防治与循环利用的体制和长效机制下功夫，包括建立部门责任清单，集成国家单项试点可推广应用的制度、机制和模式，探索建立固体废物综合管理制度和技术体系。

建设“无废城市”将重塑城市环保生态，大幅度提升老百姓的幸福指数，构筑新的产业经济增长源头，需要城市管理者构建新的发展思维，对每个城市都是新起点。同时，建设‘无废城市’需要细化的政策法规提供支撑，财政方面也要给予倾斜，固废资源化的法规体系，还要加强细则操作。在废弃物资源化利用过程中，还要加强环境污染防治、环境风险控制技术等规范，综合利用产品的环境健康风险治理控制等标准。

总体而言，开展“无废城市”建设试点是贯彻落实党的十九大精神和《中共中央国务院关于全面加强生态环境保护、坚决打好污染防治攻坚战的意见》的具体行动，是在城市层面推进固体废物领域生态文明体制改革、统筹解决经济社会发展与固体废物问题的有力抓手和有益探索，是提升生态文明、建设美丽中国的重要举措。

《关于进一步做好生活垃圾焚烧发电厂规划选址工作的通知》解读

一、出台背景

垃圾焚烧发电是城镇生活垃圾无害化、减量化、资源化利用的重要方式，是城市可持续发展的重要基础设施。新世纪以来，我国生活垃圾焚烧发电取得了较快发展，目前装机容量、发电量和垃圾处理量均居世界第一，但同时产业在规划选址、运行监测、污染物排放、市场秩序等方面依然存在一定制约因素，亟待解决。2017 年 12 月 12 日，国家发展改革委、住房和城乡建设部、国家能源局、环境保护部、国土资源部五部委联合印发了《关于进一步做好生活垃圾焚烧发电厂规划选工作的通知》(以下简称《通知》)，明确了“十三五”至“十五五”期间我国垃圾焚烧发电工程规划选址工作的重要意义、重点任务和保障措施，为优化产业布局、超前谋划选址、保障项目顺利实施、促进产业健康有序发展提供了重要指导。

二、核心内容

1. 科学制定生活垃圾焚烧发电中长期专项规划

《通知》要求，各省（区、市）发展改革委（能源局）会同相关部门，于 2018 年底前编制完成省级生活垃圾焚烧发电中长期专项规划。其中，专项规划须列明 2020 年前计划开工建设的具体项目，逐项明确建设规模、建设地点、建成时间、处理能力等；同时，还应提出 2030 年前拟建垃圾焚烧厂目标名单，包括建设规模、建设地点等内容，纳入新一版城市总体规划。

2. 超前谋划生活垃圾焚烧发电项目选址

《通知》明确，超前谋划生活垃圾焚烧发电项目选址，尽量远离生态保护红线区域，并严格按照《生活垃圾焚烧处理工程项目建设标准》要求，设定防护距离，明确四至边界，合理安排周边项目建设时序，不得因周边项目建设影响生活垃圾焚烧发电项目选址落地。同时，探索跨地市、跨省域生活垃圾焚烧发电项目建设，实现一定区域内共建共享。此外，纳入专项规划并拟于2020年前开工建设的具体项目，应在2018年前完成项目选址，明确建设地点；纳入专项规划并拟于2021～2030年开工建设的项目，应至少提前3年完成项目选址工作。

3. 加快推进专项规划项目落地实施，定期实施评估考核和专项规划调整

对纳入专项规划的生活垃圾焚烧发电项目，《通知》要求，有关部门应依据投资管理相关规定，加快组织项目审批或核准等前期手续。定期实施评估考核和专项规划调整，未按规定时限完成选址或无法继续实施的项目，应及时调整出专项规划；将已完成选址的新布局项目，列入专项规划。

4. 全面公开规划选址相关信息

各省（区、市）指导督促有关市（县）人民政府完善生活垃圾焚烧发电厂规划选址信息公开制度和信息共享机制，依法做好信息公开工作，及时向社会公开生活垃圾焚烧发电厂选址相关信息，鼓励公民、法人和其他组织积极参与。在专项规划编制过程中，要坚持开放透明，广泛征求社会各方面意见。专项规划编制完成后，依据法律法规和有关规定，及时向社会公开，接受社会监督，做好环境社会风险防范与化解相关工作。

5. 保障措施

为保障生活垃圾焚烧发电厂规划选址工作顺利开展，《通知》要求，有关单位将建立健全有利于生活垃圾焚烧发电厂规划选址的工作机制。各地区、有关部门要对生活垃圾焚烧发电厂规划选址工作给予政策支持。省级相关部门应进一步规范事前、事中和事后监管，增强专项规划实施和执行的约束力，项目选址确定后，禁止擅自改变用途，严格控制周边土地开发利用。

三、主要评价

《通知》提出科学编制垃圾焚烧发电中长期专项规划，以项目入库管理为手段，以国家可再生能源补贴资金支持等政策措施为抓手，统筹做好生活垃圾焚烧发电规划工作，推动项目顺利实施，切实保障产业健康有序发展。《通知》贯彻落实了十九大报告中关于“解决突出环境问题，促进生态文明建设”战略发展目标，是迄今为止我国生活垃圾焚烧发电规划选址管理工作中最权威、最系统和最具指导意义的文件，对促进行业可持续健康发展，为解决城乡垃圾等突出环境问题、建设美丽中国具有重要意义。

1. 对科学编制中长期专项规划提出要求

2017 年 7 月，国家能源局组织地方编制了垃圾焚烧发电五年规划，并印发了《关于可再生能源发展“十三五”规划实施的指导意见》(国能发新能〔2017〕31 号)，提出了垃圾焚烧发电“十三五”规划布局，明确在 30 个省（区、市）及新疆生产建设兵团布局 529 个垃圾焚烧发电项目，装机容量 1022 万千瓦，这是国家行业主管部门首次组织编制垃圾焚烧发电专项规划。由于缺乏指导和经验，很多地方按照层层上报方式来汇总形成专项规划，缺乏严格的资源分析和建设条件论证，科学性、严谨性不足，项目布局变更时有发生，部分项目落地较难，成为僵尸项目。本项政策的出台，可以促进相关研究机构和行业组织编制垃圾焚烧发电规划大纲，提出规划管理机制和办法，以指导地方科学合理编制专项规划。

2. 严格实行项目入库管理

国家行业主管部门加强行业管理信息化建设，以规划项目库为抓手，加强规划监管，作为后期项目享受中央预算内投资、国家可再生能源电价附加补贴资金等政策支持的重要依据。目前，国家可再生能源项目信息管理系统和电价附加补贴资金审核由国家可再生能源信息管理中心负责日常管理和维护，统筹做好规划项目和补贴资金审核工作。本《通知》未对填报信息管理系统规划库提出相关要求，日后可由各省（区、市）发改委（能源局）负责牵头组织和具体落实，按照项目不同推进阶段及时信息入库，入库后相关信息不得随意更改。

3. 建立定期考评、滚动调整机制

《通知》指出，由省级发展改革（能源）部门会同相关部门每年对专项规划的落实情况进行评估考核，并根据考核结果对相关规划项目及时进行调整，形成规划滚动调整机制和信息公开机制。《通知》未明确评估考核指标，可以重点监测建设规模、建设地点、规划选址落实、选址信息公开等指标，根据年度考核成果和规划库填报情况形成规划监测报告。根据项目推进情况，建立滚动调整机制，未完成选址或无法继续实施的项目，及时调整出专项规划，将已完成选址的新布局项目，列入专项规划，及时更新规划项目库。

4. 规范职能、协同监管

按照《通知》部署，发改能源部门牵头做好规划编制、项目中央预算内投资和电价补贴政策支持等工作，住房和城乡建设部门牵头做好项目选址论证工作，国土部门负责用地计划指标安排工作，环保部门负责环境影响评价工作，地方政府负责选址信息公开工作，虽然涉及部门较多，但分工明确、各司其职。加强了对规划的监管，强化了规划的严肃性和约束性，统筹做好相关工作，有效推动项目落地实施。

第五节 天然气行业法规政策解读

《油气管网设施公平开放监管办法》解读

一、出台背景

近年来，我国油气行业快速发展，上、下游市场主体多元化正在形成，各方对于深化油气领域市场化改革的意愿日益强烈、对油气管网设施公平开放的诉求越来越多。2014 年就发布了《油气管网设施公平开放监管办法（试行）》（国能监管〔2014〕84 号），经过几年探索，油气企业公平开放意识逐步增强、开放服务有所增多，但受管网设施建设和互联互通不充分、油气管网运营机制不完善等多方面因素影响，我国油气管网设施开放数量仍然较少，开放层次相对较低。2017 年 5 月，党中央、国务院印发了《关于深化石油天然气体制改革的若干意见》，明确提出要“完善油气管网公平接入机制，油气干线管道、省内和省际管网均向第三方市场主体公平开放”。2019 年 3 月 19 日，习近平总书记亲自主持召开了中央全面深化改革委员会第七次会议，审议通过了《石油天然气管网运营机制改革实施意见》，明确要求组建国有资本控股、投资主体多元化的石油天然气管网公司，推动形成上游油气资源多主体多渠道供应、中间统一管网高效集输、下游销售市场充分竞争的油气市场体系，而油气管网设施公平开放是管网运营机制改革的重要内容。因此，有必要抓紧出台《油气管网设施公平开放办法》，进一步改革机制、强化监管，更大力度地推动油气管网设施公平开放，更好地营造公平开放的制度环境，逐步破解制约公平开放的关键问题和实际困难，不断提高油气管网设施利用效率，加快油气市场多元竞争，提升资源接续保障能力和集约输送能力。

2019 年 5 月 24 日，国家发展改革委、国家能源局、住房和城乡建设部和市场监管总局四部门联合印发《油气管网设施公平开放监管办法》（发改能源规〔2019〕916 号）的通知，以提高油气管网设施利用效率，促进油气安全稳定供应，规范油气管网设施开放行为，维护油气管网设施运营企业和用户的合法权益。国家能源局《油气管网设施公平开放监管办法（试行）》（国能监管〔2014〕84 号）同时废止。

二、核心内容

《办法》的核心内容包括油气管网设施公平开放的基础条件、信息公开要求、公平开放的流程和监管等方面。

（一）油气管网设施公平开放的监管主体

在《办法》中明确规定能源局及其派出机构、地方能源、价格等有关部门之间的监管职责。国家能源局负责除城镇燃气设施以外的全国油气管网设施公平开放监管工作；负责海域和跨区域油气管网设施公平开放监管。国家能源局派出机构负责辖区内除城镇燃气设施以外的油气管网设施公平开放监管工作。省级人民政府发展改革、能源、价格等有关部门负责本行政区域内油气管网设施公平开放相关工作。

（二）油气管网设施运营企业有公平无歧视地向所有符合条件的用户提供服务的义务

这是油气管网运营机制改革的重要内容，也是《办法》规定的核心要求。油气管网设施运营企业无正当理由不得拖延、拒绝与符合开放条件的用户签订服务合同，不得提出不合理要求。但考虑到油气管网运营机制改革尚未到位前的现实情况，运销一体化的生产运营模式还将在一定时期、一定范围存在，《办法》同时做出了补充规定。

（三）油气管网设施运营企业信息公开

一是全面细化与公平开放相关必要信息的公开力度。油气管网设施运营企业应当公开油气管网设施基础信息、剩余能力、服务条件、技术标准、价格标准、申请和受理流程、用户需提交的书面材料目录、保密要求等。相关信息发生变化时，还应当及时更新；二是重点强化对油气管网设施服务能力的信息公开力度。除了将剩余能力信息纳入主动公开的范围外，还要求油气管网设施运营企业必须定期公布已经产生的交易信息。通过公开油气管网设施基础能力信息、剩余能力信息和已用能力信息，设计了完整的信息公开闭环管理规则，更好地促进信息公开透明，并形成有效的社会监督机制；三是强化对油气管网设施运营企业信息公开的服务力度。

（四）建立热值计量计价体系

为准确计量，体现优质优价和公平公正，减少结算纠纷，这有利于天然气行业的健康发展，也是推动油气管网设施公平开放的重要基础。目前，国内主要长输管道基础设施和各站点的计量设备配置基本齐全，设备的组分分析和物性参数设定基本能满足要求，我国相关基础条件已基本具备，有必要尽快推行。其中，实施能量计价是推行能量计量的关键因素。为推动相关配套政策完善，明确市场预期，《办法》同时规定自施行之日起 24 个月内建立能量计量计价体系。

三、主要评价

（一）《办法》进一步细化和完善了监管措施和要求

和 2014 年《油气管网设施公平开放监管办法（试行）》相比，《办法》进一步完善和细化了监管措施和监管要求。一是在章节结构方面，新版《办法》分 8 个章节，更加强调了规划建设、运销分离、互联互通等与公平开放密切相关的体制机制内容，章节之间逻辑体系更加严谨、条款联系更加紧密；二是在新设条款方面，围绕信息公开、天然气能量计量等实践中影响公平开放的突出问题和关键因素，新设了部分条款内容。例如，第十三条规定了天然气能量计量的要求，第十九条规定了交易服务信息公开的要求；三是在强化监管要求方面，突出强化了对剩余能力信息公开、合同签订及履行的监管。油气管网设施运营企业必须主动提前公开剩余能力，并实现按月度滚动更新，这与 2014 年《油气管网设施公平开放监管办法（试行）》规定的"剩余能力信息依申请公开"有较大调整，更便于用户了解开放信息，更大程度地推动公平开放。《办法》要求签订的服务合同应按照国家有关规定在"信用中国"网站备案（登记），同时针对管输能力占用、强制平衡措施等问题，对油气管网设施运营企业和用户双方都进行了具体约束。

（二）《办法》充分考虑了油气体制改革过渡期情况

由于中国油气管网运营机制改革目前尚未到位，油气运销一体化的生产运营模式还将在一定时期、一定范围存在，即油气体制改革还存在过渡期，《办法》第十二条明确了两款要求，一款是考虑油气管网公司组建等管网运营机制改革情况，要求油气管网设施的所有能力公平无歧视地向所有用户开放。另一款是兼顾油气企业现行生产运行模式，在油气管网运营机制改革到位前，油气管网设施可在保障现有用户现有服务的前提下，将其剩余能力向用户开放。但无论是何种开放模式，油气管网设施运营企业都应当履行《办法》规定的信息公开等相关责任和义务，都应当接受政府部门对其公平开放服务行为的监管。

（三）《办法》不适用于城镇燃气设施公平开放

《办法》适用范围为原油、成品油、天然气管道，液化天然气接收站，地下储气库等及其附属基础设施。公平开放城镇燃气设施，打通"公平开放的最后一公里"，有利于实现天然气上中下游全产业链条的开放和市场化交易。但目前城镇燃气设施普遍实施特许经营管理，建设运行具有其自身特性，考虑国内油气行业具有公共服务属性的基础设施情况及市场主体对公平开放的实际需求，《办法》明确城镇燃气设施公平开放执行相关法律法规规定，暂不纳入《办法》适用范围。

(四) 制定相关细则以进一步细化完善《办法》

《办法》中仍然存在一些需要进一步明确的问题，如关于油气设施剩余能力的计算没有细则与开放的标准。这也是一直以来油气管网实施公平开放的困难之源。关于如何认定相应的基础设施的剩余能力，且认定方法是否被行业、大众接受？都没有在办法中体现出来。还有民营的未核定气化管输费率的 LNG 接收站（具有进口能力的储备调峰站）是市场化定价还是政府定价不清晰。这些问题需要进一步通过相关细则予以明确和细化。

《国家发展改革委〈关于理顺居民用气门站价格〉的通知》解读

一、出台背景

天然气价格改革分步推进，近年来主要侧重于非居民用气，居民用气价格改革相对滞后，由中石油、中石化通过陆上管道供应的 25 个通气省份（西藏尚未通管道气）居民用气门站价格，自 2010 年以来一直未做调整，价格没有理顺，价格水平低于非居民用气。随着国内外市场形势变化和非居民用气价格改革深化，居民气价偏低的矛盾越来越突出：一是价格倒挂，不能反映成本。目前居民用气平均门站价格为每立方米 1.4 元左右，不仅低于进口气供应成本，也低于国产气供应成本。2006 年我国成为天然气净进口国以来，对外依存度快速攀升，2017 年已经接近 40%，居民气价倒挂，既不利于保障居民用气供应，也不利于天然气行业持续健康发展；二是价格缺乏弹性，不能反映供求变化。现行居民用气门站价格实行上限价格管理，价格机制缺乏弹性，不能灵敏反应市场供求变化特别是冬夏季节性差异，价格信号失真，不利于资源优化配置和高效节约使用；三是执行争议不断，加大监管难度。居民用气门站价格低于非居民，容易导致供需双方“钻空子”，实践中居民用气数量成为上游供气企业与下游燃气公司争论焦点，影响市场运行效率，也不利于政府监管。去年采暖季国内天然气供应紧张，凸显了居民气价偏低的矛盾，各方面普遍认为理顺居民气价势在必行。

基于此，国家发改委于 2018 年 5 月 25 日发布《国家发展改革委关于理顺居民用气门站价格的通知》（发改价格规〔2018〕794 号），抓住当前国内价格总水平相对平稳的有利时机，理顺居民用气门站价格、完善价格机制。

二、核心内容

理顺居民用气价格、完善价格机制，坚持市场化改革方向，坚持问题导向，坚持政策协同，在建立灵敏反映市场供求变化的弹性价格机制的同时，对低收入群体等给予适当补贴。方案主要包含四方面内容：

（一）理顺居民用气门站价格，建立反映供求变化的弹性价格机制

将居民用气由最高门站价格管理改为基准门站价格管理，价格水平按非居民用气基准门站价格水平安排。供需双方可以基准门站价格为基础，在上浮 20%、下浮不限的范围内协商确定具体门站价格，实现与非居民用气价格机制衔接。方案实施时门站价格暂不上浮，自 2019 年 6 月 10 日起允许上浮。目前居民与非居民用气门站价差较大的，此次最大调整幅度原则上不超过每立方米 0.35 元，剩余价差一年后适时理顺。门站价格理顺后，门站环节不再区分居民和非居民用气价格。同时，鉴于天然气增值税税率由 11%降低至 10%，统一按 10%税率安排天然气基准门站价格。

（二）推行季节性差价政策，鼓励市场化交易

供需双方充分利用弹性价格机制，形成灵敏反映供求变化的季节性差价体系，消费旺季可在基准门站价格基础上适当上浮，消费淡季适当下浮，引导用户旺季少用气、淡季多用气，促进削峰填谷。同时，鼓励企业通过上海、重庆石油天然气交易中心等平台进行公开透明交易，充分发挥市场机制作用，发现真实市场价格。

（三）各地合理疏导终端销售价格

居民用气门站价格理顺后，各地综合考虑居民承受能力、燃气企业经营状况和当地财政状况等因素，合理安排居民用气终端销售价格。

（四）对低收入群体等给予适当补贴

居民用气价格理顺后，对城乡低收入群体和北方地区农村“煤改气”家庭等给予适当补贴。补贴工作由地方政府承担主体责任，中央财政利用大气污染防治等现有资金渠道加大支持力度。

三、主要评价

此次在制定理顺居民用气价格的方案时，将对低收入群体等给予适当补贴作为其中重要的一个内容，对低收入群体和北方地区农村“煤改气”家庭等实施精准补贴。理顺居民用气门站价格，如果地方相应调整居民用气终端销售价格，会对居民生活产生一定影响，但同步实施了精准补贴等措施，影响也较小。

（一）对居民消费价格指数（CPI）影响很小

理顺居民用气门站价格涉及的气量只占国内消费总量的 15%左右，按终端销售价格最大提价幅度每立方米 0.35 元，2018 年 8 月份全部疏导测算，影响 2018 年 CPI 上升 0.02 个百分点左右。考虑到地方销售价格调价幅度低于 0.35

元，对 CPI 的影响会更小。

（二）对居民实际生活影响较小

由于各省门站价格调整幅度不一，因此相应各地终端销售价格调整幅度也不一样。对城镇居民家庭，每户每月基本生活用气 20 立方米左右，按最大调价幅度每立方米 0.35 元测算，每月增支 7 元左右；并且对城镇低收入群体，通过采取发放补助、提高最低生活保障标准等措施后，其基本生活不受影响。北方地区农村“煤改气”家庭，给予补贴后负担基本不增加。

（三）对各市场主体的影响

首先，利好上游资源型企业。民用气门站价格上调，直接利好上游资源型企业售气价格上涨，如中国石油、中国石化等。其次，对省级管网输配公司影响偏中性。省级管网公司将门站价上调部分传导至下游城市燃气分销商的程序相对简单，因此影响偏中性。再次，短期不利于下游城市燃气分销商，长期仍是利好。2018 年 6 月 10 日起居民用气成本上升，但终端销气价格传导要经历物价局核价以及听证程序，到 8 月底前仍有近 2 个月时间缩小价差。但对于通气较晚的省份（广东、广西、贵州、云南、福建等地），本身居民用气价格已基本理顺，受此次调价影响可以忽略。最后，利好储气设施行业公司。2019 年 6 月 10 日起，居民气价也将随市场化波动，储气设施的回报率将得到提升。

第六节 电力行业法规政策解读

《增量配电业务配电区域划分实施办法（试行）》解读[①]

2018 年 3 月 13 日国家发展改革委、国家能源局联合印发了《增量配电业务配电区域划分实施办法（试行）》（以下简称《实施办法》），引起了行业的广泛关注。为方便各方准确理解政策要求，推动增量配电业务配电区域划分工作顺利开展，本文就《实施办法》主要内容进行了解读。

一、出台背景

2015 年，《中共中央国务院关于进一步深化电力体制改革的若干意见》启动

① 摘改自：国家能源局资质中心有关负责人就《增量配电业务配电区域划分实施办法（试行）》答记者问。

了新一轮电力体制改革。2016 年、2017 年国家发展改革委、国家能源局陆续公布了两批增量配电业务改革试点项目。为做好试点项目电力业务许可证（供电类）颁发管理工作，推动试点项目落地，国家能源局资质中心组织开展了试点项目电力业务许可情况专题调研，并持续动态跟踪项目推进情况。调研发现，影响部分试点项目推进速度和部分建成项目取得电力业务许可证（供电类）的原因之一，是配电区域划分工作相对滞后、划分意见获取难度较大。国家发展改革委、国家能源局多次组织召开电力体制改革专题会，听取增量配电业务改革试点项目推进情况汇报，研究制定增量配电业务配电区域划分相关办法。

二、核心内容

《实施办法》明确了“增量配电业务配电区域”的定义；提出了配电区域划分的基本原则、责任分工及政策导向；规定了项目业主申请配电区域划分时需提供的资料以及地方相关主管部门划分配电区域的依据、办理流程和办理期限；并对非本区域配电网运营主体所有存量配电网资产的处置方式提出了指导意见。可以说，《实施办法》形成了一套系统完备、分工明确、可操作性较强的配电区域划分办法，为增量配电业务配电区域划分提供了政策支撑和制度遵循，为增量配电业务改革试点项目落地创造了条件。

（一）配电区域划分应遵循的原则

配电区域划分应坚持公平公正、安全可靠、经济合理、界限清晰、责任明确的基本原则。在一个配电区域内，只能有一家售电公司拥有该配电网运营权。

具体而言，配电区域首先强调地理的概念，原则上应按照地理范围或行政区域划分，具有清晰的边界，尽量避免出现重复建设和交叉供电，主要目的是确保普遍服务和保底供电服务落到实处，也是与《关于推进售电侧改革的实施意见》、《售电公司准入与退出管理办法》等政策文件中强调“区域”的概念保持一致。

政策导向方面，增量配电业务须符合国家电力发展战略及产业政策，鼓励以满足可再生能源就近消纳为主要目标的增量配电业务。《实施办法》同时提出，不得依托燃煤自备电厂建设增量配电网，一是为了落实深化供给侧结构性改革要求，防范化解煤电产能过剩风险，避免借增量配电业务改革的名义上马煤电项目；二是防止部分地方以规避社会责任为代价营造成本优势。

技术标准方面，增量配电业务应符合省级配电网规划，并满足国家和行业对电能配送的有关规定及标准要求。

（二）配电区域划分的依据

对于国家发展改革委、国家能源局公布的各类能源行业示范项目中已包含增量配电业务并明确供电范围的，配电区域原则上与其保持一致，从而保证国家层面政策文件的延续性和统一性，为示范项目落地创造条件。如《国家发展改革委 国家能源局关于印发新能源微电网示范项目名单的通知》等文件明确了示范项目的供电范围，划分配电区域时应与其保持一致。

对于以满足可再生能源就近消纳为主要目标的增量配电业务，依据其可再生能源供电范围、电力负荷等情况划分配电区域，鼓励可再生能源的就近消纳。

对于其他增量配电业务，配电区域划分的依据主要包括五个方面：一是配电网规划有关情况；二是增量配电业务项目业主确定情况；三是配电网覆盖范围及产权归属情况；四是配电网是否满足国家及行业对电能配送的有关规定和标准要求，在考虑外部电网的互联后能否实现电力平衡和电量平衡；五是增量配电业务配电区域划分前，配电网运营单位与电网企业签订的供用电合同、电网接入意向或历史形成的实际供用电约定文件。

（三）配电区域划分的责任主体

《实施办法》第四条明确提出“地方政府确认的主管部门负责配电区域的划分”，即各地负责配电区域划分的主管部门由地方政府确认。

配电区域划分的责任主体按照从工作实际出发、切实推动改革的原则，经多次座谈研讨、征求多方意见后确定。根据《有序放开配电网业务管理办法》第七条有关规定，增量配电项目的供电范围可由地方政府能源管理部门确定。同时，鉴于目前各地负责增量配电业务配电区域划分的部门不统一，部分地区由经信委（工信委、工信厅）等单位开展，《实施办法》结合工作实际，提出由地方政府确认的主管部门负责增量配电业务配电区域的划分工作，旨在保持工作的延续性，切实保障政策落地。

此外，为落实简政放权有关精神，《实施办法》未限定负责配电区域划分的地方政府部门的层级，给予了地方政府充分的自主空间，有助于各地结合自身实际，科学高效开展配电区域划分工作。

（四）配电区域划分工作在增量配电业务推进过程中的环节

《实施办法》第十条规定“地方相关主管部门应当在配电网规划、项目论证、项目业主确定、项目核准（备案）等环节明确具有清晰地理边界的配电区域，出具配电区域划分意见”。也就是说，地方相关主管部门可以在编制配电网规划时即明确增量配电业务的配电区域，也可以在增量配电项目的论证、业主确定、核准（备案）等环节中的任一环节明确其配电区域。

《实施办法》第十一条是对第十条的补充，旨在为项目业主已确定，但配电区域仍未明确的增量配电项目提供配电区域划分解决途径，即项目业主可向地方相关主管部门补充提出配电区域划分申请，提高了《实施办法》的可操作性。

（五）配电区域划分相关各方应配合开展的工作

增量配电业务项目业主向地方相关主管部门提出划分配电区域申请时，应提供完备的申请资料，具体包括：法人营业执照、增量配电业务项目业主确定材料、配电区域基本状况、配电区域划分协商情况及存在的主要争议、主张的配电区域划分方案及论证依据等。

根据前期工作经验，已确定项目业主但未明确配电区域的项目可能在配电区域划分方面存在一定争议。为了实现公正科学地划分配电区域，确保配电网长期稳定运行，地方相关主管部门将广泛征求配电区域划分相关方对申请方所主张划分方案的意见，相关方应客观、准确地反馈相关意见建议；当需要补充收集材料或开展现场调查时，配电区域划分相关各方（含申请方）应做好配合工作。

此外，为防止配电区域划分争议扩大，确保相关各方配电网资产的及时厘清，在地方相关主管部门收到配电区域划分申请至正式出具配电区域划分意见期间，配电区域划分相关各方（含申请方）原则上不得在相关配电区域内进行配电网施工建设。

（六）电力业务许可证（供电类）核发与配电区域划分的关系

在《有序放开配电网业务管理办法》、《电力业务许可证管理规定》等政策文件的基础上，《实施办法》第四条再次明确“国家能源局派出监管机构负责向增量配电业务项目业主颁发电力业务许可证（供电类）并在许可证中载明配电区域。”

增量配电业务项目业主按照有关规定申请电力业务许可证（供电类）时，国家能源局派出监管机构将以地方相关主管部门出具的配电区域划分意见为主要依据，在电力业务许可证（供电类）中载明配电区域。对于申请时已满足其他许可条件，但未取得配电区域划分意见的增量配电项目，本着切实推动改革的原则，国家能源局派出监管机构可参考企业间自主达成的配电区域划分协议等材料，根据项目核准内容、电网实际覆盖范围，并综合考虑电网结构、电网安全、供电能力、供电质量、供电的经济合理性等因素，在电力业务许可证（供电类）中载明配电区域。许可证具体颁发管理办法按照《国家能源局关于对拥有配电网运营权的售电公司颁发管理电力业务许可证（供电类）有关事项的通知》中有关规定执行。

（七）非本区域配电网运营主体所有的存量配电网资产运营权

《实施办法》已明确配电区域原则上应按照地理范围或行政区域划分。配电区域划分后，配电区域内难免会存在由非本区域配电网运营主体投资建设并运营的存量配电网资产。《实施办法》在第四章首先明确了拥有配电网运营权的售电公司依法享有所辖配电区域配电网投资建设及经营管理的权利。为确保权责清晰，电力社会普遍服务、保底供电服务落到实处，提出存量资产产权单位可通过资产入股、出售、产权置换、租赁等处置方式，厘清配电网资产运营权。

本着节约资源的原则，《实施办法》设置了例外条款，即对于配电区域内，主要电源为其他配电网运营企业专线（专变）供电的电力用户，供电方式可维持不变（保留用户的选择权）。此例外只适用于专线（专变）供电的情况，电力用户自主选择维持原有供电方式不变，且此专线（专变）不可再扩展其他电力用户。

（八）《实施办法》的有效期设定为 2 年

《实施办法》有效期的设定主要有两方面考虑：一是由于电力体制改革正处于深入推进过程中，两年后面临的改革形势和重点任务较当前均可能发生较大变化，届时可能需要对《实施办法》做出必要的修订；二是由于制定《实施办法》依据的《售电公司准入与退出管理办法》和《有序放开配电网业务管理办法》有效期为 3 年，且为 2016 年 10 月 8 日起施行，故设定《实施办法》的有效期为 2 年。

三、主要评价

此次《实施办法》内容丰富，从总体原则到具体推进策略，再到具体落实部署，贯彻了中央的指导精神，坚持落实为主，体现了《实施办法》的科学性。

拥有配电网运营权的售电公司依法享有所辖配电区域配电网投资建设及经营管理的权利。同时，拥有配电网运营权的售电公司应按照有关规定履行电力社会普遍服务、保底供电服务和无歧视提供配电服务义务；应建设运营满足区域内各类用电需求的配电网，按照《供电监管办法》等规定为用户提供接入电网、供电保障等服务，并接受国家能源局派出监管机构的监管；退出配电业务时应履行配电网运营权移交义务。

配电区域确定后，增量电力用户和随存量配电网资产移交的存量用户的配电业务按照属地原则，由拥有该区域配电网运营权的售电公司负责。对于主要电源为其他配电网运营企业专线（专变）供电的电力用户，可选择供电方式维持不变或是改由拥有本区域配电网运营权的售电公司提供配电服务。配电区域内符合市场准入条件的电力用户，按照《关于推进售电侧改革的实施意见》及有关政策文件的规定，其电量可以直接与发电公司交易，也可自主选择售电公司交易，或选择不参与市场交易。

《电力行业应急能力建设行动计划（2018—2020 年）》解读①

国家能源局 2018 年 7 月 30 日印发《电力行业应急能力建设行动计划（2018～2020 年）》（以下简称《行动计划》）。出台《行动计划》主要是为了全面贯彻党的十九大和十九届二中、三中全会精神，以习近平新时代中国特色社会主义思想为指导，认真落实党中央、国务院关于安全生产应急管理工作的决策部署，牢固树立安全发展理念，弘扬生命至上、安全第一的思想，坚持党政同责、一岗双责、齐抓共管，加强制度保障、应急准备、预防预警、救援处置、恢复重建等方面能力建设，促进电力应急产业发展，着力提升人身伤亡事故、重特大设备事故和大面积停电事件应急救援处置能力，最大程度减少电力突发事件造成的损失和影响，为实现电力高质量发展提供有力保障。

一、出台背景

党的十九大以来，党和国家对应急工作提出更高要求。《国家突发事件应急体系建设“十三五”规划》《安全生产应急管理“十三五”规划》《国家大面积停电事件应急预案》《国务院办公厅关于加快应急产业发展的意见》等对应急管理工作做出了明确部署，要求全面提升应急救援处置效能。

目前，我国电力系统呈现大规模特高压交直流混联、新能源大量集中接入等特点，运行控制难度加大。自然灾害频发多发，外力破坏时有发生，大面积停电风险依然存在。电力工业不断发展，电力体制改革继续深化，电力生产安全压力增加，应急管理责任体系仍需完善，应急管理方法和技术手段有待创新，应急救援处置能力亟待提高，应急产业的支撑保障作用亟须加强。全面加强电力应急能力建设，进一步提高电力应急管理水平势在必行。

二、核心内容

《行动计划》包括四个部分：一是面临的形势；二是指导思想、基本原则和建设目标；三是主要建设任务及要求；四是保障措施。

第一部分分析了电力应急工作面临的形势。

第二部分确定了电力应急能力建设的指导思想、基本原则以及总体目标、6 项分类目标和 9 项量化指标。电力应急能力建设基本原则为：行业指导、分工负

① 摘改自国家能源局 2018 年 7 月 30 日印发《电力行业应急能力建设行动计划（2018～2020 年）》。

责，面向实战、突出重点，资源整合、优势互补，技术引领、创新驱动。电力应急能力建设总体目标为：立足电力行业应急管理工作实际，建立与全面建成小康社会相适应、各区域平衡发展、与电力安全生产风险特征相匹配、覆盖应急管理全过程的电力应急管理体系，制度保障、应急准备、预防预警、救援处置、恢复重建等方面能力得到全面提升，社会协同应对能力进一步改善，应急产业支撑保障能力大幅提高，全面实现电力突发事件科学高效应对。

第三部分从制度保障能力建设、应急准备能力建设、预防预警能力建设、救援处置能力建设、恢复重建能力建设、促进电力应急产业发展共 6 方面设定了主要建设任务，其中包括 28 项具体建设任务和 14 项重点项目。

第四部分从加强组织领导、完善投入机制、强化实施评估三个方面提出了保障措施。要求相关单位加强组织领导，制定方案细化任务；落实应急专项经费，为应急能力建设提供资金保障；加强目标管理和过程管控，定期总结评估，保障计划顺利实施。

三、主要评价

（一）落实国家政策，注重统筹优化

《行动计划》的指导思想，特别明确了电力行业应急能力建设要全面贯彻党的十九大和十九届二中、三中全会精神，以习近平新时代中国特色社会主义思想为指导，认真落实党中央、国务院关于安全生产应急管理工作的决策部署。党的十九大以来，党中央提出要加强、优化、统筹国家应急能力建设，构建统一领导、权责一致、权威高效的国家应急能力体系。国务院将多个部门和单位整合，组建了应急管理部。为贯彻落实国家政策，加强工作衔接，《行动计划》整合了大面积停电事件应急、电力生产安全事故应急、电力防灾减灾救灾等内容，统筹优化电力行业应急能力建设。

（二）建设目标明确，关键指标量化

《行动计划》明确了总体目标和 6 项分类目标，有利于各单位凝聚力量、集中资源，加快推进电力应急能力建设各项工作。创新提出了 9 项量化指标，便于有关单位科学管理、对标考核。其中，8 项指标需要达到 100%：地方政府大面积停电事件应急预案编修完成率及电力应急管理机构完备率，大中型电力企业电力应急管理机构完备率、应急能力建设评估完成率、应急管理和救援处置人员培训覆盖率及安全事故风险评估率，一级以上重要电力用户供电风险分析实施率及自备应急电源规范配置率；另外 1 项为时限性指标：灾害导致重大以上大面积停电减供负荷恢复 80%以上及停电重点地区、重要城市负荷恢复 90%以上的时间小于 7 天。

（三）建设内容全面，工作重点突出

《行动计划》根据党和国家关于应急管理工作的要求，结合近年电力应急管理实际，吸收采纳有关单位好的经验和做法，按照应急管理全过程设定了主要建设任务。在应急制度方面，重点加强应急预案体系、法规制度体系和应急标准体系建设，构建应急能力评估和应急处置后评估机制；在应急队伍方面，重点加强应急管理机构、应急专业队伍、应急后备队伍和应急专家队伍建设；在应急技术方面，重点提高电网防灾抗灾、自然灾害监测预警、人身安全风险预控和电力系统恢复能力；在协调共享方面，重点提高应急指挥协调联动、应急队伍相互调配、应急物资储备与共享能力；在支撑保障方面，重点加强应急演练与救援基地、应急指挥与管理平台建设，积极推进电力应急产业体系发展和关键电力应急装备研发。

第七节 电信行业法规政策解读①

《扩大和升级信息消费三年行动计划（2018～2020年）》解读

一、出台背景

随着我国经济发展由高速增长阶段转向高质量发展阶段，消费对经济发展的促进作用日益显著，而信息消费是目前消费领域中增长最快、覆盖范围最大、新科技新技术应用最为广泛的新兴领域之一。扩大和升级信息消费，不仅能够更好地拉动内需、扩大就业、促进民生，而且有助于加快产业的升级改造，对于我国当前经济的转型升级、深化供给侧结构性改革，从而实现经济的高质量发展，具有至关重要的作用。为了贯彻落实《国务院关于进一步扩大和升级信息消费持续释放内需潜力的指导意见》，工业和信息化部、国家发展改革委于 2018 年 7 月 27 日发布了《扩大和升级信息消费三年行动计划（2018～2020 年）》。

本次行动计划是在全面贯彻落实党的十九大和各项会议的精神，以习近平新时代中国特色社会主义思想为指导，大力推动和进一步升级信息消费，增强经济

① 本节由严华鸣博士撰写。

发展内生动力的大背景下，按照党中央和国务院的决策部署而专门制定的。

二、核心内容

对于扩大和升级信息消费，本次行动计划从消费规模、覆盖范围、载体建设、产业体系和消费环境等五个层面设定了明确的目标任务。

第一，消费规模方面，要求到 2020 年，信息消费规模达到 6 万亿元，年均增长 11%以上；信息技术在消费领域的带动作用显著增强，拉动相关领域产出达到 15 万亿元。第二，覆盖范围方面，要求到 2020 年 98%行政村实现光纤通达和 4G 网络覆盖，加快补齐发展短板，释放网络提速降费红利。第三，载体建设方面，创建一批新型信息消费示范城市，打造区域性信息消费创新应用高地，培育一批发展前景好、带动作用大、示范效应强的项目。第四，产业体系方面，加强核心技术研发，推动信息产品创新和产业化升级，提升产品质量和核心竞争力；在医疗、养老、教育、文化等多领域推进“互联网+”，推动基于网络平台的新型消费成长，发展线上线下协同互动消费新生态。第五，消费环境方面，信息消费法律法规体系日趋完善，高效便捷、安全可信、公平有序的信息消费环境基本形成，努力实现消费者能消费、敢消费、愿消费。

为顺利实现上述目标，该三年行动计划具体提出了四项主要行动：

（1）新型信息产品供给体系提质行动。提升消费电子产品供给创新水平，提升各类终端产品的中高端供给体系质量，推进智能可穿戴设备、虚拟/增强现实、超高清终端设备、消费类无人机等产品的研发及产业化，加快新型显示产品发展，深化智能网联汽车发展。

（2）信息技术服务能力提升行动。组织开展“企业上云”行动，利用云上的软件应用和数据服务提高企业管理效率；提升信息技术服务研发应用水平，推进新型智慧城市建设，发布信息技术服务标准（ITSS）体系 5.0 版；培育行业信息消费支撑服务，积极发展工业电子商务，深化制造业和互联网融合，支持企业发展网络支付、现代物流、供应链管理等面向信息消费全过程的支撑服务；推动信息消费领域“双创”发展。支持大型企业建立基于互联网的“双创”平台，培育信息消费融合发展新业态、新模式。

（3）信息消费者赋能行动。推动信息基础设施提速降费，组织实施新一代信息基础设施建设工程，推进光纤宽带和 4G 网络深度覆盖，加快 5G 标准研究、技术试验，深化电信普遍服务试点，加大网络降费优惠力度；实施消费者信息技能提升培训工程；组织开展信息消费体验活动，培养信息消费习惯。

（4）信息消费环境优化行动。加强和改进行业监管，深入推进“放管服”改革，简化行政审批，持续创新监管方式，加强信息通信行业信用体系建设，加强互联网基础资源管理；维护市场竞争秩序，完善以信用为核心的全流程市场监管体系，规范互联网网络接入服务市场，加大骚扰电话防范和治理力度，维护信息通信市场秩序；加强个人信息保护，推动出台电信和互联网网络数据管理政策，规范网络数据收集、传输、存储和使用行为，建立完善数据与个人信息泄露公告和报告机制，加强行业个人信息保护监督执法；构建安全可靠的信息消费环境，深入推进网络综合治理，纵深推进防范打击通信信息诈骗工作，加大对电信和互联网企业服务和收费违规行为的处置和曝光力度，切实维护用户合法权益。

三、主要评价

本次三年行动计划意图通过提升产业供给能力，深入推进供给侧结构性改革，改善信息消费的环境，加强信息科技的融合创新与应用，从而扩大和升级信息消费，以此满足人民群众日益增长的消费需求，在促进新时代我国经济迈向高质量发展的同时，也有利于社会更加和谐健康发展。

从内容上讲，该计划为了在未来三年里逐步推进并实现扩大和升级信息消费的最终目标，分别从消费规模、覆盖范围、载体建设、产业体系和消费环境等角度进一步细分具体任务，科学合理地提出了要在提高新型信息产品供给体系质量、提升信息技术服务能力、赋予信息消费者消费能力以及优化信息消费环境等四大方面展开相应的专门行动，既结合了我国信息消费需求与供给的实际，又切合了当今电信产业发展的产业特色和未来发展趋势，目标明确，部署合理，针对性强，具备相当的可操作性。

三年行动计划的发布，不仅响应和落实了近年来党中央、国务院的一系列相关决策部署的客观需要，而且是以人民群众的需求为出发点，坚持需求拉动，鼓励创新发展，促进信息消费的供给与需求相适应，以此助推我国经济高质量健康发展。该计划如能得到有效实施，则必将有助于未来我国经济实现供给与需求的良性平衡，进一步优化当前的经济结构，为今后的经济发展提供强大的内生动力，从而更多更好地惠及广大人民群众的切身利益。

《关于开展深入推进宽带网络提速降费支撑经济高质量发展2019专项行动的通知》解读

一、出台背景

根据2019年《政府工作报告》的要求，为了进一步提升宽带网络供给能力、补齐发展短板、优化发展环境、促进信息消费和“互联网+”行动深入开展，从而助力网络强国建设，工业和信息化部、国资委于 2019 年 4 月 19 日下发通知，决定开展深入推进宽带网络提速降费、支撑经济高质量发展的 2019 专项行动。

此次专项行动，是在全面贯彻党的十九大以及十九届二中、三中全会的精神，坚持以习近平新时代中国特色社会主义思想为指导，坚持以人民为中心的发展思想，深入推进供给侧结构性改革，着眼经济高质量发展需求的大背景下，按照中央经济工作会议和《政府工作报告》的部署而专门展开的。

二、核心内容

根据《通知》要求，此次行动的总体目标如下：将开展“双 G 双提”，推动固定宽带和移动宽带双双迈入千兆（G 比特）时代，100M 及以上宽带用户比例提升至 80%，4G 用户渗透率力争提升至 80%；开展“同网同速”，推动我国行政村 4G 和光纤覆盖率双双超过 98%，实现农村宽带网络接入能力和速率基本达到城市同等水平；开展“精准降费”，推动基础电信企业面向全国建档立卡贫困户给予最大折扣基础通信资费优惠，中小企业宽带平均资费降低 15%，内地与港澳地区间流量漫游费降低 30%，移动网络流量平均资费降低 20%以上。

为了顺利实现上述目标，《通知》对此次专项行动进行了明确的任务布置，具体内容可以大致归纳如下：

（1）开展千兆宽带入户示范，推动移动网络的扩容升级。推进光纤到户建设，扩大光纤宽带覆盖范围；研究制定千兆城市评价指标，开展千兆宽带应用示范。进一步完善流量热点区域以及覆盖薄弱地区的 4G 网络覆盖；组织开展 5G 国内标准研制工作，加快 5G 网络建设进程。

（2）深化电信普遍服务试点。加大对“三区三州”深度贫困地区宽带网络建设支持力度；加快推进电信普遍服务试点已部署项目进度，组织实施新一批试点；组织开展行政村通宽带情况全面摸查；进一步完善电信普遍服务管理支撑平台功能。

（3）持续完善网络架构，增强互联网应用能力。做好互联互通工作，进一步推进骨干网网间带宽扩容，优化我国骨干网络架构和流量调度机制；加快国际通信网络出入口带宽扩容，优化国际互联网流量调度。推动互联网企业着力提升网站和应用服务能力，保障用户的基本带宽配置，优化资源调配流程；加快应用基础设施 IPv6 改造进度。

（4）着力远程教育网络覆盖，提升远程医疗网络能力。加快提升学校网络接入和带宽能力，实现全国中小学宽带网络接入率达到 97%以上，普遍具备百兆接入能力；推动基础电信企业面向远程教育推出网络提速降费举措；推动制定远程教育网络、应用质量等标准规范。持续提升农村地区医疗机构宽带网络覆盖水平；改造提升远程医疗网络，面向县级以上医院和医联体逐步推动专网覆盖；扩大开展“互联网＋健康扶贫”应用试点范围及经验推广。

（5）推动移动物联网应用蓬勃发展。进一步升级 NB-IoT（窄带物联网）网络能力及覆盖面积。建立移动物联网发展监测体系，促进各地 NB-IoT 的应用和推广，加强其在行业间与行业内部的合作与发展。

（6）推动开展精准降费，进一步规范套餐设置。推动基础电信企业对全国建档立卡贫困户基础通信资费给予最大折扣优惠；鼓励基础电信企业为中小企业推出更有针对性的优惠资费方案和企业信息化综合解决方案，对其宽带和专线平均资费均降低 15％；推动降低内地与港澳地区间流量漫游费，实现资费降低 30％；通过推广大流量套餐产品、降低老用户套餐外流量单价等方式，推动移动流量平均资费降低 20％以上。确保电信企业降费实实在在，消费者明明白白；推动完善资费公示制度；减少在售套餐数量，2019 年在售套餐数量较 2018 年底减少 15％，鼓励电信企业在部分地区开展“业务单价＋使用折扣”阶梯定价资费试点；保障用户自由选择权，严禁限制老用户选择新套餐等行为。

三、主要评价

从内容上讲，此次专项行动无论是总体原则还是具体的推进策略，再到各项明确细致的部署措施，完全贯彻了近年来党中央的各项会议精神，尤其响应了中央经济工作会议和《政府工作报告》的指示和要求，坚持将宽带网络提速降费的行动方针落实到实处，体现了电信行业积极有效地支持我国经济高质量发展的坚定决心，惠及广大人民群众实实在在的利益。

宽带网络提速降费，一直是近年来我国电信行业工作的一个重要方向，经过多年来的不断努力，我国无论是在固定网络与移动网络的网络覆盖的提升、网络的扩容升级与技术改造方面，还是宽带的平均下载速度的提升，以及固定宽带和手机上网流量的资费水平的下降幅度等方面，都取得了很大的进步。此次宽带网络提速降费的专项行动，正是针对中央相关政策的具体落实，通过开展“双 G 双提”“同网同速”“精准降费”等多项行动来展开，目标明确，部署合理。该项行动若能得到有效执行，无疑将进一步助推我国互联网经济等新兴经济的发展，有助于更多的新技术、新科技的推广与应用，从而更加有利于加速我国经济成功转型并朝着高质量发展的轨道继续前进。

第八节　铁路运输行业政策法规解读

《铁路工程建设项目招标投标管理办法》解读

一、出台背景及意义

《铁路工程建设项目招标投标管理办法》（交通运输部令 2018 年第 13 号，以下简称《办法》）于 2018 年 8 月 27 日经第 14 次部务会议通过，2018 年 8 月 31 日公布，旨在规范铁路工程建设项目招标投标活动。《办法》共七章六十条，自 2019 年 1 月 1 日起施行。

招标投标制度是工程建设领域的一项重要制度。随着近年来改革发展的不断深入，铁路工程建设项目招投标活动面临一些新形势、新要求，同时在行政监管中也遇到了一些新情况、新问题。一是国家推出了一系列与招标投标活动紧密相关的市场改革举措，如推行电子招标投标、诚信体系建设、公共资源交易平台整合等，对参与铁路工程建设项目招标投标活动提出了新的要求。二是随着市场化水平的不断提高，铁路工程建设项目的招标投标范围在不断拓展，物资设备、技术服务类招标数量大幅增长，以民营企业为主的新市场主体不断涌入。三是铁路工程建设市场主体的维权意识不断增强，招标投标活动中的异议及投诉事项呈现量多面广的趋势。四是随着铁路投融资体制改革的不断深化，地方铁路快速发展，出台规范铁路工程建设项目招标投标活动相关规定的呼声和需求不断高涨。这些都亟须健全铁路工程建设项目招标投标制度，引导和规范市场主体的招标投标行为，促进铁路监管部门依法监管、公正执法，营造和维护公平有序的铁路工程建设市场环境和秩序。

二、主要内容及解读

《办法》共分七章六十条，分别是总则、招标、投标、开标评标和中标、监督管理、法律责任、附则。需要说明的有关事项如下：

一是关于监管分工。《办法》根据《铁路安全管理条例》规定的职责分工，将铁路工程招投标监管划分为两个层面，国家铁路局负责全行业监管，地区铁路监督管理局负责辖区内铁路工程建设项目招标投标活动的监管。

二是关于标准文本的使用。国家发展改革委会同有关部门先后印发了《标准施工招标文件》《标准勘察招标文件》《标准设计招标文件》和《标准监理招标文件》等招标示范文本，规定适用于必须招标的项目。通过推广使用标准文本，不仅提高了招标文件编制质量，也有效保障了广大投标人的合法权益。《办法》再次强调了标准文本的使用。

三是关于投招标人设置不合理门槛。从近几年监管实践来看，设置不合理门槛限制潜在投标人的问题较为集中，并因此产生了不少投诉。但上位法规定得比较严格，执行起来难以准确把握，也会产生一些不必要的投诉、异议。基于此，《办法》列出有关明显限制投标人的不公平情形，并明确规定按排斥潜在投标人论处。

四是关于信用信息使用。当前国家正在深入推行信用体系建设，大力倡导信用信息在市场交易和政府监管中的运用。结合近几年有关信用建设方面的政策和有关行业、地方在信用建设中的实践，以及原铁道部在铁路建设项目信用信息方面的探索，《办法》做了相应制度安排，明确了市场主体信用信息在铁路工程招标投标活动中的应用及监管要求。

五是关于对评标委员会成员履职进行评价。针对个别评标委员会专家不认真履职或违法违规的评标行为，国家铁路局修订印发了《铁路建设工程评标专家库及评标专家管理办法》，要求招标人在招标活动结束后根据评价指标对评标专家进行评价。本办法对此再次予以明确，并将评价范围进一步扩充到整个评标委员会成员。

六是关于中标候选人的公示内容。《办法》参照国家发展改革委的有关规定，结合铁路工程监管实践，规定了中标候选人公示时应该公开的具体内容，如招标项目名称，标段或者包件编号，中标候选人排序、名称，投标报价，工期或者交货期承诺等。

《铁路工程施工质量系列验收标准》解读

一、出台的背景及意义

2018 年 11 月 12 日，国家铁路局发布新版《铁路工程施工质量系列验收标准》，进一步完善了以高铁为代表的各类型铁路工程勘察、设计、施工等验收标准体系，为保障铁路工程建设质量和铁路运输安全提供重要依据。

党的十八大以来，在党中央国务院坚强领导下，我国铁路发展取得重大成就，基础设施网络规模稳居世界前列。截至 2017 年底，全国铁路营业总里程达到 12.7 万公里，高铁里程达到 2.5 万公里，“四纵四横”高铁网已经形成，高速铁路、重载铁路、高原铁路等建造技术达到世界先进水平，京沪高铁、青藏铁路等一批超级工程震撼世界。主跨达 630 米跨越长江的公铁两用斜拉桥铜陵长江大桥、全长 32.645 公里的世界上最长高原铁路隧道新关角隧道等标志性工程建成通车。铁路发展取得的巨大成就，生动展现了中国建造和中国制造的能力。在此基础上形成的世界先进完备的铁路工程勘察、设计、施工、验收标准体系，使铁路工程质量基础更加坚实。

党的十九大提出建设交通强国的宏伟目标，是以习近平同志为核心的党中央站在新的历史方位做出的重大战略部署，是党和人民赋予铁路交通行业的新使命。2016 年国家批复新的《中长期铁路网规划》，明确到 2025 年铁路网规模达到 17.5 万公里左右，其中高速铁路 3.8 万公里左右。2018 年 10 月 10 日，中央决定正式启动川藏铁路规划建设。铁路依然面临着光荣繁重而艰巨的建设任务。站在新的历史起点，科学总结过去铁路建设质量管理的经验，适时编制发布新的验收标准，是加强铁路工程质量管理、推进高质量发展的重要举措。

铁路交通运输与人民的生产生活紧密相连、息息相关。2017 年铁路旅客发送量突破 30 亿人次，17 亿人次享受了高铁便捷出行。近年来，电商快递、上班通勤、订制旅游选择铁路方式也越来越多。安全运输、准点到家，建立在优良的工程质量基础上。全面修订、发布新验收标准，又快又好地建设铁路工程，更好地满足人民群众日益增长的美好生活需要，恰逢其时，意义重大。

二、主要内容及解读

第一，明确验收标准的主要内容。本次发布的验收标准共 17 项，包括了路基、桥梁、隧道、轨道、混凝土、通信、信号、电力、电力牵引供电等铁路主要工程施工质量验收内容。国家法规明确规定，建设工程经验收合格的，方可交付使用。自 1980 年原铁道部发布工程质量评定验交标准以来，验收标准历经 1988 年、1998 年、2003 年、2005 年、2010 年多轮修订和编制，形式与内容不断完善，从客货共线铁路到城际铁路、高速铁路，支撑铁路改革发展，满足铁路运输需要。新验收标准是在 2003 年发布实施的时速 160 公里客货共线铁路工程系列验收标准，以及 2010 年发布实施的高速铁路工程系列验收标准的基础上，按照新时代新的发展理念要求修订而成的。验收标准从验收单元划分、验收程序和组织、验收内容和要求等方面进行了全面的修改完善，明确了施工过程质量和实体质量控制要求。修订后的新验收标准具有如下特点：第一，验收标准覆盖了各类型铁路、铁路工程各专业以及工程施工全过程；第二，验收标准吸纳了最新科技手段，淘汰了落后工艺和验收项目，科学性更显著；第三，验收标准分清了建设各方验收工作要求，包括验收项目和技术要求等，职责清晰明确，针对性和操作性更强。

第二，明确验收标准解决的问题。验收标准是衡量铁路工程建设质量的标尺，是保障铁路运输安全的重要基础标准。它们既是建设各方质量控制工作中对标检查的镜子，也是政府质量监督执法工作的依据和准绳，对于推动铁路工程质量全面提升，努力打造精品工程，具有非常重要的作用，特别是在当前建设任务十分繁重、建设条件更加复杂的情况下，具有重要的现实意义。验收标准修订经过广泛调查，深入研究，提出了具体的措施。一是解决原材料品质控制问题；加强原材料进场检验，将原材料、构配件和半成品的检验集中实施，部分重点原材料、设备有针对性地增加了抽样检验项目，避免不合格原材料流入铁路工程现场。二是解决全过程质量控制难题。按工程部位、施工阶段和工艺流程，细化了实体工程质量控制，做实了关键工序检查，避免了过去单位工程验收才发现质量缺陷的弊端；三是解决责任追溯管理需求。明确了质量保证资料齐全、真实、系统、完整要求，根据各专业特点对隐蔽工程进行了梳理，规定了留存影像资料的要求；四是解决标准操作性问题。根据工程建设现场实际情况，合理确定验收内容，精简优化验收程序，在保证验收质量的前提下便利现场工作。这些措施的实施可以有效地保证工程质量，防止出现以次充好、偷工减料、“豆腐渣”等劣质工程。

第三，推动验收标准的执行。从法律责任来看，国家关于工程质量的法律法规中规定了建设各方质量责任和义务。验收标准贯彻落实了法律法规相关要求，明确了责任人签字确认制度，是建设各方落实质量责任终身制、确保验收标准执行到位的基本依据。从制度保障看，验收标准规定建设各方应建立健全质量保证体系，现场质量管理应建立质量检验制度，加强标准化管理。从主控项目看，验收标准抓住了对质量安全影响较大的项目，明确了检验内容、检验数量、检验方法，验收要求尽量量化，便于执行时考核评定。新验收标准发布后，我们还会组织宣贯培训，加强执法监督检查，从组织措施上保障验收标准执行到位。

第四，确定验收标准的效力。铁路工程施工质量验收标准是强制性标准。虽然新修订的《标准化法》的确是在第二条中规定了“行业标准、地方标准是推荐性标准”。但同时在第十条中也规定“法律、行政法规和国务院决定对强制性标准的制定另有规定的，从其规定”。国务院发布的《深化标准化工作改革方案》（国发〔2015〕13 号）明确规定“环境保护、工程建设、医药卫生强制性国家标准、强制性行业标准和强制性地方标准，按现有模式管理”。铁路建设质量影响到广大人民群众生命财产安全，所以，工程建设领域的铁路行业标准是强制性标准。本次发布的铁路工程施工质量验收标准，规定了工程实体质量和系统功能的最基本要求，是为保证人民生命财产安全、生态环境安全和其他公众利益等，划出的质量红线，是建设各方均必须遵守的质量底线，要作为强制性标准予以全面贯彻执行。

第五，确定验收标准的适用范围。这套验收标准是在我国具有世界先进水平的高速铁路、城际铁路、重载铁路以及丰富的客货共线铁路建设运营实践经验的基础上总结修订而成的，代表了当前中国铁路建设的最高水平，中国承建的国外铁路项目，完全可以使用这套标准。中国铁路技术类型齐全，技术标准体系完整，工程建设和运营经验丰富，复杂地形地质环境和气象条件适应性强，高铁、重载、高原、高寒等铁路建设方面已经跻身世界前列。京沪高铁“复兴号”中国标准动车组达 350 公里/小时安全平稳运行；哈大高铁穿行在东北极寒地区，在白山黑水间经受了冬夏温差 80℃气候考验；兰新高铁途径广袤无垠的戈壁荒滩，穿越最大风速高达 60 米/秒沙漠风区。无数世界领先的铁路建设成就充分说明了我国铁路工程建设标准的技术优势和适应性。中国企业承建的安哥拉本格拉铁路、肯尼亚蒙内铁路、中老铁路等工程均已使用了我国验收标准。采用中国标准不仅成功修建了铁路，还宣传推广了中国铁路建设管理的经验，得到了铁路工程建设所在国的好评。中国铁路标准国际化步伐不断加快，已经成为践行“一带一路”的靓丽名片。采用中国标准设计施工的国外铁路项目应采用本套验收标准，更好地保证“走出去”工程经得起时间和历史的考验。

第九节　综合性法规政策列表

1. 住房城乡建设部办公厅关于印发《城市地下综合管廊建设规划技术导则》的通知（建办城函〔2019〕363 号），2019 年 6 月 13 日

2. 市场监管总局、住房城乡建设部《关于加强民用“三表”管理的指导意见》（国市监计量〔2019〕6 号），2019 年 1 月 3 日

3. 国家发展改革委关于印发《价格认定复核办法》的通知（发改价格规〔2018〕1343 号），2018 年 9 月 15 日

4.《关于推进政府购买服务第三方绩效评价工作的指导意见》（财综〔2018〕42 号），2018 年 7 月 30 日

5. 国家发展改革委、财政部关于印发《行政事业性收费标准管理办法》的通知（发改价格规〔2018〕988 号），2018 年 6 月 29 日

6. 国家发展改革委《关于创新和完善促进绿色发展价格机制的意见》（发改

价格规〔2018〕943 号），2018 年 6 月 21 日

7. 国家发展改革委关于印发《必须招标的基础设施和公用事业项目范围规定》的通知（发改法规规〔2018〕843 号），2018 年 6 月 6 日

8.《关于进一步加强政府和社会资本合作（PPP）示范项目规范管理的通知》（财金〔2018〕54 号），2018 年 4 月 24 日

9.《企业投资项目事中事后监管办法》（中华人民共和国国家发展和改革委员会令第 14 号），2018 年 1 月 4 日

第十节 主要行业法规政策列表

一、供水行业法规政策列表

1. 住房城乡建设部、国家发展改革委关于印发《国家节水型城市申报与考核办法》和《国家节水型城市考核标准》的通知（建城〔2018〕25 号），2018 年 2 月 13 日

2. 住房城乡建设部办公厅《关于做好 2018 年全国城市节约用水宣传周工作的通知》（建办城函〔2018〕207 号），2018 年 4 月 20 日

3. 住房城乡建设部办公厅、国家发展改革委办公厅《关于 2017 年度国家节水型城市复查情况的通报》（建办城函〔2018〕31 号），2018 年 1 月 15 日

二、排水与污水处理行业法规政策列表

1. 环境保护部办公厅《关于废水纳管经城市污水处理厂排放行为行政处罚法律适用问题的复函》（环办政法函〔2018〕122 号），2018 年 1 月 22 日

2. 住房城乡建设部办公厅《关于加强 2018 年城市排水防涝工作确保安全度汛的通知》（建办城函〔2018〕143 号），2018 年 3 月 14 日

3. 住房城乡建设部《关于公布 2018 年全国城市排水防涝安全及重要易涝点整治责任人名单的通告》（建城函〔2018〕40 号），2018 年 3 月 14 日

4. 关于发布行业产品标准《城镇污水水质标准检验方法》的公告（住房城乡建设部公告 2018 年第 117 号），2018 年 6 月 12 日

5. 国家发展改革委办公厅、住房城乡建设部办公厅《关于开展“十三五”城镇污水垃圾处理设施建设规划中期评估的通知》（发改办环资〔2018〕724 号），2018 年 6 月 14 日

6. 国家发展改革委《关于创新和完善促进绿色发展价格机制的意见》（发改价格规〔2018〕943号），2018年6月21日

7. 生态环境部办公厅、住房城乡建设部办公厅《关于开展省级2018年城市黑臭水体整治环境保护专项行动的通知》（环办水体函〔2018〕861号），2018年8月14日

8. 住房城乡建设部《关于印发海绵城市建设工程投资估算指标的通知》（建标〔2018〕86号），2018年8月28日

9. 生态环境部办公厅、住房城乡建设部办公厅《关于进一步做好全国环保设施和城市污水垃圾处理设施向公众开放工作的通知》（环办宣教〔2018〕29号），2018年9月13日

10. 财政部办公厅、住房城乡建设部办公厅、生态环境部办公厅《关于组织申报2018年城市黑臭水体治理示范城市的通知》（财办建〔2018〕172号），2018年9月19日

11. 生态环境部办公厅、住房城乡建设部办公厅《关于加快制定地方农村生活污水处理排放标准的通知》（环办水体函〔2018〕1083号），2018年9月29日

12. 住房城乡建设部、生态环境部《关于印发城市黑臭水体治理攻坚战实施方案的通知》（建城〔2018〕104号），2018年9月30日

13. 工业和信息化部关于制定《环保装备制造行业（污水治理）规范条件》和《环保装备制造行业（环境监测仪器）规范条件》的公告（工业和信息化部公告2018年第52号），2018年10月16日

14. 工业和信息化部办公厅《关于组织报送符合〈环保装备制造行业（污水治理）规范条件〉和〈环保装备制造行业（环境监测仪器）规范条件〉企业名单（第一批）的通知》（工厅节〔2018〕978号），2018年11月19日

三、垃圾处理行业法规政策列表

1. 国家发展改革委、环境保护部、国土资源部《关于进一步加强城市生活垃圾焚烧处理工作的意见》（建城〔2016〕227号），2016年10月22日

2. 国家发展改革委、住房城乡建设部《"十三五"全国城镇生活垃圾无害化处理设施建设规划》（发改环资〔2016〕2851号），2016年12月31日

3. 住房城乡建设部《生活垃圾渗沥液膜生物反应处理系统技术规程》（住房和城乡建设部公告第1432号），2017年1月20日

4. 住房城乡建设部《生活垃圾卫生填埋场封场技术规范》（住房和城乡建设部公告第1438号），2017年1月21日

5. 国务院办公厅《生活垃圾分类制度实施方案》（国办发〔2017〕26号），

2017 年 3 月 30 日

6. 住房城乡建设部《生活垃圾焚烧厂标识标志标准》(住房和城乡建设部公告第 1517 号),2017 年 4 月 11 日

7. 住房城乡建设部《关于规范城市生活垃圾跨界清运处理的通知》(建城〔2017〕108 号),2017 年 5 月 8 日

8. 国管局《关于推进党政机关等公共机构生活垃圾分类工作的通知》(国管节能〔2017〕180 号),2017 年 6 月 12 日

9. 国务院办公厅《关于印发禁止洋垃圾入境推进固体废物进口管理制度改革实施方案的通知》(国办发〔2017〕70 号),2017 年 7 月 18 日

10. 住房城乡建设部《生活垃圾焚烧厂运行维护与安全技术标准》(住房和城乡建设部公告第 1649 号),2017 年 8 月 23 日

11. 国家卫生计生委办公厅、中宣部办公厅、国家发展改革委办公厅、工业和信息化部办公厅、住房城乡建设部办公厅、商务部办公厅、环境保护部办公厅、国家中医药管理局办公室《关于在医疗机构推进生活垃圾分类管理的通知》(国卫办医发〔2017〕30 号),2017 年 9 月 4 日

12. 住房城乡建设部《生活垃圾除臭剂技术要求》(住房和城乡建设部公告第 1732 号),2017 年 11 月 27 日

13. 国家发展改革委、住房城乡建设部、国家能源局、环境保护部、国土资源部《关于进一步做好生活垃圾焚烧发电厂规划选址工作的通知》(发改环资规〔2017〕2166 号),2017 年 12 月 12 日

14. 住房城乡建设部《关于加快推进部分重点城市生活垃圾分类工作的通知》(建城〔2017〕253 号),2017 年 12 月 20 日

15. 住房城乡建设部、生态环境部、水利部、农业农村部《关于做好非正规垃圾堆放点排查和整治工作的通知》(建村〔2018〕52 号),2018 年 6 月 1 日

16. 住房城乡建设部《关于发布行业产品标准〈有机垃圾生物处理机〉的公告》(住房和城乡建设部公告 2018 年第 115 号),2018 年 6 月 12 日

17. 国务院办公厅《关于印发“无废城市”建设试点工作方案的通知》(国办发〔2018〕128 号),2018 年 12 月 29 日

18. 生态环境部办公厅《2019 年环保设施和城市污水垃圾处理设施向公众开放工作实施方案的通知》(环办宣教函[2019] 333 号),2019 年 3 月 29 日

19. 住房城乡建设部《关于在全国地级及以上城市全面开展生活垃圾分类工作的通知》(建城〔2019〕56 号),2019 年 4 月 26 日

四、天然气行业法规政策列表

1. 国家发改委关于印发《天然气管道运输价格管理办法（试行）》和《天然气管道运输定价成本监审办法（试行）》的通知（发改价格规〔2016〕2142 号），2016 年 10 月 9 日

2. 中共中央国务院印发《关于深化石油天然气体制改革的若干意见》（中发〔2017〕15 号），2017 年 5 月 21 日

3. 国家发改委《关于加强配气价格监管的指导意见》（发改价格规〔2017〕1171 号），2017 年 6 月 20 日

4. 国家发改委《关于理顺居民用气门站价格的通知》（发改价格规〔2018〕794 号），2018 年 5 月 25 日

5. 国务院公布《关于促进天然气协调稳定发展的若干意见》（国发〔2018〕31 号），2018 年 9 月 5 日

6. 国家发改委、国家能源局、住房城乡建设部、国家市场监督管理总局联合发布关于印发《油气管网设施公平开放监管办法》的通知（发改能源规〔2019〕916 号），2019 年 5 月 24 日

五、电力行业法规政策列表

1. 国家能源局《电力安全监管约谈办法》（国能发安全〔2018〕79 号），2018 年 11 月 28 日

2. 国家能源局《关于加强电力行业网络安全工作的指导意见》（国能发安全〔2018〕72 号），2018 年 9 月 13 日

3.《光伏扶贫电站管理办法》（国能发新能〔2018〕29 号），2018 年 3 月 26 日

4.《增量配电业务配电区域划分实施办法（试行）》（发改能源规〔2018〕424 号），2018 年 3 月 13 日

5. 国家发展改革委《关于 2018 年光伏发电项目价格政策的通知》（发改价格规〔2017〕2196 号），2017 年 12 月 19 日

6. 国家能源局《关于建立市场环境监测评价机制引导光伏产业健康有序发展的通知》（国能发新能［2017］79 号），2017 年 12 月 14 日

7. 国家发展改革委、国家能源局《关于规范开展第二批增量配电业务改革试点的通知》（发改经体〔2017〕2010 号），2017 年 11 月 27 日

8. 国家发展改革委、国家能源局《关于开展分布式发电市场化交易试点的通知》（发改能源［2017］1901 号），2017 年 10 月 31 日

9. 国家能源局《关于公布风电平价上网示范项目的通知》（国能发新能［2017］49 号），2017 年 8 月 31 日

10. 国家发展改革委办公厅《关于全面推进跨省跨区和区域电网输电价格改革工作的通知》（发改办价格〔2017〕1407 号），2017 年 08 月 22 日

11. 《关于推进供给侧结构性改革防范化解煤电产能过剩风险的意见》（发改能源〔2017〕1404 号），2017 年 7 月 26 日

12. 国家发展改革委《关于取消、降低部分政府性基金及附加合理调整电价结构的通知》（发改价格［2017］1152 号），2017 年 6 月 16 日

13. 国家能源局综合司《关于完善承装（修、试）电力设施许可管理“黑名单”退出机制等有关工作事项的通知》（国能综通资质〔2017〕33 号），2017 年 06 月 05 日

14. 国家能源局《关于发布 2020 年煤电规划建设风险预警的通知》（国能电力［2017］106 号），2017 年 4 月 20 日

15. 国家发展改革委、国家能源局《关于有序放开发用电计划的通知》（发改运行〔2017〕294 号），2017 年 3 月 29 日

六、电信行业法规政策列表

1. 工业和信息化部、国家发展和改革委员会关于印发《扩大和升级信息消费三年行动计划（2018～2020 年）》的通知，2018 年 7 月 27 日

2. 工业和信息化部关于进一步规范电信资费营销行为的通知（工信部通信函〔2018〕276 号），2018 年 8 月 23 日

3. 工业和信息化部办公厅印发《关于推进综合整治骚扰电话专项行动的工作方案》的通知（工信厅信管函〔2018〕337 号），2018 年 10 月 27 日

4. 关于印发《电信普遍服务补助资金管理试点办法》的通知（财建〔2018〕638 号），2018 年 12 月 12 日

5. 工业和信息化部关于印发《信息消费示范城市建设管理办法（试行）》的通知（工信部信软〔2019〕63 号），2019 年 3 月 18 日

6. 工业和信息化部、国资委《关于开展深入推进宽带网络提速降费支撑经济高质量发展 2019 专项行动的通知》（工信部联通信〔2019〕94 号），2019 年 4 月 19 日

7. 工业和信息化部关于修订《电信业务分类目录（2015 年版）》的公告，2019 年 6 月 6 日

8. 工业和信息化部办公厅关于印发《电信和互联网行业提升网络数据安全保护能力专项行动方案》的通知（工信厅网安〔2019〕42 号），2019 年 6 月

28 日

七、铁路运输行业法规政策列表

1.《铁路行业统计管理规定》（中华人民共和国交通运输部令 2018 年第 6 号），2018 年 6 月 7 日

2. 国家铁路局关于印发《铁路机车无线电台执照核发管理暂行办法》的通知（国铁设备监〔2018〕57 号），2018 年 8 月 13 日

3. 铁路工程建设项目招标投标管理办法（中华人民共和国交通运输部令 2018 年第 13 号），2018 年 9 月 29 日

4. 国家铁路局关于印发《铁路行业统计调查制度》的通知（国铁综〔2018〕75 号），2018 年 10 月 9 日

5.《高速铁路基础设施运用状态检测管理办法》（中华人民共和国交通运输部令 2018 年第 19 号），2018 年 10 月 15 日

6. 交通运输部关于修改《铁路专用设备缺陷产品召回管理办法》的决定（交通运输部令 2018 年 18 号），2018 年 10 月 16 日

7. 国家铁路局关于印发《铁路运输业信用管理暂行办法》的通知（国铁运输监〔2018〕79 号），2018 年 10 月 17 日

8. 国家铁路局关于印发《铁路运输基础设备生产企业审批实施细则》的通知（国铁设备监〔2018〕80 号），2018 年 10 月 18 日

9. 国家铁路局关于印发《铁路安全生产约谈实施办法（试行）》的通知（国铁安监〔2018〕84 号），2018 年 10 月 25 日

10. 国家铁路局关于印发《铁路专用设备产品质量监督抽查计划管理办法》的通知（国铁设备监〔2018〕46 号），2018 年 12 月 5 日

11. 交通运输部关于修改《铁路机车车辆设计制造维修进口许可办法》的决定（中华人民共和国交通运输部令 2019 年第 3 号），2019 年 3 月 1 日

12. 国家铁路局关于印发《铁路行业统计规则》的通知（国铁综〔2019〕4 号），2019 年 4 月 1 日

第十章　城市公用事业典型案例分析

第一节　供水行业案例分析

案例一　永兴县城乡安全引供水和"两区四园"污水处理[①]

一、项目概况

本项目是湖南省第一批 PPP 示范项目、财政部第三批 PPP 示范项目，项目涉及开陡坳自来水厂及配套原水、供水管网，自来水一厂、自来水二厂及泵站、青山垅水库引水二期工程、新建配套供水管网、柏林工业园污水处理厂、太和工业园污水处理厂、柏林工业园污水处理厂二期、太和工业园污水处理厂配套管网（太和工业园内）、高新技术产业园污水处理厂及配套管网、两新产业园污水处理厂及配套管网等。

本项目总投资 9.3 亿元，包括 9 万吨/日的存量供水厂及管网、4 万吨/日的新建供水厂及配套管网、0.6 万吨/日的存量工业污水处理厂及配套管网、0.51 万吨/日的在建工业污水处理厂及配套管网、7.5 万吨/日的新建工业污水处理厂（含生活污水处理）及配套管网等 11 个子项目。

二、运作方式

项目采用"TOT+BOT"方式实施，其中存量资产采用 TOT 方式，新建资产采用 BOT 方式。具体来说，新建项目由项目公司承担项目设计、投资、建设、运营和期满移交的职责；在建项目由项目公司承担项目设计优化、投资、运营和期满移交的职责；存量项目由项目公司支付一定的特许经营权转让价款获得特许经营权，并在合作期满移交。

该项目中的供水项目包中水厂部分特许经营期为 30 年，原水、配水管网和新建供水管网部分特许经营期为 10 年；污水项目包特许经营期为 30 年。

该项目回报机制设计上，供水项目包中自来水厂部分通过使用者付费获得投

---

① 资料来源：汤明旺 、张晓娟：结果揭晓！2017 年度水务 PPP 优秀咨询案例出炉，中国水网，2018 年 4 月 9 日。

资回报，原水和供水管网部分通过政府补贴（可行性缺口补助）；污水项目包属于准经营性项目，政府通过支付污水处理服务费和污水管网使用费（可行性缺口补助）保证投资者收益。永兴县城乡安全引供水和"两区四园"污水处理项目运作方式见图 10-1。

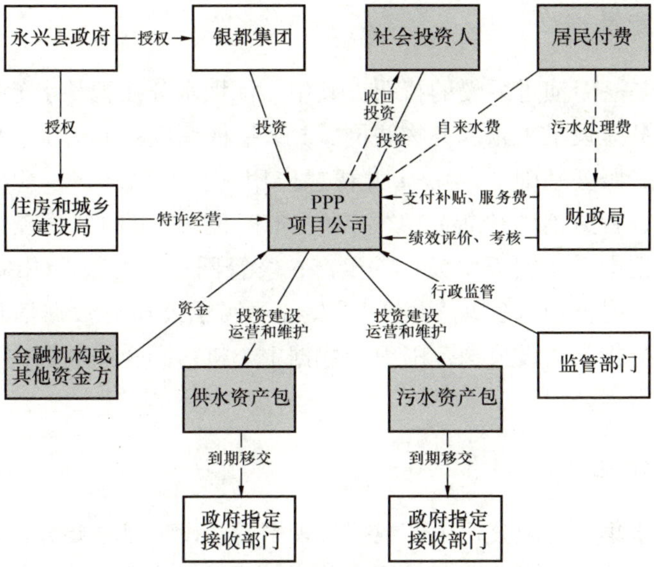

图 10-1 永兴县城乡安全引供水和"两区四园"污水处理项目运作方式

三、项目成效

（一）项目"三体合一"打包运作

本项目综合性强，所包含的内容类型多样，包括新建项目、在建项目和存量项目，囊括城乡一体、供排一体、厂网一体，属国内少见的县域水务"三体合一"项目。

（二）项目回报机制设计灵活多样

本项目根据项目类型及项目实际情况采用多种回报机制，包括但不限于技术支持费、两部制污水处理服务费（分为基本污水处理服务费和计量污水处理服务费）、管网使用费、自来水水价等，如对项目运营成本较高、双方争议较大的存量柏林工业园污水处理厂一期工程和太和工业园污水处理厂，采用先在一定期限内由中标社会资本方提供技术支持、提出技术优化方案后再协商采用 TOT 方式实施、两部制污水处理服务费的回报机制等，有利于政府和社会资本双方合作关系的良性发展，保障城乡水务公共服务质量。

案例二　昆明自来水集团有限公司生产数据管理平台建设项目①

一、项目背景

智慧水务是一个演进缓慢的行业。其中，深圳水务在智慧水务领域走在全国前列，深圳水务建设了1张水务物联网、1个指挥调度中心、3个平台（资源平台、运营平台、服务基础平台）、5大智慧应用（智慧供水、智能水表、智慧保水、智慧除臭、智慧消防栓等）、“一中心＋四板块”的IT系统架构（一中心为：云平台数据中心。四板块为：①生产；②管网；③客服；④综合管理）。昆明自来水集团有限公司为实现集团公司及各下属子公司对数据信息的共享、集成、数据挖掘分析，建设公司范围内的数据中心机房和企业数据中心，将智慧水务的先进经验引入公司。

二、项目介绍

昆明自来水集团有限公司生产数据管理平台建设项目主要分为生产数据管理平台建设项目部分、机房改造项目智能化设计及施工部分，前者包括水库运营、制水运营、管网运营、供水服务分析、水质管理分析、财务分析、营销管理分析等7个板块，后者包括机房装修工程等11项内容。业务范围包括生产数据、经营数据、实时数据、视频码流。项目受益人口近500万人，服务面积超过600平方公里。以自来水集团信息化的统一运作为前提和基础，建立一体化的管理系统应用平台。采取“云＋端”系统建设模式，构建集成管理系统应用平台适应管理创新和信息系统的持续优化。“云”即集团统一的私有云平台，包含基础设施即服务（IAAS）平台，平台即服务（PAAS），统一开发环境及软件即服务（SAAS）应用平台，充分满足集团及下属单位基础设施服务及软件应用服务需求。“端”即应用端，集团及下属各单位都是私有云平台的应用端，私有云平台统一为应用端提供服务。

三、项目成效

昆明自来水集团有限公司生产数据管理平台通过建设公司外网门户网站及配套服务模块，提高了供水服务水平，显著提升了供水企业的社会服务形象和窗口

① 根据中国水网《20个智慧水务案例详解（上）》进行整理。

服务。拥有水费查询、快捷缴费等基本功能，还能对用户反映的问题及时解决、及时处理、及时反馈。该项目的建设取得了以下成效：

1. 降低了企业的经营管理成本，提高了工作效率

平台的使用在较大程度上改变了依靠手工和纸质传递的传统模式，还简化了数据流转环节、提高了数据的可靠性，在公司日常生产经营活动中发挥了越来越重要的作用。通过平台的建设，有效提升了供水质量的可靠性和稳定性，降低了供水药剂、生产用电消耗，减少供水生产人员配备，降低了供水生产成本，提高了企业资金使用效率。

2. 形成完善的信息化沟通平台

本平台规定了公司数据交换标准规范，减少了因频繁系统接口建设和低效不规范数据标准带来的无效管理维护费用；构建了昆水云的智慧水务架构，使集团各分、子公司在昆水云架构下只需重点关注软件服务建设从而节约大量基础平台建设费用。

3. 有助于供水数据资源共享、决策以及给供水用户带来更好的服务体验

平台对整个供水生产、经营、服务系统进行了全过程、实时监控，全面提高了整个供水产业链的稳定、安全运行，有效地提升了自来水水质监控水平，大大地提高了昆明城市供水保障率和供水安全。平台对公司重要生产数据和经济管理数据进行统一收集、整理、规范和分析，对自来水行业决策、分析、应用提供了坚实的数据基础。平台建设的公司外网门户网站及配套服务模块实现了供水服务水平质的提高，显著提升了供水企业的社会服务形象和窗口服务。不但能实现水费查询、快捷缴费等基本功能，还能对用户反映的问题及时解决、及时处理、及时反馈。充分实现了供水企业与用户的良性互动，让用户感觉到实实在在的方便和快捷。

4. 拥有强大的数据处理能力

该项目拥有实时数据库性能（常规双核服务器配置）：在保证数据高速读写的情况下，能够实现数据的有序存储，从而使系统具备长期运行几乎不出现磁盘碎片的特性，因此，在数据存储和检索方面，性能具有很强的稳定性。

第二节 排水与污水处理行业案例分析

案例一 湖南常德海绵城市建设与监管

一、常德海绵城市建设背景

常德市位于湖南省西北部，北枕长江，南依雪峰，东抱洞庭，西倚武陵，是湖南省重要的区域中心城市。市域总面积 1.82 万平方公里，总人口 600 万人，中心城区建成区面积 90 平方公里，人口已达 90 万人。常德市年平均降水量超过 1360 毫米，建成区江、河、渠纵横交错，湖、塘、池星罗棋布，是一座典型的南方丰水城市。20 世纪 80 年代以来，随着城市化进程加快，开发强度高，硬质铺装多，常德市在城市建设中出现了一系列问题，具体包括城区雨水内涝问题突出、自然水系空间被挤占、蓄水能力弱化、部分排水设施能力不足、非常规水源未得到有效利用、老城区合流制溢流污染严重、城区内河水系污染严重、河水浑浊发臭、水面蓝藻泛滥等。一时间，内涝问题成为市民的“心头之患”，水体黑臭成为常德市的“城市之殇”。

海绵城市形象地说，是指城市能够像海绵一样，在适应环境变化和应对自然灾害等方面具有良好的“弹性”，下雨时吸水、蓄水、渗水、净水，需要时将蓄存的水“释放”并加以利用①。为改善城市人居环境、完善城市功能、提升城市建设生态品质、促进人与自然和谐发展，加快海绵城市建设的步伐成为常德市发展的战略选择。2015 年 3 月，常德市成功入选第一批海绵城市建设试点城市，并获得国家 12 亿元的专项补贴资金。

二、常德海绵城市建设过程

以国家首批试点城市申报为分水岭，常德市海绵城市建设先后经历了两个特色鲜明的建设阶段。其中，第一阶段以系统规划先行和水环境综合治理专项行动为典型建设特征，第二阶段则以试点区优先、综合带动全域海绵城市建设并注重海绵城市建设经验提炼和后阶段创新探索为主要任务。

---

① 易丽昆．海绵城市建设之常德模式探讨［J］．中南林业科技大学学报（社会科学版），2018。

（一）海绵城市建设基础铺垫阶段（2004 年～2014 年）

常德市是国内最早认可海绵城市理念并与国际发达地区政府、专业技术团队合作开展实践活动的城市。一方面较早制定了系统规划：2004 年，常德市政府与德国汉诺威市政府、德国汉诺威水协、荷兰乌特勒支市政府、湖南省原建设厅携手合作，向欧盟申请了城市河流污染治理环境对话项目，即《解决亚洲城市可持续发展的问题——常德市城区及穿紫河污水治理个案分析》，并于 2005 年获得欧盟批准。2008 年再次合作，共同编制了《水城常德——常德市江北区水敏性城市发展和可持续性水资源利用整体规划》。同时以此为指导，市财政先后投入 1.2 亿元资金，聘请德国汉诺威水协、中规院等国内外顶尖规划设计单位，高标准编制了城市给水、排水、防洪、水资源利用、绿化、道路等 10 多个专业规划，以及北部新城、江北、江南、穿紫河、护城河等片区水系和雨水综合利用规划。另外，积极开展建设与治理行动：根据各项已制定规划，2009 年以来，市城区启动了 100 多个涉及水系治理、防洪、排水、供水、污水处理、绿地、绿色建筑等项目。截至 2018 年 4 月，已落实近一半目标投资额。

通过这一阶段的工作，常德市具备了扎实的海绵城市工作基础，主要包括初步形成科学的海绵城市建设理念、海绵城市建设上位规划体系框架初现雏形、部分海绵城市建设任务相对超前完成。

（二）海绵城市建设试点城市集中发力阶段（2015 年至今）

2015 年申报试点城市成功后，常德市迅速确立了“先确立技术标准，再做典型设计，然后全面推开”的试点城市三年行动计划，同时制定和出台《常德市海绵城市建设试点城市——2015～2017 年 3 年行动计划实施方案》、《常德市关于加快推进海绵城市建设的实施意见》（下称《意见》）等两部纲领性文件。根据《意见》，常德市确立了“5＋2”的海绵城市建设主要任务，即实施五大工程和打造两个品牌。五大工程即江河湖连通活水工程、绿化截污净水工程、道路小区蓄水工程、防涝减灾排水工程、水文化水旅游亲水工程。打造两个品牌，一是建立常德海绵城市技术示范基地，成为全国甚至是世界级的示范基地，二是建立国家海绵城市论坛，组建海绵城市技术研究院，发展论坛经济，形成中国海绵城市建设的常德力量。

这一阶段建设工作整体进展顺利：海绵城市工作体制机制趋于完善，试点建设任务完成情况良好。截至 2018 年 3 月底，试点区域范围内已完成项目 131 个，在建项目 17 个，项目完工比 88.5％；已建成面积 29.15 平方公里，面积完工比例为 80.75％，在建面积 7.93 平方公里；已完成海绵投资 76.55 亿元，投资完成比例 98％。此外，常德市还启动实施了非试点区海绵城市建设工作，建成面积约 26.4 平方公里。①

三、常德海绵城市建设的运作模式

常德市海绵城市运作模式呈现出典型的以政府为主导、积极探索和引导市场参与的运作模式特征，常德市充分运用 PPP 模式，探索推进海绵城市建设，进展比较顺利。

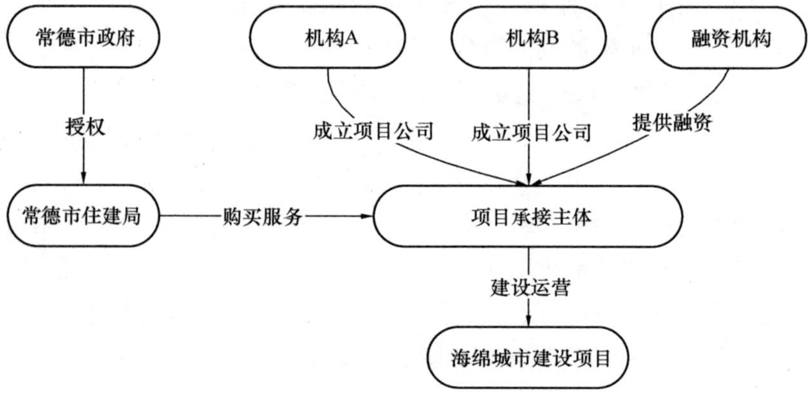

图 10-2　常德海绵城市交易方案图

如图 10-2 所示，在海绵城市的具体建设过程中，常德市政府授权住建局选择项目承接主体，另外，作为海绵城市建设服务的提供者，以机构 A 和机构 B 为代表的众多机构分别成立项目公司，从融资机构获得项目资金支持，最后决出的项目承接主体负责海绵城市建设项目的具体运营。为促进这一建设模式的完善和可持续发展，常德市进行了以下探索：

一是成立管理机构。利用政府机构改革的契机，市级财政部门设立了 PPP 中心，并积极协调经建投集团和城建投集团，成立了常德市海绵城市建设管理有限公司和常德市中瀚水务公司，专门负责海绵城市 PPP 项目推进工作。同时，通过公开招标方式确定中国 PPP 研究院下属的中财嘉丞（北京）咨询服务公司作为海绵城市 PPP 项目咨询机构，为更好推动海绵城市 PPP 项目的发展提供项目识别和论证、项目实施方案设计等咨询服务。

二是建立 PPP 项目库。建立常德市 PPP 百大项目库，项目范围涵盖各区县，涉及海绵城市、污水处理、供水供气、交通水运等 13 大领域。其中海绵城市建设 PPP 项目包括常德市污水净化中心 PPP 项目、穿紫河水系综合治理 PPP 项目、新河水系综合治理 PPP 项目、柳叶湖片区综合治理 PPP 项目，总投资预

① 李远国．中国海绵城市建设可推广的常德模式［J］．城乡建设，2017(03)。

算达 99.77 亿元。

三是对接社会资本。已对接的社会资本有中国建设集团、深圳金砖城市先导基金、北控水务、北京首创、北京东方园林、中科院水生所、上海安联和新疆天健等公司，为 PPP 项目实施储备了优质社会资本方。

四是加强宣传推广。例如，在“政府和社会资本合作（PPP）”示范项目（北京）推介会上，常德市以海绵城市建设 PPP 项目为重点，向与会代表进行了推介。常德市污水净化中心 PPP 项目现场成功签约，该项目总投资估算 3.25 亿元，常德市海绵城市建设管理有限公司作为政府出资方与北控水务（中国）投资有限公司共同组建项目公司（SPV）。项目公司拥有该项目的特许经营权，具体负责项目投融资、设计、建设、运营维护及移交。

常德市试图通过政府与社会资本合作的模式，充分调动海绵城市建设的经济活力，进而利用低影响开发技术，形成“源头减排→小排水→大排水”系统，构建“渗—蓄—滞—净—用—排”的复合排水体系，在雨水排放的同时，达到雨水资源化的目的，削减雨水径流量，减少初期降雨面源污染，充分发挥湖泊调蓄作用，减少城市内涝，将常德市打造成为“海绵城市”。

四、常德海绵城市建设的成效

常德海绵城市建设试点已经取得阶段性成果：城市合流制排水系统排放的污水在终端得到有效处理，建城区黑臭水体按流域综合治理，实现“小雨不积水、大雨不内涝、黑臭水体在消除、热岛效应在缓释”，海绵城市建设已成为常德拉动经济社会发展的引擎。

（一）水环境明显改善

通过控源截污、内源治理、生态修复等技术措施，系统开展黑臭水体专项治理行动，市城区主要黑臭水体基本消除，城内各水体水质达到地表水标准Ⅳ类以上。

（二）水安全保障能力大大提升

通过加强源头控制、恢复和拓展城市水系空间、完善市政排水系统和加强内涝点排查整治等措施，提高了对雨水径流的渗透、调蓄和排放能力，市城区防洪排涝能力大大增强，经受住了多轮强降雨的严峻考验。2016 年 7 月 1 日～7 月 2 日，24 小时累计降雨量达 177.8 毫米，市城区无大面积积水、无人员伤亡、无经济损失。

（三）水生态进一步优化

通过启动花山生态湿地和内河水系驳岸景观绿地建设，重塑自然生态岸线，营造动植物多样性生存环境，形成更加良性的水文生态。提质改造后的屈原公园、滨湖公园和穿紫河、柳叶湖沿岸植物生长茂盛，鲜花四季盛开，百鸟争鸣，鱼翔浅底，成为市城区一道道靓丽的自然风景线。

（四）水文化得到广泛传承

通过修复重建老常德时期的麻阳街、大小河街、老西门、窨子屋等历史记忆，挖掘整合常德丝弦、花鼓戏两项非物质文化遗产，新建德国风情街、婚庆产业园、金银街等特色商业街，使老常德的内河码头文化、商业文明得到传承。特别值得一提的是窨子屋，它是古常德典型的民居建筑形式，汇聚了传统的海绵城市建设理念。重建的窨子屋融入了更多传统和现代的海绵元素，是一次海绵城市建设传统与现代的对话和交流。

（五）促进了城市产业发展

海绵城市建设带来了规划设计、专业人才培养、管理、运营智慧平台的开发与建设，新技术、新材料的研发制造等诸多产业发展机会。

随着海绵城市建设的深入，城市产业链条越拉越长，不仅催生了湖南道诚、鑫盛建材等一批新型技术和材料企业，还带动了七星泰塑、湘北水泥水管厂等一批传统企业的转型升级。柳叶湖欢乐水世界、沙滩公园、汽车营地、马拉松环湖赛道、老西门、大小河街、德国小镇、水上巴士等一批亲水文化项目，带动了旅游、商贸、体育等相关产业发展。①

五、海绵城市建设的政府监管与经验启示

属于全国首批海绵城市建设试点城市之一的常德市，其海绵城市建设工作已在修复水生态、改善水环境、涵养水资源、保障水安全、复兴水文化等各个建设目标方面取得了实实在在的阶段性成果，其发展模式对于其他城市具有重要的借鉴意义。

（一）全面布局，完善专业技术支撑

首先，建立健全海绵城市技术规划支撑体系，常德市注重海绵城市建设技术规划和设计人才的培养，熟练掌握自主核心知识，减少对外力量的依赖性，为海绵城市建设提供人才保障和支撑，其在引入汉诺威实力支持后又陆续引进中规院、中建院、湖南省城市规划设计研究院、南京市政院、上海市政院、美国新地环境深圳分院等十余家国内外顶尖规划设计单位，突破本地保护主义，形成健全的海绵城市技术规划支撑体系，并自 2008 年以来保持长期稳定，有效保障海绵城市规划编制的历史延续性，从而最终保障了海绵城市建设的系统性和科学性。

---

① 李远国．巩固发展海绵城市建设成果 致力打造中部地区最美城市 常德：融合推进“城市双修”“三文一体”工程［J］．城乡建设，2017(05).

其次，重视加强本土其他技术力量的培养，包括设计、施工、监理等行业专业人才培养以及专家队伍培养。一是利用试点期间消化、吃透汉诺威以及中规院等中外高水平海绵城市设计机构的先进建设理念技术，政府搭建平台，组织集中培训，着力打造一支本土高水平的设计、施工、监理人才队伍。二是汇集多专业人才成立城建工程技术智库，助力解决城市建设、城市提质、海绵城市建设施工技术方面的难题。

最后，组建成立专门的海绵公司，致力于海绵城市技术与产品研发、海绵项目投资建设和运营管理等，借此实现海绵产业营运的专业化、特色化、标准化。通过海绵公司的专业操作和技术带动，目前已催生湖南道诚、鑫盛建材等一批新型技术和材料企业，带动七星泰塑、湘北水泥水管厂等一批传统企业的转型升级，海绵产业的经营状况日益改善，产业结构日趋合理。

（二）多维度“融合推进”建设，协同发挥内部效应和外部效应

具体形式包括：海绵城市建设与黑臭水体治理融合推进、与棚户区改造等片区城市更新过程融合推进、与城市新型产业开发融合推进等，以此实现资源共享，城市面貌焕然一新，整体呈现城市质量提升和经济发展相互促进的生动局面。多维度融合推进的基础在于：海绵城市建设不是孤立的战场，而是与棚改等形式的城市有机更新、智慧城市、园林城市、生态城市、气候适应城市、宜居城市等众多城市发展模式一样，均是“以人为本”的城市可持续建设和发展战略的重要组成部分。

以老西门项目为例，在改造前，老西门地区不仅呈现破败不堪的城市居民区和城市基础设施，还存在黑臭不堪的护城河黑臭水体。经改造后，该项目如今成为海绵城市建设与棚户区改造和居民生活提质、历史文化保护、现代文化旅游配套等相结合的典型示范，生态效益、社会效益和经济效益同时显现。一方面海绵城市建设通过提升护城河内河水质、美化河岸景观、铺设社区植草沟、打造绿色屋顶等海绵措施，直接改善原有居民所处生态环境，突出的生态效益有效提升了街区商业资产的附加价值；同时，海绵城市建设并非大拆大建，大部分历史文化遗迹被保留，这有助于成功传承城市历史文化根脉，社会效益显著，由此带动旅游、文化休闲等相关产业的繁荣发展，经济效益也随之产生。

（三）逐步构建严格完善的监管体制

首先设立职责明确的监管机构，确定组织和负责部门，并以立法的形式对其监督权利和独立地位给予保证，任何部门都不能进行干涉和限制。其次，制定严格透明的工作程序，在海绵城市建设实施的每个过程和每个环节，都要按照具体的规定和严谨的程序接受各方面的审查和监督。进而，加强公众参与，采用示范教育、多渠道项目宣传等方式，增加公众对海绵城市的认知。最后，建立规范化

和制度化的公众监督，增强公众对于海绵城市建设实施过程的知情权，公众的意见和建议能够通过完善的制度反映到政府部门，并得到重视，成为制约官员行为的决定因素。

常德市坚持以政策文件为指导，使海绵城市建设有“规”可依，出台的政策文件体系包括海绵城市规划建设管控制度、海绵城市技术规范与标准、海绵城市建设相关的地方法规、海绵城市收益机制专项文件、海绵城市费用保障机制专项文件以及海绵城市建设相关专项规划等，广泛涵盖规划管控、政府组织领导、项目建设实施和后期运维管理的方方面面。

（四）规范监管机制，保障项目的可持续性

海绵城市建设项目的系统性和复杂性要求监管主体对项目的全生命周期进行管控，引入并建立 PPP 全生命周期管理机制有利于保证海绵城市建设项目实施。因此，从监管主体及监管领域的角度出发，必须加强监管机构建设，成立由相关政府部门、行业主管机构、第三方机构以及社会团体等共同参与的联合机构，承担整个项目的各项监管工作，同时通过政策法规约束，强化其独立性。

常德市在城市建设规划和年度建设计划中，优先安排海绵城市建设项目并纳入政府采购范围；项目主管部门在安排年度专项资金中，优先考虑安排海绵城市建设项目，积极争取将符合条件的海绵城市建设项目纳入上级专项建设资金支持范围；鼓励和推广应用 PPP 模式，出台海绵城市 PPP 专项指导文件，探索建立政府与社会资本风险分担、收益共享的合作机制，保障项目质量与可持续性。

（五）加强市场准入监督和绩效控制

一是做好立项监管，在全方位的发展规划以及我国现行可行性研究制度的基础上考察项目的必要性，规范 PPP 的各项要求，避免借 PPP 之名，行变相融资之实。尝试构建完善的绩效评价主体体系，具体举措包括：邀请媒体介入，形成舆论监督压力；对于黑臭水综合整治等专项行动和相关建设工程质量，引入市质安处、省检中心等第三方评价主体。

二是政府加强自身能力建设，并通过与专业咨询机构的合作，为 PPP 项目的物有所值评价寻求智力支持，同时通过构建 PPP 数据库与信息平台，采用公开透明的竞争性招投标方式选择合适的合作对象，提高合作的成功率。具体举措包括：以市住建局、市水利局、市环保局等相关职能部门为考核责任主体，海绵办负责定期开展政府内部工作落实自我督查。借助媒体公开建设结果，广泛接受人大、政协及公众监督评议。

三是建立中期的绩效评估机制，完善绩效评价方法，建立政府、公众共同参与的综合性评价体系对项目运作、公共服务质量等方面进行评价，作为项目调整

纠偏的依据①，努力做到建设过程监管与建设质量验收两手一起抓，形成事中控制与事后评价相结合的评价监督方式。以实力技术团队合作成果为支撑，形成完善的绩效评价依据体系，包括《海绵城市建设技术指南》和相关设计文件。

第三节 垃圾处理行业案例分析

案例一 上饶生活垃圾焚烧厂项目分析

一、项目情况

（1）建设项目名称：上饶市生活垃圾焚烧发电项目。

（2）建设地点：上饶市经济开发区联胜村。

（3）建设单位：上饶市城市建设投资开发集团有限公司。

（4）建设性质：新建。

（5）建设规模及投资情况：项目建设规模为3×500吨/日垃圾焚烧炉，项目配3台日处理生活垃圾500吨机械炉排炉和2台15兆瓦汽轮发电机组，发电总容量30兆瓦。发电厂建成运行后，年发电量达2亿千瓦时，为上饶市节能减排事业和垃圾处理工作助上一臂之力。项目工程总投资约为8.05亿元人民币。

二、项目特色

（一）主要采取的环境保护措施

垃圾焚烧烟气主要污染物为烟尘、SO_2、NO_x、HCl、二噁英等，项目采取“SNCR脱硝＋半干式喷雾反应塔＋$Ca(OH)_2$干粉喷射＋二级活性炭喷射＋袋式除尘器”的净化处理工艺，净化后的烟气符合《生活垃圾焚烧污染控制标准》（GB 18485—2014）中的生活垃圾焚烧炉排放烟气污染物排放限值要求，二噁英排放浓度满足欧盟环境标准。本项目生产废水和生活污水经场内处理达到《生活垃圾填埋场污染控制标准》（GB 16889—2008）标准后，经8.1公里管道排入信江。项目焚烧飞灰固化后外运至指定垃圾填埋场填埋，焚烧炉渣外运综合利用，并采取隔声减噪措施消减生产噪声。项目实施后可有效实现上饶市生活垃圾的无

① 李阳，苏时鹏．海绵城市建设中的PPP机制探讨［J］．生态经济，2018(09)。

害化、减量化和资源化，改善上饶市环境卫生。

（二）政策号召积极响应开展项目

据上饶市生活垃圾焚烧发电厂项目经理助理林新和介绍，根据 2007 年 5 月 23 日发布的《国务院关于印发节能减排综合性工作方案的通知》，我国鼓励垃圾焚烧发电和供热、填埋气体发电，积极推进城乡垃圾无害化处理，实现垃圾减量化、资源化和无害化。垃圾焚烧发电，既能够达到国家环保排放标准，又是垃圾减量化、资源化和无害化最有效的手段。

目前，随着经济快速发展和人口迅速增长，上饶市城市生活垃圾大幅增加，市委、市政府高度重视生活垃圾处理工作。根据市政府常务会议精神，上饶市城市生活垃圾焚烧发电项目由市城市建设投资开发集团有限公司投资、建设、运营。

据介绍，该项目设在上饶市经开区董团乡联胜村，占地 150 亩，建设规模日处理生活垃圾 1500 吨，总投资约 8.05 亿元。项目配 3 台日处理生活垃圾 500 吨机械炉排炉和 2 台 15 兆瓦汽轮发电机组，年发电量可达 2 亿千瓦时。

（三）“高科技”解决焚烧发电副作用

在焚烧垃圾的过程中，排放出的二噁英、粉尘等污染物会不会对空气、水体、土壤造成污染呢？对此，林新和透露，垃圾焚烧发电厂落成后，为确保不影响周边环境，厂区将配套建设污水处理站，污水处理合格后再循环使用。而对于处理焚烧垃圾产生的烟气，焚烧发电厂将采用“SNCR”（无催化还原脱氮）、半干法（高速旋转雾化反应器）、干法（小苏打）活性炭喷射、布袋除尘器烟气处理工艺，将有效地解决焚烧垃圾带来的副作用。以处理飞灰方面为例，旋转喷雾塔和布袋除尘器收集的飞灰，加入一定比例的水泥、螯合剂充分搅拌致固化达标后，统一运输到指定卫生填埋专区进行填埋。处理后，污染物将不会对周围环境造成影响。

林新和表示，虽然在常温下燃烧垃圾会产生大量的二噁英，但在炉膛温度 850℃停留两秒以上就可以将二噁英几乎全部分解。焚烧发电厂发电项目采用的是机械炉排炉，炉膛温度在 860～930℃，能保证 99%以上的二噁英分解成非二噁英类物质，再通过脱硝、脱硫、活性炭吸附，实现达标排放。

在渗滤液处理方面，垃圾在垃圾坑中发酵产生的渗滤液以及生产车间地面、设备及垃圾运输车辆冲洗等产生的污水，收集后排入渗滤液调节池内进行处理。处理合格的水排回工业水循环系统使用，浓液送入回喷炉膛燃烧。焚烧后，炉渣则作为建筑材料再循环使用，实现污水零排放。

（四）项目是民生工程，也是环保工程

生活垃圾焚烧发电厂对周边居民区是否会产生影响？据了解，市生活垃圾焚

烧发电厂的生活垃圾将采用专用垃圾车运输，并将新建一条供生活垃圾运输的专用道路，避开居民区。垃圾被运进厂后，堆放垃圾的垃圾坑是密闭的，且处于负压状态，臭气出不去，确保厂区整洁卫生，附近的居民区不受到影响。

据了解，该项目在正式运行时，环保监督部门会通过计算机实时查阅生产中环境监测的相关数据。“市生活垃圾焚烧发电项目，是一项民生工程、环保工程，既可以节约填埋垃圾的土地资源，又可以产生资源。”林新和表示，项目各项环保措施、风险控制措施及环境监督管理措施，对环境的影响可控制在相应的标准范围内。环保排放标准不仅要达到国家环保标准，关键指标还要优于欧盟 2000 环保排放标准，且不会对各环境保护目标构成影响。

三、成功经验

（一）规范运营管理，支持城市公共事业发展

上饶垃圾焚烧厂坚持了“紧凑、节能、环保、先进”的布局原则，项目设计的各项环保排放标准不仅达到国家环保标准，关键指标还要优于欧盟 2000 环保排放标准。在加工处理环节规范管理，保证过程监测的严密性，能够极大缓解城市垃圾处理的压力，是城市公共卫生事业的有力支撑。

（二）采用先进技术设备，严防二次污染

上饶垃圾处理厂在工艺设计上采用的是机械炉排炉，炉膛温度在 860～930℃，能保证 99%以上的二噁英分解成非二噁英类物质，再通过脱硝、脱硫、活性炭吸附，实现达标排放，而且，环保监督部门可以通过计算机实时查阅生产中环境监测的相关数据。彻底消除民众疑虑，是民生工程，也是环保工程。

（三）采纳循环经济模式设计，实现绿色发展

上饶垃圾焚烧发电厂将循环经济的理念植入加工运行全过程，在项目设计与实施中充分体现了“创新、协调、绿色、开放与共享”五大发展理念。这里不仅可以大规模处理城市生活垃圾处理，还采用循环经济原理最大限度实现“废物利用”。

案例二　两网衔接的回收联盟连锁模式——“永平模式”简析[①]

一、项目情况

“永平模式”采用回收联盟连锁的方式，在乡镇政府的支持下，在乡村建立

---

① 中国再生资源回收利用协会. 共享绿色世界：两网融合与垃圾治理探索［M］. 北京：人民邮电出版社，2018。

农村垃圾分类回收站，利用废旧集装箱作为农村回收站储存房，由总公司——山东永平再生资源股份有限公司（以下简称永平资源）统一收购和物流运输，形成再生资源规模化经营和高值化利用。依托移动互联网技术，搭建城区网上回收平台，与物业公司合作，整合线上线下资源，建立市区生活垃圾分类回收网络。

二、项目特色

“永平模式”是根据城乡差异，有针对性地把“永平模式”分为两个模块，即：城区模式和农村模式，两种模式结合，实现了垃圾源头分类到资源化利用无缝隙的产业价值链条。自 2016 年开始，永平资源以山东高密市为起点，潍坊市为试点，山东省全区域进行布局，打造“永平模式”。2016 年 10 月至 2017 年 5 月就在各乡镇村庄设立回收联盟站点 150 多个，辐射 500 多个村庄，每天新增成立 2～3 个回收联盟站，其模式可复制性较强。

（一）农村模式（设立农村回收联盟站点）

（1）公司专业人员审核。根据各市镇区党委组织协调，各社区村委填好联盟回收站统计表，公司拓展人员根据统计表走访各村、社区、集中居住小区等进行考察，并确定集装箱安装位置，位置需村委协调（位置需宽敞能安放集装箱、运输车进出方便，合理布局布点，每 1500～2000 户设立一个回收联盟站）。（2）培训。在拓展组确定人选后，培训组收到反馈信息，联系站长组织上门一对一培训，教授站长废品回收的分类、价格、技巧等内容。（3）集装箱安装。在收到拓展组和确认组确认集装箱安装信息后，公司人员携带专业工具上门安装集装箱。每天收集的可回收垃圾，就储存在集装箱里，并可在里面进行简单分类。（4）开业。在集装箱设立完成后，开业回收废品，培训人员上门培训服务，公司环境服务大使挨家挨户上门发放宣传单及宣传车辆流动宣传。（5）正常回收。回收站进入正常回收状态，运营期间若有价格或废品分类疑问，可致电公司，公司客服技术人员会为此讲解，培训人员也会多次上门辅导收货，至回收站开始正常运营为止。（6）物流配送。当站点存货量足够时，公司物流人员上门取货，快速便捷。（7）电子商务。对各个站点的信息进行整合，并在电子地图上进行标识备档，公司已经开启微信公众号“上门回收”功能，为居民带来更多便利，“互联网＋回收”更有效融入居民的日常生活中。（8）宣传。公司周期性安排人员、宣传车辆等在回收站点附近村落、社区进行流动宣传，引导居民垃圾分类，根据实际情况结合各镇、街道办文化下乡，进行“再生资源垃圾分类＋环卫一体化＝两网融合”的专题宣传。

（二）城区模式（搭建网络回收平台）

（1）建设与推广。针对居民小区，公司利用小区物业管理公司保洁人员进行垃圾回收，每个小区物业办提供密封存放点，公司流动车辆每天进行集中流动回收，做到“日清日收”，各商铺、饭店等可预约或由公司流动车辆统一流动回收，同时，公司搭建网络回收平台并开通回收热线电话，市民可通过手机微信或者热线电话的形式下单，利用“互联网＋”等模式促进垃圾分类回收系统线上平台线下物流实体相结合。(2) 城区划分区域，配备回收车辆及上门回收人员。每个区域配备 30 辆物流配送流动回收电动三轮车级上门服务人员，早 8 点至下午 7 点进行全市上门回收服务。(3) 客户服务平台建设。有专人负责接听热线电话及实时导出手机网络订单，根据区域分配订单至回收人员。(4) 合作与完善。联合环卫保洁公司、物业公司等服务公司进行合作，利用他们在全市范围内的服务人员，进行再生资源回收，联合小区物业进行宣传。

“智慧回收＋智慧环卫＋智慧物流”这一模式，实现了再生资源回收网和垃圾分类回收网的深度融合，从再生资源回收至垃圾分类回收，再到中转运输，最后至废旧物资的综合高值利用各环节都实现了无缝对接。前端，可以有效发挥村村通回收联盟站和城区各物业网络的作用，对废旧物资的分类、回收等实行全口径统一管理，并充分利用公司庞大的环卫一体化体系加强城乡居民生活垃圾的源头分类、收集；中端，利用物流配送体系进行科学、高效、规范的配送运输，强化和完善物流运输网线、保障运输的畅通；末端，结合园区化规划构建，保证再生资源、生活垃圾都得到妥善处置，防止二次污染，拉伸再生资源综合利用产业链，使其实现资源化利用。在不断巩固和完善前、中、末端环节的同时，践行循环经济的闭合循环过程。

三、成功经验

1. 因地制宜，模式创新

“永平模式”是根据城乡差异，有针对性地把“永平模式”分为两个模块，即：城区模式和农村模式，两种模式结合，实现了垃圾源头分类到资源化利用无缝隙的产业价值链条。

2. 再生资源企业跨界转型

山东永平再生资源股份有限公司的“永平模式”，采用回收联盟连锁的方式，在乡镇政府的支持下，在乡村建立农村垃圾分类回收站，利用废旧集装箱作为农村回收站储存房，由总公司统一收购和物流运输，形成再生资源规模化经营和高值化利用。

3. 构建“互联网＋回收”平台，线上线下融合

公司搭建网络回收平台并开通回收热线电话，市民可通过手机微信或者热线电话的形式下单，利用“互联网＋”等模式促进垃圾分类回收系统线上平台线下

物流实体相结合。

4. 打造“智慧回收＋智慧环卫＋智慧物流”模式

实现了再生资源回收网和垃圾分类回收网的深度融合，从再生资源回收至垃圾分类回收，再到中转运输，最后至废旧物资的综合高值利用各环节都实现了无缝对接。

5. 产业链实现闭合循环发展

前端充分利用公司庞大的环卫一体化体系加强城乡居民生活垃圾的源头分类、收集；中端，利用物流配送体系进行科学、高效、规范的配送运输，强化和完善物流运输网线、保障运输的畅通；末端，结合园区化规划构建，保证再生资源、生活垃圾都得到妥善处置，防止二次污染，拉伸再生资源综合利用产业链，使其实现资源化利用。

第四节　电力行业案例分析

案例一　光伏电站扶贫样本——正斗、新那伽光伏电站案例分析①

海拔 4000 多米的四川省甘孜州乡城县正斗乡正斗坝子是国家电投集团四川公司的正斗、新那伽光伏电站所在地。2017 年 2 月 10 日，总装机规模 50 兆瓦的正斗光伏电站正式开工建设。2018 年 6 月 29 日，新那伽光伏电站并网发电。这两座是异地建设的光伏扶贫电站。乡城是藏语“卡称”的汉语音译，意为“手中的佛珠”。奔腾的硕曲河由南至北贯穿乡城全县，白色藏宅沿河岸分布，俯瞰犹如被串起的佛珠，因此而得名。站在正斗坝子松软的土地上，极目远望，太阳能电池板铺满了起伏的高山退化草场。

一、项目概况

（一）正斗光伏电站

甘孜州地处川西高原，受制于特殊的地理、环境因素，州内产业基础薄弱，脱贫攻坚形势严峻。2017 年的数据显示，甘孜州下辖的 18 个县（市）里，有 17

① 刘斌．光伏电站扶贫样本［N］．南方能源观察，2018 年第 10 期．

个是省级重点贫困县，占到四川省的20%；贫困村1360个，占全州的50%；建档立卡贫困人口19.74万人，占全州的17%。正斗乡副乡长泽珠介绍说，当地主要靠天吃饭，由于交通不畅，外出打工也不方便。

尽管产业相对落后，但甘孜州是四川省太阳能资源最丰富的地区。这一区域因为海拔高、云量少，大部分地区总辐射在4500～6400兆焦/平方米，日照时数在2000～2680小时，建设光伏电站的条件非常优越。

在政府的介绍下，国家电投集团四川公司了解到了光伏电站建设条件优良的乡城县正斗乡。经过三年多的前期准备，2017年2月10日，总装机规模50兆瓦的正斗光伏电站正式开工建设。

这是一项十分艰苦的建设工程。海拔4100米的高原含氧量只有平原地区的60%，部分工作人员高原反应严重，人员流失率极高。项目建设过程中，需要一边进队伍，一边还要找队伍储备。项目的另一大难点在于物资运输，由于附近没有配套产业，水泥、建材都需要从邻近的云南省迪庆州运过来，正斗光伏电站项目物资运输车次达到1000多次，而通往正斗乡的道路路况极差，一遇到交通堵塞就会影响工期。

根据光伏发电上网电价政策，2017年6月30日前并网项目享受之前的上网电价，而6月30日以后并网的项目上网电价降低0.13元/千瓦时。尽管项目建设工期十分紧张，在各方协调之下，项目最终赶在6月30日并网发电，享受到了0.88元/千瓦时的上网电价。

正斗光伏电站的建设也给当地的牧民带来一笔丰厚的劳务收益。据泽珠介绍，当地以村为单位成立了劳务服务公司，村民和劳务服务公司签劳动合同，村民通过公司统一安排来光伏电站打工，村民务工的积极性也非常高，附近两个村子有800多人次在两个光伏电站项目打过工。据了解，仅正斗光伏电站项目付给当地牧民的劳务费就达到300万元。

光伏电站建设需要占用土地，除了劳务收入，当地村民还可以通过土地租赁费获得一部分补助。

2017年初，四川省发改委下发《四川省光伏发电扶贫工作实施意见》，决定在省内太阳能资源较好的地区实施光伏发电扶贫工程，促进建档立卡贫困户稳定增收、精准脱贫。经过优选评估，国家电投集团四川公司入选四川省光伏扶贫开发合作企业名单。

针对四川藏区的实际情况，国家电投集团四川公司在甘孜藏族自治州新龙、石渠、色达和阿坝藏族羌族自治州红原等县实施了“集中建设、异地扶贫”的光伏扶贫工程。

（二）新那伽光伏电站

2018 年 6 月 29 日，新那伽光伏电站并网发电，这是一座异地建设的光伏扶贫电站。新那伽光伏电站投产以后，“靠天吃饭”有了新的含义。由于四川藏区地广人稀，贫困人口比重较大，分布较广、较散，而光伏电站建设选址需要重点考量太阳能资源富集程度以及配套的交通、电源送出通道等客观条件，这就导致建设条件优良的区域和需要扶贫的群众所在区域难以统一。

为了解决这一矛盾，国家电投集团四川公司通过“集中建设、异地扶贫”的方式破解这一难题。新那伽光伏电站扶贫对象为甘孜州的石渠、色达、新龙三县。电站总装机容量为 80 兆瓦，项目每年能够提取 921.2 万元的扶贫资金，在持续 20 年内提供总计 1.8424 亿元的扶贫资金。这笔资金将解决上述三个县的建档立卡贫困户共 3539 户、9213 人的精准扶贫问题。

据国家电投集团四川公司甘孜分公司总经理王付文介绍，光伏扶贫电站在进行指标备案时就已经确定了扶贫资金规模，新那伽光伏电站每年交给州移民局 921.2 万元扶贫资金，州移民局再划拨至每个县，建档立卡贫困户每人每年能够获得 1000 元的扶贫资金。

二、案例分析

因政策出现变化，企业在光伏扶贫中的角色也在发生转变。2018 年 3 月，国家能源局和国务院扶贫办联合发布了《光伏扶贫电站管理办法》（以下简称《办法》），《办法》明确光伏扶贫电站原则上应在建档立卡贫困村按照村级电站方式建设，由各地政府筹措资金建设，企业不得投资入股。

尽管《办法》也鼓励光伏企业积极履行社会责任，采取农光、牧光、渔光等复合方式，以市场化收益支持扶贫，但在当前补贴退坡的背景下，对于企业的吸引力并不大。

对于四川高原藏区而言，这里光照资源丰富且能够全额消纳光伏电量，集中式光伏电站规模效益明显。数据显示，正斗光伏电站多年平均发电量达到 7828 万千瓦时，年利用小时数为 1566 小时，资本金内部收益率为 14.99%。目前四川省光伏装机规模不到 300 万千瓦，占比较小，尚未出现弃光限电问题。

目前甘孜做分布式光伏扶贫日常维护和运行的成本太高，当地也缺少相应的管理人才。“5·31”新政过后，光伏行业补贴退坡加速，何时能够实现平价上网，尚未可知，先要从降成本、多能互补入手，把通道充分利用起来。短期内要做好亏损的准备，但长期要有收益。但从长期来看，集中式电站已经与光伏扶贫渐行渐远。

案例二 国外风电场旅游开发案例分析[①]

风电场是一种全新的旅游资源。最先发展风电事业的欧美澳发达国家，也最先启动了对风电场的旅游开发。欧美国家风电场旅游开发既注重经济效益，也注重社会效益，并注意利用风电场资源，精心设计和推介风电场旅游产品。这些成功经验给我国开发风电场旅游带来了诸多启示。我国风电事业发展较快，风电场旅游资源极为丰富，认识我国风电场旅游的必要性和可行性，结合各地实际条件，推动风电场旅游事业的发展，具有重要的意义。

一、项目概况

美国的第一个风电场即加利福尼亚州圣戈尔戈尼奥关（San Gorgonio Pass）风电场。在这块棕榈泉（Palm Springs）的 70 平方公里土地上，竖立着 4000 台风车，为棕榈泉和整个考切拉谷（Coachella valley）地区供电，这是加州最大的风力发电区。林立的风车转动着，与夕阳余晖映照下的附近雪山一道，形成了沙漠之地静动交融的独特景色，煞是壮观。这里是 10 号高速公路必经之路，常有人停车路旁驻足欣赏，更有人专程来此观看风车，很多电影的风车场景也到这里取景。风电场旅游由此成了该地一大亮点，“棕榈泉风车旅游”（Palm Springs windmill tours）成为加州“沙漠风能协会”授权的唯一风电场旅游项目。

在最先出现风电机的苏格兰，也出现了英国最大的陆上风电场——怀特里风电场（Whitelee Windfarm）。它坐落于离格拉斯哥市中心 20 多分钟车程的依戈善姆荒原（Eaglesham Moor），215 台风电机，每年可发电 5390 万千瓦，能满足将近 30 万户家庭的 27%的用电需要，各户年均 4266 千瓦/小时。风电场内外有长达 130 公里的小道供步行、骑车和驾马而行，能免费停车、免费进入游客中心，是家庭外出一日游的最佳目的地之一。

丹麦是世界上风力发电具有较强竞争力的国家之一，是世界上第一个风电用电量超过 20%的国家（2004 年达 20.8%），2020 年这一比重将达到 50%。丹麦风电业的发展，被认为是将绿色能源战略转化为商业战略、创造工作机会、促进经济增长的样板。而且世界上 90%以上的海上风轮机都是由丹麦公司制造的。整个丹麦约有 6000 台风电机。风电场大都被用于旅游开发，宾馆、旅店和宿营地也利用风机做“绿色旅游”，还特别将德国旅游者市场作为营销目标，认为那里的公众对环境问题和新技术更感兴趣。

---

① 刘丹青．国外风电场旅游开发实践对我国的启示［J］．对外经贸，2018（5）。

丹麦最有影响的风电场是哥本哈根港附近的米德尔格伦登海上风电场（The Middelgrunden Offshore Wind Farm）。它离海岸 3.5 公里，矗立在 3～8 米水深的海礁上，2000 年竣工。共 20 座 2 兆瓦的风轮机，总装机容量为 4 万千瓦，可满足 4 万多户家庭用电需求，提供了哥本哈根总用电量的 3%。其中 10 座是由 8553 个成员合股投资兴建的。20 座风机成弧状排列，水上高度达 102 米，风轮直径 76 米（相当于波音 747 的翼展）。这是世界著名的最具摄影价值的风轮机，参观者在任何季节都可以拍摄，声名远播，引来了许许多多的外国游客。该风电场的修建吸引了公众的兴趣和资金投入，2000 年获得了“欧洲太阳能奖”（Europe Solar Prize）和“全球能源奖”（Global Energy Award）。哥本哈根市民玛丽安娜女士说自己整年都喜欢来到赫尔戈兰（Helgoland）的公共浴场，这里离米尔顿格伦登最近的风机仅 2 公里。她说，在那里可以欣赏风机美景——一种有积极意义的能源。附近那些每天都能见到海滨风机的市民积极性最高。丹麦的一次问卷调查中，有 77%的答问者认为地表上竖起风电机是一种具有积极象征意义的景观。有 67%的人完全同意风机能整合进地貌景观的看法。现在该风电场被广泛地认为是哥本哈根的绿色地标。

二、案例分析

风电场旅游之所以在欧美澳国家发展较快，在于社会各方面对这一新型旅游形式的社会和经济意义有比较充分的认识。满足游客旅游需求，产生较好的经济效益，对公众进行近乎专业性的科普教育，是促进风电场旅游的三大因素。风电场所在地居民、政府、风电企业的认识和态度是风电场旅游开发的关键。

（一）旅游者和风电场所在地居民的愿望

旅游开发，离不开旅游者和旅游开发地居民两大基本群体。只有使他们成为受益者，风电场旅游开发才有必要性和可行性。风电场大多位于荒郊野外，其观光和开发价值因地而异，总体来说，要依观察者（旅游者）个体及场地而论。与别的人类活动痕迹（如建筑和桥梁）一样，设计完美的风电场也可成为地平线上好景观，甚至具有建筑学和人文遗产价值。国外风电场在进行风电场旅游开发论证时，一般都采取了问卷调查民意测验等方法，充分了解民意后再做决策。

英国一份旅游者对参观绿色景观（如风电）的喜爱程度的调查结果显示：很喜欢的占 24%；中等程度喜欢的占 29%，有点喜欢的占 45%；说明喜爱“绿色旅游”的人比例正在增长。2006 年丹麦的一次调查：在米德尔格伦登的游客中，投票喜欢风力发电的为 94%；对风轮机留下很好印象的为 71%，一般印象的为 22%。澳大利亚维多利亚省 2001 年的一份民意测验表明，94%的答卷者认为风轮发电机“很有意思”，74%的人认为很“优雅”。在美国密歇根州，依赖旅游为生的海（湖）岸社区对离岸（offshore）风电场的潜在影响非常感兴趣。马萨诸塞州萨福克大学比康山研究所2003年对科得角（Cape Cod）的旅游者和居民做过调查。94%的反馈者说，即使修建了风电场他们也不会减少来这里的频率。85%的反馈者对发展风电抱有积极态度，支持离岸修建。

对风电场是否影响当地旅游开发的调查或咨询，或者风电场能否开发旅游的调查和咨询，旅游业界一般都表现了积极的姿态和热情的支持。如英国威尔士的一些案例研究就得到了离风电场7公里以内地区内的宾馆酒店、度假村庄、B&B旅店、宿营地、商旅篷车队以及旅游协会的热心参与。

（二）风电场旅游的经济价值

这应该是风电企业和旅游开发商的基本出发点。可从一些相关材料来间接证明。

如美国“棕榈泉风车旅游项目”票价：成人49美元，60岁以上老人45美元，8～18岁24美元；现役军人及预订票35美元；仅7岁及以下儿童免票。票价这么高，说明来此旅游者人数不会少。

相比之下，旅游开发初创阶段为吸引游客市场，不一定以追求经济利益为目标。作为一种营销策略，美国俄亥俄州专门设计了一日游项目“绿色能源俄亥俄风电场游”（Green Energy Ohio Wind Farm Tour），用大巴车搭载游客，先后游览两处的风电场：蓝溪风电场（Blue Creek Wind Farm）和Cooper Farms）及相关工程，中午提供盒饭，总价仅10美元。后针对蓝溪风电场设计出一种参与性旅游项目，称风电工作坊，分三阶段：首先是风电场总览，观察风电场的区位、风电机结构、运行原理、工作程序，对当地经济的影响、对环境的影响等；其二是驾车旅行20分钟，从多个角度观察风电机；最后是工作坊，由专业人员指导参加者制定风能开发方案，理解开发风能的益处和挑战，评估参加者的社区是否适合利用风能。全部过程完成收费250美元（含工作坊所用材料），费用相对较高。

丹麦的米德尔格伦登风电场则在哥本哈根市区多处以及风电场主题公园，用英语和丹麦语举行风电场知识讲座，每场限定人数，少的15人以下，多的15～25人。根据观众不同的背景，介绍不同的内容，由专门的机构来安排。听讲演需收费，票价各有不同。如对普通游客，介绍风电公园和该公司一般情况即可，收费略低；对有一定风电背景知识的人，还会介绍风电网、风电场的基础和环境等问题，收费略高；对学生免费，还讲解能源政策、能源利用规划等现实问题。

加拿大沃尔夫岛风电场（Wolfe Island Wind Farm）对旅游开发的经济效益进行了总体评估：短期效益，可增设许多服务点，如旅馆、B&B旅社、餐馆、燃气站、邮局、日杂店等；长期效益，能为当地创造税收、工资地产收入等，每年 200 万加元以上。

（三）风电场的科普教育意义

利用风电场对公众和参观者进行科普教育，是一种履行社会责任的表现，社会效益为先。加拿大沃尔夫岛风电场设计了 2 小时免费自助步行游（Free Self-Guided Walking Tour），并详细规划将 2 小时分为几个步骤，怎么走法，并附路线图。在网上告知免费自助行的注意事项和详细内容：该风电场处在私人地产上，不经同意不能逗留，可在周边停留；可以了解加拿大的水电事业，因为该风电场位于水中岛上；了解该风电场自 1995～2009 年的发展史，每台风机占地约为 2 英亩，86 台风机均为西门子公司（丹麦）制造，从海路辗转运来；了解该风电场设施建设是如何做到“环境友好”：风电机离最近的与工程无关的建筑 400 米，离道路和湿地不少于 120 米，离最近的村庄不少于 600 米；介绍该风电场如何与当地农场主达成协议，风电场修建过程怎样展开；告知每台风机为 2.3 兆瓦，86 台风机总装机容量为 198 兆瓦；解剖风机内部构造：每台风机总重 374 吨，塔身由三节组成，钢结构，塔高 80 米，重 200 吨；发电机组装在塔的顶部，连接塔身与风叶；每片风叶长 45 米；塔身固定在基座上，用了钉栓 160 个，每个直径 3 厘米，长 3 米。介绍电怎样发出和输出：每台风机发电 690 伏特，在风机变电器加压升至 34500 伏，输往主变压站后升至 23 万伏，并入电网；每个风电机由一组（3 根）电缆线将电输至变压站；该风电场电缆线总长 350 公里，埋在 1 米多深的坑里；风电机输往变压站用铝线，从变压站输往高压电网为铜线。风速在每小时 14 公里时风机可自动运转发电；风速在每小时 25～30 公里时可达发电峰值；14～90 公里之间可以自动调整；90 公里以上时自动关闭。风电场的日常工作包括：防护性维护；修理；设备安全检查；安全技巧培训；风机扫雪。每台风机造价 550 万加元，合计 4.78 亿加元。

苏格兰怀特里风电场游客中心则事先准备了一些游客可能提到的问题，诸如为什么风力能发电？风电机是怎样发电的？没有风的时候会出现什么情况？在苏格兰和整个英国有多少风电机？等等。

美国圣戈尔戈尼奥关风电场的科普和游览内容设计也颇有特色：有风电本身发展史，包括图解 Coachella 谷风电发展史，还可从正在运转的风机（最新的和最高的）了解该地风电场 30 余年的发展史；了解该地为什么是可持续的风力能源开发最佳地区；可在户外步行中观察风力发电场的各部分结构；在户外观看 35 年来的风车展览，了解为什么有的失败、有的成功；在风电场本部欣赏有关本地风电发展史的照片集锦；了解本地各种类型的风车，从早期的“火柴棒”（Vestas）风车到最新的能生产兆瓦电能的高达 420 英尺的大风车；了解风力发电原理。认识清洁能源利用的意义，即随着煤炭、石油为代表的不可再生能源（也是污染性能源）日益枯竭，开发和利用再生能源（同时又是清洁能源）成为当代人类社会经济发展的一大趋势，而风能、太阳能是最有开发潜能的再生能源。所以，在这个风电场，将三大绿色可持续能源（风能、太阳能、天然气）发电结合在一地，让游客“了解和体验清洁能源科学”。“走出风车”，走近当地的最新太阳能技术，认识这个才三年的太阳能工程为什么在风力地区具有革命性意义，对人类社区意味着什么，了解第三个可持续能源天然气，观看最新的提取天然气设备，了解它怎样产生足够的电力来满足本地区需要。

三、成功经验

我国正在进入“大众旅游时代”。大众旅游，需要开发更多新的旅游资源，来适应旅游市场大众消费者的需要。大力发展风电场旅游，应成为旅游界注目的焦点之一，成为风电企业创造经济和社会效益新的生长点之一。而欧美发达国家的成功经验，对我国开发风电场旅游带来了许多有益启示。

（一）发展风电场旅游前景可观

我国风力发电业增长很快。据国家电网信息，2012 年我国装机容量已达世界第一，并网风电达 5258 万千瓦，已取代美国成为世界第一风电大国。风电场旅游资源也应位居世界前列。目前，风电场旅游在我国虽然处在起步阶段，其前景不可小视。其一，风能是一种再生能源，风电场旅游具有可持续旅游性质，可以丰富现代旅游内容，创造新的旅游形式。风电场旅游作为旅游业的一种创新式发展，是一种对旅游空间的新开拓，也能引起旅游界及社会各方面的重视，受到广大旅游者的青睐。其二，发展风电场旅游，有利于风电场所在地的旅游业发展，并可与当地经济社会发展相结合，融入区域经济整体，纳入区域发展战略，因此能得到政府重视。其三，从国外风电场旅游的开发来看，风车建筑本身就是极具特色的旅游景观，风力发电原理也能引起旅游者的好奇心和探索精神，并对青少年具有科学教育功能，即使是成熟的旅游者，也会对风电场旅游这样一种新形式产生体验冲动。总之，风电场一定能吸引大量的旅游者，具有较好的旅游开发前景。

（二）我国发展风电场旅游具有较强的可操作性

我国的风力发电具有强劲发展势头，众多形态各异的风力发电场出现，为发展风电场旅游事业奠定了坚实的资源基础。风力发电场具有独特的旅游吸引力，即风电场所处地段多有较独特的自然景观；风电场风车转动构成了生动的地貌景观；风力发电运行流程是进行科普教育旅游的良好资源等。风电企业对综合经济效应的追求，更是发展风电旅游的内在驱动力。风电企业可以利用现有的风车设备资源，在增加少许服务设施和服务功能、增强和改进视觉效应的条件下，即可增加经济效益。在形成这一认识的基础上，风电企业能成为发展风电旅游业的主体。而且我国企业向来就有肩负社会责任的传统，从满足旅游者精神需要、观光需要和普及科学知识需要的角度大力发展风电场旅游事业，是社会担当的一种体现。正像美国、英国和丹麦等国的经验所示，风电场旅游有着巨大的旅游者市场。国内不少旅游者自发参观各地风电场，也表明旅游者对此项旅游的强烈需求。因此，开发风电场旅游能获得良好经济效益，同时满足国民旅游需求。

（三）借鉴国外经验

根据各地具体状况和资源，要在风电场建设之前就有精心设计和培育风电场旅游产品的预案。至少可包括：（1）风电设备及风电运行怎样成为旅游产品。风电主要设备即风车是一种特有的地貌景观，为观察这种景观可设计多种观察法，如近距离观察、零距离观察，海岸风电场还可设计海滨游船观察等。风电运行作为一种特殊发电方式，怎样让旅游者了解其基本流程。（2）风电场景观与自然景观或人类活动怎样融合，深入挖掘风电所具有的科技、环保、节能等元素，如美国加州棕榈泉风电场结合了在该地区同时发展的太阳能发电、天然气发电，构成了一个完整的清洁能源发电观摩的旅游产品。与山岳、湖泊、海岸等生态元素的融合，使风电场旅游区能以其特有的科普性、观赏性、休闲性、便利性、生态性等而增强吸引力。（3）建设风电主题公园。可依托地理位置分布和周边环境特点，建设大小不一的风电主题公园。以风车群景观资源为核心，与当地其他旅游资源组合，集工业旅游、人文教育、避暑度假、观光览胜与科技文化等广义上的旅游活动为一体，形成旅游产业集群化发展。

（四）风电场景观与当地景观有机地融为一体

从丹麦等国的经历来看，风电场作为一种人为的建筑物和景观，高高矗立，又有动感，这就存在与周围景观协调的问题，甚至还有可能毁坏居民心中原有的本地自然景观形象，因此在最初设计和建设风电场之时，应充分考虑整体环境和周围因素，将风电场景观与当地城市景观，或海滨景观，或自然地貌景观等有机地融为一体。同样，风电场旅游也应有机地融入当地经济社会整体发展战略之中，力争取得最优的经济社会效益。

第五节　电信行业案例分析

案例一　我国推行的“携号转网”案例分析

“携号转网”指的是消费者从一个电信运营商变更为另一个电信运营商时并不需要更换此前所使用的号码。2019年3月5日，国务院总理李克强在2019年国务院政府工作报告中明确提出了“在全国实行‘携号转网’”，这意味着“携号转网”将在我国全面推行。号码可携带是一项针对电信行业，旨在降低消费者转移成本（switching cost）① 的管制政策。可以预期随着转移成本的下降，电信运营商之间或将面临更激烈的竞争，以及随之可能引起消费者资讯服务费用的下降。

一、“携号转网”的推行过程

“携号转网”政策的推出，始于2010年在天津和海南两地的实地试验。2019年3月国务院政府报告中明确提出这一政策，标志着号码可携带作为一项成熟的政策即将在全国范围内推行。截至目前，推行这一政策的标志性事件如下：

（1）工信部决定于2010年11月22日启动对天津、海南两地的移动用户的号码携带试验，涉及中国电信、中国移动、中国联通三家运营企业的移动网络。

（2）2014年5月17日海南省电信运营企业将向用户开放移动电话号码携带试验双向携转服务，前期海南移动的用户可以单向转向海南电信或海南联通，现改为三家电信运营商可以相互携转。

（3）继海南和天津之后，2014年9月20日，江西、湖北、云南三省正式启动向社会开放移动电话用户号码携带试验。

（4）2019年3月5日，国务院总理李克强在2019年国务院政府工作报告的“2019年政府工作任务”中提出，“今年中小企业宽带平均资费再降低15%，移动网络流量平均资费再降低20%以上，在全国实行‘携号转网’，规范套餐设置，使降费实实在在、消费者明明白白”。

① 在产业组织理论文献中有大量关于转移成本的研究，读者可以进一步参阅这些经典文献，本案例将涉及其中的2篇。

（5）2019 年 4 月 16～17 日，“携号转网”全国推广工作研讨会在湖北省武汉市召开。会议贯彻落实《政府工作报告》要求，对“携号转网”全国推广工作进行了部署和研讨。会议由中国信息通信研究院主办，工业和信息化部信息通信管理局、网络安全管理局，各省（自治区、直辖市）通信管理局，中国电信、中国移动、中国联通集团公司等相关单位参加。

二、“携号转网“对电信市场价格的影响

为了理解“携号转网”如何导致转移成本下降，以及由此引起的价格和消费者福利变化情况，作者研读了产业组织理论中关于转移成本的经典文献 Klemperer（1987）① 和 Chen（2010）②。这两篇文章分别从对新、老客户制定统一价格和对新、老客户进行价格歧视两个角度，分析了转移成本对市场均衡价格的影响，他们的模型和结论为理解“携号转网”提供了丰富的见解。“携号转网”将极大降低移动互连时代消费者的转移成本。根据 Klemperer（1987）、Chen（2000）的描述，转移成本是 A 产品的消费者转向消费具有同样功能的 B 产品时所付出的学习成本和交易成本。对移动手机使用者来说，变更电信运营商的同时如果需要改变电话号码，转移成本首先表现为变更号码后需要通知所有联系人的“通知”成本。在智能手机时代，转移成本又增加了一项，即更换号码通常需要更换（或者重新绑定）很多 APP 的账号。通常我们会将智能手机上的软件与手机号码绑定，这些软件涉及购物、出行、支付、金融理财等，几乎涵盖了现代人衣食住行的各个方面。智能手机的普及大大降低了人们在市场中的交易成本和信息获取成本，但在号码转换方面无疑加大了消费者的转移成本。可以做这样的思考（思想实验），当智能手机普及以后，运营商对已经锁定的老客户加价，只要这个价格没有超过新增加的转移成本，这种价格并不会引起老顾客的转移。同时，在新顾客的争夺上显得更为激烈。在一个存在转移成本的市场中，市场均衡价格（无论是争夺全新客户的新上市的价格还是已经拥有老客户以后的价格）通常会高于没有转移成本的时候（Klemperer，1987），同时在第一期吸引全新客户价格比较低，因为转移成本限制了消费者转换供应商，运营商第二期对这部分被锁定（lock-in）的用户有了榨取消费者剩余的市场势力（Klemperer，1987）。反向思考，“携号转网”政策将引起转移成本的下降，这意味着电信市场的价格也随之下降，并且消费者显然会从中受益。

---

① KLEMPERER P. The Competitiveness of Markets with Switching Costs [J]. The RAND Journal of Economics, 1987, 18(1): 138-150.

② CHEN Y. Paying Customers to Switch [J]. Journal of Economics & Management Strategy, 2010, 6(4): 877-897.

电信行业所制定的资费标准通常比较复杂，运营商很容易对新、老客户收取不同的费用。根据 Chen（2000）的研究结论，当消费者具有转移成本时，运营商在竞争过程中会给新客户（从竞争对手处吸引）一个折扣，并且这个折扣的数量与转移成本分布的范围有关。当所有企业都面临一个全新市场时，在争夺新客户（未入网）的价格战中，会出现竞争性均衡价格低于边际成本的情况，并且转移成本分布的范围越大，该价格将越低。有必要用简单的数学符合对上述结论做进一步的说明。Chen（2000）假设转移成本均匀地分布在 $[0, \theta]$ 上，而消费者对商品的评价为 $c+\theta$，c 为单位商品生产成本。均衡时企业对老客户的定价为 $c+\frac{2}{3}\theta$，而对新客户的定价为 $c+\frac{1}{3}\theta$，在完全只有新客户的市场上的定价为 $c-\frac{1}{3}\theta$。① 转移成本的均值为 $\theta/2$，显然当转移成本下降时（θ 下降），新（从竞争对手处吸引）、老客户定价同时下降，并且新（从竞争对手处吸引）、老客户的价格差减小，为争夺老客户而在全新客户（未入网）市场上的定价增加。根据上述结论不妨对“携号转网”这一政策进一步做如下预测：政策实施以后，运营商对已有老客户的定价会下降，对从竞争对手那里转移过来的所谓新客户的资费也将下降，并且新（从竞争对手处吸引）、老客户之间的价格歧视程度下降。运营商对争夺尚未有消费经历的潜在全新客户将不再花费更大代价，可能表现为对新入网的消费者（之前没有使用过其他运营商服务的消费者）价格上升或者不再做更大气力的营销和推广。

三、“携号转网”对运营商策略的影响

第二部分主要是针对“携号转网”可能引起的电信市场均衡价格变动的分析，其中包括了对运营商基本定价策略的讨论，仅着眼于价格升价的变化。同时“携号转网”还可能引起其他更复杂的价格策略变动，以及运营之间协调行动（包括价格合谋）可能性的变化。除此而外，电信运营商的营销策略、投资策略等都将可能随之发生一些改变。

“携号转网”或将引起运营商资费模式的变化。移动手机的价格菜单通常被设计得比较复杂，最基本的结构是两部定价（Two Part Tariff）：一部分固定费用（月租），加上随通话时长、流量等使用数量而增加的变动费用。其他一些更

① Chen（2000）原文模型是一个双寡头两阶段博弈，第一阶段两家企业都将面临一个全是新客户的市场。第一阶段在本企业购买的消费者将成为第二阶段该企业的老客户，同时成为其竞争对手的新客户。通常在两阶段之间会考虑货币的时间成本，即引入折现率，为了更方便地说明情况，在这里忽略折现率或认为折现率为 1。Chen（2000）原文中新客户的市场定价为：$c-\delta\frac{1}{3}\theta$，其中 δ 为折现率。

复杂的变化形式诸如“包月送流量”，缴纳一定费用以后，可享受一定数量的“免费”流量，超出部分再按使用数量计价等。对于拥有垄断势力的厂商来说，两部定价可以做到接近完全的榨取消费者剩余，通常价格菜单中的“固定部分”大致等于消费者剩余，而单价等于边际成本。转移成本下降在促进竞争的同时也就削弱了运营商各自的市场垄断力量，这意味着“携号转网”可能引起通信费用中“月租”费的下调。运营商的价格菜单被设计得过分复杂，被认为可能是有意这样做（Obfuscation）①，目的是增加消费者的搜寻成本（Search Cost）。不同于转移成本是购买后再次变更卖家的成本，搜寻成本则是购买前收集价格等信息并做出比较的成本，但这二者都有阻碍市场竞争的力量。转移成本下降导致运营商之间更激烈的竞争，他们有没有通过增加搜寻成本来“对冲”这种竞争冲击？这是值得关注的问题。不同运营商同时提高诸如价格菜单的复杂程度这类搜寻成本，本质上需要运营商之间彼此协调并且默契配合②。而另一种需要担心的协调行动，是他们达成某种形式的价格合谋。“携号转网”引起转移成本下降之后，会不会促进运营商更努力地达成价格合谋？这是需要密切关注的问题。而我们的社会和公众当前似乎把注意力更多地放到了“携号转网”实现以后是否可能引起所谓“恶性竞争”上来。

四、“携号转网”对消费者福利和社会总体福利的影响

根据前文的分析，“携号转网”的实施将导致转移成本的下降进而将引起通信服务价格的下降。随着价格的下降，消费者福利得以改进。除了企业减少的利润转变为消费者剩余外，消费者剩余还将增加“福利三角”部分（右下方倾斜的需求曲线导致）。这也意味着社会总福利得到确定的改进（卡尔多-希克斯改进），消费者增加的剩余足以抵消企业减少的利润并且还有剩余。

---

① 关于“Obfuscation”的研究可参阅 GLENN ELLISON，SARA FISHER ELLISON. Search，Obfuscation，and Price Elasticities on the Internet[J] . Econometrica，2009，77(2)：427-452.

② 企业为什么有动机同时提高搜寻成本，可以参考 Wolitzky，Ellison Alexander . “A search cost model of obfuscation.” The RAND Journal of Economics43. 3 (2012)：417-441.

第六节 铁路运输行业案例分析

案例一 杭绍台铁路PPP项目分析

一、项目概况

杭绍台城际铁路是连接杭州、绍兴、台州三地的专供旅客列车行驶的一条城际铁路。该铁路是浙江省内沟通杭州都市区与温台沿海城市群的一条快捷通道，是长江三角洲地区城际轨道交通网络的重要组成部分，是国家沿海铁路快速客运通道的组成部分，也是中国首条民营资本控股的高铁PPP项目，入选《浙江省"十三五"规划纲要》、全国"社会资本投资铁路示范项目"名单。杭绍台铁路从杭州东站出发，经绍兴北站、东关站、三界站、嵊州新昌站、天台站、临海站、台州中心站及温岭站，全程共9个站点，全长269公里，其中新建正线北接杭甬高铁，从绍兴北站引出，共224公里，线路速度目标值350公里/小时。项目可研估算总投资为448.94亿元，其中静态总投资约为409.73亿元，动车组购置费用16.00亿元。

杭绍台铁路PPP项目是国家首批8个"社会资本投资铁路示范项目"之一，要求采用PPP模式运作，形成全国性的、可复制、可推广的民营资本控股铁路PPP示范经验。项目通过竞争性磋商方式选定社会投资人，浙江复星商业发展有限公司牵头组成的联合体，包括上海星景资本、平安信托、平安财富、万丰奥特、浙江基投集团、宏润建设、众合科技等8家民营企业。

二、合作条件

（一）项目运作模式

项目采用BOOT（建设-拥有-运营-移交）模式运作，由项目公司负责项目的投资、融资、建造、运营和维护。合作期满后，项目设施无偿移交给政府方。项目合作期限34年，其中建设期4年，运营期30年。

（二）项目公司股权结构

根据政府与社会合作共建的PPP投融资方案，杭绍台铁路项目总投资约449亿元，项目资本金占比30%。待社会投资人确定后，由民营资本、中铁总公司、浙江省交投集团、沿线地方政府共同出资成立 SPV 公司（特殊目的公司），作为业主。SPV 公司由民资绝对控股，在资本金中占 51%，中铁总公司占 15%，省交投集团代表省政府占 13.6%，台州市和绍兴市总股比 20.4%。资本金以外的部分来自银行贷款。项目公司股权结构为：浙江省交通投资集团代表省政府出资，占股 13.6%，绍兴市和台州市各指定一家政府出资代表，分别占股 10.2%，见表 10-1。

杭绍台铁路项目公司股权结构　　表 10-1

序号	名称		股本占比	资本金出资额（亿元）
1	民营联合体		51.00%	63.06
2	中国铁路总公司		15.00%	18.55
3	浙江省交通投资集团		13.60%	16.81
4	沿线政府	台州市	10.20%	12.61
		绍兴市	10.20%	12.61
5	合计		100%	123.64

（三）项目投融资结构

PPP 合作范围内预估总投资约为 409 亿元。项目资本金确定为 124 亿元，约为总投资的 30%；项目公司注册资本为 30 亿元。资本金以外的资金缺口由项目公司作为融资主体负责解决。

（四）项目回报机制

项目回报机制为“使用者付费+可行性缺口补贴”方式。补贴金额通过竞争确定；同时，约定融资利率、列车开行对数等回报调整机制。

三、交易结构

（一）实施机构

根据《国家发展改革委关于印发〈传统基础设施领域实施政府和社会资本合作项目工作导则〉的通知》（发改投资〔2016〕2231 号），浙江省政府授权浙江省发展规划研究院作为本项目的实施机构，统筹负责项目实施。

（二）项目公司

政府出资代表、中国铁路总公司、社会资本依法成立项目公司。其中，浙江省交通投资集团作为省政府出资代表参股项目公司，台州市政府与绍兴市政府分别指定一出资代表参股项目公司。项目公司成立后，由项目公司与实施机构签署《杭绍台铁路 PPP 项目合同》。

（三）特许经营

实施机构通过竞争性磋商引入社会资本方，成交社会资本确定后，省政府通过 PPP 项目合同授予项目公司杭绍台铁路的特许经营权，由项目公司负责项目投资、融资、建设、运营、维护和更新改造项目设施，提供 PPP 项目合同约定的高铁服务，并获得相应合理回报。

（四）运营模式

采用委托运营模式的，项目公司自行与中铁总签订委托运营协议，将杭绍台铁路的铁路运营服务委托给中铁总。

（五）项目移交

合作期满，项目公司须将全部项目设施资产连同项目资料一起无偿移交给政府方，移交的项目资产及设施须通过移交验收。

四、项目合同结构

PPP 项目合同结构是 PPP 项目交易结构核心和载体。杭绍台 PPP 项目合同体系中各参与方通过签订一系列合同来明确和规范项目参与主体之间的权利义务关系。本项目合同结构主要包括 PPP 项目投资合同、PPP 项目合同、股东协议 3 个主合同，以及围绕主合同的融资合同、建设施工合同、委托运营合同、保险合同等其他主要合同，如图 10-3 所示。

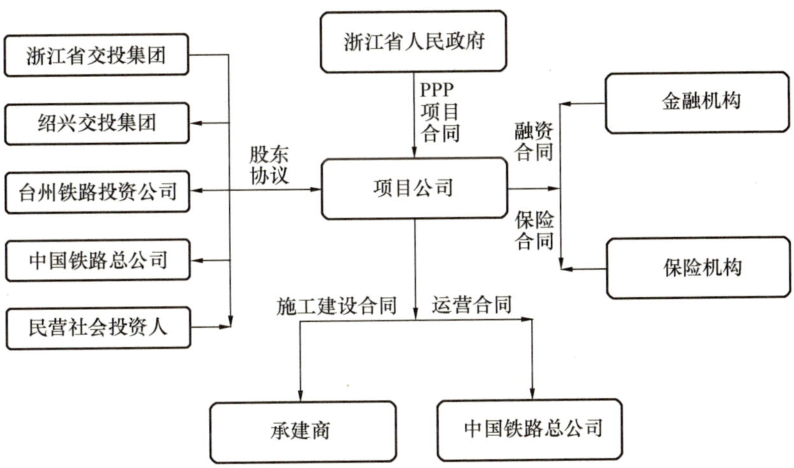

图 10-3　杭绍台铁路 PPP 项目合同结构

五、项目示范意义及启示

（一）民营控股，推动民资投资大型基础设施的引领示范

杭绍台铁路 PPP 项目是首个民营控股的高铁项目，项目的落地为民营资本投资大型、高度垄断的基础设施领域提供了样板，对社会资本投资铁路具有示范

带动作用。杭绍台项目由民营资本控股，引入民营社会资本参与投融资、建设、运营管理，为扩大社会资本参与我国铁路事业提供开创性的借鉴意义。

（二）打破铁路领域垄断，推动市场化改革的重要示范

杭绍台铁路 PPP 项目的成功落地，将对铁路的投融资改革、结算体制改革、定价机制改革等产生重要的示范意义。在投资融资体制上，杭绍台 PPP 项目交易结构与投融资结构对我国铁路行业现行机制重大创新，杭绍台项目的落实，民营联合体占股 51%，打破了长期由铁路部分自行融资建设的模式，作为首个民资控股的高铁项目，标志着铁路投融资体制改革迈入新阶段，是我国铁路改革发展史上具有里程碑意义的大事。在管理体制上，项目明确借助市场调节力量，激发项目公司充分争取铁路自主定价权、完善铁路运价形成机制、推动铁路清算机制改革将起到重要作用。在组织结构上，结合近日发布的《中国铁路总公司关于全面推进铁路局公司制改革指导意见》（铁总改革与法律〔2017〕223 号）也将推动铁路公司化改革进程。

（三）风险共担，合作共赢的多方合作新模式的典型示范

由于铁路项目的特殊性，在风险识别和风险分担上，铁路高度垄断性、网络性和复杂性的特点，相对 60 多项风险，进行研究，按照“由对风险最有控制力（包括控制成本最低）的一方承担相应的风险和承担的风险程度与所得到的回报大小相匹配”的原则，进行了合理分配，并通过设计融资利率、列车开行对数、收益分配等回报调整机制，切实体现风险共担。同时，鉴于铁路特殊的排班体制（开行对数）、定价体制、清算体制等管理体制所限，杭绍台铁路项目牵涉省市各地政府、中国铁路总公司、民营社会资本多方主体，项目通过巧妙的交易结构和股权结构的设计，创新合作模式，发挥各股东的专业优势力量，充分发挥协同作用，实现多方共赢。